[高等院校会计学专业精品系列教材]

[第五版]

中级财务会计

ZHONGJI CAIWU KUAIJI

李光贵 周 宇 赵彦锋 主编

首都经济贸易大学出版社
Capital University of Economics and Business Press
·北京·

图书在版编目(CIP)数据

中级财务会计/李光贵,周宇,赵彦锋主编. --5版. --北京:首都经济贸易大学出版社,2018.9

(高等院校会计学专业精品系列教材)

ISBN 978-7-5638-2817-3

Ⅰ.①中… Ⅱ.①李… ②周… ③赵… Ⅲ.①财务会计—高等学校—教材 Ⅳ.①F234.4

中国版本图书馆 CIP 数据核字(2018)第 148425 号

中级财务会计(第五版)
李光贵 周 宇 赵彦锋 主编

责任编辑 彭 芳
封面设计 风得信·阿东 FondesyDesign
出版发行 首都经济贸易大学出版社
地 址 北京市朝阳区红庙(邮编 100026)
电 话 (010)65976483 65065761 65071505(传真)
网 址 http://www.sjmcb.com
E-mail publish@cueb.edu.cn
经 销 全国新华书店
照 排 北京砚祥志远激光照排技术有限公司
印 刷 北京市兴怀印刷厂
开 本 787 毫米×1092 毫米 1/16
字 数 755 千字
印 张 29.5
版 次 2004 年 8 月第 1 版 2007 年 10 月第 2 版 2011 年 10 月第 3 版
2016 年 3 月第 4 版 **2018 年 9 月第 5 版**
2018 年 9 月总第 11 次印刷
印 数 29 001~33 000
书 号 ISBN 978-7-5638-2817-3/F·1558
定 价 59.00 元

总　序

20 世纪 90 年代以来，随着社会主义市场经济的建立和发展，我国的会计领域发生了一系列的重大变革，这些变革深刻地影响着社会经济的各个方面，会计在社会经济发展中的地位也愈益重要。进入 21 世纪，随着经济全球化进程的加快和信息技术的广泛应用，会计面临的社会经济环境更加复杂多变，社会对会计人才的知识结构、能力及素质提出了更高的要求，而会计学各门分支学科和新领域的不断出现也使会计教育面临新的挑战。因此，为培养适应 21 世纪我国社会主义市场经济建设的高级会计人才，必须改革和建立高等会计教育的教学内容和课程体系。

“高等院校会计学专业精品系列教材”是根据新时期我国高等院校会计专业的培养目标，结合会计教学中遇到的新情况、新问题，为进一步提高会计教学的质量，经过反复研讨和论证而编写的。本系列丛书涵盖了会计学专业的主干课程，包括《初级会计学》《中级财务会计》《高级财务会计》《成本会计学》《财务管理学》《管理会计学》《审计学》《会计电算化信息系统》等。丛书具有以下特点：

（1）从会计教学的实际出发，在体系安排上充分考虑教学规律的要求。大学本科会计教学具有一定的规律性，教学对象的现有知识水平直接影响教学内容和方式，并在一定程度上影响培养目标的实现。为此，我们从会计教学的实际出发，考虑目前本科会计教学层面教学对象的知识水准和接受能力，在进行课程内容研究的基础上，根据以往的教学经验及未来发展的需要，确定了各课程的基本内容及结构体系。

（2）吸收和借鉴已有教材的优点，博采百家之长。近些年来，由于我国会计准则、会计制度的变化及会计理论研究的深入，我国高等会计教育的教学内容和课程体系发生了较大的变化，但各院校之间存在一定的差异。为此，我们在充分研究已有优秀教材的基础上，吸收和借鉴其长处，争取求大同存小异，在准确性和实用性上下功夫，合理确定各教材的起点和分量。

（3）注重基本理论、基本知识的介绍及基本技能的训练，同时注意吸收会计学各学科公认的最新研究成果。教材编写不同于理论研究，不能求标新立异，而对学生进行系统的基本理论及基本知识教育是编写教材的基本目的；但考虑到时代的发展及经济环境的变化，又必须将本学科新的、比较成熟的研究成果纳入教材内容，以提高学生分析问题、解决问题的能力，并增强其对未来发展的适应能力。

(4)充分反映我国最新颁布并实施的会计准则、会计制度及其他经济法规,以适应经济形势发展的需要。

(5)在保证各门课程内容完整性的前提下,尽可能考虑各课程之间的衔接,避免各课程在内容上的不必要重复。每本教材各章末均附有思考题、练习题及案例分析,以方便教学。

本系列教材各分册的主编、副主编均具有教授、副教授以上的职称,而且积累了多年丰富的教学经验。我们根据教学中的经验与体会,通过对课程内容及教学方式方法的探讨和研究,在全体编者的共同努力下,终于编写成了这套适用于教学需要的会计系列教材。

"高等院校会计学专业精品系列教材"的出版,得到了首都经济贸易大学出版社及其他兄弟院校的热情支持和帮助,在此表示衷心的感谢。

根据我国高等教育会计专业培养目标的要求,编写一套适用于教学需要的会计系列教材,是一项重要的教材建设工作。但是,由于我们理论水平有限,实践经验不足,书中难免存在不足及疏漏之处,恳请各位专家、读者批评指正。

"高等院校会计学专业精品系列教材"
编审委员会

2004 年 7 月

第五版前言

继 2014 年发布新增或修订的八项企业会计准则之后，2016 年以来，财政部陆续发布了六项企业会计准则解释、四项会计处理规定及七项新增或修订的企业会计准则。这是自 2006 年 2 月颁布《企业会计准则——基本准则》和 38 项具体会计准则之后，财政部第二次大规模修订和增补企业会计准则（2014 年为第一次大规模修订和增补）。这些新准则基本与相关国际财务报告准则保持了持续趋同。此外，伴随着“营改增”相关政策的全面实施，现有的教材内容与知识体系急需更新与完善。在此背景下，我们对《中级财务会计》（第四版）的内容进行了全面修订。

总体来看，本次修订体现了以下几个方面的特点：

第一，反映了企业会计准则、税收法规的最新变化。我们以财政部最新修订、发布的相关文件为基础，结合税收法规的最新变化，对教材的相关内容进行了全面修订。

第二，基本保持了原有教材的结构体系。考虑到会计学及相关专业的教学需求，同时兼顾到系列教材的知识层次和连续性，本次修订基本保持了原有教材的结构体系安排。

第三，优化了编写人员结构。为了确保教材修订质量，本次修订在部分保持原有编写人员的基础上，调整（更换）了部分章节的编写人员，以利于在原有教材基础上与准则和法规的变化进行合理对照并完善书稿内容体系，同时也为教材的修订注入新的教学改革理念。

本次修订，力求教材结构严谨、理论精炼，同时体现出内容的科学性与前瞻性，并注重可读性。教材内容与结构继续保留自身的特色，每章前配有本章学习目的和重点与难点，每章后配有本章小结、思考题和练习题，结合最新的准则制度对相关内容进行更新，以便读者理解、掌握及检查相关章节知识点。

《中级财务会计》（第五版）由李光贵、周宇和赵彦锋任主编，由张小明、柴玉珂和崔军任副主编。本书各章节修订编写分工如下：李光贵负责第一章，柴玉珂负责第二章、第十四章，苏明负责第三章、第九章，张晓玲负责第四章、第十三章，崔军负责第五章，周宇负责第六章、第七章、第八章，申香华负责第十章，张小明负责第十一章、第十二章，赵彦锋负责第十五章。

本书修订得到了河南财经政法大学会计学院领导和老师以及首都经济贸易大学出

版社的大力支持和帮助，编写过程中参考了有关专家和学者编写的教材和专著，在此一并表示衷心的感谢！

尽管本次修订对上版教材进行了较为全面的梳理、补充和完善，但是受时间和精力的限制，教材中难免存在不足和疏漏之处，恳请各位专家和读者批评指正。

编　者

2018 年 7 月

目　录

目　　录

目 录

目　　录

目　录

第一章 总论

本章学习目的

本章主要阐述财务会计概念框架以及财务会计法规体系。通过本章学习，理解财务会计的含义与特征，掌握财务会计概念框架的基本内容，熟悉现行企业会计法规体系以及本书基本的逻辑结构。

本章重点与难点

本章重点是财务会计的特征、财务会计的目标、会计信息质量特征与会计要素的定义与确认条件。本章难点在于会计信息质量要求及会计计量属性的理解与运用。

第一节 财务会计的含义与特征

在现代市场经济体系中，企业会计是现代会计的主体，特别是财务会计通过提供会计信息为利益相关者决策服务，由此也形成了公认的财务会计系统。

一、财务会计的含义

会计作为人类管理经济的一项活动，是随着社会生产的发展和经济管理的要求而产生、发展并不断完善起来的。早在原始社会末期，就有了人类对经济活动简单的计量与记录行为，如我国原始公社时代出现的结绳记事和简单刻记，古巴比伦出现的原始算板等都是会计萌芽阶段的最初表现形态。当然，这些简单的计量与记录行为，主要是为了计算劳动成果以及为劳动成果的分配服务而在生产时间之外附带进行的活动。自从人类在远古开始会计活动以来，会计活动经历了漫长的历史过程。随着社会经济的不断发展，生产力的不断提高，出现了社会分工和大量的剩余产品，产生了文字、数字和计量单位等记录和计算的基本手段，会计才逐渐从生产职能中分离出来，由生产经营过程的附带职能发展为独立的职能，形成一种专职的、独立的管理经济活动的工作。

随着社会进入到商品经济社会，为满足商品经济和贸易发展的需要，会计核算的内容和方法等发生了巨大变化，会计技术也获得了长足的发展。最早，会计主要是对经济活动进行记录，提供一些基本的或只是经过简单加工的信息，这时的会计只能说是一种簿记，而簿记本身又经历了由单式簿记到复式簿记的发展过程。在进入资本主义社会以后，商品规模进一步扩大，孕育并推动了簿记方法的革命，会计逐步从简单的计量和记录行为，发展成为一门包括有完善的方法体系和科学严密的处理程序的会计学科，会计目的也从仅仅是对财产的收支进行记录、为财产的分配服务，发展到对经济活动的所得与所费进行比较，计算和反映经济活动的盈亏情况。15 世纪下半叶，复式簿记在商品经济发达的地中海沿岸城市威尼斯一带已相对成熟。1494 年，意大利数学家卢卡·帕乔利(Luca Pacioli)在《数学大全》一书中阐述了“计算与记录要论”(或称簿记论)，全面系统地介绍了威尼斯的复式记账法，并从理论上给予了论证，使复式簿记的优点及其使用方法很快为世人所认识，从而使它在全球范围内广为流传。借贷复式记账法的产生和“簿记论”的问世，标志着现代会计的开始。

19 世纪以后，特别是进入 20 世纪以来，随着生产规模的扩大，市场竞争的加剧，会计的内容、形式、方法和技术都得到了突飞猛进的发展，复式簿记逐步演变成为会计的记录部分，除了复式簿记外，会计的一些新内容，如成本计算、会计报表分析、货币计价的原则与方法等相继出现，会计从对经济活动的结果进行记录、计量和报告，发展到对企业经济活动的全过程进行控制和监督，参与决策，为企业强化经营管理服务。

20 世纪 50 年代以后，随着企业组织制度的发展变化，特别是随着股份有限公司的形成和发展，企业所有权与经营权相分离。企业的所有者把资源委托给经营者运用，经营者承担资源的委托责任和获取相应的报酬。如此,形成了以投资人、债权人为代表的企业外部利益关系集团和以管理当局为代表的企业内部利益关系集团,这两类利益集团基于不同的权益和责任,需要做出不同的决策,而不同的决策又需要不同的会计信息。正是这两类会计信息使用者的出现,导致现代企业会计逐渐形成相互配合又相对独立的两个分支——财务会计与管理会计。财务会计按企业会计准则确认、计量、记录和报告企业的财务状况、经营成果和现金流量,通过提供定期的财务报告,主要为企业的外部利益关系集团提供以财务信息为主的经济信息,帮助集团进行投资、信贷等理财决策;管理会计按管理学的理论与方法对企业的经营活动进行规划、决策、控制和业绩考核,为企业管理当局提供经营管理信息,帮助他们进行经营决策、长期投资和全面预算管理。

20 世纪 90 年代以来,世界范围的经济竞争进一步加剧,导致世界经济秩序正在发生着巨大的变化和调整,呈现出经济全球化、地区经济集团化、全球贸易自由化的发展态势。随着国际资本市场的形成与发展,跨国公司的生产、销售、投资、融资作用的日趋扩大,会计信息突破了国界,会计已渐趋成为"国际商用语言",它不仅要为本国的会计信息使用者服务,而且要为全球范围内的会计信息使用者服务。

由此可见,会计是商品经济的产物,随着商品经济特别是市场经济的发展,产生了不同的会计信息使用者对会计信息的需求呈现多样化的趋势,正是在这种客观要求的推动下,现代会计便形成了企业会计、政府会计、非营利组织会计等许多分支,其中,现代企业会计由既相互配合又各自独立的财务会计和管理会计所构成。

财务会计是现代企业会计的重要分支,是指在企业范围内建立的一个依据企业会计准则,运用确认、计量、记录和报告等专门程序与方法,着重向企业外部会计信息使用者提供以财务信息为主的经济信息系统,又称"对外报告会计"。

二、财务会计的基本特征

财务会计是在传统会计的基础上发展起来的一门独立的会计学科,它与管理会计一起共同构成现代企业会计。与管理会计相比,财务会计具有以下特征①:

(一)财务会计主要向企业外部利益相关者提供信息

一般说来,财务会计信息的使用者,既包括企业外部信息使用者,也包括企业内部信息使用者,但企业外部利益相关者,特别是投资人、债权人和其他类似信息使用者应是财务会计的主要使用者。

(二)财务会计以财务报表为核心的财务报告作为其信息传递的主要手段

财务会计作为一个经济信息系统,输入的是经济数据,产出的是以财务信息为主的经济信息。财务会计生成的信息主要借助于通用的财务报告传递给信息使用者,财务报告由财务报表和其他财务报告组成,财务报表是核心,它主要提供企业特定时日的财务状况、一定期间的经营业绩和现金流量信息。

(三)财务会计主要由确认、计量、记录和报告等程序所构成

财务会计作为一个经济信息系统,是由确认、计量、记录和报告等一系列元素所构

① 本部分内容参照:夏成才.中级财务会计[M].北京:中国财政经济出版社,2009.

成的。每一个元素都有其特定的职能、标准和方法，系统中的各个元素之间既各司其职又相互配合，形成一个有机的整体，共同履行财务会计的职能，实现财务会计的目标。

1. 确认

确认是指将交易或事项中的某一项目作为一项会计要素加以记录和列入财务报表的过程，是财务会计的一项重要程序。财务会计上的确认包括三层含义，或者需要解决三个问题：一是应否确认，即决定是否应该对交易、事项或情况中的某一项目进行记录；二是如何确认，即决定以什么会计要素予以记录；三是何时确认，即决定在什么时间予以记录。

确认包括初始确认和终止确认，前者是指在交易或项目发生时，决定将某一项目确定为资产、负债、所有者权益、收入、费用和利润等会计要素加以记录；后者是指将记录过程中已确认的项目计列为财务报表中的某一项要素。例如，对于一项资产或负债，不仅要记录该项目的取得或发生，还要记录其后所发生的变动，包括在财务报表中的出现、消除和转移等。

确认之所以重要，是因为它代表会计行为中的识别、判断即决策阶段，只有正确地进行确认，才能正确地记录和报告，也才能产生对会计信息用户决策有用的信息。正确的确认主要依靠会计人员的专业判断水平。

2. 计量

计量是为了在账户记录和财务报表中确认、计列有关财务报表要素，而以货币或其他度量单位确定其货币金额或其他数量的过程。计量主要是解决如何对会计要素在记录时和在报表中进行数量描述的问题。

3. 记录

记录是指将经过确认与计量的项目在账户中正式予以记载的过程。记录作为一个过程，由若干个程序所组成，一般包括：

(1)根据对交易或事项确认与计量的结果编制会计分录；

(2)将会计分录记载的内容登记有关账户；

(3)期末按照权责发生制的要求编制调整分录，调整某些账户记录的内容；

(4)期末编制结账分录，将损益类账户的余额减至为零。

4. 报告

报告是指以财务报表或其他财务报告的形式汇总日常确认、计量和记录的结果，向会计信息使用者提供反映企业财务状况、经营业绩和现金流量信息的过程。报告作为一个过程，包括编制财务报告和对外报送或公告财务报告两项内容，前者是生成以财务信息为主的经济信息，后者是提供以财务信息为主的经济信息。

综上所述，财务会计系统可用图 1-1 表示。

从图 1-1 可知，在产生关于企业财务状况及其运行结果信息的过程中，财务会计系统具有以下功能：

(1)解释并记录企业经营业务的结果；

(2)对相似业务的结果进行分类，从而确定对会计信息使用者有用的信息；

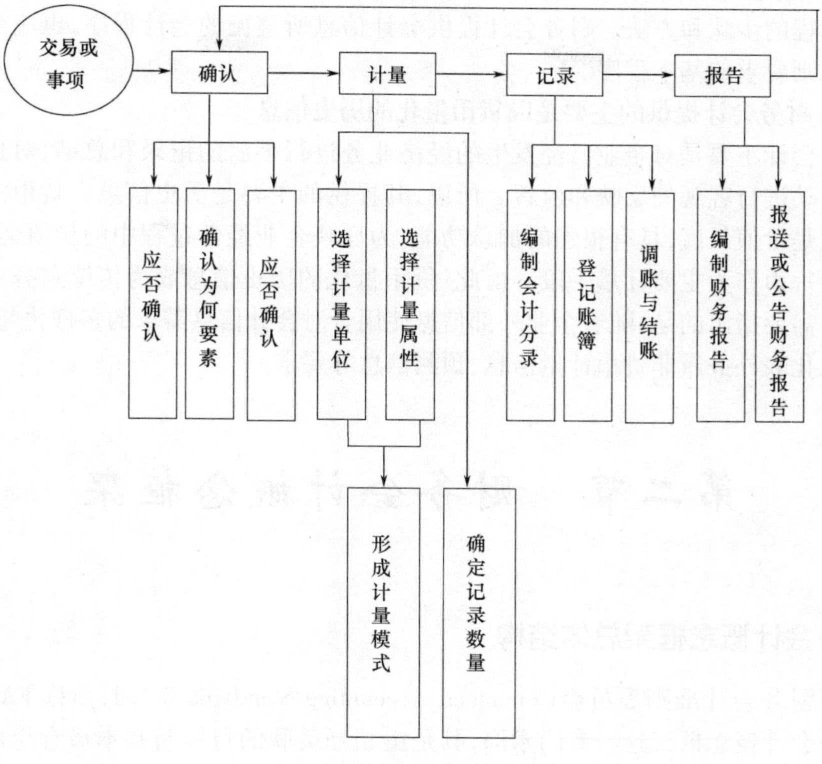

图 1－1 财务会计的系统结构

资料来源：夏成才．中级财务会计[M]．北京：中国财政经济出版社，2009：39.

（3）总结并向决策者传递系统所包含的信息。

（四）财务会计的处理程序和财务报告必须符合一般公认会计原则

一般公认会计原则（Generally Accepted Accounting Principles，简称 GAAP）是指被会计人员所公认，进行财务会计工作和编制财务会计报告应遵循的原则，包括会计的各项惯例，规则和程序等。一般公认会计原则通常可以分为国际性和区域性的，国际性的如国际会计准则理事会（International Accounting Standards Board，简称 IASB）制定发布的国际财务报告准则（International Financial Reporting Standards，简称 IFRS），而区域性的通常是指一个国家或地区的会计标准体系，如美国、加拿大和澳大利亚等国的一般公认会计原则（GAAP）、中国的企业会计准则体系等。但需要指出的是，自 2005 年以来，世界范围内越来越多的国家与地区开始持续保持与国际财务报告准则（IFRS）、国际会计准则（International Accounting Standards，简称 IAS）的趋同或采用国际财务报告准则（IFRS）和国际会计准则（IAS），因而一般公认会计原则的国家和地区差异正在逐步缩小。

由于财务会计信息的使用者要从不同的角度关心企业的财务状况和经营成果，所以财务会计向企业外部、内部有利害关系的集团和个人提供决策有用的财务会计信息，必须按公认的会计原则来处理会计事项。而会计程序是指会计账务处理的步骤，具体地说，就是填制会计凭证，根据凭证登记各种账簿，根据账簿记录提供财务会计报告这一整个过程的步骤和方法。财务会计提供会计信息所遵循的会计程序，也应当符合公认会计原则要求的基本程序。

（五）财务会计提供的主要是以货币量化的历史信息

财务会计主要是对企业已经发生的经济业务进行事后的记录和总结，对过去的生产经营活动进行客观的反映和监督。所以，其提供的主要是历史信息。货币的重要功能之一就是价值尺度，具有很强的加总功能，为反映企业经营过程中的价值运动，财务会计选择货币作为主要计量手段。由此，货币量化的历史信息成为传统财务会计的重要输出。需要指出的是，随着企业外部信息使用者对会计信息需求的多样化与个性化，已出现强化表外披露非货币计量信息、预测信息等要求。

第二节　财务会计概念框架

一、财务会计概念框架总体结构

美国财务会计准则委员会（Financial Accounting Standards Board，简称 FASB）最先使用财务会计概念框架这一专门术语，其是由相互关联的目标与基本概念组成的一个内在一致的框架体系。概念框架的作用在于：①指导会计准则制定；②在没有专门准则的情况下，为解决会计问题提供参考框架；③为编制财务报表确定一个判断的范围；④不断地减少备选会计方法的数量从而提高可比性。美国最早发布财务会计概念框架，截至 2000 年，其已发布 1～7 号（其中，第 3 号被第 6 号取代），其形成如目标导向的框架体系，这已成为包括国际会计准则理事会在内的各准则制定机构借鉴的范本。我国也以其为基础，以《基本准则》的形式构建如图 1－2 所示的概念框架，成为我国财务会计的理论基础。

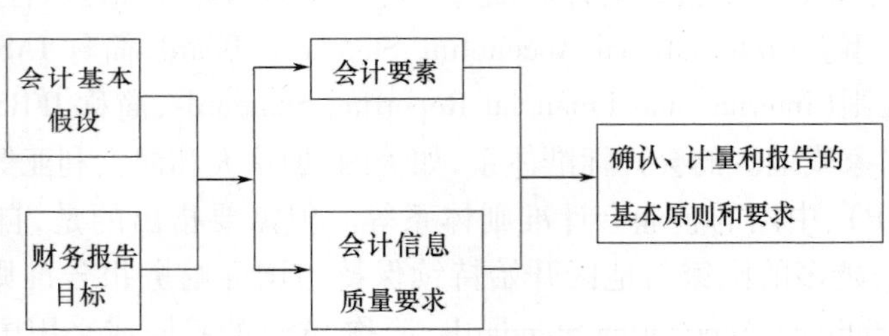

图 1－2　我国基本准则框架图

资料来源：夏成才．中级财务会计[M]．北京：中国财政经济出版社，2009：12.

由图 1－2 可知，该框架涵盖并规范了包括财务报告目标、会计基本假设、会计信息质量要求、会计要素的定义及其确认、计量原则、财务报告等基本问题，这是财务会计概念框架的核心。反映了当前会计实务发展的内在需要，也体现了世界范围内财务会计概念框架的基本模式。

二、财务报告的目标

财务报告目标是指企业编制财务报告提供会计信息的目的。它是财务会计概念框架或者我国基本准则的最高层次,对财务会计的规范发展起着导向性作用。

国际会计准则理事会(IASB)《财务报表编制及其呈报的框架》认为:财务报告的目标是提供在经济决策中有助于一系列使用者的关于企业财务状况、经营业绩和财务状况变动的信息。我国《企业会计准则——基本准则》规定,企业应当编制财务会计报告(又称"财务报告",下同)。财务会计报告的目标是向财务会计报告使用者提供与企业财务状况、经营成果和现金流量等有关的会计信息,反映企业管理层受托责任履行情况,有助于财务会计报告使用者做出经济决策。为达到上述财务会计的目标,财务会计报告应提供以下主要信息:

(一)反映企业管理层受托责任的履行情况

在现代公司制下,企业所有权和经营权分离,企业管理层是受委托人之托经营管理企业及其各项资产,负有受托责任,即企业管理层所经营管理的企业各项资产基本上由投资者投入的资本(或者留存收益作为再投资)或者向债权人借入资金形成,企业管理层有责任妥善保管并合理、有效地运用这些资产。尤其是企业投资者和债权人等,需要及时或者经常性地了解企业管理层保管、使用资产的情况,以便评价管理层受托责任的履行情况和业绩情况,并决定是否需要调整投资或信贷政策,是否需要加强企业内部控制和其他建设,是否需要更换管理层等。因此,财务报告应当反映企业管理层受托责任的履行情况,以有助于评价企业的经营管理责任和资源使用的有效性。

(二)向财务报告使用者提供对决策有用的信息

企业编制财务报告的主要目的,在于满足财务报告使用者的信息需要,有助于财务报告使用者做出经济决策。因此,向财务报告使用者提供对决策有用的信息是财务报告的基本目标。如果企业在财务报告中提供的会计信息与使用者的决策无关,没有使用价值,那么财务报告就失去了其编制的意义。

根据向财务报告使用者提供对决策有用的信息这一目标的要求,财务报告所提供的会计信息应当如实反映企业所拥有或者控制的经济资源、对各项资源的要求权以及经济资源要求权的变化情况;如实反映企业的各项收入、费用、利得和损失的金额及其变动情况;如实反映企业各项经营活动、投资活动和筹资活动等形成的现金流入和现金流出情况等,从而有助于现在的或者潜在的投资者、债权人以及其他使用者正确、合理地评价企业的资产质量、偿债能力和营运效率等;有助于使用者根据相关会计信息做出理性的投资和信贷决策;有助于使用者评估与投资和信贷有关的未来现金流量的金额、时间和风险等。

财务报告目标要求满足投资者等财务报告使用者决策的需要,体现为财务报告的决策有用观;财务报告目标要求反映企业管理层受托责任的履行情况,体现为财务报告的受托责任观。财务报告的决策有用观和受托责任观是统一的,投资者出资委托企业管理层经营,希望获得更多的投资回报,实现股东财富的最大化,从而能够进行可持续投资；企业管理层接受投资者的委托从事生产经营活动，努力实现资产安全完整，保值增值，防范风险，促进企业可持续发展，就能够更好地持续履行受托责任，以为投资者提供回报，为社会创造价值，从而构成企业经营者的目标。由此可见，财务报告的决策有用观和受托责任观是有机统一的。

三、财务报告信息质量要求

会计信息质量要求是对企业财务报告中所提供的会计信息的基本要求，是使财务报告所提供会计信息对使用者决策有用所应具备的基本特征，包括可靠性、相关性、可理解性、可比性、实质重于形式、重要性、谨慎性和及时性等。其中，可靠性、相关性、可理解性和可比性是首要质量要求，是企业财务报告中所提供会计信息应具备的基本质量特征；实质重于形式、重要性、谨慎性和及时性是会计信息的次级质量要求，是对可靠性、相关性、可理解性和可比性等首要质量要求的补充和完善，尤其是在对某些特殊交易或者事项进行处理时，需要根据这些质量要求把握其会计处理原则，另外，及时性还是会计信息相关性和可靠性的制约因素，企业需要在相关性和可靠性之间寻求一种平衡，以确定信息及时披露的时间。

（一）可靠性

可靠性要求企业以实际发生的交易或者事项为依据进行会计确认、计量和报告，如实反映符合确认和计量要求的各项会计要素及其他相关信息，保证会计信息真实可靠、内容完整。可靠性是高质量会计信息的重要基础和关键所在，企业以虚假的经济业务进行确认、计量、报告属于违法行为，不仅会严重损害会计信息质量，而且会误导投资者，干扰资本市场，导致会计秩序混乱。为了贯彻可靠性要求，企业应当做到：

第一，应当以实际发生的交易或者事项为依据进行会计确认、计量，不得根据虚构的、没有发生的或者尚未发生的交易或者事项进行确认、计量和报告，以如实反映企业生产经营及财务活动的真实面貌。

第二，应当在符合重要性和成本效益原则的前提下，保证会计信息的完整性，包括编报的财务报表及其附注内容等应当保持完整，不能随意遗漏或者减少应予披露的信息，与使用者决策相关的有用信息都应当充分披露。

第三，在财务报告中的会计信息应当是中立的、无偏的。如果企业在财务报告中为了达到事先设定的结果或效果，通过选择或列示有关会计信息以影响决策和判断，则这样的财务报告信息就不是中立的。

（二）相关性

相关性要求企业提供的会计信息应当与财务会计报告使用者的经济决策需要相关，有助于财务会计报告使用者对企业过去、现在或者未来的情况做出评价或者预测。

会计信息的价值，关键是看其与使用者的决策需要是否相关，是否有助于决策或者提高决策水平。相关的会计信息应当有助于使用者评价企业过去的决策，证实或修正过去的有关预测，因而具有反馈价值。相关的会计信息还应当具有预测价值，有助于使用者根据财务报告所提供的会计信息预测企业未来的财务状况、经营成果和现金流量。

为了满足会计信息质量的相关性要求，企业应当在确认、计量和报告会计信息的过程中,充分考虑使用者的决策模型和信息需要。当然,对于某些具有特定目的或用途的信息,财务报告可能无法提供,企业可以通过其他形式予以提供。

(三)可理解性

可理解性要求企业提供的会计信息应当清晰明了,便于财务会计报告使用者理解和使用。

企业编制财务报告、提供会计信息的目的在于使用,而要使用者有效地使用会计信息,应当能让其了解会计信息的内涵,弄懂会计信息的内容,这就要求财务报告所提供的会计信息清晰明了,易于理解。只有这样,才能提高会计信息的有用性,实现财务报告的目标,满足向使用者提供对决策有用信息的要求。投资者等财务报告使用者通过阅读、分析、使用财务报告信息,能够了解企业的过去和现状,以及企业净资产或企业价值的变化过程,预测未来发展趋势,从而做出科学决策。

鉴于会计信息是一种专业性较强的信息产品,因此,在强调会计信息的可理解性时,还应假定使用者具有一定的有关企业生产经营活动和会计核算方面的知识,并且愿意付出努力去研究这些信息。某些复杂(如交易本身较为复杂或者会计处理较为复杂)的信息,只要其与使用者的经济决策是相关的,就应当在财务报告中予以披露,企业不能仅仅以该信息会使某些使用者难以理解而将其排除在财务报告所应披露的信息之外。

(四)可比性

可比性要求企业提供的会计信息应当具有可比性。具体包括下列要求:

第一,同一企业不同会计期间可比。为了便于投资者等财务报告使用者了解企业财务状况、经营成果和现金流量的变化趋势,应比较企业在不同时期的财务报告信息,全面、客观地评价过去、预测未来,做出决策。会计信息质量的可比性要求同一企业不同时期发生的相同或者相似的交易或者事项,应当采用一致的会计政策,不得随意变更。当然,满足会计信息可比性的要求,并不表明不允许企业变更会计政策,企业按照规定或者会计政策变更后可以提供更可靠、更相关的会计信息时,就有必要变更会计政策,但是有关会计政策变更的情况,应当在附注中说明。

第二,不同企业相同会计期间可比。为了便于财务报告使用者评价不同企业的财务状况、经营成果和现金流量及其变动情况,会计信息质量的可比性要求不同企业同一会计期间发生的相同或者相似的交易或者事项,应当采用统一规定的会计政策,确保会计信息口径一致、相互可比,以使不同企业按照一致的确认、计量和报告要求提供有关会计信息。

可比性要求各类企业执行的会计政策应当统一,如现行企业会计准则自2007年1月1日在所有上市公司执行,实现了上市公司会计信息的可比性;之后新准则实施范围进一步扩大,进一步提高了不同企业之间会计信息的可比性。

(五)实质重于形式

实质重于形式要求企业应当按照交易或者事项的经济实质进行会计确认、计量和报告,不应仅以交易或者事项的法律形式为依据。如果企业仅仅以交易或者事项的法律形式为依据进行会计确认、计量和报告,就容易导致会计信息失真,无法如实反映经济现实。

企业发生的交易或事项在多数情况下其经济实质和法律形式是一致的，但在有些情况下也会出现不一致。例如，企业按照销售合同销售商品但又签订了售后回购协议，虽然从法律形式上看实现了收入，但如果企业没有将商品所有权上的主要风险和报酬转移给购货方，没有满足收入确认的各项条件，即使签订了商品销售合同或者已将商品交付给购货方，也不应当确认销售收入。

（六）重要性

重要性要求企业提供的会计信息应当反映与企业财务状况、经营成果和现金流量等有关的所有重要交易或者事项。

企业会计信息的省略或者错报会影响使用者据此做出经济决策的，该信息就具有重要性，重要性的应用依赖会计人员的职业判断，企业应当根据其所处环境和实际情况，从项目的性质和金额两方面来判断其重要性。判断项目性质的重要性，应当考虑该项目的性质是否属于企业日常活动等因素；判断项目金额大小的重要性，应当通过单项金额占资产总额、负债总额、所有者权益总额、营业收入总额、营业成本总额、净利润等直接相关项目金额的比重加以确定。

（七）谨慎性

谨慎性要求企业对交易或者事项进行会计确认、计量和报告应当保持应有的谨慎，不应高估资产或者收益、低估负债或者费用。

在市场经济环境下，企业的生产经营活动面临着很多风险和不确定性，如应收账款的可收回性、固定资产的使用寿命、无形资产的使用寿命、售出商品可能发生的退货或者返修等，会计信息质量的谨慎性要求，就需要企业在面临不确定因素的情况下做出职业判断时保持应有的谨慎，充分估计到各种风险和损失，既不高估资产或者收益，也不低估负债或者费用。例如，对于企业发生的或有事项，通常不能确认或有资产，只有当相关经济利益基本确定能够流入企业时，才能作为资产予以确认；相反，相关的经济利益很可能流出企业而且构成现时义务时，应当及时确认为预计负债，就体现了会计信息质量的谨慎性要求。

但是，谨慎性的应用并不允许企业设置秘密准备，如果企业故意低估资产或者收益，或者故意高估负债或者费用，则不符合会计信息可靠性和相关性的要求，会损害会计信息的质量，扭曲企业实际的财务状况和经营成果，误导使用者，这是企业会计准则所不允许的。

（八）及时性

及时性要求企业对于已经发生的交易或者事项，应当及时进行会计确认、计量和报告，不得提前或者延后。

会计信息的价值在于帮助使用者做出经济决策，因此具有时效性。即使是可靠、相关的会计信息，如果不及时提供，也会失去其效用。在会计确认、计量和报告过程中贯彻及时性，一是要求及时收集会计信息，即在交易或者事项发生后，及时收集整理各种原始单据或者凭证；二是要求及时处理会计信息，即按照企业会计准则的规定，及时对交易或者事项进行确认或者计量，并编制财务报告；三是要求及时传递会计信息，即按照国家规定的有关时限,及时将编制的财务报告传递给财务报告使用者,便于其及时使用和决策。

四、财务会计要素

会计要素是根据交易或者事项的经济特征所确定的财务会计对象的基本分类。作为反映企业财务状况和经营成果的基本单位,会计要素又是财务报表的基本构件。我国《企业会计准则——基本准则》规定,会计要素包括资产、负债、所有者权益、收入、费用和利润。其中,前三项为资产负债表要素,用来反映企业在一定日期的财务状况;后三项为利润表要素,用来反映企业一定时期的经营成果。

(一)资产负债表要素

1. 资产

资产是指企业过去的交易或者事项形成的、由企业拥有或者控制的、预期会给企业带来经济利益的资源。依据《企业会计准则第 30 号——财务报表列报》的规定:资产负债表中的资产类至少应当单独列示反映下列信息的项目:货币资金、以公允价值计量且其变动计入当期损益的金融资产、应收款项、预付款项、存货、被划分为持有待售的非流动资产及被划分为持有待售的处置组中的资产、可供出售金融资产、持有至到期投资、长期股权投资、投资性房地产、固定资产、生物资产、无形资产、递延所得税资产等,而且至少应当包括流动资产和非流动资产的合计项目,按照企业的经营性质不切实可行的除外。

2. 负债

负债是指企业过去的交易或者事项形成的、预期会导致经济利益流出企业的现时义务。依据《企业会计准则第 30 号——财务报表列报》的规定,资产负债表中的负债类至少应当单独列示反映下列信息的项目:短期借款、以公允价值计量且其变动计入当期损益的金融负债、应付款项、预收款项、应付职工薪酬、应交税费、被划分为持有待售的处置组中的负债、长期借款、应付债券、长期应付款、预计负债、递延所得税负债等,而且至少应当包括流动负债、非流动负债和负债的合计项目,按照企业的经营性质不切实可行的除外。

3. 所有者权益

所有者权益是指企业资产扣除负债后由所有者享有的剩余权益。而公司的所有者权益又称为股东权益。所有者权益反映了所有者对企业资产的剩余索取权,是企业资产中扣除债权人权益后应由所有者享有的部分。

所有者权益的来源包括所有者投入的资本、直接计入所有者权益的利得和损失、留存收益等。

依据《企业会计准则第 30 号——财务报表列报》的规定,资产负债表中的所有者权益类至少应当单独列示反映下列信息的项目:实收资本(或股本)、资本公积、盈余公积和未分配利润,而且应当包括所有者权益的合计项目。

资产、负债和所有者权益构成了反映企业财务状况的会计要素,有关项目应当在资产负债表中列示。它们之间的关系可以用下列公式表述,即:

资产 = 负债 + 所有者权益

(二)利润表要素

1. 收入

收入是指企业在日常活动中形成的、会导致所有者权益增加的、与所有者投入资本无关的经济利益的总流入。收入不包括为第三方或客户代收的款项。

企业收入的来源渠道多种多样,不同收入来源的特征有所不同,其收入确认条件也往往存在一些差别,如销售商品、提供劳务、让渡资产使用权等。一般而言,收入只有在经济利益很可能流入从而导致企业资产增加或者负债减少、经济利益的流入额能够可靠计量时才能予以确认。这也就是说,收入的确认至少应当符合以下条件:一是与收入相关的经济利益应当很可能流入企业;二是经济利益流入企业的结果会导致资产的增加或者负债的减少;三是经济利益的流入额能够可靠计量。

2. 费用

费用是指企业在日常活动中发生的、会导致所有者权益减少的、与向所有者分配利润无关的经济利益的总流出。

符合费用定义和费用确认条件的项目,按照费用与收入的关系,可以分为营业成本和期间费用列入利润表。其中,营业成本是指所销售商品或提供劳务的成本。营业成本按照其所销售商品或提供劳务在企业日常活动中所处地位可以分为主营业务成本和其他业务成本。期间费用包括管理费用、销售费用和财务费用。管理费用是企业行政管理部门为组织和管理生产经营活动而发生的各种费用;销售费用是企业在销售商品、提供劳务等日常活动中发生的除营业成本以外的各项费用以及专设销售机构的各项经费;财务费用是企业筹集生产经营所需资金而发生的费用。

3. 利润

利润是指企业在一定会计期间的经营成果,反映的是企业的经营业绩情况。利润通常是评价企业管理层业绩的一项重要指标,也是投资者、债权人等做出投资决策、信贷决策等的重要参考指标。

利润包括收入减去费用后的净额、直接计入当期利润的利得和损失等。其中,收入减去费用后的净额反映的是企业日常活动的业绩,直接计入当期利润的利得和损失是指应当计入当期损益、会导致所有者权益发生增减变动的、与所有者投入资本或者向所有者分配利润无关的利得或者损失,反映的是企业非日常活动的业绩。企业应当严格区分收入和利得、费用和损失之间的区别,以便更加全面地反映企业的经营业绩。

利润的确认主要依赖于收入和费用以及利得和损失的确认,其金额的确定也主要取决于收入、费用、利得、损失金额的计量。根据《企业会计准则应用指南》利润表中列示的利润有:营业利润、利润总额、净利润三个层次。其关系如下:

营业利润 = 营业收入 - 营业成本 - 税金及附加 - 销售费用 -
管理费用 - 研发费用 - 财务费用 - 资产减值损失 -
信用减值损失 + 其他收益 + 公允价值变动收益(- 损失) +
投资收益(- 损失) + 资产处置收益(- 损失)

利润总额 = 营业利润 + 营业外收入 - 营业外支出

净利润(或称净损益) = 利润总额 - 所得税费用

资产、负债、所有者权益、收入、费用和利润六个会计要素的相互关系，以及它们与会计报表之间的关系可以用图 1-3 来表示。

收入、费用和利润构成了反映企业经营成果的会计要素，有关项目应当在利润表中列示。它们之间的关系可以用下列公式表述，即：

收入-费用=利润

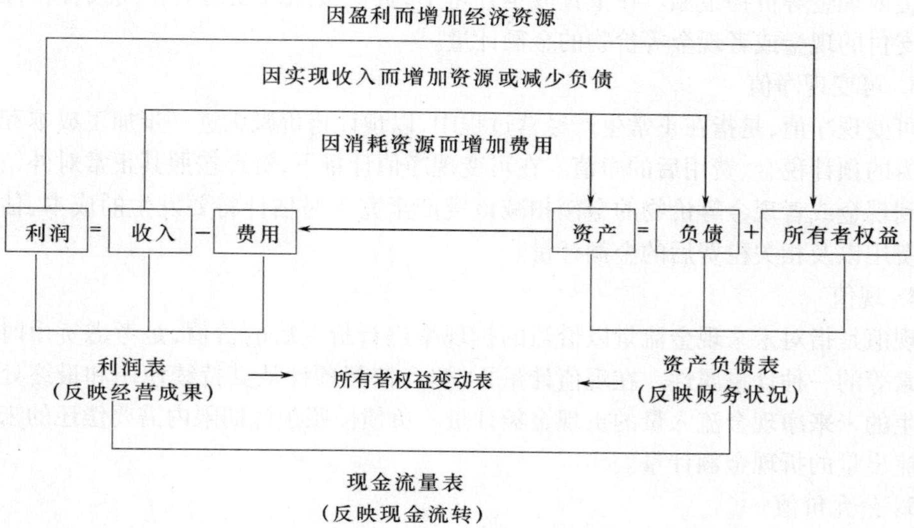

图 1-3　会计要素与财务报表的关系

五、财务会计计量

会计计量，是为了将符合确认条件的会计要素登记入账，并列报于财务报表而确定其金额的过程，是会计活动的核心。计量主要由计量单位和计量属性两个要素构成，这两个要素之间的不同组合形成了不同的计算模式。财务会计在计量过程中主要是以货币为基本计量单位，而在采用货币计量单位时又有两种选择：一是采用名义货币，即不考虑货币币值（购买力）的变动，一律按不同时期同种货币的面值作为计量单位；二是采用货币的不变购买力，即以某个时期货币的购买力为不变价格货币，以折算后的不变价格货币作为计量单位。按照国际惯例，计量单位通常采用各国法定的名义货币作为计量单位；而当一国发生恶性通货膨胀时，也可采用不变购买力作为计量单位，以消除货币购买力的变化对企业财务信息产生的影响。企业应当按照规定的计量属性进行计量，确定相关金额。

（一）会计计量属性

从会计角度，计量属性反映的是会计要素金额确定的基础，基本准则提出了历史成本、重置成本、可变现净值、现值和公允价值五种计量属性。

1. 历史成本

历史成本，又称为实际成本，就是取得或制造某项财产物资时所实际支付的现金或者其他等价物。在历史成本计量下，资产按照购置时支付的现金或者现金等价物的金额，或者按照购置资产时所付出的对价的公允价值计量；负债按照因承担现时义务而实际收到的款项或者资产的金额，或者承担现时义务的合同金额，或者按照日常活动中为偿还负债预期需要支付的现金或者现金等价物的金额计量。

2. 重置成本

重置成本又称现行成本，是指按照当前市场条件，重新取得同样一项资产所需支付的现金或现金等价物金额。在重置成本计量下，资产按照现在购买相同或者相似资产所需支付的现金或者现金等价物的金额计量。

3. 可变现净值

可变现净值，是指在正常生产经营过程中，以预计售价减去进一步加工成本和销售所必需的预计税金、费用后的净值。在可变现净值计量下，资产按照其正常对外销售所能收到现金或者现金等价物的金额扣减该资产至完工时估计将要发生的成本、估计的销售费用以及相关税费后的金额计量。

4. 现值

现值是指对未来现金流量以恰当的折现率进行折现后的价值，是考虑货币时间价值因素等的一种计量属性。在现值计量下，资产按照预计从其持续使用和最终处置中所产生的未来净现金流入量的折现金额计量。负债按照预计期限内需要偿还的未来净现金流出量的折现金额计量。

5. 公允价值

公允价值，是指市场参与者在计量日发生的有序交易中，出售一项资产所能收到或者转移一项负债所需支付的价格。

（二）各种计量属性之间的关系

在各种会计要素计量属性中，历史成本通常反映的是资产或者负债过去的价值，而重置成本、可变现净值、现值以及公允价值通常反映的是资产或者负债的现时成本或者现时价值，是与历史成本相对应的计量属性。当然这种关系也并非绝对，以公允价值为例，当前环境下某项资产或负债的历史成本可能是过去环境下该项资产或负债的公允价值，而当前环境下某项资产或负债的公允价值也许就是未来环境下该项资产或负债的历史成本。一项交易在交易时点通常是按公允价值交易的，随后就变成了历史成本，资产或者负债的历史成本有许多就是根据交易时有关资产或者负债的公允价值确定的。例如，在非货币性资产交换中，如果交换具有商业实质，且换入、换出资产的公允价值能够可靠计量，换入资产入账成本的确定应当以换出资产的公允价值为基础，除非有确凿证据表明换入资产的公允价值更加可靠。在非同一控制下的企业合并交易中，合并成本也是以购买方在购买日为取得对被购买方的控制权而付出的资产、发生或承担的负债等的公允价值确定的。

（三）会计计量属性的应用原则

企业在对会计要素进行计量时，一般应当采用历史成本，例如，企业购入存货、建造厂房、生产产品等，应当以所购入资产发生的实际成本作为资产的计量金额。

但是在某些情况下，如果仅仅以历史成本作为计量属性，可能难以达到会计信息的质量要求，影响会计信息的有用性。例如，企业持有的衍生金融工具往往没有实际成本,或者即使有实际成本,也与其价值相差甚远。因此,如果按照历史成本对衍生金融工具进行计量的话,大量的衍生金融工具交易将成为表外事项,与衍生金融工具有关的价值及其风险信息将无法得到披露。在这种情况下,为提高会计信息的有用性,就有必要采用其他计量属性(比如公允价值)进行会计计量,以弥补历史成本计量属性的缺陷。

鉴于应用重置成本、可变现净值、现值、公允价值计量等计量属性,往往需要依赖估计,为了使所估计的金额在提高会计信息相关性的同时,又不影响其可靠性,企业会计准则要求企业应当保证根据重置成本、可变现净值、现值、公允价值计量所确定的会计要素金额能够取得并可靠计量;如果这些金额无法取得或者可靠计量,则不允许采用这些计量属性。

第三节 企业财务会计法规体系

根据《立法法》规定,我国的法规体系通常由法律、行政法规、部门规章以及规范性文件等四个部分构成。其中,法律由全国人民代表大会常务委员会通过,由国家主席签发;行政法规由国务院常务委员会通过,由国务院总理签发;部门规章由国务院主管部门部长以部长令签发。就我国企业财务会计法规体系而言,《中华人民共和国会计法》(以下简称《会计法》)是我国会计工作的根本大法,也是我国企业进行会计工作的基本依据,其他会计法规的制定必须遵循和符合《会计法》的要求;《企业财务会计报告条例》等属于会计法规体系中的行政法规,是依据《会计法》制定、企业编制对外提供的财务会计报告应当遵守的条例;企业会计准则体系中的《企业会计准则——基本准则》和《企业会计制度》属于会计法规体系中的部门规章,而企业会计准则体系中的具体准则、应用指南和解释则属于会计法规体系中的规范性文件。

一、中华人民共和国会计法

《会计法》是我国会计工作的基本规范,是会计法规体系中的根本大法。《会计法》于 1985 年首次颁布施行后,根据 1993 年 12 月 29 日第八届全国人民代表大会常务委员会第五次会议《关于修改〈中华人民共和国会计法〉的决定》进行了第一次修正。随后,1999 年 10 月 31 日第九届全国人民代表大会常务委员会第十二次会议对《会计法》进行了修订,于 2000 年 7 月 1 日起施行。2017 年 11 月 4 日第十二届全国人民代表大会常务委员会第三十次会议又对《会计法》进行了第二次修正。

《会计法》的立法宗旨是:规范会计行为,保证会计资料真实、完整,加强经济管理和财务管理,提高经济效益,维护社会主义市场经济秩序。《会计法》除了要求公司、企业遵循一般单位的会计核算规范外,还对公司、企业会计核算做出了特别规定,要求公司、企业必须根据实际发生的经济业务事项,按照国家统一的会计制度的规定确认、计量和记录资产、负债、所有者权益、收入、费用、成本和利润。此外,依据《会计法》规定,公司、企业进行会计核算不得有下列行为:①随意改变资产、负债、所有者权益的确认标准或者计量方法,虚列、多列、不列或者少列资产、负债、所有者权益;②虚列或者隐瞒收入,推迟或者提前确认收入;③随意改变费用、成本的确认标准或者计量方法,虚列、多列、不列或者少列费用、成本;④随意调整利润的计算、分配方法,编造虚假利润或者隐瞒利润;⑤违反国家统一的会计制度规定的其他行为。

二、企业财务会计报告条例

《企业财务会计报告条例》是2000年6月21日,以中华人民共和国国务院令的形式颁布,于2001年1月1日执行的行政法规。该条例勾勒出我国财务会计报告的框架体系,是企业编制财务报告的行为规范。其主要内容包括:总则、财务会计报告的构成、财务会计报告的编制、财务会计报告的对外提供、法律责任等。《企业财务会计报告条例》充分吸收世界各国会计要素定义的精华,与国际会计惯例趋同,对会计要素进行了清晰界定,是我国会计理论和实务的重大突破,为此后《企业会计制度》《企业会计准则》的制定提供了指导。

三、企业会计准则

企业会计准则是规范企业会计确认、计量和报告行为,保证会计信息质量的规则和指南,根据《会计法》的规定,我国企业会计准则由财政部制定。我国现有的企业会计准则体系由基本准则、具体准则、应用指南以及解释等组成,按要求在上市公司、大中型企业范围内施行,并鼓励其他企业执行。其中,基本会计准则明确了财务会计报告的目标、会计核算的基本前提、会计信息质量要求、会计要素定义及其确认、计量和报告的原则以及会计计量属性等,类似于国际会计准则理事会(IASB)的《编报财务报表的框架》,在企业会计准则体系中扮演着概念框架的作用,居于统驭地位。具体会计准则是在基本准则的指导下,对企业各项资产、负债、所有者权益、收入、费用、利润及相关交易事项的确认、计量和报告进行规范的会计准则。应用指南是对具体准则相关条款的细化和有关重点难点问题提供的操作性指南,以利于会计准则的贯彻落实和指导实务操作,具体包括:对各项具体准则的重点、难点和关键点进行具体解释和说明以及根据具体会计准则规定应当设置的会计科目及主要账务处理、报表格式及编制要求等。而企业会计准则解释则是对具体准则实施过程中出现的问题、具体准则条款规定不清楚或者尚未规定的问题做出的补充说明。

1992年至2005年,财政部陆续发布实施了1项基本会计准则和16项具体准则;2006年,财政部集中发布了22项具体准则,并对此前的基本准则和已实施的16项具体准则进行了修订;2014年,财政部又进一步修订了已实施的5项、新增了3项具体准则,并修改了《企业会计准则——基本准则》中关于公允价值计量的表述。2016年以来,财政部陆续发布了6项企业会计准则解释、4项会计处理规定及7项新增或修订的企业会计准则。截至2018年,我国现行企业会计准则体系,由1项基本准则、42项具体会计准则及其应用指南、解释组成,已实现与国际会计准则(IAS)或国际财务报告准则(IFRS)的实质趋同。表1-1列示了我国企业会计准则与国际会计准则(IAS)或国际财务报告准则(IFRS)基本的对应关系。

表 1-1 中国企业会计准则与国际会计准则对照表

中国企业会计准则	国际会计准则以及国际财务报告准则
CAS 1 存货	IAS 2 存货
CAS 2 长期股权投资	IAS 27 单独财务报表 IAS 28 联营和合营中的投资 IFRS 3 企业合并
CAS 3 投资性房地产	IAS 40 投资性房地产
CAS 4 固定资产	IAS 16 不动产、厂房及设备 IFRS 5 持有待售的非流动资产和终止经营
CAS 5 生物资产	IAS 41 农业
CAS 6 无形资产	IAS 38 无形资产
CAS 7 非货币性资产交换	IAS 16 不动产、厂房及设备 IAS 38 无形资产 IAS 40 投资性房地产
CAS 8 资产减值	IAS 36 资产减值
CAS 9 职工薪酬	IAS 19 雇员福利
CAS 10 企业年金	IAS 26 退休福利计划的会计处理和报告
CAS 11 股份支付	IFRS 2 以股份为基础的支付
CAS 22 债务重组	IAS 39 金融工具:确认和计量
CAS 13 或有事项	IAS 37 准备、或有负债和或有资产
CAS 14 收入	IFRS 15 收入
CAS 15 建造合同	IAS 11 建造合同
CAS 16 政府补助	IAS 20 政府补助的会计和政府援助的披露
CAS 17 借款费用	IAS 23 借款费用
CAS 18 所得税	IAS 12 所得税
CAS 19 外币折算	IAS 21 汇率变动的影响 IAS 29 恶性通货膨胀经济中的财务报告
CAS 20 企业合并	IFRS 3 企业合并
CAS 21 租赁	IAS 17 租赁
CAS 22 金融工具确认和计量 CAS 23 金融资产转移 CAS 24 套期保值	IAS 39 金融工具:确认和计量

续表

中国企业会计准则	国际会计准则以及国际财务报告准则
CAS 25 原保险合同 CAS 26 再保险合同	IFRS 4 保险合同
CAS 27 石油天然气开采	IFRS 6 矿产资源的勘探和评价
CAS 28 会计政策、会计估计变更和差错更正	IAS 8 会计政策、会计估计变更和差错
CAS 29 资产负债表日后事项	IAS 10 资产负债表日后事项
CAS 30 财务报表列报	IAS 1 财务报表的列报 IFRS 5 持有待售的非流动资产和终止经营
CAS 31 现金流量表	IAS 7 现金流量表
CAS 32 中期财务报告	IAS 34 中期财务报告
CAS 33 合并财务报表	IAS 27 合并财务报表和单独财务报表
CAS 34 每股收益	IAS 33 每股收益
CAS 35 分部报告	IFRS 8 分部报告
CAS 36 关联方披露	IAS 24 关联方披露
CAS 37 金融工具列报	IFRS 7 金融工具:披露 IAS 32 金融工具:列报
CAS 38 首次执行企业会计准则	IFRS 1 首次采用国际财务报告准则
CAS 39 公允价值计量	IFRS 13 公允价值计量
CAS 40 合营安排	IFRS 11 合营安排
CAS 41 在其他主体中权益的披露	IFRS 12 在其他主体中权益的披露
CAS 42 持有待售的非流动资产、处置组和终止经营	IFRS 持有待售的非流动资产和终止经营

根据表 1－1 的列示,我国现行企业具体会计准则可以分为以下类别:①会计要素类准则,包括存货、长期股权投资、投资性房地产、固定资产、生物资产、无形资产、收入、建造合同等准则;②特殊业务类准则,包括非货币性资产交换、职工薪酬、企业年金、股份支付、债务重组、或有事项、政府补助、借款费用、所得税、外币折算、租赁、资产减值、企业合并、会计政策、会计估计变更和差错更正、资产负债表日后事项、合营安排等准则;③金融工具类准则,包括金融工具确认和计量、金融资产转移、套期保值、金融工具列报等准则;④特殊行业类准则,包括原保险合同、再保险合同、石油天然气开采等准则;⑤财务报告类准则,包括财务报表列报、现金流量表、中期财务报告、合并财务报表、每股收益、分部报告、关联方披露、其他主体中权益的披露;⑥计量类准则,包括公允价值计量等准则;⑦过渡性要求准则,包括首次执行企业会计准则。不同类别的具体准则

共同构成了我国企业会计准则体系的主要内容。

除了以上主要适用于上市公司及大中型企业的企业会计准则之外,2011 年 10 月 18 日,财政部发布了《小企业会计准则》,自 2013 年 1 月 1 日起施行。与企业会计准则不同,《小企业会计准则》适用于在中华人民共和国境内依法设立的、符合《中小企业划型标准规定》所规定的小型企业标准的企业(但股票或债券在市场上公开交易的小企业、金融机构或其具有金融性质的小企业、属于企业集团内的母公司和子公司的小企业除外),规范了小企业的资产、负债、所有者权益、收入、费用、利润及利润分配、外币业务、财务报表等会计处理及其报表列报等问题。《小企业会计准则》的发布与实施,标志着我国涵盖所有企业的会计准则体系的建成。

本教材的编写依据是适用于上市公司及大中型企业的企业会计准则,不包括《小企业会计准则》。

四、企业会计制度

会计制度是关于会计核算、会计监督、会计机构和会计人员以及会计工作管理的制度。根据现行《会计法》的规定,国家统一的会计制度,由国务院所属财政部制定;各省、自治区、直辖市以及国务院业务主管部门,在与《会计法》和国家统一会计制度不相抵触的前提下,可以制定本地区、本部门的会计制度或者补充规定。企业会计制度则是适用于企业会计核算、会计监督、会计机构和会计人员以及会计工作管理的一系列制度规范的总称。

回顾我国企业会计制度的发展历程,基于我国不同时期会计核算工作规范的实际需要,我国企业会计制度多年来处于多套会计制度并行的状况。从 1951 年到 1993 年,这一阶段实行的是分所有制、分行业的会计核算制度。国有工业企业的会计制度由财政部制定,其他会计制度由有关主管部门制定。不同行业、不同所有制企业之间的财务报表缺乏可比性。1992 年年底,我国会计制度进行了重要改革,取消了按所有制的分类,缩减了行业类别。财政部发布了“两则”——《企业会计准则》及《企业财务通则》,并以“两则”为基础,陆续发布了 13 个行业的企业会计制度(依据财会〔2015〕3 号,自 2015 年 2 月 16 日失效)和企业财务制度(即“两制”)。同时,为配合我国股份制改造,财政部在 1992 年还发布了《股份制试点企业会计制度》,该制度借鉴了国际惯例,企图打破不同行业和所有制企业的界限。1998 年,财政部颁布《股份有限公司会计制度——会计科目和会计报表》(依据财会字〔1998〕7 号,2001 年 1 月 1 日起废止)以取代原来的《股份制试点企业会计制度》。但当时外商投资企业仍单独制定了《外商投资企业会计制度》(依据财会〔2015〕3 号,自 2015 年 2 月 16 日失效),不执行行业会计制度。

2000 年年底,为了贯彻执行《会计法》和《企业财务会计报告条例》,规范企业的会计核算工作,财政部颁布全国统一的《企业会计制度》(财会〔2000〕25 号),并于 2001 年 1 月 1 日起实施。同时,根据财政部关于外商投资企业执行《企业会计制度》有关问题的规定(财会〔2001〕62 号),从 2002 年 1 月 1 日起,外商投资企业执行财政部 2000 年发布的《企业会计制度》。此外,自 2001 年以来,财政部除发布《企业会计制度》,还制定了《金融企业会计制度》(依据财政部令 2011 年第62 号规定,自 2011 年2 月21 日失效)和《小企业会计制度》(依据财会〔2011〕17 号,自 2013 年 1 月 1 日起废止)。

除以上国家统一的会计制度外,各省、自治区、直辖市以及国务院业务主管部门,在与会计法和国家统一会计制度不相抵触的前提下,可以制定本地区、本部门的会计制度或者补充规定。实践中,各个企业也可根据《会计法》以及会计准则和会计制度、结合本企业实际的生产经营、管理情况和特殊要求,设计和制定适合本企业的内部会计制度,内部会计制度也是会计法规中的重要组成部分。

可以看到,企业会计制度在我国会计法规体系的建设与完善过程中,特别是在企业会计准则体系尚未建立的阶段,曾经起到了非常重要的作用,是特定时期我国企业会计核算工作规范的重要依据。但随着我国企业会计准则体系的建立和完善,各个阶段统一发布的企业会计制度已经或正逐渐失去其对会计工作应有的规范和指导作用,正逐步退出历史舞台。

总起来看,我国企业财务会计法规体系仍旧处于不断健全与完善过程中,伴随着我国企业和资本市场发展的实际需要,以及我国企业会计准则与国际财务报告准则的持续趋同进程,未来我国企业财务会计法规体系将呈现出以《会计法》为根本依据,企业会计准则体系为核心,其他规范性文件为补充的制度特征。

第四节　本书的结构

以对外报告为目标的财务会计学在目前的教学体系中按照教学目的和内容通常被划分为三个层次,即基础会计学(或会计学原理)、中级财务会计和高级财务会计,本书处于中级财务会计的层次。

中级财务会计在整个财务会计学的学科体系中处于承上启下的地位。一方面,在基础会计学阶段掌握了会计确认、计量、记录和报告的一般原理的基础上,中级财务会计阶段要学会运用一般的财务会计理论和方法,处理一般企业所面临的财务会计问题,掌握常规会计交易或事项的处理程序和方法。另一方面,中级财务会计又是高级财务会计阶段针对特殊、复杂以及新出现的会计交易或事项进行会计处理的基础。

本书根据财务报告的目标,依据我国现行企业会计准则规范,主要阐述六大会计要素及其具体项目的确认、计量、记录和报告。本书的逻辑顺序是,先介绍资产负债表中资产、负债和所有者权益的确认与计量,然后介绍利润表中的收入、费用及利润的确认与计量,在此基础上,介绍财务报告的编制。本书的结构安排如图 1-4 所示。

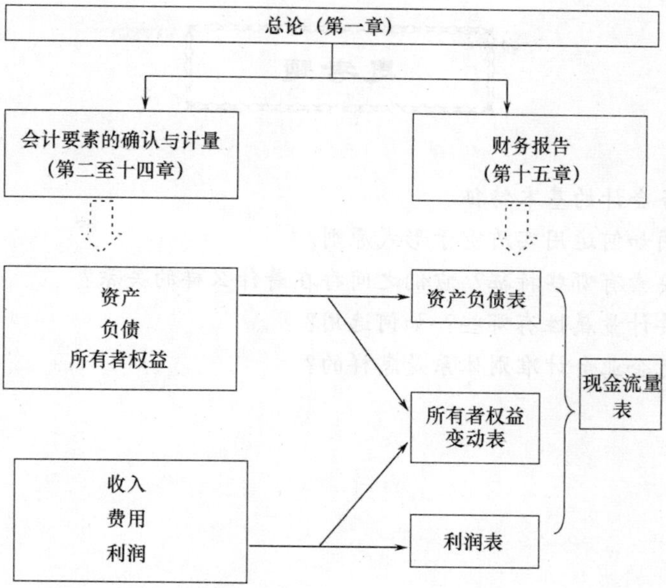

图 1－4 本书结构图

本章小结

财务会计是指在企业范围内建立的一个依据企业会计准则，运用确认、计量、记录和报告等专门程序与方法，着重向企业外部会计信息使用者提供以财务信息为主的经济信息系统。

我国现行基本准则起着财务会计概念框架的作用，其阐明了财务报告目标、会计信息质量要求、会计要素及确认与计量等。财务报告目标是向财务会计报告使用者提供对决策有用的信息和反映企业管理层受托责任履行情况。财务报告中提供的会计信息应当符合可靠性、相关性、可理解性、可比性、实质重于形式、重要性、谨慎性和及时性等质量要求。会计要素包括资产、负债、所有者权益、收入、费用和利润，每一项会计要素只有在符合要素定义并满足规定的确认条件时，才能予以确认。会计计量属性主要有历史成本、重置价值、可变现净值、现值和公允价值等。企业在对会计要素进行计量时，一般应当采用历史成本，采用其他计量属性时，应当保证所确定的会计要素金额能够取得并可靠计量。

我国的会计法规体系通常包括四个部分，《会计法》属于第一层次，《企业财务会计报告条例》属于会计法规体系中的行政法规，《企业会计准则——基本准则》和《企业会计制度》属于会计法规体系中的部门规章，而企业会计准则体系中的具体准则、应用指南和解释则属于会计法规体系中的规范性文件。

思考题

1. 简述财务会计的基本特征。
2. 举例说明如何运用实质重于形式原则。
3. 各会计要素有哪些特征？它们之间存在着什么样的关系？
4. 会计主要计量属性有哪些？如何选用？
5. 我国现行企业会计准则体系是怎样的？

第二章

货币资金

本章学习目的

通过本章学习，掌握货币资金的概念、内容和特点，货币资金内部控制制度的主要内容，货币资金的会计核算以及银行转账结算方式的相关规定。

本章重点与难点

本章重点是货币资金内部控制制度和会计核算。本章难点是库存现金清查、备用金制度及核算、银行存款余额调节表的编制、其他货币资金的核算方法。

货币资金是指企业生产经营过程中处于货币形态的资产。货币资金按存放地点及其用途的不同,分为库存现金、银行存款及其他货币资金。任何企业要进行生产经营活动都必须拥有货币资金,持有货币资金是进行生产经营活动的基本条件。同时,货币资金是企业流动性最强的资产,作为支付手段和偿债手段,如果其收支不能较好地得以管理,容易导致周转不灵。所以,加强货币资金管理,严格遵守国家有关货币资金管理制度,对企业意义重大。

第一节　现　金

现金是流动性最强的一种货币性资产,其定义有狭义和广义之分。狭义的现金是指企业的库存现金;广义的现金是指除了库存现金外,还包括银行存款和其他符合现金定义的票证等。本章所指现金的定义是指狭义的现金,即库存现金,包括人民币现金和外币现金。

一、现金管理制度

根据国务院颁布的《现金管理暂行条例》的规定,现金管理制度主要包括如下内容:

(一)现金的使用范围

企业可用现金支付的款项有:

(1)职工工资、津贴;

(2)个人劳务报酬;

(3)根据国家规定颁发给个人的科学技术、文化艺术、体育等各种奖金;

(4)各种劳保、福利费用以及国家规定的对个人的其他支出;

(5)向个人收购农副产品和其他物资的价款;

(6)出差人员必须随身携带的差旅费;

(7)结算起点(1 000 元)以下的零星支出;

(8)中国人民银行确定需要支付现金的其他支出。

用现金收入的款项包括:

(1)单位及个人交回剩余差旅费和备用金等;

(2)收取不能转账的单位及个人的销售收入;

(3)不足转账起点的小额收入等。

除此以外的款项收支一律通过银行进行转账结算。

(二)库存现金的限额

库存现金限额是指为保证各单位日常零星支出按规定允许留存的现金的最高数额。库存现金的限额,由开户银行根据开户单位的实际需要和距离银行远近等情况核定。其限额一般按照单位 3 ~5 天日常零星开支所需现金确定。远离银行或交通不便的企业，银行最多可以根据企业15天的正常开支需要量来核定库存现金的限额。正常开支需要量不包括企业每月发放工资和不定期差旅费等大额现金支出。库存限额一经核定，需要企业必须严格遵守，不能任意超过，超过限额的现金应及时存入银行；库存现金低于限额时，可以签发现金支票从银行提取现金，补足限额。

（三）现金收支的规定

企业应当按照中国人民银行规定的现金管理办法和财政部关于各单位货币资金管理和控制的规定，办理有关现金收支业务。办理现金收支业务时，应当遵守以下几项规定：

（1）企业现金收入应当于当日送存开户银行。当日送存有困难的，由开户银行确定送存时间。

（2）企业支付现金，可以从本单位库存现金限额中支付或者从开户银行提取，不得从本单位的现金收入中直接支付（即坐支）。因特殊情况需要坐支现金的，应当事先报经开户银行审查批准，由开户银行核定坐支范围和限额。企业应定期向银行报送坐支金额和使用情况。

（3）企业从开户银行提取现金，应当写明用途，由本企业财会部门负责人签字盖章，经开户银行审核后，予以支付现金。

（4）企业因采购地点不固定、交通不便以及其他特殊情况必须使用现金的，应向开户银行提出申请，经开户银行审核后，予以支付现金。

（5）不准用不符合制度的凭证顶替库存现金，即不得“白条顶库”；不准谎报用途套取现金；不准用银行账户代其他单位和个人存入或支取现金；不准用单位收入的现金以个人名义存储；不得保留账外公款，即不得“公款私存”，不得设置“小金库”等。

银行对于违反上述规定的企业，将按照违规金额的一定比例予以处罚。

二、现金内部控制制度

（一）现金内部控制的基本原则

1. 收付合法原则

收付合法原则，是指各单位在收付现金时必须符合国家的有关方针、政策和规章制度的规定。这里所说的合法有两层含义：一是现金的来源和使用必须合法；二是现金收付必须在合法的范围内进行。

出纳人员经常要办理单位与个人、单位与单位之间的零星小额的现金收支、结算业务，与国家、社会、集体和个人都会发生密切关系，涉及面很广。因此，出纳要严格按照现金管理的有关方针、政策和规章制度，认真复核现金的来源与用途，在规定的范围内办理现金收付，以做到收付合法。

2. 钱账分管原则

钱账分管原则，即管钱的不管账，管账的不管钱。它是指经管现金的出纳人员不得兼管收入、支出、债权债务账簿的登记工作、稽核工作和会计档案的保管工作；经营收入、支出、债权债务账簿登记工作的会计人员，不得兼管出纳账簿登记工作、现金的收付工作和现金的保管工作。

3. 收付两清原则

为了避免在现金收付过程中发生差错，防止收付发生长、短款，现金收付时要做到复核，不论工作多忙、金额大小或对象熟生，出纳人员对收付的现金都要进行复核或由另外一名会计人员复核，切实做到现金收付不出差错；要做到收付款当面点清，对来财会部门取交现金的人员，要督促他们当面点清，如有差错当面解决，以保证收付两清。

4. 日清月结原则

日清月结原则，是指各单位必须做到按日清理、按月结账。这里所谓的按日清理，是指出纳应对当日的经济业务进行清理，全部登记日记账，结出库存现金账面余额，并与库存现金实有数核对相符。

5. 客观性原则

实事求是原则，是指各单位必须如实反映现金收付情况，不允许弄虚作假。出纳办理现金收付业务应以实际发生的经济业务为依据，对于真实、合法的要及时办理，不延误；对于不符合政策规定的现金收付，尤其是来源不清和用途不确切的现金收付款项，不能擅作变通，而应说明原因，拒绝办理，确保现金管理制度的实施。

（二）现金收入的内部控制

企业的现金收入主要与销售商品、提供劳务或出让资产使用权等活动相关。因此，必须首先建立健全销售收入和应收账款的内部控制制度。现金收入内部控制的基本原则是：职能分开、明确责任和加强监督。

（1）职能分开。经手现金的与记录现金交易的职能分开，防止由单独一人经办全程业务可能出现的差错或舞弊。例如，由销售人员负责开具发票销售商品，由会计部门出纳员收款盖章，再由会计人员登记入账。

（2）明确责任。不论经手现金还是记录现金，都应对现金流入进行连续不断的记录与清点，做到随时清点、随时入账，收到的现金及时送存银行。不得私设“小金库”，严禁收款不入账的违法行为。

（3）加强监督。例如，定期或随机地检查现金职能的分开情况、岗位职责的履行情况，以及其他现金内部控制制度的执行情况，如收据和销货发票的管理、现金收支的每日报告制度等。

（三）现金支出的内部控制

现金支出要遵守国家规定的结算制度和现金管理制度，任何现金支出都要经有关主管认可批准。

（1）严格控制现金的使用范围。企业使用现金仅限于《现金管理暂行条例》中规定的8种情况，其他一切付款均用支票通过银行转账支付。

（2）职能分离。采购、出纳、记账工作应分别由不同的经办人员负责，不得由一人兼管。签发支票、审核支票和付款要由三人负责，以便相互监督。

（3）健全付款手续。财会人员在未经批准前不能擅自报销现金；负责批准和记录报销业务的人员无权签发支票；负责签发支票的人员在未收到财务部门审核批准凭证之前也不应开出支票。已付讫的凭证上，要加盖“现金付讫”图章，并定期由专人装订成册后封存，以防付款凭证遭盗窃、篡改或重复报销等情况的发生。

(4)加强监督。对现金支出和相关的会计记录要进行严格、不定期的检查。

三、现金的核算

(一)现金科目的设置与登记

为了总括地反映企业库存现金的收入、支出和结存情况,企业应当设置"库存现金"科目,并设置和登记"库存现金"总账和"现金"日记账。

"库存现金"总账总括地反映现金的收入、支出和结存情况。它的借方登记现金收入的金额,贷方登记现金支出的金额,期末余额在借方,表示库存现金的结余数。"现金"日记账是用来反映和监督现金收付业务以及结存情况的序时账簿。该账簿由出纳人员按照现金收付业务发生的先后顺序逐日逐笔进行序时登记。每日终了,应当根据"现金"日记账的结余数与实际库存数相核对,保证账款相符。如果发现账款不符,应及时查明原因,进行处理。每月终了,应当将"现金"日记账的余额与"库存现金"总账的余额核对,做到账账相符。

有外币现金业务的企业,应当按照人民币和外币现金的币种分别设"现金"日记账进行明细分类核算。

(二)现金日常收支的会计处理

1. 小额现金收入

企业发生小额现金收入时,借记"库存现金"科目;贷记"主营业务收入"科目。

【例2-1】天明公司销售商品收到现金500元,假设不考虑相关税费。会计处理如下:

借:库存现金	500	
贷:主营业务收入		500

2. 现金存取款业务

把现金存入银行,即存款业务:企业根据退回的进账单第一联,借记"银行存款"科目,贷记"库存现金"科目。从银行提取现金,即取款业务:企业根据支票存根所记载的提取金额,借记"库存现金"科目,贷记"银行存款"科目。

3. 企业内部部门或个人借支现金

企业因支付内部职工出差等原因所需的现金,按支出凭证所记载的金额,借记"其他应收款"等科目,贷记"库存现金"科目;收到出差人员交回的差旅费剩余款并结算时,按实际收回的现金,借记"库存现金"科目,按应报销的金额,借记"管理费用"等科目,按实际借出的现金,贷记"其他应收款"科目。

【例2-2】2×18年1月1日天明公司会计人员签发一张支票,从银行存款账户提取现金2 000元备用。1月10日采购员小李预借差旅费500元,1月12日出差回来报销费用450元,余款缴回。1月30日办公室主任凭发票报销业务招待费1 000元。会计处理如下:

(1)2×18年1月1日:

借:库存现金	2 000	
贷:银行存款		2 000

(2)2×18 年 1 月 10 日:

借:其他应收款——李某 500

贷:库存现金 500

(3)2×18 年 1 月 12 日:

借:库存现金 50

管理费用——差旅费 450

贷:其他应收款——李某 500

(4)2×18 年 1 月 30 日:

借:管理费用——业务招待费 1 000

贷:库存现金 1 000

四、备用金的核算

备用金是指财会部门按企业有关规定,拨付给所属报账单位和企业内部有关业务和职能管理部门,用于日常零星开支的备用现金。按照现金管理的规定,在日常核算中,企业的绝大部分开支,都要求通过银行结算。但企业在经营过程中,经常会发生一些日常零星开支,如办公费用、小额差旅费等,这些零星开支金额小,发生频繁,因而为了便于控制费用并减少会计核算工作量,有必要按照会计上的重要性原则,建立备用金管理制度加以控制。

备用金管理制度一般有两种:一种是随借随用,用后报销制度,适用于不经常使用备用金的部门和个人;另一种是定额备用金制度,适用于经常使用备用金的部门和个人。定额备用金制度主要包括以下内容:①由会计部门根据实际需要核定、拨出一笔固定数额的现金,并规定使用范围;②必须设立专人经管定额备用金;③支付零用现金时,必须由指定的负责人签字同意;④备用金经管人员必须妥善保存支付备用金的收据、发票以及各种报销凭证,并设置备用金登记簿,记录各项零星支出;⑤经管人员按规定的间隔日期或在备用金不够周转时,凭有关凭证向会计部门报销,补足到备用金的规定金额。

企业内部周转使用的备用金,可以设置"其他应收款——备用金"科目,也可以单独设置"备用金"科目核算。定额备用金制度下,单独设置"备用金"科目的企业,由企业财务部门单独拨给企业内部各单位周转使用的备用金,借记"备用金"科目,贷记"库存现金"科目或"银行存款"科目。各单位备用金保管员对于本单位支付的零星支出,应根据有关支出凭单,定期编制备用金报销清单,财务部门根据内部各单位提供的备用金报销清单,定期补足备用金时,借记"管理费用"等科目,贷记"库存现金"科目或"银行存款"科目。除了增加或减少和取消备用金外,平时企业内部各单位使用或报销有关备用金支出时不通过"备用金"科目核算。

【例 2-3】某企业的会计部门对总务部门建立了 800 元金额的备用金,以现金支付;月末总务部门报销购买办公用品的开支共计 300 元,以现金支付。会计处理如下:

(1)拨出备用金时:

借:备用金 800

贷:库存现金　800

(2)报销和补足备用金的会计分录为:

借:管理费用　300

贷:库存现金　300

【例2-4】承上例,企业财务部门因为管理需要决定取消定额备用金制度。总务部门持尚未报销的凭证200元和余款600元,到财务部门办理报销和交回备用金手续,会计处理如下:

借:库存现金　600

管理费用　200

贷:备用金　800

五、现金的清查

为了现金的安全,防止现金发生差错和丢失,保证账实相符,企业应定期和不定期地进行现金清查。"日清月结"是出纳员办理现金出纳业务的基本原则和要求,也是避免出现长款、短款的重要措施。所谓日清月结,就是出纳员办理现金出纳业务,必须做到按日清理,按月结账。现金清查,一般采用实地盘点法,就是清点库存现金的实有数额,并与账面现金结存额相核对。现金盘点时,会计主管人员和出纳员应同时在场。清查中发现挪用现金、白条抵库的情况,应及时予以纠正;对于超额留存的现金应及时送存银行。清查后,根据清查结果编制"现金盘点报告表",填写现金实存、账存和盈亏情况。

通过现金盘点发现现金短缺或溢余,未查明原因前,应通过"待处理财产损溢"科目核算。属于现金短缺的,应按实际短缺的金额,借记"待处理财产损溢——待处理流动资产损溢"科目,贷记"库存现金"科目;属于现金溢余的,按实际溢余的金额,借记"库存现金"科目,贷记"待处理财产损溢——待处理流动资产损溢"科目。待查明原因后做如下处理:

(1)如为现金短缺,属于应由责任人赔偿的部分,借记"其他应收款——应收现金短缺款(××个人)"或"库存现金"等科目,贷记"待处理财产损溢——待处理流动资产损溢"科目;属于应由保险公司赔偿的部分,借记"其他应收款——应收保险赔款"科目,贷记"待处理财产损溢——待处理流动资产损溢"科目;属于无法查明的其他原因,根据管理权限,经批准后处理,借记"管理费用——现金短缺"科目,贷记"待处理财产损溢——待处理流动资产损溢"科目。

(2)如为现金溢余,属于应支付给有关人员或单位的,应借记"待处理财产损溢——待处理流动资产损溢"科目,贷记"其他应付款——应付现金溢余(××单位或个人)"科目;属于无法查明原因的现金溢余,经批准后,借记"待处理财产损溢——待处理流动资产损溢"科目,贷记"营业外收入——现金溢余"科目。

【例2-5】A股份有限公司在2×18年第一季度末进行现金清查,清查时发现短缺现金200元。经查明原因,短缺现金应由出纳员王某赔偿50元,其余150元经批准作为管理费用。会计处理如下:

(1)短缺现金转入待处理：

借：待处理财产损溢——待处理流动资产损溢　　200

　贷：库存现金　　200

(2)查明原因，进行处理：

借：其他应收款——王某　　50

　管理费用——现金短缺　　150

　贷：待处理财产损溢——待处理流动资产损溢　　200

【例2-6】A股份有限公司在2×18年第二季度末进行现金清查，清查时发现现金多余300元。多余现金无法查明原因，经批准后转入营业外收入。会计处理如下：

(1)多余现金转入待处理：

借：库存现金　　300

　贷：待处理财产损溢——待处理流动资产损溢　　300

(2)多余现金经批准后转入营业外收入：

借：待处理财产损溢——待处理流动资产损溢　　300

　贷：营业外收入——现金溢余　　300

第二节　银行存款

银行存款是指企业存放在银行或其他金融机构的货币资金。在我国，银行存款包括人民币存款和外币存款。企业的银行存款既包括存在银行账户上的货币，也包括企业在结算中收到的现金支票、银行本票和银行汇票等。银行存款的流动性不及现金，但其结算用途广泛，是货币资金的主要组成部分。

一、银行存款账户的管理

企业根据业务需要，在其所在地银行开设账户，运用所开设账户进行存款、取款及各种收支转账业务。根据《银行账户管理办法》，企业存款账户分为四类，即基本存款账户、一般存款账户、临时存款账户和专用存款账户。

基本存款账户是存款人办理日常转账结算和现金收付需要开立的银行结算账户。例如，存款人的工资、奖金等现金的支取只能通过本账户办理。一个企事业单位只能选择一家银行的一个营业机构，开立一个基本存款账户。为了加强对基本存款账户的管理，企事业单位开立基本存款账户，要实行开户许可证制度，必须凭中国人民银行当地分支机构核发的开户许可证办理，企事业单位不得为还贷、还债和套取现金而多头开立基本存款账户；不得出租、出借账户；不得违反规定在异地取款和贷款而开设账户。任何单位和个人不得将单位的资金以个人名义开立账户存储。

一般存款账户是存款人因借款或其他结算需要，在基本存款账户开户银行以外的银行营业机构开立的银行结算账户。存款人可以通过本账户办理转账结算和现金缴存,但不能办理现金支取。企业不得在同一家银行的几个分支机构开立一般存款账户。

临时存款账户是存款人因临时经营活动需要并在规定期限内使用而开立的账户。存款人可以在设立临时机构、开展异地临时经营活动或注册验资时,申请开立临时存款账户。

专用存款账户是存款人按照法律、行政法规和规章,对其特定用途资金进行专项管理和使用而开立的银行结算账户。例如,存款人可以对基本建设基金、更新改造基金、社会保障基金等申请设立专项存款账户。

二、银行存款内部控制制度

根据《企业内部控制应用指引第6号——资金活动》的总体目标,企业应维护资金的安全与完整、防范资金活动风险、提高资金效益,以促进企业健康发展。据此,关于银行存款内部控制要点主要包括:

(1)企业应当严格按照《支付结算办法》等国家有关规定,加强对银行账户的管理,严格按照规定开立账户,办理存款、取款和结算。银行账户的开立应当符合企业经营管理的实际需要,不得随意开设多个账户,禁止企业内设管理部门自行开立银行账户。

(2)企业应当定期检查、清理银行账户的开立及使用情况,发现未经审批擅自开立银行账户或者不按规定及时清理、撤销银行账户等问题,应当及时处理并追究有关责任人的责任。

(3)企业应当加强对银行结算凭证的填制、传递及保管等环节的管理和控制。

(4)企业应当严格遵守银行结算纪律,不得签发没有资金保证的票据或远期支票,套取银行信用;不得签发、取得和转让没有真实交易和债权债务的票据;不得无理拒绝付款,任意占用他人资金;不得违反规定开立和使用银行账户。

(5)企业应当指定专人定期核对银行账户,每月至少核对一次,编制银行存款余额调节表,并指派对账人员以外的其他人员进行审核,确定银行存款账面余额与银行对账单余额是否调节相符。如调节不符,应当查明原因,及时处理。

(6)企业应当加强对银行对账单的稽核和管理。出纳人员不得同时从事银行对账单的获取、银行存款余额调节表的编制等工作。

三、银行存款结算方式的种类

根据中国人民银行有关支付结算办法规定,企业日常的经济业务通常要通过银行结算。主要方式包括支票结算、银行汇票结算、银行本票结算、商业汇票结算、信用卡结算、汇兑结算、委托收款结算、托收承付结算和信用证结算九种方式。企业采用的结算方式不同,其处理手续和相关会计核算会有所差异。

(一)支票

支票是单位或个人签发的,委托办理支票存款业务的银行在见票时无条件支付确定的金额给收款人或者持票人的票据。支票结算方式是同城结算中应用比较广泛的一种结算方式。单位和个人的同一票据交换区域的各种款项结算,均可以使用支票。

支票上印有“现金”字样的为现金支票,只能用于支取现金;印有“转账”字样的为转账支票,只能用于转账;未印有“现金”或“转账”字样的为普通支票,普通支票可以用于支取现金,也可以用于转账。在普通支票左上角划两条平行线的,为转账支票,只能用于转账,不能支取现金。支票的提示付款期限为自出票日起 10 日,中国人民银行另有规定的除外。转账支票可以根据需要在票据交换区域内背书转让。

企业财会部门在签发支票前,出纳人员应该仔细查明银行存款的账面余额,防止签发超过存款余额的空头支票。签发空头支票,银行除退票外,还将处以票面金额 5% 但不低于 1 000 元的罚款。持票人有权要求出票人赔偿支票金额 2% 的赔偿金。签发支票时,应使用蓝黑墨水或碳素墨水,将支票上的各种要素填写齐全,并在支票上加盖其预留银行印鉴。出票人预留银行的印鉴是银行审核支票付款的依据。银行也可以与出票人约定使用支付密码,作为银行审核支付支票金额的条件。

采用支票方式的,收款单位应将收到的支票,连同填制好的两联进账单一并送存银行,根据银行盖章退回的进账单第一联和有关原始凭证,编制收款凭证;付款单位向银行提交支票时,要同时填制三联进账单,并根据银行盖章退回的进账单(回单)第一联和有关凭证,编制付款凭证。

(二)银行汇票

银行汇票是汇款人将款项交存当地出票银行,由出票银行签发的,由其在见票时按照实际结算金额无条件支付给收款人或者持票人的票据。银行汇票的出票银行为银行汇票的付款人。单位或个人的各种款项结算,均可使用银行汇票。银行汇票具有使用灵活、票随人到、兑现性强,便于异地或同城结算等特点,适用于先收款后发货或钱货两清的商品交易。

银行汇票可以用于转账,填明“现金”字样的银行汇票也可以用于支取现金。银行汇票的付款期限为自出票日起 1 个月内。超过付款期限提示付款不获付款的,持票人须在票据权利时效内向出票银行做出说明,并提供本人身份证件或单位证明,持银行汇票和解讫通知向出票银行请求付款。

申请人使用银行汇票,应向出票银行填写“银行汇票申请书”,填明收款人名称、汇票金额、申请人名称、申请日期等事项并签章,签章为其预留银行的签章。申请人和收款人均为个人,需要使用银行汇票向代理付款人支取现金的,申请人须在“银行汇票申请书”上填明代理付款人名称,在“汇票金额”栏先填写“现金”字样,后填写汇票金额。申请人或收款人为单位的,不得在“银行汇票申请书”上填明“现金”字样。出票银行受理银行汇票申请书,收妥款项后签发银行汇票,并用压数机压印汇票金额,然后将银行汇票和解讫通知一并交给申请人。签发转账银行汇票,不得填写代理付款人名称,但由人民银行代理兑付银行汇票的商业银行,向设有分支机构地区签发转账银行汇票的除外。申请人应将银行汇票和解讫通知一并交付给汇票上记明的收款人。

申请人取得银行汇票后即可持银行汇票向填明的收款单位办理结算。银行汇票的收款人可以将银行汇票背书转让给他人。背书转让以不超过出票金额的实际结算金额为限,未填写实际结算金额或实际结算金额超过出票金额的银行汇票不得背书转让。

收款企业在收到付款单位送来的银行汇票时,应在出票金额以内,根据实际需要的款项办理,并将实际结算金额和多余金额准确、清晰地填入银行汇票和解讫通知的有关栏内，银行汇票的实际结算金额不得更改，更改实际结算金额的银行汇票无效。收款企业还应填写进账单并在汇票背面“持票人向银行揭示付款签章”处签章，签章应与预留银行的印鉴相同，然后将银行汇票和解讫通知、进账单一并交开户银行办理结算，银行审核无误后，办理转账。

（三）银行本票

银行本票是银行签发的，承诺自己在见票时无条件支付确定的金额给收款人或者持票人的票据。银行本票由银行签发并保证兑付，而且见票即付，具有信誉高，支付功能强等特点。现金银行本票只有当申请人和收款人均为个人才可申请办理，且只能向出票银行支取现金，还可以做成“委托收款”背书委托他人向出票银行提示付款。银行本票有定额本票和不定额本票，定额本票的面值有 1 000 元、5 000 元、10 000 元和 50 000元。银行本票的付款期限为自出票日起最长不超过 2 个月。银行本票可以根据需要在票据交换区域内背书转让。办法规定填明“现金”字样的银行本票可以挂失止付，未填明“现金”字样的银行本票不得挂失止付；银行本票丧失，失票人可以凭法院出具的其享有票据权利的证明，向出票银行请求付款或退款。

申请人使用银行本票，应向银行填写“银行本票申请书”，填明收款人名称、申请人名称、支付金额、申请日期等事项并签章。申请人和收款人均为个人需要支取现金的，应在“支付金额”栏先填写“现金”字样，后填写支付金额。申请人或收款人为单位的，不得申请签发现金本票。出票银行受理银行本票申请书，收妥款项签发银行本票。用于转账的，在银行本票上划去“现金”字样；申请人和收款人均为个人需要支取现金的，在银行本票上划去“转账”字样。不定额银行本票用压数机压印出票金额。出票银行在银行本票上签章后交给申请人。申请人应将银行本票交付给本票上记明的收款人。

收款人受理银行本票时，应审查下列事项：收款人是否确为本单位或本人；银行本票是否在提示付款期限内；必须记载的事项是否齐全；出票人签章是否符合规定，不定额银行本票是否有压数机压印的出票金额，并与大写出票金额一致；出票金额、出票日期、收款人名称是否更改，更改的其他记载事项是否由原记载人签章证明。收款人应在提示付款时在本票背面“持票人向银行提示付款签章”处加盖预留银行印鉴，同时填写进账单，连同银行本票一并交开户银行转账。收款人还可根据需要在票据交换区域内背书转让银行本票。

银行本票和银行汇票相比，不同之处表现在：①银行本票的付款期比银行汇票长，使用更灵活。②银行本票只能按票面金额办理全额结算。交易的实际金额与本票票面金额若有差额，由交易双方自行结清。③银行本票只能用于同城结算。

（四）商业汇票

商业汇票是出票人签发的，委托付款人在指定日期无条件支付确定的金额给收款人或者持票人的票据。在银行开立存款账户的法人以及其他组织之间须具有真实的交易关系或债权债务关系，才能使用商业汇票。商业汇票的付款期限由交易双方商定，但最长不得超过 6 个月。定期付款的汇票付款期限自出票日起计算，并在汇票上记载具体的到期日。出票后定期付款的汇票付款期限自出票日起按月计算，并在汇票上记载。商业汇票的提示付款期限为自汇票到期日起 10 日内。

商业汇票可以由付款人签发并承兑,也可以由收款人签发交由付款人承兑。定日付款或者出票后定期付款的商业汇票,持票人应当在汇票到期日前向付款人提示承兑。汇票未按规定期限提示承兑的,持票人丧失对其前手的追索权。付款人应当自收到提示承兑的汇票之日起3日内承兑或者拒绝承兑。付款人拒绝承兑的,必须出具拒绝承兑的证明。商业汇票可以背书转让。

符合条件的商业承兑汇票的持票人可持未到期的商业承兑汇票连同贴现凭证,向银行申请贴现。商业承兑汇票按承兑人不同分为商业承兑汇票和银行承兑汇票两种。

1. 商业承兑汇票

商业承兑汇票由银行以外的付款人承兑。商业承兑汇票按交易双方约定,由销货企业或购货企业签发,但由购货企业承兑。承兑时,购货企业应在汇票正面记载"承兑"字样和承兑日期并签章。承兑不得附有条件,否则视为拒绝承兑。商业承兑汇票由付款单位承兑。付款单位承兑时,无须填写承兑协议,也不通过银行办理,因而也就无须向银行支付手续费,只需在商业承兑汇票的第二联正面签署"承兑"字样并加盖预留银行的印鉴后,交给收款单位。由收款人签发的商业承兑汇票,应先交付款单位承兑,再交收款单位专类保管。

汇票到期时,购货企业的开户银行凭票将票款划给销货企业或贴现银行。销货企业应在提示付款期限内通过开户银行委托收款或直接向付款人提示付款。对异地委托付款的,销货单位可匡算邮程,提前通过开户银行委托收款。汇票到期时,如果购货企业的存款不足支付票款,开户银行应将汇票退还销货企业,由购销双方自行处理。商业承兑汇票到期,付款单位存款无款支付或不足支付时,付款单位开户银行将按规定按照商业承兑汇票的票面金额的5%收取罚金,不足50元的按50元收取,并通知付款单位送回委托收款凭证及所附商业承兑汇票。

2. 银行承兑汇票

银行承兑汇票由银行承兑,由开立存款户的存款人签发。承兑银行按照票面金额向出票人收取0.05%的手续费。采用银行承兑汇票结算方式,付款单位应于汇票到期前将票款足额交存开户银行,以供开户银行在汇票到期日见票付款;在收到银行的付款通知后,即可编制付款凭证。收款单位在汇票到期时,应将汇票连同进账单送交银行以便转账收款。如果银行承兑汇票在到期时付款企业不能足额交存票款,承兑银行负有无条件向持票人支付票款的责任,但应向付款单位每天按照票面金额的0.05%加收罚息。

采用商业汇票结算方式,可以使企业之间的债权债务关系表现为外在的票据,使商业信用票据化,加强了约束力,有利于维护和发展健康的经济环境。对于购货企业来说,因为可以延期付款,所以在资金暂时不足的情况下可以及时购进材料物资,保证生产经营顺利进行。对于销货企业来说,有助于其疏通商品渠道,扩大销售,促进生产。汇票经过承兑,信用较高,可以按期收回货款,防止拖欠;在急需资金时,还可以向银行申请贴现,融通资金,比较灵活。销货企业应根据购货企业的资金和信用情况的不同,选用商业承兑汇票或银行承兑汇票;购货企业应加强资金的计划管理,调度好货币资金,在汇票到期以前,将票款送存开户银行,保证按期承付。

(五)信用卡

信用卡是指商业银行向个人和单位发行的,凭以向特约单位购物、消费和向银行存取现金,且具有消费信用的特制载体卡片。

信用卡按使用对象分为单位卡和个人卡,按信誉等级分为金卡和普通卡。单位卡一律不得用于10万元以上商品交易、劳务供应款项的结算,不得支取现金;不得交存现金,不得将其他存款账户和销售收入的款项转入其账户,单位卡账户的资金一律从其基本存款账户转账存入,严禁将单位的款项存入个人卡账户。

信用卡在规定的限额和期限内允许善意透支,但为了加强信用卡的风险管理,对容易发生的问题作了一些强制性的规定。单位申请信用卡,应按发卡银行规定向发卡银行填写申请表,连同支票和进账单一并送交发卡银行,根据银行盖章退回的进账单第一联编制付款凭证。

(六)汇兑

汇兑是汇款人委托银行将其款项支付给收款人的结算方式。汇兑分信汇和电汇两种。信汇是指汇款人委托银行通过邮寄方式将款项划给收款人。电汇是指汇款人委托银行通过电报将款项划给收款人。汇兑结算方式适用于异地之间的商品交易、劳务供应、资金清缴、清理交易旧欠款等款项的结算。此外,企业汇给在外地出差人员进行临时采购的货款,也可以采用汇兑这种结算方式。

采用汇兑结算方式的,付款单位委托银行办理信汇时,应向银行填制一式四联信汇凭证,第一联回单,第二联借方凭证,第三联贷方凭证,第四联收账通知或代取款凭证,根据银行盖章退回的第一联信汇凭证,编制付款凭证。收款单位对于通过信汇的方式汇入的款项,应在收到银行的收款通知时,编制收款凭证。

付款单位委托银行办理电汇时,应向银行填制一式三联电汇凭证,第一联回单,第二联借方凭证,第三联发电凭证,根据银行盖章退回的第一联电汇凭证,编制付款凭证。收款单位对于通过电汇的方式汇入的款项,应在收到银行的收款通知时,编制收款凭证。

(七)委托收款

委托收款是收款人委托银行向付款人收取款项的结算方式。无论单位还是个人都可凭已承兑商业汇票、债券、存单等付款人债务证明办理收取同城或异地款项。委托收款还适用于收取电话费、电费等付款人众多、分散的公用事业费等有关款项。委托收款结算款项划回的方式分为邮寄和电报两种。

委托收款的全部结算过程,可以分为“托收”和“付款”两个阶段。具体程序是:收款单位根据足以证明委托收款的凭据,填写委托收款凭证并一同送交开户银行,经其开户银行审查后受理收款,并将有关凭证邮寄到付款单位开户银行;付款单位开户银行接到收款单位开户银行寄来的委托收款凭证,应及时通知付款单位;付款单位接到付款通知和有关附件,应在规定的付款期限内安排资金,及时付款。付款期限从付款单位开户银行发出付款通知的次日算起,一般为3天。付款单位在付款期限内未向银行提出异议,银行即视为同意付款,并在付款期满的次日将款项主动从付款单位账户内付出,按收款单位指定的划拨办法,划拨给收款单位。

采用委托收款结算方式，收款人办理委托收款时，采用邮寄划款的，应填制委托收款凭证。邮划委托收款凭证一式五联，第一联为回单，第二联贷方凭证，第三联借方凭证，第四联收账通知，第五联付款通知。采用电报划款时，收款单位应填制电划委托收款凭证。电划委托收款凭证一式五联，第一联为回单，第二联贷方凭证，第三联借方凭证，第四联发电依据，第五联付款通知。收款人在第二联委托收款凭证上签章后，将有关委托收款凭证和债务证明提交开户银行，在收到银行转来的收账通知时，编制收款凭证。付款单位根据收到的委托收款凭证和有关债务证明，编制付款凭证。

采用委托收款结算方式，不需要事先签订合同或协议，没有结算金额起点的限制，付款期限为3天；银行只代为收款，不监督付款，不起仲裁作用，发生纠纷由收付双方协商解决。这种结算方式较为灵活，但收回款项的保证性差。

（八）托收承付

托收承付是根据购销合同由收款人发货后委托银行向异地付款人收取款项，由付款人向银行承认付款的结算方式。办理托收承付必须是国有企业、供销合作社以及经营管理较好，并经开户银行审查同意的城乡集体所有制工业企业。办理托收承付结算的款项，必须是商品交易，以及因商品交易而产生的劳务供应的款项。代销、寄销、赊销商品的款项，不得办理托收承付结算。

托收承付款项划回方式分为邮寄和电报两种，每笔的结算金额起点为10 000元，新华书店系统每笔金额起点为1 000元。采用托收承付结算方式时，购销双方必须签有符合《中华人民共和国合同法》的购销合同，并在合同上订明使用托收承付结算方式。销售企业按照购销合同发货后，填写托收承付凭证，盖章后连同发运证件（包括铁路、航运、公路等运输部门签发的运单、运单副本和邮局包裹回执）或其他符合托收承付结算的有关证明和交易单证送交开户银行办理托收手续。

销货单位开户银行接受委托后，将托收结算凭证回联退给企业，作为企业进行账务处理的依据，并将其他结算凭证寄往购货单位开户银行，由购货单位开户银行通知购货单位承付款项。

购货单位收到托收承付结算凭证和所附单据后，应立即审核是否符合订货合同的规定。按照《支付结算办法》的规定，承付货款分为验单付款与验货付款两种。验单付款是指购货企业根据经济合同对银行转来的托收结算凭证、发票账单及代垫运杂费等单据进行审查无误后，即可承付款项。为了便于购货企业对凭证的审核和筹措资金，结算办法规定承付期为3天，从付款人开户银行发出承付通知的次日起（承付期内遇法定休假日顺延）。购货企业在承付期内，未向银行表示拒绝付款，银行即视为承付，并在承付期满的次日起（法定休假日顺延）上午银行开始营业时，将款项主动从付款人的账户内付出，按照销货企业指定的划款方式，划给销货企业。验货付款是购货企业等货物运达企业后对其进行检验，经检验其与合同完全相符后才承认付款。为了满足购货企业组织验货的需要，结算办法规定承付期为10天，从运输部门向购货企业发出提货通知的次日算起。承付期内购货企业未表示拒绝付款的，银行视为同意承付，于10天期满的次日上午银行开始营业时，将款项划给收款人。为了满足购货企业组织验货的需要，对收付双方在合同中明确规定，并在托收凭证上注明验货付款期限的，银行从其规定。

对于下列情况，付款人可以在承付期内向银行提出全部或部分拒绝付款：没有签订购货合同或购销合同未订明托收承付结算方式的款项；未经双方事先达成协议，收款人提前交货或因逾期交货付款人不再需要该项货物的款项；未按合同规定的到货地址发货的款项；代销、寄销、赊销商品的款项；验单付款的，发现所列货物的品种、规格、数量、价格与合同规定的不符，或货物一到，经查验货物与合同规定或发货清单不符的款项；验货付款，经查验货物与合同规定或与发货清单不符的款项；货款已经支付或计算错误的款项。付款人提出拒绝付款时，必须填写“拒绝付款理由书”并签章。

付款人开户银行对付款人逾期支付的款项，根据逾期付款金额和逾期天数，按每天0.05%计算逾期付款赔偿金。逾期付款天数从承付期满日算起。银行审查拒绝付款期间不算作付款人逾期付款，但对无理的拒绝付款而增加银行审查时间的，从承付期满日起计算逾期付款赔偿金。赔偿金实行定期扣付，每月计算一次，于次月3日内单独划给收款人。赔偿金的扣付列为企业销货收入扣款顺序的首位。付款人账户余额不足支付时，应列在工资之前，并对该账户采取“只收不付”的控制方法，直至足额扣付赔偿金后才准予办理其他款项的支付，由此产生的经济后果由付款人自负。

（九）信用证

信用证是指开证行依据申请人的申请开出的，凭符合信用证条款的单据支付的付款承诺，并明确规定该信用证为不可撤销、不可转让的跟单信用证。信用证属于银行信用，采用信用证支付，对销货方安全收回货款较有保障；对购货方来说，由于货款的支付以取得符合信用证规定的货运单据为条件，避免了预付货款的风险。因此，信用证结算方式在一定程度上解决了购销双方在付款和交货问题上的矛盾。

采用信用证结算方式的，付款人根据购销双方的贸易合同，请当地银行开立收款人为受益人的信用证，银行经审核同意并收取一定的保证金后即开具信用证，收款人接到信用证后履行贸易合同，开证行接到有关单据后向收款人付款，付款人再向开证行付款的结算方式。收款单位收到信用证后，即备货装运，签发有关发票账单，连同运输单据和信用证，送交银行，根据退回的信用证等有关凭证编制收款凭证；付款单位在接到开证行的通知时，根据付款的有关单据编制付款凭证。

上述各种结算方式的运用，需以加强结算纪律为保证。《支付结算办法》中规定了银行结算纪律，即不准签发没有资金保证的票据或远期支票，套取银行信用；不准签发、取得和转让没有真实交易和债权债务的票据，套取银行和他人资金；不准无理拒绝付款，任意占用他人资金；不准违反规定开立和使用账户等。企业必须严格遵守银行支付结算办法规定的结算纪律，保证结算业务的正常进行。

四、网络银行支付

网络银行，又称网上银行或在线银行，是指通过互联网平台，以信息技术和互联网技术为依托，向用户提供开户、销户、查询、对账、行内转账、跨行转账、信贷、网上证券、投资理财等各种金融服务的新型银行机构与服务形式，其为用户提供全方位、全天候、便捷、实时的快捷金融服务。网络银行支付是在银联在线支付平台完成支付的方式。

五、银行存款业务的会计核算

银行存款的核算包括序时核算和总分类核算。

(一)序时核算

为了逐日逐笔检查和监督银行存款的收入、支出和结余情况,应设置银行存款日记账。银行存款日记账应分账号设置,逐日逐笔顺序登记,每日结出余额。根据管理需要,可每天或定期编制银行存款日报、月报,并及时与银行对账单进行核对。如果有差额,必须逐笔查明原因进行处理,并按月编制"银行存款余额调节表"调节相符。有外币存款的企业,应分别按人民币和各种外币设置银行存款日记账。

(二)总分类核算

银行存款的总分类核算是为了总括反映和监督企业在银行开立结算账户的收支结存情况,核算时,应设置"银行存款"科目。该科目借方登记存款的增加数,贷方登记存款的减少数,借方余额表示银行存款的结余额。企业的外埠存款、银行本票存款、银行汇票存款等在"其他货币资金"科目核算,不在该科目核算。当企业将款项送存银行时,应借记"银行存款"科目,贷记"库存现金"科目;企业从银行提取现金时,应借记"库存现金"科目,贷记"银行存款"科目。企业因购销业务通过银行进行转账结算时,如果是购入原材料而支出货款等,借记"原材料"或"材料采购"等科目,贷记"银行存款"科目;如果是销售产品而收到货款等,借记"银行存款"科目,贷记"主营业务收入"等科目。

【例2-7】甲企业购入一批原材料,价格为2 000元,增值税进项税额为320元。生产加工后,销售给乙企业,销售价格为5 000元,增值税销项税额为800元。款项均通过银行收付。会计处理如下:

(1)购入原材料:

借:原材料	2 000
应交税费——应交增值税(进项税额)	320
贷:银行存款	2 320

(2)销售给乙企业:

借:银行存款	5 800
贷:主营业务收入	5 000
应交税费——应交增值税(销项税额)	800

六、银行存款的清查

为加强对银行存款的管理,企业应当至少每月将银行日记账余额和银行对账单余额进行核对。以便及时控制和检查企业与银行所作存款记录是否正确,查明企业银行存款的实际余额,保证存款的安全。

(一)银行存款余额差异存在的原因

一般情况下,企业银行存款日记账的余额与银行对账单的余额往往不一致。原因有两种:一是银行和企业的一方或双方记账错误;二是存在未达账项。对于原因一,属于企业自身错误的,应马上更正;属于银行错误的,应及时通知银行并协调解决。除此以外尚未勾对的金额,作为未达账项处理。所谓未达账项,是指企业与银行之间由于各种收付款结算凭证在企业与银行之间传递时,存在一定的时间差异,而导致一方已记账而另一方尚未记账的款项。其包括以下四种情况:

第一,企业已收款记账,银行尚未收款记账,导致企业银行存款日记账余额大于银行对账单余额。

第二,企业已付款记账,银行尚未付款记账,导致企业银行存款日记账余额小于银行对账单余额。

第三,银行已收款记账,企业尚未收款记账,导致银行对账单余额大于企业银行存款日记账余额。

第四,银行已付款记账,企业尚未付款记账,导致银行对账单余额小于企业银行存款日记账余额。

(二)银行存款余额调节表的编制

企业银行存款日记账余额与银行对账单余额的差异,可通过编制银行存款余额调节表进行调节,以调整已发现的记账错误和未达账项对余额不一致的影响,并通过核对调节后余额是否一致,进一步检查企业银行存款记录的正确性。

银行存款余额调节表有两种格式。一种格式是以企业银行存款日记账余额(或银行对账单余额)为起点,加减调整项目,调整到银行对账单余额(或银行存款日记账余额)。另一种格式是分别以企业银行存款日记账余额和银行对账单余额为起点,加减各自的调整项目,分别得出两个调节后的余额。我国企业在会计实务中较多地采用第二种格式。

【例2-8】2×18年8月31日永乐公司收到开户银行对账单,银行存款余额为176 940元,企业银行存款日记账余额为160 000元。经逐项核对,发现以下未达账项:

(1)企业收到明达公司支票5 000元已入账,银行尚未记账。

(2)企业签发用于支付兴旺公司货款的转账支票4 000元,银行尚未入账。

(3)企业委托银行收取的18 000元货款已到账,企业尚未入账。

(4)银行收取企业银行业务手续费60元,企业尚未入账。

企业对上述未达款项编制银行存款余额调节表如表2-1所示。

表2-1 银行存款余额调节表

2×18年8月31日　　单位:元

项　目	金　额	项　目	金　额
企业银行存款日记账余额	160 000	银行对账单余额	176 940
加:银行已收企业未收款项	18 000	加:企业已收银行未收款项	5 000
减:银行已付企业未付款项	60	减:企业已付银行未付款项	4 000
调节后余额	177 940	调节后余额	177 940

需要说明的是,银行存款余额调节表用于核对企业与银行的记账有无差错,而不能

用来作为记账依据。对因未达账项导致的差异,无须作任何账面调整,待结算凭证到达后登记入账。

第三节　其他货币资金

其他货币资金是指企业除库存现金和银行存款以外的各种货币资金,主要包括银行汇票存款、银行本票存款、信用证保证金存款、信用卡存款、存出投资款、外埠存款等。企业需要设置"其他货币资金"科目以集中反映这些资金,并表明它与现金和银行存款有区别。

一、银行汇票存款

银行汇票存款是企业为取得银行汇票,按照规定存入银行的款项。有关核算内容和方法如下:

(1)委托银行开具银行汇票。企业向银行提交"银行汇票委托书",并将款项交存开户银行。企业取得银行汇票后,根据委托书存根联编制付款凭证。借记"其他货币资金——银行汇票"科目,贷记"银行存款"科目。

(2)使用银行汇票支付货款。根据发票等所列实际金额,借记"在途物资"或"材料采购""应交税费——应交增值税(进项税额)"等科目,贷记"其他货币资金——银行汇票"科目。

【例2-9】甲公司为取得银行汇票,将50 000元款项交给开户行。数日后甲企业使用银行汇票采购材料,发票价税共计金额46 400元,交易完成后将汇票余额退还开户银行。会计处理如下:

(1)取得银行汇票时:

借:其他货币资金——银行汇票	50 000	
贷:银行存款		50 000

(2)采购材料并取得发票时:

借:材料采购	40 000	
应交税费——应交增值税(进项税额)	6 400	
贷:其他货币资金——银行汇票		46 400

(3)将余额退回开户银行时:

借:银行存款	3 600	
贷:其他货币资金——银行汇票		3 600

二、银行本票存款

银行本票存款是指企业为取得银行本票,按规定存入银行的款项。有关核算方法和内容如下:

（1）委托银行开具银行本票。企业向银行提交“银行本票申请书”，并将款项交存开户银行。企业取得银行本票后，根据申请书存根联编制付款凭证。借记“其他货币资金——银行本票”科目，贷记“银行存款”科目。

（2）企业用银行本票支付购货款后，应根据发票等有关凭证，借记“在途物资”“材料采购”“应交税费——应交增值税（进项税额）”等相关科目，贷记“其他货币资金——银行本票”科目。按照规定，银行本票只能按票面金额办理全额结算。如果实际进货金额小于银行本票面值，差额作为“应收账款”核算，之后与供货单位另行结算。

（3）银行本票使用完毕，应转销“其他货币资金——银行本票”科目。如果实际采购支付后银行本票有余额，余款收回应借记“银行存款”科目，贷记“应收账款”科目。

（4）企业因银行本票超过付款期等原因而要求退款的，会计处理与开出银行本票相反。

【例2－10】甲公司为取得银行本票，将30 000元款项交与银行，并与数日后使用汇票购买商品，发票价税共计金额23 200元，之后将余额退还开户银行。相关会计处理如下：

（1）取得银行汇票：

借：其他货币资金——银行本票	30 000	
贷：银行存款		30 000

（2）购买商品并取得发票：

借：在途物资	20 000	
应交税费——应交增值税（进项税额）	3 200	
应收账款	6 800	
贷：其他货币资金——银行本票		30 000

（3）余款退回开户银行：

借：银行存款	6 800	
贷：应收账款		6 800

三、信用卡存款

信用卡存款是指企业为取得信用卡而存入银行信用卡专户的款项。企业申请使用信用卡时，应按规定填制申请表，连同支票和有关资料一并交送发卡银行，根据银行盖章退回的进账单第一联，借记“其他货币资金——信用卡”科目，贷记“银行存款”科目。企业用信用卡购物或支付有关费用，借记有关科目，贷记“其他货币资金——信用卡”科目。企业信用卡在使用过程中，需要向其账户续存资金的，借记“其他货币资金——信用卡”科目，贷记“银行存款”科目。

【例2－11】甲公司向招商银行申请信用卡，按要求于5月1日向银行交存备用金3万元，5月4日使用信用卡支付4月的电话费1万元。相关会计处理如下：

（1）开立信用卡时：

借：其他货币资金——信用卡	30 000	
贷：银行存款		30 000

(2)支付电话费时:

借:管理费用　　10 000

　贷:其他货币资金——信用卡　　10 000

四、信用证保证金存款

信用证保证金存款是指采用信用证结算方式的企业为取得信用证而按规定存入银行信用证保证金专户的款项。企业申请使用信用证进行结算时,应按规定向银行提交开证申请书、信用证申请人承诺书和购销合同。企业向银行交纳保证金,根据银行盖章退回的"信用证委托书"回单,借记"其他货币资金——信用证保证金"科目,贷记"银行存款"科目。企业收到供货单位信用证结算凭证及所附发票账单,经核对无误后,借记"在途物资"(或"原材料""库存商品")、"应交税费——应交增值税(进项税额)"等科目,贷记"其他货币资金——信用证保证金"科目。

【例2-12】甲公司委托中国银行开出1 000美元信用证,2×18年6月6日开出信用证时,外汇牌价为1美元兑换6.9元人民币,7月2日购买材料动用信用证存款共计金额500美元,然后将未用完的信用证存款及时转回银行。相关会计处理如下:

(1)委托中国银行开出信用证时:

借:其他货币资金——信用证保证金　　6 900

　贷:银行存款——美元户　　6 900

(2)购买材料时(假设不考虑相关税费):

借:材料采购　　3 450

　贷:其他货币资金——信用证保证金　　3 450

(3)将未用完的信用证存款转回银行:

借:银行存款——美元户　　3 450

　贷:其他货币资金——信用证保证金　　3 450

五、存出投资款

存出投资款是指企业已存入证券公司但尚未进行投资的货币资金。企业向证券公司划出资金时,应按实际划出的金额,借记"其他货币资金——存出投资款"科目,贷记"银行存款"科目。购买股票、债券等时,按实际发生的金额,借记"交易性金融资产""持有至到期投资"等科目,贷记"其他货币资金——存出投资款"科目。

六、外埠存款

外埠存款是企业到外地进行临时或零星采购时,汇往采购地银行开立采购专户的款项。企业汇出款项时,应填写汇款委托书,加盖"采购资金"字样,委托开户银行办理汇款。汇入地银行对汇入的采购款项,以汇入单位名义开立采购账户,该账户不计利息、只付不收、付完清户,除采购人员差旅费可以支取少量现金外,一律采用转账结算。

企业将款项委托当地银行汇往采购地开立专户时,根据汇出款项凭证,编制付款凭证,进行账务处理,借记"其他货币资金——外埠存款"科目,贷记"银行存款"科目。外出采购人员报销用外埠存款支付材料的采购货款等款项时，企业应根据供应单位发票账单等报销凭证，编制付款凭证，借记“在途物资”（或“原材料”“库存商品”）、“应交税费——应交增值税（进项税额）”等科目，贷记“其他货币资金——外埠存款”科目。

【例2－13】甲公司于2×18年6月7日为临时采购需要在采购地的工商银行开设外埠存款账户，存入8 000元，6月20日采购员交来供货单位发票，货物金额为6 000元，增值税960元，货物尚未收到，6月25日将多余的资金1 040元转回原开户银行。会计处理如下：

(1)6月7日，开设外埠存款账户：

借：其他货币资金——外埠存款	8 000	
贷：银行存款		8 000

(2)6月20日，收到供货单位发票：

借：材料采购	6 000	
应交税费——应交增值税（进项税额）	960	
贷：其他货币资金——外埠存款		6 960

(3)6月25日，多余的资金1 040元转回原开户银行：

借：银行存款	1 040	
贷：其他货币资金——外埠存款		1 040

本章小结

货币资金包括库存现金、银行存款及其他货币资金等，是企业资产中重要的组成部分，并且是企业流动性最强的资产。加强货币资金的管理，保证货币资金的安全性和完整性，对企业具有十分重要的意义。

企业和个人应当严格执行国家《现金管理暂行条例》、库存现金限额制度，并严控现金收支的相关规定，确保库存现金的安全完整。同时，为了现金的安全，防止现金发生差错和丢失，保证账实相符，企业应定期和不定期地进行现金清查，做到“日清月结”。银行结算的方式包括支票、银行汇票、银行本票、商业汇票、汇兑、委托收款、托收承付、信用卡和信用证等九种方式，银行存款控制和管理的重点即是企业银行存款的开立和使用，以及对银行转账结算方式的合理选择和使用。银行存款的核算包括序时核算和总分类核算。企业对其他货币资金的管理主要体现在根据业务需要合理选择结算工具，对逾期尚未办理结算的银行本票等结算方式的余款及时转回。

思考题

1. 与企业其他资产相比,货币资金有何特点?
2. 货币资金内部控制的主要内容有哪些?
3. 什么是备用金制度? 如何进行定额备用金制度的管理和核算?
4. 银行转账结算方法有哪些?
5. 其他货币资金的核算内容包括哪些? 各类其他货币资金的核算要点是什么?

练习题

【资料】M 企业 2×18 年 5 月发生以下经济业务:

(1)业务员小张预借差旅费 1 000 元,开出现金支票,出差回来后报销费用 850 元,余款返还会计部门。

(2)委托开户银行汇往外地某开户行 80 000 元开立临时采购户。本月采购材料价款 60 000 元,增值税税率 16%,所购材料入库,余额退回。

(3)收到开户银行转来的信用卡存款 3 000 元的付款凭证及所附购办公用品 2 520 元的发票账单。

(4)M 企业为总务部门核定备用金定额 1 000 元,以现金支票支付。

(5)总务部门报销购买办公用品 900 元,以现金付讫。

(6)期末盘点发现现金短缺 50 元,经批准计入当期损益。

【要求】编制 M 企业相关会计分录。

第三章

应收款项

本章学习目的

通过本章学习，掌握应收账款总价法的核算、带息与不带息应收票据的核算、预付账款及其他应收款的核算、坏账准备的核算，了解应收票据贴现、背书转让、应收账款的净价法的核算。

本章重点与难点

本章重点是应收账款总价法的核算、带息与不带息应收票据的核算、预付账款及其他应收款的核算、坏账准备的核算。本章难点是应收票据贴现的核算。

第一节　应收账款

一、应收账款的定义和特征

应收账款是指企业因销售商品、产品或提供劳务等，应向购货单位或接受劳务的单位收取的款项，包括应收的货款、销项增值税、代垫款项等。应收账款一般占应收项目的比重较大，是企业一项重要的流动资产，它能否及时、如数收回，影响到企业资金的周转速度。对应收账款进行科学的管理与核算，可以为企业管理信用风险、制定信用政策和收入政策提供依据，加速资金周转，提高资金使用效率，降低坏账风险，减少坏账损失。

应收账款具有以下特点：①应收账款是企业因赊销活动形成的一项债权，非销售活动引起的应收款项不属于应收账款的核算范围；②采用票据化形式的应收款项不属于应收账款，在“应收票据”科目进行核算；③应收账款属于流动性质的债权。

本章应收账款仅指未包含《企业会计准则第 14 号——收入》所定义的重大融资成分或根据《企业会计准则第 14 号——收入》规定不考虑不超过一年的合同中的融资成分的应收账款。

二、应收账款的确认和初始计量

（一）应收账款的确认

应收账款的确认应符合以下条件：①商品或劳务已经提供给顾客，即交易已经发生；②已经取得收取现金的权利。

（二）应收账款的初始计量

1. 一般情况下应收账款的初始计量

从理论上来讲，由于应收账款从发生到收回一般要经过一定的期间，所以应该以未来可收回金额的现值作为入账价值。但由于应收款项从发生到收回的期限较短，不超过一年或不超过大于一年的一个营业周期，其现值与交易发生日的成交价格之间差异不会太大，并且现值的计算比较复杂，基于成本效益原则，应收账款也可以以交易发生日的实际成交价格进行计量，不会影响到会计的信息质量。

实际成交价格包括应向购货方收取的货款、销项增值税及其他代垫款项等。

【例 3－1】某国有工业企业销售产品 10 000 元，适用的增值税税率为 16%，代购货方垫运杂费 100 元。

该企业应收账款的入账金额＝10 000＋10 000×16%＋100＝11 700（元）

2. 存在折扣情况下应收账款的初始计量

企业在销售过程中可能会涉及的有关折扣包括商业折扣和现金折扣。

（1）商业折扣。所谓商业折扣，是指购买企业可以从货品价目单上规定的价格中扣减的一定数额。此项扣减数通常用百分数来表示，如 5%，15%，20% 等，扣减后的净额才是实际销售价格。

商业折扣作为促销手段有利于扩大商品、产品的销路，增加销量，提高盈利水平。不仅如此，企业还可以通过采用商业折扣的办法，灵活掌握销售价格而不需重新编制商品价目表，有了商业折扣，如果要变动商品售价，只要提高或降低折扣即可，从而避免商品价目表中的价格变动频繁。

在存在商业折扣的情况下，企业应收账款入账金额应按扣除商业折扣以后的实际售价加以确认，应收销项增值税按扣除商业折扣以后的实际售价乘以适用税率计算。

【例3-2】某企业出售甲产品，销售价为每件1 000元，购买20件以上，可以享受10%的商业折扣。某公司购买50件。增值税税率为16%。

应收货款的计算方法是：

价格表上的销售价格	(1 000×50)50 000
折扣率10%	5 000
成交价格	45 000

$$应收销项增值税=45\ 000\times16\%=7\ 200(元)$$

$$应收账款的入账金额=45\ 000+7\ 200=52\ 200(元)$$

由于商业折扣一般在交易发生时即已确定，商业折扣仅仅是确定实际销售价格的一种手段，不在买卖任何一方的账上进行反映。所以，商业折扣对应收账款入账金额的确认并无实质性影响。

(2)现金折扣。所谓现金折扣，是指企业为了鼓励客户在一定时期内早日偿还货款而给予的一种折扣优惠。现金折扣一般用符号“折扣/付款期限”表示。如折扣的条件为2/10，1/20，N/30，表示付款期为30天，如果在10天内付款可享受2%的现金折扣，如果在20天内付款可享受1%的折扣，超过20天就要全价付款。企业在赊销商品时向对方提供现金折扣，目的在于提前收回货款，加速资金周转。对于购货方来讲，提前付款享受现金折扣等于得到了一笔理财收入；如果放弃现金折扣，则相当于一笔利息损失。因为现金折扣所代表的利息率远远高于银行贷款的利息率，所以，除非购货企业资金特别紧张，一般不会放弃现金折扣。现金折扣对于销货企业来讲，它使企业应收账款的实际数额随着客户付款的是否及时而异。例如，一笔65 000元的赊销账款，规定的销货折扣条件为2/10，1/20，N/30。假使客户于10天内付款，扣2%的折扣后，应收账款的数额为63 700元；如果客户于20天内付款，应收账款的数额为64 350元；如果客户在20天后付款，应收账款就须全部计算，数额为65 000元。由此可见，现金折扣影响应收账款收款金额。在现金折扣的情况下，应收账款入账金额的确认有两种处理方法可供选择，一种是总价法，另一种是净价法。

总价法是将未减现金折扣前的金额作为实际售价，记入应收账款的入账金额的方法。这种方法把现金折扣理解为鼓励客户提早付款而获得的经济效益。销售方给予客户的现金折扣，从融资角度出发，属于一种理财费用，会计上应当作为财务费用处理。总价法可以较好地反映销售的总过程，但如果客户享受现金折扣，则可能高估应收账款和销售收入。例如，期末结账时，有些应收账款还没有超过折扣期限，企业无法确切地知道客户是否会享受现金折扣,如果有一部分可能会享受折扣,而账上并未作反映,结果便虚增了应收账款的余额。

净价法是将扣减现金折扣后的金额作为实际售价,据以记作应收账款的入账金额的方法。这种方法把客户取得折扣视为正常现象,认为一般客户都会提前付款,而将由于客户超过折扣期限而多收入的金额,视为提供信贷获得的收入,于收到账款时入账,作为冲减财务费用处理。净价法可以避免总价法的不足,但在客户没有享受现金时,由于账上以净额入账,所以必须再查对原销售总额。期末结账时,对已经超过期限尚未付款的应收账款,按客户未享受的现金折扣进行调整,操作起来比较麻烦。

我国现行制度规定,企业在赊销商品时如果存在现金折扣,采用总价法核算应收账款,即应收账款应以未减去现金折扣的金额作为入账价值,当客户在折扣期内付款,实际发生了现金折扣时,将这笔现金折扣作为企业的一项融资费用,计入财务费用。

三、应收账款的会计处理

为了总括地反映和监督应收账款的增减变动及结存情况,应设置"应收账款"总账科目。该科目属于资产类,借方登记应向购货单位或接受劳务单位收回的价款及代垫运杂费等,贷方登记已收回的各种应收账款,期末余额在借方,表示企业尚未收回的应收账款。

为了清楚地反映企业同购货单位或接受劳务单位应收账款的详细情况,以便于及时向债务人催收账款,加速企业资金的周转,企业还应在"应收账款"下按不同的购货单位或接受劳务单位设置明细,进行明细分类核算。

(一)不存在折扣条件下应收账款的会计处理

企业发生的应收账款,在不存在折扣的情况下,按全部的应收金额,借记"应收账款"科目,按确认的销售收入,贷记"主营业务收入""其他业务收入"等科目,按确认的销项增值税,贷记"应交税费——应交增值税(销项税额)"科目。

【例 3-3】某企业销售一批产品,成交价为 80 000 元,适用的增值税税率为 16%。会计处理如下:

(1)办妥托收银行收款手续时:

借:应收账款	92 800	
贷:主营业务收入		80 000
应交税费——应交增值税(销项税额)		12 800

(2)收到货款时:

借:银行存款	92 800	
贷:应收账款		92 800

(二)存在折扣条件下应收账款的会计处理

1. 存在商业折扣的情况下应收账款的会计处理

企业发生的应收账款,在存在商业折扣的情况下,应按扣除商业折扣后的金额,借记“应收账款”科目，按确认的销售收入，贷记“主营业务收入”“其他业务收入”等科目，按确认的销项增值税，贷记“应交税费——应交增值税（销项税额）”科目。

【例3-4】某企业销售一批产品，按价目表标明的价格计算，金额为60 000元，由于是成批销售，销货方给购货方20%的商业折扣，金额为12 000元，适用增值税税率为16%。会计处理如下：

（1）销售时：

借：应收账款　　55 680

　贷：主营业务收入　　48 000

　　　应交税费——应交增值税（销项税额）　　7 680

（2）收到货款时：

借：银行存款　　55 680

　贷：应收账款　　55 680

2. 存在现金折扣的情况下应收账款的会计处理

企业发生的应收账款在有现金折扣的情况下，采用总价法入账，发生的现金折扣作为财务费用处理。按应收账款的总金额，借记“应收账款”科目，按确认的销售收入，贷记“主营业务收入”“其他业务收入”等科目，按确认的销项增值税，贷记“应交税费——应交增值税（销项税额）”科目。收款时，按实际收款额，借记“银行存款”科目，按确认的现金折扣，借记“财务费用”科目，按原记录的应收账款，贷记“应收账款”科目。

【例3-5】某企业销售产品不含税售价为80 000元，成本为71 000元，现金折扣条件为2/10，1/20，N/30，计算现金折扣时考虑增值税，双方均为增值税一般纳税人，增值税税率为16%。会计处理如下：

（1）企业办妥托收手续时：

借：应收账款　　92 800

　贷：主营业务收入　　80 000

　　　应交税费——应交增值税（销项税额）　　12 800

借：主营业务成本　　71 000

　贷：库存商品　　71 000

（2）在10天内收到货款时：

借：银行存款　　90 944

　　财务费用　　1 856

　贷：应收账款　　92 800

（3）如在20天内收到货款时：

借：银行存款　　91 872

　　财务费用　　928

　贷：应收账款　　92 800

（4）如果在30天内付款：

借：银行存款　　92 800

贷:应收账款 92 800

第二节 应收票据

一、应收票据的定义及分类

(一)应收票据的定义

应收票据是指企业销售商品、提供劳务等持有的、尚未到期的商业汇票。商业汇票是指收款人或付款人(或承兑申请人)签发,由承兑人承兑,并于到期日向收款人或被背书人支付款项的票据。它是交易双方以商品购销业务为基础而使用的一种信用凭证。

(二)应收票据的分类

商业汇票按承兑人的不同,分为商业承兑汇票和银行承兑汇票。

应收票据以一年期为限来划分,可以分为短期票据和长期票据。

票据按照是否计息来划分,可以分为带息票据和不带息票据两种。

带息票据指注明利率及付息日期的票据,在票据到期时,承兑人必须按票面金额加上应计利息向收款人或被背书人支付票据款的商业汇票。不带息票据是指票据到期时按面额支付,票据上无利息的规定,但实际上票面金额的确定已经包含了利息因素的票据。

二、应收票据的确认和计量

企业一般应在商业汇票开出时确认应收票据。

应收票据的计量包括应收票据的初始计量和期末计量。其中,关于应收票据期末计价中涉及的减值问题,在本章第四节中学习。

应收票据的初始计量即入账价值的确定方法有两种,即按现值计价和按面值计价。按现值计价是以商业票据未来现金流量的现值作为应收票据的入账价值。按面值计价是以商业票据的票面价值作为应收票据的入账价值。从理论上来讲,考虑到时间价值等因素对票面价值的影响,应收票据的计量采用现值法是比较科学的。但在各国会计实务中,由于营业活动所产生的应收票据期限一般不长,其现值与面值的差异一般不大,因此,从重要性原则及成本效益原则考虑,一般短期的应收票据(一年以内)采用面值法计量,而借贷活动产生的应收票据及营业活动产生的长期应收票据采用现值法进行计量。

我国现行制度规定,应收票据按面值计价入账。这是因为,借贷活动不采用票据的形式,商业票据期限也较短,利息金额不大,已将利息包括在票面金额之内,很少采用长期应收票据。为简化核算工作,应收票据一般以商业汇票的面值作为入账价值。

三、应收票据的会计处理

(一)科目设置

为了总括地反映和监督应收票据的增减变动和结存情况,企业应设置“应收票据”

科目进行总分类核算。“应收票据”属于资产类，借方登记企业因销售产品或提供劳务而收到的商业汇票的面值及应计利息，即应收票据的增加数；贷方登记商业汇票到期收回、向银行贴现或背书转让以及到期没有收回款项而转为应收账款的金额，即应收票据的减少数；期末余额在借方，表示企业所持有的尚未到期的应收票据。在“应收票据”一级科目下，企业还应按商业汇票的种类分别设置明细账户，进行明细分类核算。

为了便于分析应收票据的具体情况，加强应收票据的管理，企业应设置“应收票据备查簿”，逐笔登记每一应收票据的种类、号数和出票日期、票面金额、交易合同号和付款人、承兑人、背书人的姓名或单位名称、到期日期和利率、贴现日期、贴现率和贴现净额，以及收款日期和收回金额等资料，应收票据到期结清票款后，应在备查簿内逐笔注销。

（二）不带息应收票据的会计处理

不带息应收票据的到期价值等于应收票据的面值。企业收到商业汇票时，借记“应收票据”科目，贷记“应收账款”“主营业务收入”“应交税费——应交增值税（销项税额）”等科目。应收票据到期收回票面金额，借记“银行存款”科目，贷记“应收票据”科目。商业承兑汇票到期，承兑人违约拒付或无力偿还票款，收款企业应将到期票据的票面金额从“应收票据”科目转入“应收账款”科目。

【例3－6】甲企业向乙企业销售产品一批，不含增值税价款为200 000元，尚未收到，已办妥托收手续，适用增值税税率为16%，会计处理如下：

（1）办妥托收手续时：

借：应收账款　　232 000
　贷：主营业务收入　　200 000
　　应交税费——应交增值税（销项税额）　　32 000

（2）5日后，甲企业收到乙企业寄来一份6个月的商业承兑汇票，面值为232 000元，抵付产品货款：

借：应收票据　　232 000
　贷：应收账款　　232 000

（3）6个月后，应收票据到期收回票面金额232 000元存入银行：

借：银行存款　　232 000
　贷：应收票据　　232 000

（4）如果该票据到期，乙企业无力偿还票款，甲企业应将到期票据的票面金额转入“应收账款”：

借：应收账款　　232 000
　贷：应收票据　　232 000

（三）带息应收票据的会计处理

1. 带息应收票据利息的计算

对于带息应收票据到期，应当计算票据利息。票据利息计入财务费用。其计算公式如下：

$$应收票据利息 = 应收票据票面金额 \times 利率 \times 时间$$

上式中，利率一般以年利率表示，时间则用月或日表示，在实际业务中，为了计算方便,常把一年定为360天。如果票据期限按月表示,应以到期月份中与出票日相同的那一天为到期日,同时计算利息使用的利率要换算成月利率(年利率÷12)。例如,一张应收票据的面额为100 000元,利率为8%,出票日为5月15日,3个月到期,则到期日应为8月15日,应收利息为2 000元,即:应收票据利息=100 000×8%×3÷12=2 000(元)。如果时间以日表示,则计算利息时必须采用精确的日数。例如,一张应收票据面值为80 000元,利率9%,80天到期,票据的出票日为8月1日,它的到期日应为10月20日,则:应收票据利息=10 000×9%×80÷360=200(元)。

票据期限按日表示时,应从出票日起按实际经历天数计算。通常出票日和到期日,只计算其中的一天,即"算头不算尾"或"算尾不算头"。同时计算利息使用的利率,要换算成日利率(年利率÷360)。

【例3-7】某商业汇票2×18年7月18日出票,60天到期,求该商业汇票到期日。

"算头不算尾":

7月:31-18+1=14天;8月:31天;9月:15天;合计:60天。

"算尾不算头":

7月:31-18=13天;8月:31天;9月:16天;合计:60天。

所以到期日为2×18年9月16日。

2. 利息的确认时间

带息应收票据利息的确认,实务中应区分两种情况:一种情况是票据的有效期不经过中期期末或年末,另一种情况是票据的有效期经过中期期末或年末。对于第一种情况,当票据到期收到票据的利息时确认利息;在第二种情况下,应在中期期末、年末及票据到期时确认利息。

3. 会计处理

企业因销售商品、提供劳务收入等收到商业汇票时,应按商业汇票的面值,借记"应收票据"科目,贷记"应收账款""主营业务收入""应交税费——应交增值税(销项税额)"等科目。计提利息时,借记"应收票据"科目,贷记"财务费用"科目。应收票据到期收回本息,借记"银行存款"科目,贷记"应收票据"科目。商业承兑汇票到期,承兑人违约拒付或无力偿还票款,收款企业应按票据的到期值从"应收票据"科目转入"应收账款"科目。

【例3-8】某企业于2×18年8月1日销售一批产品,款项合计58 500元,收到一张3个月到期,年利率为10%,票面金额为58 500元的商业承兑汇票。会计处理如下:

(1)收到商业承兑汇票时:

借:应收票据	58 500	
贷:主营业务收入		50 431.03
应交税费——应交增值税(销项税额)		8 068.97

(2)3个月后,应收票据到期,企业收回票据本金和利息,存入银行:

应收票据利息=58 500×10%×3÷12=1 462.5(元)

借:银行存款	59 962.5	
贷:应收票据		58 500

财务费用　1 462.5

【例3－9】企业收到一张2×17年9月30日签发的6个月期限，票面金额300 000元，票面利率9%的带息票据用于偿还前欠货款，会计处理如下：

(1)企业收到票据时：

借：应收票据　300 000

贷：应收账款　300 000

(2)当年年末时计算3个月利息为：

$$300\ 000 \times 9\% \times 3 \div 12 = 6\ 750(\text{元})$$

借：应收票据　6 750

贷：财务费用　6 750

(3)2×18年3月31日收到票款时：

借：银行存款　313 500

贷：应收票据　306 750

财务费用　6 750

(四)应收票据转让的会计处理

应收票据转让是指企业可以将自己持有的未到期的商业汇票背书后转让给其他单位或个人的业务活动。背书是指持票人在票据背面签字，签字人称为背书人，背书人对票据的到期付款负连带责任。

企业将持有的不带息应收票据背书转让，以取得所需物资时，按计入物资成本的价值，借记"材料采购""原材料"等科目，按取得的专用发票上注明的增值税，借记"应交税费——应交增值税(进项税额)"，按应收票据的面值，贷记"应收票据"，如有差额，借记或贷记"银行存款"等科目。

企业将持有的带息应收票据背书转让，以取得所需物资时，按计入物资成本的价值，借记"材料采购""原材料"等科目，按取得的专用发票上注明的增值税，借记"应交税费——应交增值税(进项税额)"，按应收票据背书转让日的账面价值，贷记"应收票据"，按应收或应付的金额，借记或贷记"银行存款"科目。

【例3－10】2×18年5月1日某公司取得一张4月30日签发、面值120 000元、期限为6个月、票面利率为10%的商业承兑汇票。同年7月1日，该公司将该汇票背书转让给A企业以向其购得一批原材料，该批原材料的价值为80 000元，增值税专用发票注明的增值税税额为12 800元，差额款项转入银行存款。会计处理如下：

由于6月30日票据已经计提利息，所以背书转让时：

$$\text{票据账面价值} = 120\ 000 + 120\ 000 \times 10\% \times 2 \div 12 = 122\ 000(\text{元})$$

$$\text{票据到期价值与采购款的差额} = 122\ 000 - (80\ 000 + 12\ 800)$$

$$= 122\ 000 - 92\ 800 = 29\ 200(\text{元})$$

借：材料采购　80 000

应交税费——应交增值税(进项税款)　12 800

银行存款　29 200

贷：应收票据　122 000

（五）应收票据贴现的会计处理

企业持有的应收票据在到期前，如果出现资金短缺，可以持未到期的商业汇票向其开户银行申请贴现，以便获得所需要的资金。“贴现”就是指票据持有人将未到期的票据在背书后送交银行，银行受理后从票据到期值中扣除按银行贴现率计算确定的贴息，然后将余额付给持票人，作为银行对企业的短期贷款。

票据贴现实质上是企业融通资金的一种形式，银行要按照一定的利率从票据价值中扣除自借款日起至票据到期日止的贴现利息。贴现的应收票据是此项借款的担保品。银行贴现所扣的利息称为银行贴现息，银行贴现时所用利率称为贴现率。票据价值就是票据的到期值，不带息票据的到期值为票据的面值，带息票据的到期值为票据到期时的本金加利息。

应收票据贴现要计算贴现期、贴现息和贴现净额。

$$票据到期值 = 票据面值 \times (1 + 年利率 \times 票据到期天数 \div 360)$$
$$= 票据面值 \times (1 + 年利率 \times 票据到期月数 \div 12)$$

对于无息票据来说，票据的到期价值就是面值。

$$贴现息 = 票据到期价值 \times 贴现率 \times 贴现天数 \div 360$$
$$贴现天数 = 贴现日至票据到期日实际天数 - 1（算头不算尾）$$
$$贴现净额 = 票据到期值 - 贴现息$$

按照中国人民银行《支付结算办法》的规定，实付贴现金额按票据到期值扣除贴现日至汇票到期前一日的利息计算。承兑人在异地的，贴现利息的计算应另加 3 天的划款日期。

贴现的会计处理分附追索权与不附追索权两种情况。

1. 不附追索权的会计处理

不附追索权的应收票据贴现适用满足《企业会计准则第 23 号——金融资产转移》规定的金融资产终止确认条件的情形。

（1）企业持不带息商业汇票向银行贴现，应按票据面值扣除其贴现息后的净额（即贴现净额），借记“银行存款”科目，按贴现息部分，借记“财务费用”科目，按应收票据账面价值，贷记“应收票据”科目。

【例 3 - 11】M 公司 2 ×18 年 3 月 1 日取得面值为 10 000 元、3 个月到期的不带息应收票据，当年 4 月 1 日即票据到期前两个月，该公司持该票据向银行贴现，贴现率为 9%。假定该票据贴现不符追索权。则该票据的到期值、贴现息和贴现净额计算如下：

$$票据到期值 = 票据面值 = 10\ 000（元）$$
$$贴现息 = 10\ 000 \times 9\% \times 2 \div 12 = 150（元）$$
$$贴现净额 = 10\ 000 - 150 = 9\ 850（元）$$

根据上述计算结果，M 公司贴现时的会计处理如下：

借：银行存款	9 850
财务费用	150
贷：应收票据	10 000

（2）企业持带息商业汇票向银行贴现，应按票据到期值扣除其贴现息后的净额（即

贴现净额），借记“银行存款”科目，按应收票据账面价值，贷记“应收票据”科目，按差额借或贷记“财务费用”科目。

【例3－12】2×18年5月2日，甲公司收到一张乙公司用于抵付赊欠本公司货款的银行承兑汇票。该票据为4月30日签发，期限为6个月，面值为120 000元，票面利率为10%。同年7月6日，甲公司持该票据到银行申请贴现，银行年贴现率为12%。2×18年10月31日，票据到期，乙公司的银行不足支付，银行从甲公司中划回票据款。假定本例中承兑人在异地，则甲公司的会计处理如下：

（1）收到票据时：

借：应收票据　　120 000

　贷：应收账款　　120 000

（2）中期期末即6月30日计息：

$$应计利息 = 120\ 000 \times 10\% \times 2 \div 12 = 2\ 000（元）$$

借：应收票据　　2 000

　贷：财务费用　　2 000

（3）票据贴现时：

$$票据到期价值 = 120\ 000 \times (1 + 10\% \times 6 \div 12) = 126\ 000（元）$$

票据到期日为2×18年10月31日。

$$贴现天数 = (31 - 6) + 31 + 30 + 31 + 3 = 120（天）$$

$$贴现息 = 126\ 000 \times 12\% \times 120 \div 360 = 5\ 040（元）$$

$$贴现净额 = 126\ 000 - 5\ 040 = 120\ 960（元）$$

$$应收票据的账面价值 = 120\ 000 + 2\ 000 = 122\ 000（元）$$

贴现净额与应收票据账面价值的差额1 040（122 000－120 960）元，计入财务费用。

借：银行存款　　120 960

　　财务费用　　1 040

　贷：应收票据　　122 000

2. 附追索权的会计处理

根据实质重于形式的原则，附追索权的应收票据贴现协议从实质上看，与所贴现应收债权有关的风险和报酬并未转移，应收债权可能产生的风险仍由申请贴现的企业承担，适用不满足《企业会计准则第23号——金融资产转移》规定的金融资产终止确认条件的情形，属于以应收债权为质押取得的借款，申请贴现的企业应按照以应收债权为质押取得借款的规定进行相应的会计处理。

（1）企业持不带息商业汇票向银行贴现，贴现时按贴现净额，借记“银行存款”科目，按票据面值贷记“短期借款”科目，差额为“财务费用”。票据到期，承兑人按期还款，则借记“短期借款”科目，贷记“应收票据”科目。若到期承兑人无力支付款项，银行将付款通知随同汇票、付款人未付票款通知书送交申请贴现的企业，贴现企业有义务将有关款项按票据的面值支付给银行。贴现企业借记“短期借款”科目，贷记“银行存款”科目，同时借记“应收账款”科目，贷记“应收票据”科目。

【例3－13】M公司2×18年3月1日取得A公司开具并承兑的面值为10 000元、

3个月到期的不带息商业汇票，票据到期前两个月，M公司持该票据向银行贴现，贴现率为9%。假定该票据银行有追索权，则M公司的相关处理如下：

票据到期值＝票据面值＝10 000（元）

贴现息＝10 000×9%×2÷12＝150（元）

贴现净额＝10 000－150＝9 850（元）

（1）M公司向银行申请贴现：

借：银行存款	9 850	
财务费用	150	
贷：短期借款		10 000

（2）票据到期，假定付款人如期付款：

借：短期借款	10 000	
贷：应收票据		10 000

（3）票据到期，假定付款人无力付款，M公司偿付票款：

借：短期借款	10 000	
贷：银行存款		10 000

同时：

借：应收账款	10 000	
贷：应收票据		10 000

（2）企业持带息商业汇票向银行贴现，贴现时按贴现净额（票据到期值扣除贴现息），借记“银行存款”科目，按票据到期值，贷记“短期借款”科目，按差额借记“财务费用”。票据到期，承兑人按期还款，则借记“短期借款”科目，按应收票据账面价值贷记“应收票据”，未结算入账的利息贷记“财务费用”科目。若到期承兑人无力支付款项，银行将支款通知随同汇票、付款人未付票款通知书送交申请贴现的企业，贴现企业有义务将有关款项按票据的到期值支付给银行。则借记“短期借款”科目，贷记“银行存款”科目，同时按票据到期值借记“应收账款”科目，按应收票据账面价值贷记“应收票据”科目，按未结算入账利息贷记“财务费用”科目。

【例3－14】承例3－12，假设甲公司收到的是一张附追索权的商业承兑汇票。

（1）收到票据时：

借：应收票据	120 000	
贷：应收账款		120 000

（2）中期期末即6月30日计息：

应计利息＝120 000×10%×2÷12＝2 000（元）

借：应收票据	2 000	
贷：财务费用		2 000

（3）票据贴现时：

借：银行存款	120 960	
财务费用	5 040	
贷：短期借款		126 000

(4)2×18年10月31日到期,乙公司无力还款,银行将票据退还给甲公司:

借:短期借款 126 000

  贷:银行存款 126 000

同时:

借:应收账款 126 000

  贷:应收票据 122 000

    财务费用 4 000

可以发现,以上附追索权带息应收票据贴现的会计处理将贴现利息一次性计入当期财务费用,适用于企业借款金额不大的情况,如果企业借款金额较大,将会导致当期财务费用大幅增加从而使当期利润产生较大的波动。实务中,企业借款金额较大时,也可以将贴现利息先计入"短期借款——利息调整"科目,再使用一定的方法(如实际利率法)进行分期摊销。

第三节 其他应收款项

一、预付账款

预付账款是企业根据购货合同预付给供货方的货款,如预付的材料采购、商品采购款等,属于企业的一项债权。预付账款与应收账款都属于企业的债权,但两者产生的原因不同。应收账款是企业应收的销货款,即应向购货方客户收取的款项;预付账款是企业的购货款,即预先付给供货方客户的款项。因此,二者应当分别核算。

为了加强对预付账款的核算与管理,预付账款比较多的企业,应设置"预付账款"科目。它属于资产类,借方登记企业向供货单位预付的货款,贷方登记企业已收到所购物品应结转的预付货款;期末借方余额反映企业向供货单位预付的货款,贷方余额反映企业应向供货单位补付的货款。企业因购货而预付货款时,借记"预付账款"科目,贷记"银行存款"科目。收到所购物资,按应计入物资成本的金额,借记"材料采购"等科目,按应支付的进项增值税,借记"应交税费——应交增值税(进项税额)"科目,贷记"预付账款"科目。补付的货款,借记"预付账款"科目,贷记"银行存款"科目。收到退回的多付款项,借记"银行存款"科目,贷记"预付账款"科目。

【例3-15】甲企业预付给某一供货方的材料款共计30 000元,收到材料和专用发票时,全部货款为35 000元,税金为5 600元,应补付10 950元。会计处理如下:

(1)预付货款时:

借:预付账款 30 000

  贷:银行存款 30 000

(2)收到材料和发票时:

借:材料采购 35 000

应交税费——应交增值税(进项税额)　　5 600
贷:预付账款　　40 600
(3)补付货款时:
借:预付账款　　10 600
贷:银行存款　　10 600

如果上例中收到材料和专用发票,全部货款为22 000元,税额3 520元,应退回货款4 260元,会计处理如下:

借:材料采购　　22 000
应交税费——应交增值税(进项税额)　　3 520
贷:预付账款　　25 520
退回多付的款:
借:银行存款　　4 480
贷:预付账款　　4 480

预付货款情况不多的企业,也可以将预付的货款直接记入"应付账款"科目的借方,预付货款时,借记"应付账款"科目,贷记"银行存款"科目,收到材料或商品时再予以转销。根据上例业务,会计处理如下:

(1)预付货款时:
借:应付账款　　30 000
贷:银行存款　　30 000
(2)收到材料及发票时:
借:材料采购　　35 000
应交税费——应交增值税(进项税额)　　5 600
贷:应付账款　　40 600
(3)补付货款时:
借:应付账款　　10 600
贷:银行存款　　10 600

通过"应付账款"登记预付货款业务,会使"应付账款"的某些明细出现借方余额,在期末编制资产负债表时,"应付账款"所属明细有借方余额的,应将这部分借方余额在资产负债表的资产方"预付账款"项目中列示。

二、其他应收款

其他应收款是指企业发生的非购销活动引起的其他各种应收、暂付款项。将这类项目单独归类,可以使会计报表的使用者把这些项目与由于购销业务而发生的应收项目识别清楚。企业应按其他应收款的项目分类,并按不同的债务人设置明细账,进行明细核算。

其他应收款主要包括:应收的各种赔偿、罚款;应收的包装物租金;应向职工收取的各种垫付款项;备用金(向企业各职能科室、车间等拨出的备用金);存出保证金,如租入包装物支付的押金等。

【例 3－16】某企业一台机器设备发生非正常报废，根据保险协议，保险公司应赔偿 30 000 元。会计处理如下：

（1）应由保险公司赔偿：

借：其他应收款——保险公司　　30 000

　贷：固定资产清理　　30 000

（2）收到上述赔款时：

借：银行存款　　30 000

　贷：其他应收款——保险公司　　30 000

三、长期应收款

长期应收款指收款期超过一年或超过一年的一个营业周期的债权，主要包括融资租赁产生的应收款项和采用递延方式分期收款、实质上具有融资性质的销售商品和提供劳务产生的应收款项等。具体核算参照本书第十四章及《高级财务会计》的相关内容。

第四节　应收款项的减值

商业信用的产生与发展，繁荣了企业的商品交易，但也给应收款项的收回带来了风险，可能产生无法收回的应收款项。企业无法收回或收回的可能性极小的应收款称为坏账，由于发生坏账而产生的损失，称为坏账损失。资产负债表日，企业的应收款项发生减值，应当确认减值损失。

一般企业应收款项减值损失的计量原则是：对于单项金额重大的应收款项，应当单独进行减值测试。有客观证据表明其发生了减值的，应当根据其未来现金流量现值低于其账面价值的差额，确认减值损失，计提坏账准备。

对于单项金额非重大的应收款项可以单独进行减值测试，确定减值损失，计提坏账准备；也可以与经单独测试后未减值的应收款项一起按类似信用风险特征划分为若干组合，再按这些应收款项组合在资产负债表日余额的一定比例计算确定减值损失，计提坏账准备。根据应收款项组合余额的一定比例计算确定的坏账准备，应当反映各项目实际发生的减值损失，即各项组合的账面价值超过其未来现金流量现值的金额。企业应当以以前年度与之相同或相类似的、具有类似信用风险特征的应收款项组合的实际损失率为基础，结合现时情况确定本期各项组合计提坏账准备的比例，据此计算本期应计提的坏账准备。

应收款项的减值属于《企业会计准则第 22 号——金融工具确认与计量》规范的内容。值得注意的是，预付账款虽然属于应收款项，但非金融资产，因其产生的未来经济利益是商品或服务，不是收取现金或其他金融资产的权利，因此不属于《企业会计准则第 22 号——金融工具确认与计量》规范的范围。

一、坏账损失的确认

企业确认坏账时,应当遵循财务报告的目标和会计核算的基本原则,具体分析应收款项的特性、金额的大小、信用期限、债务人的信誉和当时的经营情况等因素。一般来讲,企业的应收账款符合下列条件之一的,应确认为坏账:

第一,债务人死亡,以其遗产清偿后仍然无法收回的部分;

第二,债务人破产,以其破产财产清偿后仍然无法收回的部分;

第三,债务人较长时期内(3 年以上)未履行其偿债义务,并有足够的证据表明无法收回或收回的可能性极小。

二、坏账损失的会计处理

坏账损失核算一般有两种方法,即直接转销法和备抵法。现行会计制度规定企业只能采用备抵法核算坏账损失。

(一)直接转销法

直接转销法是指实际发生坏账时,确认坏账损失,计入期间费用,同时注销该笔应收款项。在坏账实际发生时,借记"资产减值损失"科目,贷记"应收账款"等科目。如果已确认的坏账由于债务人经济好转等原因又如数收回,为了通过"应收账款"等科目反映客户的信用状况,应先冲销发生坏账时的会计分录,再借记"银行存款"科目,贷记"应收账款"等科目。

【例 3 - 17】甲企业欠本公司的 60 000 元账款已超过 3 年,经证实无法收回,应对该客户应收账款作坏账损失处理。会计处理如下:

(1)发生坏账时:

借:信用减值损失——坏账损失　　60 000

　贷:应收账款——甲企业　　60 000

(2)当已冲销的应收账款以后又收回 30 000 元时:

借:应收账款——甲企业　　30 000

　贷:信用减值损失——坏账损失　　30 000

借:银行存款　　30 000

　贷:应收账款——甲企业　　30 000

直接转销法的优点是账务处理简单,但是,这种方法忽视了坏账损失与赊销业务的联系,在转销坏账损失的前期,对于坏账的情况不作任何处理,显然不符合权责发生制及收入与费用相配比的会计原则,企业发生大量陈账、呆账、长年挂账,得不到处理,虚增了利润,也夸大了前期资产负债表上应收款项的可实现价值。

(二)备抵法

备抵法是按期估计坏账损失,形成坏账准备;当某一应收款项全部或者部分被确认为坏账时,应根据其金额冲减坏账准备,同时转销相应的应收款项金额。

采用备抵法核算坏账损失,企业需设置"坏账准备"科目。该科目属于"应收账款"等债权科目的备抵。企业计提坏账准备时,借记"信用减值损失"科目,贷记"坏账准备”科目。实际发生坏账时，借记“坏账准备”科目，贷记“应收账款”等科目。“坏账准备”科目期末余额在贷方，反映期末应收款项中预计不能收回的数额。如果已确认并转销的坏账以后又收回，则应按收回的金额，借记“应收账款”等科目，贷记“坏账准备”科目，以恢复企业债权并冲回已转销的坏账准备金额，同时，借记“银行存款”科目，贷记“应收账款”等科目，以反映应收款项收回的情况。

备抵法的优点如下：预计不能收回的应收款项作为坏账损失及时计入费用，避免企业虚增利润；在报表上以净额列示应收款项，使报表阅读者更能了解企业真实的财务情况，消除了虚列的应收款项，有利于加快企业资金周转，提高企业经济效益。

三、坏账损失的估计方法

企业应当以预期信用损失为基础，对应收款项进行减值会计处理并确认损失准备：

信用损失，是指企业按照原实际利率折现的、根据合同应收的所有合同现金流量与预期收取的所有现金流量之间的差额，即全部现金短缺的现值。其中，对于企业购买或源生的已发生信用减值的金融资产，应按照该金融资产经信用调整的实际利率折现。

预期信用损失是以违约概率为权重的、金融工具现金流缺口（即合同现金流量与预期收到的现金流量之间的差额）的现值的加权平均值。

损失准备，是指针对按照以摊余成本计量的金融资产、租赁应收款和合同资产的预期信用损失计提的准备，按照以公允价值计量且其变动计入当期损益的金融资产的累计减值金额以及针对贷款承诺和财务担保合同的预期信用损失计提的准备。

一般情况下，企业应当在每个资产负债表日评估相关金融工具的信用风险自初始确认后是否已显著增加，并按照下列情形分别计量其损失准备、确认预期信用损失及其变动：①信用风险自初始确认后未显著增加。对于处于该阶段的金融工具，企业应当按照未来 12 个月的预期信用损失计量损失准备。未来 12 个月内预期信用损失，是指因资产负债表日后 12 个月内（若金融工具的预计存续期少于 12 个月，则为预计存续期）可能发生的金融工具违约事件而导致的预期信用损失。②信用风险自初始确认后已显著增加但尚未发生信用减值。对于处于该阶段的金融工具，企业应当按照该工具整个存续期的预期信用损失计量损失准备。③初始确认后发生信用减值。对于处于该阶段的金融工具，企业应当按照该工具整个存续期的预期信用损失计量损失准备。

企业对于《企业会计准则第 14 号——收入》所规定的不含重大融资成分（包括根据该准则不考虑不超过一年的合同中融资成分的情况）的应收款项和合同资产，应当始终按照整个存续期内预期信用损失的金额计量其损失准备（企业对这种简化处理没有选择权）。除此之外，允许企业做出会计政策选择，对包含重大融资成分的应收款项、合同资产和《企业会计准则第 21 号——租赁》规范的租赁应收款（可分别对应收款项、合同资产和应收租赁款做出不同的会计政策选择），始终按照相当于整个存续期内预期信用损失的金额计量其损失准备。

备抵法下，企业要按期估计减值损失。坏账损失估计是否切合实际，直接影响到当期应收款项的净额和当期损益计算的正确性。企业应当设计恰当的模型，采用合理的方法在估计预期信用损失的基础上计提坏账准备。在不违反《企业会计准则第 22

号——金融工具确认与计量》第五十八条规定(金融工具预期信用损失计量方法应反映的要素)的前提下,企业可在计量预期信用损失时运用简便方法。实务中可运用账龄分析法等方法估计预期信用损失。

账龄分析法是根据应收账款等债权明细账中各账龄的长短,通过划分账龄组,并将各账龄组应收账款等债权账户的余额分别乘以相应的坏账损失率,以计算企业应计提坏账准备的一种方法。虽然应收账款能否收回以及能收回多少,不一定完全取决于时间的长短,但一般来说,账款拖欠的时间越长,发生坏账的可能性就越大。

【例3-18】某企业年末应收账款的余额为800 000元,估计预期信用损失2 400元。第二年实际发生了坏账损失3 000元,其中,甲单位1 000元,乙单位2 000元。第二年估计未来预期信用损失2 700元。第三年,已冲销的上年乙单位应收账款2 000元又收回,第三年估计未来预期信用损失1 800元。该企业运用账龄分析法对预期信用损失进行估计,预期信用损失率以应收账款预计存续期的历史违约损失率为基础,并根据前瞻性估计予以调整。在每个资产负债表日,该企业都将分析前瞻性估计的变动,并据此对历史违约损失率进行调整。该企业的应收账款不包含重大融资成分。会计分录如下:

(1)第一年提取坏账准备:

借:信用减值损失	2 400	
贷:坏账准备		2 400

(2)第二年发生坏账损失时:

借:坏账准备	3 000	
贷:应收账款——甲单位		1 000
——乙单位		2 000

第二年年末坏账准备余额应该为2 700元,应提的坏账准备为3 300元(2 700 + 600)。

借:信用减值损失	3 300	
贷:坏账准备		3 300

(3)第三年,上年已冲销的乙单位账款2 000元又收回入账:

借:应收账款——乙单位	2 000	
贷:坏账准备		2 000

同时:

借:银行存款	2 000	
贷:应收账款——乙单位		2 000

第三年年末坏账准备余额应为1 800元,应冲减坏账准备2 900元(4 700 - 1 800)。这是因为第三年年末"坏账准备"余额应为1 800元,但在期末提取坏账准备前,"坏账准备"已有贷方余额4 700元,即期初贷方余额2 700元加上收回的已冲销坏账2 000元,超过了应提坏账准备数,所以应冲回多提坏账准备2 900元。

借:坏账准备	2 900	
贷:信用减值损失		2 900

【例 3-19】某企业以代表偿付能力的客户共同风险特征对其应收账款进行分类，并对应收账款始终按整个存续期内的预期信用损失计量损失准备。其应收账款不包含重大融资成分。

该企业使用逾期天数与违约损失率来确定该应收账款组合的预期信用损失，预期信用损失率以此类应收账款预计存续期的历史违约损失率为基础，并根据前瞻性估计予以调整。在每个资产负债表日，该企业都将分析前瞻性估计的变动，并据此对历史违约损失率进行调整。

该企业 2×18 年 12 月 31 日应收账款账龄及估计预期信用损失如表 3-1 所示。

表 3-1 应收账款账龄分析表

2×18 年 12 月 31 日

单位：元

应收账款账龄	应收账款金额	估计损失(%)	估计损失金额
未到期	30 000	0.5	150
过期 1 个月	20 000	1.0	200
过期 2 个月	15 000	2.0	300
过期 3 个月	10 000	3.0	300
过期 4 个月	8 000	4.0	320
过期 4 个月以上	5 000	5.0	250
合 计	88 000		1 520

如表 3-1 所示，企业 2×18 年 12 月 31 日“坏账准备”的账面余额应为 1 520 元，企业需要根据前期“坏账准备”的账面余额，计算本期应入账的金额，编制调整分录，予以入账。由于调整分录的入账金额受调整前账面余额的影响，将会出现两种情况：

(1)假设调整前“坏账准备”的账面余额为贷方 800 元，则本期调整分录的金额应为：

$$1\ 520-800=720(\text{元})$$

借：信用减值损失 720

　贷：坏账准备 720

(2)假设调整前“坏账准备”的账面余额为借方 800 元，则本期调整分录的金额为：

$$1\ 520+800=2\ 320(\text{元})$$

借：信用减值损失 2 320

　贷：坏账准备 2 320

账龄分析法比较直接地表明了应收款项的估计可变现数额，但是这种方法并没有将坏账损失反映于应属的会计期间。因为在账龄分析法下，应收款项可能要等到该销货或发生应收款项期间以后的某一期间才会被估计为不可收回，从而列作坏账。坏账损失从而推迟到该销货期以后的某一期间才能予以确认，因而坏账损失将与其相应的营业收入分别在两个不同的会计期间入账，从而使各该期的净收益计算不够正确。

在备抵法下，每期坏账损失的估计必须切合实际，这是恰当运用备抵法的关键。我国现行企业会计制度规定，企业应当在期末分析各项应收款项的可收回性，并预计可能产生的坏账损失。企业计提坏账准备的方法和计提比例由企业自行确定。企业应当制定计提坏账准备的政策，明确计提坏账准备的范围、提取方法、账龄的划分和提取比例，按照管理权限，经股东大会或董事会，或经理（厂长）会议或类似机构批准，并且按照法律、行政法规的规定报有关各方备案，并备置于企业所在地。坏账准备计提方法一经确定，不得随意变更，如需变更，仍然应按上述程序，经批准后报送有关各方备案，还应当在会计报表附注中予以说明。

在确定坏账准备的计提比例时，企业应当根据以往的经验、债务单位的实际财务状况和现金流量等相关信息予以合理估计。另外，由于不同的行业和不同的企业，其应收款项的水平不一样，产生坏账损失的可能性也不一样。为了防止企业利用制度提供的选择空间，过度计提或不计提坏账准备，利用计提坏账准备调节利润的现象发生，企业必须注意以下几点：

第一，企业应向债务人函证应收款项，对应收款项的可收回性进行评价。

第二，企业应根据具体情况，自行确定计提坏账准备的方法、计提比例等，如果企业历史上发生坏账损失的记录较少，且债务人的信用较好，企业仍然可以在较低的水平上计提坏账准备。

第三，企业在确定坏账准备的计提比例时，应根据其以往的经验、债务单位的实际财务情况和现金流量的情况，以及其他相关信息合理地估计，如市场情况和行业惯例等因素。

第四，除非有确凿证据表明该项应收款项不能够收回或收回的可能性不大外（如债务单位已撤销、破产、资不抵债、现金流量严重不足、发生严重的自然灾害等导致停产而在短时间内无法偿付债务等，以及逾期 3 年以上的应收款项），下列各种情况一般不能全额计提坏账准备：①当年发生的应收款项；②计划对应收款项进行重组；③与关联方发生的应收款项；④其他已逾期，但无确凿证据表明不能收回的应收款项。

需要特别说明的是，企业与关联方之间发生的应收款项一般不能全额计提坏账准备，但如果有确凿证据表明关联方（债务单位）已撤销、破产、资不抵债、现金流量严重不足等，并且不准备对应收款项进行重组或无其他收回方式的，则对预计无法收回的应收关联方的款项也可以全额计提坏账准备。

对于不能收回的应收款项，企业应查明原因，追究责任。对有确凿证据表明确实无法收回的应收款项，如债务单位已撤销、破产、资不抵债、现金流量严重不足等，根据企业的管理权限，经股东大会或董事会，或经理（厂长）办公会或类似机构批准作为坏账损失，冲销提取的坏账准备。应当注意的是，对已确认为坏账的应收款项，并不意味着企业销毁凭证，放弃了其追索权，一旦重新收回，应当及时入账。

本章小结

本章应收款项主要介绍应收账款、应收票据、预付账款、其他应收款。

应收账款的核算有总价法与净价法两种，我国要求采用总价法进行核算。在总价法下，应收账款应以未减去现金折扣的应收金额作为入账价值，当客户在折扣期内付款，实际发生了现金折扣时，将这笔现金折扣作为企业的一项融资费用，计入财务费用。

应收票据的核算包括不带息应收票据的核算、带息应收票据的核算。应收票据的初始计量有现值法和面值法两种，我国实务中采用面值法。带息应收票据要按期计提利息，一般于中期期末、年末和到期时计提。商业承兑汇票到期收不回来，应按到期值将应收票据转入应收账款。企业将应收票据背书转让以取得所需物资时，所取得物资成本的价值，借记“材料采购”“原材料”等科目，按取得的专用发票上注明的增值税，借记“应交税费——应交增值税（进项税额）”，按应收票据的账面价值，贷记“应收票据”，如有差额，借记或贷记“银行存款”等科目。应收票据贴现分附追索权和不附追索权两种情况。附追索权的应收票据贴现，视同向银行借款处理。不附追索权应收票据贴现，贴现时要结转应收票据的账面价值，贴现金额与应收票据的账面价值之间的差额计入财务费用。

采用预付货款方式购进商品、接受劳务，通过“预付账款”科目进行核算。预付货款情况不多的企业，也可以将预付的货款通过“应付账款”科目进行核算。其他应收款与上述应收款的重要区别是非购销活动产生的，非购销活动产生的债权，除非有特殊规定，均通过“其他应收款”科目核算。

思考题

1. 应收账款的计量理论上与实务上有何不同？
2. 在总价法下，如何进行应收账款的会计处理？
3. 什么是商业折扣和现金折扣？商业折扣和现金折扣对应收账款入账金额的确认有何影响？
4. 带息应收票据与不带息应收票据在会计处理上有何不同？
5. 什么是贴现？应收票据贴现时，如何计算贴现息及进行会计处理？
6. 其他应收款包括哪些内容？应如何进行会计处理？
7. 什么是坏账损失？确认坏账损失应符合哪些条件？
8. 坏账损失核算有哪几种方法？每种方法各有什么优缺点？
9. 如何估计坏账损失？

练习题

1.【资料】某公司销售产品售价为10 000元,规定的现金折扣条件为2/10,N/30,适用的增值税率为17%,这批货交付并办妥托收手续。

【要求】用总价法编制在折扣期限内购货方付款和超过现金折扣期付款的会计分录。

2.【资料】甲企业2×17年11月1日销售一批商品给乙企业,销售收入为80 000元,增值税税额为13 600元,商品已经发出。乙企业交来一张期限为6个月、票面利率为10%的商业承兑汇票。

【要求】编制甲企业收到票据、年终计提票据利息和收回货款的会计分录。

3.【资料】某企业以账龄分析法对预期信用损失进行估计,预期信用损失率以应收账款预计存续期的历史违约损失率为基础,并根据前瞻性估计予以调整。在每个资产负债表日,该企业都将分析前瞻性估计的变动,并据此对历史违约损失率进行调整。该企业的应收账款不包含重大融资成分。

该企业第一年年末应收账款余额为1 000 000元,估计预期信用损失5 000元;第二年年末和第三年年末的应收账款余额分别为2 500 000元和2 200 000元,估计未来预期信用损失分别为12 500元和11 000元;第四年6月,经有关部门确认一笔坏账损失,金额为18 000元;但同年10月上述已核销的坏账又收回5 000元,该年年末应收账款余额为2 000 000元,估计未来预期信用损失10 000元。

【要求】根据上述资料,编制有关的会计分录。

第四章

存 货

本章学习目的

通过本章学习，了解存货的概念、分类，明确存货的确认条件、掌握存货入账价值的确定、存货发出的各种计价方法以及期末存货的计量原则，熟悉掌握原材料按实际成本核算及按计划成本核算的账务处理方法，了解存货清查的意义，掌握存货清查结果的账务处理方法。

本章重点与难点

本章重点是存货的确认条件和计量问题。本章难点是发出存货的各种计价方法、材料按实际成本和计划成本的核算、成本与可变现净值在存货期末计量中的应用。

第一节　存货概述

一、存货的定义及特征

根据《企业会计准则第 1 号——存货》,存货是指企业在日常活动中持有以备出售的产成品或商品、处在生产过程中的在产品、在生产过程或提供劳务过程中耗用的材料和物料等。与其他资产相比,存货具有如下特征:

(一)存货是一项具有实物形态的资产

存货的实物形态,使其与企业的许多其他无实物形态的资产相区别。

(二)存货具有较强的流动性

存货通常在一年内被销售或耗用,且其价值随实物的销售或耗用一次性转移。但其流动性又低于现金、应收账款等其他流动资产。

(三)企业持有存货的目的在于出售或耗用

企业持有存货的目的在于准备在正常经营过程中予以出售,或者将在生产或提供劳务的过程中耗用,制成产成品后再予以出售,或者仍然处在生产过程中。这一特征使存货与虽有一定物资形态且其流动性较大但属于非生产耗用的资产,如工程物资等相区别。

二、存货的确认条件

根据《企业会计准则——基本准则》,将一项资源确认为资产,一方面需要符合资产的定义,另一方面还应同时满足以下两个条件:一是与该资源有关的经济利益很可能流入企业;二是该资源的成本或者价值能够可靠计量。因此,一项资产在满足上述存货定义的前提下,还需同时满足下列两个条件,才能予以确认存货。

(一)与该存货有关的经济利益很可能流入企业

资产最重要的特征是预期会给企业带来经济利益。如果某一项目预期不能给企业带来经济利益,就不能确认为企业的资产。存货是企业的一项重要的流动资产,因此,对存货的确认,关键是判断其是否很可能给企业带来经济利益或其包含的经济利益是否很可能流入企业。通常,判断与存货相关的经济利益很可能流入企业的一个重要标志是企业是否取得存货的所有权。例如,根据销售合同已经出售的存货,即使存货暂时仍存放在本企业,但其所有权已经发生转移,与其相关的经济利益已不再流入本企业,所以不能再确认为企业的存货。另外,根据购买合同,企业已经购入但尚处于运输途中的商品,如果其所有权已经发生转移,应包括在本企业的存货中,如在途物资。委托代销商品的所有权并未转移至受托方,因而其仍应当确认为委托企业存货的一部分。总之,企业在判断与存货有关的经济利益能否流入企业时,通常应结合该项存货所有权的归属,而不应当仅仅看其存放地点。

（二）该存货的成本能够可靠计量

成本或者价值能够可靠计量是资产确认的一项基本条件。存货作为企业资产的重要组成部分，要予以确认也必须能够对其成本进行可靠计量。存货的成本能够可靠计量必须以取得确凿、可靠的证据为依据，并且具有可验证性。如果存货成本不能可靠计量，则不能确认为一项存货。例如，企业承诺购入一批商品，由于并未实际发生，不能可靠确定其成本，因而就不能确定为企业的存货。

三、存货的分类

存货种类繁多，它们在经营管理过程中用途不同，所起的作用也不同。为了正确地进行存货的核算和管理，在会计上必须对存货进行科学的分类，以便按照不同的类别采用不同的会计核算办法。

企业的存货一般按照其来源和用途进行分类，有些情况下还可以按照存货存放地点以及取得方式进行分类。

（一）按存货来源和用途分类

1. 原材料

原材料是指企业生产过程中经加工改变其形态或性质并构成产品主要实体的各种原料以及主要材料、辅助材料、外购半成品（外购件）、修理用备件、包装材料和燃料等。为建造固定资产等各项工程而储备的各种材料，虽然形态上属于原材料，但其主要用于建造固定资产等各项工程，不符合存货的定义，因此不能作为企业的存货进行核算。

2. 在产品

在产品是指企业正在制造尚未完工的产品，包括正在各个生产工序加工的产品和已加工完毕但尚未检验或已检验但尚未办理入库手续的产品。

3. 自制半成品

自制半成品是指已经过一定生产过程并已检验合格交付半成品仓库，但尚未制造完工成为产成品，仍需继续加工的中间产品。

4. 产成品

产成品是指工业企业已经完成全部生产过程并验收入库，合乎标准规格和技术条件，可以按照合同规定的条件送交订货单位，或者可以作为商品对外销售的产品。企业接受外来原材料加工制造的代制品和为外单位加工修理的代修品，制造和修理完成验收入库后，视同企业的产成品。

5. 商品

商品是指商品流通企业外购或委托加工完成验收入库用于销售的各种产品。

6. 周转材料

周转材料是指企业能够多次使用、逐渐转移其价值但仍保持原有形态不确认为固定资产的材料，包括包装物、低值易耗品，以及建筑企业使用的钢模板、木模板、脚手架等。其中，包装物是为了包装本企业商品而储备的各种包装容器，如桶、箱、瓶、坛、袋等，其主要作用是盛装、装潢产品或商品。低值易耗品是不符合固定资产确认条件的各种用具物品，如工具、管理用品、玻璃器皿、劳动保护用品，以及在经营过程中周转使用的容器等。但是，周转材料符合固定资产定义的，应当作为固定资产处理。

（二）按存货存放地点分类

1. 库存存货

库存存货是指存放在企业仓库或处于企业生产或办公场所正在耗用、加工的存货。

2. 在途存货

在途存货是指货款已经支付、尚未验收入库，正在运输途中的各种存货。

3. 委托加工存货

委托加工存货是指企业已经委托外单位加工，但尚未加工完成的各种存货。

4. 委托代销存货

委托代销存货是指企业已经委托外单位代销，但按照合同规定尚未办理委托代销货款结算的存货。

5. 寄存的存货

寄存的存货是指企业暂时存放在外单位的存货。

（三）按取得方式分类

存货按取得方式，可以分为外购存货、自制存货、委托加工存货、投资者投入的存货、通过非货币性资产交换取得的存货、通过债务重组取得的存货、通过企业合并取得的存货、盘盈的存货等。

第二节 存货的初始计量

存货的计量包括取得存货时的初始计量、发出存货的计价和期末存货的计量。本节主要阐述取得存货时的初始计量，发出存货的计量和期末存货的计量将在第三节、第六节分别讲述。

一、存货初始计量的入账价值

《企业会计准则第 1 号——存货》规定，企业取得存货应按照成本进行初始计量，存货的成本包括采购成本、加工成本和使存货达到目前场所和状态所发生的其他成本三个组成部分。由于企业取得存货的方式不同，其计量的具体方法也有所不同。企业存货的取得主要是通过外购和自制两个途径。

（一）外购存货的成本

企业外购存货主要包括原材料和商品。外购存货的成本即存货的采购成本，是指从采购到入库前所发生的全部支出，包括购买价款、相关税费、运输费、装卸费、保险费以及其他可归属于存货采购成本的费用。

需要特别说明的是，商品流通企业在采购商品过程中发生的运输费、装卸费、保险费以及其他可归属于存货采购成本的费用等进货费用，应当计入存货采购成本。在实务中，企业也可以先进行归集，期末根据所购商品的存销情况进行分摊；对于已售商品的进货费用，计入当期损益（主营业务成本）；对于未售商品的进货费用，计入期末存货成本。企业采购商品的进货费用金额较小的，可以在发生时直接计入当期损益（销售费用）。存货准则要求商品流通企业的商品存货的采购成本构成与其他企业存货的采购成本一致。

1. 购买价款

购买价款是企业购入材料或商品的发票账单上列明的价款，但不包括按规定可以抵扣的增值税进项税额等。

2. 相关税费

相关税费是企业购买、自制或委托加工存货所发生的消费税、资源税和不能从增值税销项税额中抵扣的进项税额等。

3. 其他可归属于存货采购成本的费用

其他可归属于存货采购成本的费用即采购成本中除上述各项以外的可归属于存货采购成本的费用，如在存货采购过程中发生的仓储费、包装费、运输途中的合理损耗、入库前的挑选整理费用等。这些费用能分清负担对象的，应直接计入存货的采购成本；不能分清负担对象的，应选择合理的分配方法，分配计入有关存货的采购成本。分配方法通常包括按所购存货的重量或采购价格的比例进行分配。

对于采购过程中发生的物资毁损、短缺等，除合理的损耗应当作为存货的其他可归属于存货采购成本的费用计入采购成本外，其余毁损、短缺部分应先记入"待处理财产损溢——待处理流动资产损溢"科目，在查明原因后区别不同情况进行会计处理：①属于供货单位或运输单位的责任造成的存货毁损、短缺，应由责任人补足存货或赔偿货款，尚不能弥补的部分记入"管理费用"科目；②属于自然灾害、意外事故等非常原因造成的存货毁损，待报经批准处理后，将扣除保险公司和过失人赔偿后的净损失，计入营业外支出。

【例4－1】长江公司为增值税一般纳税企业，2×18年6月购入A材料1 000公斤，增值税专用发票上注明的买价为30 000元，增值税税额为4 800元。该批A材料在运输途中发生1%的合理损耗，实际验收入库990公斤，在入库前发生挑选整理费用300元。货款已通过银行转账支付。企业按实际成本核算时，会计处理如下：

借：原材料——A材料　　30 300

　　应交税费——应交增值税（进项税额）　　4 800

　贷：银行存款　　35 100

（二）进一步加工取得的存货

企业通过进一步加工取得的存货，主要包括产成品、在产品、半成品、委托加工物资等，其成本由采购成本、加工成本构成。某些存货还包括使存货达到目前场所和状态所发生的其他成本，如可直接认定的产品设计费用等。通过进一步加工取得的存货的成本中，采购成本是由所使用或消耗的原材料采购成本转移而来的，因此，计量加工取得的存货成本，重点是确定存货的加工成本。

存货加工成本是由直接人工和制造费用构成，其实质是企业在进一步加工存货的过程中追加发生的生产成本，因此，不包括直接由材料存货转移来的价值。其中，直接人工是指企业在生产产品过程中，直接从事产品生产的工人的职工薪酬。直接人工和间接人工的划分依据通常是生产工人是否与所生产的产品直接相关（即可否直接确定其服务的产品对象）。制造费用是指企业为生产产品和提供劳务而发生的各项间接费用。制造费用是一项间接生产成本，包括企业生产部门（如生产车间）管理人员的职工薪酬、折旧费、办公费、水电费、机物料消耗、劳动保护费、季节性和修理期间的停工损失等。

加工存货按委托外单位加工与否分为委托外单位加工的存货和自行生产的存货。

1. 委托外单位加工的存货

委托外单位加工完成的存货，以实际耗用的原材料或半成品、加工费、运输费、装卸费和保险费等费用以及按规定应计入成本的税金，作为实际成本。

2. 自行生产的存货

自行生产的存货，其初始成本包括投入的原材料或半成品、直接人工和按照一定方法分配的制造费用。

（三）其他方式取得存货的成本

企业取得存货的其他方式主要包括接受投资者投资、非货币性资产交换、债务重组、企业合并以及存货盘盈等。

1. 投资者投入存货的成本

投资者投入存货的成本，应按照投资合同或协议约定的价值确定，但合同或协议约定价值不公允的除外。在投资合同或协议约定价值不公允的情况下，以该项存货的公允价值作为其入账价值。

2. 通过非货币性资产交换、债务重组、企业合并取得的存货

企业通过非货币性资产交换、债务重组、企业合并等方式取得的存货，其成本应当分别按照《企业会计准则第 7 号——非货币性资产交换》《企业会计准则第 12 号——债务重组》《企业会计准则第 20 号——企业合并》等的规定确定。但是，其后续计量和披露应当执行《企业会计准则第 1 号——存货》的规定。

3. 盘盈存货的成本

盘盈的存货应按其重置成本作为入账价值，并通过“待处理财产损溢”科目进行会计处理，按管理权限报经批准后，冲减当期管理费用。

（四）通过提供劳务取得存货的成本

通过提供劳务取得的存货，企业应设置“劳务成本”科目，核算对外提供劳务发生的成本。其成本按从事劳务提供人员的直接人工和其他直接费用以及可归属于该存货的间接费用确定。

此外，在确定存货成本的过程中，应当注意，下列费用不应当计入存货成本，而应当在发生时计入当期损益：①非正常消耗的直接材料、直接人工及制造费用，应当计入当期损益，不得计入存货成本。例如，企业超定额的废品损失以及由自然灾害而发生的直接材料、直接人工及制造费用，由于这些费用的发生无助于使该存货达到目前场所和状态，不应计入存货成本，而应计入当期损益。②仓储费用，指企业在采购入库后发生的

存储费用,应计入当期损益。但是,在生产过程中为达到下一个生产阶段所必需的仓储费用,则应计入存货成本。例如,某种酒类产品生产企业为使生产的酒达到规定的产品质量标准,而必须发生的仓储费用,就应计入酒的成本,而不是计入当期损益。③不能归属于使存货达到目前场所和状态的其他支出,不符合存货的定义和确认条件,应在发生时计入当期损益,不得计入存货成本。④企业采购用于广告营销活动的特定商品,向客户预付货款未取得商品时,应作为预付账款进行会计处理,待取得相关商品时计入当期损益(销售费用)。企业取得广告营销性质的服务比照该原则进行处理。

二、取得存货的核算

存货的来源不同,其账务处理程序也不尽相同,以下根据不同的情况分别阐述取得存货的账务处理程序。

(一)外购存货

1. 工业企业外购存货的核算

企业应设置“在途物资”“周转材料”“原材料”等科目核算存货的采购业务。其中,“在途物资”科目核算货款已付尚未验收入库的在途物资的采购成本,期末余额在借方,反映企业在途材料、商品等物资的采购成本。该科目可按供应单位和物资品种进行明细核算。“周转材料”科目核算企业周转材料的计划成本或实际成本,包括包装物、低值易耗品,以及企业(建造承包商)的钢模板、木模板、脚手架等。企业的包装物、低值易耗品,也可单独设置“包装物”“低值易耗品”科目。

在实际工作中,企业外购的存货主要是原材料,企业外购原材料时,由于结算方式和采购地点不同,材料入库和货款的支付在时间上不一定完全同步,因此会计处理也有所不同。

(1)单货同到。对于发票账单与材料同时到达的采购业务,企业在支付货款、材料验收入库后,应根据结算凭证等确定原材料的实际成本,借记“原材料”科目。结算凭证是企业凭以办理现金结算或转账结算的原始单据。对于增值税一般纳税人,根据增值税专用发票上注明的增值税税额,借记“应交税费——应交增值税(进项税额)”科目。按照实际支付金额贷记“银行存款”等科目,或根据已承兑的商业汇票贷记“应付票据”科目。

【例4-2】大明公司为增值税一般纳税人,2×18年5月8日购入原材料一批,取得增值税专用发票上注明的原材料价款为100 000元,增值税税额为16 000元,发票等结算凭证已经收到,货款已通过银行转账支付,原材料已经验收入库。会计处理如下:

借:原材料 100 000

　　应交税费——应交增值税(进项税额) 16 000

　贷:银行存款 116 000

(2)单到货未到。企业在办理有关货款结算手续时即获得材料的所有权,但原材料尚未送达企业,或者尚未验收入库。发生此类业务时,应根据有关结算凭证、增值税专用发票中记载的已付价款和增值税税额,借记“在途物资”“应交税费——应交增值税(进项税额)”科目,贷记“银行存款”“应付票据”等科目。待原材料到达并验收入库后,再根据收料单,借记“原材料”科目,贷记“在途物资”科目。

【例4-3】利明公司2×18年5月10日购入原材料一批,增值税专用发票上注明的价款为200 000元,增值税税额为32 000元,结算凭证已经收到,货款已通过银行转账支付,但原材料尚未送到。相关会计处理如下:

(1)原材料尚未到达,先根据结算凭证登记入账:

借:在途物资　　200 000

　应交税费——应交增值税(进项税额)　　32 000

　贷:银行存款　　232 000

(2)假定5月20日原材料送达并验收入库:

借:原材料　　200 000

　贷:在途物资　　200 000

(3)货到单未到。原材料已经到达并验收入库,但因发票等结算凭证未收到,因而尚未付款。由于企业无法确定存货的实际成本,在月份内可暂不入账,但如果月末结算凭证仍未到达,为了在资产负债表上全面反映月末时企业的全部资产和负债,需按合同中规定的价格暂估入账,借记“原材料”科目,贷记“应付账款——暂估应付账款”科目。下月初,用红字编制相同的记账凭证冲销,待结算凭证到达并付款后,按付款与收货同时发生的情况进行账务处理。

【例4-4】2×18年6月25日,长江公司购买原材料10吨,已验收入库,但结算凭证未到,未支付相应货款。月末,结算凭证仍未送达。该批原材料合同单价为1 000元/吨。7月3日,增值税专用发票等结算单据到达,发票上列明的材料价款为10 000元,增值税为1 600元,款项已通过银行转账付讫。会计处理如下:

(1)6月25日,原材料暂估入账:

借:原材料　　10 000

　贷:应付账款——暂估应付款　　10 000

(2)7月1日,用红字冲回:

借:原材料　　[10 000]

　贷:应付账款——暂估应付款　　[10 000]

(3)7月3日,结算凭证送达:

借:原材料　　10 000

　应交税费——应交增值税(进项税额)　　1 600

　贷:银行存款　　11 600

(4)关于购货折扣。如果采用赊销方式销售原材料,为了鼓励购买方尽早付款,常常允许购买方在规定的付款期内按买价的一定比例享受现金折扣的优惠。通常,对于现金折扣的处理有总价法和净价法两种方法。在总价法下,应付账款按照实际交易金额入账,如果购货方在折扣期内付款,现金折扣作为一项理财收入,冲减财务费用;在净价法下，应付账款按实际交易金额扣除现金折扣后的净额入账，如果购货方超过折扣期限付款，则丧失的现金折扣视为超期付款的利息，计入当期财务费用。我国现行制度规定要求采用总价法进行会计处理。

【例4－5】A企业购入乙材料一批，价款共为10 000元，付款条件为2/10，N/20，假如不考虑增值税，材料已验收入库。A企业的会计处理如下：

借：原材料　　10 000

　贷：应付账款　　10 000

如果A企业在10天内付款，则有关的账务处理如下：

借：应付账款　　10 000

　贷：银行存款　　9 800

　　财务费用　　200

如果A企业超过10天付款，有关的账务处理如下：

借：应付账款　　10 000

　贷：银行存款　　10 000

2. 商品流通企业外购存货的核算

商品流通企业外购存货主要是库存商品。其核算可以采用商品进价核算，也可采用售价核算。本节主要阐述进价核算法。

购入商品采用进价核算的，在商品到达验收入库后，按商品进价，借记"库存商品"科目，贷记"银行存款""在途物资"科目。

【例4－6】某企业2×18年6月10日购入商品一批，其进价为100 000元，增值税为16 000元，销售方代垫运费1 000元（金额较小），发票和结算凭证已经收到，款项已通过银行转账支付，商品2×18年6月20日验收入库，该企业采用进价法核算库存商品。会计处理如下：

（1）支付有关款项时：

借：在途物资　　100 000

　应交税费——应交增值税（进项税额）　　16 000

　销售费用　　1 000

　贷：银行存款　　117 000

（2）商品入库时：

借：库存商品　　100 000

　贷：在途物资　　100 000

（二）自制或委托加工取得的存货

自制存货完工入库，应按生产过程中所归集的料、工、费从"生产成本"转入"库存商品"等科目。

【例4－7】某企业自行加工一批材料，现已加工完毕验收入库，加工过程中耗用原材料2 000元，工资费用800元，其他费用200元。会计处理如下：

（1）归集成本：

借：生产成本——自制材料　　3 000

贷:原材料 2 000

应付职工薪酬 800

制造费用 200

(2)入库时:

借:库存商品 3 000

贷:生产成本——自制材料 3 000

委托加工业务应设置"委托加工物资"科目来进行核算。该科目的借方登记发给外单位加工的物资的实际成本、加工费用和往返的运杂费用等,贷方登记已加工完成的材料的实际成本及剩余物资的实际成本。"委托加工物资"科目余额在借方,反映委托外单位加工尚未完工的物资的实际成本。

【例4-8】A企业发出木材一批,成本共计3 000元,委托B企业加工成包装箱。A企业通过银行支付发出材料的运杂费400元以及加工费用1 000元,适用的增值税税率为16%。加工完成后,收到包装箱100个,已验收入库。会计处理如下:

(1)发出委托加工材料:

借:委托加工物资 3 000

贷:原材料 3 000

(2)以银行存款支付委托加工物资的运杂费、加工费及增值税:

借:委托加工物资 1 400

应交税费——应交增值税(进项税额) 160

贷:银行存款 1 560

(3)收到加工完毕的包装箱:

借:周转材料——包装箱 4 400

贷:委托加工物资 4 400

(三)投资者投入的存货

投资者投入的原材料,应按投资合同或协议中约定的价值,借记"原材料"科目,按专用发票上注明的增值税税额,借记"应交税费——应交增值税(进项税额)"科目,按其在注册资本中所占有的份额贷记"实收资本"或"股本"等科目,按其差额,贷记"资本公积"科目。

【例4-9】2×18年3月1日,新星公司收到长江公司投入的一批原材料,双方约定的价值为200 000元,增值税专用发票上注明的原材料增值税税额为32 000元。长江公司将取得新星公司15%的股权,新星公司资本总额为1 000 000元。新星公司的会计处理如下:

借:原材料 200 000

应交税费——应交增值税(进项税额) 32 000

贷:股本 150 000

资本公积——资本溢价 82 000

(四)提供劳务取得存货

企业核算提供劳务取得的存货,应设置"劳务成本"科目,核算企业对外提供劳务发生的成本。企业发生的各项劳务成本,借记“劳务成本”科目,贷记“银行存款”“应付职工薪酬”“原材料”等科目。结转劳务的成本,借记“主营业务成本”“其他业务成本”等科目,贷记“劳务成本”科目。“劳务成本”科目余额在借方,反映企业尚未完成或尚未完成或尚未结转的劳务成本。

【例 4-10】甲科技开发咨询公司承接了一个技术服务项目,当期发生工资费用 20 万元,另以现金支付其他支出 1 万元,期末应结转成本 9 万元。会计处理如下:

(1)提供劳务时:

借:劳务成本	210 000	
贷:应付职工薪酬		200 000
库存现金		10 000

(2)期末结转成本:

借:主营业务成本	90 000	
贷:劳务成本		90 000

期末劳务成本余额 12 万(相当于在产品),应作为存货反映在期末资产负债表中。

第三节　发出存货的计价

一、存货成本流转的假设

发出存货计价的实质是将存货的取得成本在本期发出存货和期末结存存货之间进行分配。由于存货是供企业生产、经营、销售和耗用的物资,所以在生产经营过程中,存货是不断流动的,有流入也有流出,流入与流出相抵后的余额为期末存货,即:

(期初存货 + 本期新增存货) - 本期发出存货 = 期末存货

本期期末存货结转到下期,即为下期的期初存货。不断循环,继而形成了生产经营过程中的存货流转。

存货流转包括实物流转和成本流转两方面。理论上,存货的成本流转与实物流转应当一致,即购置存货时所确定的成本应当随着该项存货的销售或耗用而结转。实际工作中,同一种存货尽管单价不同,但均能满足销售或生产的需要,在存货被销售或耗用时,无须逐一辨别哪一批实物被发出,哪一批实物留作库存。成本的流转顺序和实物的流转顺序可以分离,只要按照不同的成本流转程序确定已发出存货的成本和库存存货的成本即可。这样,就出现了存货成本的流转假设。

依据某种存货成本流转的假设,在期末存货与发出存货之间分配成本,就产生了不同的发出存货的计价方法。根据《企业会计准则第 1 号——存货》,我国企业可以采用的发出存货计价方法有:个别计价法、先进先出法、加权平均法、移动加权平均法。需要说明的是,这几种发出存货的计价方法,是在存货的日常核算采用实际成本法时采用的，如果企业存货的日常核算采用计划成本或售价核算，则应采用计划成本法或零售价法，月末再将发出存货的成本采用一定方法调整为实际成本。本节只阐述实际成本法下的应用，计划成本法或零售价法的核算详见第四节。

存货是企业资产负债表中流动资产的一个重要组成项目，也是利润表中确定和构成销货成本的一个重要内容。存货的计价方法不同，对企业的财务状况、经营成果以及应税利润都会产生影响。企业应当根据实际情况，选择适当的存货计价方法，一经确定不得随意变更。

二、实际成本法下发出存货的计价方法

（一）个别计价法

个别计价法是以每次（批）购进存货的实际成本作为计算各该次（批）存货发出所结转成本依据的计价方法。使用个别计价法的条件是材料的单位成本要能够分别辨认。在购入存货时，分别存放并标明单价。个别计价法的优点是发出的存货实物与价值是一致的，因而存货的计算是最准确的，但缺点是核算工作量很大。个别计价法适用于容易识别、存货品种数量不多，单位成本较高的存货计价，如房产、飞机、珠宝等。

（二）先进先出法

先进先出法假定先购进的存货先发出去，并根据这一假定的成本流转顺序对发出存货和期末存货进行计价的一种方法。采用这种方法，企业在购进存货时要逐笔登记每一批存货的数量、单价和金额；发出存货时，按照先进先出原则逐笔登记发出存货和结存存货的数量、单价和金额。以原材料存货为例，发出原材料时，先按月初库存材料单价确定发出材料的实际价格，如果发出材料的数量超过月初库存量，超出部分则按本月每批购入材料的单价计算，其余以此类推。

【例4－11】长江公司2×18年8月甲材料的期初、购入、发出和结转的明细资料如表4－1所示。

表4－1　材料明细账

材料名称：甲材料

日期	凭证号	摘要	收入			发出			结存		
			数量（公斤）	单价（元）	金额（元）	数量（公斤）	单价（元）	金额（元）	数量（公斤）	单价（元）	金额（元）
8月1日		期初余额							200	0.50	100
8月4日		购入	400	0.53	212				200 400	0.50 0.53	312
8月8日		领用				200 100	0.50 0.53	100 53	300	0.53	159

续表

日期	凭证号	摘要	收入			发出			结存		
			数量（公斤）	单价（元）	金额（元）	数量（公斤）	单价（元）	金额（元）	数量（公斤）	单价（元）	金额（元）
8月26日		购入	100	0.54	54				300 100	0.53 0.54	213
		合计	500		266	300		153	300 100	0.53 0.54	213

根据表4-1,在先进先出法下,8月当期购入存货成本为266元,结转存货成本为153元,期末存货余额为213元。先进先出法的优点是能够随时结转发出存货成本,期末存货成本比较接近现行市场价值。但是,在存货收发业务频繁和单价经常变动的情况下,企业计价的工作量较大。另外,当物价不断上涨时,运用先进先出法会低估当期结转的存货成本,进而高估当期利润,并且会高估资产负债表上的期末存货价值;在物价不断下降时,先进先出法会低估当期利润和期末存货余额。通常,经营活动受存货形态影响较大或存货容易腐败变质的企业宜采用先进先出法,如食品和服装行业等。

(三)月末一次加权平均法

月末一次加权平均法要求全月计算一次存货的平均单位成本,计算公式为:

$$存货单位平均成本=\frac{月初存货的实际成本+本月购入存货的实际成本}{月初存货数量+本月购入存货的数量}$$

$$发出存货的实际成本=本月发出存货数量\times 材料单位平均成本$$

$$月末结存存货成本=本月结存存货数量\times 材料单位平均成本$$

由于在计算加权平均单位成本时往往不能除尽,为了保证月末结存存货的数量、单位成本与总成本一致,实务中,应当先按加权平均单位成本计算月末结存存货成本,然后倒挤出本月发出存货成本,将计算尾差挤入发出存货成本。

以表4-2为例,如果采用加权平均法:

$$8月甲材料单位平均成本=\frac{100+266}{200+500}\approx 0.52(元)$$

$$8月结存材料成本=400\times 0.52=208(元)$$

$$8月发出材料实际成本=(100+266)-208=158(元)$$

采用加权平均法只在月末一次计算加权平均单价,工作量不大,计算方法较简单。在市场价格上涨或下跌时,对存货成本的分摊较为折中。但是缺点是只有在期末才能计算出加权平均单价,确定发出和结存存货的成本,但平时无法从账上提供发出和结存存货的单价和金额,不利于对存货加强日常管理;而且期末核算工作量较大。因此,加权平均法只适合存货品种较少,前后购入存货单位成本相差较大的企业采用。通常,储存在同一地点、性能形态相同的大量存货,可采用加权平均法。

(四)移动加权平均法

每次购入存货后,如果新购存货的实际单位成本不同于原有结余存货的实际平均成本,就要重新计算平均成本,此时须采用移动加权平均法计算。计算公式为:

$$存货单位平均成本=\frac{以前存货的实际成本+本次购入存货的实际成本}{以前结余存货数量+本次购入存货的数量}$$

$$发出存货的实际成本=发出存货数量\times材料单位平均成本$$

以表4－1为例，如果采用移动加权平均法，8月4日和8月26日在购入时，应分别重新计算甲材料平均单位成本。

8月4日新购入400公斤甲材料时：

$$甲材料平均单位成本=\frac{100+212}{200+400}=0.52（元）$$

8月8日领用300公斤甲材料，结转甲材料总成本＝300×0.52＝156（元）。

8月26日又购入100公斤甲材料时：

$$甲材料平均单位成本=\frac{156+54}{300+100}=0.525（元）$$

$$月末结存材料的实际成本=400\times0.525=210（元）$$

移动加权平均法的优点是存货发出时随时结转成本，便于对存货的日常管理；大量核算工作分散在平时，减轻了月末工作量；而且采用这种方法，资产负债表期末存货余额和结转的存货成本都比较接近于当时的市场价格，能比较客观地反映当期损益情况。但是缺点是每次购入存货都要重新计算，工作量较大。因此，移动加权平均法适用于购货次数不多的企业。

三、发出存货的核算

企业的存货除了包括原材料和库存商品外，还包括周转材料、委托加工物资、自制半成品、处于生产过程中的存货等。这里只介绍了原材料和周转材料的核算。

（一）发出原材料的核算

企业原材料的发出主要用于产品的生产。另外，企业相关管理部门、销售部门或企业基本建设也可能领用原材料。当原材料不能用于企业产品的生产或对企业没有使用价值时，为了盘活资金，企业可能将原材料对外销售。对发出原材料进行会计核算时，应按其具体用途反映原材料的耗费情况，借记有关科目，贷记“原材料”科目。

1. 被生产部门、管理部门、销售部门耗用的原材料

直接用于产品生产的原材料，应借记“生产成本”科目；用于车间一般消耗的，借记“制造费用”科目；管理部门领用的原材料，借记“管理费用”科目；销售部门领用的原材料，借记“销售费用”科目。

2. 被基建部门、福利部门等领用的原材料

凡是被基建部门等领用的原材料，按实际成本与“应交税费——应交增值税（进项税额）”的合计数，借记“在建工程”“应付职工薪酬”等科目，按实际成本，贷记“原材料”“应交税费——应交增值税（进项税额转出）”等科目。

3. 被出售的原材料

对于被出售的原材料，按已收或应收的款项，借记“银行存款”或“应收款项”等科目，按实现的收入，贷记“其他业务收入”“应交税费——应交增值税（销项税额）”科目。月末，按出售原材料的实际成本，结转为当期营业成本，借记“其他业务成本”科目，贷

记“原材料”科目。

其中特别注意的是，企业将自制和委托加工物资用于非应税项目或免税项目时，应视同销售计算交纳有关税金，并按材料实际成本结账；若是将外购材料用于非应税项目或免税项目，应将进项税额转出。

【例4-12】大元公司为增值税一般纳税人，适用的增值税税率为16%。2×18年6月发出原材料情况如下：生产车间领用200 000元，车间一般耗用为8 000元，企业管理部门领用5 000元，销售部门领用1 500元，基建部门领用6 000元，增值税税额为960元，福利部门领用3 000元，增值税税额为480元；对外销售原材料为10 000元，款项尚未收到，该外售原材料的账面价值为8 000元。

根据企业发料凭证汇总表，做出如下会计分录：

借：生产成本	200 000
制造费用	8 000
管理费用	5 000
销售费用	1 500
在建工程	7 020
应付职工薪酬	3 510
其他业务成本	8 000
贷：原材料	231 590
应交税费——应交增值税（进项税额转出）	1 440
借：应收账款	11 600
贷：其他业务收入	10 000
应交税费——应交增值税（销项税额）	1 600

（二）发出周转材料的核算

周转材料是企业能够多次使用、逐渐转移其价值但仍保持原有形态、不确认为固定资产的材料，通常包括包装物和低值易耗品。包装物是企业在生产经营活动中为包装本企业产品而储备的各种包装容器，如桶、箱、筐、瓶等。低值易耗品是指单位价值较低、使用年限较短，不能作为固定资产的各种用具、设备，如工具、管理用具、替换设备、劳保用品等。

1. 科目设置

为了反映和监督企业包装物和低值易耗品的保管和使用情况，企业应设置“周转材料”科目。企业的包装物、低值易耗品，也可以单独设置“包装物”“低值易耗品”科目。该科目可按周转材料的种类，分别按“在库”“在用”“摊销”进行明细核算。

2. 周转材料摊销的方法

周转材料可以长期周转使用，但其价值会因使用过程中的磨损而逐渐丧失。因此，需要采用一定的方法摊销周转材料的磨损价值，并将摊销额计入有关成本或费用科目。周转材料的摊销方法包括一次转销法和其他摊销法。其中，其他摊销法包括分次摊销法、五五摊销法等。

（1）一次转销法。一次转销法即周转材料在第一次领用时，其价值一次全部摊销。

此方法适用于一次领用数量不多、价值较低或易损坏的周转材料(如管理用具和小型用具、卡具以及在单件小批生产方式下为制造某批订货所用的专用工具等低值易耗品以及生产领用的包装物和随同商品出售的包装物);数量不多、金额较小,且业务不频繁的出租或出租包装物,也可采用一次转销法结转包装物的成本,但在以后收回使用过的出租和出借包装物时,应加强实物管理,并在备查簿上进行登记。其缺点是不利于实物管理,且价值一次结转时费用负担不够均衡,会出现账外资产。

企业领用周转材料时,按用途将其全部价值摊入"生产成本""制造费用""管理费用""工程施工"等科目,贷记"周转材料"科目。如果包装物购入时单独计价,但随同商品出售时不单独计价,在包装物发出时,将其成本作为包装费用,借记"销售费用"科目;如果随同商品出售并单独计价的包装物属于企业的其他业务,则借记"其他业务成本"。周转材料报废时,将周转材料的残值作为当期周转材料摊销额的减少,冲减对应的成本费用科目。应按报废周转材料的残料价值,借记"原材料"等科目,贷记"管理费用""生产成本""销售费用""工程施工"等科目。

【例4-13】某企业销售食盐一批,领用随同食盐出售不单独计价的塑料袋100条,每条实际成本为2元。根据一次摊销法,企业做出如下会计分录:

借:销售费用	200
贷:周转材料——塑料袋	200

【例4-14】某啤酒厂销售一批啤酒,领用随同啤酒出售并单独计价的木箱100个,每个实际成本为10元。根据一次摊销法,企业做出如下会计分录:

借:其他业务成本	1 000
贷:周转材料——木箱	1 000

(2)其他摊销法。其他摊销法包括五五摊销法和分次摊销法等。采用其他摊销法的,领用时应按其账面价值,借记"周转材料——在用",贷记"周转材料——在库";摊销时应按摊销额,借记"管理费用""生产成本""销售费用""工程施工"等科目,贷记"周转材料——摊销"。

周转材料报废时应补提摊销额,借记"管理费用""生产成本""销售费用""工程施工"等科目,贷记"周转材料——摊销";同时,按报废周转材料的残料价值,借记"原材料"等科目,贷记"管理费用""生产成本""销售费用""工程施工"等科目,并转销全部已提摊销额,借记"周转材料——摊销",贷记"周转材料——在用"。

周转材料采用计划成本进行日常核算的,领用等发出周转材料时,还应同时结转应分摊的成本差异。

【例4-15】某企业生产部门于2×18年3月1日领用专用工具一批,实际成本为2 000元。2×18年12月28日该批专用工具报废,以现金形式收回残值100元。该企业采用五五摊销法摊销周转材料。会计分录如下:

(1)2×18年3月1日,领用专用工具并摊销50%:

借:周转材料——在用	2 000
贷:周转材料——在库	2 000
借:制造费用	1 000

贷:周转材料——摊销　　1 000

(2)2×18年12月28日,报废专用工具收回残值,摊销剩余50%:

借:制造费用　　1 000

　贷:周转材料——摊销　　1 000

借:库存现金　　100

　贷:制造费用　　100

借:周转材料——摊销　　2 000

　贷:周转材料——在用　　2 000

第四节 存货的其他核算方法

企业进行存货的日常核算除了采用实际成本进行核算外,还可以采用计划成本进行核算。另外,商品流通企业还可以采用毛利率法和零售价法进行存货的日常核算。

一、计划成本法

存货按计划成本计价法进行收发核算的主要特点是:收发凭证按存货的计划成本计价,总账及其明细分类账按计划成本登记,存货的实际成本与计划成本的差异,一般通过专门的成本差异账户进行核算①,月末再通过对存货成本差异的分摊,将发出存货和结存存货的计划成本调整为实际成本。

由于原材料的核算具有较强的代表性,所以本书主要以原材料为例来阐述计划成本法的核算,其他类型存货的核算,可以参照原材料核算的方法进行。企业对原材料按计划成本法核算时,除了应设置"材料成本差异"科目外,还应设置"材料采购"科目,核算企业采用计划成本进行日常核算而购入材料的成本,其期末借方余额,反映企业在途材料的实际成本。

(一)取得原材料的核算

与按实际成本核算的道理相同,材料入库和货款的支付时间往往不一致,主要有以下三种情况:

1. 单货同到,即结算凭证与材料同时到达的采购业务

对于发票等结算凭证与原材料同时到达的情况,在支付货款时,应根据结算凭证确定的实际成本,借记"材料采购"科目;根据增值税专用发票上注明的增值税税额,借记"应交税费——应交增值税(进项税额)"科目;按实际支付或应支付的金额,贷记"银行存款""应付账款"等科目;

原材料验收入库时,根据收料凭证,按入库材料计划成本,借记"原材料"科目,贷记"材料采购"科目。结转入库材料的成本差异时,若入库材料的实际成本大于计划成

① 就材料存货而言,也可以在"原材料""周转材料"等科目设置"成本差异"明细科目。

本,应按其差额,借记“材料成本差异”,贷记“材料采购”科目;若入库材料的实际成本小于计划成本,应按其差额,借记“材料采购”科目,贷记“材料成本差异”科目。

【例4-16】伟达公司为增值税一般纳税人,存货采用计划成本核算。2×18年8月1日购入原材料一批。取得的增值税专用发票上注明该批原材料价款为200 000元,增值税税额为32 000元。材料已经验收入库,货款已通过银行转账支付。该批原材料的计划成本为210 000元。相关会计处理如下:

(1)支付货款时:

借:材料采购　200 000

　应交税费——应交增值税(进项税额)　32 000

　贷:银行存款　232 000

(2)材料验收入库时:

借:原材料　210 000

　贷:材料采购　200 000

　　材料成本差异——原材料　10 000

2. 单到货未到

对于已经付款但原材料尚未送达或尚未验收入库的采购业务,付款时企业应根据结算凭证等确定的材料实际成本借记“材料采购”科目,根据增值税专用发票上注明的增值税税额,借记“应交税费——应交增值税(进项税额)”科目,按照实际支付的款项,贷记“银行存款”等科目;原材料验收入库时,再编制有关计划成本与实际成本差异的会计分录。

【例4-17】伟达公司为增值税一般纳税人,存货采用计划成本核算。2×18年9月1日购入原材料一批。发票等结算凭证已收到,增值税专用发票上注明货款为20 000元,增值税税额为3 200元,货款已通过银行转账支付,但尚未收到原材料。9月3日该批材料验收入库,其计划成本为18 000元。相关会计处理如下:

(1)9月1日收到结算凭证:

借:材料采购　20 000

　应交税费——应交增值税(进项税额)　3 200

　贷:银行存款　23 200

(2)9月3日材料验收入库:

借:原材料　18 000

　材料成本差异——原材料　2 000

　贷:材料采购　20 000

3. 货到单未到

对于材料已到并验收入库,但发票等结算凭证未到,货款尚未支付的采购业务。为了简化核算手续,这种情况下材料验收入库时可暂不作账务处理,待结算凭证到达后再进行有关账务处理。但若月末结算凭证仍未收到,应按材料计划成本暂估入账,借记“原材料”等科目,贷记“应付账款——暂估应付账款”科目。下月初用红字做相同的分录,进行冲销,待收到结算凭证后进行账务处理。

【例4－18】伟达公司为增值税一般纳税人，存货采用计划成本核算。2×18年10月10日购入原材料一批。材料已验收入库，月末尚未收到发票账单和结算凭证。该批材料的计划成本为18 000元。11月5日，材料的增值税专用发票到达，货款为20 000元，增值税税额为3 200元，货款已通过银行转账支付。相关会计处理如下：

(1)10月10日购入原材料。因未收到发票等结算凭证，暂不入账。

(2)10月31日按计划成本暂估入账：

借：原材料	18 000
贷：应付账款——暂估应付账款	18 000

(3)11月1日用红字冲销：

借：原材料	18 000
贷：应付账款——暂估应付账款	18 000

(4)11月5日，发票到达：

借：材料采购	20 000
应交税费——应交增值税(进项税额)	3 200
贷：银行存款	23 200
借：原材料	18 000
材料成本差异——原材料	2 000
贷：材料采购	20 000

(二)发出原材料的核算

采用计划成本计价的企业，原材料发出的核算程序与实际成本计价基本相同。区别主要是在月末要计算原材料的成本差异率，并根据原材料的成本差异率来计算并结转差异额，将计划成本调整为实际成本。

1. 原材料成本差异率的计算

发出材料应负担的成本差异应当按月分摊，不得在季末或年末一次计算。发出材料应负担的成本差异，除委托外部加工发出材料可按期初成本差异率计算外，应使用当期的实际差异率；期初成本差异率与本期成本差异率相差不大的，也可按期初成本差异率计算。计算方法一经确定，不得随意变更。材料成本差异率的计算公式如下：

$$\text{期初材料成本差异率}=\frac{\text{期初结存材料的成本差异}}{\text{期初结存材料的计划成本}}\times 100\%$$

$$\text{本期材料成本差异率}=\frac{\text{期初结存材料的成本差异}+\text{本期验收入库材料的成本差异}}{\text{期初结存材料的计划成本}+\text{本期验收入库材料的计划成本}}\times 100\%$$

根据材料成本差异率，就可以将发出存货的计划成本调整为实际成本，其计算公式为：

本月发出原材料应负担的成本差异＝本月发出原材料的计划成本×原材料成本差异率

发出原材料的实际成本＝发出原材料的计划成本±发出原材料应负担的成本差异

结存原材料的实际成本＝结存原材料的计划成本±结存原材料应负担的成本差异

【例4－19】某企业2×18年1月1日结存原材料的计划成本为100 000元，本月购入原材料的计划成本为200 000元，本月发出原材料的计划成本为160 000元，原材料成本差异的月初数为10 000元(节约),本月收入材料成本差异为4 000元(超支),材料成本差异率及发出材料应负担的成本差异计算如下:

$$材料成本差异率 = \frac{-10\ 000 + 4\ 000}{100\ 000 + 200\ 000} \times 100\% = -2\%$$

$$发出材料应负担的成本差异 = 160\ 000 \times (-2\%) = -3\ 200(元)$$

$$发出材料的实际成本 = 160\ 000 - 3\ 200 = 156\ 800(元)$$

$$结存材料的实际成本 = 140\ 000 \times (1 - 2\%) = 137\ 200(元)$$

2. 账务处理

结转发出材料应负担的材料成本差异,实际成本大于计划成本的超支差异,借记"生产成本""制造费用""管理费用""销售费用""委托加工物资""其他业务成本"等科目,贷记"材料成本差异"科目;实际成本小于计划成本的节约差异,做相反的会计分录。

【例4-20】某上市公司材料存货采用计划成本计价,2×18年6月"原材料"科目某类材料的期初余额为56 000元,"材料成本差异"科目期初借方余额4 500元,原材料单位计划成本12元。

6月10日进货1 500公斤,支付材料货款15 000元,运杂费500元,增值税税率为16%。10日付清全部款项。6月11日材料验收入库。

6月20日进货2 000公斤,支付材料货款26 000元,运杂费1 000元,增值税税率为16%。20日付清全部款项。6月22日材料验收入库。

6月15日基本生产车间领用2 000公斤,6月25日辅助生产车间领用材料2 000公斤。

相关会计处理如下:

(1)6月10日:

借:材料采购	15 500	
应交税费——应交增值税(进项税额)	2 400	
贷:银行存款		17 900

(2)6月11日:

借:原材料	18 000	
贷:材料采购		15 500
材料成本差异		2 500

(3)6月15日基本生产领用2 000公斤:

借:生产成本——基本生产成本	24 000	
贷:原材料		24 000

(4)6月20日:

借:材料采购	27 000	
应交税费——应交增值税(进项税额)	4 160	
贷:银行存款		31 160

(5)6月22日:

借:原材料	24 000	

材料成本差异　　3 000

贷:材料采购　　27 000

(6)6 月 25 日辅助车间领用材料 2 000 公斤:

借:生产成本——辅助生产成本　　24 000

贷:原材料　　24 000

(7)6 月 30 日计算分摊本月材料的成本差异:

$$本月材料成本差异率 = \frac{4\ 500 - 2\ 500 + 3\ 000}{56\ 000 + 18\ 000 + 24\ 000} \times 100\% = 5.1\%$$

基本生产车间本月领用材料应负担的成本差异 = 24 000 × 5.1% = 1 224(元)

辅助生产车间本月领用材料应负担的成本差异 = 24 000 × 5.1% = 1 224(元)

借:生产成本——基本生产成本　　1 224

——辅助生产成本　　1 224

贷:材料成本差异　　2 448

采用计划成本计价核算,可以大大简化材料的日常核算,有利于企业的成本管理和成本控制。

二、毛利率法

毛利率法是商品流通企业特别是商品批发企业常用的一种存货计价方法。企业运用该方法时,根据前期实际(或本月计划的毛利率)乘以本期商品销售净额,匡算出本期的销售毛利,进而估算出本期销售成本和期末结存存货成本。具体计算公式如下:

毛利率 = 销售毛利 ÷ 销售净额 × 100%

销售净额 = 商品销售收入 - 销售退回与折让

销售毛利 = 商品销售净额 × 毛利率

销售成本 = 销售净额 - 销售毛利

期末存货成本 = 期初存货成本 + 本期购货成本 - 本期销售成本

【例 4 - 21】某商业批发企业,月初甲类存货为 150 000 元,本月购货 850 000 元,销售 900 000 元,销售退回与折让合计为 20 000 元,上季度该类商品毛利率为 20%。运用毛利率法计算本月已销存货和月末存货的成本。

本月销售净额 = 900 000 - 20 000 = 880 000(元)

销售毛利 = 880 000 × 20% = 176 000(元)

销售成本 = 880 000 - 176 000 = 704 000(元)

期末存货成本 = 150 000 + 850 000 - 704 000 = 296 000(元)

上述销售成本计算公式还可以简化为:

销售成本 = 销售净额 × (1 - 20%) = 704 000(元)

采用毛利率法,商品销售成本按大类销售额计算,并按大类商品结转成本。商品明细账平时只登记数量不登记金额,计算手续简便。为了保证商品存货成本计算的正确性,每个季度末应对前两个月用毛利率法计算出的成本进行调整,具体做法是:根据每季度末最后一个月月末结存数量按照前述各种计价方法,先计算出月末存货成本,然后再计算该季度的商品销售成本,用该季度的商品销售成本减去前两个月已结转的成本,计算出第三个月应结转的销售成本。

三、零售价法

零售价法是商品零售企业经常采用的一种存货计价方法。该方法的基本思路是：用成本占零售价的百分比(即成本率)计算出期末存货成本，然后倒挤出本期的销售成本。计算公式如下：

$$成本率=\frac{期初存货成本+本期购货成本}{期初存货售价+本期购货售价}\times 100\%$$

$$期末存货成本=期末存货售价总额\times 成本率$$

$$本期销售成本=期初存货成本+本期购货成本-期末存货成本$$

【例4-22】大华百货2×18年5月期初存货成本为289 480元，售价总额为360 000元，本期购货成本620 000元，售价总额806 000；本期销售收入820 000元。用零售价法计算期末存货成本和本期销售成本。

$$成本率=(289\,480+620\,000)\div(360\,000+806\,000)\times 100\%=78\%$$

$$期末存货成本=期末存货售价总额\times 成本率=820\,000\times 78\%=639\,600(元)$$

$$本期销售成本=289\,480+620\,000-639\,600=269\,880(元)$$

对于从事商品零售业务的企业，如百货商场、超市等，由于经营的商品种类、品质、规格等繁多，而且要求按商品零售价格标价，采用其他成本计算结转方法均较困难，因此会广泛采用零售价法。

需要说明的是，目前我国商品零售企业广泛采用的售价金额核算法，实际上是零售价法在我国会计实务中的具体运用。

(一)售价金额核算法的具体程序

(1)平时商品存货明细账的进销存均按售价记账，售价与进价的差额记入"商品进销差价"科目。

(2)期末，计算进销差价率，其计算公式如下：

$$商品进销差价率=\frac{期末分摊前“商品进销差价”科目余额}{\begin{matrix}“库存商品”\\科目期末余额\end{matrix}+\begin{matrix}“委托代销商品”\\科目期末余额\end{matrix}+\begin{matrix}“发出商品”\\科目期末余额\end{matrix}+\begin{matrix}本期“主营业务收入”\\科目贷方发生额\end{matrix}}\times 100\%$$

企业的商品进销差价率各期之间比较均衡的，也可以采用上期商品进销差价率计算分摊本期的商品进销差价。年度终了，应对商品进销差价进行核实调整。

(3)根据进销差价率计算本期已销商品应分摊进销差价，其计算公式如下：

$$\begin{matrix}本期销售商品应分\\摊的商品进销差价\end{matrix}=\begin{matrix}本期“主营业务收入”\\科目贷方发生额\end{matrix}\times\begin{matrix}商品进销\\差价率\end{matrix}$$

(4)调整本期已销商品的销售成本：

$$本期商品销售实际成本=本期商品销售收入-本期已销售商品应分摊的进销差价$$

(二)账务处理

购入商品采用售价核算的，在商品到达验收入库后，按商品售价，借记"库存商品"科目，按商品进价，贷记"银行存款""在途物资"等科目，按商品售价与进价的差额，贷记"商品进销差价"科目。委托外单位加工收回的商品，按商品售价，借记"库存商品"科目；按委托加工商品的账面余额，贷记"委托加工物资"科目；按商品售价与进价的差额，贷记"商品进销差价"科目。对外销售商品结转销售成本时，按库存商品售价，借记

“主营业务成本”科目，贷记“库存商品”，同时还应结转应分摊的商品进销差价。

【例4-23】承例4-22，“售价金额核算法”的会计处理如下(不考虑增值税)：

(1)结转入库商品成本：

借：库存商品 806 000

贷：在途物资 620 000

商品进销差价 186 000

(2)本期销售商品：

借：银行存款 820 000

贷：主营业务收入 820 000

(3)平时结转商品销售成本：

借：主营业务成本 820 000

贷：库存商品 820 000

(4)计算进销差价率：

$$进销差价率 = \frac{(360\ 000 - 289\ 480) + (806\ 000 - 620\ 000)}{360\ 000 + 806\ 000} \times 100\% = 22\%$$

$$已销商品应分摊的进销差价 = 820\ 000 \times 22\% = 180\ 400(元)$$

(5)根据已销商品应分摊的进销差价冲转销售成本：

借：商品进销差价 180 400

贷：主营业务成本 180 400

经过调整，本期商品销售成本调整为实际成本639 600元(820 000 - 180 400)；“库存商品”科目的期末借方余额为346 000元(360 000 + 806 000 - 820 000)，“商品进销差价”科目的贷方余额为76 120元。商品零售企业在会计期末编制资产负债表时，存货项目中的商品存货部分，应根据“库存商品”和“商品进销差价”两个科目期末余额的差额列出。本例中，上述两个科目期末余额的差额为269 880元(346 000 - 76 120)，该项数额与按存货成本率计算的期末存货成本完全一致。

第五节 存货的清查

一、存货清查概述

存货的种类一般较多，收发也比较频繁，因而在收发、计量和核算工作中很容易发生差错。有些存货还会发生自然损耗，还可能丢失和被贪污、盗窃。这些都会造成存货的盘盈、盘亏，出现账实不符的现象。此外，如果仓库和企业经营管理不善，还可能会发生存货的变质、损坏和超储积压。存货清查的目的就在于如实反映企业存货的实有数额，保证存货核算的真实性，监督存货的安全完整。

存货清查的内容一般包括：①核对存货的账存数和实存数，查明盘盈、盘亏存货的品种、规格和数量；②查明变质、毁损、积压呆滞存货的品种、规格和数量。

仓储中的存货，应采用实地盘点的方法。在盘点之前，应全面结账，并把账存数量登入存货盘点表。在盘点时，应根据存货的不同性质，分别采用点数、过磅、量尺等方法。存货实际盘存的数量也应登记入存货盘点表，以便与账存数进行核对。

存货盘点，不但要点清数量，而且要注意存货的质量，看有无霉烂变质和毁损，如果有，还应查明霉烂变质和毁损的程度。发现库存数量大、长期没有领发或收发数量很少应查明是否为超储积压、过时的存货。

盘盈、盘亏、变质毁损、积压的存货，应分析原因、明确责任，提出处理意见。

在途存货和委托加工存货也应进行清查。清查时可采用函调或实地盘点的方法。

存货应当定期盘点，每年至少盘点一次。盘点结果如果与账面记录不符，应于期末前查明原因，并根据企业的管理权限，经股东大会或董事会，或经理（厂长）会计或类似机构批准后，在期末结账前处理完毕。

盘盈或盘亏的存货，如在期末结账前尚未经批准，应在对外提供财务会计报告时先按上述规定进行处理，并在会计报表附注中做出说明；如果其后批准处理的金额与已处理的金额不一致，应按其差额调整会计报表项目的年初数。

二、存货数量的盘存方法

会计期末，为了客观、真实、正确地反映企业期末存货的价值，必须准确地确定期末存货的数量。企业存货的数量盘存方法主要有“永续盘存制”和“实地盘存制”两种。

（一）永续盘存制

永续盘存制又称为账面盘存制，是指平时对各项存货的增减变动都必须根据会计凭证在明细账中进行连续登记，并随时在账面上结出其结存数量的一种盘存方法。该种盘存制度可用公式表示为：

期末结存数量 = 期初结存数量 + 本期增加数量 - 本期减少数量

采用该种方法的优点是：可以在会计账簿上随时反映存货的收、发、存的动态情况，并能从数量和金额两个方面进行管理控制。该方法还可以将账存数和实存数相核对，以查明账实是否相符及不符的原因，有利于加强对存货的管理。同时，存货明细账上的结存数，可随时与预定的最高和最低限额进行比较，以利于及时取得存货积压或不足的信息。但该方法的不足之处是日常的账簿登记和核算的工作量大。

（二）实地盘存制

实地盘存制，又称定期盘存制，是指平时只在账簿中登记存货的增加数，不登记减少数，期末通过实物盘点来确定其结存数并据以倒挤出本期发出存货的一种盘存方法。用公式表示为：

期末结存数 = 期末盘点数量 × 单价

本期减少数 = 期初结存数 + 本期增加数 - 期末盘点实存数

在这种方法下，只记录增加数，不记录减少数和结存数，极大地简化了日常核算工作量。但是，倒挤出的减少数没有手续，可能有正常耗用的，也可能会有毁损和丢失的，不便于实施会计监督。而且账存数即为实存数，它们之间无法相互控制和相互核对。

因此，企业一般不宜采用这种方法。

三、存货清查结果的账务处理

对存货清查结果的账务处理，以据实编制的"存货盘点报告表"为依据，账务处理分两步走：首先根据盘存表所列盘盈、盘亏、毁损等存货的数量，调整账面记录，做到账实相符；然后将库存商品盘盈或盘亏于期末前查明原因，并根据企业的管理权限，报经批准后，在期末结账前处理完毕。

（一）存货盘盈的账务处理

企业发生存货盘盈时，应按规定程序报经有关部门批准后才能做出处理。在批准处理前，应按其重置成本借记"原材料""库存商品"等科目，贷记"待处理财产损溢——待处理流动资产损溢"科目。盘盈的存货按管理权限报经批准后，冲减当期管理费用。借记"待处理财产损溢——待处理流动资产损溢"科目，贷记"管理费用"科目。

【例 4－24】某企业期末存货清查中盘盈甲材料 200 公斤，市场价格为 20 元/公斤。经查明属于材料收发计量错误。

批准处理前：

借：原材料——甲材料	4 000
贷：待处理财产损溢——待处理流动资产损溢	4 000

批准处理后：

借：待处理财产损溢——待处理流动资产损溢	4 000
贷：管理费用	4 000

（二）存货盘亏和毁损的账务处理

企业发生存货盘亏和毁损时，在批准处理前，应先通过"待处理财产损溢——待处理流动资产损溢"科目核算，借记"待处理财产损溢——待处理流动资产损溢"科目，贷记有关存货科目。待查明盘亏和毁损的原因后，应按不同的原因分别处理：

第一，属于定额内合理损耗的，应在管理费用中核销；

第二，属于计量收发差错和管理不善等原因造成的存货短缺，应先扣除残料价值、可以收回的保险赔偿和过失人赔偿，将净损失计入管理费用。

第三，属于自然灾害等造成的存货毁损，应先扣除处置收入（如残料价值）、可以收回的保险赔偿和过失人赔偿，将净损失计入营业外支出。

存货的盘亏或毁损属于非正常损失的，按规定不能抵扣的增值税进项税额应当予以转出。其中，非正常损失，是指因管理不善造成被盗、丢失、霉烂变质的损失。

【例 4－25】某企业在期末存货清查中发现因管理不善而变质的甲材料 100 公斤，单位实际成本为 30 元，经确认该批材料应负担的增值税为 480 元。经批准，相关责任人应赔偿 1 000 元。相关会计处理如下：

（1）批准处理前：

借：待处理财产损溢——待处理流动资产损溢	3 480
贷：原材料——甲材料	3 000
应交税费——应交增值税（进项税额转出）	480

(2)批准处理后：

借:其他应收款	1 000
管理费用	2 510
贷:待处理财产损溢——待处理流动资产损溢	3 510

第六节　存货的期末计量及披露

为了客观地反映企业期末存货的价值,在资产负债表日,企业应对其拥有的存货进行准确的计量。

一、存货期末计量原则

《企业会计准则第 1 号——存货》规定,资产负债表日,存货应当按照成本与可变现净值孰低计量。当存货成本低于可变现净值时,存货按成本计量;当存货成本高于可变现净值时,应当计提存货跌价准备,计入当期损益。

成本与可变现净值孰低计量的理论基础主要是使存货符合资产的定义。当存货的可变现净值下跌至成本以下时,表明该存货会给企业带来的未来经济利益低于其账面成本,因而应将这部分损失从资产价值中扣除,计入当期损益。否则,存货的可变现净值低于成本时,如果仍然以其成本计量,就会出现虚计资产的现象。

二、存货的可变现净值

(一)可变现净值的基本特征

可变现净值,是指在日常活动中,存货的估计售价减去至完工时估计将要发生的成本、估计的销售费用以及相关税费后的金额。其基本特征如下:

1. 确定存货可变现净值的前提是企业在进行日常活动

如果企业不是在进行正常的生产经营活动,例如,企业处于清算过程,那么不能按照存货准则的规定确定存货的可变现净值。

2. 可变现净值为存货的预计未来净现金流量,而不是简单地等于存货的售价或合同价

企业预计的销售存货现金流量,并不完全等于存货的可变现净值。存货在销售过程中可能发生的销售费用和相关税费,以及为达到预定可销售状态还可能发生的加工成本等相关支出,构成现金流入的抵减项目。企业预计的销售存货现金流量,扣除这些抵减项目后,才能确定存货的可变现净值。

3. 不同存货可变现净值的构成不同

(1)产成品、商品和用于出售的材料等直接用于出售的商品存货,在正常生产经营过程中,应当以该存货的估计售价减去估计的销售费用和相关税费后的金额确定其可变现净值。

(2)需要经过加工的材料存货,在正常生产经营过程中,应当以所生产的产成品的

估计售价减去至完工时估计将要发生的成本、估计的销售费用和相关税费后的金额确定其可变现净值。

(二)确定可变现净值应考虑的因素

企业在确定存货的可变现净值时,应当以取得的确凿证据为基础,并且考虑持有存货的目的、资产负债表日后事项的影响等因素。

1. 应以取得的确凿证据为基础

这里所讲的"确凿证据"是指对确定存货的可变现净值和成本有直接影响的客观证明。存货可变现净值的确凿证据,是指对确定存货的可变现净值有直接影响的客观证明,如产成品或商品的市场销售价格、与产成品或商品相同或类似商品的市场销售价格、销货方提供的有关资料和生产成本资料等。存货的采购成本、加工成本和其他成本及以其他方式取得存货的成本,应当以取得外来原始凭证、生产成本账簿记录等作为确凿证据。

2. 应考虑持有存货的目的

由于企业持有存货的目的不同,确定存货可变现净值的计算方法也不同。一般可以分为两类:一是持有以备出售的存货,如产成品、商品和用于出售的原材料等,其中又分为有合同约定的存货和没有合同约定的存货;二是将在生产过程或提供劳务过程中耗用的存货,如用于生产的材料、在产品或自制半成品等。

3. 应考虑资产负债表日后事项等因素

确定存货的可变现净值,应当以资产负债表日存货所处状况应估计的售价为基础,资产负债表日后事项期间发生的有关价格波动,如果有确凿证据表明是对资产负债表日的存货存在状况提供进一步证明的,在计算可变现净值时应当考虑资产负债表日后事项的影响。

三、存货可变现净值的确定

对于企业持有的各类存货,在确定其可变现净值时,最关键的问题是确定估计售价。企业应当区别情况确定存货的估计售价,并进一步确定存货的可变现净值。

(一)商品存货可变现净值的确定

1. 产成品、商品等可变现净值的确定

产成品、商品等(不包括用于出售的材料)直接用于出售的商品存货,没有销售合同约定的,其可变现净值应当为在正常生产经营过程中,产成品或商品的一般销售价格(即市场销售价格)减去估计的销售费用和相关税费等后的金额。

【例4-26】2×18年12月1日,甲公司生产的A商品的账面价值为600 000元,数量为1 000件,每件单位成本为600元。2×18年12月31日,该批商品的市场销售价格为每件850元。甲公司没有签订相关的销售合同。假定该批商品估计的销售费用和相关税费为150 000元。

本例中,由于甲公司没有就A商品签订销售合同,因此,在这种情况下,计算确定A商品的可变现净值应以一般销售价格总额850 000元(1 000×850)作为计量基础(即估计售价),则:

A商品的可变现净值=850 000-150 000=700 000(元)

2. 为执行销售合同或劳务合同而持有的存货可变现净值的确定

为执行销售合同或劳务合同而持有的存货,其可变现净值应当以合同价格为基础,减去估计的销售费用和相关税费等后的金额确定。

企业与购买方签订了销售合同,并且销售合同订购的数量大于或等于企业所持有的存货数量,在这种情况下,与该项销售合同直接相关的存货的可变现净值,应以合同价格为计量基础。这也就是说:如果企业就其产成品或商品签订了销售合同,则该批产成品或商品的可变现净值应当以合同价格作为计量基础;如果企业销售合同所规定的标的物尚未生产出来,但持有专门用于该标的物生产的材料,其可变现净值也应当以合同价格作为计量基础。

【例4-27】2×17年8月10日,甲公司与乙公司签订了一份不可撤销的销售合同。双方约定,2×18年2月20日,甲公司应按200 000元/台的价格向乙公司提供A机器10台。2×17年12月31日,甲公司A机器的账面价值(成本)为1 360 000元,数量为8台,单位成本为170 000元/台。2×17年12月31日,A机器的市场销售价格为190 000元/台,估计的销售费用和相关税费为40 000元/台。

本例中,根据甲公司与乙公司签订的销售合同,甲公司该批A机器的销售价格已由销售合同约定,并且其库存数量小于销售合同订购的数量。在这种情况下,计算库存A机器的可变现净值时,应以销售合同约定的价格1 600 000元(200 000×8)为基础:

A机器的可变现净值=8×(200 000-40 000)=1 280 000(元)

需要说明的是,如果企业持有的同一项存货数量多于销售合同或劳务合同订购的数量的,应分别确定其可变现净值,并与其相应的成本进行比较,分别确定存货跌价准备的计提或转回金额。超出合同部分的存货的可变现净值,应当以一般销售价格为基础计算。

【例4-28】2×17年9月1日,甲公司与丁公司签订了一份不可撤销的销售合同,双方约定,2×18年2月1日,甲公司应按180 000元/台的价格向丁公司提供C机器10台。2×17年12月31日,甲公司C机器的账面价值为1 920 000元,数量为12台,单位成本为160 000元/台。2×17年12月31日,C机器的市场销售价格为200 000元/台,估计的销售费用和相关税费为40 000元/台。

本例中,甲公司该批C机器的销售价格已在双方签订的销售合同中约定,但是其库存数量大于销售合同约定的数量。这种情况下,对于销售合同约定数量内(10台)的C机器的可变现净值,应以销售合同约定的价格总额1 800 000元(180 000×10)作为计量基础;而对于超出部分(2台)C机器的可变现净值,应以一般销售价格总额400 000元(200 000×2)作为计量基础:

A机器合同约定数量的部分的可变现净值=10×(180 000-40 000)=1 400 000(元)

A机器超出合同部分的可变现净值=2×(200 000-40 000)=320 000(元)

(二)材料存货可变现净值的确定

1. 需要经过加工的材料存货可变现净值的确定

需要经过加工的材料存货,如原材料、在产品、委托加工材料等,由于持有该材料是为了用于生产产成品,而不是出售,该材料存货的价值将体现在用其生产的产成品上。因此,在确定需要经过加工的材料存货的可变现净值时,需要以其生产的产成品的可变现净值与该产成品的成本进行比较。

(1)如果该产成品的可变现净值高于其成本,则该材料应当按照其成本计量。

【例4-29】2×17 年 12 月 31 日,甲公司库存原材料——A 材料的账面价值(成本)为 1 500 000 元,市场销售价格总额(不含增值税)为 1 400 000,假设不发生其他购买费用;用 A 材料生产的产成品——B 机器的可变现净值高于成本。

本例中,虽然 A 材料在 2×17 年 12 月 31 日的账面价值(成本)高于其市场价格。但是由于用其生产的产成品——B 机器的可变现净值高于其成本,即用该原材料生产的最终产品此时并没有发生价值减损。因而,在这种情况下,A 材料即使其账面价值(成本)已高于市场价格,也不应计提存货跌价准备,仍应按其原账面价值(成本)1 500 000元列示在甲公司 2×17 年 12 月 31 日资产负债表的存货项目之中。

(2)如果材料价格的下降表明以其生产的产成品的可变现净值低于成本,则该材料应当按可变现净值计量。其可变现净值为在正常生产经营过程中,以该材料所生产的产成品的估计售价减去至完工时估计将要发生的成本、估计的销售费用以及相关税费后的金额确定。

【例4-30】2×17 年 12 月 31 日,甲公司库存原材料——钢材的账面价值为 600 000元,可用于生产 1 台 C 机器,相对应的市场销售价格为 550 000 元,假设不发生其他购买费用。由于钢材的市场销售价格下降,用钢材作为原材料生产的 C 机器的市场销售价格由 1 500 000 元下降为 1 350 000 元,但其生产成本仍为 1 400 000 元,即将该批钢材加工成 C 机器尚需投入 800 000 元(1 400 000-600 000),估计销售费用及税金为 50 000 元。

根据上述资料,可按以下步骤确定该批钢材的账面价值:

首先,计算用该原材料所生产的产成品的可变现净值。

C 机器的可变现净值 = C 机器估计售价 - 估计销售费用及税金
= 1 350 000 - 50 000 = 1 300 000(元)

其次,将用该原材料生产的产成品的可变现净值与其成本进行比较。

C 机器的可变现净值 1 300 000 元小于其成本 1 400 000 元,即钢材价格的下降表明,以其生产的 C 机器的可变现净值低于其成本,因此,该批钢材应按可变现净值计量。

最后,计算该批钢材的可变现净值,并确定其期末价值。

该批钢材的可变现价值 = C 机器的估计售价 - 将该批钢材加工成 C 机器尚需投入的成本 - 估计销售费用及税金
= 1 350 000 - 800 000 - 50 000 = 500 000(元)

该批钢材的可变现净值 500 000 元小于其成本 600 000 元,因此该批钢材的期末价值应为其可变现净值 500 000 元,即该批钢材应按 500 000 元列示在 2×17 年 12 月 31 日资产负债表的存货项目之中。

2. 用于出售的材料可变现净值的确定

用于出售的材料等,应当以市场价格减去估计的销售费用和相关税费等后的金额作为可变现净值。这里的市场价格是指材料等的市场销售价格。如果用于出售的材料存在销售合同约定,应以合同价格作为其可变现净值的计算基础。

【例 4 - 31】2 × 17 年,由于产品更新换代,甲公司决定停止生产 B 机器。为减少不必要的损失,甲公司决定将原材料中用于生产 B 机器的外购原材料——钢材全部出售。2 × 17 年 12 月 31 日其账面价值(成本)为 900 000 元,数量为 10 吨。根据市场调查,此种钢材的市场销售价格(不含增值税)为 60 000 元/吨,同时销售这批钢材可能发生的销售费用及税金为 50 000 元。

本例中,由于企业已经决定不再生产 B 机器。因此,该批钢材的可变现净值不能再以 B 机器的销售价格作为其计量基础,而应按钢材本身的市场销售价格作为计量基础。因此,这批钢材的可变现净值应为 550 000 元(60 000 × 10 - 50 000)。

四、成本与可变现净值孰低的账务处理

资产负债表日,存货的可变现净值低于成本,表明存货发生了减值,企业应当计提存货跌价准备。

(一)存货减值迹象的判断

存货存在下列情形之一的,通常表明存货的可变现净值低于成本:

第一,该存货的市场价格持续下跌,并且在可预见的未来无回升的希望。

第二,企业使用该项原材料生产的产品的成本大于产品的销售价格。

第三,企业因产品更新换代,原有库存原材料已不适应新产品的需要,而该原材料的市场价格又低于其账面成本。

第四,因企业所提供的商品或劳务过时或消费者偏好改变而使市场的需求发生变化,导致市场价格逐渐下跌。

第五,其他足以证明该项存货实质上已经发生减值的情形。

另外,存货存在下列情形之一的,通常表明存货的可变现净值为零:

第一,已霉烂变质的存货。

第二,已过期且无转让价值的存货。

第三,生产中已不再需要,并且已无使用价值和转让价值的存货。

第四,其他足以证明已无使用价值和转让价值的存货。

(二)计提存货跌价准备的方法

存货跌价准备的提取方法有单项比较法、分类比较法和总额比较法。

企业通常应当按照单个存货项目计提存货跌价准备,对库存中每一存货的成本和可变现净值逐项进行比较,每项存货均取较低数确定存货的期末成本,即“单项比较法”。对于数量繁多、单价较低的存货,可以按照存货类别计提存货跌价准备,即“分类比较法”。当同一地区生产和销售的产品系列相关、具有相同或类似最终用途和目的,且难以与其他项目分开计量的存货,可以合并计提存货跌价准备,即“总额比较法”。

需要注意的是,资产负债表日同一项存货中一部分有合同价格约定、其他部分不存在合同价格的,应当分别确定其可变现净值,并与其相对应的成本进行比较,分别确定存货跌价准备的计提或转回的金额,由此计提的存货跌价准备不得相互抵消。

【例 4 - 32】某公司有 A、B、C、D 四种存货,分属甲、乙两大类。各种存货的成本与

可变现净值已经确定，现分别按三种比较法确定期末存货的成本，如表 4－2 所示。

表 4－2　期末存货成本与可变现净值比较表

项　目	成　本	可变现净值	单项比较法	分类比较法	总额比较法
甲类存货	2 500	1 400		1 400	
A 存货	1 000	600	600		
B 存货	1 500	800	800		
乙类存货	5 000	5 100		5 000	
C 存货	2 000	2 200	2 000		
D 存货	3 000	2 900	2 900		
总　计	7 500	6 500	6 300	6 400	6 500

（三）存货跌价准备的账务处理

采用"成本与可变现净值孰低"原则确定了期末存货的价值以后，应视具体情况进行相关的账务处理。如果期末存货的成本低于可变现净值，不需要作账务处理，资产负债表中的存货仍按账面价值列示；如果期末可变现净值低于成本，则必须确认当期的期末存货跌价损失，进行相应的账务处理。企业应设置"存货跌价准备"科目核算企业存货的跌价准备。该科目可按存货项目或类别进行明细核算，期末贷方余额，反映企业已计提但尚未转销的存货跌价准备。具体账务处理程序如下：

1．存货跌价准备的计提与转回

资产负债表日，企业应当首先确定存货的可变现净值。企业确定存货的可变现净值应当以资产负债表日的状况为基础确定，既不能提前确定存货的可变现净值，也不能延后确定存货的可变现净值，并且在每一个资产负债表日都应当重新确定存货的可变现净值。在确定存货的可变现净值的基础上，比较成本与可变现净值计算出应计提的准备，然后与"存货跌价准备"科目的余额进行比较。如果应提数大于已提数，应予以补提；反之，应冲销部分已提数。当提取和补提存货跌价损失准备时，借记"资产减值损失"科目，贷记"存货跌价准备"科目；冲回或转销存货跌价损失，则相反。但是，当已计提跌价准备的存货价值以后又得以恢复，其冲减的跌价准备金额，应以"存货跌价准备"科目的余额冲减至零为限。期末，存货项目应以净额（各存货科目余额减去"存货跌价准备"科目余额）在资产负债表中列示。

【例 4－33】2×16 年 12 月 31 日，A 公司生产的 LH 型机器的账面成本为 1 000 万元，但由于 LH 型机器的市场价格下跌，预计可变现净值为 800 万元，由此计提存货跌价准备 200 万元。会计处理如下：

借：资产减值损失　　　　2 000 000

　贷：存货跌价准备——LH　　　　2 000 000

（1）2×17 年 6 月 30 日，LH 型机器的账面成本仍为 1 000 万元，但由于 LH 型机器市场价格有所上升，使得 LH 型机器的预计可变现净值变为 950 万元。

由于 LH 型机器市场价格上升，LH 型机器的可变现净值有所恢复，应计提的存货跌价准备为 50 万元(1 000 - 950),则当期应冲减已计提的存货跌价准备 150 万元(200 - 50)。2×17 年 6 月 30 日的会计处理如下:

借:存货跌价准备——LH　　1 500 000
　贷:资产减值损失　　1 500 000

(2)2×17 年 12 月 31 日,LH 型机器的账面成本仍为 1 000 万元,由于 LH 型机器的市场价格进一步上升,预计 LH 型机器的可变现净值为 1 100 万元。

由于 LH 型机器的可变现净值又有所恢复,且可变现净值 1 100 万元大于账面成本 1 000 万元,因此,应将存货的账面价值恢复至账面成本,即将已计提的存货跌价准备余额 50 万元全部转回。会计分录为:

借:存货跌价准备——LH　　500 000
　贷:资产减值损失　　500 000

2. 存货跌价准备的结转

已经计提存货跌价准备的存货,在生产经营领用、销售或其他原因转出时,应当根据不同情况,进行适当的会计处理。其中,对于已售存货,计提有存货跌价准备的,相应的存货跌价准备也应当予以结转。对于因债务重组、非货币性交换转出的存货,应同时结转已计提的存货跌价准备,按债务重组和非货币性交换的原则进行会计处理。

【例 4 - 34】2×18 年 9 月,甲公司将其库存的 200 件产品出售 100 件,每件价格 1 000元,该价格为市场公允价格。该批产品每件成本为 500 元,已计提存货跌价准备 10 000元。增值税税率为 16%,货款已收。会计处理如下:

(1)销售产品,确认收入:

借:银行存款　　116 000
　贷:主营业务收入　　100 000
　　应交税费——应交增值税(销项税额)　　16 000

(2)结转相应成本及存货跌价准备:

借:主营业务成本　　45 000
　存货跌价准备　　5 000
　贷:库存商品　　50 000

五、存货的期末披露

企业应当在附注中披露与存货有关的信息:

第一,各类存货的期初和期末账面价值。

第二,确定发出存货成本所采用的方法。

第三,存货可变现净值的确定依据,存货跌价准备的计提方法,当期计提的存货跌价准备的金额,当期转回的存货跌价准备的金额,以及计提和转回的有关情况。

第四,用于担保的存货账面价值。

本章小结

存货是指企业在日常活动中持有以备出售的产成品或商品、处在生产过程中的在产品、在生产过程或提供劳务过程中耗用的材料和物料等。一项资产在满足上述存货定义的前提下,还需同时满足下列两个条件,才能确认为存货:①与该存货有关的经济利益很可能流入企业;②该存货的成本能够可靠计量。

企业取得存货应按照成本进行初始计量,存货的成本包括采购成本、加工成本和使存货达到目前场所和状态所发生的其他成本三个组成部分。由于企业取得存货的方式不同,其计量的具体方法也有所不同。外购存货的成本即存货的采购成本,是指从采购到入库前所发生的全部支出,包括购买价款、相关税费、运输费、装卸费、保险费以及其他可归属于存货采购成本的费用;企业通过进一步加工取得的存货,其成本由采购成本、加工成本构成;投资者投入存货的成本,应按照投资合同或协议约定的价值确定,但合同或协议约定价值不公允的除外。

企业通常采用实际成本法进行存货的日常核算,可供选择的发出存货的计价方法有个别计价法、先进先出法、月末一次加权平均法、移动加权平均法等。存货的核算方法还包括计划成本法、毛利率法和零售价法。如果采用计划成本或售价核算,则应当在期末将发出存货的成本采用一定方法调整为实际成本。

存货清查的目的在于如实反映企业存货的实有数额,保证存货核算的真实性,监督存货的安全完整。企业可以采用实地盘存制和永续盘存制进行清查,对于清查的结果,按规定程序报经有关部门批准后做出处理。盘盈的存货待查明原因,报经有关部门批准后,一般冲减当期的管理费用。对于盘亏的存货,属于定额内合理损耗的,应在管理费用中核销;属于计量收发差错和管理不善等原因造成的存货短缺,应先扣除残料价值、可以收回的保险赔偿和过失人赔偿,将净损失计入管理费用;属于自然灾害等造成的存货毁损,应先扣除处置收入(如残料价值)、可以收回的保险赔偿和过失人赔偿,将净损失计入营业外支出。存货的盘亏或毁损属于非正常损失的,按规定不能抵扣的增值税进项税额应当予以转出。

资产负债表日,存货应当按照成本与可变现净值孰低计量。当存货成本低于可变现净值时,存货按成本计量;当存货成本高于可变现净值时,应当计提存货跌价准备,计入当期损益。

思考题

1. 存货的确认条件是什么?

2. 不同情况下取得存货的成本包括哪些内容?

3. 发出存货的不同计价方法对存货期末余额以及当期损益有何影响?

4. 期末存货计价原则中成本与可变现净值孰低法的可变现净值如何确定?

5. 存货减值的迹象主要有哪些?

练习题

1.【资料】某工业企业为增值税一般纳税企业,2×18 年 6 月购入甲材料 1 000 公斤,增值税专用发票上注明的买价为 20 000 元,增值税税额为 3 200 元。该批材料在运输途中发生 1% 合理损耗,实际验收入库 990 公斤,入库前发生挑选整理费用 200 元。

【要求】

(1)假定该企业按实际成本法核算存货,试进行相关会计处理。

(2)假定该企业按计划成本核算,甲材料的计划成本为 18 元/公斤,试计算材料成本差异,并进行相关会计处理。

2.【资料】鸿联公司 2×18 年 6 月有关 A 材料的购进、发出及结存资料如表 4-3 所示。

表 4-3　材料明细账

材料名称:A 材料

日期	凭证号	摘要	收入			发出			结存		
			数量(公斤)	单价(元)	金额(元)	数量(公斤)	单价(元)	金额(元)	数量(公斤)	单价(元)	金额(元)
6月1日		期初余额							200	60	12 000
6月5日		购入	500	66	33 000				700		
6月7日		领用				400			300		
6月16日		购入	600	70	42 000				900		
6月18日		领用				800			100		
6月27日		购入	500	68	34 000				600		
6月29日		领用				300			300		
6月30日		合计	1 600		109 000	1 500		153	300		

【要求】试分别按先进先出法、月末一次加权平均法和移动加权平均法计算发出材料及月末结存材料的成本。

3.【资料】长江公司为增值税一般纳税人,增值税税率为 16%。2×17 年 12 月 31 日,长江公司存货的账面价值为 1 390 万元,具体如下:

(1)A 产品 100 件,每件成本为 10 万元,账面成本总额为 1 000 万元,其中,40 件已经与万达公司签订不可撤销的销售合同,销售价格为每件 11 万元,其余 A 产品未签订销售合同。

A 产品 2×17 年 12 月 31 日的市场价格为每件 10.2 万元，预计销售每件 A 产品需要发生的销售费用及相关税金为 0.5 万元。

（2）B 配件 50 套，每套成本为 8 万元。账面成本总额为 400 万元。B 配件是专门为组装 A 产品而购进的。50 套 B 配件可以组装成 50 件 A 产品。B 配件 2×17 年 12 月 31 日的市场价格为每套 9 万元。将 B 配件组装成 A 产品，预计每件还需发生加工费 2 万元。

2×17 年 1 月 1 日，存货跌价准备余额为 30 万元（均为对 A 产品计提的存货跌价准备），2×17 年对外销售 A 产品转销存货跌价准备 20 万元。

【要求】编制 2×17 年 12 月 31 日计提或转回存货跌价准备的会计分录（金额单位用万元表示）。

第五章

金融资产

本章学习目的

金融资产是企业资产的重要组成部分，主要包括库存现金、银行存款、应收款项、债权投资、股权投资、衍生金融工具等。通过本章学习，掌握金融资产的概念和分类、以摊余成本计量的金融资产、以公允价值计量且其变动计入其他综合收益的金融资产和以公允价值计量且其变动计入当期损益的金融资产的概念界定及其会计处理，以及金融资产减值、金融资产转移的会计处理。

本章重点与难点

本章重点是以摊余成本计量的金融资产、以公允价值计量且其变动计入其他综合收益的金融资产和以公允价值计量且其变动计入当期损益的金融资产的概念界定及其会计处理。本章难点是金融资产减值以及金融资产转移的会计处理。

第一节 金融资产的概念及分类

一、金融资产的概念

金融资产的概念来源于金融工具的界定。金融工具是指形成一个企业的金融资产，并形成其他单位的金融负债或权益工具的合同，分为基础金融工具和衍生金融工具。金融资产是指企业持有的现金、其他方的权益工具以及符合下列条件之一的资产：

(1)从其他方收取现金或其他金融资产的合同权利。

(2)在潜在有利条件下，与其他方交换金融资产或金融负债的合同权利。

(3)将来须用或可用企业自身权益工具进行结算的非衍生工具合同，且企业根据该合同将收到可变数量的自身权益工具。

(4)将来须用或可用企业自身权益工具进行结算的衍生工具合同，但以固定数量的自身权益工具交换固定金额的现金或其他金融资产的衍生工具合同除外。其中，企业自身权益工具不包括应当按照《企业会计准则第37号——金融工具列报》分类为权益工具的可回售工具或发行方仅在清算时才有义务向另一方按比例交付其净资产的金融工具，也不包括本身就要求在未来收取或交付企业自身权益工具的合同。

本章不涉及以下金融资产的会计处理：①长期股权投资（即企业对外能够形成控制、共同控制和重大影响的股权投资）；②货币资金（即现金、银行存款、其他货币资金）。

二、金融资产的分类

（一）企业管理金融资产的业务模式

1. 业务模式评估

金融资产和金融负债的分类是确认和计量的基础。企业应当根据其管理金融资产的业务模式和金融资产的合同现金流量特征，对金融资产进行合理的分类。金融资产一般划分为以下三类：

(1)以摊余成本计量的金融资产。

(2)以公允价值计量且其变动计入其他综合收益的金融资产。

(3)以公允价值计量且其变动计入当期损益的金融资产。

企业管理金融资产的业务模式，是指企业如何管理其金融资产以产生现金流量。业务模式决定企业所管理金融资产现金流量的来源是收取合同现金流量、出售金融资产还是两者兼有。

一个企业可能会采用多个业务模式管理其金融资产。例如，企业持有一种以收取合同现金流量为目标的投资组合，同时还持有另一种既以收取合同现金流量为目标又以出售该金融资产为目标的投资组合。

企业确定其管理金融资产的业务模式时,应当注意以下方面:

(1)企业应当在金融资产组合的层次上确定管理金融资产的业务模式,而不必按照单个金融资产逐项确定业务模式。金融资产组合的层次应当反映企业管理该金融资产的层次。有些情况下,企业可能将金融资产组合分拆为更小的组合,以合理反映企业管理该金融资产的层次。例如,企业购买了一个抵押贷款组合,以收取合同现金流量为目标来管理该组合中的一部分贷款,以出售为目标管理该组合中的其他贷款,就属于这种情况。

(2)企业应当以企业关键管理人员决定的对金融资产进行管理的特定业务目标为基础,确定管理金融资产的业务模式。企业的业务模式并非企业自愿指定,而是一种客观事实,通常可以从企业为实现其设定目标而开展的特定活动中得以反映。企业应当考虑在业务模式评估日可获得的所有相关证据,包括企业评价和向关键管理人员报告金融资产业绩的方式、影响金融资产业绩的风险及其管理方式以及相关业务管理人员获得报酬的方式,例如,报酬是基于所管理金融资产的公允价值还是所收取的合同现金流量。

(3)企业应当以客观事实为依据,确定管理金融资产的业务模式,不得以合理预期不会发生的情形为基础确定。例如,对于某金融资产组合,如果企业预期仅会在压力情形将其出售,且企业合理预期该压力情形不会发生,则该压力情形不得影响企业对该类金融资产的业务模式的评估。

此外,当金融资产实际现金流量的实现方式不同于评估业务模式时的预期(如企业出售的金融资产数量超出或少于在对资产做出分类时的预期)时,只要企业在评估业务模式时已经考虑了当时所有可获得的相关信息,这一差异就不构成企业财务报表的前期差错,也不改变企业在该业务模式下持有的剩余金融资产的分类。但是,企业在评估新的金融资产的业务模式时,应当考虑这些信息。

2. 以收取合同现金流量为目标的业务模式

在以收取合同现金流量为目标的业务模式下,企业管理金融资产旨在通过在金融资产存续期内收取合同付款来实现现金流量,而不是通过持有并出售金融资产产生整体回报。例如,甲企业购买了一个贷款组合,且该组合中包括已发生信用减值的贷款。如果贷款不能按时偿付,甲企业将通过各类方式尽可能实现合同现金流量,如通过邮件、电话或其他方法与借款人联系催收。同时,甲企业签订了一项利率互换合同,将贷款组合的利率由浮动利率转换为固定利率。本例中,甲企业管理该贷款组合的业务模式是以收取合同现金流量为目标的。即使甲企业预期无法收取全部合同现金流量(部分贷款已发生信用减值),也并不影响其业务模式。此外,该公司签订利率互换合同也不影响贷款组合的业务模式。

3. 以收取合同现金流量和出售金融资产为目标的业务模式

在以收取合同现金流量和出售金融资产为目标的业务模式下,企业的关键管理人员认为收取合同现金流量和出售金融资产对于实现其管理目标而言都是不可或缺的。例如,企业的目标是管理日常流动性需求同时维持特定的收益率,或将金融资产的存续期与相关负债的存续期进行匹配。

与以收取合同现金流量为目标的业务模式相比，此业务模式涉及的出售通常频率更高、价值更大。因为出售金融资产是此业务模式的目标之一，所以在该业务模式下不存在出售金融资产的频率或者价值的明确界限。例如，甲银行持有金融资产组合以满足其每日流动性需求。该银行为了降低其管理流动性需求的成本，高度关注该金融资产组合的回报。组合回报包括收取的合同付款和出售金融资产的利得或损失。本例中，甲银行管理该金融资产组合的业务模式以收取合同现金流量和出售金融资产为目标。

4. 其他业务模式

如果企业管理金融资产的业务模式，不以收取合同现金流量为目标，也不以既收取合同现金流量又出售金融资产为目标，该金融资产应当分类为以公允价值计量且其变动计入当期损益的金融资产。例如，企业持有金融资产的目的是交易性的或者基于金融资产的公允价值做出决策并对其进行管理，在这种情况下，企业管理金融资产的目标是通过出售金融资产实现现金流量。即使企业在持有金融资产的过程中会收取合同现金流量，企业管理金融资产的业务模式也不以既收取合同现金流量又出售金融资产为目标，因为收取合同现金流量对实现该业务模式目标只是附带性质的活动。

（二）金融资产的合同现金流量特征

金融资产的合同现金流量特征，是指金融工具合同约定的、反映相关金融资产经济特征的现金流量属性。企业分类为以摊余成本计量的金融资产和以公允价值计量且其变动计入其他综合收益的金融资产，其合同现金流量特征应当与基本借贷安排相一致。即相关金融资产在特定日期产生的合同现金流量仅为对本金和以未偿付本金金额为基础的利息的支付。

本金是指金融资产在初始确认时的公允价值，本金金额可能因提前偿付等原因在金融资产的存续期内发生变动；利息包括对货币时间价值、与特定时期未偿付本金金额相关的信用风险，以及其他基本借贷风险、成本和利润的对价。其中，货币时间价值是利息要素中仅因为时间流逝而提供对价的部分，不包括为所持有金融资产的其他风险或成本提供的对价，但货币时间价值要素有时可能存在修正。在货币时间价值要素存在修正的情况下，企业应当对相关修正进行评估，以确定其是否满足上述合同现金流量特征的要求。此外，金融资产包含可能导致其合同现金流量的时间分布或金额发生变更的合同条款（如包含提前偿付特征）的，企业应当对相关条款进行评估（如评估提前偿付特征的公允价值是否非常小），以确定其是否满足上述合同现金流量特征的要求。

（三）金融资产的具体分类

（1）金融资产同时符合下列条件的，应当分类为以摊余成本计量的金融资产：①企业管理该金融资产的业务模式是以收取合同现金流量为目标；②该金融资产的合同条款规定，在特定日期产生的现金流量，仅为对本金和以未偿付本金金额为基础的利息的支付。

例如，银行向企业发放固定利率的贷款，在没有其他特殊安排的情况下，贷款的合同现金流量可能符合仅对本金和以未偿付本金金额为基础的利息支付的要求。如果银行管理该贷款的业务模式以收取合同现金流量为目标，则该贷款应当分类为以摊余成本计量的金融资产。

企业一般应当设置"银行存款"、"贷款"、"应收账款"、"债权投资"等科目核算分类为以摊余成本计量的金融资产。

（2）金融资产同时符合下列条件的，应当分类为以公允价值计量且其变动计入其他综合收益的金融资产：①企业管理该金融资产的业务模式既以收取合同现金流量为目标又以出售该金融资产为目标；②该金融资产的合同条款规定，在特定日期产生的现金流量，仅为对本金和以未偿付本金金额为基础的利息的支付。

例如，企业持有的普通债券的合同现金流量是到期收回本金以及按约定利率在合同期内按时收取固定或浮动利息的权利。在没有其他特殊安排的情况下，普通债券的合同现金流量可能符合仅对本金和以未偿付本金金额为基础的利息支付的要求。如果企业管理该债券的业务模式既以收取合同现金流量为目标，又以出售该债券为目标，则该债券应当分类为以公允价值计量且其变动计入其他综合收益的金融资产。

企业应当设置"其他债权投资"科目核算分类为以公允价值计量且其变动计入其他综合收益的金融资产。

（3）按照上述（1）和（2）分类为以摊余成本计量的金融资产和以公允价值计量且其变动计入其他综合收益的金融资产之外的金融资产，企业应当将其分类为以公允价值计量且其变动计入当期损益的金融资产。由于股利及获取剩余收益的权利均不符合本金和利息的定义，因此企业持有的普通股股票应当分类为以公允价值计量且其变动计入当期损益的金融资产。金融资产或金融负债满足下列条件之一的，表明企业持有该金融资产或承担该金融负债的目的是交易性的：①取得相关金融资产或承担相关金融负债的目的，主要是为了近期出售或回购；②相关金融资产或金融负债在初始确认时属于集中管理的可辨认金融工具组合的一部分，且有客观证据表明近期实际存在短期获利模式；③相关金融资产或金融负债属于衍生工具，但符合财务担保合同定义的衍生工具以及被指定为有效套期工具的衍生工具除外。

企业应当设置"交易性金融资产"科目核算以公允价值计量且其变动计入当期损益的金融资产。企业持有的直接指定为以公允价值计量且其变动计入当期损益的金融资产，也在本科目核算。

（四）金融资产分类的特殊规定

权益工具投资的合同现金流量评估一般不符合基本借贷安排，因此只能分类为以公允价值计量且其变动计入当期损益的金融资产。然而在初始确认时，企业可以将非交易性权益工具投资指定为以公允价值计量且其变动计入其他综合收益的金融资产，并按照本准则第六十五条规定确认股利收入。该指定一经做出，不得撤销。企业投资其他上市公司股票或者非上市公司股权的，都可能属于这种情形。

初始确认时，企业可基于单项非交易性权益工具投资，将其指定为以公允价值计量且其变动计入其他综合收益的金融资产，其公允价值的后续变动计入其他综合收益，不需计提减值准备。除了获得的股利(明确代表投资成本部分收回的股利除外)计入当期损益外,其他相关的利得和损失(包括汇兑损益)均应计入其他综合收益,且后续不得转入当期损益。当金融资产终止确认时,之前计入其他综合收益的累计利得或损失应当从其他综合收益中转出,计入留存收益。

需要注意的是,企业在非同一控制下的企业合并中确认的或有对价构成金融资产的,该金融资产应当分类为以公允价值计量且其变动计入当期损益的金融资产,不得指定为以公允价值计量且其变动计入其他综合收益的金融资产。

三、金融资产的重分类

(一)金融资产重分类的原则

企业改变其管理金融资产的业务模式时,应当按照规定对所有受影响的相关金融资产进行重分类。所以,金融资产(即非衍生债权资产)可以在以摊余成本计量、以公允价值计量且其变动计入其他综合收益和以公允价值计量且其变动计入当期损益之间进行重分类。企业管理金融资产的业务模式的变更是一种极少见的情形。

企业对金融资产进行重分类,应当自重分类日起采用未来适用法进行相关会计处理,不得对以前已经确认的利得、损失(包括减值损失或利得)利息进行追溯调整。重分类日,是指导致企业对金融资产进行重分类的业务模式发生变更后的首个报告期间的第一天。例如,甲上市公司决定于2×18年6月22日改变某金融资产的业务模式,则重分类日为2×18年7月1日(即下一个季度会计期间的期初)。

例如,甲公司持有拟在短期内出售的某商业贷款组合。甲公司收购了一家资产管理公司(乙公司),乙公司的业务模式是为收取合同现金流量而持有贷款。甲公司决定,对该商业贷款组合不再为了出售而持有,而将该组合与资产管理公司持有的其他商业贷款一起管理,都是为收取合同现金流量而持有,则甲公司管理该商业贷款组合的业务模式发生了变更。

需要注意的是,企业业务模式的变更必须在重分类日之前生效。例如,某银行决定于2×17年10月15日终止其零售抵押贷款业务,并在2×18年1月1日对所有受影响的金融资产进行重分类。在2×17年10月15日之后,该银行不应开展新的零售抵押贷款业务,或另外从事与之前零售抵押贷款业务模式相同的活动。

需要注意的是,企业管理金融资产的业务模式没有发生变更,而金融资产的条款发生变更但未导致终止确认时,不允许重分类。金融资产条款发生变更导致金融资产终止确认的,不属于重分类,企业应当终止确认原金融资产,同时按照变更后的条款确认一项新的金融资产。

(二)金融资产重分类的计量

1. 以摊余成本计量的金融资产的重分类

(1)企业将一项以摊余成本计量的金融资产重分类为以公允价值计量且其变动计入当期损益的金融资产的,应当按照该金融资产在重分类日的公允价值进行计量。原账面价值与公允价值之间的差额计入当期损益。

(2)企业将一项以摊余成本计量的金融资产重分类为以公允价值计量且其变动计

入其他综合收益的金融资产的，应当按照该金融资产在重分类日的公允价值进行计量，原账面价值与公允价值之间的差额计入其他综合收益。该金融资产的重分类不影响其实际利率和预期信用损失的计量。

2. 以公允价值计量且其变动计入其他综合收益的金融资产的重分类

(1)企业将一项以公允价值计量且其变动计入其他综合收益的金融资产重分类为以摊余成本计量的金融资产的，应当将之前计入其他综合收益的累计利得或损失转出，调整该金融资产在重分类日的公允价值，并以调整后的金额作为新的账面价值，即视同该金融资产一直以摊余成本计量。该金融资产的重分类不影响其实际利率和预期信用损失的计量。

(2)企业将一项以公允价值计量且其变动计入其他综合收益的金融资产重分类为以公允价值计量且其变动计入当期损益的金融资产的，应当继续以公允价值计量该金融资产。同时，企业应当将之前计入其他综合收益的累计利得或损失从其他综合收益转入当期损益。

3. 以公允价值计量且其变动计入当期损益的金融资产的重分类

(1)企业将一项以公允价值计量且其变动计入当期损益的金融资产重分类为以摊余成本计量的金融资产的，应当以其在重分类日的公允价值作为新的账面余额。

(2)企业将一项以公允价值计量且其变动计入当期损益的金融资产重分类为以公允价值计量且其变动计入其他综合收益的金融资产的，应当继续以公允价值计量该金融资产。

对以公允价值计量且其变动计入当期损益的金融资产进行重分类的，企业应当根据该金融资产在重分类日的公允价值确定其实际利率。同时，企业应当自重分类日起对该金融资产使用金融资产减值的相关规定，并将重分类日视为初始确认日。

第二节　金融资产的计量

一、金融资产的初始计量

企业初始确认金融资产，应当按照公允价值计量。对于以公允价值计量且其变动计入当期损益的金融资产，相关交易费用应当直接计入当期损益；对于其他类别的金融资产，相关交易费用应当计入初始确认金额。但是，企业初始确认的应收账款未包含《企业会计准则第 14 号——收入》所定义的重大融资成分或根据《企业会计准则第 14 号——收入》规定不考虑不超过一年的合同中的融资成分的，应当按照该准则定义的交易价格进行初始计量。

交易费用，是指可直接归属于购买、发行或处置金融工具的增量费用。增量费用是指企业没有发生购买、发行或处置相关金融工具的情形就不会发生的费用，包括支付给代理机构、咨询公司、券商、证券交易所、政府有关部门等的手续费、佣金、相关税费以及其他必要支出，不包括债券溢价、折价、融资费用、内部管理成本和持有成本等与交易不直接相关的费用。

企业应当根据《企业会计准则第39号——公允价值计量》的规定，确定金融资产在初始确认时的公允价值。公允价值通常为相关金融资产或金融负债的交易价格。金融资产公允价值与交易价格存在差异的，企业应当区别下列情况进行处理：

(1)在初始确认时，金融资产公允价值依据相同资产在活跃市场上的报价或者仅根据可观察市场数据的估值技术确定的，企业应当将该公允价值与交易价格之间的差额确认为一项利得或损失。

(2)在初始确认时，金融资产的公允价值以其他方式确定的，企业应当将该公允价值与交易价格之间的差额递延。初始确认后，企业应当根据某一因素在相应会计期间的变动程度将该递延差额确认为相应会计期间的利得或损失。该因素应当仅限于市场参与者对该金融工具定价时将予以考虑的因素，包括时间等。

企业取得金融资产所支付的价款中包含的已宣告但尚未发放的债券利息或现金股利，应当单独确认为应收项目进行处理。

二、金融资产的后续计量

(一)金融资产后续计量原则

金融资产的后续计量与金融资产的分类密切相关。企业应当对不同类别的金融资产，分别以摊余成本、以公允价值计量且其变动计入其他综合收益或以公允价值计量且其变动计入当期损益进行后续计量。

企业在对金融资产进行后续计量时需要注意的是：如果一项金融工具以前被确认为一项金融资产并以公允价值计量，而现在它的公允价值低于零，企业应将其确认为一项负债。

(二)以摊余成本计量的金融资产的会计处理

1. 实际利率

实际利率法，是指计算金融资产或金融负债的摊余成本以及将利息收入或利息费用分摊计入各会计期间的方法。

实际利率，是指将金融资产或金融负债在预计存续期的估计未来现金流量，折现为该金融资产账面余额或该金融负债摊余成本所使用的利率。在确定实际利率时，应当在考虑金融资产或金融负债所有合同条款(如提前还款、展期、看涨期权或其他类似期权等)的基础上估计预期现金流量，但不应当考虑预期信用损失。

经信用调整的实际利率，是指将购入或源生的已发生信用减值的金融资产在预计存续期的估计未来现金流量，折现为该金融资产摊余成本的利率。在确定经信用调整的实际利率时，应当在考虑金融资产的所有合同条款(如提前还款、展期、看涨期权或其他类似期权等)以及初始预期信用损失的基础上估计预期现金流量。

企业通常能够可靠估计金融工具(或一组类似金融工具)的现金流量和预计存续期。在极少数情况下，金融工具(或一组类似金融工具)的估计未来现金流量或预计存续期无法可靠估计的，企业在计算确定其实际利率（或经信用调整的实际利率）时，应当基于该金融工具在整个合同期内的合同现金流量。

合同各方之间支付或收取的属于实际利率或经信用调整的实际利率组成部分的各项费用、交易费用及溢价或折价等，应当在确定实际利率或经信用调整的实际利率时予以考虑。

2. 摊余成本

金融资产或金融负债的摊余成本，应当以该金融资产或金融负债的初始确认金额经下列调整后的结果确定：

（1）扣除已偿还的本金。

（2）加上或减去采用实际利率法将该初始确认金额与到期日金额之间的差额进行摊销形成的累计摊销额。

（3）扣除累计计提的损失准备（仅适用于金融资产）。

3. 利息收入

企业应当按照实际利率法确认利息收入。利息收入应当根据金融资产账面余额乘以实际利率计算确定，但下列情况除外：

（1）对于购入或源生的已发生信用减值的金融资产，企业应当自初始确认起，按照该金融资产的摊余成本和经信用调整的实际利率计算确定其利息收入。

（2）对于购入或源生的未发生信用减值，但在后续期间成为已发生信用减值的金额资产，企业应当在后续期间，按照该金融资产的摊余成本和实际利率计算确定其利息收入。企业按照上述规定对金融资产的摊余成本运用实际利率法计算利息收入的，若该金融工具在后续期间因其信用风险有所改善而不再存在信用减值，并且这一改善在客观上可与应用上述规定之后发生的某一事件相联系（如债务人的信用评级被上调），企业应当转按实际利率乘以该金融资产账面余额来计算确定利息收入。

4. 已发生信用减值的金融资产

当对金融资产预期未来现金流量具有不利影响的一项或多项事件发生时，该金融资产成为已发生信用减值的金融资产。金融资产已发生信用减值的证据包括下列可观察信息：

（1）发行方或债务人发生重大财务困难；

（2）债务人违反合同，如偿付利息或本金违约或逾期等；

（3）债权人出于与债务人财务困难有关的经济或合同考虑，给予债务人在任何其他情况下都不会做出的让步；

（4）债务人很可能破产或进行其他财务重组；

（5）发行方或债务人财务困难导致该金融资产的活跃市场消失；

（6）以大幅折扣购买或源生一项金融资产，该折扣反映了发生信用损失的事实。

金融资产发生信用减值，有可能是多个事件的共同作用所致，未必是可单独识别的事件所致。

【例5-1】2×13年1月1日，甲公司支付价款1 000万元（含交易费用）从上海证券交易所购入A公司同日发行的5年期公司债券12 500份，债券票面价值总额为

1 250万元，票面年利率为4.72%，于年末支付本年度债券利息（即每年利息为59万元），本金在债券到期时一次性偿还。合同约定，该债券的发行方在遇到特定情况时可以将债券赎回，且不需要为提前赎回支付额外款项。甲公司在购买该债券时，预计发行方不会提前赎回。甲公司根据其管理该债券的业务模式和该债券的合同现金流量特征，将该债券分类为以摊余成本计量的金融资产。

假定不考虑所得税、减值损失等因素，计算该债券的实际利率 r：

$$59\times(1+r)^{-1}+59\times(1+r)^{-2}+59\times(1+r)^{-3}+59\times(1+r)^{-4}+(59+1250)\times(1+r)^{-5}=1\ 000(\text{万元})$$

采用插值法，计算得出 $r=10\%$。据此调整后相关数据如表5－1所示。

表5－1

单位：万元

年份	期初摊余成本（A）	实际利息收入（B＝A×10%）	现金流入（C）	期末摊余成本（D＝A＋B－C）
2×13	1 000	100	59	1 041
2×14	1 041	104	59	1 086
2×15	1 086	109	59	1 136
2×16	1 136	114	59	1 191
2×17	1 191	118*	1 250＋59	0

注：* 尾数调整：1 250＋59－1 191＝118（万元）。

甲公司的有关账务处理如下：

（1）2×13年1月1日，购入A公司债券：

借：债权投资——成本　　12 500 000

　贷：银行存款　　10 000 000

　　　债权投资——利息调整　　2 500 000

（2）2×13年12月31日，确认A公司债券实际利息收入，收到债券利息：

借：应收利息　　590 000

　　债权投资——利息调整　　410 000

　贷：投资收益　　1 000 000

借：银行存款　　590 000

　贷：应收利息　　590 000

（3）2×14年12月31日，确认A公司债券实际利息收入，收到债券利息：

借：应收利息　　590 000

　　债权投资——利息调整　　450 000

　贷：投资收益　　1 040 000

借：银行存款　　590 000

　贷：应收利息　　590 000

(4)2×15 年 12 月 31 日,确认 A 公司债券实际利息收入,收到债券利息:

借:应收利息　590 000

　债权投资——利息调整　500 000

　贷:投资收益　1 090 000

借:银行存款　590 000

　贷:应收利息　590 000

(5)2×16 年 12 月 31 日,确认 A 公司债券实际利息收入,收到债券利息:

借:应收利息　590 000

　债权投资——利息调整　550 000

　贷:投资收益　1 140 000

借:银行存款　590 000

　贷:应收利息　590 000

(6)2×17 年 12 月 31 日,确认 A 公司债券实际利息收入、收到债券利息和本金:

借:应收利息　590 000

　债权投资——利息调整　590 000

　贷:投资收益　1 180 000

借:银行存款　590 000

　贷:应收利息　590 000

借:银行存款　12 500 000

　贷:债权投资——成本　12 500 000

【例 5-2】承例 5-1,假定在 2×15 年 1 月 1 日,甲公司预计本金的一半(即 625 万元)将会在该年年末收回,而其余的一半本金将于 2×17 年年末付清。遇到这种情况时,甲公司应当调整 2×15 年年初的摊余成本,计入当期损益;调整时采用最初确定的实际利率。据此调整后相关数据如表 5-2 所示。

表 5-2

单位:万元

年份	期初摊余成本(A)	实际利息收入(B = A × 10%)	现金流入(C)	期末摊余成本(D = A + B - C)
2×13	1 000	100	59	1 041
2×14	1 041	104	59	1 086
2×15	1 139*	114	684	569
2×16	569	57	30**	569
2×17	569	59***	655	0

注: * $(625+59)\times(1+10\%)^{-1}+30\times(1+10\%)^{-2}+(625+30)\times(1+10\%)^{-3}=1\ 139$(万元)(四舍五入)。

** 625 × 4.72% = 30(万元)(四舍五入)。

*** 625 + 30 - 596 = 59(万元)(尾数调整)。

根据上述调整，甲公司的账务处理如下：

(1)2×15 年 1 月 1 日，调整期初账面余额：

借：债权投资——利息调整　　530 000

　贷：投资收益　　530 000

(2)2×15 年 12 月 31 日，确认实际利息、收回本金等：

借：应收利息　　590 000

　债权投资——利息调整　　550 000

　贷：投资收益　　1 140 000

借：银行存款　　590 000

　贷：应收利息　　590 000

借：银行存款　　6 250 000

　贷：债权投资——成本　　6 250 000

(3)2×16 年 12 月 31 日，确认实际利息等：

借：应收利息　　300 000

　债权投资——利息调整　　270 000

　贷：投资收益　　570 000

借：银行存款　　300 000

　贷：应收利息　　300 000

(4)2×17 年 12 月 31 日，确认实际利息、收回本金等：

借：应收利息　　300 000

　债权投资——利息调整　　290 000

　贷：投资收益　　590 000

借：银行存款　　300 000

　贷：应收利息　　300 000

借：银行存款　　6 250 000

　贷：债权投资——成本　　6 250 000

【例 5-3】承例 5-1，假定甲公司购买的 A 公司债券不是分次付息，而是到期一次还本付息，且利息不以复利计算。此时，甲公司所购买 A 公司债券的实际利率 r 计算如下：

$$(59 + 59 + 59 + 59 + 59 + 1\ 250) \times (1 + r)^{-5} = 1\ 000\ (\text{万元})$$

由此计算出 $r \approx 9.05\%$。据此调整后相关数据如表 5-3 所示。

表 5-3　　单位：万元

年份	期初摊余成本 (A)	实际利息收入 (B = A × 9.05%)	现金流入 (C)	期末摊余成本 (D = A + B − C)
2×13	1 000	90.5	0	1 090.5
2×14	1 090.5	98.69	0	1 189.19

续表

年份	期初摊余成本 (A)	实际利息收入 (B = A × 9.05%)	现金流入 (C)	期末摊余成本 (D = A + B − C)
2×15	1 189.19	107.62	0	1 296.81
2×16	1 296.81	117.36	0	1 414.17
2×17	1 414.17	130.83 *	1 545	0

注：* 尾数调整：1 250 + 295 − 1 414.17 = 130.83(万元)。

甲公司的有关账务处理如下：

(1)2×13 年 1 月 1 日，购入 A 公司债券：

借：债权投资——成本　12 500 000

　贷：银行存款　10 000 000

　　债权投资——利息调整　2 500 000

(2)2×13 年 12 月 31 日，确认 A 公司债券实际利息收入：

借：债权投资——应计利息　590 000

　　　　——利息调整　315 000

　贷：投资收益　905 000

(3)2×14 年 12 月 31 日，确认 A 公司债券实际利息收入：

借：债权投资——应计利息　590 000

　　　　——利息调整　396 900

　贷：投资收益　986 900

(4)2×15 年 12 月 31 日，确认 A 公司债券实际利息收入：

借：债权投资——应计利息　590 000

　　　　——利息调整　486 200

　贷：投资收益　1 076 200

(5)2×16 年 12 月 31 日，确认 A 公司债券实际利息收入：

借：债权投资——应计利息　590 000

　　　　——利息调整　583 600

　贷：投资收益　1 173 600

(6)2×15 年 12 月 31 日，确认 A 公司债券实际利息收入、收回债权本金和票面利息：

借：债权投资——应计利息　590 000

　　　　——利息调整　718 300

　贷：投资收益　1 308 300

借：银行存款　15 450 000

　贷：债权投资——成本　12 500 000

　　　　——应计利息　2 950 000

（三）以公允价值进行后续计量的金融资产的会计处理

（1）对于按照公允价值进行后续计量的金融资产，其公允价值变动形成的利得或损失，除与套期会计有关外，应当按照下列规定处理：

a. 以公允价值计量且其变动计入当期损益的金融资产的利得或损失，应当计入当期损益。

b. 分类为以公允价值计量且其变动计入其他综合收益的金融资产所产生的所有利得或损失，除减值损失或利得和汇兑损益之外，均应当计入其他综合收益，直至该金融资产终止确认或被重分类。但是采用实际利率法计算的该金融资产的利息应当计入当期损益。该金融资产计入各期损益的金额应当与视同其一直按摊余成本计量而计入各期损益的金额相等。

该金融资产终止确认时，之前计入其他综合收益的累计利得或损失应当从其他综合收益中转出，计入当期损益。

c. 指定为以公允价值计量且其变动计入其他综合收益的非交易性权益工具投资，除了获得的股利（明确代表投资成本部分收回的股利除外）计入当期损益外，其他相关的利得和损失（包括汇兑损益）均应当计入其他综合收益，且后续不得转入当期损益。当其终止确认时，之前计入其他综合收益的累计利得或损失应当从其他综合收益中转出，计入留存收益。

（2）企业只有在符合下列条件时，才能确认股利收入并计入当期损益：

a. 企业收取股利的权利已经确立；

b. 与股利相关的经济利益很可能流入企业；

c. 股利的金额能够可靠计量。

（3）以摊余成本计量且不属于任何套期关系的一部分的金融资产所产生的利得或损失，应当在终止确认、重分类、按照实际利率法摊销或确认减值时，计入当期损益。

【例5－4】2×13年1月1日，甲公司支付价款2 000万元（含交易费用）从上海证券交易所购入A公司同日发行的5年期公司债券25 000份，债券票面价值总额为2 500万元，票面利率为4.72%，于年末支付本年度债券利息（即每年利息118万元），本金在债券到期时一次偿还。合同约定，该债券的发行方在遇到特定情况时可以将债券赎回，且不需要为提前赎回支付额外款项。甲公司在购买该债券时，预计发行方不会提前赎回。甲公司根据其管理该债券的业务模式和该债券的合同现金流量特征，将该债券分类为以公允价值计量且其变动计入其他综合收益的金融资产。其他资料如下：

（1）2×13年12月31日，A公司债券的公允价值为2 400万元（不含利息）。

（2）2×14年12月31日，A公司债券的公允价值为2 600万元（不含利息）。

（3）2×15年12月31日，A公司债券的公允价值为2 500万元（不含利息）。

（4）2×16年12月31日，A公司债券的公允价值为2 400万元（不含利息）。

（5）2×17年1月20日，通过上海证券交易所出售了A公司债券25 000份，取得价款2 520万元。

假定不考虑所得税、减值损失等因素，计算该债券的实际利率 r：

$$118 \times (1+r)^{-1} + 118 \times (1+r)^{-2} + 118 \times (1+r)^{-3} +$$

$$118\times(1+r)^{-4}+(118+2\,500)\times(1+r)^{-5}=2\,000(\text{万元})$$

采用插值法,计算得出 $r=10\%$。据此调整后相关数据如表 5-4 所示。

表 5-4 单位:万元

日 期	现金流入(A)	实际利息收入(B=期初D×10%)	已收回的本金(C=A-B)	摊余成本余额(D=期初D-C)	公允价值(E)	公允价值变动额(F=E-D-期初G)	公允价值变动累计金额(G=期初G+F)
2×13年1月1日				2 000	2 000	0	0
2×13年12月31日	118	200	-82	2 082	2 400	318	318
2×14年12月31日	118	208	-90	2 172	2 600	110	428
2×15年12月31日	118	217	-99	2 271	2 500	-199	229
2×16年12月31日	118	227	-109	2 380	2 400	-209	20
2×17年1月20日	0	140 *	-140	2 520	2 520	-20	0
小计	472	992	-520	1 260	-		
2×17年1月20日	2 520	-	2 520	0			
合 计	2 992	992	2 000	0			

注:* 尾数调整:2 520+0-2 380=140(万元)。

假定不考虑其他因素,甲公司的账务处理如下:

(1)2×13年1月1日,购入A公司债券:

借:其他债权投资——成本 25 000 000
　贷:银行存款 20 000 000
　　其他债权投资——利息调整 5 000 000

(2)2×13年12月31日,确认A公司债券实际利息收入、公允价值变动、收到债券利息:

借:应收利息 1 180 000
　其他债权投资——利息调整 820 000
　贷:投资收益 2 000 000
借:银行存款 1 180 000
　贷:应收利息 1 180 000
借:其他债权投资——公允价值变动 3 180 000
　贷:其他综合收益——其他债权投资公允价值变动 3 180 000

(3)2×14年12月31日,确认A公司债券实际利息收入、公允价值变动、收到债券利息:

借:应收利息 1 180 000
　其他债权投资——利息调整 900 000
　贷:投资收益 2 080 000

借:银行存款　　1 180 000
　贷:应收利息　　1 180 000
借:其他债权投资——公允价值变动　　1 100 000
　贷:其他综合收益——其他债权投资公允价值变动　　1 100 000

(4)2×15 年 12 月 31 日,确认 A 公司债券实际利息收入、公允价值变动、收到债券利息:

借:应收利息　　1 180 000
　其他债权投资——利息调整　　990 000
　贷:投资收益　　2 170 000
借:银行存款　　1 180 000
　贷:应收利息　　1 180 000
借:其他综合收益——其他债权投资公允价值变动　　1 990 000
　贷:其他债权投资——公允价值变动　　1 990 000

(5)2×16 年 12 月 31 日,确认 A 公司债券实际利息收入、公允价值变动、收到债券利息:

借:应收利息　　1 180 000
　其他债权投资——利息调整　　1 090 000
　贷:投资收益　　2 270 000
借:银行存款　　1 180 000
　贷:应收利息　　1 180 000
借:其他综合收益——其他债权投资公允价值变动　　2 090 000
　贷:其他债权投资——公允价值变动　　2090 000

(6)2×17 年 1 月 20 日,确认出售 A 公司债券实现的损益:

借:其他债权投资——利息调整　　1 400 000
　贷:投资收益　　1 400 000
借:银行存款　　25 200 000
　投资收益　　100 000
　贷:其他债权投资——成本　　25 000 000
　　　　　　　　——公允价值变动　　200 000
　　　　　　　　——利息调整　　100 000

A 公司债券的成本为 2 500 万元。

A 公司债券的利息调整余额 = 500 − 82 − 90 − 99 − 109 − 140 = −20(万元)

A 公司债券公允价值变动余额 = 318 + 110 − 199 − 209 = 20(万元)

同时,应从其他综合收益中转出的公允价值累计金额为 20 万元。

借:其他综合收益——其他债权投资公允价值变动　　200 000
　贷:投资收益　　200 000

【例 5－5】2×16 年 1 月 1 日,甲公司从二级市场购入丙公司债券,支付价款合计 2 040 000 元(含已到付息期但尚未领取的利息 40 000 元),另发生交易费用 20 000 元。

该债券面值2 000 000元，剩余期限为2年，票面年利率为4%，每半年末付息一次。甲公司根据其管理该债券的业务模式和该债券的合同现金流量特征，将该债券分类为以公允价值计量且其变动计入当期损益的金融资产。其他资料如下：

(1)2×16年1月5日，收到丙公司债券2×15年下半年利息40 000元。

(2)2×16年6月30日，丙公司债券的公允价值为2 300 000元(不含利息)。

(3)2×16年7月5日，收到丙公司债券2×16年上半年利息。

(4)2×16年12月31日，丙公司债券的公允价值为2 200 000元(不含利息)。

(5)2×17年1月5日，收到丙公司债券2×16年下半年利息。

(6)2×17年6月20日，通过二级市场出售丙公司债券，取得价款2 360 000元(含1季度利息20 000元)。

假定不考虑其他因素，甲公司的账务处理如下：

(1)2×16年1月1日，从二级市场购入丙公司债券：

借：交易性金融资产——成本　2 000 000
　应收利息　40 000
　投资收益　20 000
　贷：银行存款　2 060 000

(2)2×16年1月5日，收到该债券2×15年下半年利息40 000元：

借：银行存款　40 000
　贷：应收利息　40 000

(3)2×16年6月30日，确认丙公司债券公允价值变动和投资收益：

借：交易性金融资产——公允价值变动　300 000
　贷：公允价值变动损益　300 000
借：应收利息　40 000
　贷：投资收益　40 000

(4)2×16年7月10日，收到丙公司债券2×16年上半年利息：

借：银行存款　40 000
　贷：应收利息　40 000

(5)2×16年12月31日，确认丙公司债券公允价值变动和投资收益：

借：公允价值变动损益　100 000
　贷：交易性金融资产——公允价值变动　100 000
借：应收利息　40 000
　贷：投资收益　40 000

(6)2×17年1月5日，收到丙公司债券2×16年下半年利息：

借：银行存款　40 000
　贷：应收利息　40 000

(7)2×17年6月20日，通过二级市场出售丙公司债券：

借：银行存款　2 360 000
　公允价值变动损益　200 000

贷:交易性金融资产——成本　2 000 000

——公允价值变动　200 000

投资收益　360 000

【例5-6】2×16年5月6日,甲公司支付价款2 032万元(含交易费用2万元和已宣告但尚未发放现金股利30万元),购入乙公司发行的股票400万股,占乙公司有表决权股份的1%。甲公司将其指定为以公允价值计量且其变动计入其他综合收益的非交易性权益工具投资。

(1)2×16年5月10日,甲公司收到乙公司发放的现金股利30万元。

(2)2×16年6月30日,该股票市价为每股5.2元。

(3)2×16年12月31日,甲公司仍持有该股票,当日该股票市价为每股5元。

(4)2×17年5月9日,乙公司宣告发放股利4 000万元。

(5)2×17年5月13日,甲公司收到乙公司发放的现金股利。

(6)2×17年5月20日,甲公司由于某种特殊原因,以每股4.9元的价格将股票全部转让。

假定不考虑其他因素的影响,甲公司的账务处理如下:

(1)2×16年5月6日,购入股票:

借:应收股利　300 000

其他权益工具投资——成本　20 020 000

贷:银行存款　20 320 000

(2)2×16年5月10日,收到现金股利:

借:银行存款　300 000

贷:应收股利　300 000

(3)2×16年6月30日,确认股票价格变动:

借:其他权益工具投资——公允价值变动　780 000

贷:其他综合收益——其他权益工具投资公允价值变动　780 000

(4)2×16年12月31日,确认股票价格变动:

借:其他综合收益——其他权益工具投资公允价值变动　800 000

贷:其他权益工具投资——公允价值变动　800 000

(5)2×17年5月9日,确认应收现金股利:

借:应收股利　400 000

贷:投资收益　400 000

(6)2×17年5月13日,收到现金股利:

借:银行存款　400 000

贷:应收股利　400 000

(7)2×17年5月20日,出售股票:

借:银行存款　19 600 000

其他权益工具投资——公允价值变动　20 000

盈余公积——法定盈余公积　42 000

利润分配——未分配利润　　378 000

贷:其他权益工具投资——成本　　20 020 000

其他综合收益——其他权益工具投资公允价值变动　　20 000

如果甲公司根据其管理乙公司股票的业务模式和乙公司股票的合同现金流量特征,将乙公司股票分类为以公允价值计量且其变动计入当期损益的金融资产,且 2×16 年 12 月 31 日乙公司股票市价为每股 4.8 元,其他资料不变,则甲公司应做如下账务处理:

(1)2×16 年 5 月 6 日,购入股票:

借:应收利息　　300 000

交易性金融资产——成本　　20 000 000

投资收益　　20 000

贷:银行存款　　20 320 000

(2) 2×16 年 5 月 10 日,收到现金股利:

借:银行存款　　300 000

贷:应收股利　　300 000

(3) 2×16 年 6 月 30 日,确认股票价格变动:

借:交易性金融资产——公允价值变动　　800 000

贷:公允价值变动损益　　800 000

(4) 2×16 年 12 月 31 日,确认股票价格变动:

借:公允价值变动损益　　1 600 000

贷:交易性金融资产——公允价值变动　　1 600 000

(5)2×17 年 5 月 9 日,确认应收现金股利:

借:应收股利　　400 000

贷:投资收益　　400 000

(6)2×17 年 5 月 13 日,收到现金股利:

借:银行存款　　400 000

贷:应收股利　　400 000

(7)2×17 年 5 月 20 日,出售股票:

借:银行存款　　19 600 000

投资收益　　400 000

交易性金融资产——公允价值变动　　800 000

贷:交易性金融资产——成本　　20 000 000

公允价值变动损益　　800 000

三、金融工具的减值

(一)金融资产减值概述

企业应当以预期信用损失为基础,对下列项目进行减值会计处理并确认损失准备:

(1)分类为以摊余成本计量的金融资产和以公允价值计量且其变动计入其他综合

收益的金融资产。

(2)租赁应收款。

(3)合同资产。合同资产是指《企业会计准则第14号——收入》定义的合同资产。

(4)部分贷款承诺和财务担保合同。

损失准备,是指针对按照以摊余成本计量的金融资产、租赁应收款和合同资产的预期信用损失计提的准备,按照以公允价值计量且其变动计入当期损益的金融资产的累计减值金额以及针对贷款承诺和财务担保合同的预期信用损失计提的准备。

预期信用损失,是指以发生违约的风险为权重的金融工具信用损失的加权平均值。

信用损失,是指企业按照原实际利率折现的、根据合同应收的所有合同现金流量与预期收取的所有现金流量之间的差额,即全部现金短缺的现值。其中,对于企业购买或源生的已发生信用减值的金融资产,应按照该金融资产经信用调整的实际利率折现。由于预期信用损失考虑付款的金额和时间分布,因此即使企业预计可以全额收款,但若收款时间晚于合同规定的到期期限,也会产生信用损失。

在估计现金流量时,企业应当考虑金融工具在整个预计存续期的所有合同条款(如提前还款、展期、看涨期权或其他类似期权等)。企业所考虑的现金流量应当包括出售所持担保品获得的现金流量,以及属于合同条款组成部分的其他信用增级所产生的现金流量。

企业通常能够可靠估计金融工具的预计存续期。在极少数情况下,金融工具预计存续期无法可靠估计的,企业在计算确定预期信用损失时,应当基于该金融工具的剩余合同期间。

(二)一般减值模型

一般情况下,企业应当在每个资产负债表日评估相关金融工具的信用风险自初始确认后是否已显著增加,并按照下列情形分别计量其损失准备、确认预期信用损失及其变动:

(1)如果该金融工具的信用风险自初始确认后已显著增加,企业应当按照相当于该金融工具整个存续期内预期信用损失的金额计量其损失准备。无论企业评估信用损失的基础是单项金融工具还是金融工具组合,由此形成的损失准备的增加或转回金额,应当作为减值损失或利得计入当期损益。

(2)如果该金融工具的信用风险自初始确认后并未显著增加,企业应当按照相当于该金融工具未来12个月内预期信用损失的金额计量其损失准备。无论企业评估信用损失的基础是单项金融工具还是金融工具组合,由此形成的损失准备的增加或转回金额,应当作为减值损失或利得计入当期损益。

未来12个月内预期信用损失,是指因资产负债表日后12个月内(若金融工具的预计存续期少于12个月,则为预计存续期)可能发生的金融工具违约事件而导致的预期信用损失,是整个存续期预期信用损失的一部分。

企业在进行相关评估时,应当考虑所有合理且有依据的信息,包括前瞻性信息。为确保自金融工具初始确认后信用风险显著增加即确认整个存续期预期信用损失,企业在一些情况下应当以组合为基础考虑评估信用风险是否显著增加。整个存续期预期信用损失，是指因金融工具整个预计存续期内所有可能发生的违约事件导致的预期信用损失。

企业与交易对手修改或重新议定合同，未导致金融资产终止确认，但导致合同现金流量发生变化的，企业在评估相关金融工具的信用风险是否已经显著增加时，应当将基于变更后的合同条款在资产负债表日发生违约的风险与基于原合同条款在初始确认时发生违约的风险进行比较。

（三）对风险显著增加的判断

企业在评估金融工具的信用风险自初始确认后是否已显著增加时，应当考虑金融工具预计存续期内发生违约风险的变化，而不是预期信用损失金额的变化。企业应当通过比较金融工具在资产负债表日发生违约的风险与在初始确认日发生违约的风险，确定金融工具预计存续期内发生违约风险的变化情况。在为确定是否发生违约风险而对违约进行界定时，企业所采用的界定标准，应当与其内部针对相关金融工具的信用风险管理目标保持一致，并考虑财务限制条款等其他定性指标。

企业通常应当在金融工具逾期前确认该工具整个存续期预期信用损失。在企业确定信用风险自初始确认后是否显著增加时，企业无须付出不必要的额外成本或努力即可获得合理且有依据的前瞻性信息的，不得仅依赖逾期信息来确定信用风险自初始确认后是否显著增加；企业必须付出额外成本或努力才可获得合理且有依据的逾期信息以外的单独或汇总的前瞻性信息的，可以依赖逾期信息来确定信用风险自初始确认后是否显著增加。

无论企业采用何种方式评估信用风险是否显著增加，通常情况下，如果逾期超过30日，则表明金融工具的信用风险已经显著增加。除非企业在无须付出不必要的额外成本或努力的情况下即可获得合理且有依据的信息，证明即使逾期超过30日，信用风险自初始确认后仍未显著增加。如果企业在合同付款逾期超过30日前已确定信用风险显著增加，则应当按照整个存续期的预期信用损失确认损失准备。如果交易对手方未按合同规定时间支付约定的款项，则表明该金融资产发生逾期。

企业在评估金融工具的信用风险自初始确认后是否已显著增加时，应当考虑违约风险的相对变化，而非违约风险变动的绝对值。在同一后续资产负债表日，对于违约风险变动的绝对值相同的两项金融资产，初始确认时违约风险较低的金融工具比初始确认时违约风险较高的金融工具的信用风险变化更为显著。

企业在确定金融工具在资产负债表日只具有较低的信用风险的，可以假设该金融工具的信用风险自初始确认后并未显著增加。如果金融工具的违约风险较低，借款人在短期内履行其合同现金流量义务的能力很强，并且即便较长时期内经济形势和经营环境存在不利变化但未必一定降低借款人履行其合同现金流量义务的能力，该金融工具被视为具有较低的信用风险。

（四）预期信用损失的计量

企业计量金融工具预期信用损失的方法应当反映下列各项要素：

（1）通过评价一系列可能的结果而确定的无偏概率加权平均金额。

（2）货币时间价值。

(3)依据资产负债表日无须付出不必要的额外成本或努力即可获得的有关过去事项、当前状况以及未来经济状况预测的合理且有依据的信息。

企业应当按照下列方法确定有关金融工具的信用损失:

(1)对于金融资产,信用损失应为企业应收取的合同现金流量与预期收取的现金流量之间差额的现值。

(2)对于租赁应收款项,信用损失应为企业应收取的合同现金流量与预期收取的现金流量之间差额的现值。其中,用于确定预期信用损失的现金流量,应与按照《企业会计准则第 21 号——租赁》计量租赁应收款项的现金流量保持一致。

(3)对于未提用的贷款承诺,信用损失应为在贷款承诺持有人提用相应贷款的情况下,企业应收取的合同现金流量与预期收取的现金流量之间差额的现值。企业对贷款承诺预期信用损失的估计,应当与其对该贷款承诺提用情况的预期保持一致。

(4)对于财务担保合同,信用损失应为企业就该合同持有人发生的信用损失向其做出赔付的预计付款额,减去企业预期向该合同持有人、债务人或任何其他方收取的金额之间差额的现值。

(5)对于资产负债表日已发生信用减值但并非购买或源生已发生信用减值的金融资产,信用损失应为该金融资产账面余额与按原实际利率折现的估计未来现金流量的现值之间的差额。

企业应当以概率加权平均为基础对预期信用损失进行计量。企业对预期信用损失的计量应当反映发生信用损失的各种可能性,但不必识别所有可能的情形。在计量预测信用损失时,企业需考虑的最长期限为企业面临信用风险的最长合同期限(包括考虑续约选择权),而不是更长期间,即使该期间与业务实践相一致。

金融工具同时包含贷款和未提用的承诺,且企业根据合同规定要求还款或取消未提用承诺的能力并未将企业面临信用损失的期间限定在合同通知期内的,企业对于此类金融工具(仅限于此类金融工具)确认预期信用损失的期间,应当为其面临信用风险且无法用信用风险管理措施予以缓释的期间,即使该期间超过了最长合同期限。

(五)金融工具减值的简化处理

对于下列各项目,企业应当始终按照相当于整个存续期内预期信用损失的金额计量其损失准备:

(1)由《企业会计准则第 14 号——收入》规范的交易形成的应收款项或合同资产,且符合下列条件之一:

a. 该项目未包含《企业会计准则第 14 号——收入》所定义的重大融资成分或企业根据《企业会计准则第 14 号——收入》规定不考虑不超过一年的合同中的融资成分。

b. 该项目包含《企业会计准则第 14 号——收入》所定义的重大融资成分,同时企业做出会计政策选择,按照相当于整个存续期内预期信用损失的金额计量其损失准备。企业应当将该会计政策选择适用于所有此类应收款项和合同资产,但可对应收款项和合同资产类分别做出会计政策选择。

(2)由《企业会计准则第 21 号——租赁》规范的交易形成的租赁应收款,同时企业做出会计政策选择，按照相当于整个存续期内预期信用损失的金额计量其损失准备。企业应当将该会计政策选择适用于所有租赁应收款，但可对应收融资租赁款和应收经营租赁款分别做出会计政策选择。

企业可对应收款项、合同资产和租赁应收款分别选择减值会计政策。

（六）金融工具减值的账务处理

（1）对于购买或源生的已发生信用减值的金融资产，企业应当在资产负债表日仅将初始确认后整个存续期内预期信用损失的累计变动确认为损失准备。在每个资产负债表日，企业应当将整个存续期内预期信用损失的变动金额作为减值损失或利得计入当期损益。即使该资产负债表日确定的整个存续期内预期信用损失小于初始确认时估计现金流量所反映的预期信用损失的金额，企业也应当将预期信用损失的有利变动确认为减值利得。

（2）企业在前一会计期间已经按照相当于金融工具整个存续期内预期信用损失的金额计量了损失准备，但在当期资产负债表日，该金融工具已不再属于初始确认后信用风险显著增加的情形的，企业应当在当期资产负债表日按照相当于未来12个月内预期信用损失的金额计量该金融工具的损失准备，由此形成的损失准备的转回金额应当作为减值利得计入当期损益。

（3）对于分类为以公允价值计量且其变动计入其他综合收益的金融资产，企业应当在其他综合收益中确认其损失准备，并将减值损失或利得计入当期损益，且不应减少该金融资产在资产负债表中列示的账面价值。

第三节　金融资产转移

一、金融资产转移概述

金融资产转移，是指企业（转出方）将金融资产（或其现金流量）让与或交付给金融资产发行方以外的另一方（转入方）。例如，企业将持有的未到期商业票据向银行贴现，就属于金融资产转移。企业金融资产转移包括两种情形：一是将收取金融资产现金流量的权利转移给另一方，比如前述的将未到期票据向银行贴现；二是将金融资产转移给另一方，但保留收取金融资产现金流量的权利，并承担将收取的现金流量支付给最终收款方的义务，同时还应满足以下条件：

（1）从该金融资产收到对等的现金流量时，才有义务将其支付给最终收款方。企业发生短期垫付款，但有权全额收回该垫付款并按照市场利率收取利息的，视同满足本条件。

（2）根据合同约定，不能出售该金融资产或作为担保物，但可以将其作为对最终收款方支付现金流量的保证。

（3）有义务将收取的现金流量及时支付给最终收款方。企业无权将该现金流量进行再投资，但按照合同约定在相邻两次支付间隔期内将所收到的现金流量进行现金或现金等价物投资的除外。企业按照合同约定进行再投资的，应当将投资收益按照合同约定支付给最终收款方。

二、金融资产转移的确认和计量

（一）金融资产终止确认的一般原则

金融资产转移涉及的会计处理，核心是金融资产转移是否符合终止确认条件。其中，金融资产终止确认是指企业将之前确认的金融资产从其资产负债表中予以转出。

鉴于金融资产转移交易的复杂性，企业有必要在分析判断金融资产转移是否符合金融资产终止条件前，着重关注两个方面：一是金融资产转移的转出方能否对转入方实施控制。如果能够实施控制，则表明转入方是转出方的子公司，从而应纳入转出方的合并财务报表。从合并财务报表的意义上看，这种情况下的金融资产转移属于内部交易，不存在终止确认问题。因此，在判断金融资产转移是否符合终止确认条件时，应首先判断转入方是否是转出方的子公司。二是终止确认适用于金融资产一部分还是金融资产整体。金融资产的一部分满足下列条件之一的，企业应当将终止确认的规定适用于该金融资产部分，除此之外，企业应当将终止确认的规定适用于该金融资产整体：

（1）该金融资产部分仅包括金融资产所产生的特定可辨认现金流量。如企业就某债务工具与转入方签订一项利息剥离合同，合同规定转入方有权获得该债务工具利息现金流量，但无权获得该债务工具本金现金流量，终止确认的规定适用于该债务工具的利息现金流量。

（2）该金融资产部分仅包括与该金融资产所产生的全部现金流量完全成比例的现金流量部分，如企业就某债务工具与转入方签订转让合同，合同规定转入方拥有获得该债务工具全部现金流量一定比例的权利，终止确认的规定适用于该债务工具全部现金流量一定比例的部分。

（3）该金融资产部分仅包括与该金融资产所产生的特定可辨认现金流量完全成比例的现金流量部分，如企业就某债务工具与转入方签订转让合同，合同规定转入方拥有该债务工具利息现金流量一定比例的权利，终止确认的规定适用于该债务工具利息现金流量一定比例的部分。

企业发生满足上述第（2）项或第（3）项条件的金融资产转移，且存在一个以上的转入方的，只要企业转移的份额与金融资产全部现金流量或特定可辨认现金流量完全成比例即可，不要求每个转入方均持有成比例的份额。

（二）符合终止确认条件的情形

1. 符合终止确认条件的判断

企业收取合同现金流量的合同权利终止的，应当终止确认该金融资产。此外，企业已将金融资产所有权上几乎所有的风险和报酬转移给转入方的，也应当终止确认该金融资产。

金融资产转移是否符合终止确认条件，有时比较容易判断。例如，下列情况就表明已将金融资产所有权上几乎所有风险和报酬转移给了转入方，因而应当终止确认相关金融资产:①企业无条件出售金融资产;②企业出售金融资产,同时约定按回购日该金融资产的公允价值回购;③企业出售金融资产,同时与转入方签订看跌期权合同或看涨期权合同,且根据合同条款判断该看跌期权或看涨期权为一项重大价外期权(即期权合约的条款设计,使得金融资产的转入方或转出方有极小可能会行权)。

企业在评估金融资产所有权上风险和报酬的转移程度时,应当比较转移前后其所承担的该金融资产未来净现金流量金额及其时间分布变动的风险。

企业承担的金融资产未来净现金流量现值变动的风险没有因转移而发生显著变化的,表明该企业仍保留了金融资产所有权上几乎所有风险和报酬。

企业承担的金融资产未来现金净流量变动的风险相对于金融资产的未来净现金流量现值的全部变动风险不再显著的,表明该企业已经转移了金融资产所有权上几乎所有风险和报酬,如无条件出售金融资产,或者出售金融资产且仅保留以其在回购时的公允价值进行回购的选择权。

2. 符合终止确认条件时的计量

(1)金融资产整体满足终止确认条件时,相关金融资产转移损益应按以下公式计算:

因转移收到的对价+原直接计入其他综合收益的利得(如为累计损失,应为减项)-所转移金融资产的账面价值=金融资产整体转移损益

理解以上公式时,应注意下面两点:

第一,企业因金融资产转移导致整体终止确认金融资产,同时获得了新金融资产或承担了新金融负债或服务负债的,应当在转移日确认该金融资产、金融负债或服务负债,并以公允价值进行初始计量。该金融资产扣除金融负债和服务负债后的净额应当作为上述对价的组成部分,即:

因转移收到的对价=因转移交易收到的价款+新获得金融资产的公允价值+因转移获得服务资产的价值-新承担金融负债的公允价值-因转移承担的服务负债的公允价值

第二,原直接计入其他综合收益的公允价值变动累计利得或损失,是指所转移金融资产转移前公允价值变动直接计入所有者权益的累计额。

(2)企业转移了金融资产的一部分,且被转移部分整体满足终止确认条件的,应当将转移前金融资产整体的账面价值,在终止部分与继续确认部分之间,按照转移日各自的相对公允价值进行分摊,并将下列两项金额的差额计入当期损益:①终止确认部分在终止确认日的账面价值。②终止确认部分收到的对价,与原计入其他综合收益的公允价值变动累计额中对应终止确认部分的金额之和。对价包括获得的所有新资产减去承担的所有新负债后的金额。

原计入其他综合收益的公允价值变动累计额中对应终止确认部分的金额,应当按照金融资产终止确认部分和继续确认部分的相对公允价值,对该累计额进行分摊后确定。

企业将转移前金融资产整体的账面价值按相对公允价值在终止确认部分和继续确认部分之间进行分摊时,应当按照下列规定确定继续确认部分的公允价值:①企业出售

过与继续确认部分类似的金融资产,或继续确认部分存在其他市场交易的,近期实际交易价格可作为其公允价值的最佳估计。②继续确认部分没有报价或近期没有市场交易的,其公允价值的最佳估计为转移前金融资产整体的公允价值扣除终止确认部分的对价后的差额。

【例5-7】2×18年4月15日,甲公司销售一批商品给乙公司,开出的增值税发票上注明的销售价款为300 000元,增值税销项税额为48 000元,款项尚未收到。双方约定,乙公司应于2×18年10月15日付款。2×18年6月4日,经与中国银行协商后约定:甲公司将应收乙公司的货款出售给中国银行,价款为285 000元;在应收乙公司货款到期无法收回时,中国银行不能向甲公司追偿。甲公司根据以往经验,预计该批商品发生的销售退回金额为34 800元,其中增值税销项税额为4 800元,成本为20 000元,实际发生的销售退回由甲公司承担。2×18年8月3日,甲公司收到了乙公司退回的商品,价款为34 800元。

假定不考虑其他因素。甲公司与应收账款出售有关的账务处理如下:

(1)2×18年6月4日出售应收债权:

借:银行存款	285 000	
财务费用	28 200	
其他应收款	34 800	
贷:应收账款——乙公司		348 000

(2)2×18年8月3日收到退回的商品:

借:主营业务收入	30 000	
应交税费——应交增值税(销项税额)	4 800	
贷:其他应收款		34 800
借:库存商品	20 000	
贷:主营业务成本		20 000

企业在出售应收债权的过程中如附有追索权,即在有关应收债权到期无法从债务人处收回时,银行等金融机构有权向出售应收债权的企业追偿,或按照协议约定,企业有义务按照约定金额自银行等金融机构回购部分应收债权,应收债权的坏账风险由售出应收债权的企业承担,则企业应按照以应收债权为质押取得借款的核算原则进行会计处理。

(三)不符合终止确认条件的情形

1. 不符合终止确认条件的判断

金融资产转移以后,企业(转出方)仍保留了该金融资产所有权上几乎所有风险和报酬的,应当继续确认该金融资产。

对于相对简单的金融资产转移,其是否符合终止确认条件比较容易判断。例如,下列情况就表明企业保留了金融资产所有权上几乎所有风险和报酬,不应当终止确认相关金融资产:①企业出售金融资产并与转入方签订回购协议,协议规定企业将回购被转移金融资产,或者将予以回购的金融资产与售出的金融资产相同或实质上相同,回购价格固定或为原售价加上回报;②企业融出证券或进行证券出借;③企业出售金融资产并附有将市场风险敞口转回给企业的总回报互换；④企业出售短期应收款项或信贷资产，并且全额补偿转入方可能因被转移金融资产发生的信用损失；⑤企业出售金融资产，同时与转入方签订看跌期权合同或看涨期权合同，且根据合同条款判断该看跌期权或看涨期权为一项重大价内期权（即期权合约的条款设计，使得金融资产的转入方或转出方很可能会行权）。

对于相对复杂的金融资产转移，应当像判断是否符合终止确认条件那样，通过分析计算来判断。如果分析计算表明，企业面临的风险没有因金融资产转移发生实质性改变，则表明该企业仍保留了金融资产所有权上几乎所有的风险和报酬，从而不应当终止确认该金融资产。

2. 不符合终止确认时的计量

企业仍保留与所转移金融资产所有权上几乎所有风险和报酬的，应当继续确认所转移金融资产整体，并将收到的对价确认为一项金融负债。

在继续确认被转移金融资产的情形下，金融资产转移所涉及的金融资产与所确认的相关金融负债不得相互抵消。在后续会计期间，企业应当继续确认该金融资产产生的收入（或利得）和该金融负债产生的费用（或损失），不得相互抵消。

本章小结

金融资产和金融负债的分类是确认和计量的基础。企业应当根据其管理金融资产的业务模式和金融资产的合同现金流量特征，对金融资产进行合理的分类。金融资产一般划分为三类：①以摊余成本计量的金融资产；②以公允价值计量且其变动计入其他综合收益的金融资产；③以公允价值计量且其变动计入当期损益的金融资产。

企业改变其管理金融资产的业务模式时，应当按照规定对所有受影响的相关金融资产进行重分类。所以，金融资产（即非衍生债权资产）可以在以摊余成本计量、以公允价值计量且其变动计入其他综合收益和以公允价值计量且其变动计入当期损益之间进行重分类。企业管理金融资产的业务模式的变更是一种极少见的情形。企业对金融资产进行重分类，应当自重分类日起采用未来适用法进行相关会计处理，不得对以前已经确认的利得、损失（包括减值损失或利得）、利息进行追溯调整。

企业初始确认金融资产，应当按照公允价值计量。对于以公允价值计量且其变动计入当期损益的金融资产，相关交易费用应当直接计入当期损益；对于其他类别的金融资产，相关交易费用应当计入初始确认金额。

金融资产的后续计量与金融资产的分类密切相关。企业应当对不同类别的金融资产，分别以摊余成本、以公允价值计量且其变动计入其他综合收益或以公允价值计量且其变动计入当期损益进行后续计量。

企业应当以预期信用损失为基础，对下列项目进行减值会计处理并确认损失准备：①分类为以摊余成本计量的金融资产和以公允价值计量且其变动计入其他综合收益的金融资产；②租赁应收款；③合同资产，即《企业会计准则第 14 号——收入》定义的合同资产；④部分贷款承诺和财务担保合同。

金融资产转移，是指企业（转出方）将金融资产（或其现金流量）让与或交付给金融资产发行方以外的另一方（转入方）。金融资产转移涉及的会计处理，核心是金融资产转移是否符合终止确认条件。企业收取合同现金流量的合同权利终止的，应当终止确认该金融资产。此外，企业已将金融资产所有权上几乎所有的风险和报酬转移给转入方的，也应当终止确认该金融资产。

思考题

1. 什么是金融资产？如何对金融资产进行分类和重分类？
2. 如何判断交易性金融资产的交易性目的？
3. 如何计量各类金融工具的损失准备？
4. 金融资产终止确认需具备什么条件？如何对终止确认进行计量？

练习题

1.【资料】甲股份有限公司 2×16 年购入 A 公司股票，根据其管理该金融资产的业务模式和合同现金流量特征，将其分类为以公允价值计量且其变动计入当期损益的金融资产，相关资料如下：

(1)1 月 1 日以银行存款购入 A 公司股票 50 000 股，并准备随时变现，每股买价 16 元，同时支付相关税费 4 000 元。

(2)4 月 20 日 A 公司宣告发放的现金股利每股 0.4 元。

(3)4 月 21 日又购入 A 公司股票 50 000 股，并准备随时变现，每股买价 18.4 元（其中包含已宣告发放尚未支取的股利每股 0.4 元），同时支付相关税费 6 000 元。

(4)4 月 25 日收到 A 公司发放的现金股利 20 000 元。

(5)6 月 30 日 A 公司股票市价为每股 16.4 元。

(6)7 月 18 日该公司以每股 17.5 元的价格转让 A 公司股票 60 000 股，扣除相关税费 10 000 元，实得金额为 1 040 000 元。

(7)12 月 31 日 A 公司股票市价为每股 18 元。

【要求】根据上述经济业务编制有关会计分录。

2.【资料】甲股份有限公司 2×16 年 1 月 1 日购入乙公司当日发行的五年期债券，准备持有至到期。债券的票面利率为 12%，债券面值 1 000 元，企业按 1 050 元的价格购入 80 张。该债券每年年末付息一次，最后一年还本并付最后一次利息。假设甲公司根据其管理该债券的业务模式和该债券的合同现金流量特征，将其分类为以摊余成本计量的金融资产，且不考虑相关税费。该债券的实际利率为10.66%。

【要求】做出甲公司有关上述债券投资的会计处理(计算结果保留整数)。

3.【资料】2×16年5月6日，甲公司支付价款3 015万元(含已宣告但尚未发放现金股利15万元)，不考虑交易费用，购入乙公司发行的股票200万股，占乙公司有表决权股份的0.5%。甲公司将其指定为以公允价值计量且其变动计入其他综合收益的非交易性权益工具投资。

(1)2×16年5月10日，甲公司收到乙公司发放的现金股利15万元。

(2)2×16年6月30日，该股票市价为每股15.6元。

(3)2×16年12月31日，甲公司仍持有该股票，当日该股票市价为每股15.2元。

(4)2×17年5月9日，乙公司宣告发放股利8 000万元。

(5)2×17年5月13日，甲公司收到乙公司发放的现金股利。

(6)2×17年5月20日，甲公司由于某种特殊原因，以每股14.9元的价格将股票全部转让。

【要求】根据上述经济业务编制有关会计分录。

第六章

长期股权投资

本章学习目的

通过本章学习，了解长期股权投资的核算范围，掌握通过企业合并取得的以及非企业合并取得的长期股权投资的初始计量、长期股权投资的后续计量、长期股权投资核算方法的转换和处置。

本章重点与难点

本章重点是长期股权投资的初始计量和后续计量。本章难点在于长期股权投资后续计量的权益法，以及成本法和权益法两种核算方法的转换。

长期股权投资是投资企业向被投资企业投入供其长期使用的权益性资本，享有一定比例的权益份额代表的资产。企业进行长期投资，是为了获得长远利益而影响、控制其他在经济业务上相关联的企业，而不是简单地通过股票买卖价差来获取投资收益。本章主要以《企业会计准则第 2 号——长期股权投资》为依据，重点讲述符合条件的权益性投资的确认和计量。

第一节　长期股权投资概述

一、长期股权投资的核算范围

长期股权投资是投资企业向被投资企业投入供其长期使用的权益性资本，享有一定比例的权益份额代表的资产。《企业会计准则第 2 号——长期股权投资》规范的权益性投资，包括以下三个类别：①投资企业持有的能够对被投资单位实施控制的权益性投资，即对子公司的投资；②投资企业与其他合营方对被投资单位净资产实施共同控制的权益性投资，即对合营企业的投资；③投资企业持有的能够对被投资单位施加重大影响的权益性投资，即对联营企业的投资。投资企业持有的对被投资单位不具有共同控制或重大影响，并且在活跃市场中没有报价、公允价值不能可靠计量的权益性投资，按照本教材第五章的相关要求进行核算。

一般而言，长期股权投资和作为以公允价值计量且其变动计入当期损益的金融资产或者以公允价值计量且其变动计入其他综合收益的金融资产中的权益性投资的主要区别在于两个方面：一是取得和持有的目的不同；二是对市场基础的要求不同。作为以公允价值计量且其变动计入当期损益的金融资产的权益性投资，是准备近期内出售、通过短期价格差异赚取收益的，要求必须具有活跃的市场、公允价值能够可靠计量。作为以公允价值计量且其变动计入其他综合收益的金融资产的权益性投资，持有目的相对灵活，通常也要求具有活跃的交易市场。而长期股权投资不打算在短期内出售，旨在较长时期内取得股利收益或对被投资企业实施控制、共同控制或重大影响，使被投资企业作为一个独立的经济实体来为企业总体经营目标服务，而且往往并不要求必然存在活跃的交易市场。

二、投资企业与被投资企业的关系

依据《企业会计准则第 2 号——长期股权投资》规定核算的长期股权投资，按照投资企业占被投资企业有表决权资本总额的比例以及对被投资企业的影响程度，将投资企业与被投资企业的关系分为控制、共同控制、重大影响三种情况。

（一）控制

控制，是指投资方拥有对被投资方的权力，通过参与被投资方的相关活动而享有可变回报，并且有能力运用对被投资方的权力影响其回报金额。控制的定义包含三项基本要素:①投资方拥有对被投资方的权力;②通过参与被投资方的相关活动而享有可变回报;③有能力运用对被投资方的权力影响其回报金额。当且仅当投资方同时具备上述三要素时,才表明投资方能够控制被投资方。

一般来说,投资方拥有下列实质性权利,可以视为能够对被投资方实施控制:

1. 投资方持有被投资方半数以上的表决权。

2. 投资方持有被投资方半数或以下的表决权,但通过与其他表决权持有人之间的协议能够控制半数以上表决权。

3. 投资方持有被投资方半数或以下的表决权,但综合考虑下列事实和情况后,判断投资方持有的表决权足以使其目前有能力主导被投资方相关活动的,视为投资方对被投资方拥有权力:①持有的表决权相对于其他投资方持有的表决权份额较大,以及其他投资方持有的表决权比较分散;②持有被投资方的潜在表决权,如可转换公司债券、可执行认股权证等;③拥有其他合同安排产生的权利;④查看被投资方以往的表决权行使情况等其他相关事实和情况。

4. 在难以判断其享有的权利是否足以使其拥有对被投资方的权力时,如果存在其具有实际能力以单方面主导被投资方相关活动的证据,视为投资方对被投资方拥有权力。这些证据包括但不限于下列事项:①能够任命或批准被投资方的关键管理人员;②能够出于其自身利益决定或否决被投资方的重大交易;③能够掌控被投资方董事会等类似权力机构成员的任命程序,或者从其他表决权持有人手中获得代理权;④与被投资方的关键管理人员或董事会等类似权力机构中的多数成员是否存在关联方关系。

投资方对被投资方能否实施控制的评估应该是持续的。当环境或情况发生变化时,投资方需要评估控制的三项基本要素中的一项或多项是否发生了变化。如果事实或情况表明控制的三项基本要素中的一项或多项发生了变化,投资方应当重新评估是否能够控制被投资方。

(二)共同控制

依据《企业会计准则第 40 号——合营安排》,共同控制的界定及判断与合营安排联系紧密。合营安排,是指一项由两个或两个以上的参与方共同控制的安排。共同控制,是指按照相关约定对某项安排所共有的控制,并且该安排的相关活动必须经过分享控制权的参与方一致同意后才能决策。在判断是否存在共同控制时,首先应当判断所有参与方或参与方组合是否集体控制该安排,其次要判断该安排相关活动的决策是否必须经过这些集体控制该安排的参与方一致同意。

据此,合营安排具有下列特征:①各参与方均受到该安排的约束;②两个或两个以上的参与方对该安排实施共同控制。任何一个参与方都不能够单独控制该安排,对该安排具有共同控制的任何一个参与方均能够阻止其他参与方或参与方组合单独控制该安排。需要注意的是,合营安排并不要求所有参与方都对该安排实施共同控制。合营安排参与方既包括对合营安排享有共同控制的参与方(即合营方),也包括对合营安排不享有共同控制的参与方。

合营安排具体分为共同经营和合营企业。共同经营,是指合营方享有该安排相关资产且承担该安排相关负债的合营安排。合营企业,是指合营方仅对该安排的净资产享有权利的合营安排。合营安排是为不同目的而设立的(例如,参与方为了共同承担成本和风险,或者参与方为了获得新技术或新市场),可以采用不同的结构和法律形式。一些安排不要求采用单独主体形式开展活动,另一些安排则涉及构造单独主体。

本章长期股权投资中共同控制的投资,仅指对合营安排享有共同控制的参与方(即合营方)对其合营企业的权益性投资,不包括对合营安排不享有共同控制的参与方的权益性投资,也不包括共同经营的投资。

(三)重大影响

重大影响,是指对一个企业的财务和经营政策有参与决策的权力,但并不能够控制或者与其他方一起共同控制这些政策的制定。重大影响一般存在于以下情况:

第一,当投资企业直接或通过子公司间接拥有被投资单位20%及以上表决权资本,但未形成控制或共同控制的,一般认为对被投资单位具有重大影响,除非有明确的证据表明该种情况下不能参与被投资单位的生产经营决策,不形成重大影响。

第二,虽然投资企业拥有被投资单位20%以下的表决权资本,但符合下列情况之一的,也应确认为对被投资单位具有重大影响:

一是在被投资单位的董事会或类似权力机构中派有代表。在这种情况下,投资企业在被投资单位的董事会或类似的权力机构中派有代表,该代表享有相应的实质性的参与决策权,参与被投资单位政策的制定,投资企业借此达到对该被投资单位施加重大影响的目的。

二是参与被投资单位的政策制定过程,包括股利分配政策等的制定。在这种情况下,投资企业可以参与被投资单位的政策制定过程,在制定政策过程中可以为其自身利益而提出建议和意见,由此可以对该被投资单位施加重大影响。

三是与被投资单位之间发生重要交易。有关的交易因对被投资单位的日常经营具有重要影响,进而一定程度上可以影响到被投资单位的生产经营决策。

四是向被投资单位派出管理人员。在这种情况下,管理人员负责管理被投资单位的财务和经营活动,从而能对被投资单位施加重大影响。

五是向被投资单位提供关键技术资料。因被投资单位的生产经营需要依赖投资企业的技术或技术资料,表明投资企业对被投资单位具有重大影响。

六是其他能足以证明投资企业对被投资单位具有重大影响的情形。

投资企业在确定能否对被投资单位施加重大影响时,一方面应考虑投资企业直接或间接持有被投资单位的表决权股份,另一方面要考虑投资企业及其他方持有的现行可执行潜在表决权在假定转换为对被投资单位的股权后产生的影响,如被投资单位发行的现行可转换的认股权证、股份期权及可转换公司债券等产生的影响。如果其在转换为对被投资单位的股权后,能够增加投资企业的表决权比例或是降低被投资单位其他投资者的表决权比例,从而使得投资企业能够参与被投资单位的财务和经营决策,应当认为投资企业对被投资单位具有重大影响。

第二节 长期股权投资的初始计量

长期股权投资在取得时,应当按照初始投资成本入账,其初始投资成本的确定与其取得方式密切相关。企业取得的长期股权投资按照是否与企业合并相关,可以分为两大类:一类是通过企业合并取得的;另一类是非企业合并取得的。

一、企业合并取得的长期股权投资的初始计量

(一)企业合并概述

企业合并,是指将两个或者两个以上单独的企业合并形成一个报告主体的交易或事项。企业合并完成后将会引起报告主体的变化,或者表现为一方能够对另一方的生产经营决策实施控制,形成母子公司关系,构成合并财务报表主体;或者表现为一方能够控制另一方的全部净资产,被合并的企业在合并后失去其法人资格,构成一个新的个别财务报表主体。因此,以合并方式为基础,企业合并包括控股合并、吸收合并及新设合并三种方式。

1. 控股合并

合并方(或购买方,下同)通过企业合并交易或事项取得对被合并方(或被购买方,下同)的控制权,企业合并后能够通过所取得的股权等主导被合并方的生产经营决策并自被合并方的生产经营活动中获益,被合并方在企业合并后仍保持其独立的法人资格继续经营,为控股合并。

该类企业合并中,因合并方通过企业合并交易或事项取得了对被合并方的控制权,被合并方成为其子公司,在企业合并发生后,被合并方应当纳入合并方合并财务报表的编制范围,从合并财务报表角度看,形成报告主体的变化。合并方在其账簿及个别财务报表中应确认对被合并方的长期股权投资,合并中取得的被合并方的资产和负债仅在合并财务报表中确认。

2. 吸收合并

合并方在企业合并中取得被合并方的全部净资产,并将有关资产、负债并入合并方自身的账簿和报表进行核算。企业合并完成后,注销被合并方的法人资格,由合并方持有合并中取得的被合并方的资产、负债,在新的基础上继续经营,该类合并为吸收合并。

3. 新设合并

参与合并的各方在企业合并后均注销其法人资格,重新注册成立一家新的企业,由新注册成立的企业持有参与合并各企业的资产、负债在新的基础上经营,为新设合并。

由此可见,只有在控股合并方式下,合并完成后仍然存在投资企业与被投资企业,才会出现"长期股权投资"。因此,本章探讨的通过企业合并取得的长期股权投资,特指通过控股合并方式取得的长期股权投资。企业合并形成的长期股权投资,应进一步区分企业合并的类型。具体来说,分为同一控制下控股合并与非同一控制下控股合并

两种类型。

（二）同一控制下的企业合并形成的长期股权投资

参与合并的企业在合并前后均受同一方或相同的多方最终控制且该控制并非暂时性的，为同一控制下的企业合并。对于同一控制下的企业合并，在合并日取得对其他参与合并企业控制权的一方为合并方，参与合并的其他企业为被合并方。合并日，是指合并方实际取得对被合并方控制权的日期。

例如，M 集团公司拥有 A 公司和 B 公司两个子公司，2 ×18 年 1 月 1 日，M 集团公司将其持有的 A 公司 70% 的股权转让给 B 公司，并于当日实现控制权的转移。股权转让后，B 公司持有 A 公司 70% 的股权，但 A 公司和 B 公司仍由 M 集团公司控制。设 M 集团公司对 A 公司和 B 公司的控制时间在该合并前后一年未发生变化。则 2 ×18 年 1 月 1 日为合并日，B 公司为合并方，A 公司为被合并方。

同一控制下的企业合并一般发生于企业集团内部，如集团内母子公司之间、子公司与子公司之间等。该类合并中，合并双方的合并行为不完全是自愿进行和完成的，合并作价往往不公允；该类合并从本质上说是参与合并各方资产和负债的重新组合，不属于交易，最终控制方在合并前后所能控制的资产并没有发生变化。因此，合并方通过同一控制下的企业合并取得的长期股权投资，其成本代表的是在合并日按持股比例享有的被合并方所有者权益在最终控制方合并财务报表中的账面价值的份额。

1. 合并方以支付货币资金、转让非现金资产或承担债务作为合并对价

合并方以支付货币资金、转让非现金资产或承担债务方式作为合并对价的，应当在合并日以取得的被合并方所有者权益在最终控制方合并财务报表中的账面价值的份额作为长期股权投资的初始投资成本，借记"长期股权投资"科目，按应享有被投资单位已宣告但尚未发放的现金股利或利润，借记"应收股利"科目；按支付的货币资金、转让的非现金资产、承担债务账面价值，贷记"银行存款""应付账款"等相应的资产、负债科目，如为贷方差额，贷记"资本公积——资本溢价或股本溢价"科目；如为借方差额，应借记"资本公积——资本溢价或股本溢价"科目，资本公积（资本溢价或股本溢价）不足冲减的，借记"盈余公积""利润分配——未分配利润"科目。

2. 合并方以发行权益性证券作为合并对价

合并方以发行权益性证券作为合并对价的，应当在合并日以取得的被合并方所有者权益在最终控制方合并财务报表中的账面价值的份额作为长期股权投资的初始投资成本，借记"长期股权投资"科目，按应享有被投资单位已宣告但尚未发放的现金股利或利润，借记"应收股利"科目；按发行权益性证券的面值总额作为股本，贷记"股本"科目，按其差额，贷记"资本公积——（资本溢价或股本溢价）"科目；如为借方差额，应借记"资本公积——（资本溢价或股本溢价）"科目，资本公积（资本溢价或股本溢价）不足冲减的，借记"盈余公积""利润分配——未分配利润"科目。

3. 通过多次交换交易，分步取得股权最终形成企业合并

通过多次交换交易，分步取得股权最终形成企业合并的，在个别财务报表中，应当以取得的被合并方所有者权益在最终控制方合并财务报表中的账面价值份额，作为改按成本法核算的初始投资成本。初始投资成本与其原长期股权投资账面价值加上合并

日为取得新的股份所支付对价的账面价值之和的差额，调整资本公积（资本溢价或股本溢价），资本公积不足冲减的，冲减留存收益。由于多次交换交易涉及长期股权投资的转换或重分类，个别财务报表中的具体处理可参见本章第四节的相关内容。

4. 确定长期股权投资的初始投资成本

在确定长期股权投资的初始投资成本时，应注意：

（1）统一合并方与被合并方的会计政策、会计期间。企业合并前合并方与被合并方适用的会计政策、会计期间不同的，在按照合并方的会计政策、会计期间对被合并方资产及负债的账面价值进行调整的基础上，计算确定被合并方的账面所有者权益，并计算确定长期股权投资的初始投资成本。

（2）如果被合并方在合并日的净资产账面价值为负数，长期股权投资成本按零确定，同时在备查簿中予以登记。如果被合并方在被合并以前，是最终控制方通过非同一控制下的企业合并所控制的，则合并方长期股权投资的初始投资成本还应包括相关的商誉。

（3）合并方实际支付的价款或对价中包含已宣告但尚未发放的现金股利或利润的，应作为"应收股利"处理，不计入长期股权投资成本。

（4）合并方为合并所发生的各项直接相关费用，是指合并方为进行企业合并发生的各项直接相关费用，如为进行企业合并而支付的审计费用、评估费用、法律服务费用等增量费用，应当于实际发生时作为"管理费用"直接计入当期损益。

（5）合并方为合并发行的债券或承担其他债务支付的手续费、佣金等，应当计入债务性证券或其他债务的初始计量金额；合并方发行权益性证券发生的手续费、佣金等费用，应当抵减权益性证券溢价收入，溢价收入不足冲减的，冲减留存收益。

【例6－1】A公司和B公司同为华联公司所控制的子公司。2×18年1月1日，A公司以银行存款4 900万元为合并对价，取得B公司80%的股份。B公司80%的股份系2×16年1月1日华联公司从本集团外部购入（属于非同一控制下的企业合并，无商誉），购买日，B公司可辨认净资产公允价值为5 000万元，账面价值为3 500万元；2×16年1月1日至2×17年12月31日，B公司按照购买日净资产的公允价值计算实现的净利润为1 000万元；按照购买日净资产的账面价值计算实现的净利润为1 200万元，无其他所有者权益变动。此外，A公司在合并中以银行存款支付审计、评估费用、法律服务费用等10万元。合并日，A公司的资本公积（资本溢价）余额为300万元。

根据以上资料，2×18年1月1日，A公司实际取得对B公司的控制权时，B公司所有者权益相对于最终控制方华联公司而言的账面价值应为6 000万元（5 000＋1 000）。则A公司于合并日取得长期股权投资的会计处理如下：

初始投资成本＝6 000×80%＝4 800（万元）

借：长期股权投资——B公司	48 000 000	
资本公积——资本溢价	1 000 000	
贷：银行存款		49 000 000
借：管理费用	100 000	
贷：银行存款		100 000

【例6－2】2×18年4月1日,甲公司向同一集团内乙公司的原股东定向增发1 000万股普通股(每股面值1元,市价为10元),取得乙公司100%的控股权,并于当日起能够对乙公司实施控制。合并后乙公司仍维持其独立法人资格继续经营。甲公司另以银行存款支付发行股票手续费10万元。甲公司和乙公司在企业合并前采用的会计政策和会计期间相同。合并日,乙公司所有者权益在最终控制方合并财务报表中的账面价值总额为1 200万元。

根据以上资料,甲公司于合并日取得的长期股权投资的会计处理如下:

初始投资成本＝1 200×100%＝1 200(万元)

借:长期股权投资——乙公司	12 000 000	
贷:股本		10 000 000
资本公积——股本溢价		2 000 000
借:资本公积——股本溢价	100 000	
贷:银行存款		100 000

(三)非同一控制下的企业合并形成的长期股权投资

参与合并的各方在合并前后不受同一方或相同的多方最终控制的,为非同一控制下的企业合并。非同一控制下的企业合并,在购买日取得对其他参与合并企业控制权的一方为购买方,参与合并的其他企业为被购买方。购买日,是指购买方实际取得对被购买方控制权的日期。

例如,2×18年3月1日,A公司取得了B公司60%的股权,于当日实现控制权的转移。合并前A公司与B公司不存在任何关联方关系。股权转让后,A公司持有B公司60%的股权,实现了对B公司的控制。则2×18年3月1日为购买日,A公司为购买方,B公司为被购买方。

非同一控制下的企业合并,参与合并的各方在合并前不存在任何关联方关系。相对于同一控制下的企业合并,非同一控制下的企业合并是合并各方自愿进行和完成的,作为一种交易行为,交易作价相对公平合理。因此,非同一控制下取得的长期股权投资,购买方应当以确定的企业合并成本作为长期股权投资的初始投资成本。企业合并成本包括购买方付出的资产、发生或承担的负债、发行的权益性证券的公允价值之和。

1. 购买方以支付货币资金、转让非现金资产方式作为合并对价

购买方以支付货币资金、转让非现金资产方式作为合并对价的,应在购买日按相关资产的公允价值之和作为长期股权投资的初始投资成本,借记“长期股权投资”科目,按享有被投资单位已宣告但尚未发放的现金股利或利润,借记“应收股利”科目;按支付合并对价的账面价值,贷记有关资产科目;作为合并对价而转让的非现金资产的公允价值与账面价值之间的差额,除以公允价值计量且其变动计入其他综合收益的权益工具投资将差额转入留存收益,其余的将差额作为资产的处置损益,计入当期损益。这里的当期损益科目因处置资产的类别不同而有所差异,具体而言:

(1)投出资产为固定资产或无形资产,其公允价值与账面价值之间的差额记入“资产处置损益”科目。

(2)投出资产为存货,应当视同销售处理,按其公允价值贷记“主营业务收入”或

“其他业务收入”科目,以及“应交税费——应交增值税(销项税额)”科目。同时,结转销售成本,按其账面价值借记“主营业务成本”或“其他业务成本”科目,贷记“库存商品”或“原材料”等科目。按公允价值确认的收入和按账面价值结转的成本之间的差额,也即换出资产公允价值和换出资产账面价值的差额,在利润表中作为营业利润的构成部分予以列示。

(3)投出资产为以公允价值计量且其变动计入当期损益的金融资产、以公允价值计量且其变动计入其他综合收益的债务工具投资、以摊余成本计量的金融资产等投资的,其公允价值与账面价值之间的差额,借记或贷记“投资收益”科目。此外,以公允价值计量且其变动计入其他综合收益的债务工具投资原持有期间公允价值变动形成的“其他综合收益”应一并转入“投资收益”科目。但是,投出资产为持有的非交易性权益工具投资以公允价值计量且其变动计入其他综合收益的金融资产,其公允价值与账面价值之间的差额以及持有期间公允价值变动形成的“其他综合收益”应一并转入留存收益。

2. 购买方以承担债务方式作为合并对价

购买方以承担债务方式作为合并对价的,应在购买日按负债的公允价值作为长期股权投资的初始投资成本,借记“长期股权投资”科目,按享有被投资单位已宣告但尚未发放的现金股利或利润,借记“应收股利”科目;贷记有关负债科目。

3. 合并方以发行权益性证券作为合并对价

合并方以发行权益性证券作为合并对价的,应在购买日以发行权益性证券的公允价值作为长期股权投资的初始投资成本,借记“长期股权投资”科目,按享有被投资单位已宣告但尚未发放的现金股利或利润,借记“应收股利”科目;以发行股份的面值总额作为股本,贷记“股本”科目;按长期股权投资初始投资成本与所发行股份面值总额之间的差额,贷记“资本公积——股本溢价”科目。

4. 通过多次交换交易,分步取得股权最终形成企业合并

通过多次交换交易,分步取得股权最终形成企业合并的,在个别财务报表中,应当以购买日之前所持被购买方的股权投资的账面价值加上新增投资成本之和,作为改按成本法核算的初始投资成本。在编制合并财务报表时,应当按照《企业会计准则第33号——合并财务报表》的有关规定进行会计处理。由于多次交换交易涉及长期股权投资的转换或重分类,个别财务报表中的具体处理可参见本章第四节的相关内容。

5. 确定长期股权投资的初始投资成本

在确定长期股权投资的初始投资成本时,应注意:

(1)购买方实际支付的价款或对价中包含已宣告但尚未发放的现金股利或利润,应作为“应收股利”处理,不计入长期股权投资成本。

(2)购买方为合并所发生的各项直接相关费用,应当于实际发生时作为“管理费用”直接计入当期损益。

(3)购买方为合并发行的债券或承担其他债务支付的手续费、佣金等,应当计入债务性证券或其他债务的初始计量金额;合并方发行权益性证券发生的手续费、佣金等费用,应当抵减权益性证券溢价收入,溢价收入不足冲减的,冲减留存收益。

【例6-3】2×18年4月1日,F公司以一栋办公楼取得G公司65%的股权,取得

该部分股权后能够控制G公司的生产经营决策。该办公楼的账面原价为6 000万元，已计提累计折旧500万元，已计提减值准备100万元，公允价值为5 100万元。此外，F公司还以银行存款支付评估费用50万元。假定合并前F公司与G公司不存在任何关联方关系。不考虑其他相关税费。

根据以上资料，F公司于购买日取得的长期股权投资的会计处理如下：

借：固定资产清理	54 000 000	
累计折旧	5 000 000	
固定资产减值准备	1 000 000	
贷：固定资产		60 000 000
借：长期股权投资——G公司	51 000 000	
资产处理损益	3 000 000	
贷：固定资产清理		54 000 000
借：管理费用	500 000	
贷：银行存款		500 000

【例6-4】2×18年2月1日甲公司以存货、以摊余成本计量的金融资产和承担A公司的短期贷款义务换取A公司持有的乙公司100%的股权。甲公司投出的库存商品的账面价值为4 000万元，公允价值为5 000万元，增值税销项税额为800万元；投出的债券出售前的账面余额（成本）为800万元，未计提减值准备，公允价值为870万元；承担归还短期贷款义务200万元。假定合并前甲公司与乙公司不存在任何关联方关系。不考虑其他相关税费。

根据以上资料，甲公司于购买日取得的长期股权投资的会计处理如下：

借：长期股权投资——乙公司	68 700 000	
贷：主营业务收入		50 000 000
应交税费——应交增值税（销项税额）		8 000 000
债权投资——成本		8 000 000
短期借款		2 000 000
投资收益		700 000
借：主营业务成本	40 000 000	
贷：库存商品		40 000 000

二、非企业合并取得的长期股权投资的初始计量

（一）以支付现金取得的长期股权投资

以支付现金取得的长期股权投资，应当以实际支付的购买价款作为长期股权投资的初始投资成本，包括与取得长期股权投资直接相关的费用、税金及其他必要支出。但所支付的价款中包含的被投资单位已宣告但尚未发放的现金股利或利润，应作为应收项目处理，不构成取得长期股权投资的成本。

【例6-5】甲公司于2×18年6月10日自公开市场中买入乙公司25%的股份，实际支付价款5 000万元。另外，在购买过程中支付手续费等相关费用150万元。甲公

司取得该部分股权后，能够对乙公司的生产经营决策施加重大影响。

根据以上资料，甲公司应当以实际支付的购买价款作为取得长期股权投资的成本，其会计处理为：

借：长期股权投资——乙公司	51 500 000
贷：银行存款	51 500 000

（二）以发行权益性证券方式取得的长期股权投资

以发行权益性证券方式取得的长期股权投资，其成本为所发行权益性证券的公允价值，但不包括应自被投资单位收取的已宣告但尚未发放的现金股利或利润。

为发行权益性证券支付给有关证券承销机构等的手续费、佣金等与权益性证券发行直接相关的费用，不构成取得长期股权投资的成本，应自权益性证券的溢价发行收入中扣除，溢价收入不足冲减的，应冲减盈余公积和未分配利润。

【例6－6】2×18年5月10日，A公司通过定向增发3 000万股（每股面值1元）本公司普通股取得对B公司20%的股权。按照增发前后的平均股价计算，该3 000万股股份的公允价值为5 200万元。为增发该部分股份，A公司支付了200万元的佣金和手续费。假定A公司取得该部分股权后，能够对B公司的生产经营决策施加重大影响。

根据以上资料，A公司应当以所发行股份的公允价值作为取得长期股权投资的成本，其会计处理为：

借：长期股权投资——B公司	52 000 000
贷：股本	30 000 000
资本公积——股本溢价	22 000 000

发行权益性证券过程中支付的佣金和手续费，应自权益性证券的溢价发行收入中扣除，其会计处理为：

借：资本公积——股本溢价	2 000 000
贷：银行存款	2 000 000

（三）以其他方式取得的长期股权投资

以非货币性资产交换、债务重组方式取得的长期股权投资，其初始投资成本的确定参照第十章、第十一章的相关规定。

第三节　长期股权投资的后续计量

长期股权投资在持有期间，根据投资企业对被投资单位的影响程度分别采用成本法或权益法进行核算。

一、长期股权投资的成本法

（一）成本法的定义及适用范围

成本法是指长期股权投资按投资成本计价的方法。成本法的核算适用于投资企业持有的能够对被投资单位实施控制的长期股权投资，即对子公司的投资采用成本法核算。投资方为投资性主体且子公司不纳入其合并财务报表的除外。

（二）成本法的核算要点

（1）在成本法下，长期股权投资以取得股权时的投资成本计价，一般不予变更，只有在追加或收回投资时才调整长期股权投资的成本。

（2）继后期间，除取得投资时实际支付的价款或对价中包含的已宣告但尚未发放的现金股利或利润外，被投资单位宣告发放的现金股利或利润中，投资企业按照应享有的部分，确认为当期投资收益，不管有关利润分配是取得投资前还是取得投资后对被投资单位实现净利润的分配；被投资单位宣告分派股票股利，投资方应于除权日作备忘记录；若被投资方未分派股利，则投资方不作任何会计处理。

投资企业在确认自被投资单位应分得的现金股利或利润后，应当考虑长期股权投资是否发生减值。在判断该类长期股权投资是否存在减值迹象时，应当关注长期股权投资的账面价值是否大于享有被投资单位净资产（包括相关商誉）账面价值的份额等类似情况。出现类似情况，企业应当按照《企业会计准则第8号——资产减值》的规定对长期股权投资进行减值测试，可收回金额低于长期股权投资账面价值的，应当计提减值准备。

（三）成本法的会计处理

投资企业应当设置"长期股权投资"科目，用来核算企业持有的采用成本法核算的长期股权投资。该科目按被投资单位进行明细分类核算。该科目的借方登记长期股权投资取得时的成本，贷方登记转让或收回长期股权投资时结转的成本，期末借方余额，反映企业持有的长期股权投资的余额。

首先，企业取得长期股权投资时，按照取得时的成本，借记"长期股权投资"科目，实际支付的价款或对价中含有已宣告而尚未领取的现金股利或利润的，借记"应收股利"科目，按支付的全部价款或对价贷记"银行存款"等科目。

其次，持有期间，收到的若为取得长期股权投资时被投资单位已宣告的现金股利或利润，借记"银行存款"科目，贷记"应收股利"科目。

若为投资后被投资单位宣告分配现金股利或利润，则按企业应享有的部分，借记"应收股利"科目，贷记"投资收益"科目；待实际收到时，借记"银行存款"科目，贷记"应收股利"科目。

最后，企业按照上述规定确认自被投资单位应分得的现金股利或利润后，应当考虑长期股权投资是否发生减值。若出现减值的，借记"资产减值损失"科目，贷记"长期股权投资减值准备"科目。

【例6-7】丁公司2×17年4月1日，以5 000万元（含有已宣告发放的现金股利100万元）的价格购入丙公司70%的股份，购买过程中另支付相关税费3万元，丁公司于4月25日收到现金股利。丁公司在取得该部分投资后，能够有权力主导丙公司的相关活动并获得可变回报，形成非同一控制下的企业合并。丙公司2×17年度实现净利润1 000万元，2×18年4月1日宣告分配现金股利600万元，实际发放日期为2×18年4月22日。

根据以上资料，丁公司应当采用成本法对长期股权投资进行核算，其会计处理为：

(1)2×17 年 4 月 1 日，取得投资时：

借：长期股权投资——丙公司	49 000 000	
应收股利	1 000 000	
管理费用	30 000	
贷：银行存款		50 030 000

(2)2×17 年 4 月 25 日，实际收到现金股利时：

借：银行存款	1 000 000	
贷：应收股利		1 000 000

(3)2×18 年 4 月 1 日，丙公司宣告发放现金股利时：

借：应收股利	4 200 000	
贷：投资收益		4 200 000

(4)2×18 年 4 月 22 日，实际收到现金股利时：

借：银行存款	4 200 000	
贷：应收股利		4 200 000

二、长期股权投资的权益法

(一)权益法的定义及适用范围

权益法是指以长期股权投资以初始投资成本计量后，在投资持有期间根据投资企业享有被投资单位所有者权益份额的变动对投资的账面价值进行调整的方法。在权益法下，长期股权投资的账面价值随着被投资单位所有者权益的变动而变动，既包括被投资单位净损益及利润分配变动，也包括其他综合收益及所有者权益的其他变动。

投资企业对被投资单位具有共同控制或者具有重大影响的长期股权投资，即对合营企业或联营企业的长期股权投资，应采用权益法进行核算。在评估投资方对被投资单位是否具有重大影响时，应当考虑潜在表决权的影响，但在确定应享有的被投资单位实现的净损益、其他综合收益和其他所有者权益变动的份额时，潜在表决权所对应的权益份额不应予以考虑。在运用权益法的情况下，投资企业虽然不采用编制合并财务报表的方式将投资企业与被投资单位的相同项目进行合并，但由于其在被投资单位中占有较大的份额，按照重要性原则，应对长期股权投资的账面价值进行调整，以客观地反映投资状况。

(二)权益法的核算要点

在权益法下，长期股权投资账面价值随着被投资单位所有者权益的变化而变化。后续计量主要包括初始投资成本的调整、投资损益的确认、取得现金股利或利润、其他综合收益的确认以及其他权益变动的确认等。

1. 初始投资成本的调整

在权益法下，"长期股权投资"的账面价值强调投资企业在被投资单位所有者权益中享有的份额，但初始投资成本的确定并没有与被投资单位的所有者权益相联系。因此，在权益法下核算时，首先应将初始投资成本按照被投资单位可辨认净资产公允价值

和持股比例进行调整。对于初始投资成本与应享有被投资单位可辨认净资产公允价值份额之间的差额,应区分以下情况进行处理:

(1)长期股权投资初始投资成本大于投资时应享有被投资单位可辨认净资产公允价值份额的,该部分差额本质上是投资企业在取得投资过程中通过购买作价体现出的与所取得股权份额相对应的商誉以及不符合确认条件的资产价值。因此,这种差额不要求对长期股权投资的成本进行调整。

(2)长期股权投资的初始投资成本小于投资时应享有被投资单位可辨认净资产公允价值份额的,该部分差额可以看作是双方交易作价的过程中转让方给予投资企业的让步,该种经济利益流入应作为收益处理,计入投资当期的营业外收入,同时调整增加长期股权投资的成本。

2. 投资损益的确认

被投资单位经营活动实现盈利或出现亏损会导致其所有者权益出现变动。在权益法下,投资企业按照应享有或应分担的被投资单位实现的净损益的份额,确认投资损益并调整长期股权投资的账面价值。按照被投资单位净损益确定的差异,权益法分为简单权益法、购买权益法和完全权益法,具体见图6-1。

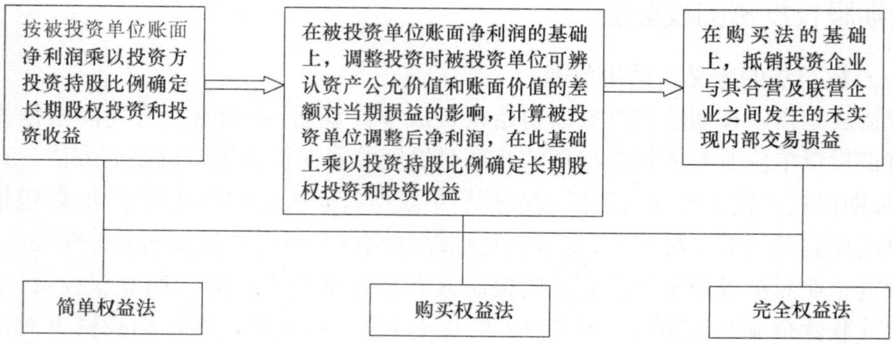

图6-1 权益法的分类

按照企业会计准则的相关规定,我国要求以完全权益法确认投资企业在被投资单位净损益中享有的份额。采用权益法核算的长期股权投资,在确认应享有或应分担被投资单位的净利润或净亏损时,在被投资单位账面净利润的基础上,应考虑以下因素的影响进行适当调整:

(1)统一会计政策和会计期间。权益法将投资企业与被投资单位作为一个整体对待,其所产生的损益应当在一致的会计政策及会计期间的基础上确定。被投资单位采用的会计政策及会计期间与投资企业不同的,按照投资企业的会计政策及会计期间对被投资单位的财务报表进行调整,在此基础上确定投资损益。

(2)投资方在确认应享有被投资单位净损益的份额时,应当以取得投资时被投资单位可辨认净资产的公允价值为基础,对被投资单位的净利润进行调整后确认。

被投资单位个别利润表中的净利润是以其持有的资产、负债账面价值为基础持续计算的,而投资企业在取得投资时,是以被投资单位有关资产、负债的公允价值为基础确定投资成本,取得投资后应确认的投资收益代表的是被投资单位资产、负债在公允价值计量的情况下在未来期间通过经营产生的损益中归属于投资企业的部分。投资企业取得投资时被投资单位有关资产、负债的公允价值与其账面价值不同的,未来期间,在计算归属于投资企业应享有的净利润或应承担的净亏损时,应考虑对被投资单位计提的折旧额、摊销额以及资产减值准备金额等进行调整。

投资企业在对被投资单位的净利润进行调整时,应考虑重要性原则,不具有重要性的项目可不予调整。符合下列条件之一的,投资企业可以被投资单位的账面净利润为基础,计算确认投资损益,同时应在附注中说明不能调整的事实及其原因:①投资企业无法合理确定取得投资时被投资单位各项可辨认资产等的公允价值;②投资时被投资单位可辨认资产的公允价值与其账面价值相比,两者之间的差额不具重要性;③其他原因导致无法取得被投资单位的有关资料,不能按照准则中规定的原则对被投资单位的净损益进行调整。

(3)对于投资企业与其联营企业及合营企业之间发生的未实现内部交易损益应予抵销。投资企业与联营企业及合营企业之间发生的未实现内部交易损益按照持股比例计算归属于投资企业的部分,应当予以抵销,在此基础上确认投资损益。该未实现内部交易损益的抵销,既包括投资企业向其联营企业或合营企业出售资产的顺流交易,也包括联营企业或合营企业向投资企业出售资产的逆流交易。

首先,在顺流交易的情况下,投资企业已经在个别报表中确认了销售损益,而联营企业或合营企业未实现销售(即有关资产未对外部独立第三方出售)的情况下,即损益未能最终实现;但是,联营企业或合营企业未实现的损益中,属于其他股东享有的份额,从投资企业的角度看其损益已经实现,不需要进行抵销处理,因此只是其中属于投资企业享有的份额应在确认投资收益时予以抵销。

其次,在逆流交易的情况下,联营企业或合营企业在个别报表中确认了销售损益,而投资企业未实现销售(即有关资产未对外部独立第三方出售)的情况下,即损益也未能最终实现;但是,投资企业未实现的损益中,属于其他股东享有的份额,从投资企业的角度看相当于向其他股东购买货物的价值,联营企业或合营企业的销售损益已经实现,不需要进行抵销处理,因此也只需要将其中属于投资企业享有的份额在确认投资收益时予以抵销。

(4)超额亏损的确认。公司制下,投资企业承担有限责任。所以投资企业确认被投资单位发生的净亏损,应当以长期股权投资的账面价值及其他实质上构成对被投资单位净投资的长期权益减记至零为限,投资企业负有承担额外损失义务的除外。

其他实质上构成对被投资单位净投资的长期权益,通常是指长期应收项目。例如,企业对被投资单位的长期债权,该债权没有明确的清收计划,且在可预见的未来期间不准备收回的,实质上构成对被投资单位的净投资。应予说明的是,该类长期权益不包括投资企业与被投资单位之间因销售商品、提供劳务等日常活动所产生的长期债权。

投资企业在确认应分担被投资单位发生的亏损时,应当按照以下顺序进行处理:①减记长期股权投资的账面价值,同时确认投资损失;②长期股权投资的账面价值不足以冲减的,应当以其他实质上构成对被投资单位净投资的长期权益账面价值为限继续确认投资损失,冲减长期应收项目等的账面价值,同时确认投资损失;③长期权益的账面价值不足以冲减,按照投资合同或协议约定企业仍需承担额外义务的,应当按照预计承担的义务金额确认预计负债,同时确认投资损失;④按照以上顺序处理后,如果仍然存在尚未确认的投资损失,投资企业应在备查簿上备查登记。

被投资单位以后期间实现盈利的,扣除未确认的亏损分担额后,应按以上相反顺序分别减记已确认的预计负债、恢复其他长期权益及长期股权投资的账面价值,同时确认投资收益。

(5)在确认应享有或应分担的被投资单位净利润(或亏损)额时,法规或章程规定不属于投资企业的净损益应当予以剔除后计算。例如,被投资单位发行了分类为权益的可累积优先股等类似的权益工具,无论被投资单位是否宣告分配优先股股利,投资方计算应享有被投资单位的净利润时,均应将归属于其他投资方的累积优先股股利予以扣除。

3. 取得现金股利或利润的处理

被投资单位宣告分派利润或现金股利将导致被投资单位的所有者权益减少。因此,采用权益法进行长期股权投资核算时,投资企业按照被投资单位宣告分派的利润或现金股利计算应分得的部分,相应减少长期股权投资的账面价值。

被投资单位分派的股票股利,投资企业不作账务处理,但应于除权日注明所增加的股数,以反映股份的变化情况。

4. 其他综合收益的确认

在权益法核算下,被投资单位确认的其他综合收益及其变动,也会影响被投资单位所有者权益总额,进而影响投资企业应享有被投资单位所有者权益的份额。因此,当被投资单位其他综合收益发生变动时,投资企业应当按照归属于本企业的部分,相应调整长期股权投资的账面价值,同时增加或减少其他综合收益。

5. 其他权益变动的确认

采用权益法核算时,投资企业对于被投资单位除净损益、其他综合收益以及利润分配以外所有者权益的其他变动,应按照持股比例与被投资单位所有者权益的其他变动计算的归属于本企业的部分,相应调整长期股权投资的账面价值,同时增加或减少资本公积(其他资本公积)。其他权益变动主要包括被投资单位接受其他股东的资本性投入、被投资单位发行可分离交易的可转换公司债券中包含的权益成分、以权益结算的股份支付等。

(三)具体会计处理

投资企业应当设置"长期股权投资"科目,用来核算企业持有的采用权益法核算的长期股权投资。该科目按被投资单位进行明细分类核算,并分别按"投资成本""损益调整""其他综合收益""其他权益变动"设置明细科目。其中,"投资成本"明细科目核算投资时点确认的初始投资成本及其对初始投资成本调整的金额;"损益调整"明细科目核算取得长期股权投资后,被投资单位净损益变动引起的长期股权投资账面价值调整的金额,具体而言,包括投资收益的确认以及被投资单位宣告发放现金股利或利润;

“其他综合收益”明细科目核算取得长期股权投资后，被投资单位确认的其他综合收益及其变动引起的长期股权投资账面价值调整的金额；“其他权益变动”明细科目核算取得长期股权投资后，被投资单位其他权益变动引起的长期股权投资账面价值调整的金额。

第一，企业取得长期股权投资（以非企业合并方式——支付银行存款为例）时，按照实际支付的全部价款扣除应收股利部分，借记“长期股权投资——××公司（投资成本）”科目，实际支付的价款中含有已宣告而尚未领取的现金股利或利润，借记“应收股利”科目，按支付的全部价款贷记“银行存款”科目。

企业取得长期股权投资后，应将初始投资成本与投资时应享有被投资单位可辨认净资产公允价值份额进行比较。如果长期股权投资的初始投资成本大于投资时应享有被投资单位可辨认净资产公允价值份额，不调整长期股权投资的初始投资成本；如果长期股权投资的初始投资成本小于投资时应享有被投资单位可辨认净资产公允价值份额，借记“长期股权投资——××公司（投资成本）”科目，贷记“营业外收入”科目。

第二，持有期间，投资企业按照应享有或应分担的被投资单位实现的净损益的份额，进行相应的会计处理。

被投资单位实现净利润的，企业根据应享有被投资单位经调整之后的净利润的份额，借记“长期股权投资——××公司（损益调整）”科目，贷记“投资收益”科目。

被投资单位发生净亏损的，企业根据应分担被投资单位经调整之后的净损失的份额，借记“投资收益”科目，贷记“长期股权投资——××公司（损益调整）”科目。

被投资单位发生超额亏损的，企业根据应分担被投资单位经调整之后的净损失的份额，首先以长期股权投资账面价值冲减至零为限，借记“投资收益”科目，贷记“长期股权投资——××公司（损益调整）”科目；长期股权投资账面价值不足冲减的，以其他实质上构成对被投资单位净投资的长期权益账面价值为限继续确认投资损失，借记“投资收益”科目，贷记“长期应收款”科目；对于超出部分，投资合同或协议约定企业仍需承担的，借记“投资收益”科目，贷记“预计负债”科目。被投资单位以后期间实现盈利的，扣除未确认的亏损分担额后，应按以上相反顺序，借记“预计负债”“长期应收款”“长期股权投资——××公司（损益调整）”科目，贷记“投资收益”科目。

第三，持有期间取得的现金股利或利润，若为取得长期股权投资时已宣告的现金股利或利润，借记“银行存款”科目，贷记“应收股利”科目。若为投资后被投资单位宣告分派现金股利或利润时，按企业应享有的部分，借记“应收股利”科目，贷记“长期股权投资——××公司（损益调整）”科目；待实际收到时，借记“银行存款”科目，贷记“应收股利”科目。

第四，被投资单位确认其他综合收益及其变动时，企业根据持股比例计算应享有的份额，借记“长期股权投资——××公司（其他综合收益）”科目，贷记“其他综合收益”科目；如果被投资单位除净损益以外的其他所有者权益减少，做相反的会计分录。

第五，被投资单位其他权益变动导致所有者权益增加时，企业根据持股比例计算应享有的份额，借记“长期股权投资——××公司（其他权益变动）”科目，贷记“资本公积——其他资本公积”科目；如果被投资单位其他权益变动导致所有者权益减少，做相反的会计分录。

【例6－8】2×16年1月1日,甲公司以银行存款230万元取得乙公司30%的股权,对乙公司具有重大影响。取得投资时乙公司可辨认净资产公允价值总额为700万元,假定取得投资时乙公司可辨认净资产公允价值与账面价值相同。

根据以上资料,甲公司应当采用权益法对长期股权投资进行核算,其会计处理为:

借:长期股权投资——乙公司(投资成本)　　2 300 000

　贷:银行存款　　2 300 000

若甲公司实际支付价款为200万元,其他条件不变,则甲公司应调增长期股权投资价值10万元(700×30%－200),并计入当期损益。

借:长期股权投资——乙公司(投资成本)　　2 100 000

　贷:银行存款　　2 000 000

　　营业外收入　　100 000

【例6－9】承例6－8,乙公司2×16年实现净利润100万元,提取盈余公积20万元,宣告发放现金股利50万元,甲公司已经收到。2×17年乙公司发生亏损1 000万元,甲公司账上有应收乙公司长期应收款50万元(该长期应收款从实质上构成对投资单位的长期权益)。2×18年乙公司实现净利润800万元。假定取得投资时被投资单位可辨认净资产公允价值与账面价值相同,双方采用的会计政策、会计期间相同,双方未发生内部交易。

根据以上资料,甲公司对长期股权投资的会计处理为:

(1)2×16年乙公司实现净利润时:

借:长期股权投资——乙公司(损益调整)　　300 000

　贷:投资收益　　300 000

(2)乙公司宣告发放现金股利时:

借:应收股利　　150 000

　贷:长期股权投资——乙公司(损益调整)　　150 000

甲公司实际收到现金股利时:

借:银行存款　　150 000

　贷:应收股利　　150 000

(3)2×17年乙公司发生亏损1 000万元时,则甲公司按其持股比例计算的亏损负担额300万元(1 000×30%),应先将长期股权投资账面价值245万元(230＋30－15)冲减至零,再冲减长期应收款50万元,剩余未确认的亏损5万元(1 000×30%－245－50),应在账外备查登记。

借:投资收益　　2 950 000

　贷:长期股权投资——乙公司(损益调整)　　2 450 000

　　长期应收款　　500 000

(4)2×18年乙公司实现净利润800万元,则甲公司按其持股比例计算的收益分享额240万元(800×30%),应先弥补未确认的亏损额5万元,然后恢复长期应收款50万元,最后恢复长期股权投资账面价值。

借:长期应收款　　500 000

长期股权投资——乙公司(损益调整) 1 850 000

贷:投资收益 2 350 000

【例6-10】承例6-8,甲公司2×16年1月1日取得投资时,乙公司固定资产账面价值为300万元,公允价值为375万元,乙公司其他资产、负债的公允价值与账面价值相同。乙公司2×16年度所有者权益增加210万元,其中实现净利润100万元、持有的非交易性权益工具投资以公允价值计量且其变动计入其他综合收益的金融资产的公允价值升值金额为50万元。此外,乙公司当年度接受其母公司实质上属于资本性投入的现金捐赠60万元,乙公司将其计入资本公积,导致所有者权益发生变动。乙公司按照固定资产账面价值计提的年折旧额为20万元,按照公允价值计提的年折旧额为25万元。甲公司与乙公司的会计年度及采用的会计政策相同,当年未发生内部交易。

甲公司在确定其应享有的投资收益时,应在乙公司实现净利润的基础上,根据取得投资时有关资产的账面价值与其公允价值差额的影响进行调整(不考虑所得税影响),调整后的净利润为95万元(100-5),甲公司按持股比例计算的收益分享额为28.5万元(95×30%);甲公司按持股比例计算的其他综合收益变动的分享额为18万元(60×30%)、其他权益变动的分享额为15万元(50×30%)。

借:长期股权投资——乙公司(损益调整) 285 000

——乙公司(其他综合收益) 150 000

——乙公司(其他权益变动) 180 000

贷:投资收益 285 000

其他综合收益 150 000

资本公积——其他资本公积 180 000

【例6-11】承例6-8,假定甲公司取得该项投资时,乙公司可辨认净资产公允价值与账面价值相同,双方采用的会计政策、会计期间相同。2×16年12月,乙公司将其成本180万元的某商品以200万元(不含增值税)的价格出售给甲公司,甲公司将取得的商品作为存货。至2×16年12月31日,甲公司未对外出售该存货。乙公司2×16年度实现净利润100万元。假定不考虑所得税影响。

甲公司与乙公司之间发生的未实现内部交易损益按照持股比例计算归属于投资企业的部分,应当予以抵销,在此基础上确认投资损益。

甲公司在确定其应享有的投资收益时,应在乙公司实现净利润的基础上,抵销未实现的内部交易损益的影响,调整后的净利润为80万元(100-20),甲公司按持股比例计算的收益分享额为24万元(80×30%)。

借:长期股权投资——乙公司(损益调整) 240 000

贷:投资收益 240 000

【例6-12】承例6-11,2×17年1月,甲公司将其成本200万元的某商品以300万元(不含增值税)的价格出售给乙公司;乙公司将取得的商品作为管理用且不需要安装的固定资产,折旧年限为5年,采用直线法计提折旧,净残值为0。为简化计算,乙公司对该项固定资产在2×17年度按全年计提折旧。乙公司2×17年度实现净利润220万元。假定不考虑所得税影响。

甲公司在确定其应享有的投资收益时,应在乙公司实现净利润的基础上,抵销未实现的内部交易损益的影响。甲公司向乙公司销售商品视为未实现的利润100万元(300－200)以及乙公司计提折旧的影响金额(300÷5－200÷5),调整后的净利润为140万元(220－100＋20),甲公司按持股比例计算的收益分享额为42万元(140×30%)。

借:长期股权投资——乙公司(损益调整)	420 000
贷:投资收益	420 000

三、长期股权投资的减值

股票市价大幅度下跌或者被投资单位经营状况恶化等原因,可能导致长期股权投资为企业带来未来经济利益流入的能力大大下降,低于长期股权投资此时的账面价值,这表明该项长期股权投资发生了资产减值,则应对长期股权投资计提减值准备。

企业持有的对子公司、联营企业、合营企业的长期股权投资出现减值迹象时,应当比较其账面价值与可收回金额,确定是否计提减值准备。其中,长期股权投资可收回金额的估计,应当根据长期股权投资的公允价值减去处置费用后的净额与长期股权投资预计未来现金流量现值两者之间的较高者确定。

长期股权投资的可收回金额(持有的对子公司、联营企业、合营企业的长期股权投资)低于其账面价值,表明长期股权投资已经发生减值损失,应当将账面价值减记至可收回金额或未来现金流量现值,减记的金额确认为资产减值损失,借记"资产减值损失"科目,贷记"长期股权投资减值准备"科目。长期股权投资减值损失一经确认,在以后会计期间不得转回;处置长期股权投资时,应同时结转已计提的长期股权投资减值准备。

四、长期股权投资的处置

企业处置长期股权投资时,应将实际取得的价款与转出投资的账面价值进行比较,计算长期股权投资的处置损益。如果长期股权投资处置涉及核算方法的转换或重分类,相关会计处理参见本章第四节的内容。

企业处置长期股权投资时,投资企业应按实际收到的价款,借记"银行存款"科目,已计提减值准备的,还应同时借记"长期股权投资减值准备"科目;根据处置长期股权投资的账面余额,贷记"长期股权投资"科目,按尚未领取的被投资单位的现金股利或利润,贷记"应收股利"科目;按其差额,贷记或借记"投资收益"科目。

采用权益法核算的长期股权投资,原计入其他综合收益(不能结转损益的除外)或资本公积(其他资本公积)中的金额,处置后因具有重大影响或共同控制仍然采用权益法核算的,在处置时应进行结转,将与所出售股权相对应的部分在处置时自其他综合收益或资本公积转入当期损益;处置后对有关投资终止采用权益法的,则原计入其他综合收益(不能结转损益的除外)或资本公积(其他资本公积)中的金额应当全部结转。

【例6－13】承例6－10，2×17年1月1日甲公司以290万元的价格将其持有的乙公司的股份全部出售。

根据以上资料，甲公司确认处置损益的会计处理为：

借：银行存款	2 900 000
投资收益	15 000
贷：长期股权投资——乙公司（投资成本）	2 300 000
——乙公司（损益调整）	285 000
——乙公司（其他综合收益）	150 000
——乙公司（其他权益变动）	180 000

同时将原计入其他综合收益、资本公积金额的部分转入当期损益，会计处理为：

借：其他综合收益	150 000
资本公积——其他资本公积	180 000
贷：投资收益	330 000

第四节　长期股权投资的转换与披露

长期股权投资的转换包括长期股权投资核算方法（即成本法和权益法）之间的相互转换，以及长期股权投资与以公允价值计量的金融资产之间的重分类。会计期末，企业应适用相关准则，披露在子公司、联营企业或合营企业主体中权益的信息。

一、长期股权投资核算方法的转换

企业取得长期股权投资后，因追加或处置投资等因素，投资企业对被投资单位的影响程度会发生变化，从而导致长期股权投资核算方法的转换。

（一）成本法转换为权益法

投资企业持有对被投资单位具有控制关系的长期股权投资后，因处置投资导致持股比例下降，以及投资方因其他投资方对其子公司增资而导致本投资方持股比例下降等，投资企业对被投资单位转变为有重大影响或共同控制的，长期股权投资的核算方法由成本法转换为权益法。

1. 因处置投资而导致的转换

通常，对投资企业因处置投资导致持股比例下降，进而导致长期股权投资由成本法转换为权益法核算的情形，应区分减少持股比例部分以及剩余持股比例部分进行处理：

（1）对减少持股比例部分进行处置。因处置投资导致对被投资单位的影响能力由控制转为具有重大影响，或是与其他投资方一起实施共同控制的情况下，应按处置或收回投资的比例结转终止确认的长期股权投资账面价值，并与处置价款比较确认处置损益。

(2)对剩余持股部分进行追溯调整。具体内容如下：

第一，将剩余持有的长期股权投资成本与按照剩余持股比例计算的取得原投资时应享有被投资单位可辨认净资产公允价值的份额进行比较。前者大于后者的，其差额属于投资作价中体现的商誉部分，不调整长期股权投资的账面价值；前者小于后者的，根据其差额在调整长期股权投资成本的同时，调整留存收益。

第二，对于原取得投资后至转变为权益法核算之间被投资单位实现净损益（扣除已发放及已宣告发放的现金股利或利润）中按照剩余持股比例计算应享有的份额，一方面应当调整长期股权投资的账面价值，同时对于原取得投资时至处置投资当期期初被投资单位实现的净损益中应享有的份额，调整留存收益；对于处置投资当期期初至处置投资之日被投资单位实现的净损益中享有的份额，调整当期损益。

第三，对于原取得投资后至转变为权益法核算之间被投资单位确认的其他综合收益导致的所有者权益变动中应享有的份额，在调整长期股权投资账面价值的同时，应当计入其他综合收益。

第四，对于原取得投资后至转变为权益法核算之间被投资单位确认的除净损益、其他综合收益以及利润分配以外所有者权益变动中应享有的份额，在调整长期股权投资账面价值的同时，应当计入资本公积（其他资本公积）。

【例6－14】A公司于2×17年1月1日以银行存款900万元取得C公司60%的股权，取得投资时C公司可辨认净资产公允价值总额为1 400万元（假定公允价值与账面价值相同）。因对被投资单位具有控制关系，A公司对其采用成本法核算。2×18年12月31日，A公司以410万元的价格出售其持有的C公司股权的1/3，出售时C公司可辨认净资产公允价值总额为2 400万元（假定公允价值与账面价值相同）。出售后A公司对C公司的持股比例为40%，在C公司董事会中派有代表，但不能对C公司生产经营决策实施控制，对C公司长期股权投资改为权益法核算。

A公司在取得C公司60%股权后至处置20%股权日之间，C公司2×17年度实现净利润500万元，未分配现金股利；C公司持有的非交易性权益工具投资以公允价值计量且其变动计入其他综合收益的金融资产的公允价值升值金额为100万元；C公司当年度接受其母公司实质上属于资本性投入的现金捐赠而计入资本公积的金额为200万元。2×18年度实现净利润400万元，分配现金股利200万元。A公司按净利润的10%提取盈余公积。

(1)对减持的20%部分进行处置，确认处置损益：

借：银行存款	4 100 000	
贷：长期股权投资——C公司		3 000 000
投资收益		1 100 000

(2)对剩余持有的40%股权按权益法进行追溯调整：

第一，处置投资后，剩余长期股权投资的成本为600万元，大于原投资时应享有被投资单位可辨认净资产公允价值份额560万元（1 400×40%），二者的差额40万元属于原投资时体现的商誉，该部分差额不调整长期股权投资的账面价值。

第二，处置投资后，按剩余持股比例40%计算2×17年度C公司实现的净损益中应享有份额的部分200万元（500×40%）应调整增加长期股权投资的账面价值，同时调整留存收益；属于2×18年度C公司实现的净损益中应享有份额的部分80万元[（400－200）×40%]，应调整增加长期股权投资的账面价值，同时调整投资收益；属于其他综合收益变动的分享额为40万元（100×40%），应当调整增加长期股权投资的账面价值，同时计入其他综合收益；属于其他权益变动的分享额为80万元（200×40%），应当调整增加长期股权投资的账面价值，同时计入资本公积（其他资本公积）。

借：长期股权投资——C公司（损益调整）	2 800 000
——C公司（其他综合收益）	400 000
——C公司（其他权益变动）	800 000
贷：盈余公积	200 000
利润分配——未分配利润	1 800 000
投资收益	800 000
其他综合收益	400 000
资本公积——其他资本公积	800 000

同时：

借：长期股权投资——C公司（投资成本）	6 000 000
贷：长期股权投资——C公司	6 000 000

2. 因其他投资方对子公司增资而导致的转换

投资方因其他投资方对其子公司增资而导致本投资方持股比例下降，从而丧失控制权但能实施共同控制或施加重大影响的，在个别财务报表中，也应当对该项长期股权投资从成本法转为权益法核算。首先，按照新的持股比例确认本投资方应享有的原子公司因增资扩股而增加净资产的份额，与应结转持股比例下降部分所对应的长期股权投资原账面价值之间的差额计入当期损益；然后，按照新的持股比例视同自取得投资时即采用权益法核算进行追溯调整。

（二）权益法转换为成本法

投资企业原持有的对被投资单位具有重大影响或共同控制（形成合营企业）的股权投资，因追加投资等原因导致持股比例上升，投资企业对被投资单位转变为控制关系的，实质上就是通过多次交易分步取得股权，最终形成控股合并的业务，长期股权投资的核算方法需由权益法转换为成本法。转换核算方法时，应当根据追加投资所形成的企业合并类型（区分追加投资形成同一控制下企业合并和非同一控制下企业合并），确定初始投资成本并进行相关处理，相应的处理原则为：

（1）追加投资形成同一控制下企业合并的，合并日以取得的被合并方所有者权益在最终控制方合并财务报表中的账面价值份额，作为改按成本法核算的初始投资成本。初始投资成本与其原长期股权投资账面价值加上合并日为取得新的股份所支付对价的账面价值之和的差额，调整资本公积（资本溢价或股本溢价），资本公积不足冲减的，冲减留存收益。

（2）追加投资形成非同一控制下企业合并的，购买日长期股权投资的初始投资成本，为原权益法下的账面价值加上购买日为取得新的股份所支付对价的公允价值之和。

原持有的股权投资的购买日之前持有的股权投资，因采用权益法核算而确认的其他综合收益或其他权益变动，应当在处置该项投资时采用与被投资单位直接处置相关资产或负债相同的基础进行会计处理。

原权益法核算时确认的其他综合收益或其他权益变动，暂不做处理，待将来处置该项投资时，采用与被投资单位直接处置相关资产或负债相同的基础进行会计处理。

【例6-15】A公司于2×17年1月1日以银行存款4 000万元取得B公司30%的股权，因能够派人参与B公司的生产经营决策，对所取得的长期股权投资按照权益法核算。当日，B公司可辨认净资产公允价值总额为1 400万元（假定公允价值与账面价值相同）。2×17年度，B公司实现净损益500万元（当期未发生内部交易），未分配现金股利；除净损益外，B公司还确认了持有的非交易性权益工具投资以公允价值计量且其变动计入其他综合收益的金融资产的公允价值升值金额200万元。2×18年1月1日，A公司又斥资5 000万元取得B公司另外30%的股权。当日，由于A公司对B公司的持股比例增至60%，能够控制B公司，长期股权投资的核算方法转为成本法。

本例中A公司是通过分步购买最终取得对B公司的控制权而形成企业合并的。原持有的30%股权按权益法核算的账面价值为4 210万元（4 000 + 500 × 30% + 200 × 30%）。

（1）假定该合并为同一控制下的企业合并，合并日B公司所有者权益在最终控制方合并财务报表中的账面价值为18 000万元，则A公司的会计处理如下：

成本法下长期股权投资的初始投资成本 = 18 000 × 60% = 10 800（万元）

借：长期股权投资——B公司	108 000 000
贷：长期股权投资——B公司（投资成本）	40 000 000
——B公司（损益调整）	1 500 000
——B公司（其他综合收益）	600 000
银行存款	50 000 000
资本公积——股本溢价	15 900 000

（2）假定该合并为非同一控制下的企业合并，A公司于购买日的会计处理如下：

成本法下长期股权投资的初始投资成本 = 4 210 + 5 000 = 9 210（万元）

借：长期股权投资——B公司	92 100 000
贷：长期股权投资——B公司（投资成本）	40 000 000
——B公司（损益调整）	1 500 000
——B公司（其他综合收益）	600 000
银行存款	50 000 000

二、长期股权投资的重分类

长期股权投资的重分类，是指因追加投资或处置投资导致持股比例发生变动而将长期股权投资重新分类为以公允价值计量的金融资产，或者将以公允价值计量的金融资产重新分类为长期股权投资。长期股权投资包括追加投资导致的以公允价值计量的金融资产重新分类为长期股权投资和处置投资导致的长期股权投资重新分类为以公允价值计量的金融资产两种情况。其中，以公允价值计量的金融资产包括以公允价值计量且其变动计入当期损益的金融资产和以公允价值计量且其变动计入其他综合收益的金融资产。

（一）追加投资导致的以公允价值计量的金融资产重分类为长期股权投资

追加投资导致的以公允价值计量的金融资产重分类为长期股权投资，具体可以分为追加投资形成控制而将以公允价值计量的金融资产重分类为对子公司的长期股权投资和追加投资形成共同控制或重大影响而将以公允价值计量的金融资产重分类为对合营企业或联营企业的长期股权投资两种情况。

1. 以公允价值计量的金融资产重分类为按成本法核算的长期股权投资

投资企业原持有的对被投资单位的股权投资划分为以公允价值计量的金融资产，因追加投资等原因导致持股比例上升，投资企业对被投资单位转变为控制关系的，股权投资的核算方法转为成本法。由于该种交易也是属于通过多次交易分步取得股权最终形成控股合并的情形，因而重分类日（即合并日或购买日），应当根据追加投资所形成的企业合并类型（区分追加投资形成同一控制下企业合并和非同一控制下企业合并），确定按照成本法核算的初始投资成本，具体处理原则与权益法转换为成本法的处理原则相同。但非同一控制下购买日之前持有的股权投资按照《企业会计准则第22号——金融工具确认和计量》的有关规定进行会计处理的，原计入公允价值变动损益的累计公允价值变动应当在购买日转入当期损益，而原计入其他综合收益的累计公允价值变动应当在购买日转入留存收益。

【例6－16】A公司于2×17年1月1日以银行存款1 000万元取得D公司5%的股权，将其分类为以公允价值计量且其变动计入当期损益的金融资产，按公允价值计量；2×17年12月31日，该金融资产的公允价值为1 100万元（与2×18年1月1日的公允价值相等）。2×18年1月1日，A公司又斥资60 000万元取得D公司另外50%的股权。当日，对D公司的持股比例增至55%，能够控制D公司，因此将原作为以公允价值计量且其变动计入当期损益的金融资产持有的D公司5%的股权重分类为成本法核算的长期股权投资。假定A公司与D公司在合并前不存在关联方关系。

本例中A公司是通过分步购买最终取得对D公司的控制权，形成非同一控制下的企业合并。A公司于购买日合并日的会计处理如下：

成本法下长期股权投资的初始投资成本＝1 100＋60 000＝61 100（万元）

借：长期股权投资——D公司	611 000 000	
贷：交易性金融资产——D公司（成本）		10 000 000
——D公司（公允价值变动损益）		1 000 000
银行存款		600 000 000

同时，将原计入公允价值变动损益的部分转入当期损益，会计处理为：

借：公允价值变动损益	1000 000	
贷：投资收益		1000 000

2. 以公允价值计量的金融资产重分类为按权益法核算的长期股权投资

投资企业对原持有的被投资单位的股权不具有控制、共同控制或重大影响，按照金融工具确认和计量准则进行会计处理，因追加投资等原因导致持股比例增加，使其能够对被投资单位实施共同控制或重大影响而转按权益法核算的，在重分类日，以原股权的公允价值加上为取得新增投资而应支付对价的公允价值，作为权益法核算的初始投资成本；原股权投资于重分类日的公允价值与账面价值之间的差额，转入改按权益法核算的当期损益。重分类日之前持有的股权投资按照《企业会计准则第22号——金融工具确认和计量》的有关规定进行会计处理的，原计入公允价值变动损益的累计公允价值变动应当在重分类日转入当期损益，而原计入其他综合收益的累计公允价值变动应当在重分类日转入留存收益。在此基础上，比较初始投资成本与获得被投资单位共同控制或重大影响时应享有被投资单位可辨认净资产公允价值份额之间的差额，前者大于后者的，不调整长期股权投资的账面价值；前者小于后者的，差额调整长期股权投资的账面价值，并计入当期营业外收入。

【例6-17】2×16年5月1日，A公司以银行存款450万元取得K公司5%的股权，对K公司不具有控制、共同控制和重大影响，A公司将其分类为以公允价值计量且其变动计入当期损益的金融资产。2×17年12月31日，该项可供出售金融资产计入其他综合收益的累计公允价值变动收益为80万元。

2×18年1月1日，A公司又以1 500万元取得K公司15%的股权，当日K公司可辨认净资产公允价值总额为10 000万元。至此，A公司能够对K公司施加重大影响，因此，对该项股权投资重分类为长期股权投资并改按权益法进行核算。假定A公司在取得对K公司5%的股权后，双方未发生任何内部交易。重分类日，A公司原持有的K公司5%股权的公允价值为560万元。

本例中，2×18年1月1日，A公司重分类日长期股权投资初始投资成本为2 060万元(560+1 500)，应享有K公司可辨认净资产公允价值份额为2 000万元(10 000×20%)。前者大于后者，不调整长期股权投资的账面价值。此外，A公司对K公司原投资在重分类日的账面价值为530万元(450+80)。则A公司的会计处理如下：

借：长期股权投资——K公司(投资成本)	20 600 000	
贷：其他权益工具投资——K公司(成本)		4 500 000
——K公司(公允价值变动)		800 000
银行存款		15 000 000
投资收益		300 000

同时，将原计入其他综合收益的部分转入留存收益，会计处理为：

借：其他综合收益	800 000	
贷：盈余公积		80 000
利润分配——未分配利润		720 000

（二）处置投资导致的长期股权投资重分类为以公允价值计量的金融资产

处置投资导致的长期股权投资重分类为以公允价值计量的金融资产，应按重分类日该金融资产的公允价值计量，公允价值与原采用成本法或权益法核算的股权投资账面价值之间的差额，应当计入当期投资收益。具体可以分为按成本法核算的长期股权投资重分类为以公允价值计量的金融资产和按权益法法核算的长期股权投资重分类为以公允价值计量的金融资产。

1. 按成本法核算的长期股权投资重分类为以公允价值计量的金融资产

投资企业原持有被投资单位的股份达到控制，其后因部分处置等原因导致持股比例下降，不能再对被投资单位实施控制的，应将剩余股权改按金融工具确认和计量准则的要求进行会计处理，并于丧失控制权日将剩余股权按公允价值重新计量，公允价值与其账面价值的差额计入当期损益。

【例6－18】A公司持有F公司100%股权并能控制F公司，投资成本为3 000万元，按成本法进行核算。2×18年3月1日，A公司出售所持股权的90%给非关联方，所得价款为4 500万元，剩余10%股权于丧失控制权日的公允价值为500万元，A公司将其重分类为以公允价值计量且其变动计入当期损益的交易性金融资产。假定不考虑其他因素。

(1)对减持的90%部分进行处置：

借：银行存款	45 000 000	
贷：长期股权投资——F公司		27 000 000
投资收益		18 000 000

(2)对剩余持有的10%股权改按公允价值计量：

借：交易性金融资产——F公司(成本)	5 000 000	
贷：长期股权投资——F公司		3 000 000
投资收益		2 000 000

2. 按权益法核算的长期股权投资重分类为以公允价值计量的金融资产

投资企业原持有的被投资单位的股权对其具有共同控制或重大影响，其后因部分处置等原因导致持股比例下降，不再对被投资单位实施共同控制或重大影响的，应于失去共同控制或重大影响时，改按金融工具确认和计量准则的规定对剩余股权进行会计处理，即对剩余股权在改按公允价值计量时，公允价值与其账面价值之间的差额计入当期损益。同时，原采用权益法核算的相关其他综合收益应当在终止采用权益法核算时，采用与被投资单位直接处置相关资产或负债相同的基础进行会计处理；因被投资单位除净损益、其他综合收益和利润分配以外的其他所有者权益变动而确认的所有者权益，应当在终止采用权益法时全部转入当期损益。

【例6－19】A公司持有S公司20%股权并能对S公司施加重大影响，采用权益法核算。至2×18年3月31日，该项长期股权投资的账面价值为4 000万元，其中，投资成本3 000万元，损益调整(借方)500万元，其他综合收益(借方，可转入损益的其他综合收益)200万元，其他权益变动(借方)300万元。

2×18年4月1日，A公司将该项投资中的50%出售给非关联方，取得价款2 400万元，相关股权划转手续于当日完成。由此A公司对S公司的股权投资比例下降为10%，不再具有重大影响，转为交易性金融资产。重分类日，剩余股权的公允价值为2 400万元。假定不考虑其他因素。则A公司的会计处理如下：

(1)对减持的10%股权进行处置：

借：银行存款	24 000 000

贷:长期股权投资——S 公司(投资成本)　15 000 000
　　　　　　　——S 公司(损益调整)　2 500 000
　　　　　　　——S 公司(其他综合收益)　1 000 000
　　　　　　　——S 公司(其他权益变动)　1 500 000
　投资收益　4 000 000

同时,将原计入其他综合收益、资本公积项目的金额全部转入当期损益,会计处理为:

借:其他综合收益　2 000 000
　资本公积——其他资本公积　3 000 000
　贷:投资收益　5 000 000

(2)对剩余持有的 10% 股权由权益法转公允价值计量:

借:交易性金融资产——S 公司(成本)　24 000 000
　贷:长期股权投资——S 公司(投资成本)　15 000 000
　　　　　　　——S 公司(损益调整)　2 500 000
　　　　　　　——S 公司(其他综合收益)　1 000 000
　　　　　　　——S 公司(其他权益变动)　1 500 000
　　投资收益　4 000 000

三、长期股权投资的披露

长期股权投资的披露,适用《企业会计准则第 41 号——在其他主体中权益的披露》。企业披露在子公司、联营企业或合营企业主体中权益的信息,应当有助于财务报表使用者评估企业在相关主体中权益的性质和相关风险,以及该权益对企业财务状况、经营成果和现金流量的影响。

本章小结

《企业会计准则第 2 号——长期股权投资》规范的长期股权投资包括三类,即对子公司投资(控制)、对合营企业投资(共同控制)以及对联营企业投资(重大影响)的权益性投资。

同一控制下的企业合并取得的长期股权投资,其初始投资成本为合并日按持股比例享有的被合并方所有者权益在最终控制方合并财务报表中的账面价值份额,初始投资成本与支付的对价的差额,调整资本公积,资本公积余额不足冲减的,调整留存收益。非同一控制下的企业合并取得的长期股权投资,其初始投资成本按购买日支付合并对价的公允价值确定,初始投资成本与支付的对价的账面价值差额,作为资产处置损益,计入当期损益;发行股票的公允价值与其面值之间差额计入资本公积(股本溢价)。

非企业合并取得的长期股权投资,以支付现金为对价的,初始投资成本为支付的现金加上手续费等必要支出;以发行权益性证券方式取得的,长期股权投资的初始投资成本为发行权益性证券的公允价值，但是，为发行权益性证券而支付的手续费、佣金等费用，不构成长期股权投资的成本，而应从溢价收入中扣除，溢价收入不足冲减的，冲减留存收益；投资者投入的长期股权投资，按投资合同或协议约定的价值确定初始投资成本，但不公允的除外。企业取得长期股权投资时，对于实际支付的价款中包含的对方已经宣告但尚未发放的现金股利或利润，作为应收项目单独核算。

长期股权投资的后续计量方法包括成本法和权益法。成本法是指投资按成本计价的方法，对子公司的投资适用成本法。权益法是指投资以初始投资成本计量后，在投资持有期间根据投资企业享有被投资单位所有者权益的份额的变动对投资的账面价值进行调整的方法。投资企业对被投资单位具有共同控制或重大影响的长期股权投资，即对合营企业投资及联营企业投资，应当采用权益法核算。

采用成本法核算的长期股权投资，核算方法如下：①初始投资或追加投资时，按照初始投资或追加投资时的成本增加长期股权投资的账面价值。②除取得投资时实际支付的价款或对价中包含的已宣告但尚未发放的现金股利或利润外，投资企业应当按照享有被投资单位宣告发放的现金股利或利润确认投资收益。

采用权益法核算的长期股权投资，其核算特点有：①投资企业取得长期股权投资后，应当按照应享有或应分担被投资单位实现净利润或发生净亏损的份额（法规或章程规定不属于投资企业的净损益除外），调整长期股权投资的账面价值，并确认为当期投资损益。②按照权益法核算的长期股权投资，投资企业自被投资单位取得的现金股利或利润，应抵减长期股权投资的账面价值。③投资企业对于被投资单位确认的其他综合收益及其变动，按照归属于本企业的份额，相应调整长期股权投资的账面价值，同时计入其他综合收益。④投资企业对于被投资单位除净损益、其他综合收益以及利润分配以外所有者权益的其他变动，按照归属于本企业的份额，相应调整长期股权投资的账面价值，按照归属于本企业的份额，相应调整长期股权投资的账面价值，同时计入资本公积（其他资本公积）。

成本法和权益法核算的比较如表6－1所示。

表6－1　成本法与权益法核算比较

	成本法	权益法
初始投资成本调整	×	初始投资成本>应享有被投资单位可辨认净资产公允价值份额的，不调 初始投资成本<应享有被投资单位可辨认净资产公允价值份额的，调整 借：长期股权投资——成本 　贷：营业外收入
被投资单位净损益变动	×	借：长期股权投资——损益调整 　贷：投资收益（盈利时） 亏损时，做相反分录
被投资单位其他综合收益变动	×	借：长期股权投资——其他综合收益 　贷：其他综合收益 或做相反分录

续表

	成本法	权益法
除净损益、其他综合收益以及利润分配以外所有者权益的其他变动	×	借:长期股权投资——其他权益变动 　贷:资本公积——其他资本公积 或做相反分录
被投资单位宣告发放现金股利	借:应收股利 　贷:投资收益	借:应收股利 　贷:长期股权投资——损益调整

企业取得长期股权投资后,因追加或处置投资等因素,投资企业对被投资单位的影响程度会发生变化,从而导致长期股权投资核算方法出现成本法和权益法的转换。此外,因追加或处置投资等因素,还可能导致以公允价值计量的金融资产和长期股权投资的相互重分类。

思考题

1. 企业取得的股权性质的投资,在初始确认时可以划分为哪些类别?

2. 同一控制下企业合并与非同一控制下企业合并形成的长期股权投资取得成本的确定有何区别?

3. 举例说明长期股权投资成本法的适用情形和具体运用。

4. 举例说明长期股权投资权益法的适用情形和具体运用。

5. 简述如何将长期股权投资成本法转换为权益法?

练习题

1.【资料】2×18 年 1 月 3 日,天方公司以银行存款 4 000 万元和公允价值为 3 000 万元、生产成本为 2 800 万元的库存商品取得 B 公司 60% 的表决权股份,并于当日控制 B 公司。天方公司在合并中以银行存款支付审计、评估费用、法律服务费用等 10 万元。B 公司 2×18 年 4 月 10 日宣告发放现金股利 500 万元,并于 4 月 30 日实际发放;2×18 年度实现净利润 1 400 万元,计入其他综合收益的可供出售金融资产公允价值变动为 400 万元。假定合并前天方公司与 B 公司不存在关联方关系。

【要求】根据上述资料,编制天方公司有关长期股权投资业务的会计分录。

2.【资料】甲公司 2×16 年 1 月 1 日—2×18 年 1 月 5 日发生下列与长期股权投资有关的经济业务:

(1) 甲公司 2×16 年 1 月 1 日从证券市场上购入乙公司发行在外 30% 的股份并准

备长期持有,从而对乙公司能够施加重大影响,实际支付款项 2 000 万元(含已宣告但尚未发放的现金股利 50 万元),另支付相关税费 10 万元。2×16 年 1 月 1 日,乙公司可辨认净资产公允价值为 6 600 万元,假定该时点被投资单位各项可辨认资产、负债的公允价值与其账面价值相同。

(2)2×16 年 3 月 20 日收到现金股利。

(3)2×16 年 12 月 31 日乙公司可供出售金融资产的公允价值变动使乙公司其他综合收益增加了 100 万元;乙公司当年度接受其母公司实质上属于资本性投入的现金捐赠 60 万元,乙公司将其计入资本公积,导致所有者权益发生变动。

(4)2×16 年乙公司实现净利润 500 万元,提取盈余公积 60 万元,未发放现金股利。假定双方所采用的会计政策及会计期间相同,双方未发生内部交易。

(5)2×16 年年末该项股权投资的可收回金额为 2 000 万元。

(6)2×17 年乙公司实现净利润 800 万元,提取盈余公积 80 万元,宣告发放现金股利 200 万元,甲公司已收到。假定双方所采用的会计政策及会计期间相同,双方未发生内部交易。

(7)2×18 年 1 月 5 日甲公司转让对乙公司的全部投资,实际收到价款 2 800 万元。

【要求】根据上述资料,编制甲公司有关长期股权投资业务的会计分录,请列明长期股权投资的二级明细。

3.【资料】A 公司于 2×16 年 1 月 1 日取得 B 公司 100% 的股权,成本为 600 万元(全部为银行存款支付),取得投资时 B 公司可辨认净资产公允价值总额为 550 万元。合并前 A 公司与 B 公司不存在关联方关系。2×16 年度 B 公司实现净利润 50 万元,未分配现金股利,持有的可供出售金融资产公允价值上升 40 万元;2×17 年 1 月 1 日—2 月 28 日 B 公司实现净利润 10 万元。

2×17 年 3 月 1 日,A 公司转让 B 公司 60% 的股权,收取现金 480 万元存入银行,转让后 A 公司对 B 公司的持股比例降至 40%,能对其施加重大影响。2×17 年 3 月 1 日,B 公司可辨认净资产公允价值为 650 万元,假定该时点 B 公司各项可辨认资产、负债的公允价值与其账面价值相同。

假定双方采用的会计政策和会计期间相同,未发生任何内部交易;B 公司按照净利润的 10% 提取盈余公积,不考虑其他因素。

【要求】

(1)编制 A 公司 2×16 年 1 月 1 日取得 B 公司股权的会计分录。

(2)编制 A 公司 2×17 年 3 月 1 日处置 B 公司股权的会计分录。

(3)编制 A 公司 2×17 年 3 月 1 日对 B 公司的股权投资由成本法转为权益法核算的会计分录。

第七章

固定资产

本章学习目的

通过本章学习，了解固定资产的概念特征及确认条件，掌握不同来源取得的固定资产的入账价值及账务处理，熟练掌握固定资产各种折旧方法、减值准备计提原理以及固定资产后续支出和处置、清查的账务处理。

本章重点与难点

本章重点是不同来源取得的固定资产的入账价值及账务处理、各种折旧方法和减值准备计提原理。本章难点是具有融资性质的购入固定资产的核算、固定资产的使用寿命、预计净残值和折旧方法的复核，以及固定资产后续支出的核算。

固定资产属于非流动资产的重要组成项目，是企业重要的生产资料和赖以生存的物质基础。正确确认和核算固定资产，有利于提高企业整体资产的营运效率和保证资产的安全完整。本章依据《企业会计准则第 4 号——固定资产》，重点解决固定资产的确认、初始计量、后续计量和处置等问题。

第一节 固定资产概述

一、固定资产的定义及特征

根据《企业会计准则第 4 号——固定资产》，固定资产是指同时具有下列特征的有形资产：①为生产商品、提供劳务、出租或经营管理而持有的；②使用寿命超过一个会计年度。例如，机器设备等有形资产即为固定资产。从固定资产的定义，固定资产的特征可以从持有目的、使用寿命以及有形性三个方面加以概括：

（一）固定资产是为生产商品、提供劳务、出租或经营管理而持有

企业持有固定资产的目的在于生产商品、提供劳务、出租或经营管理，这意味着企业持有的固定资产是企业的劳动工具或手段，而不是直接用于出售的产品。这一特征使得固定资产区别于持有的最终目的是为了出售的一般存货。特别需要强调的是，这里用于“出租”目的的固定资产，是指以经营租赁方式出租的机器设备类固定资产，不包括以经营租赁方式出租的建筑物，后者属于企业的投资性房地产，不属于固定资产。

（二）固定资产使用寿命超过一个会计年度

固定资产的使用寿命，是指企业使用固定资产的预计期间，或者该固定资产所能生产产品或提供劳务的数量。如自用房屋建筑物的使用寿命按预计使用年限表示；汽车或飞机等的使用寿命按预计行驶里程表示；发电设备按预计发电量来估计使用寿命。固定资产使用寿命超过一个会计年度，意味着固定资产属于长期资产，区别于在短期内准备变现的流动资产，其账面价值将随着使用和磨损通过计提折旧的方式在超过一个会计年度的期限内逐渐减少。

（三）固定资产为有形资产

固定资产一般表现为房屋建筑物、机器、机械、运输工具以及其他与生产经营有关的设备、器具、工具等，即固定资产具有实物形态。固定资产具有实物形态这一特征将固定资产与无形资产区别开来。有些无形资产可能同时符合固定资产的其他特征，如无形资产为生产商品、提供劳务而持有，使用寿命超过一个会计年度，但由于其没有实物形态，所以不属于固定资产。

二、固定资产的确认条件及具体应用

（一）固定资产的确认条件

根据《企业会计准则——基本准则》，将一项资源确认为资产，一方面需要符合资产的定义,另一方面还应同时满足以下两个条件:一是与该资源有关的经济利益很可能流入企业,二是该资源的成本或者价值能够可靠计量。因此,一项资产在满足上述固定资产定义的前提下,还需同时满足下列两个条件,才能予以确认:

1. 与该固定资产有关的经济利益很可能流入企业

企业在确认固定资产时,需要判断与该项固定资产有关的经济利益是否很可能流入企业,在实务中,主要通过判断与该固定资产所有权相关的风险和报酬是否转移到了企业来确定。其中,与固定资产所有权相关的风险,是指由于经营情况发生变化造成的相关收益的变动,以及由于资产闲置、技术陈旧等原因造成的损失;与固定资产所有权相关的报酬,是指在固定资产使用寿命内直接使用该资产获得的收入,以及处置该资产实现的利得等。

通常情况下,取得固定资产所有权是判断与固定资产所有权有关的风险和报酬转移到企业的一个重要标志。凡是所有权已属于企业,无论企业是否收到或拥有该固定资产,均可作为企业的固定资产;反之,如果没有取得所有权,即使存放在企业,也不能作为企业的固定资产。但是,所有权是否转移,不是判断与固定资产所有权相关的风险和报酬是否转移到企业的唯一标志。在有些情况下,某项固定资产的所有权虽然不属于企业,但是,企业能够控制与该项固定资产有关的经济利益流入企业,这就意味着与该固定资产所有权相关的风险和报酬实质上已转移到了企业,在这种情况下,企业应将该项固定资产予以确认。例如,融资租入的固定资产,企业虽然不拥有该固定资产的所有权,但企业能够控制与该固定资产有关的经济利益流入企业,与该固定资产所有权相关的风险和报酬实质上已转移到了企业(承租人),因此,满足固定资产确认的第一个条件。

2. 该固定资产的成本能够可靠计量

作为企业资产的重要组成部分,要确认固定资产,企业取得固定资产所发生的支出必须能够可靠计量。通常情况下,如果企业能够对固定资产拥有或控制,那么确定其成本并不难。但企业在确定固定资产成本时,有时需要根据所获得的最新资料进行合理估计。如果企业能够合理地估计出固定资产的成本,则也视同固定资产的成本能够可靠计量。例如,对于已达到预定可使用状态的固定资产,在尚未办理竣工决算前,企业需要根据工程预算、工程造价或者工程实际发生的成本等资料,按暂估价值确定固定资产的成本,待办理了竣工决算手续后再作调整。

(二)固定资产确认条件的具体应用

企业在对固定资产进行确认时,应当严格按照固定资产的定义和确认条件,并考虑企业的具体情形加以判断。

1. 具有多次周转使用特点的资产

工业企业所持有的工具、用具、备品备件、维修设备等资产,施工企业所持有的模板、挡板、架料等周转材料,以及地质勘探企业所持有的管材等资产,企业应当根据实际情况分别管理和核算。尽管这些资产具有固定资产的某些特征,例如使用期限超过一年,也能够带来经济利益,但由于数量多,单价低,考虑到成本效益原则,在实务中,通常确认为存货。但符合固定资产定义和确认条件的,比如民用航空运输的高价周转件等,应当确认为固定资产。

2. 以独立方式为企业提供经济利益的固定资产各组成部分

对于构成固定资产的各组成部分，如果各自具有不同使用寿命或者以不同方式为企业提供经济利益，适用不同折旧率或折旧方法的，各组成部分实际上是以独立的方式为企业提供经济利益，因此，企业应当分别将各组成部分确认为单项固定资产。例如飞机的引擎，如果其与飞机机身具有不同的使用寿命，适用不同折旧率或折旧方法，则企业应当将其确认为单项固定资产。

3. 企业购置的环保设备和安全设备

对于企业购置的环保设备和安全设备等资产，它们的使用虽然不能直接为企业带来经济利益，但是有助于企业从相关资产中获得经济利益，或者将减少企业未来经济利益的流出，因此，企业应当将这些设备确认为固定资产。例如，为净化环境或者满足国家有关排污标准的需要购置的环保设备，该批设备的使用虽然不会直接为企业带来经济利益，但却有助于企业提高对废水、废气、废渣的处理能力，有利于净化环境，企业为此将减少未来由于污染环境而需要支付的环境净化费或者罚款，所以企业应将这些设备确认为固定资产。

三、固定资产的分类

企业可以根据不同的管理需要、核算要求和分类标准，对固定资产进行不同的分类，主要的分类方法有以下几种：

（一）按固定资产的经济用途分类

固定资产按其经济用途，可以分为生产经营用固定资产和非生产经营用固定资产两类。

第一，生产经营用固定资产，是指直接服务于生产、经营过程的各种固定资产，如生产经营用的房屋、建筑物、机器、设备、器具、工具等。

第二，非生产经营用固定资产，是指不直接服务于生产、经营过程的各种固定资产，如职工宿舍、文化娱乐、食堂、浴室、理发室等使用的房屋、设备和其他固定资产等。

（二）按固定资产的使用情况分类

固定资产按其使用情况，可以分为使用中固定资产、未使用固定资产和不需用固定资产三类。

第一，使用中固定资产，是指正在使用的经营用和非经营用固定资产。由于季节性经营或修理等原因，暂时停止使用的固定资产仍属于企业使用中的固定资产，企业出租给其他单位使用的机器设备类固定资产和内部替换使用的固定资产也属于使用中的固定资产。

第二，未使用固定资产，是指已完工或已购建的尚未正式使用的新增固定资产以及因进行改扩建等原因暂停使用的固定资产。

第三，不需用固定资产，是指本企业多余或不适用、待处置的各种固定资产。

（三）按固定资产的所有权分类

固定资产按企业是否拥有所有权分类，可分为自有固定资产和租入固定资产两类。

第一,自有固定资产,是指企业拥有的可供企业自由支配使用的固定资产。

第二,租入固定资产,是指企业采用租赁的方式从其他单位租入的固定资产。企业对租入固定资产依照租赁合同拥有使用权,并负有支付租金的义务,但资产的所有权仍属于出租方。

以上三种固定资产分类属于基本分类方法。在会计实务中,为了更好地满足固定资产日常管理和核算的要求,企业往往综合几种分类标准对固定资产进行分类。例如,企业通常综合考虑固定资产的经济用途、使用情况以及所有权等标准,将固定资产划分生产经营用固定资产、非生产经营用固定资产、经营出租固定资产、不需用固定资产、未使用固定资产和融资租入固定资产等。

第二节　固定资产的初始计量

一、固定资产的初始计量原则

根据《企业会计准则第 4 号——固定资产》,固定资产应当按照成本进行初始计量。这里的成本是指企业购建某项固定资产达到预定可使用状态前所发生的一切合理、必要的支出。这些支出既有直接发生的,如购买固定资产的价款、运输费、包装费、安装费和保险费等;也有间接发生的,如应分摊的借款利息、外币专门借款汇兑差额以及其他间接费用等。实务中,应当区分固定资产不同的取得来源,分别确定其成本。

二、外购固定资产

企业外购固定资产的成本,包括购买价款、相关税费、使固定资产达到预定可使用状态前所发生的可归属于该项资产的运输费、装卸费、安装费和专业人员服务费等。企业购入的固定资产分为不需要安装的固定资产和需要安装的固定资产两种情形。概括而言,前者的取得成本为企业实际支付的购买价款、包装费、运杂费、保险费、专业人员服务费和相关税费等,后者的取得成本由前者的取得成本加上安装调试成本等构成。

另外,外购固定资产是否达到预定可使用状态,需要根据具体情况进行分析判断。如果购入不需安装的固定资产,购入后即可发挥作用,因此,购入后即可达到预定可使用状态。如果购入需安装的固定资产,只有安装调试后达到设计要求或合同规定的标准,该项固定资产才可发挥作用,达到预定可使用状态。以下区分需要安装和不需要安装两种情形分别介绍外购固定资产的初始计量。

(一)购入不需要安装的固定资产

购入不需要安装的固定资产,按应计入固定资产成本的金额,借记“固定资产”科目,贷记“银行存款”“其他应付款”“应付票据”等科目。

“固定资产”属于资产类科目，核算企业持有的固定资产账面原价。固定资产原价的增加，借记本科目；固定资产原价的减少，贷记本科目；期末借方余额反映企业固定资产的原价。为了反映固定资产的详细情况，还应设置“固定资产登记簿”和“固定资产卡片”，按固定资产的类别、使用部门和每项固定资产进行明细核算。

【例7－1】甲公司为增值税一般纳税人，2×18年1月1日，甲公司购入一台不需要安装的生产用设备，取得的增值税专用发票上注明的设备价款为2 000 000万元，增值税进项税额为320 000元；货物运输业增值税专用发票注明的运输费用金额为10 000元，增值税进项税额为1 000元，款项全部付清。甲公司取得增值税专用发票并已认证，假定不考虑其他相关税费。会计处理如下：

借：固定资产——××设备　　2 010 000
　应交税费——应交增值税（进项税额）　　321 100
　贷：银行存款　　2 331 100

甲公司购置设备的成本＝2 000 000 ＋10 000＝2 010 000（元）

（二）购入需要安装的固定资产

企业购入需要安装的固定资产，需通过“在建工程”科目，达到预定可使用状态时再转入“固定资产”科目。

“在建工程”科目属于资产类，核算企业基建、更新改造等在建工程发生的支出。基建、更新改造等在建工程实际发生的各项支出，借记本科目；在建工程达到预定可使用状态和在建工程完工已领出的剩余物资办理退库手续时，贷记本科目；期末借方余额反映企业尚未达到预定可使用状态的在建工程的成本。本科目可按“建筑工程”“安装工程”“在安装设备”“待摊支出”以及单项工程等进行明细核算。

【例7－2】2×18年5月18日甲企业购入一台需要安装的设备，取得的增值税专用发票上注明的设备价款为20 000元，增值税税额为3 200元，发生的装卸费为400元，款项均以银行存款支付；安装设备时，领用库存材料一批的账面成本为600元，未计提存货跌价准备，购进该批材料时支付的增值税进项税额为96元；应支付安装工人薪酬1 000元。甲企业取得增值税专用发票并已认证，假定不考虑其他相关税费。

甲企业的会计处理如下：

（1）支付设备价款、增值税和装卸费：

借：在建工程——××设备　　20 400
　应交税费——应交增值税（进项税额）　　3 200
　贷：银行存款　　23 600

（2）领用本企业库存材料和支付安装工人薪酬等费用：

借：在建工程——××设备　　1 600
　贷：原材料　　600
　　应付职工薪酬　　1 000

（3）设备安装完毕达到预定可使用状态：

借：固定资产——××设备　　22 000
　贷：在建工程——××设备　　22 000

固定资产的成本 = 20 400 + 1 600 = 22 000(元)

(三)以一笔款项购入多项没有单独标价的资产

在实际工作中,企业以一笔款项购入多项没有单独标价的资产,如果这些资产均符合固定资产的定义及其确认条件,则应将各项资产单独确认为固定资产,并按照各项固定资产公允价值比例对总成本进行分配,以便分别确定各项固定资产的成本。

【例7-3】2×18年7月1日,A企业为降低采购成本,向B企业一次购进了3套不同型号且具有不同生产能力的设备甲、乙和丙。A企业为该批设备共支付货款800 000元,增值税进项税额128 000元,全部以银行存款支付。设备甲、乙和丙均满足固定资产的定义及其确认条件,公允价值分别为276 800元、346 000元、242 200元。A企业取得增值税专用发票并已认证,假定不考虑其他相关税费。则甲企业的相关会计处理如下:

(1)确定应计入固定资产成本的金额,为800 000元。

(2)确定设备甲、乙和丙的价值分配比例:

甲设备应分配的固定资产价值比例 = 276 800 ÷ (276 800 + 346 000 + 242 200) = 32%

乙设备应分配的固定资产价值比例 = 346 000 ÷ (276 800 + 346 000 + 242 200) = 40%

丙设备应分配的固定资产价值比例 = 242 200 ÷ (276 800 + 346 000 + 242 200) = 28%

(3)确定设备甲、乙和丙各自的入账价值:

甲设备的入账价值 = 800 000 × 32% = 256 000(元)

乙设备的入账价值 = 800 000 × 40% = 320 000(元)

丙设备的入账价值 = 800 000 × 28% = 224 000(元)

(4)编制会计分录:

借:固定资产——甲	256 000	
——乙	320 000	
——丙	224 000	
应交税费——应交增值税(进项税额)	128 000	
贷:银行存款		928 000

(四)购入固定资产超过正常信用条件延期支付价款

企业购买固定资产的价款一般在正常信用期限内支付,但有时也可能会延期支付。例如采用分期付款方式购买资产,在合同中规定的付款期限较长(通常3年以上),超过了正常信用条件,这种情况下该类购货合同实质上具有融资租赁性质,因此购入固定资产的成本不能以各期付款额之和确定,而应以各期付款额的现值之和确定。固定资产购买价款的现值,应当按照各期支付的价款选择恰当的折现率进行折现后的金额加以确定。各期实际支付的价款之和与其现值之间的差额,在达到预定可使用状态之前符合《企业会计准则第17号——借款费用》中规定的资本化条件的,应当通过在建工程计入固定资产成本,其余部分应当在信用期间内确认计入当期损益("财务费用")。其账务处理为:购入固定资产时,按购买价款的现值,借记"固定资产"或"在建工程"等科目;按未来应支付的金额,贷记"长期应付款"科目;按其差额,借记"未确认融资费用"科目。

【例7-4】2×14年1月1日,甲企业与乙企业签订一项购货合同,甲企业从乙企业购入一台需要安装的大型机器设备，合同约定，甲企业采用分期付款方式支付价款。甲企业收到的增值税专用发票上注明的设备价款为900 000元，增值税税额为144 000元。甲企业于2×14年1月1日以银行存款支付了增值税进项税额，其余款项在2×14年至2×18年5年期间，于每年的12月31日支付180 000元。

2×14年1月1日，甲企业收到该设备并投入安装，甲企业取得增值税专用发票并已认证；2×14年12月31日，该设备安装完毕达到预定可使用状态，发生安装费用29 421.6元，以银行存款支付。假定甲企业综合各方面因素后决定采用10%的折现率，不考虑其他因素。

甲企业的相关会计处理如下：

(1)2×14年1月1日，确定分期支付购买价款的现值：

购买价款的现值 = 180 000 ×(P/A,10%,5) = 180 000 × 3.790 8 = 682 344(元)

2×14年1月1日的账务处理如下：

借：在建工程——××设备　　682 344
　　应交税费——应交增值税(进项税额)　　144 000
　　未确认融资费用　　217 656
　贷：长期应付款　　900 000
　　　银行存款　　144 000

(2)确定信用期间内未确认融资费用的分摊额，如表7－1所示。

表7－1　未确认融资费用分摊表　　单位：元

日　期	分期付款额 ①	确认的融资费用 ② = 期初④ × 10%	应付本金减少额 ③ = ① － ②	应付本金余额 期末④ = 期初④ － ③
2×14年1月1日				682 344
2×14年12月31日	180 000	68 234.4	111 765.6	570 578.4
2×15年12月31日	180 000	57 057.84	122 942.16	447 636.24
2×16年12月31日	180 000	44 763.62	135 236.38	312 399.86
2×17年12月31日	180 000	31 239.99	148 760.01	163 639.85
2×18年12月31日	180 000	16 360.15*	163 639.85	0
合　计	900 000	217 656	682 344	0

注：* 尾数调整：16 360.15 = 180 000 － 163 639.85，163 639.85元为最后一期应付本金余额。

(3)2×14年12月31日，甲企业会计处理如下：

①分摊未确认融资费用：

借：在建工程——××设备　　68 234.4
　贷：未确认融资费用　　68 234.4

②支付安装费用：

借：在建工程——××设备　　29 421.6

贷:银行存款　29 421.6

③支付分期款项:

借:长期应付款　180 000

贷:银行存款　180 000

④安装完成,结转固定资产成本:

固定资产成本 = 682 344 + 68 234.4 + 29 421.6 = 780 000(元)

借:固定资产——××设备　780 000

贷:在建工程——××设备　780 000

(4)2×15 年 12 月 31 日,设备达到预定可使用状态,分摊未确认融资费用计入财务费用,同时支付分期款:

借:财务费用　57 057.84

贷:未确认融资费用　57 057.84

借:长期应付款　180 000

贷:银行存款　180 000

(5)2×16—2×18 年分摊未确认融资费、支付款项的账务处理比照 2×15 年的账务处理。

三、自行建造的固定资产

《企业会计准则第 4 号——固定资产》规定,自行建造固定资产的成本,由建造该项资产达到预定可使用状态前所发生的必要支出构成,包括工程用物资成本、人工成本、交纳的相关税费、应予资本化的借款费用以及应分摊的间接费用等。

自行建造固定资产包括自营建造和出包建造两种方式,企业应分别进行核算。

(一)自营方式建造固定资产

企业采用自营方式建造固定资产,意味着企业自行组织工程物资采购、自行组织施工人员从事工程施工。在我国市场经济不断完善的情况下,除施工企业外,其他行业的企业较少采用自营建造方式建造固定资产,即便有,也多为小型土木建筑工程。企业以自营建造方式建造固定资产,其成本应当按照直接材料、直接人工、直接机械施工费等计量。

企业为建造固定资产准备的各种物资,应当以实际支付的买价、运输费、保险费等相关税费作为实际成本,并按照各种专项物资的种类进行明细核算。工程完工后,剩余的工程物资转为本企业存货的,按其实际成本或计划成本进行结转。建设期间发生的工程物资盘亏、报废及毁损,减去残料价值以及保险公司、过失人等赔款后的净损失,计入所建工程项目的成本;盘盈的工程物资或处置净收益,冲减所建工程项目的成本。工程完工后发生的工程物资盘盈、盘亏、报废、毁损,计入当期营业外收支。

建造固定资产领用工程物资、原材料或库存商品,应按其实际成本转入所建工程成本。自营方式建造固定资产应负担的职工薪酬,辅助生产部门为之提供的水、电、修理、运输等劳务,以及其他必要支出等也应计入所建工程项目的成本。符合资本化条件,应计入所建造固定资产成本的借款费用，按照《企业会计准则第17号——借款费用》的有关规定处理。

企业以自营方式建造固定资产，发生的工程成本应通过“在建工程”科目核算，工程完工达到预定可使用状态时，从“在建工程”科目转入“固定资产”科目。

企业以自营方式建造固定资产，通常需要设置“工程物资”和“在建工程”科目。“工程物资”属于资产类科目，核算企业为在建工程准备的各种物资的成本，包括工程用材料、尚未安装的设备以及为生产准备的工具等。购入为工程准备的物资，借记本科目；领用工程物资或工程完工后剩余的工程物资转作本企业存货的，贷记本科目；期末借方余额反映企业为在建工程准备的各种物资的成本。本科目可按“专用材料”“专用设备”“工器具”等进行明细核算。

【例7-5】2×18年1月，甲企业准备自行建造一台生产用设备，为此购入工程物资一批，价款为80 000元，支付的增值税进项税额为12 800元，款项以银行存款支付。1—6月，工程先后领用工程物资83 520元(含增值税税额)，剩余工程物资转作本企业的存货，其所含的增值税进项税额可以抵扣。领用生产用原材料一批，实际成本为12 000元，购进该批原材料时支付的增值税进项税额为1 920元；领用库存商品若干件，实际成本8 000元。工程建设期间：①发生工程人员薪酬20 000元；②辅助生产车间为工程提供有关劳务支出4 000元。6月30日，在建工程达到预定可使用状态并交付使用。甲企业在建造设备中已取得增值税专用发票并已认证。

甲企业的会计处理如下：

(1)购入为工程准备的物资：

借：工程物资	80 000
应交税费——应交增值税(进项税额)	12 800
贷：银行存款	92 800

(2)工程领用物资：

不含税工程物资 = 83 520 ÷ (1 + 16%) = 72 000(元)

借：在建工程——××生产用设备	72 000
贷：工程物资	72 000

(3)工程领用原材料：

借：在建工程——××生产用设备	12 000
贷：原材料	12 000

(4)工程领用库存商品：

借：在建工程——××生产用设备	8 000
贷：库存商品	8 000

(5)计提工程人员职工薪酬：

借：在建工程——××生产用设备	20 000
贷：应付职工薪酬	20 000

(6)辅助生产车间为工程提供劳务支出：

借：在建工程——××生产用设备	4 000

贷:生产成本——辅助生产成本　　4 000

(7)6 月 30 日,工程完工并交付使用:

固定资产成本 = 72 000 + 12 000 + 8 000 + 20 000 + 4 000 = 116 000(元)

借:固定资产——××生产用设备　　116 000

贷:在建工程——××生产用设备　　116 000

(8)剩余工程物资转作本企业存货:

借:原材料　　8 000

贷:工程物资　　8 000

(二)出包方式建造固定资产

企业采用出包方式建造固定资产,意味着企业通过招投标方式将工程项目发包给建造承包商,由建造承包商(即施工企业)组织工程施工。采用出包方式建造固定资产,企业要与建造承包商签订建造合同,企业负责筹集资金和组织管理工程建设,称为建造合同的甲方,建造承包商是建造合同的乙方,负责建筑安装工程施工任务,企业的新建、改建、扩建等项目一般都采用出包方式。

第一,出包工程的成本构成。企业以出包方式建造固定资产,其成本由建造该项固定资产达到预定可使用状态前所发生的必要支出构成,包括发生的建筑工程支出、安装工程支出、在安装设备支出以及需分摊计入各固定资产价值的待摊支出。

一是建筑工程、安装工程支出。由于建筑工程、安装工程采用出包方式发包给建造承包商承建,因此,工程的具体支出如人工费、材料费、机械使用费等由建造承包商核算。对发包企业而言,建筑工程、安装工程支出是构成在建工程成本的主要因素,发包企业按照合同规定的结算方式和工程进度定期与建造承包商办理工程价款结算,结算的工程价款计入在建工程成本。

二是待摊支出。待摊支出是指在建设期间发生的,不能直接计入某项固定资产价值、而应由所建造固定资产共同负担的相关费用,包括为建造工程发生的管理费、征地费、可行性研究费、临时设施费、公证费、监理费、应负担的税金、符合资本化条件借款费用、建设期间发生的工程物资盘亏、报废及毁损净损失,以及负荷联合试车费等。其中,征地费是指企业通过划拨方式取得建设用地发生的青苗补偿费,地上建筑物、附着物补偿费。企业为建造固定资产通过出让方式取得土地使用权而支付的土地出让金不计入在建工程成本,应确认为无形资产(土地使用权)。负荷联合试车期间形成的产品或副产品对外销售或转为库存商品时,应借记"银行存款""库存商品"等科目,贷记"在建工程(待摊支出)"科目。

第二,出包工程的账务处理。在出包方式下,"在建工程"科目实际上成为企业与建造承包商的结算科目,可按"建筑工程""安装工程""在安装设备""待摊支出"以及单项工程等进行明细核算。企业应按合理估计的发包工程进度和合同规定结算的进度款,借记本科目,贷记"银行存款""预付账款"等科目。将设备交付建造承包商建造安装时,借记本科目(在安装设备),贷记"工程物资"科目。工程完成时,按合同规定补付的工程款,借记本科目,贷记"银行存款"科目。

企业采用出包方式建造固定资产发生的需分摊计入固定资产成本的待摊支出,可按下列公式计算：

$$待摊支出分配率 = \frac{累计发生的待摊支出}{建筑工程支出 + 安装工程支出 + 在安装设备支出} \times 100\%$$

某工程应分配的待摊支出 =（某工程的建筑工程支出 + 某工程的安装工程支出 + 某工程的在安装设备支出）× 分配率

【例 7 - 6】[①]甲公司经当地有关部门批准，新建一个火电厂。建造的火电厂由 3 个单项工程组成，包括建造发电车间、冷却塔以及安装发电设备。2 ×17 年 2 月 1 日，甲公司与乙公司签订合同，将该项目出包给乙公司承建。根据双方签订的合同，建造发电车间的价款为 5 000 000 元，建造冷却塔的价款为 3 000 000 元，安装发电设备需支付安装费用 500 000 元。建造期间发生的有关事项如下（假定不考虑相关税费）：

（1）2 ×17 年 2 月 10 日，甲公司按合同约定向乙公司预付 10% 备料款 800 000 元，其中，发电车间 500 000 元，冷却塔 300 000 元。

（2）2 ×17 年 8 月 2 日，建造发电车间和冷却塔的工程进度达到 50%，甲公司与乙公司办理工程价款结算 4 000 000 元，其中，发电车间 2 500 000 元，冷却塔 1 500 000 元。甲公司抵扣了预付备料款后，将余款用银行存款付讫。

（3）2 ×17 年 10 月 8 日，甲公司购入需安装的发电设备，价款总计 3 500 000 元，已用银行存款付讫。

（4）2 ×18 年 3 月 10 日，建筑工程主体已完工，甲公司与乙公司办理工程价款结算 4 000 000 元，其中，发电车间 2 500 000 元，冷却塔 1 500 000 元。甲公司向乙公司开具了一张期限 3 个月的商业票据。

（5）2 ×18 年 4 月 1 日，甲公司将发电设备运抵现场，交乙公司安装。

（6）2 ×18 年 5 月 10 日，发电设备安装到位，甲公司与乙公司办理设备安装价款结算 500 000 元，款项已支付。

（7）工程项目发生管理费、可行性研究费、公证费、监理费共计 290 000 元，已用银行存款付讫。

（8）2 ×18 年 5 月，进行负荷联合试车发生试车费用 150 000 元，用银行存款支付，试车期间取得发电收入 200 000 元。

（9）2 ×18 年 6 月 1 日，完成试车，各项指标达到设计要求。

甲企业的账务处理如下：

（1）2 ×17 年 2 月 10 日，预付备料款：

借：预付账款	800 000	
贷：银行存款		800 000

（2）2 ×17 年 8 月 2 日，办理建筑工程价款结算：

借：在建工程——建筑工程（冷却塔）	1 500 000	
在建工程——建筑工程（发电车间）	2 500 000	
贷：银行存款		3 200 000
预付账款		800 000

① 本例根据财政部会计司《企业会计准则讲解》（2010）改编。

(3)2×17年10月8日，购入发电设备：

借：工程物资——发电设备　　3 500 000

　贷：银行存款　　3 500 000

(4)2×18年3月10日，办理建筑工程价款结算：

借：在建工程——建筑工程(冷却塔)　　1 500 000

　在建工程——建筑工程(发电车间)　　2 500 000

　贷：应付票据　　4 000 000

(5)2×18年4月1日，将发电设备交乙公司安装：

借：在建工程——在安装设备(发电设备)　　3 500 000

　贷：工程物资——发电设备　　3 500 000

(6)2×18年5月10日，办理安装工程价款结算：

借：在建工程——安装工程(发电设备)　　500 000

　贷：银行存款　　500 000

(7)支付工程发生的管理费、可行性研究费、公证费、监理费：

借：在建工程——待摊支出　　290 000

　贷：银行存款　　290 000

(8)进行负荷联合试车：

借：在建工程——待摊支出　　150 000

　贷：银行存款　　150 000

借：银行存款　　200 000

　贷：在建工程——待摊支出　　200 000

(9)结转在建工程：

计算分配待摊支出：

待摊支出分配率＝(290 000＋150 000－200 000)÷(5 000 000＋3 000 000＋500 000＋3 500 000)×100%

＝240 000÷12 000 000×100%＝2%

发电车间应分配的待摊支出＝5 000 000×2%＝100 000(元)

冷却塔应分配的待摊支出＝3 000 000×2%＝60 000(元)

发电设备应分配的待摊支出＝(3 500 000＋500 000)×2%＝80 000(元)

结转在建工程：

借：在建工程——建筑工程(发电车间)　　100 000

　在建工程——建筑工程(冷却塔)　　60 000

　在建工程——安装工程(发电设备)　　10 000

　在建工程——在安装设备(发电设备)　　70 000

　贷：在建工程——待摊支出　　240 000

计算已完工的固定资产的成本：

发电车间的成本＝5 000 000＋100 000＝5 100 000(元)

冷却塔的成本＝3 000 000＋60 000＝3 060 000(元)

发电设备的成本＝(3 500 000＋500 000)＋80 000＝4 080 000(元)

借:固定资产——发电车间 5 100 000
　固定资产——冷却塔 3 060 000
　固定资产——发电设备 4 080 000
　贷:在建工程——建筑工程(发电车间) 5 100 000
　　在建工程——建筑工程(冷却塔) 3 060 000
　　在建工程——安装工程(发电设备) 510 000
　　在建工程——在安装设备(发电设备) 3 570 000

四、投资者投入固定资产

企业对投资者转入的机器设备等固定资产,一方面反映本企业固定资产的增加,另一方面反映投资者投资额的增加。企业在办理了固定资产移交手续之后,应按投资合同或协议约定的价值确定固定资产的入账价值,但合同或协议价值不公允的除外。在投资合同或协议约定价值不公允的情况下,以该项固定资产的公允价值作为入账价值。

【例 7-7】甲企业收到乙企业投入的机器设备一台,乙企业记录的该机器设备的账面价值为 36 000 元,其中,原价 40 000 元,累计已提折旧 4 000 元。甲企业接受投资时,投资合同约定按该固定资产的公允价值 36 000 元入账。

甲企业的账务处理如下:

借:固定资产 36 000
　贷:实收资本(或股本) 36 000

五、其他方式取得的固定资产

企业取得固定资产的其他方式还有非货币性资产交换、债务重组、融资租入、企业合并等。其成本应当分别按照《企业会计准则第 7 号——非货币性资产交换》《企业会计准则第 12 号——债务重组》《企业会计准则第 21 号——租赁》《企业会计准则第 20 号——企业合并》等的规定确定。但是,其后续计量和披露应当执行固定资产准则的规定。其中,非货币性资产交换和债务重组方式取得固定资产的成本,可以分别参照本书相应章节的内容确定,融资租入、企业合并等可参照《高级财务会计》的相关内容。

除此之外,企业取得固定资产的方式还包括接受捐赠、盘盈等方式。其中,接受捐赠的固定资产应根据具体情况如是否提供有关凭据等合理确定其入账价值。盘盈的固定资产,作为前期差错处理,在按管理权限报经批准处理前,应先通过"以前年度损益调整"科目进行核算。

六、特殊行业固定资产成本的确定

(一)存在弃置费用的固定资产

对于特殊行业的特定固定资产,确定其初始入账成本时还应考虑弃置费用。弃置费用通常是指根据国家法律和行政法规、国际公约等规定,企业承担的环境保护和生态恢复等义务所确定的支出，如核电站核设施等的弃置和恢复环境等义务。弃置费用的金额与其现值相比通常差额较大，需要考虑货币时间价值，对于这些特殊行业的特定固定资产，企业应当根据《企业会计准则第 13 号——或有事项》的规定，按照弃置费用现值计算确定应计入固定资产成本的金额和相应的预计负债。在固定资产的使用寿命内，按照预计负债的摊余成本和实际利率计算确定的利息费用，应当在发生时计入财务费用。一般工商企业的固定资产发生的报废清理费用不属于弃置费用，应当在发生时作固定资产处置费用处理。

此外，依据《企业会计准则解释第 6 号》的规定，由于技术进步、法律要求或市场环境变化等原因，特定固定资产的履行弃置义务可能发生支出金额、预计弃置时点、折现率等变动而引起的预计负债变动，应按照以下原则调整该固定资产的成本：

第一，对于预计负债的减少，以该固定资产账面价值为限扣减固定资产成本。如果预计负债的减少额超过该固定资产账面价值，超出部分确认为当期损益。

第二，对于预计负债的增加，增加该固定资产的成本。

按照上述原则调整的固定资产，在资产剩余使用年限内计提折旧。一旦该固定资产的使用寿命结束，预计负债的所有后续变动应在发生时确认为损益。

【例 7－8】经国家审批，甲企业计划建造一个核电站，其主体设备核反应堆将会对当地的生态环境带来一定的影响，根据法律规定，甲企业应在该设备使用寿命届满时将其拆除，并对环境进行复原。2×18 年 1 月 1 日，该设备达到预定可使用状态并投入使用，建造成本为 90 000 000 元。预计使用寿命为 10 年，预计将发生弃置费用 2 000 000 元。假定甲企业采用的折现率为 10%。甲企业的相关会计处理如下：

(1)2×18 年 1 月 1 日，确定固定资产的成本。核反应堆属于特殊行业的特定固定资产，确定其成本时应考虑弃置费用：

$$\text{弃置费用的现值} = 2\,000\,000 \times (P/F, 10\%, 10) = 2\,000\,000 \times 0.386 = 772\,000(\text{元})$$

$$\text{固定资产的成本} = 90\,000\,000 + 772\,000 = 90\,772\,000(\text{元})$$

借：固定资产　　90 772 000

　贷：在建工程　　90 000 000

　　预计负债　　772 000

(2)2×18 年 12 月 31 日，确认利息费用：

借：财务费用　　77 200

　贷：预计负债　　77 200

(3)2×19 年 12 月 31 日，确认利息费用：

$$\text{应负担的利息费用} = (772\,000 + 77\,200) \times 10\% = 849\,200(\text{元})$$

借：财务费用　　849 200

　贷：预计负债　　849 200

(4)2×20—2×27 年，确认利息费用的账务处理比照 2×19 年的相关账务处理。

(二)安全生产费形成的固定资产

实际工作中，高危行业企业（如煤矿企业）通常会按照国家规定提取安全生产费。当企业提取安全生产费时，应当计入相关产品的成本或当期损益，同时计入"专项储备”科目。企业使用提取的安全生产费时,属于费用性支出的,直接冲减专项储备。企业使用提取的安全生产费形成固定资产的,应当通过“在建工程”科目归集所发生的支出,待安全项目完工达到预定可使用状态时确认为固定资产;同时,按照形成固定资产的成本冲减专项储备,并确认相同金额的累计折旧。该固定资产在以后期间不再计提折旧。企业应当在资产负债表所有者权益项下“其他综合收益”项目和“盈余公积”项目之间增设“专项储备”项目,反映企业提取的安全生产费期末余额。

企业提取的维简费和其他具有类似性质的费用,比照上述规定处理。企业未按上述规定进行会计处理的,应当进行追溯调整。

【例7-9】宏达公司是一家小型煤矿企业,依据实际开采的原煤产量按月提取安全生产费用,提取标准为每吨10元,截至2×18年3月31日,宏达公司“专项储备——安全生产费”余额为500万元。4月10日,经有关部门批准,该公司开出3个月的商业承兑汇票购入一批需要安装的矿井运输安全防护设备,价款为100万元,增值税进项税额为17万元。设备立即投入安装,于2×18年4月25日安装完成并达到预定可使用状态,安装过程中发生安装费用5万元,用银行存款支付。另外,宏达公司于2×18年4月20日支付安全生产设备检查费10万元,当月原煤产量为10万吨。不考虑其他相关税费,则宏达公司4月的相关会计处理如下:

(1)2×18年4月10日,购入需要安装的安全防护设备:

借:在建工程——××安全防护设备	1 000 000
应交税费——应交增值税(进项税额)	170 000
贷:应付票据	1 170 000

(2)2×18年4月20日支付安全生产设备检查费10万元:

借:专项储备——安全生产费	100 000
贷:银行存款	100 000

(3)2×18年4月25日设备安装完成,支付安装费:

借:在建工程——××安全防护设备	50 000
贷:银行存款	50 000

结转安全防护设备成本=1 000 000+50 000=1 050 000(元)

借:固定资产——××安全防护设备	1 050 000
贷:在建工程——××安全防护设备	1 050 000

同时,冲减专项储备,确认累计折旧:

借:专项储备——安全生产费	1 050 000
贷:累计折旧	1 050 000

(4)月末,提取当月安全生产费:

当月应提取安全生产费=100 000×10=1 000 000(元)

借:生产成本	1 000 000
贷:专项储备——安全生产费	1 000 000

则截至4月底,宏达公司“专项储备——安全生产费”余额为:

5 000 000-100 000-1 050 000+1 000 000=4 850 000(元)

第三节 固定资产折旧

一、固定资产折旧的概念及影响因素

(一)固定资产折旧

根据《企业会计准则第4号——固定资产》,固定资产折旧是指在固定资产使用寿命内,按照确定的方法对应计折旧额进行系统分摊。其中,应计折旧额,是指应当计提折旧的固定资产的原价扣除其预计净残值后的金额。如果已对固定资产计提减值准备,还应当扣除已计提的固定资产减值准备累计金额。

与其他资产一样,企业取得并使用固定资产是由于固定资产能够为企业在未来带来一定的经济利益。但是,固定资产在使用过程中会发生各种损耗。固定资产损耗可以分为有形损耗和无形损耗。有形损耗,是指固定资产在使用过程中,由于正常使用和自然力的作用而引起的使用价值和价值的损失,如设备使用中发生磨损、房屋建筑物受到自然侵蚀等。无形损耗,是指由于科学技术的进步和劳动生产率的提高而带来的固定资产价值上的损失,如因新技术的出现而使现有的资产技术水平相对陈旧、市场需求变化使其所生产的产品过时等。随着时间的延续,固定资产的使用效能以及为企业创造经济利益的能力会由于各种损耗而逐渐衰退直至消失。正是由于这样,企业需要借助于折旧的方式将固定资产使用过程中所发生的损耗计入成本或费用,以获取补偿,从而在未来有能力重置固定资产。从量上来说,准确地确定某一期间固定资产发生的损耗或应分摊计入成本费用的金额几乎是不可能的,但人们可以采用较为合理的方法来客观地反映这种损耗,并且这种方法应当根据与固定资产有关的经济利益的预期实现方式来确定,折旧方法一经确定,不得随意变更,具有连续性和规律性。

(二)固定资产折旧的影响因素

根据以上固定资产折旧的概念和过程的描述,影响固定资产折旧的因素主要有以下几个方面:

第一,固定资产原价。这是指固定资产的成本。

第二,预计净残值。这是指假定固定资产预计使用寿命已满并处于使用寿命终了时的预期状态,企业目前从该项资产处置中获得的扣除预计处置费用后的金额。

第三,固定资产减值准备。这是指固定资产已计提的固定资产减值准备累计金额。固定资产计提减值准备后,应当在剩余使用寿命内根据调整后的固定资产账面价值(固定资产账面余额扣减累计折旧和累计减值准备后的金额)和预计净残值重新计算确定折旧率和折旧额。

第四,固定资产的使用寿命。这是指企业使用固定资产的预计期间,或者该固定资产所能生产产品或提供劳务的数量。企业在确定固定资产的使用寿命时,主要应当考虑下列因素:预计生产能力或实物产量;预计有形损耗或无形损耗;法律或者类似规定对资产使用的限制。

企业应当根据固定资产的性质和使用情况,合理确定固定资产的使用寿命和预计净残值。固定资产的使用寿命、预计净残值一经确定,不得随意变更。

二、固定资产折旧范围

《企业会计准则第 4 号——固定资产》规定,企业应对所有的固定资产计提折旧。但是,已提足折旧仍继续使用的固定资产和单独计价入账的土地除外。在确定计提折旧的范围时,应注意以下几点:

第一,固定资产应当按月计提折旧,并根据用途计入相关资产的成本或者当期损益。固定资产应自达到预定可使用状态时开始计提折旧,终止确认时或划分为持有待售非流动资产时停止计提折旧。为简化核算,在会计实务中通常的做法是:当月增加的固定资产,当月不计提折旧,从下月起计提折旧;当月减少的固定资产,当月仍计提折旧,从下月起停止计提折旧。

第二,固定资产提足折旧后,不论能否继续使用,均不再提取折旧,提前报废的固定资产也不再补提折旧。所谓提足折旧,是指已经提足该项固定资产的应计折旧额。

第三,已达到预定可使用状态但尚未办理竣工决算的固定资产,应当按照估计价值确定其成本,并计提折旧;待办理竣工决算后,再按实际成本调整原来的暂估价值,但不需调整原已计提的折旧额。

第四,融资租入的固定资产,应当采用与自有固定资产相一致的折旧政策。能够合理确定租赁期届满时将会取得租赁资产所有权的,应当在租赁资产尚可使用年限内计提折旧;无法合理确定租赁期届满时能否取得租赁资产所有权的,应当在租赁期与租赁资产尚可使用年限两者中较短的期间内计提折旧。

第五,处于更新改造过程(可资本化后续支出)停止使用的固定资产,应将其账面价值转入在建工程,不再计提折旧。更新改造项目达到预定可使用状态转为固定资产后,再按照重新确定的折旧方法和该项固定资产尚可使用寿命计提折旧。

第六,固定资产在定期大修理间隔期间,照提折旧。

三、固定资产折旧方法

企业应当根据与固定资产有关的经济利益的预期实现方式合理选择固定资产折旧方法。可选用的折旧方法包括年限平均法、工作量法、双倍余额递减法和年数总和法等。企业选用不同的固定资产折旧方法,将会影响固定资产使用寿命期内不同时期的折旧费用,从而影响会计信息质量,因此固定资产的折旧方法一经确定,不得随意变更,如需变更应当符合固定资产准则的相关规定。根据《企业会计准则第 28 号——会计政策、会计估计变更和差错更正》的规定,折旧方法的改变应当作为会计估计变更处理,采用未来适用法。

(一)年限平均法

年限平均法又称直线法,是指将固定资产的应计折旧额均衡地分摊到固定资产预期使用寿命内的一种方法。该种方法下,每期的折旧额均相等。计算公式如下:

$$年折旧率 = \frac{1 - 预计净残值率}{预计使用寿命(年)} \times 100\%$$

$$月折旧率 = 年折旧率 \div 12$$

$$月折旧额 = 固定资产原价 \times 月折旧率$$

【例7－10】甲企业有一台设备，原价为80 000元，预计可使用10年，按照有关规定，该设备报废时的净残值率为4%。该设备的折旧率和折旧额计算如下：

$$年折旧率 = \frac{(1 - 4\%)}{10} \times 100\% = 9.6\%$$

$$月折旧率 = 9.6\% \div 12 = 0.8\%$$

$$月折旧额 = 80\ 000 \times 0.8\% = 640(元)$$

上例计算的折旧率是按个别固定资产单独计算的，称为个别折旧率，即某项固定资产在一定期间的折旧额与该项固定资产原价的比率。此外，还有分类折旧率和综合折旧率。

分类折旧率是指固定资产分类折旧额与该类固定资产原价的比率，采用这种方法，应先把性质、结构和使用年限接近的固定资产归为一类，再按类计算平均折旧率，用该类折旧率对该类固定资产计提折旧。如将房屋建筑物划分为一类，将机械设备划分为一类等。分类折旧率的计算公式如下：

$$某类固定资产折旧率 = \frac{该类固定资产年折旧额之和}{该类固定资产原价之和} \times 100\%$$

采用分类折旧率计算固定资产折旧，其优点是计算方法简单，但结果的准确性不如个别折旧率。

综合折旧率是指某一期间企业全部固定资产折旧额与全部固定资产原价的比率。计算公式如下：

$$固定资产年综合折旧率 = \frac{各项固定资产年折旧额之和}{各项固定资产原价之和} \times 100\%$$

采用综合折旧率计算固定资产折旧，与采用个别折旧率和分类折旧率计算固定资产折旧相比，其计算结果的准确性较差。

采用年限平均法计算固定资产折旧虽然比较简便，但也存在一定的局限性。特别是，没有考虑固定资产在不同使用年限提供的经济效益的不同以及固定资产在不同的使用年限发生的维修费用情况。当固定资产各期负荷程度相同时，各期应分摊相同的折旧费，这时采用年限平均法计算折旧是合理的。但是，如果固定资产各期负荷程度不同，采用年限平均法计算折旧时，则不能反映固定资产的实际使用情况，计提的折旧额与固定资产的损耗程度也不相符。因此，该方法适用于各期使用程度和使用效率大致相同的固定资产。

（二）工作量法

工作量法是根据实际工作量计算每期应计折旧额的一种方法。计算公式如下：

$$单位工作量折旧额 = \frac{固定资产原价 \times (1 - 预计净残值率)}{预计总工作量} \times 100\%$$

$$某项固定资产月折旧额 = 该项固定资产当月工作量 \times 单位工作量折旧额$$

【例7－11】甲企业有一辆载重汽车，原价为200 000元，预计总行驶里程为400 000公里，其报废时的预计净残值率为4%，本月行驶4 000公里。该辆汽车的月折旧额计算如下：

$$单位里程折旧额 = \frac{200\ 000 \times (1 - 4\%)}{400\ 000} \times 100\% = 0.48(元/公里)$$

$$本月折旧额 = 4\ 000 \times 0.48 = 1\ 920(元)$$

工作量法弥补了年限平均法只重使用时间，不考虑使用强度的缺点，但该方法没有考虑无形损耗因素，并且在实际工作中固定资产的工作总量也难以准确预计，因此，该方法仅适用于运输设备和大型机械设备等。

（三）双倍余额递减法

双倍余额递减法，是指在不考虑固定资产预计净残值的情况下，根据每期期初固定资产账面原价减去累计折旧后的金额和双倍的直线法折旧率计算固定资产折旧的一种方法。计算公式为：

$$年折旧率 = \frac{2}{预计的使用寿命(年)} \times 100\%$$

$$月折旧率 = 年折旧率 \div 12$$

$$月折旧额 = 每月月初固定资产账面净值 \times 月折旧率$$

上式中，固定资产的账面净值是指固定资产原价扣除累计折旧后的余额，也称折余价值。由于双倍余额递减法不考虑固定资产的预计净残值，因此应用该法计算折旧额时，不能使固定资产的账面净值低于它的预计净残值。实际中，采用双倍余额递减法计提折旧的固定资产时，通常在其折旧年限到期前两年内，将固定资产净值扣除预计净残值后的余额平均摊销。

【例7－12】甲企业某项固定资产的原价为50 000元，预计使用年限为5年，预计净残值2 000元。采用双倍余额递减法计算的各年折旧额如表7－2所示。

表7－2　双倍余额递减法下的折旧额计算表

年限	年初账面净值	年折旧率	年折旧额	累计折旧额	期末账面净值
1	50 000	40%	20 000	20 000	30 000
2	30 000	40%	12 000	32 000	18 000
3	18 000	40%	72 00	39 200	10 800
4	10 800	—	4 400	43 600	6 400
5	6 400	—	4 400	48 000	2 000

注：年折旧率＝(2/5)×100%＝40%

在表7－2中，从第四年起改按直线法计提折旧，即折旧年限到期前两年内，将固定资产净值扣除预计净残值后的余额平均摊销：

$$第四、第五年的折旧额 = (10\ 800 - 2\ 000) \div 2 = 4\ 400(元)$$

【例7－13】甲企业2×18年6月1日购入一台不需要安装的设备，原价为300 000元，预计可使用5年，预计净残值为20 000元，按双倍余额递减法计提折旧。计算甲企业2×19年度对该设备应计提的折旧额。

$$年折旧率 = (2/5) \times 100\% = 40\%$$

第一年加速折旧适用时间为2×18年7月—2×19年6月：

$$年折旧额 = 300 \times 40\% = 120(万元)$$

第二年加速折旧适用时间为 2×19 年 7 月—2×20 年 6 月：

$$年折旧额 = (300 - 300 \times 40\%) \times 40\% = 72(万元)$$

一般来说在加速折旧法下，年内各月折旧额均等。甲企业 2×19 年度折旧期间为 2×19 年 1 月—2×19 年 12 月，所以：

$$2 \times 19 年度折旧额 = 120 \times 6/12 + 72 \times 6/12 = 96(万元)$$

（四）年数总和法

年数总和法，又称年限合计法、年序数总和法，是指将固定资产的原价减去预计净残值后的余额乘以一个以固定资产尚可使用寿命为分子，以预计使用寿命逐年数字之和为分母的逐年递减的分数计算每年的折旧额。计算公式如下：

$$年折旧率 = \frac{尚可使用年限}{预计使用寿命的年数总和} \times 100\%$$

$$月折旧率 = 年折旧率 \div 12$$

$$月折旧额 = (固定资产原价 - 预计净残值) \times 月折旧率$$

【例 7－14】某项固定资产的原价为 48 800 元，预计使用年限为 5 年，预计净残值为 800 元。采用年数总和法计算的各年折旧额如表 7－3 所示。

表 7－3　年数总和法下的折旧额计算表

年限	年初尚可使用年限(年)	原价－净残值(元)	每年折旧率	每年折旧额(元)	累计折旧额(元)
1	5	48 000	5/15	16 000	16 000
2	4	48 000	4/15	12 800	28 800
3	3	48 000	3/15	9 600	38 400
4	2	48 000	2/15	6 400	44 800
5	1	48 000	1/15	3 200	48 000

需要说明的是，双倍余额递减法和年数总和法都属于加速折旧法，其特点是在固定资产使用的早期多提折旧，后期少提折旧，其递减的速度逐年加快，从而相对加快折旧的速度，目的是使固定资产成本在估计使用寿命内加快得到补偿。

四、固定资产折旧的会计处理

固定资产应当按月计提折旧，计提的折旧应通过"累计折旧"科目核算，并根据固定资产的用途，分别计入相关资产的成本或当期损益。如基本生产车间使用的固定资产，其计提的折旧应计入制造费用，并最终计入所生产产品成本；管理部门所使用的固定资产，其计提的折旧应计入管理费用；销售部门使用的固定资产，其计提的折旧应计入销售费用；未使用固定资产，其计提的折旧应计入管理费用；经营租赁出租的固定资产，其计提的折旧应计入其他业务成本；自行建造固定资产过程中使用的固定资产，其计提的折旧应计入在建工程成本；企业研发无形资产时使用的固定资产，其计提的折旧计入研发支出。

在我国会计实务中，各月计提折旧的工作一般是通过编制"固定资产折旧计算汇总表"来完成的。

【例7－15】甲企业2×18年9月份的固定资产折旧计算汇总表，见表7－4。

根据表7－4固定资产折旧计算汇总表，甲企业的会计处理如下：

借：制造费用——A车间　　37 420
　　　　　　——B车间　　11 040
　　管理费用　　21 000
　　销售费用　　11 000
　贷：累计折旧　　80 460

上述分录中，"累计折旧"是固定资产的备抵科目，核算企业固定资产的累计折旧。按期（月）计提固定资产的折旧，贷记本科目；处置固定资产同时转销的累计折旧，借记本科目；期末贷方余额反映企业固定资产的累计折旧额。本科目可按固定资产的类别进行明细核算。"固定资产"科目期末借方余额减去"累计折旧"期末贷方余额，减去"固定资产减值准备"期末贷方余额，表示固定资产的账面价值。

表7－4　固定资产折旧计算汇总表　　单位：元

使用部门	固定资产	上月折旧额	上月增加固定资产		上月减少固定资产		本月折旧额	分配费用
			原价	折旧额	原价	折旧额		
A车间	厂房	24 000					24 000	制造费用
	机器设备	12 000	24 000	720			12 720	
	其他设备	700					700	
	小计	36 700					37 420	
B车间	厂房	1 600					1 600	
	机器设备	9 600			3200	160	9 440	
	小计	1 1200					11 040	
厂部管理部门	房屋建筑	9 000					9 000	管理费用
	运输工具	12 000					12 000	
	小计	21 000					21 000	
销售部门	房屋建筑	1 000					1 000	销售费用
	办公设备	10 000					10 000	
	小计	11 000					11 000	
合计		79 900	24 000	720	3 200	160	80 460	

五、固定资产预计使用寿命、预计净残值和折旧方法的复核

《企业会计准则第4号——固定资产》规定，企业至少应当于每年年度终了，对固定资产的使用寿命、预计净残值和折旧方法进行复核。

在固定资产使用过程中，其所处的经济环境、技术环境以及其他环境有可能对固定

资产使用寿命和预计净残值产生较大影响。例如，固定资产使用强度大大超出正常情况，致使固定资产实际使用寿命缩短和预计净残值减少；替代某项固定资产的新产品的出现，致使原固定资产使用寿命缩短和预计净残值减少等。为了真实地反映固定资产为企业提供经济利益的期间及每期实际的资产消耗，企业至少应当于每年年度终了，对固定资产的使用寿命和预计净残值进行复核。如果固定资产使用寿命的预计数与原先估计数有差异，应当调整固定资产使用寿命；如果固定资产预计净残值的预计数与原先估计数有差异，应当调整固定资产预计净残值，并按照会计估计变更的有关规定进行处理。

在固定资产使用过程中，与固定资产有关的经济利益预期实现方式有可能发生重大改变。如果固定资产给企业带来经济利益的方式发生重大变化，企业也应相应改变固定资产的折旧方法。例如，某企业以前年度采用年限平均法计提固定资产折旧，在年度复核中发现，与该固定资产相关的技术已发生了很大变化，如果仍用年限平均法计提折旧，将难以反映该项固定资产给企业创造经济利益的方式，所以企业决定将年限平均法变为加速折旧法，并按照会计估计变更的有关规定进行处理。

【例 7－16】富越公司 2×16 年 12 月购入一台无须安装的生产设备，该项设备买价 160 000 元，增值税进项税额为 27 200 元，款项以银行存款支付。设备预计可使用 8 年，净残值为 10 000 元，采用直线法计提折旧。2×18 年年末，经复核发现，该固定资产的折旧方法、年限不变，净残值预计为 7 000 元。不考虑其他因素，则富越公司相关会计处理如下：

(1)2×16 年 12 月购入设备：

借：固定资产——××设备	160 000	
应交税费——应交增值税(进项税额)	27 200	
贷：银行存款		187 200

(2)2×17 年年末计提折旧：

$$2\times17\text{ 年应计提折旧额}=(160\ 000-10\ 000)\div8=18\ 750(\text{元})$$

借：制造费用	18 750	
贷：累计折旧		18 750

(3)2×18 年年末相关处理：

借：制造费用	18 750	
贷：累计折旧		18 750

$$2\times18\text{ 年年末固定资产的账面价值}=160\ 000-18\ 750\times2=122\ 500(\text{元})$$

(4)2×19 年年末提取折旧：

由于 2×18 年年末设备预计净残值减少至 7 000 元，所以应按照变化后的预计净残值计算 2×19 年应计提的折旧额。

$$2\times19\text{ 年应计提折旧额}=(122\ 500-7000)\div6=19\ 250(\text{元})$$

借：制造费用	19 250	
贷：累计折旧		19 250

以后各年提取折旧比照 2×19 年的处理。

此外，由于固定资产减值准备也会影响到应计折旧额，所以企业应当在资产负债表日按照《企业会计准则第 8 号——资产减值》的规定，判断资产是否存在可能发生减值的迹象，如果有确凿证据表明固定资产存在减值迹象，应当进行减值测试，估计固定资产的可收回金额。然后将所估计的固定资产可收回金额与其账面价值相比较，以确定固定资产是否发生减值，以及是否需要计提固定资产减值准备并确认相应的减值损失。

根据《企业会计准则第 8 号——资产减值》，资产可收回金额的估计，应当根据其公允价值减去处置费用后的净额与资产预计未来现金流量的现值两者之间较高者确定。因此，要估计固定资产的可收回金额，通常需要同时估计该固定资产的公允价值减去处置费用后的净额和固定资产预计未来现金流量的现值。但是，在下列情况下，可以有例外或者作特殊考虑：

第一，固定资产的公允价值减去处置费用后的净额与固定资产预计未来现金流量的现值，只要有一项超过了固定资产的账面价值，就表明固定资产没有发生减值，不需再估计另一项金额。

第二，没有确凿证据或者理由表明，固定资产预计未来现金流量现值显著高于其公允价值减去处置费用后的净额的，可以将固定资产的公允价值减去处置费用后的净额视为固定资产的可收回金额。企业持有待售的固定资产往往属于这种情况，即该固定资产在持有期间（处置之前）所产生的现金流量可能很少，其最终取得的未来现金流量往往就是固定资产的处置净收入，因此，在这种情况下，以固定资产公允价值减去处置费用后的净额作为其可收回金额是适宜的，因为固定资产的未来现金流量现值不大会显著高于其公允价值减去处置费用后的净额。

第三，如果固定资产的公允价值减去处置费用后的净额无法可靠估计，应当以该固定资产预计未来现金流量的现值作为其可收回金额。

企业在对固定资产进行减值测试后，如果可收回金额的计量结果表明固定资产的可收回金额低于其账面价值，应当将固定资产的账面价值减记至可收回金额，减记的金额确认为资产减值损失，计入当期损益，同时，计提相应的资产减值准备。固定资产计提了减值准备后，固定资产账面价值将根据计提的减值准备相应抵减，因此，固定资产在未来计提折旧时，应当以新的固定资产账面价值为基础计提每期折旧。

【例 7－17】承例 7－16。假如 2×18 年年末，经减值测试发现该设备估计可收回金额为 121 000 元，另经复核发现，该固定资产的折旧方法、年限不变，净残值预计为7 000 元。不考虑其他因素，则富越公司 2×16—2×19 年相关会计处理如下：

(1)2×16—2×17 年的相关会计处理同例 7－16。

(2)2×18 年年末相关处理。

①计提 2×18 年折旧：

借：制造费用	18 750	
贷：累计折旧		18 750

②计提减值准备：

2×18 年年末固定资产的账面价值＝160 000－18 750×2＝122 500（元）

固定资产的账面价值（122 500 元）大于预计可收回金额（121 000 元），所以应计提减值准备 1 500 元（122 500－121 000）。

借：资产减值损失	1 500	

贷:固定资产减值准备　　1 500

(3)2×19 年年末提取折旧。由于 2×18 年年末计提减值准备后,固定资产的账面价值减记至可收回金额 12 1000 元,另设备预计净残值减少至 7 000 元,所以应重新调整计算 2×19 年应计提的折旧额。

2×19 年应计提折旧额 =(121 000 - 7 000) ÷6 =19 000(元)

借:制造费用　　19 000

贷:累计折旧　　19 000

以后各年提取折旧比照 2×19 年的处理。

第四节　固定资产的后续支出

固定资产的后续支出是指固定资产在使用过程中发生的更新改造支出、修理费用等。固定资产后续支出的处理原则为:符合固定资产确认条件的,应当计入固定资产成本,同时将被替换部分的账面价值扣除;不符合固定资产确认条件的,应当在发生时计入当期损益。

一、资本化的后续支出

固定资产发生更新改造等后续支出,符合固定资产确认条件的,企业一般应将该固定资产的原价、已计提的累计折旧和减值准备转销,将固定资产的账面价值转入在建工程,并停止计提折旧,待更新改造等工程完工并达到预定可使用状态时,再从在建工程转为固定资产,并按重新确定的使用寿命、预计净残值和折旧方法计提折旧。

【例 7-18】甲公司是一家从事饮料生产的企业,有关资料如下:

(1)2×15 年 12 月,该公司自行建成了一条饮料生产线并投入使用,建造成本为 568 000 元;采用年限平均法计提折旧;预计净残值率为固定资产原价的 3%,预计使用年限为 6 年。

(2)2×17 年 12 月 31 日,由于生产的产品适销对路,现有生产线的生产能力已难以满足企业生产发展的需要,但若新建生产线成本很高、周期太长,于是企业决定对现有生产线进行改扩建,以提高其生产能力。

(3)2×18 年 1 月 1 日—3 月 31 日,经过 3 个月的改扩建,完成了对这条饮料生产线的改扩建工程,共发生支出 268 000 元,全部以银行存款支付。

(4)该生产线改扩建工程达到预定可使用状态后,大大提高了生产能力,预计尚可使用年限为 7 年 9 个月。假定改扩建后的生产线的预计净残值率为改扩建后固定资产账面价值的 3%;折旧方法仍为年限平均法。

(5)为简化计算,不考虑其他相关税费,公司按年度计提折旧。

甲公司 2×16—2×18 年的账务处理如下:

(1)2×16 年 12 月 31 日,计提固定资产折旧:

应计提的折旧额 = [568 000 × (1 − 3%)] ÷ 6 = 91 826.67(元)

借:制造费用 91 826.67

贷:累计折旧 91 826.67

(2)2×17 年 12 月 31 日,计提固定资产折旧:

借:制造费用 91 826.67

贷:累计折旧 91 826.67

(3)2×17 年 12 月 31 日,生产线转入改扩建:

借:在建工程 384 346.66

累计折旧 183 653.34

贷:固定资产 568 000

(4)2×18 年 1 月 1 日—3 月 31 日,发生各项后续支出:

借:在建工程 268 000

贷:银行存款 268 000

(5)2×18 年 3 月 31 日,生产线改扩建工程达到预定可使用状态:

固定资产成本 = 384 346.66 + 268 000 = 652 346.66(元)

借:固定资产 652 346.66

贷:在建工程 652 346.66

(6)2×18 年 12 月 31 日,按重新确定的使用寿命、预计净残值和折旧方法计提折旧:

应计折旧额 = 652 346.66 × (1 − 3%) = 632 776.26(元)

2×18 年应计提的折旧额 = 632 776.26 ÷ (7 × 12 + 9) × 9 = 61 236.412(元)

借:制造费用 61 236.412

贷:累计折旧 61 236.41

企业发生的一些固定资产后续支出可能涉及替换原固定资产的某组成部分,发生的后续支出符合固定资产确认条件的,应将其计入固定资产成本,同时终止确认被替换部分的账面价值,以避免将替换部分的成本和被替换部分的账面价值同时计入固定资产成本,导致固定资产成本虚高。企业对固定资产进行定期检查发生的大修理费用,符合资本化条件的,可以计入固定资产成本;不符合资本化条件的,应当费用化,计入当期损益。固定资产在定期大修理间隔期间,照提折旧。

【例 7−19】某公司 2×12 年 12 月购入一台大型设备,总计花费 5 000 万元(含电机),其中电机当时的购价为 500 万元。公司当时未将电机作为一项单独的固定资产进行核算。2×18 年年初,由于电机老化,公司决定更换电机。新电机的购价为 700 万元,另需支付安装费用 50 000 元。假定该设备的年折旧率为 5%,不考虑相关税费的影响,公司的会计处理如下:

(1)2×18 年年初,该设备的累计折旧金额为:

50 000 000 × 5% × 5 = 12 500 000(元)

固定资产转入在建工程:

借:在建工程——××设备 37 500 000

累计折旧 12 500 000

贷:固定资产——××设备　　50 000 000

(2)安装新电机:

借:在建工程——××设备　　7 050 000

贷:工程物资——××设备　　7 000 000

银行存款　　50 000

(3)2×18 年年初,老电机的账面价值为:

$$5\ 000\ 000 - 5\ 000\ 000 \times 5\% \times 5 = 3\ 750\ 000(\text{元})$$

终止确认老电机的账面价值。假定报废处理,无残值:

借:营业外支出　　3 750 000

贷:在建工程——××设备　　3 750 000

(4)电机安装完毕,投入使用。固定资产的入账价值为:

$$37\ 500\ 000 + 7\ 050\ 000 - 3\ 750\ 000 = 40\ 800\ 000(\text{元})$$

借:固定资产——××设备　　40 800 000

贷:在建工程——××设备　　40 800 000

二、费用化的后续支出

一般情况下,固定资产投入使用之后,由于固定资产磨损、各组成部分耐用程度不同,可能会导致固定资产的局部损坏,为了保证固定资产的正常运转和使用,充分发挥其使用效能,企业需要对固定资产进行必要的维护。固定资产的日常修理费用等应在其发生时计入当期损益。其中,企业生产车间(部门)和行政管理部门等发生的固定资产修理费用等后续支出,借记"管理费用"科目;企业发生的与专设销售机构相关的固定资产修理费用等后续支出,借记"销售费用"科目。

此外,对于处于修理、更新过程而停止使用的固定资产,如果其修理更新改造支出不满足固定资产的确认条件,在发生时也直接计入当期损益。但企业以经营租赁方式租入的固定资产发生的改良支出,应当予以资本化,作为长期待摊费用,合理进行摊销。

【例 7-20】2×18 年 1 月 28 日,甲企业对某生产用设备进行日常维护,在维护过程中领用本企业原材料一批,该批材料的成本为 100 000 元,为购买该批材料支付的增值税进项税额为 16 000 元;应支付维修人员薪酬为 40 000 元。甲企业的会计处理如下:

借:管理费用　　140 000

贷:原材料　　100 000

应付职工薪酬　　40 000

第五节　固定资产的处置

一、固定资产终止确认的条件

固定资产准则规定,固定资产满足下列条件之一的,应当予以终止确认:

第一,该固定资产处于处置状态。固定资产处置,包括固定资产的出售、转让、报废、毁损、对外投资、非货币性资产交换和债务重组等。处于处置状态的固定资产不能用于生产商品、提供劳务、出租或经营管理,所以不再符合固定资产的定义,应当予以终止确认。

第二,该固定资产预期通过使用或处置不能产生经济利益。固定资产的确认条件之一是“与该固定资产有关的经济利益很可能流入企业”如果一项固定资产预期通过使用或处置不能产生经济利益,那么它就不再符合固定资产的定义和确认条件,应当予以终止确认。

二、固定资产处置的账务处理

企业出售、转入划归为持有待售类别的,按照持有待售非流动资产、处置组的要求进行会计处理;未划归为持有待售类别而出售、转让的,通过“固定资产清理”科目归集所发生的损益,其产生的利益或损失转入“资产处置损益”科目,计入当期损益;固定资产因报废毁损等原因而终止确认的,通过“固定资产清理”科目归集所发生的损益,其产生的利得或损失计入“营业外收入”或“营业外支出”科目。

“固定资产清理”属于资产类过渡科目,借方登记固定资产转入清理的净值和清理过程中发生的费用;贷方登记出售固定资产取得的价款、残料价值、变价收入或有关责任者收取的赔款等。其贷方余额表示清理后的净收益;借方余额表示清理后的净损失。清理完毕结转处置净损益后,该科目无余额。

固定资产清理的会计处理一般经过下列几个步骤:

第一,固定资产转入清理。固定资产转入清理时,按固定资产账面价值,借记“固定资产清理”科目;按已计提的累计折旧,借记“累计折旧”科目;按已计提的减值准备,借记“固定资产减值准备”科目;按固定资产账面原价,贷记“固定资产”科目。

第二,发生的清理费用。固定资产清理过程中发生的相关税费及其他费用,借记“固定资产清理”科目,贷记“银行存款”“应交税费——应交营业税”等科目。

第三,收回残料或出售价款等的处理。企业收回出售固定资产的价款、残料价值或变价收入等,应冲减清理支出。按实际收到出售价款和残料价值或变价收入等,借记“银行存款”“原材料”等科目,贷记“固定资产清理”“应交税费——应交增值税”等科目。

第四,保险赔偿的处理。企业计算或收到应由保险公司或过失人赔偿的损失,应冲减清理支出,借记“其他应收款”“银行存款”等科目,贷记“固定资产清理”科目。

第五,清理净损益的结转。固定资产清理完成后的净损失,如果属于生产经营期间正常处理损失,借记“营业外支出——处置非流动资产损失”科目,贷记“固定资产清理”科目;如果属于生产经营期间由于自然灾害等非正常原因造成的损失,借记“营业外支出——非常损失”科目,贷记“固定资产清理”科目。固定资产清理完成后的净收益,借记“固定资产清理”科目,贷记“营业外收入”科目。

(一)固定资产出售的账务处理

【例 7 – 21】A 公司出售一台设备,其购入价为 150 万元,其间已发生减值 5 万元,取得的价款收入为92.8万元(含增值税),适用增值税税率为16%(应计提的城建税和教育费附加略)。该设备已计提折旧60万元,另在固定资产出售过程中以银行存款支付清理费等1万元。现已办理了财产转移手续。A公司的会计处理如下:

(1)固定资产转入清理:

借:固定资产清理	850 000
累计折旧	600 000
固定资产减值准备	50 000
贷:固定资产	1 500 000

(2)支付清理费用:

借:固定资产清理	10 000
贷:银行存款	10 000

(3)收到出售价款:

借:银行存款	936 000
贷:固定资产清理	800 000
应交税费——应交增值税(销项税额)	136 000

(4)结转固定资产清理完成后的净损益:

固定资产清理净损益 = 800 000 - (850 000 + 10 000) = -60 000(元)

借:资产处置损益	60 000
贷:固定资产清理	60 000

(二)固定资产报废或毁损的账务处理

【例7-22】甲企业有一台设备,因使用期满经批准报废。该设备原价为450 000元,累计已提折旧为435 000元,已计提减值准备为5 000元。在清理过程中。以银行存款支付清理费用6 000元,残料变卖收入6 800元已存入银行,假定不考虑相关税费。甲企业的会计处理如下:

(1)固定资产转入清理:

借:固定资产清理	10 000
累计折旧	435 000
固定资产减值准备	5 000
贷:固定资产	450 000

(2)支付清理费用:

借:固定资产清理	6 000
贷:银行存款	6 000

(3)收到残料变价收入:

借:银行存款	6 800
贷:固定资产清理	6 800

(4)结转固定资产清理完成后的净损益:

固定资产清理净损益 = 6 800 - (10 000 + 6 000) = -9 200(元)

借:营业外支出——非流动资产报废	9 200

贷:固定资产清理 9 200

(三)持有待售的固定资产

企业主要通过出售而非持续使用一项非流动资产或处置组收回其账面价值的,应当将其划分为持有待售类别。非流动资产或处置组划分为持有待售类别,应当同时满足两个条件:一是可以立即出售。企业应当具有在当前状态下出售该非流动资产或处置组的意图和能力。二是出售极可能发生。企业已经就一项出售计划做出决议且获得确定的购买承诺,预计出售将在一年内完成。企业持有待售的固定资产,是指同时满足以上条件、根据出售同类固定资产的惯例就可以直接出售且极可能出售的固定资产。

对于划分为持有待售的固定资产,企业在初始计量时,应当调整其预计净残值,使该项固定资产的预计净残值能够反映其公允价值减去处置费用后的金额,但不得超过符合持有待售条件时该项固定资产的账面价值。如果账面价值低于预计净残值,企业不需要对账面价值进行调整;如果账面价值高于预计净残值,企业应当将账面价值减记至预计净残值,减记的金额确认为资产减值损失,计入当期损益,同时计提持有待售资产减值准备。

持有待售的固定资产不再计提折旧,按账面价值与公允价值减去处置费用后的净额孰低进行计量。被划分为持有待售的固定资产归类为流动资产,企业应当在报表附注中披露持有待售的固定资产名称、账面价值、公允价值、预计处置费用和预计处置时间等。

【例7-23】甲公司一台待售设备原值100万元,预计净残值5万元,在其账面价值为60万元(已提折旧40万元)时准备出售。假定现在买方有两种出价金额:一是买方出价43万元,处置费用3万元;二是买方出价73万元,处置费用3万元。做出以下两种出价金额下买方的会计处理。

(1)如果买方出价43万元,处置费用3万元,则预计净残值=43-3=40(万元),小于其账面价值。所以,确认资产减值损失=60-40=20(万元)。会计处理为:

借:持有待售资产 600 000

累计折旧 400 000

资产减值损失 200 000

贷:固定资产 1 000 000

持有待售资产减值准备 200 000

(2)如果买方出价73万元,处置费用3万元,则预计净残值=73-3=70(万元),大于其账面价值,不做会计处理,处置收益于实现时再确认。会计处理为:

借:持有待售资产 600 000

累计折旧 400 000

贷:固定资产 1 000 000

当非流动资产或处置组不再满足持有待售类别划分条件,企业应当停止将其划归为持有待售,并按照下列两项金额中较低者计量:①该资产或处置组被划归为持有待售之前的账面价值,按照其假定在没有被划归为持有待售的情况下原应确认的折旧、摊销或减值进行调整后的金额;②决定不再出售之日的可收回金额。

符合持有待售条件的无形资产等其他非流动资产，比照上述原则处理，这里所指其他非流动资产不包括递延所得税资产、《企业会计准则第22号——金融工具确认和计量》规范的金融资产、以公允价值计量的投资性房地产和生物资产、保险合同中产生的合同权利。企业如有划分为持有待售的非流动资产及划分为持有待售的处置组中的资产，应当在资产负债表资产项下"存货"项目和"一年内到期的非流动资产"项目之间增设"划分为持有待售的资产"项目，反映资产负债表日划分为持有待售的非流动资产及划分为持有待售的处置组中的资产的期末余额。

（四）其他方式减少的固定资产

其他方式减少的固定资产，包括以固定资产清偿债务、投资转出固定资产、以非货币性资产交换出固定资产等。企业对于其他方式减少的固定资产，应当分别按照《企业会计准则第12号——债务重组》《企业会计准则第2号——长期股权投资》《企业会计准则第7号——非货币性资产交换》等规定的处理原则进行核算。

第六节　固定资产的清查及期末披露

一、固定资产清查

固定资产属于单位价值高，使用期限较长的有形资产，对管理规范的企业而言，在清查中发现盘盈、盘亏的固定资产是不常见的。因此，为了保证固定资产核算的真实性和完整性，企业应当健全制度，加强固定资产管理，定期或至少于每年年末在编制会计决算报告之前进行一次全面清查。

对清查过程中发现的盘盈、盘亏的固定资产，应编制固定资产盘盈、盘亏报告表，以作为调账的依据。

（一）固定资产盘盈的账务处理

企业在清查过程中发现盘盈的固定资产，应作为前期差错处理，通过"以前年度损益调整"科目核算。具体处理依据《企业会计准则第28号——会计政策、会计估计变更和差错更正》的相关规定，参见第十三章第五节。

（二）固定资产盘亏的账务处理

企业在清查过程中发现盘亏的固定资产，通过"待处理财产损溢——待处理固定资产损溢"科目核算。企业在财产清查中盘亏的固定资产，按盘亏固定资产的账面价值借记"待处理财产损溢——待处理固定资产损溢"科目；按已计提的累计折旧，借记"累计折旧"科目；按已计提的减值准备，借记"固定资产减值准备"科目；按固定资产原价，贷记"固定资产"科目。固定资产盘亏造成的损失，应当计入当期损益。按管理权限报经批准后处理时，按可收回的保险赔偿或过失人赔偿，借记"其他应收款"科目；按应计入营业外支出的金额，借记"营业外支出——盘亏损失"科目，贷记"待处理财产损溢"科目。

【例7-24】甲企业盘亏机器设备一台,原价为80 000元,累计已提折旧52 000元,已提减值准备10 000元。经查,机器设备丢失的原因在于保管员看守不当。经批准,由保管员赔偿5 000元。报经有关部门审批后,将盘亏固定资产的账面价值转为营业外支出。假定不考虑相关税费,甲企业的会计处理如下:

(1)发现盘亏的固定资产:

借:待处理财产损溢——待处理固定资产损溢	18 000
累计折旧	52 000
固定资产减值准备	10 000
贷:固定资产	80 000

(2)报经有关部门审批后:

借:其他应收款——×××	5 000
营业外支出——非常损失	13 000
贷:待处理财产损溢——待处理固定资产损溢	18 000

二、固定资产的期末披露

企业应当在附注中披露与固定资产有关的下列信息:

第一,固定资产的确认条件、分类、计量基础和折旧方法。

第二,各类固定资产的使用寿命、预计净残值和折旧率。

第三,各类固定资产的期初和期末原价、累计折旧额及固定资产减值准备累计金额。

第四,当期确认的折旧费用。

第五,对固定资产所有权的限制及其金额和用于债务担保的固定资产账面价值。

第六,准备处置的固定资产名称、账面价值、公允价值、预计处置费用和预计处置时间等。

本章小结

固定资产是指同时具有下列特征的有形资产:①为生产商品、提供劳务、出租或经营管理而持有的;②使用寿命超过一个会计年度。一项资产在满足上述固定资产定义的前提下,还需同时满足下列两个条件,才能确认为固定资产:①与该固定资产有关的经济利益很可能流入企业;②该固定资产的成本能够可靠计量。

固定资产应当按照成本进行初始计量。实务中,应当区分固定资产不同的取得来源,分别确定其成本。企业外购固定资产的成本,包括购买价款、相关税费、使固定资产达到预定可使用状态前所发生的可归属于该项资产的运输费、装卸费、安装费和专业人员服务费等;超过正常信用条件延期支付价款的固定资产,其成本按购买价款的现值入账;自行建造固定资产的成本,由建造该项资产达到预定可使用状态前所发生的必要支出构成。包括工程用物资成本、人工成本、交纳的相关税费、应予资本化的借款费用以及应分摊的间接费用等;对于投资者投入的固定资产,企业应按投资合同或协议约定的价值确定其入账价值,但合同或协议价值不公允的除外;企业以其他方式取得的固定资产,其成本应当分别按照相关准则的规定确定。

固定资产折旧是指在固定资产使用寿命内,按照确定的方法对应计折旧额进行系统分摊。企业应当根据与固定资产有关的经济利益的预期实现方式合理选择固定资产折旧方法。可选用的折旧方法包括年限平均法、工作量法、双倍余额递减法和年数总和法等。其中,双倍余额递减法和年数总和法属于加速折旧法。在固定资产使用过程中,其所处的经济环境、技术环境以及其他环境有可能对固定资产使用寿命和预计净残值产生较大影响。因此,企业至少应当于每年年度终了,对固定资产的使用寿命、预计净残值和折旧方法进行复核,并判断固定资产是否存在可能发生减值的迹象。

固定资产的后续支出是指固定资产在使用过程中发生的更新改造支出、修理费用等。固定资产后续支出的处理原则为:符合固定资产确认条件的,应当计入固定资产成本,同时将被替换部分的账面价值扣除;不符合固定资产确认条件的,应当在发生时计入当期损益。

固定资产因出售、报废、损毁等原因而处置时,应该按照规定进行清理,清理净损益作为营业外收支处理。对于持有待售的固定资产,企业应对预计净残值进行调整,使预计净残值能够反映其公允价值减去处置费用后的金额。

思考题

1. 简述固定资产的定义、特征及确认条件。
2. 固定资产取得方式有哪些?
3. 采用延期付款、实质上具有融资性质方式购入的固定资产,如何确定其入账价值?
4. 自营方式和出包方式建造的固定资产,应当如何进行会计处理?
5. 固定资产折旧的计算方法有哪些? 试述其各自的原理及优缺点。
6. 对不同形式的固定资产后续支出如何进行会计处理?
7. 对终止确认的固定资产如何确定其实现的损益?
8. 对固定资产盘盈和盘亏如何进行会计处理?
9. 为什么要进行固定资产预计使用寿命、预计净残值和折旧方法的复核?
10. 试述固定资产减值准备的计提原理。

练习题

1.【资料】甲股份有限公司(以下简称"甲公司")为一家上市公司,属于增值税一般纳税企业,适用的增值税税率为16%。甲公司2×16—2×18年与固定资产有关的业务资料如下:

(1)2×16年12月1日,甲公司购入一条需要安装的生产线,取得的增值税专用发票上注明的生产线价款为1 170万元,增值税税额为187.2万元;发生保险费2.5万元,款项均以银行存款支付;没有发生其他相关税费。

(2)2×16年12月1日,甲公司开始以自营方式安装该生产线。安装期间领用生产用原材料实际成本和计税价格均为11.6万元,发生安装工人工资5万元,没有发生其他相关税费。该原材料未计提存货跌价准备。

(3)2×16年12月31日,该生产线达到预定可使用状态,当日投入使用。该生产线预计使用年限为6年,预计净残值为13.2万元,采用直线法计提折旧。

(4)2×17年12月31日,甲公司在对该生产线进行检查时发现其已经发生减值。

甲公司预计该生产线在未来4年内每年产生的现金流量净额分别为100万元、150万元、200万元、300万元,2×22年产生的现金流量净额以及该生产线使用寿命结束时处置形成的现金流量净额合计为200万元;假定按照5%的折现率和相应期间的时间价值系数计算该生产线未来现金流量的现值;该生产线的公允价值减去处置费用后的净额为782万元。已知部分时间价值系数为:$(P/F,5\%,1)=0.952\ 4$,$(P/F,5\%,2)=0.907\ 0$,$(P/F,5\%,3)=0.863\ 8$,$(P/F,5\%,4)=0.822\ 7$,$(P/F,5\%,5)=0.783\ 5$。

(5)2×18年1月1日,该生产线的预计尚可使用年限为5年,预计净残值为12.56万元,采用直线法计提折旧。

(6)2×18年6月30日,甲公司采用出包方式对该生产线进行改良。当日,该生产线停止使用,开始进行改良。在改良过程中,甲公司以银行存款支付工程总价款122.14万元。

(7)2×18年8月20日,改良工程完工验收合格并于当日投入使用,预计尚可使用年限为8年,预计净残值为10.2万元,采用直线法计提折旧。2×18年12月31日,该生产线未发生减值。

【要求】(答案中的金额单位用万元表示)

(1)编制2×16年12月1日购入该生产线的会计分录。

(2)编制2×16年12月安装该生产线的会计分录。

(3)编制2×16年12月31日该生产线达到预定可使用状态的会计分录。

(4)计算2×17年度该生产线计提的折旧额。

(5)计算2×17年12月31日该生产线的可收回金额。

(6)计算2×17年12月31日该生产线应计提的固定资产减值准备金额,并编制相应的会计分录。

(7)计算2×18年度该生产线改良前计提的折旧额。

(8)编制2×18年6月30日该生产线转入改良时的会计分录。

(9)计算2×18年8月20日改良工程达到预定可使用状态后该生产线的成本。

(10)计算2×18年度该生产线改良后计提的折旧额。

2.【资料】2×13年12月10日,甲公司从乙公司购买一项固定资产投入行政管理部门使用,与乙公司协议采用分期付款方式支付款项。合同规定,该项固定资产总计200万元,从2×14年起每年年末付款50万元,4年付清。假设银行同期贷款利率为5%,未确认融资费用采用实际利率法摊销,取得的固定资产采用年限平均法按10年计提折旧,无残值。2×18年1月2日,甲公司将上述固定资产对外出售,实得款项92.1万元存入银行。假定不考虑相关税费,按年计提固定资产折旧和确认利息费用,计提减值准备后固定资产的折旧年限不变。

另外,2×14年12月31日、2×15年12月31日、2×16年12月31日和2×17年12月31日该固定资产的可收回金额分别为153万元、120万元、110万元和92万元。

【要求】(提示:有关现值系数参照第1题的资料,答案中的金额单位用万元表示)

(1)编制甲公司2×13年12月10日取得固定资产的会计分录。

(2)编制甲公司2×14年12月31日付款、未确认融资费用摊销、固定资产计提折旧和计提减值准备的会计分录。

(3)编制甲公司2×15年12月31日付款、未确认融资费用摊销、固定资产计提折旧和计提减值准备的会计分录。

(4)编制甲公司2×16年12月31日付款、未确认融资费用摊销、固定资产计提折旧和计提减值准备的会计分录。

(5)编制甲公司2×17年12月31日付款、未确认融资费用摊销、固定资产计提折旧和计提减值准备的会计分录。

(6)编制甲公司2×18年1月2日出售固定资产的会计分录。

第八章

无形资产

本章学习目的

通过本章学习，了解无形资产的概念特征及确认条件，掌握不同来源无形资产的初始计量，特别要注意把握内部研究开发费用的确认与计量，区分使用寿命有限和使用寿命不确定的无形资产，熟练掌握无形资产摊销、减值准备计提和无形资产处置等相关会计处理。

本章重点与难点

本章重点是不同来源取得无形资产的入账价值及账务处理、无形资产摊销和处置。本章难点是具有融资性质的购入无形资产的核算以及内部研究开发费用的确认与计量。

第一节　无形资产的确认

一、无形资产概述

（一）无形资产的概念及特征

依据无形资产准则的界定，无形资产是指企业拥有或者控制的、没有实物形态的可辨认非货币性资产。与其他资产相比，无形资产一般具有以下特征：

1. 无形资产不具有实物形态

无形资产以一种观念形态的形式存在，它没有实物形态，但却具有价值，它体现的是一种权利或获得超额利润的综合能力。由于无形资产不具有实物形态，因此，与固定资产不同的是，在使用过程中不存在有形损耗，只存在无形损耗，其很大程度上是通过自身所具有的技术等优势为企业带来未来经济利益，因而报废时无残值，它的价值转移是通过摊销的形式，而不是通过计提折旧的形式。不具有实物形态是无形资产区别于其他资产的显著标志。

需要指出的是，某些无形资产的存在有赖于实物载体。比如，计算机软件需要存储在介质中。但这并不改变无形资产本身不具有实物形态的特性。判断一项包含无形和有形要素的资产是属于固定资产，还是属于无形资产，通常以哪个要素更重要作为判断依据。

2. 无形资产具有可辨认性

无形资产的可辨认性是指其必须是能够区别于其他资产可单独辨认的，如企业持有的专利权、非专利技术、商标权、特许权等。根据无形资产准则，资产满足下列条件之一的，则认为其具有可辨认性：①能够从企业中分离或者划分出来，并能单独或者与相关合同、资产或负债一起，用于出售、转移、授予许可、租赁或者交换；②源自合同权利或其他法定权利，无论这些权利是否可以从企业或其他权利和义务中转移或者分离，如一方通过与另一方签订特许权合同而获得的特许使用权，通过法律程序申请获得的商标权、专利权等。

特别需要说明的是，商誉是企业合并成本大于合并取得被购买方各项可辨认资产、负债公允价值份额的差额。由于商誉的存在无法与企业自身分离，不具有可辨认性，因而不属于《企业会计准则第 6 号——无形资产》规范的范畴，当然也就不能作为企业的无形资产。企业合并中形成的商誉，适用《企业会计准则第 8 号——资产减值》和《企业会计准则第 20 号——企业合并》。

3. 无形资产属于非货币性资产

非货币性资产是指企业持有的货币资金和以固定或可确定的金额收取的资产以外的其他资产。无形资产由于没有发达的交易市场，一般不容易转化成现金，在持有过程中为企业带来未来经济利益的情况不确定，不属于以固定或可确定的金额收取的资产，属于非货币性资产。

4. 无形资产是由企业拥有或者控制并能为其带来未来经济利益的资源

无形资产是企业拥有或控制的能够为其带来未来经济利益的资源，它往往是通过用于生产商品或提供劳务、出租给他人，或用于管理的方式等而为企业带来经济利益流入的。通常情况下，企业对无形资产的拥有或者控制是通过拥有其所有权来实现的。比如，企业自行研制的技术通过申请依法取得专利权后，在一定期限内拥有了该技术的法定所有权。但在某些情况下并不需要企业拥有其所有权，如果企业有权获得某项无形资产产生的经济利益，同时又能约束其他人获得这些经济利益，则说明企业控制了该无形资产，或者说控制了该无形资产产生的经济利益。例如，企业与其他企业签订合约转让商标权使用权，合约的签订使商标使用权转让方的相关权利受到法律的保护。

（二）无形资产的内容

无形资产一般包括专利权、非专利技术、商标权、著作权、特许权、土地使用权等。

1. 专利权

专利权是指国家专利主管机关依法授予发明创造专利申请人，对其发明创造在法定期限内所享有的专有权利，包括发明专利权、实用新型专利权和外观设计专利权。

2. 非专利技术

非专利技术也称专有技术，是指不为外界所知、在生产经营活动中已采用了的、不享有法律保护的、可以带来经济效益的各种技术和诀窍。非专利技术一般包括工业专有技术、商业贸易专有技术、管理专有技术等。非专利技术具有经济性、机密性、动态性等特点。

3. 商标权

商标是用来辨认特定的商品或劳务的标记。商标权是专门在某类指定的商品或产品上使用特定的名称、图案、标记的权利。根据我国《商标法》的规定，经商标局核准注册的商标为注册商标，商标注册人享有商标专用权，受法律保护。商标权的内容包括独占使用权和禁止使用权。

4. 著作权

著作权又称版权，是指作者对创作的文学、科学和艺术作品依法享有的某些特殊权利。著作权包括发表权、署名权、修改权、保护作品完整权、使用权和获得报酬权等。著作权可以转让、出售或者赠予。

5. 特许权

特许权也称为专营权，是指企业在某一地区经营或销售某种特定商品的权利，或是一家企业接受另一家企业使用其商标、商号、技术秘密等的权利。前者是由政府机构授权，准许企业使用或在一定地区享有经营某种业务的特权，如水、电、邮电通信等专营权，烟草专卖权等；后者是指企业间依照签订的合同，有限期或无限期使用另一家企业的某些权利，如连锁店分店使用总店的名称等。通常在特许权转让合同中规定了特许权转让的期限、转让人和受让人的权利和义务。转让人一般要向受让人提供商标、商号等使用权，传授专有技术，并负责培训营业人员，提供经营所必需的设备和特殊原料。受让人则需要向转让人支付取得特许权的费用，开业后则按营业收入的一定比例或其他计算方法支付享用特许权费用。会计上的特许权主要是指后一种情况。

6. 土地使用权

土地使用权，指国家准许某企业在一定期间对国有土地享有开发、利用、经营的权利。根据我国《土地管理法》的规定，我国土地实行公有制，任何单位和个人不得侵占、买卖或者以其他形式非法转让。企业取得土地使用权的方式包括：行政划拨取得、外购取得及投资者投资取得。

二、无形资产的确认条件

某项资源在符合无形资产定义，并且同时满足以下条件时，企业才能予以确认：

（一）与该无形资产有关的经济利益很可能流入企业

通常情况下，无形资产产生的未来经济利益可能包括在销售商品、提供劳务的收入当中，或者企业使用该项无形资产而减少或节约了成本，或者体现在获得的其他利益当中。例如，生产加工企业在生产工序中使用了某种知识产权，使其降低了未来生产成本。企业应当能够控制无形资产所产生的经济利益，比如企业拥有无形资产的法定所有权，或企业与他人签订了协议，这种控制使企业的相关权利受到法律的保护。企业在判断无形资产产生的经济利益是否很可能流入时，需要实施职业判断。在实施这种判断时，需要对无形资产在预计使用年限内可能存在的各种经济因素做出合理估计，并且应当有明确证据支持。例如，企业是否有足够的人力资源、高素质的管理队伍、相关的硬件设备、相关的原材料等来配合无形资产为企业创造经济利益。

（二）该无形资产的成本能够可靠计量

成本能否可靠计量是确认资产的一项基本条件。对企业自创商誉以及内部产生的品牌、报刊名等，因其成本无法可靠计量，所以不作为无形资产确认。

第二节　无形资产的初始计量

无形资产通常按照实际成本进行初始计量，即以取得无形资产并使之达到预定用途而发生的全部支出作为无形资产的成本。对于不同来源取得的无形资产，其成本构成不尽相同。

企业应当设置“无形资产”科目核算持有的无形资产成本，包括专利权、非专利技术、商标权、著作权、土地使用权等。已出租的土地使用权和持有并准备增值后转让的土地使用权，在“投资性房地产”科目核算，不在“无形资产”科目核算。

一、外购无形资产的成本

外购无形资产的成本包括购买价款、相关税费以及直接归属于使该项无形资产达到预定用途所发生的其他支出。其中，直接归属于使该项无形资产达到预定用途所发生的其他支出，包括使无形资产达到预定用途所发生的专业服务费用、测试无形资产是否能够正常发挥作用的费用等，但不包括为引入新产品进行宣传发生的广告费、管理费用及其他间接费用，也不包括在无形资产已经达到预定用途以后发生的费用。例如，如果在形成预定经济规模之前发生的初始运作损失，以及在无形资产达到预定用途之前发生的其他经营活动的支出，并非无形资产达到预定用途必不可少的，则有关经营活动的损益应于发生时计入当期损益，而不构成无形资产的成本。

购买无形资产的价款超过正常信用条件延期支付，实质上具有融资性质的，应以所购无形资产购买价款的现值作为成本。实际支付的价款与购买价款现值之间的差额，除按照《企业会计准则第17号——借款费用》应予资本化的以外，应当在信用期间内确认为利息费用。

【例8-1】某企业购入一项专利技术，发票价格为236 000元，不考虑相关税费，款项已通过银行转账支付。会计处理如下：

借：无形资产——专利技术　　236 000

　贷：银行存款　　236 000

【例8-2】2×17年1月5日，A市公司从B公司购买了一项商标权，由于A公司资金周转比较紧张，经与B公司协议采用分期付款方式支付款项。合同规定，该项商标权总计6 000 000元，每年年末付款3 000 000元，两年付清。假定银行同期贷款利率为6%，2年期年金现值系数为1.833 4。不考虑相关税费，A公司的相关会计处理如下：

无形资产现值＝3 000 000×1.833 4＝5 500 200（元）

未确认融资费用＝6 000 000－5 500 200＝499 800（元）

2×17年应确认的融资费用＝5 500 200×6%＝330 012（元）

2×18年应确认的融资费用＝499 800－330 012＝169 788（元）

（1）取得商标权：

借：无形资产——商标权　　5 500 200

　　未确认融资费用　　499 800

　贷：长期应付款　　6 000 000

（2）2×17年年末付款并摊销未确认融资费用：

借：长期应付款　　3 000 000

　贷：银行存款　　3 000 000

借：财务费用　　330 012

　贷：未确认融资费用　　330 012

（3）2×18年年末付款并摊销未确认融资费用：

借：长期应付款　　3 000 000

　贷：银行存款　　3 000 000

借：财务费用　　169 788

　贷：未确认融资费用　　169 788

二、自行开发无形资产的成本

自行开发无形资产是指通过内部研究开发形成的无形资产。一般而言，内部研究开发项目所发生的支出应当区分研究阶段与开发阶段分别进行核算，并非全部计入无形资产成本。

（一）研究阶段

研究是指为获取并理解新的科学或技术知识而进行的独创性的有计划调查。例如，意在获取知识而进行的活动；研究成果或其他知识的应用研究、评价和最终选择；材料、设备、产品、工序、系统或服务替代品的研究；新的或经改进的材料、设备、产品、工序、系统或服务的可能替代品的配制、设计、评价和最终选择等。该阶段的主要特点是计划性和探索性的，是为进一步的开发活动进行资料及相关方面的准备，已经进行的研究活动将来是否会转入开发、开发后是否会形成无形资产等具有较大的不确定性。在研究阶段不会形成阶段性成果，因此，企业内部研究开发项目研究阶段的支出，应当全部费用化，于发生时计入当期损益（管理费用）。

（二）开发阶段

开发是指在进行商业性生产或使用前，将研究成果或其他知识应用于某项计划或设计，以生产出新的或具有实质性改进的材料、装置、产品等。有关开发活动的举例为：生产前或使用前的原型和模型的设计、建造和测试；含新技术的工具、夹具、模具和冲模的设计；不具有商业性生产经济规模的试生产设施的设计、建造和运营；新的或经改造的材料、设备、产品、工序、系统或服务所选定的替代品的设计、建造和测试等。开发阶段相对研究阶段而言，应当是完成了研究阶段的工作，在很大程度上形成一项新产品或新技术的基本条件已经具备。因此，开发阶段的支出如能同时满足以下条件，则所发生的开发支出应予资本化，应当确认为无形资产：

（1）完成该无形资产以使其能够使用或出售在技术上具有可行性。判断无形资产的开发在技术上具有可行性，应当以目前阶段的成果为基础，并提供相关证据和材料，证明企业进行开发所需的技术条件等已经具备，不存在技术上的障碍或其他不确定性，例如，企业已经完成了全部计划、设计和测试活动，这些活动是使资产能够达到设计规划书中的功能、特征和技术所必需的活动，或经过专家鉴定等。

（2）具有完成该无形资产并使用或出售的意图。企业管理当局应当能够说明其持有开发无形资产的目的。

（3）无形资产产生经济利益的方式。无形资产能够为企业带来未来经济利益，应当对运用该无形资产生产的产品市场情况进行可靠预计，以证明所生产的产品存在市场并能够带来经济利益的流入，或能够证明市场上存在对该类无形资产的需求。

（4）有足够的技术、财务资源和其他资源支持，以完成该无形资产的开发，并有能力使用或出售该无形资产。企业能够证明无形资产开发所需的技术、财务和其他资源，以及获得这些资源的相关计划。自有资金不足以提供支持的，是否存在外部其他方面的资金支持，如银行等金融机构愿意为该无形资产的开发提供所需资金的声明等。

（5）归属于该无形资产开发阶段的支出能够可靠计量。企业对于开发活动的支出应当能够单独核算，比如，直接发生的开发人员工资、材料费，以及相关设备折旧费等能够对象化；同时从事多项研究开发活动的，所发生的支出能够按照合理的标准在各项研究开发活动之间进行分配。支出无法明确分配的，应当计入当期损益，不计入开发活动的成本。

可见,内部开发活动形成的无形资产,其成本由可直接归属于该资产的创造、生产并使该资产能够以管理层预定的方式运作的所有必要支出组成。可直接归属于该资产的成本包括:开发该无形资产时耗费的材料、劳务成本、注册费,在开发该无形资产过程中使用的其他专利权和特许权的摊销;按照《企业会计准则第17号——借款费用》的规定资本化的利息支出,以及为使该无形资产达到预定用途前所发生的其他费用。

在开发无形资产过程中发生的除去上述可直接归属于无形资产开发活动的其他销售费用、管理费用等间接费用、无形资产达到预定用途前发生的可辨认的无效和初始运作损失、为运行该无形资产发生的培训支出等,不构成无形资产的开发成本。

概括而言,内部开发无形资产的成本仅包括在满足资本化条件的时点至无形资产达到预定用途前发生的支出总和,对于同一项无形资产在开发过程中达到资本化条件之前已经费用化计入损益的支出不再进行调整。

为加强内部研究开发支出的核算,企业应设置"研发支出"科目,下设"费用化支出"和"资本化支出"明细,核算进行研究与开发无形资产过程中发生的各项支出。该科目为成本类,借方登记实际发生的研发支出,贷方登记转为无形资产和管理费用的金额,期末借方余额反映企业正在进行无形资产研究开发项目满足资本化条件的支出。企业自行开发无形资产发生的研发支出,不满足资本化条件的,借记"研发支出——费用化支出",满足资本化条件的,借记"研发支出——资本化支出",贷记"原材料""银行存款""应付职工薪酬"等科目;研究开发项目达到预定用途形成无形资产的,应按"研发支出——资本化支出"科目的余额,借记"无形资产"科目,贷记"研发支出——资本化支出"科目;期末,应将"研发支出——费用化支出"科目金额转入"管理费用"科目,借记"管理费用"科目,贷记"研发支出——费用化支出"科目。需要注意的是,企业无法区分研究阶段支出和开发阶段支出,应当将其发生的研发支出全部费用化,计入当期损益。

【例8-3】某企业自行研究开发一项新产品专利技术,在研究开发过程中发生材料费40 000 000元、人工工资10 000 000元,以及其他费用30 000 000元,总计80 000 000元,其中,符合资本化条件的支出为50 000 000元,期末,该专利技术已经达到预定用途。假定不考虑相关税费。会计处理如下:

(1)发生研发支出:

借:研发支出——费用化支出	30 000 000	
——资本化支出	50 000 000	
贷:原材料		40 000 000
应付职工薪酬		10 000 000
银行存款		30 000 000

(2)期末,该项专利技术已经达到预定用途:

借:无形资产	50 000 000	
管理费用	30 000 000	
贷:研发支出——费用化支出		30 000 000
——资本化支出		50 000 000

三、投资者投入无形资产的成本

投资者投入的无形资产，其成本应当按照投资合同或协议约定的价值确定。但在投资合同或协议约定价值不公允的情况下，应按无形资产的公允价值入账。

【例 8－4】A 股份有限公司接受甲投资者以其所拥有的非专利技术投资，在充分考虑公允因素的情况下，双方商定的价值为 860 000 元，占 A 公司股本总额的 10%。A 公司接受投资时的股本总额为 8 000 000 元，已办妥相关手续。会计处理如下：

借：无形资产——非专利技术	860 000	
贷：股本		800 000
资本公积——股本溢价		60 000

四、土地使用权的处理

企业取得的土地使用权，通常应当按照取得时所支付的价款及相关税费确认为无形资产。后续过程中，应根据企业取得土地使用权的用途以及企业类型等，区分以下几种情况分别进行处理：

第一，用于赚取租金或持有以获取资本增值的，应当将其账面价值转为投资性房地产。

第二，自行开发建造厂房等地上建筑物，土地使用权的账面价值不与地上建筑物合并计算其成本，而仍作为无形资产进行核算，土地使用权与地上建筑物分别进行摊销和提取折旧。

第三，房地产开发企业取得的土地使用权用于建造对外出售房屋建筑物的，相关的土地使用权应当计入所建造的房屋建筑物成本。

此外，企业外购房屋建筑物实际支付的价款包括土地及建筑物价值的，应当对支付的价款在土地使用权与建筑物之间进行合理的分配（如公允价值相对比例）；难以合理分配的，应当全部作为固定资产。

【例 8－5】2×18 年 1 月 1 日，A 公司以银行存款 9 000 万元购入一块土地使用权并用于自行建造厂房。建筑厂房过程中领用工程物资 15 000 万元，发生工资费用 8 000 万元，其他相关费用 7 000 万元等。2×18 年 12 月，该工程已经完工并达到预定可使用状态。假定土地使用权的使用年限为 50 年，该厂房的使用年限为 25 年，两者都没有净残值，都采用直线法进行摊销和计提折旧。为简化核算，不考虑其他相关税费。A 公司的会计处理如下：

（1）支付转让价款：

借：无形资产——土地使用权	90 000 000	
贷：银行存款		90 000 000

（2）自行建造厂房，发生支出：

借：在建工程	300 000 000	
贷：工程物资		150 000 000
应付职工薪酬		80 000 000

银行存款　　70 000 000

(3)2×18年12月,厂房达到预定可使用状态,结转固定资产成本:

借:固定资产　　300 000 000

　贷:在建工程　　300 000 000

(4)2×18年及以后摊销土地使用权成本①:

年摊销额 = 90 000 000 ÷ 50 = 1 800 000(元)

借:管理费用　　1 800 000

　贷:累计摊销　　1 800 000

(5)2×19年及以后计提厂房折旧:

年折旧额 = 300 000 000 ÷ 25 = 12 000 000(元)

借:制造费用　　12 000 000

　贷:累计折旧　　12 000 000

五、通过非货币性资产交换和债务重组取得无形资产的成本

企业通过非货币资产交换和债务重组取得的无形资产,其成本应当分别按照《企业会计准则第7号——非货币性资产交换》《企业会计准则第12号——债务重组》确定。

六、接受政府补助取得无形资产的成本

接受政府补助取得的无形资产,其成本应当按照《企业会计准则第16号——政府补助》确定。按取得的无形资产的公允价值入账,如果公允价值不能可靠取得,也可以按照名义金额入账。

七、企业合并取得无形资产的成本

企业合并取得的无形资产,根据《企业会计准则第20号——企业合并》的要求,区分同一控制下企业合并和非同一控制下企业合并分别确定,具体可参阅第六章长期股权投资第二节。

第三节　无形资产的后续计量

无形资产初始确认和计量后,在其后使用该项无形资产期间内,应以初始成本减去累计摊销额和累计减值损失后的余额计量。要确定无形资产在使用过程中的累计摊销额,基础是估计其使用寿命。只有使用寿命有限的无形资产,才需要在估计的使用寿命内采用系统合理的方法进行摊销;使用寿命不确定的无形资产,则不需要摊销。

---

① 无形资产摊销方法讲解参见本章第三节。

一、无形资产使用寿命的估计

企业应当于取得无形资产时分析判断其使用寿命。无形资产的使用寿命有限的，应当估计该使用寿命的年限或者构成使用寿命的产量等类似计量单位数量；无法预见无形资产为企业带来经济利益期限的，应当视为使用寿命不确定的无形资产。

（一）估计无形资产使用寿命应当考虑的因素

估计无形资产使用寿命应当考虑的因素有：该资产通常的产品寿命周期、可获得的类似资产使用寿命的信息；技术、工艺等方面的现实情况及对未来发展的估计；以该资产生产的产品或服务的市场需求情况；现在或潜在的竞争者预期采取的行动；为维持该资产产生未来经济利益的能力预期的维护支出，以及企业预计支付有关支出的能力；对该资产的控制期限，使用的法律或类似限制，如特许使用期间、租赁期间等；与企业持有的其他资产使用寿命的关联性；等等。

（二）无形资产使用寿命的确定

企业持有的无形资产，通常来源于合同性权利或是其他法定权利，而且合同或法律规定有明确的使用年限。来源于合同性权利或其他法定权利的无形资产，其使用寿命不应超过合同性权利或其他法定权利的期限；合同性权利或其他法定权利能够在到期时因续约等延续，且有证据表明企业续约不需要付出大额成本的，续约期应当计入使用寿命。

合同或法律没有规定使用寿命的，企业应当综合各方面情况，聘请相关专家进行论证，或与同行业的情况进行比较，以及参考历史经验等，确定无形资产为企业带来未来经济的期限。

经过上述努力仍无法合理确定无形资产为企业带来经济利益期限的，才能将其作为使用寿命不确定的无形资产。

（三）无形资产使用寿命的复核

企业至少应当于每年年度终了，对无形资产的使用寿命进行复核，如果有证据表明无形资产的使用寿命不同于以前的估计，则对于使用寿命有限的无形资产，应改变其摊销年限，并按照《企业会计准则第28号——会计政策、会计估计变更和差错更正》进行处理。

对于使用寿命不确定的无形资产，如果有证据表明其使用寿命是有限的，则应视为会计估计变更，应当估计其使用寿命并按照使用寿命有限的无形资产的处理原则进行处理。

二、使用寿命有限的无形资产的摊销

无形资产是一项资本性支出，其价值补偿是通过摊销的形式进行的。使用寿命有限的无形资产，应在其预计的使用寿命内采用系统合理的方法对应摊销金额进行摊销，使用寿命不确定的无形资产不应摊销。无形资产摊销的影响因素主要有应摊销金额、摊销期和摊销方法。

（一）应摊销金额

应摊销金额是无形资产成本扣除预计残值后的金额。已计提减值准备的无形资产，还应扣除已计提的无形资产减值准备累计金额。使用寿命有限的无形资产，其残值

应当视为零,但下列情况除外:

第一,有第三方承诺在无形资产使用寿命结束时购买该项无形资产。

第二,可以根据活跃的市场得到预计净残值信息,并且该市场在无形资产使用寿命结束时很可能存在。

无形资产的残值意味着在其经济寿命结束之前企业预计将会处置该无形资产,并且从该处置中取得利益。估计无形资产的残值应以资产处置时的可收回金额为基础,此时的可收回金额是指在预计出售日,出售一项使用寿命已满且处于类似使用状况下同类无形资产预计的处置价格(扣除相关税费)。残值确定以后,在持有无形资产的期间,至少应于每年年末进行复核,预计其残值与原估计金额不同的,应按照会计估计变更进行处理。如果无形资产的残值重新估计以后高于其账面价值,无形资产不再摊销,直至残值降至低于账面价值时再恢复摊销。

(二)摊销期

使用寿命有限的无形资产,其应摊销金额应当在使用寿命内系统合理摊销。企业摊销无形资产,应当自无形资产可供使用(即其达到预定用途)时起,至不再作为无形资产确认时止。即当月增加的无形资产当月开始摊销,当月减少的无形资产当月不再摊销。

(三)摊销方法

在无形资产的使用寿命内系统地分摊其应摊销金额存在多种方法,包括直线法、产量法等。企业选择的无形资产摊销方法,应当反映与该项无形资产有关的经济利益的预期实现方式,并一致地应用于各个会计期间。例如,受技术陈旧因素影响较大的专利权和专有技术等无形资产,可采用类似固定资产加速折旧的方法进行摊销;有特定产量限制的特许经营权或专利权,应采用产量法进行摊销。无法可靠确定其预期实现方式的,应当采用直线法进行摊销。

(四)会计处理

为了核算企业对使用寿命有限的无形资产的摊销,应设置"累计摊销"科目,该科目是"无形资产"科目的备抵科目。贷方登记无形资产摊销额;借方登记因出售、报废转销无形资产成本时已计提的累计摊销额;余额在贷方,反映企业在用无形资产的累计摊销额。

无形资产的摊销金额一般应当计入当期损益。例如,摊销自用的无形资产价值时,借记"管理费用——无形资产摊销"科目,贷记"累计摊销"科目;企业摊销出租无形资产的成本时,借记"其他业务成本"科目,贷记"累计摊销"科目。若某项无形资产是专门用于生产某种产品或者其他资产,其所包含的经济利益是通过转入到所生产的产品或其他资产中实现的,则无形资产的摊销金额应当计入相关资产的成本。例如,某项专门用于生产过程中的无形资产,其摊销金额应构成所生产产品成本的一部分,借记"制造费用"科目,贷记"累计摊销"科目。

持有待售的无形资产不进行摊销,按照账面价值与公允价值减去处置费用后的净额孰低进行计量,具体处理要求可参阅第七章固定资产第五节。

【例8-6】某股份有限公司从外单位购得一项商标权,支付价款30 000 000元,增值税进项税额为1 800 000元,款项已支付,该商标权的使用寿命为10年,不考虑残值等因素。会计处理如下：

(1)取得商标权：

借：无形资产——商标权　　30 000 000

　　应交税费——应交增值税(进项税额)　　1 800 000

　贷：银行存款　　31 800 000

(2)每年摊销商标权：

每年摊销额 = 30 000 000 ÷ 10 = 3 000 000(元)

借：管理费用　　3 000 000

　贷：累计摊销　　3 000 000

三、无形资产减值

根据《企业会计准则第 8 号——资产减值》的规定，企业应当在资产负债表日判断无形资产是否存在可能发生减值的迹象。有确凿证据表明无形资产存在减值迹象的，应当进行价值测试。特别需要说明的是，对于使用寿命不确定的无形资产，在持有期间内不需要摊销，如果期末重新复核后仍为不确定的，应当在每个会计期间进行减值测试。减值测试时，按照无形资产公允价值减去处置费用后的净额与无形资产预计未来现金流量的现值孰高的原则估计无形资产的可收回金额，在此基础上，对比可收回金额与无形资产的账面价值，以判断其是否发生减值。如经减值测试表明已发生减值，则需要计提相应的减值准备，其相关的账务处理为：借记“资产减值损失”科目，贷记“无形资产减值准备”科目。

需要强调的是，已计提减值损失的使用寿命有限的无形资产，在以后期间的应摊销额应按照其账面价值重新计算。无形资产减值损失一经确认，在以后会计期间不得转回。

【例 8－7】2×11 年 7 月 1 日，A 公司以银行存款 3 000 000 元购入一项无形资产(不考虑相关税费)，该无形资产的预计使用年限为 10 年，残值为零，直线法摊销。2×15年 12 月 31 日，预计该无形资产的可收回金额为 1 600 000 元，该无形资产发生减值后，预计使用年限变更为 8.5 年。则相关会计处理如下：

(1)2×11 年 7 月购入无形资产：

借：无形资产　　3 000 000

　贷：银行存款　　3 000 000

(2)2×11 年年末摊销无形资产：

2×11 年摊销额 = 3 000 000 ÷ 10 × 6 ÷ 12 = 150 000(元)

借：管理费用　　150 000

　贷：累计摊销　　150 000

(3)2×12—2×15 年摊销无形资产：

年摊销额 = 3 000 000 ÷ 10 = 300 000(元)

借：管理费用　　300 000

　贷：累计摊销　　300 000

(4)2×15 年年末，判断无形资产是否发生减值：

$$2\times15\text{ 年年末无形资产账面价值}=3\ 000\ 000-150\ 000-300\ 000\times4=1\ 650\ 000(\text{元})$$

由于可收回金额 1 600 000 元小于无形资产账面价值 1 650 000 元，无形资产发生减值，减值损失为 50 000 元。

借：资产减值损失　　50 000

　贷：无形资产减值准备　　50 000

(5) 2×16—2×19 年摊销无形资产：

$$\text{年摊销额}=1\ 600\ 000\div4=400\ 000(\text{元})$$

借：管理费用　　400 000

　贷：累计摊销　　400 000

第四节　无形资产的处置及期末披露

一、无形资产的处置

无形资产的处置，主要是指无形资产转让和对外捐赠，或者是无法为企业带来未来经济利益时，应予以终止确认并转销。就无形资产的转让而言，其转让方式有两种：一是转让其所有权，即无形资产出售；二是转让其使用权，即无形资产出租。两者的会计处理有所区别。此外，无形资产的处置还包括：当无形资产无法为企业带来未来经济利益时，应予转销并终止确认。

(一)无形资产的出售

企业将无形资产出售，表明企业放弃了该无形资产的所有权，应将取得的价款与该无形资产账面价值的差额计入当期损益。企业出售无形资产不属于《企业会计准则第 14 号——收入》的规范范围，但处置收入的时点应比照收入准则的有关原则确定。企业未划归为持有待售类别而出售的无形资产，按实际取得的价款(含税)，借记“银行存款”等科目；按该项无形资产已计提的减值准备，借记“无形资产减值准备”科目；按无形资产已摊销金额，借记“累计摊销”科目；按无形资产的账面原值，贷记“无形资产”科目；按应支付的相关税费，贷记“应交税费”等科目；按将以上相关科目的差额作为出售无形资产净损益，贷记或借记“资产处置损益”科目。其中，无形资产出售净损益可按下式进行计算：

出售无形资产净损益 = 出售价款(含税) - 无形资产账面价值 - 出售所发生的相关税费

【例 8-8】某公司将拥有的一项非专利技术出售，取得收入 8 000 000 元，增值税税额为 480 000 元。该非专利技术的账面余额为 7 000 000 元，累计摊销额为 3 500 000 元，已计提的减值准备为 2 000 000 元。会计处理如下：

$$\begin{aligned}\text{出售无形资产净损益}&=(8\ 000\ 000+480\ 000)-(7\ 000\ 000-3\ 500\ 000-2\ 000\ 000)-480\ 000\\&=6\ 500\ 000(\text{万元})\end{aligned}$$

借：银行存款　　8 480 000

累计摊销　3 500 000
无形资产减值准备　2 000 000
贷:无形资产——非专利技术　7 000 000
应交税费——应交增值税(销项税额)　480 000
资产处置损益　6 500 000

(二)无形资产的出租

无形资产出租是将无形资产的使用权让渡给其他单位或个人,出让方仍旧保留对该项无形资产的所有权,因而仍拥有使用、收益和处置的权利。企业出租无形资产收取的租金,属于与企业日常活动相关的其他经营活动取得的收入,在满足收入确认条件的情况下,应确认相关的收入及成本,并通过其他业务收支科目进行核算。取得的租金收入计入"其他业务收入"科目,发生与转让有关的各种费用支出及摊销出租无形资产的成本,计入"其他业务成本"科目,交纳的增值税计入"应交税费——应交增值税"科目。

【例 8 - 9】某企业将某项专有技术的使用权转让给某公司。协议规定,由受让方按使用其配方制造的产品销量支付使用费,每吨销售量支付 100 元。假定该企业履行合同所发生的费用为每吨 3 元,本期受让方销售产品 100 吨,增值税适用税率为 6%,转让期间摊销无形资产成本为 5 000 元。会计处理如下:

(1)支付转让费:
借:其他业务成本　300
贷:银行存款　300

(2)企业取得转让收入:
借:银行存款　10 600
贷:其他业务收入　10 000
应交税费——应交增值税(销项税额)　600

(3)结转转让期间无形资产的摊销金额:
借:其他业务成本　5 000
贷:累计摊销　5 000

(三)无形资产的报废

无形资产预期不能为企业带来经济利益的,应当将无形资产的账面价值予以转销,其账面价值转作当期损益。转销时,应按已计提的累计摊销,借记"累计摊销"科目;已计提减值准备的,同时借记"无形资产减值准备"科目;按其账面余额,贷记"无形资产"科目;按其差额,借记"营业外支出"科目。

【例 8 - 10】甲企业某项专利权的账面原值为 100 000 元,该专利权的摊销期限为 5 年,采用直线法摊销,已摊销 2 年,预计净残值为零,没有计提减值准备。假定在第二年年末,该专利权生产的产品已没有市场,预期不能再为企业带来经济利益,应将其转销。不考虑其他相关因素,会计处理如下:

借:累计摊销　40 000
营业外支出——非流动资产报废　60 000
贷:无形资产——专利权　100 000

二、无形资产的期末披露

企业应当按照无形资产的类别在附注中披露与无形资产有关的下列信息：

第一，无形资产的期初和期末账面余额、累计摊销额及累计减值损失金额。

第二，使用寿命有限的无形资产，其使用寿命的估计情况；使用寿命不确定的无形资产，使用寿命不确定的判断依据。

第三，无形资产摊销方法。

第四，作为抵押的无形资产账面价值、当期摊销额等情况。

企业应当披露当期确认为费用的研究开发支出总额。

本章小结

无形资产是指企业拥有或者控制的、没有实物形态的可辨认非货币性资产。与其他资产相比，无形资产具有无实体性、可辨认性等特征，其持有的目的是使用而不是出售。

无形资产通常按照实际成本进行初始计量，即以取得无形资产并使之达到预定用途而发生的全部支出作为无形资产的成本。对于不同来源取得的无形资产，其成本构成不尽相同。外购无形资产的成本包括购买价款、相关税费以及直接归属于使该项无形资产达到预定用途所发生的其他支出；购买无形资产的价款超过正常信用条件延期支付，实质上具有融资性质的，应以所购无形资产购买价款的现值作为成本；内部开发无形资产的成本仅包括在满足资本化条件的时点至无形资产达到预定用途前发生的支出总和，对于同一项无形资产在开发过程中达到资本化条件之前已经费用化计入损益的支出不再进行调整；投资者投入的无形资产的成本应当按照投资合同或协议约定的价值确定，但在投资合同或协议约定价值不公允的情况下，应按无形资产的公允价值入账。

使用寿命有限的无形资产，应在其预计的使用寿命内采用系统合理的方法对应摊销金额进行摊销。企业摊销无形资产，应当自无形资产可供使用(即其达到预定用途)时起，至不再作为无形资产确认时止。即当月增加的无形资产，当月开始摊销；当月减少的无形资产当月不再摊销，摊销金额一般应当计入当期损益。使用寿命不确定的无形资产不应摊销。使用寿命期末重新复核后仍为不确定的，应当在每个会计期间进行减值测试。无形资产出售收入在扣除无形资产账面价值、出售所发生的相关税费后计入营业外收支；无形资产出租通常作为其他业务进行核算，相关收入、支出计入其他业务收支。

思考题

1. 无形资产具有哪些特征？其种类包括哪些？
2. 无形资产摊销与固定资产折旧有什么不同？
3. 外购无形资产的成本如何确定？
4. 自行开发无形资产的成本如何确定？
5. 无形资产的处置净损益应如何分别确定？

练习题

【资料】新科公司 2×18 年 12 月份有关无形资产发生如下业务：

(1)12 月 5 日购入一项专利权，取得增值税专用发票上注明买价 150 000 元，进项税额 9 000 元。按合同规定，公司在合同签订日先行用银行存款支付 50 000 元，其余款项在产品上市以后再行支付。

(2)12 月 12 日，为开发市场的需要，购入 M 公司商标使用权，银行存款一次性支付买价 1 800 000 元，增值税进项税额 108 000 元。

(3)12 月 18 日，公司接受 M 公司以土地使用权作价向本公司进行投资。经专业评估师评估，土地使用权的价值为 8 600 000 元，折换成新科公司每股面值为 1 元的普通股股票 430 万股，不考虑相关税费。

(4)12 月 20 日，公司出售一项专利权，售价为 100 000 元，增值税税率为 6%。出售时专利权的账面余额为 150 000 元，累计摊销为 35 000 元，计提减值准备 5 000 元。

(5)12 月 30 日，公司将其拥有的一项专利权出租给光华公司使用。合同规定，光华公司每年支付使用费 30 000 元，租期从 2×15 年 1 月 1 日至 2×18 年 12 月 31 日。该项无形资产每年摊销额为 12 000 元。

(6)12 月 31 日，公司一项管理用专利权预计可收回金额为 180 000 元。此项专利权的取得成本为 220 000 元，按 10 年进行摊销。本年为第 2 年，此前该项无形资产没有计提减值准备。

【要求】根据上述资料编制新科公司 2×18 年 12 月的相关会计分录。

第九章

投资性房地产

本章学习目的

通过本章学习，熟悉投资性房地产的初始确认条件、掌握投资性房地产的初始计量、后续计量及处置的核算，了解投资性房地产转换及期末有关披露事项。

本章重点与难点

本章重点是投资性房地产的初始计量、后续计量及处置的核算。本章难点在于投资性房地产的转换。

第一节　投资性房地产概述

一、投资性房地产的定义

投资性房地产是指为赚取租金或资本增值，或者两者兼有而持有的房地产。投资性房地产应能够单独计量和出售。在我国，土地归国家或集体所有，企业只能取得土地使用权。因此，准则中的房地产指的是土地使用权和建筑物。投资性房地产具体包括：

（一）已出租的土地使用权及建筑物

已出租的土地使用权和已出租的建筑物，是指以经营租赁方式出租的土地使用权和建筑物。其中，用于出租的土地使用权是指企业通过出让或转让方式取得的土地使用权，用于出租的建筑物是指企业拥有产权的建筑物。

企业计划出租但尚未出租的土地使用权和建筑物，不属于投资性房地产。

已出租的土地使用权和建筑物应从租赁期开始日确认为投资性房地产。租赁期开始日，是指承租人有权行使其使用租赁资产权利的日期。

企业出租给本企业职工居住的宿舍，即使按照市场价格收取租金，也不属于投资性房地产。这部分房地产间接为企业自身的生产经营服务，具有自用房地产的性质。

对企业持有以备经营出租的空置建筑物或在建建筑物，董事会或类似机构做出书面决议，明确表明将其用于经营出租且持有意图短期内不再发生变化的，即使尚未签订租赁协议，也应视为投资性房地产。空置建筑物是指企业新购入、自行建造或开发完工但尚未使用的建筑物，以及不再用于日常生产经营活动且经整理后达到可经营出租状态的建筑物。

【例9－1】甲企业与乙企业签订了一项经营租赁合同，甲企业自2×18年1月1日起将其持有土地使用权的一块土地出租给乙企业，以赚取租金，为期20年。乙企业又将该土地转租给丙企业，以赚取租金差价，为期10年。

本例中，对于甲企业，在2×18年1月1日，须将这项土地使用权确认为投资性房地产。对于乙企业，因这项土地使用权并非通过出让或转让方式取得，故不能确认为投资性房地产。

【例9－2】甲企业通过协议出让方式取得一块土地使用权，并按协议规定在这块土地上建造了一栋写字楼，拟用于整体出租，但尚未找到合适的承租人。

本例中，该房地产虽是用于出租，但目前尚未出租出去，故不能确认为投资性房地产。

【例9－3】承例9－2，甲企业与乙企业于2×18年1月1日签订了一项经营租赁合同，自2×18年2月1日起，将该写字楼出租给乙企业，为期3年。

本例中，租赁期开始日为2×18年2月1日，故甲企业应在2×18年2月1日将该写字楼确认为投资性房地产。

(二)持有并准备增值后转让的土地使用权

持有并准备增值后转让的土地使用权,是指企业取得的、准备增值后转让的土地使用权。

按照国家有关规定认定的闲置土地,不属于持有并准备增值后转让的土地使用权。根据1999年4月国土资源部发布的《闲置土地处理办法》,闲置土地是指土地使用者依法取得土地使用权后,未经原批准用地的人民政府同意,超过规定的期限未动工开发建设的建设用地。

具有下列情形之一的,也可以认定为闲置土地:

第一,国有土地有偿使用合同或者建设用地批准书未规定动工开发建设日期,自国有土地有偿使用合同生效或者土地行政主管部门建设用地批准书颁发之日起1年未动工开发建设的。

第二,已动工开发建设但开发建设的面积占应动工开发建设总面积不足三分之一或者已投资额占总投资额不足25%且未经批准中止开发建设连续满1年的。

第三,法律、行政法规规定的其他情形。

从事房地产经营开发的企业依法取得的、用于开发后出售的土地使用权,属于房地产开发企业的存货,即使房地产开发企业决定待增值后再转让其开发的土地,也不得将其确认为投资性房地产。

某项房地产,部分用于赚取租金或资本增值,部分用于生产商品、提供劳务或经营管理,能够单独计量和出售的、用于赚取租金或资本增值的部分,应当确认为投资性房地产;不能够单独计量和出售的、用于赚取租金或资本增值的部分,不确认为投资性房地产。该房地产自用部分,以及不能够单独计量和出售的、用于赚取租金或资本增值的部分,应当确认为固定资产或无形资产。例如,某酒店将其拥有的旅馆饭店部分出租,且出租的部分能够单独计量和出售,则出租的部分可以确认为投资性房地产。如果企业出租的部分不能够单独计量和出售,则该旅馆饭店全部确认为固定资产。只有在用于赚取租金或资本增值部分所占比重(或面积所占比例)很大的情况下,才能将整项房地产确认为投资性房地产。

企业将建筑物出租,按租赁协议向承租人提供的相关辅助服务在整个协议中不重大的,如企业将办公楼出租并向承租人提供保安、维修等辅助服务,应当将该建筑物确认为投资性房地产。如果所提供的其他服务在整个协议中是重大的,则该建筑物应视为企业的经营场所,应当确认为自用房地产。

二、投资性房地产的确认

将某个项目确认为投资性房地产,首先应当符合投资性房地产的概念,其次要同时满足投资性房地产的两个确认条件:

第一,与该资产相关的经济利益很可能流入企业;

第二,该投资性房地产的成本能够可靠计量。

第二节　投资性房地产的初始计量

一、初始取得投资性房地产的入账价值

投资性房地产应当按照成本进行初始计量。

（一）外购的投资性房地产

对于企业外购的房地产，只有在购入的同时开始对外出租（自租赁期开始日起，下同）或用于资本增值，才能称之为外购的投资性房地产。外购投资性房地产的成本，包括购买价款、相关税费和可直接归属于该资产的其他支出。

企业购入的房地产，部分用于出租（或资本增值）、部分自用，用于出租（或资本增值）的部分应当予以单独确认的，应按照不同部分的公允价值占公允价值总额的比例将成本在不同部分之间进行合理分配。

（二）自行建造的投资性房地产

企业自行建造（或开发，下同）的房地产，只有在自行建造或开发活动完成（即达到预定可使用状态）的同时开始对外出租或用于资本增值，才能将自行建造的房地产确认为投资性房地产。自行建造投资性房地产的成本，由建造该项房地产达到预定可使用状态前发生的必要支出构成。建造过程中发生的非正常损失直接计入当期损益，不计入建造成本。

（三）接受投资者投入的投资性房地产

企业接受投资者投入的投资性房地产，应当按照投资合同或协议约定的价值确定，但合同或协议约定价值不公允的除外。

企业接受债务人以非现金资产抵偿债务取得的投资性房地产，以非货币性资产交换换入的投资性房地的初始计量详见本书以后相关章节。

二、初始取得投资性房地产的会计处理

企业应设置"投资性房地产"科目，核算企业采用成本模式计量的投资性房地产的成本。企业采用公允价值模式计量投资性房地产的，也通过"投资性房地产"科目核算。该科目属于资产类，借方登记外购、自行建造、接受投资、转换、公允价值变动等引起的投资性房地产的增加数，贷方登记转换、出售、公允价值变动等引起的投资性房地产的减少数，期末余额在借方，反映企业采用成本模式计量的投资性房地产成本。企业采用公允价值模式计量的投资性房地产，反映投资性房地产的公允价值。

采用公允价值模式计量的投资性房地产，还应当分别"成本"和"公允价值变动"进行明细核算。

（一）外购的投资性房地产

企业外购取得的投资性房地产分为两种：一是在购入的同时开始对外出租或用于资本增值；二是企业购入房地产，自用一段时间之后再改为出租或用于资本增值。购入的同时开始对外出租或用于资本增值的，应按计入投资性房地产成本的金额，借记"投资性房地产"科目，贷记"银行存款"等科目。企业购入房地产，自用一段时间之后再改为出租或用于资本增值的，应当先将外购的房地产记入"固定资产"或"无形资产"等科目，自租赁期开始日或用于资本增值之日开始，才能从"固定资产"或"无形资产"等科目转入"投资性房地产"科目。

【例9－4】2×17 年 4 月 20 日乙公司购买一块土地使用权，购买价款为 2 000 万元，支付相关手续费 30 万元，款项全部以银行存款支付。企业购买当天将其出租给甲公司。假定不考虑相关税费。

本例中，乙公司在购买土地使用权的当天即将土地使用权出租给甲公司，符合外购房地产的特征，其成本为购买价款与手续费之和，共计 2 030 万元，乙公司应在租赁期开始日 2×17 年 4 月 20 日将该土地使用权确认为投资性房地产。

借：投资性房地产　　20 300 000

　贷：银行存款　　20 300 000

【例9－5】承例9－4，若乙公司购买后准备自用一段时间，再对外出租，则其会计处理如下：

借：无形资产——土地使用权　　20 300 000

　贷：银行存款　　20 300 000

以后出租时，按应计入投资性房地产的金额，借记"投资性房地产"科目，贷记"无形资产"科目。

（二）自行建造的投资性房地产

企业自行建造的投资性房地产，应先通过"在建工程"科目核算其建造成本，工程完工，按应计入投资性房地产成本的金额，借记"投资性房地产"科目，贷记"在建工程"等科目。企业自行建造房地产达到预定可使用状态后一段时间才对外出租的，应当先将自行建造的房地产确认为固定资产等，自租赁期开始日，从"固定资产"等科目转入"投资性房地产"科目。

【例9－6】2×17 年 1 月，丙公司准备自行建造一座厂房，为此购入工程物资一批，价款为 250 000 元，支付的增值税进项税额为 40 000 元，款项以银行存款支付。1—6 月，工程先后领用工程物资 290 000 元（含增值税税额）；领用生产原材料一批，实际成本为 32 000 元，未计提存货跌价准备，购进该批原材料时支付的增值税进项税额为 5 120 元；辅助生产车间为工程提供有关劳务支出 35 000 元；应支付工程人员薪酬 65 800元；6 月底，工程达到预定可使用状态并对外出租。假定丙公司适用的增值税税率为 16%，不考虑其他相关税费。丙公司的会计处理如下：

（1）购入为工程准备的物资：

借：工程物资　　250 000

　　应交税费——应交增值税（进项税额）　　24 000

应交税费——待抵扣进项税额　　16 000

贷:银行存款　　290 000

(2)工程领用物资:

借:在建工程　　250 000

贷:工程物资　　250 000

(3)工程领用原材料:

借:在建工程　　32 000

贷:原材料　　32 000

(4)辅助生产车间为工程提供劳务支出:

借:在建工程　　35 000

贷:生产成本——辅助生产成本　　35 000

(5)计提工程人员薪酬:

借:在建工程　　65 800

贷:应付职工薪酬　　65 800

(6)6 月底,工程达到预定可使用状态并对外出租,符合自行建造投资性房地产的特征,应按其建造成本确认为投资性房地产,会计处理如下:

投资性房地产的入账成本 = 250 000 + 32 000 + 35 000 + 65 800 = 382 800(元)

借:投资性房地产　　382 800

贷:在建工程　　382 800

【例 9-7】承例 9-6,6 月底,工程达到预定可使用状态并作为办公楼自用,不符合自行建造投资性房地产的特征,应确认为固定资产,其会计处理如下:

借:固定资产　　382 800

贷:在建工程　　382 800

只有该资产将来用于出租或资本增值,满足了投资性房地产的特征后,才能从固定资产转为投资性房地产。

(三)接受投资者投入的投资性房地产

接受投资者投入的投资性房地产,应按房地产的成本,借记"投资性房地产"科目,按认缴的注册资本,贷记"股本"或"实收资本"科目,差额记入"资本公积"科目。

【例 9-8】某股份有限公司接受 A 公司以其所拥有的土地使用权作为出资,双方协议约定的价值为 2 000 万元,按照市场情况估计其公允价值为 1 500 万元,已办妥相关手续。该公司接受 A 公司投资后的注册资本为 10 000 万元,A 公司投资持股比例为 10%。该土地使用权投资后即用于对外出租。假定不考虑相关税费。

本例中,该股份有限公司接受土地使用权投资后即用于出租,符合投资性房地产的特征,其会计处理如下:

借:投资性房地产　　15 000 000

贷:股本　　10 000 000

资本公积——股本溢价　　5 000 000

第三节 投资性房地产的后续计量

企业应当对投资性房地产采用成本模式或公允价值模式进行后续计量。企业通常应当采用成本模式对投资性房地产进行后续计量，也可采用公允价值模式对投资性房地产进行后续计量。但同一企业只能采用一种模式对所有投资性房地产进行后续计量，不得同时采用两种计量模式。

一、以成本模式进行后续计量的投资性房地产

所谓成本模式，就是按照资产的账面价值、使用年限等因素，计提资产的折旧（摊销）费用，期末还要进行资产的减值测试，如果资产发生减值，需要计提减值准备。

（一）投资性房地产的累计折旧和累计摊销

采用成本模式计量的投资性房地产计提折旧时，可以单独设置“投资性房地产累计折旧”科目。“投资性房地产累计折旧”科目属资产类，是“投资性房地产”的备抵科目，其贷方登记计提的投资性房地产累计折旧额，借方登记因出售、报废清理、盘亏等原因减少投资性房地产而相应转销的投资性房地产累计折旧额，期末余额在贷方，反映企业现有投资性房地产的累计折旧额。投资性房地产中的建筑物须根据规定按期计提折旧。折旧方法包括年限平均法、工作量法、双倍余额递减法和年数总和法等。折旧方法一经确定，不得随意变更。计提折旧时，按折旧额，借记“其他业务成本”科目，贷记“投资性房地产累计折旧”科目。

采用成本模式计量的投资性房地产进行摊销时，可以单独设置“投资性房地产累计摊销”科目。“投资性房地产累计摊销”科目属资产类，是“投资性房地产”的备抵科目，其贷方登记计提的投资性房地产累计摊销额，借方登记因出售等原因减少投资性房地产而相应转销的投资性房地产累计摊销额，期末余额在贷方，反映企业现有投资性房地产的累计摊销额。投资性房地产中的土地使用权须根据规定按期进行摊销，摊销方法包括直线法、生产总量法等。企业选择的投资性房地产的摊销方法，应当能够反映与其有关的经济利益的预期实现方式，并一致地运用于不同的会计期间。无法可靠确定其预期实现方式的，应当采用直线法进行摊销。摊销时，按摊销额，借记“其他业务成本”科目，贷记“投资性房地产累计摊销”科目。

【例9-9】乙公司为华东地区的一家上市公司，属于增值税一般纳税企业。2×17年12月31日，乙公司购入一幢房屋并对外出租，取得的增值税专用发票上注明的价款为1 000万元，增值税税额为100万元；发生保险费3万元，款项均以银行存款支付；没有发生其他相关税费。该房屋预计使用年限为40年，预计净残值为173万元，采用直线法计提折旧。会计处理如下：

（1）2×17年12月31日，乙公司取得房屋：

借：投资性房地产　　　　10 030 000

应交税费——应交增值税(进项税额)　　600 000

应交税费——待抵扣进项税额　　400 000

贷:银行存款　　11 030 000

(2)按直线法每年计提折旧:

年折旧额 = (10 030 000 - 1 730 000) ÷ 40 = 207 500(元)

借:其他业务成本　　207 500

贷:投资性房地产累计折旧　　207 500

【例9-10】甲公司从外单位购入土地使用权的成本为600万元,估计使用寿命为8年,净残值为零。该项土地使用权当日用于出租。购买价款均以银行存款支付。企业无法可靠确定土地使用权经济利益预期实现方式,采用直线法摊销。假定不考虑相关税费。会计处理如下:

(1)取得投资性房地产时:

借:投资性房地产　　6 000 000

贷:银行存款　　6 000 000

(2)按按直线法每年摊销:

年摊销额 = 6 000 000 ÷ 8 = 750 000(元)

借:其他业务成本　　750 000

贷:投资性房地产累计摊销　　750 000

(二)投资性房地产的减值

采用成本模式计量的投资性房地产存在减值迹象的,应当按照《企业会计准则第8号——资产减值》的有关规定处理。经减值测试后确定发生减值的,应当计提减值准备,借记"资产减值损失"科目,贷记"投资性房地产减值准备"科目。已计提减值准备的投资性房地产,其减值损失在以后的会计期间不得转回。但是,遇到资产处置、出售、对外投资、以非货币性资产交换方式换出、在债务重组中抵偿债务等情况,同时符合资产终止确认条件的,企业应当将相关资产减值准备予以转销。

【例9-11】承例9-9,假定2×19年12月31日乙公司该房屋存在减值迹象,经减值测试,其预计可收回金额为800万元。

2×19年12月31日房屋的账面价值 = 10 030 000 - 2 × 207 500 = 9 615 000(元)

乙公司应计提的减值准备 = 9 615 000 - 8 000 000 = 1 615 000(元)

会计处理如下:

借:资产减值损失　　1 615 000

贷:投资性房地产减值准备　　1 615 000

应注意的是,资产减值损失确认后,投资性房地产的折旧或者摊销费用应当在未来期间做相应调整,以使该资产在剩余使用寿命内,系统地分摊调整后的资产的账面价值(扣除预计净残值)。

【例9-12】承例9-9和例9-11,假定计提减值准备后,该房屋预计使用年限调整为42年,预计净残值为100 000元,折旧方法不变。相关会计处理如下:

该房屋以后每年的折旧额 = (8 000 000 - 100 000) ÷ (42 - 2) = 197 500(元)

借:其他业务成本　197 500

　贷:投资性房地产累计折旧　197 500

(三)投资性房地产的后续支出

1. 资本化的后续支出

与投资性房地产有关的后续支出,满足投资性房地产确认条件的,应当计入投资性房地产成本。例如,企业为了提高投资性房地产的使用效能,往往需要对投资性房地产进行改建、扩建而使其更加坚固耐用,或者通过装修而改善其室内装潢,改扩建或装修支出满足确认条件的,应当将其资本化。

企业采用成本模式进行后续计量的,投资性房地产进入改良或装修阶段后,应当将其账面价值转入"投资性房地产——在建"科目。借记"投资性房地产——在建"、"投资性房地产累计折旧(摊销)"、"投资性房地产减值准备"科目,贷记"投资性房地产"科目。发生资本化的改良或装修支出,通过"投资性房地产——在建"科目归集,借记"投资性房地产——在建"科目,贷记"银行存款"等科目。改良或装修完成后,继续用于投资性房地产的,应当从"投资性房地产——在建"科目转入"投资性房地产"科目。

【例 9 - 13】2 × 17 年 12 月 31 日,甲企业与乙企业的房屋租赁合同到期。甲企业对该投资性房地产按成本模式计量,原价 5 000 万元,已提折旧 1 000 万元。为了提高该投资性房地产的租金收入,甲企业决定从 2 × 18 年 1 月 1 日开始对该投资性房地产进行改扩建,改扩建完成后,出租给丙企业。2 × 18 年 3 月 1 日,改扩建工程完工,共发生支出 800 万元。该后续支出符合资本化的确认条件。会计处理如下:

(1)2 × 17 年 12 月 31 日,将投资性房地产转入在建工程:

借:投资性房地产——在建　40 000 000

　投资性房地累计折旧　10 000 000

　贷:投资性房地产——房屋　50 000 000

(2)2 × 18 年 1 月 1 日至 2 × 18 年 2 月 28 日发生后续支出:

借:投资性房地产——在建　8 000 000

　贷:银行存款　8 000 000

(3)2 × 18 年 3 月 1 日,改扩建工程完工:

借:投资性房地产——房屋　48 000 000

　贷:投资性房地产——在建　48 000 000

2. 费用化的后续支出

与投资性房地产有关的后续支出,不满足投资性房地产确认条件的,应当在发生时计入当期损益。

【例 9 - 14】某企业对其对外出租的办公房进行日常维修,发生支出共计 10 000 元。该企业的会计处理如下:

借:其他业务成本　10 000

　贷:银行存款　10 000

(四)租金收入

企业取得投资性房地产的租金收入,借记"银行存款"等科目,贷记"其他业务收入”科目。

二、以公允价值模式计量的投资性房地产

（一）采用公允价值模式的前提条件

企业只有存在确凿证据表明投资性房地产的公允价值能够持续可靠取得，才可以采用公允价值模式对投资性房地产进行后续计量。

企业一旦选择采用公允价值计量模式，就应当对其所有投资性房地产采用公允价值模式进行后续计量。

采用公允价值模式进行后续计量的投资性房地产，应当同时满足下列条件：

第一，投资性房地产所在地有活跃的房地产交易市场。投资性房地产所在地，通常是指投资性房地产所在的城市。对于大中型城市，应当为投资性房地产所在的城区。

第二，企业能够从活跃的房地产交易市场上取得同类或类似房地产的市场价格及其他相关信息，从而对投资性房地产的公允价值做出合理的估计。同类或类似的房地产，对建筑物而言，是指所处地理位置和地理环境相同、性质相同、结构类型相同或相近、新旧程度相同或相近、可使用状况相同或相近的建筑物；对土地使用权而言，是指同一城区、同一位置区域、所处地理环境相同或相近、可使用状况相同或相近的土地。

（二）采用公允价值模式进行后续计量的会计处理

采用公允价值模式计量的，不对投资性房地产计提折旧或进行摊销，应当以资产负债表日投资性房地产的公允价值为基础调整其账面价值，公允价值与原账面价值之间的差额计入当期损益。投资性房地产取得的租金收入，确认为其他业务收入。与投资性房地产有关的后续支出，满足下列条件时，应当计入投资性房地产成本，否则应当在发生时计入当期损益：①与该投资性房地产有关的经济利益很可能流入企业；②该投资性房地产的成本能够可靠计量。

采用公允价值模式计量的投资性房地产，应当在“投资性房地产”科目下设置“投资性房地产——成本”和“投资性房地产——公允价值变动”两个明细科目。资产负债表日，投资性房地产的公允价值高于其账面余额的差额，借记“投资性房地产——公允价值变动”科目，贷记“公允价值变动损益”科目；公允价值低于其账面余额的差额，做相反的会计分录。

采用公允价值模式计量的投资性房地产发生的后续支出，符合投资性房地产确认条件的，应予以资本化，否则应在发生时计入当期损益。投资性房地产进入改良或装修阶段，借记“投资性房地产——在建”科目，贷记“投资性房地产——成本”科目，借记或贷记“投资性房地产——公允价值变动”科目；在改良或装修完成后，继续用于投资性房地产的，借记“投资性房地产——成本”科目，贷记“投资性房地产——在建”科目。

【例9－15】甲公司为从事房地产经营开发的企业。2×17 年 8 月，甲公司与乙公司签订租赁协议，约定将甲公司开发的一栋精装修的写字楼于开发完成的同时开始租赁给乙公司使用，租赁期为 20 年。当年 10 月 1 日，该写字楼开发完成并开始起租，写字

楼的造价为1 000万元。由于该栋写字楼地处商业繁华区,所在城区有活跃的房地产交易市场,而且能够从房地产交易市场上取得同类房地产的市场报价,甲公司决定采用公允价值模式对该项出租的房地产进行后续计量。2×17年12月31日,该写字楼的公允价值为1 020万元。2×18年12月31日,该写字楼的公允价值为1 030万元。

甲公司的会计处理如下:

(1)2×17年10月1日,甲公司开发完成写字楼并出租:

借:投资性房地产——××写字楼(成本)　10 000 000

　贷:开发产品　10 000 000

注:房地产开发企业可设置“开发产品”科目,其核算同“库存商品”。

(2)2×17年12月31日,以公允价值为基础调整其账面价值,公允价值与原账面价值之间的差额计入当期损益。

借:投资性房地产——××写字楼(公允价值变动)　200 000

　贷:公允价值变动损益　200 000

(3)2×18年12月31日,公允价值又发生变动:

借:投资性房地产——××写字楼(公允价值变动)　100 000

　贷:公允价值变动损益　100 000

【例9-16】2×17年1月1日,乙公司支付3 000万元取得一栋办公用房用于出租(属于投资性房地产),每年租金200万元,在每年年初一次性收取。2×17年12月31日,该办公用房的公允价值为3 100万元,该投资性房地产采用公允价值模式核算。则乙公司会计处理如下:

(1)2×17年1月1日取得时:

借:投资性房地产——成本　30 000 000

　贷:银行存款　30 000 000

借:银行存款　2 000 000

　贷:预收账款　2 000 000

(2)2×17年年末确认租金收入:

借:预收账款　2 000 000

　贷:其他业务收入　2 000 000

(3)2×17年年末公允价值变动:

借:投资性房地产——公允价值变动　1 000 000

　贷:公允价值变动损益　1 000 000

【例9-17】2×17年12月31日,A企业与B企业的办公楼租赁合同到期。A企业对该办公楼采用公允价值模式计量,2×17年12月31日该办公楼的账面余额为5 000万元,其中成本4 000万元,公允价值变动借方余额为1 000万元。为了提高该办公楼的租金收入,A企业决定对办公楼进行改扩建,改扩建完成后,出租给C企业。2×18年3月1日,改扩建工程完工,共发生支出800万元。该后续支出符合资本化的确认条件。会计处理如下:

(1)2×17年12月31日,将办公楼转入在建工程:

借:投资性房地产——在建　　50 000 000
　贷:投资性房地产——成本　　40 000 000
　　　　　　　　——公允价值变动　　10 000 000

(2)发生改扩建等后续支出:

借:投资性房地产——在建　　8 000 000
　贷:银行存款　　8 000 000

(3)2×18 年 3 月 1 日,改扩建工程完工:

借:投资性房地产——成本　　58 000 000
　贷:投资性房地产——在建　　58 000 000

三、投资性房地产后续计量模式的变更

企业对投资性房地产的计量模式一经确定,不得随意变更。以成本模式转为公允价值模式的,应当作为会计政策变更处理,将计量模式变更时公允价值与账面价值的差额,调整期初留存收益。企业变更投资性房地产计量模式时,应当按照模式变更日投资性房地产的公允价值,借记“投资性房地产——成本”科目,按已计提的折旧或摊销,借记“投资性房地产累计折旧(摊销)”,原已计提减值准备的,借记“投资性房地产减值准备”科目,按原账面余额,贷记“投资性房地产”科目,按照公允价值与账面价值的差额,借记或贷记“利润分配——未分配利润”、“盈余公积”等科目。

已采用公允价值模式计量的投资性房地产,不得从公允价值模式转为成本模式。

【9-18】甲公司将某一栋办公楼租赁给乙公司使用,并一直采用成本模式进行后续计量。2×18 年 1 月 1 日,甲公司认为,出租给乙公司使用的写字楼,其所在地的房地产交易市场比较成熟,具备了采用公允价值模式计量的条件,决定对该项投资性房地产从成本模式转换为公允价值模式计量。该写字楼的原造价为 10 000 万元,已计提折旧 2 000 万元,账面价值为 8 000 万元。2×18 年 1 月 1 日,该写字楼的公允价值为 9 000 万元。假设甲企业按净利润的 10% 计提盈余公积。

分析:采用成本模式所计提的 2 000 万元折旧全部计入了当期损益,如按公允价值模式计量不需计提折旧。2×18 年 1 月 1 日,按成本模式其账面价值为 8 000 万元,公允价值为 9 000 万元,两者差额 1 000 万元实际是影响当期损益的数额。如果以前按公允价值计量,应该确认 9 000 - 10 000 = -1 000 万元收益,也不会有 2 000 万元折旧费用,则实际上对损益的影响为 2 000 - 1 000 = 1 000 万元。也就是说,按成本模式计入的成本费用为 2 000 万元,而如果采用公允价值模式,没有 2 000 万元的成本费用,但有 1 000 万元的损失(公允价值变动损益),共对损益产生 1 000 万元的影响。如果不考虑对所得税的影响,1 000 万元就是税后的影响额。如果增加 1 000 万元对损益的影响额,还应该按影响额的 10%,即 100 万元补提盈余公积,对未分配利润的影响就是 900 万元(1 000 - 100 = 900)。

会计处理如下:

借:投资性房地产——××办公楼(成本)　　100 000 000
　　投资性房地产累计折旧　　20 000 000

贷:投资性房地产——××办公楼(公允价值变动)　　10 000 000
　　投资性房地产——××办公楼　　100 000 000
　　盈余公积　　1 000 000
　　利润分配——未分配利润　　9 000 000

第四节 投资性房地产的转换、处置及期末披露

一、投资性房地产的转换

投资性房地产的转换,实质上是因房地产用途发生改变而对房地产进行的重新分类,包括投资性房地产转换为其他资产和其他资产转换为投资性房地产两种形式。

(一)投资性房地产的转换条件

企业有确凿证据表明房地产用途发生改变,且满足下列条件之一的,应当将投资性房地产转换为其他资产或者将其他资产转换为投资性房地产:

(1)投资性房地产开始自用,即投资性房地产转为自用房地产。

(2)作为存货的房地产改为出租,通常是指房地产开发企业将其持有的开发产品以经营租赁的方式出租,存货相应地转换为投资性房地产。

(3)自用土地使用权停止自用,用于赚取租金或资本增值,即企业将原本用于生产商品、提供劳务或者经营管理的土地使用权改用于资本增值,土地使用权相应地转换为投资性房地产。

(4)自用建筑物停止自用,改为出租,即企业将原本用于生产商品、提供劳务或者经营管理的房地产改用于出租,固定资产或土地使用权相应地转换为投资性房地产。

其中,确凿证据指的是:①企业管理当局应当就改变房地产用途形成正式的书面协议;②房地产因用途改变而发生实际状态上的改变。

(二)转换日的确定

(1)投资性房地产开始自用,转换日为房地产达到自用状态,企业开始将房地产用于生产商品、提供劳务或者经营管理的日期。

(2)作为存货的房地产改为出租,转换日为房地产的租赁期开始日。租赁期开始日是指承租人有权行使其使用租赁资产权利的日期。

(3)自用建筑物或土地使用权停止自用,改为出租,转换日为租赁期开始日。

(4)自用土地使用权停止自用,改用于资本增值,转换日为自用土地使用权停止自用后确定用于资本增值的日期。

(三)投资性房地产转换的会计处理

1. 采用成本模式进行后续计量的投资性房地产转换的会计处理

(1)采用成本模式进行后续计量的投资性房地产转换为自用房地产。采用成本模

式进行后续计量的投资性房地产转换为自用房地产时，应按其在转换日的账面余额，借记“固定资产”或“无形资产”科目，贷记“投资性房地产”科目；按已提的折旧或摊销，借记“投资性房地产累计折旧”或“投资性房地产累计摊销”科目，贷记“累计折旧”或“累计摊销”科目；原已计提减值准备的，借记“投资性房地产减值准备”科目，贷记“固定资产减值准备”或“无形资产减值准备”科目。

【例9－19】2×18年7月末，甲企业将出租在外的写字楼收回，准备改造为企业的实验楼。该写字楼相应由投资性房地产转换为自用房地产。该项房地产在转换前采用成本模式计量，截至2×18年7月31日，账面价值为5 000万元，其中，原价6 000万元，累计已计提折旧1 000万元。

甲企业2×18年7月31日的会计处理如下：

借：固定资产	60 000 000
投资性房地产累计折旧	10 000 000
贷：投资性房地产——××厂房	60 000 000
累计折旧	10 000 000

（2）作为存货的房地产转换为采用成本模式计量的投资性房地产。企业将作为存货的房地产转换为采用成本模式计量的投资性房地产时，应当按该项存货在转换日的账面价值，借记“投资性房地产”科目；原已计提跌价准备的，借记“存货跌价准备”科目，按其账面余额，贷记“开发产品”等科目。

【例9－20】甲公司于2×18年10月10日同乙企业签订租赁协议，将其开发的一栋写字楼整体出租给乙企业使用，租赁期开始日为2×18年11月15日。2×18年11月15日，该写字楼的账面余额5 000万元，未计提存货跌价准备，转换后采用成本模式计量。

甲公司2×18年4月15日的会计处理如下：

借：投资性房地产——××写字楼	50 000 000
贷：开发产品	50 000 000

（3）自用土地使用权或建筑物转换为以成本模式计量的投资性房地产。企业将自用土地使用权或建筑物转换为以成本模式计量的投资性房地产时，应当按该项土地使用权或建筑物在转换日的原价、累计折旧、减值准备等，分别转入“投资性房地产”、“投资性房地产累计折旧（摊销）”、“投资性房地产减值准备”科目。按其账面余额，借记“投资性房地产”科目，贷记“固定资产”或“无形资产”科目；按已计提的折旧或摊销，借记“累计折旧”或“累计摊销”科目，贷记“投资性房地产累计折旧（摊销）”科目；原已计提减值准备的，借记“固定资产减值准备”或“无形资产减值准备”科目，贷记“投资性房地产减值准备”科目。

【例9－21】甲公司拥有一栋写字楼，用于本企业总部办公。2×18年3月10日，甲企业与乙企业签订了经营租赁协议，将这栋写字楼整体出租给乙企业使用，租赁期开始日为2×18年4月15日，为期5年。2×18年4月15日，这栋写字楼的账面余额5.5亿元。已计提折旧500万元。

甲企业2×18年4月15日的会计处理如下：

借：投资性房地产——××写字楼	550 000 000

累计折旧　5 000 000

贷:固定资产　550 000 000

投资性房地产累计折旧　5 000 000

2. 采用公允模式进行后续计量的投资性房地产转换的会计处理

(1)采用公允模式进行后续计量的投资性房地产转换为自用房地产。采用公允价值模式计量的投资性房地产转换为自用房地产时,应当以其转换当日的公允价值作为自用房地产的账面价值,公允价值与原账面价值的差额计入当期损益。转换日,按该项投资性房地产的公允价值,借记"固定资产"或"无形资产"科目,按该项投资性房地产的成本,贷记"投资性房地产——成本"科目,按该项投资性房地产的累计公允价值变动,借记或贷记"投资性房地产——公允价值变动"科目,按其差额,贷记或借记"公允价值变动损益"科目。

【例9-22】乙公司将原采用公允价值计量模式计价的一幢出租用厂房收回,作为企业的一般性固定资产处理。在出租收回前,该投资性房地产的成本和公允价值变动明细科目分别为700万元和100万元(借方)。转换当日该厂房的公允价值为780万元。会计处理如下:

借:固定资产　7 800 000

公允价值变动损益　200 000

贷:投资性房地产——成本　7 000 000

——公允价值变动　1 000 000

(2)作为存货的房地产转为用公允模式进行后续计量的投资性房地产。企业将作为存货的房地产转换为采用公允价值模式计量的投资性房地产时,投资性房地产应当按照转换当日的公允价值计量。转换当日的公允价值小于原账面价值的,其差额计入当期损益;转换当日的公允价值大于原账面价值的,其差额计入所有者权益。转换当日,企业应按该项房地产的公允价值,借记"投资性房地产——成本"科目,已计提减值准备的,借记"存货跌价准备"科目,按其账面余额,贷记"开发产品"等科目。转换当日的公允价值小于原账面价值的,按其差额,借记"公允价值变动损益"科目;转换当日的公允价值大于原账面价值的,按其差额,贷记"其他综合收益"科目。待该项投资性房地产处置时,按因转换计入资本公积的部分,借记"其他综合收益"科目,贷记"其他业务成本"科目。

【例9-23】丁公司将开发的一栋办公楼用于出租,出租日该办公楼的账面原值为5 000万元,已提存货跌价准备2 000万元,公允价值3 600万元。丁公司对投资性房地产采用公允价值模式计量。则丁公司在出租日的会计处理如下:

借:投资性房地产——办公楼(成本)　36 000 000

存货跌价准备　20 000 000

贷:开发产品　50 000 000

其他综合收谥　6 000 000

【例9-24】承例9-23,假设出租时办公楼的公允价值为2 500万元,则丁公司在出租日的会计处理如下:

借:投资性房地产——办公楼(成本)　25 000 000
　存货跌价准备　20 000 000
　公允价值变动损益　5 000 000
　贷:开发产品　50 000 000

(3)自用土地使用权或建筑物转换为以公允价值模式计量的投资性房地产。企业自用土地使用权或建筑物转换为以公允价值模式计量的投资性房地产,投资性房地产应当按照转换当日的公允价值计量。转换当日的公允价值小于原账面价值的,其差额计入当期损益;转换当日的公允价值大于原账面价值的,其差额计入所有者权益。企业在转换当日,应当按土地使用权或建筑物的公允价值,借记"投资性房地产——成本"科目,按其账面余额,贷记"固定资产"或"无形资产"科目,按已计提的累计摊销或累计折旧,借记"累计摊销"或"累计折旧"科目,原已计提减值准备的,借记"无形资产减值准备"或"固定资产减值准备"科目。转换当日的公允价值小于账面价值的,按其差额,借记"公允价值变动损益"科目;转换当日的公允价值大于账面价值的,按其差额,贷记"其他综合收益"科目。待该项投资性房地产处置时,因转换计入其他综合收益的部分应转入当期损益。

【例9-25】甲企业与乙企业签订了租赁协议,将其原办公楼租赁给乙企业使用,租赁期限为2年。甲企业对出租的办公楼采用公允价值模式计量。假设租赁期开始日,该办公楼的公允价值为5 500万元,其原价为7 000万元,已提折旧1 000万元。甲企业租赁期开始日的会计处理如下:

借:投资性房地产——××办公楼(成本)　55 000 000
　累计折旧　10 000 000
　公允价值变动损益　5 000 000
　贷:固定资产　70 000 000

【例9-26】承例9-25,假设租赁期开始日该办公楼的公允价值为6 500万元,其他资料不变。则甲企业租赁期开始日的会计处理如下:

借:投资性房地产——××办公楼(成本)　65 000 000
　累计折旧　10 000 000
　贷:固定资产　70 000 000
　　其他综合收益　5 000 000

二、投资性房地产的处置

当投资性房地产被处置,或者永久退出使用且预计不能从其处置中取得经济利益时,应当终止确认该项投资性房地产。企业出售、转让、报废投资性房地产或者发生投资性房地产毁损的,应当将处置收入扣除其账面价值和相关税费后的金额计入当期损益。

(一)以成本模式计量的投资性房地产的处置

处置投资性房地产时,应按实际收到的金额,借记"银行存款"等科目,贷记"其他业务收入"科目。按该项投资性房地产的累计折旧或累计摊销,借记"投资性房地产累计折旧(摊销)”科目,按该项投资性房地产的账面余额,贷记“投资性房地产”科目,按其差额,借记“其他业务成本”科目。已计提减值准备的,还应同时结转减值准备。

【例9－27】丙公司对投资性房地产采用成本模式计量,于2×18年6月30日将出租的办公楼出售。该办公楼的账面原值为1 500万元,已提折旧800万元。出售收入1 200万元收存银行,增值税税率为10%,则出售时的会计处理如下:

借:银行存款　13 200 000

　贷:其他业务收入　12 000 000

　　应交税费——应交增值税(销项税额)　1 200 000

借:其他业务成本　7 000 000

　投资性房地产累计折旧　8 000 000

　贷:投资性房地产　15 000 000

(二)以公允价值模式计量的投资性房地产的处置

处置投资性房地产时,应按实际收到的金额,借记“银行存款”等科目,贷记“其他业务收入”科目。按该项投资性房地产的账面余额,借记“其他业务成本”科目,贷记“投资性房地产——成本”科目、贷记或借记“投资性房地产——公允价值变动”科目;同时,按该项投资性房地产的公允价值变动,借记或贷记“公允价值变动损益”科目,贷记或借记“其他业务成本”科目。若存在原转换日计入其他综合收益的金额,也一并结转。

【例9－28】长江房地产公司(以下简称“长江公司”)将一幢商品房对外出租并采用公允价值模式计量,租期为3年,每年12月31日收取租金100万元,出租时,该幢商品房的成本为2 000万元,公允价值为2 200万元。出租后第1年年末,该幢商品房的公允价值为2 150万元,第2年年末,该幢商品房的公允价值为2 120万元,第3年年末,该幢商品房的公允价值为2 050万元,第4年年初将该幢商品房对外出售,收到2 080万元存入银行。假定不考虑相关税费。长江公司上述经济业务的会计处理如下:

(1)租赁期开始日:

借:投资性房地产——成本　22 000 000

　贷:开发产品　20 000 000

　　其他综合收益　2 000 000

(2)第1年年末:

借:银行存款　1 000 000

　贷:其他业务收入　1 000 000

借:公允价值变动损益　500 000

　贷:投资性房地产——公允价值变动　500 000

(3)第2年年末:

借:银行存款　1 000 000

　贷:其他业务收入　1 000 000

借:公允价值变动损益　300 000

　贷:投资性房地产——公允价值变动　300 000

(4)第3年年末:

借:银行存款	1 000 000	
贷:其他业务收入		1 000 000
借:公允价值变动损益	700 000	
贷:投资性房地产——公允价值变动		700 000

(5)第4年年初:

借:银行存款	20 800 000	
贷:其他业务收入		20 800 000
借:其他业务成本	20 500 000	
投资性房地产——公允价值变动	1 500 000	
贷:投资性房地产——成本		22 000 000
借:其他综合收益	2 000 000	
贷:其他业务成本		2 000 000
借:其他业务成本	1 500 000	
贷:公允价值变动损益		1 500 000

三、投资性房地产的期末披露

企业应当在附注中披露与投资性房地产有关的下列信息:

第一,投资性房地产的种类、金额和计量模式;

第二,采用成本模式的,投资性房地产的折旧或摊销,以及减值准备的计提情况;

第三,采用公允价值模式的,公允价值的确定依据和方法,以及公允价值变动对损益的影响;

第四,房地产转换情况、理由,以及对损益或所有者权益的影响;

第五,当期处置的投资性房地产及其对损益的影响。

本章小结

投资性房地产,是指为赚取租金或资本增值,或者两者兼有而持有的房地产,具体包括已出租的土地使用权及建筑物和持有并准备增值后转让的土地使用权。投资性房地产的核算包括初始计量和后续计量。初始计量与自有固定资产或无形资产的核算基本相同。后续计量包括成本模式和后续计量模式。企业通常应当采用成本模式对投资性房地产进行后续计量,也可采用公允价值模式对投资性房地产进行后续计量。但同一企业只能采用一种模式对所有投资性房地产进行后续计量,不得同时采用两种计量模式。后续计量模式可以变更,但只能从成本模式转为公允价值模式。以成本模式计量的投资性房地产的核算基本同"固定资产"、"无形资产"的核算,以公允价值模式计量的投资性房地产的核算与以公允价值计量的金融资产有类似之处。投资性房地产的转换,实质上是因房地产用途发生改变而对房地产进行的重新分类,具体包括投资性房地产转换为其他资产和其他资产转换为投资性房地产,从而涉及不同计量属性的运用。企业出售、转让、报废投资性房地产或者发生投资性房地产毁损,应当将处置收入扣除其账面价值和相关税费后的金额计入当期损益。

思考题

1. 什么是投资性房地产？举例说明。
2. 投资性房地产的确认条件是什么?
3. 初始取得投资性房地产的入账价值如何计量?
4. 投资性房地产采用公允价值进行后续计量的条件是什么?
5. 投资性房地产有关的后续支出如何进行会计处理?
6. 如何确定投资性房地产的转换日?

练习题

1.【资料】石林股份有限公司(以下简称“石林公司”)按净利润的10%计提盈余公积。石林公司有关方,将该写字楼经营租赁给乙公司,租赁期为1年,年租金为300万元,租金于每年年末结清。租赁期开始日为2×17年1月1日。租赁期间,由石林公司提供该写字楼的日常维护。该写字楼的原造价为3 000万元,按直线法计提折旧,使用寿命为30年,预计净残值为零,已计提折旧1 000万元,账面价值为2 000万元。石林公司采用成本模式对投资性房地产进行后续计量。不考虑相关税费。

2×17年12月,该办公楼发生减值迹象,经减值测试,其可收回金额为1 700万元;2×17年共发生日常维护费用40万元,均以银行存款支付。

2×18年1月1日,石林公司决定于当日开始对该写字楼进行再开发,开发完成后将继续用于经营租赁。

2×18年4月20日,石林公司与丙公司签订经营租赁合同,约定自2×18年7月1日起将写字楼出租给丙公司。租赁期为2年,年租金为500万元,租金每半年支付一次。

2×18年6月30日,该写字楼再开发完成,共发生支出200万元,均以银行存款支付。现预计该项投资性房地产尚可使用年限为25年,预计净残值为零,折旧方法仍为直线法。

【要求】

(1)编制2×17年1月1日石林公司出租写字楼的有关会计分录。

(2)编制2×17年12月31日该投资性房地产的有关会计分录。

(3)编制2×18年石林公司该投资性房地产再开发的有关会计分录。

(4)编制2×18年12月31日该投资性房地产的有关会计分录。

2.【资料】龙华股份有限公司(以下简称"龙华公司")为增值税一般纳税企业。不考虑除增值税以外的其他税费。龙华公司对投资性房地产采用公允价值模式计量。龙华公司有关房地产的相关业务资料如下:

(1)2×15年1月,龙华公司自行建造办公大楼。在建设期间,龙华公司购进为工程准备的一批物资,价款为1 400万元,增值税为224万元。该批物资已验收入库,款项以银行存款支付。该批物资全部用于办公楼工程项目。龙华公司为建造工程,领用本企业生产的库存商品一批,成本194万元,另支付在建工程人员薪酬362万元。

(2)2×15年8月,该办公楼的建设达到了预定可使用状态并投入使用。该办公楼预计使用寿命为20年,预计净残值为94万元,采用直线法计提折旧。

(3)2×17年6月30日,龙华公司与昌泰公司签订了租赁协议,将该办公大楼经营租赁给昌泰公司,租赁期为10年,年租金为234万元,租金应收取销项增值税23.4万元,款项于每年年末结清。租赁期开始日为2×17年7月1日。

(4)与该办公大楼同类的房地产在2×17年7月1日的公允价值为2 200万元,2×17年年末的公允价值为2 400万元。

(5)2×18年1月,龙华公司与昌泰公司达成协议并办理过户手续,不含增值税销售价格2 297万元将该项办公大楼转让给昌泰公司,增值税229.7万元。全部款项已收到并存入银行。

【要求】

(1)编制龙华公司自行建造办公大楼的有关会计分录。

(2)计算龙华公司该项办公大楼2×16年年末累计折旧的金额。

(3)编制龙华公司将该项办公大楼停止自用改为出租的有关会计分录。

(4)编制龙华公司该项办公大楼有关2×17年年末后续计量的有关会计分录。

(5)编制龙华公司该项办公大楼有关2×17年租金收入的会计分录。

(6)编制龙华公司2×18年处置该项办公大楼的有关会计分录。

(答案中的金额单位用万元表示。)

第十章

非货币性资产交换

本章学习目的

非货币性资产交换是一种非常特殊的交易行为，交易双方主要以存货、固定资产、无形资产和长期股权投资等非货币性资产进行的交换。通过本章学习，掌握非货币性资产交换的性质、基本概念，以及确认、计量与披露。

本章重点与难点

本章重点是非货币性资产交换的认定，非货币性资产交换的确认和计量，以及非货币性资产交换的会计处理。本章难点是对非货币性资产交换是否具有商业实质判断条件的理解和运用，以及在不涉及补价、涉及补价和涉及多项非货币性资产的非货币性资产交换中换入资产入账成本及交换损益的确定。

第一节　非货币性资产交换的认定

一、货币性资产与非货币性资产的划分

货币性资产是指企业持有的现金及将以固定或可确定金额的货币收取的资产。非货币性资产是指货币性资产以外的资产。划分货币性资产和非货币性资产的主要依据在于将来资产为企业带来的经济利益流入(表现形式是货币资金)是否固定或者可以确定。如果资产在将来为企业带来的经济利益是固定的或金额是确定的,则该资产就是货币性资产;反之,如果资产在将来为企业带来的经济利益是不固定的或者是不可确定的,则该资产就属于非货币性资产。货币性资产主要包括货币资金(现金、银行存款、其他货币资金)、应收账款、应收票据、应收股利、应收利息、其他应收款以及以收取合同现金流量为目标的债券投资等。非货币性资产主要包括存货、固定资产、工程物资、在建工程、投资性房地产、无形资产、长期股权投资及既以收取合同现金流量为目标又以出售该金融资产为目标的债券投资等。

二、非货币性资产交换的认定

(一)非货币性资产交换的定义

根据《企业会计准则第 7 号——非货币性资产交换》的规定,非货币性资产交换是指交易双方主要以存货、固定资产、无形资产和长期股权投资等非货币性资产进行的交换。在企业实务中,普遍存在的交易形式是货币性交易,如赊购固定资产、以货币资金偿还银行借款等。而非货币性资产交换是一种特殊的交易形式,俗称以货易货,这种交换不涉及或只涉及少量的货币性资产(即补价),其计量基础和判断标准与货币性交易显著不同,企业会计准则对此进行了专门的规范。

实务工作中,交易双方通过非货币性资产交换一方面可以满足各自生产经营的需要,另一方面可在一定程度上减少货币性资产的流出。如某企业需要另一个企业拥有的一项设备,另一个企业需要上述企业生产的产品作为原材料,双方就可能会出现非货币性资产交换的交易行为,尤其在双方货币性资金短缺的情况下更是如此。

(二)认定非货币性资产交换的标准

非货币性资产交换的典型特点是不涉及或只涉及少量的货币性资产(补价)。认定不涉及货币性资产的交易为非货币性资产交换非常直观,如甲公司以一项价值为 200 万元的固定资产换入乙企业价值为 200 万元的权益性投资,该交易中固定资产和权益性投资均属于非货币性资产,且未涉及货币性资产的收付,因此直接认定此项交易为非货币性资产交换。当交换交易涉及货币性资产时,能否认定为非货币性资产交换,则需要参考货币性资产(补价)占整个资产交换金额的比例而定。根据《企业会计准则第 7 号——非货币性资产交换》的规定,认定涉及少量货币性资产的交换为非货币性资

产交换，通常以补价占整个资产交换金额的比例是否低于25%作为参考标准。如果涉及的货币性资产占整个资产交换金额的比例低于25%，则视为非货币性资产交换；如果高于25%（含25%），则视为货币性资产交换。

在具体运用上述判断标准时，货币性资产的收付双方可以根据公式计算补价占整个资产交换金额的比例：

收到补价的企业：收到的补价÷换出资产的公允价值<25%

或：收到的补价÷（换入资产的公允价值+收到的补价）<25%

支付补价的企业：支付的补价÷（换出资产的公允价值+支付的补价）<25%

或：支付的补价÷换入资产的公允价值<25%

对于收付补价的双方企业来说，如果上述不等式关系成立，则该交易属于非货币性资产交换，适用《企业会计准则第7号——非货币性资产交换》规定；否则，该交易就属于货币性交易，适用《企业会计准则第14号——收入》等相关准则的规定。

【例10－1】A企业以一台锻压设备与B企业一项专利技术交换，锻压设备的公允价值为80万元，专利技术的公允价值为100万元，因为锻压设备的公允价值低于专利技术的公允价值，所以A企业支付B企业补价20万元。

要求：判断该项交易是否属于非货币性资产交换。

分析判断：对于支付补价的A企业来说，货币性资产在整个交易中所占的比例为20÷（80+20）×100%＝20%，小于25%。对于收到补价的B企业来说，货币性资产在整个交易中所占的比例为20÷100×100%＝20%，小于25%。所以A、B双方均应将此项交易认定为非货币性资产交换。

三、不属于非货币性资产交换的交易和事项

（一）与所有者或所有者以外方面的非货币性资产非互惠转让

非互惠转让是指企业将其拥有的非货币性资产无代价地转让给其所有者或其他企业，或由其所有者或其他企业将非货币性资产无代价地转让给企业。本章所讲的非货币性资产交换指的是企业之间以非货币性资产形式的互惠转让，而不是单方向的非互惠转让或赠予。

实务中，与所有者的非互惠转让，如以非货币性资产作为股利发放给股东等，属于资本性交易，适用《企业会计准则第37号——金融工具列报》。

企业与所有者之外方面发生的非互惠转让，如政府无偿提供非货币性资产给企业建造固定资产，属于政府以非互惠方式提供非货币性资产，适用《企业会计准则第16号——政府补助》。

（二）企业合并、债务重组和发行股票取得的非货币性资产

在企业合并、债务重组中取得非货币性资产，其成本确定分别适用《企业会计准则第20号——企业合并》和《企业会计准则第12号——债务重组》；企业以发行股票形式取得的非货币性资产，相当于以权益工具换入非货币性资产，其成本确定适用《企业会计准则第37号——金融工具列报》。

第二节　非货币性资产交换的确认与计量

非货币性资产交换的确认和计量需解决两方面的问题，一是换入资产的成本如何计量，二是是否确认非货币性资产交换损益以及如何计量交换损益。非货币性资产交换准则规范了确定换入资产成本的两种计量基础和交换损益的确认原则，分别是换入资产成本以公允价值为基础计量并确认交换损益和换入资产成本以账面价值为基础计量不确认交换损益。

一、换入资产成本以公允价值为基础计量并确认交换损益

（一）换入资产成本以公允价值为基础计量并确认交换损益的条件

根据非货币性资产交换准则的规定，非货币性资产交换同时满足下列两个条件的，应当以公允价值和应支付的相关税费作为换入资产的成本，公允价值与换出资产的账面价值的差额计入当期损益。这两个条件是：①该项交易具有商业实质；②换入资产或换出资产的公允价值能够可靠计量。

（二）交换具有商业实质的判断

非货币性资产交换具有商业实质是换入资产以公允价值计量的重要条件之一。在确定资产交换是否具有商业实质时，企业应当重点考虑由于发生了该项资产交换预期使企业未来现金流量发生变动的程度，通过比较换出资产和换入资产预计产生的未来现金流量或其现值，确定非货币性资产交换是否具有商业实质。只有当换出资产和换入资产预计未来现金流量或其现值两者之间的差额较大时，才能表明交易的发生使企业经济状况发生了明显改变，非货币性资产交换因而具有商业实质。具体来说，企业发生的非货币性资产交换符合下列两个条件之一的，视为具有商业实质：

1. 换入资产的未来现金流量在风险、时间和金额方面与换出资产显著不同

换入资产的未来现金流量在风险、时间和金额方面与换出资产显著不同，通常包括但不仅限于以下几种情况：

(1)未来现金流量的风险、金额相同，时间不同。例如，某企业以一批存货换入一项设备，因为存货流动性强，能够在较短的时间内产生现金流量，设备作为固定资产要在较长时间内给企业带来现金流量，两者产生的现金流量的时间相差较大，则可以判断上述存货与固定资产的未来现金流量显著不同，因而该两项资产的交换具有商业实质。

(2)未来现金流量的时间、金额相同，风险不同。例如，甲企业以其用于经营出租的一幢公寓楼，与乙企业同样用于经营出租的一幢公寓楼进行交换，两幢公寓楼的租期、每期租金总额均相同，但是甲企业是租给一家财务及信用状况良好的企业(该企业租用该公寓是给其单身职工居住)，乙企业的客户都是单个租户，相比较而言，甲企

业取得租金的风险较小。因此，两者现金流量流入的风险或不确定性程度存在明显差异，两幢公寓楼的未来现金流量显著不同，进而可判断该两项资产的交换具有商业实质。

（3）未来现金流量的风险、时间相同，金额不同。例如，某企业以一项商标权换入另一企业的一项专利权，预计两项无形资产的使用寿命期相同，在使用寿命期内预计为企业带来的现金流量总额相等，但是换入的专利权为新开发的，预计开始阶段产生的未来现金流量明显少于后期，而该企业拥有的商标权每年产生的现金流量比较均衡，两者产生的现金流量额差异明显，则上述商标权和专利权的未来现金流量显著不同，因而该两项资产的交换具有商业实质。

一般来说，按照该项条件就可以判断某项非货币性资产交换是否具有商业实质。

2. 换入资产和换出资产的预计未来现金流量现值不同，且其差额与换入资产和换出资产的公允价值相比是重大的

企业如按照上述第一个条件难以判断某项非货币性资产交换是否具有商业实质，即可根据第二个条件，通过计算换入资产和换出资产的预计未来现金流量现值进行比较后判断。本章所指的资产预计未来现金流量现值，应当根据企业自身而不是市场参与者对资产特定风险的评价，选择恰当的折现率，对资产在持续使用过程中和最终处置时预计产生的税后未来现金流量进行折现后，依折现后的金额加以确定，即国际财务报告准则所称的"主体特定价值"。

在判断非货币性资产交换是否具有商业实质时，除了运用以上两个条件外，还需注意以下几点：

（1）不能简单从市场参与者的角度判断商业实质。从市场参与者的角度分析，换入资产和换出资产预计未来现金流量在风险、时间和金额方面可能相同或类似，但是，考虑到换入资产的性质和换入企业经营活动的特征等因素，换入资产和换入企业其他现有资产相结合，能够比换出资产产生更大的作用，使换入企业受该项换入资产影响的经营活动部分产生的现金流量，与换出资产明显不同，即换入资产对换入企业的使用价值与换出资产对该企业的使用价值明显不同，使换入资产预计未来现金流量现值与换出资产发生明显差异，因而表明该两项资产的交换具有商业实质。例如，A 企业以一项专利权换入 B 企业拥有的长期股权投资，假定从市场参与角度来看，该项专利权与该项长期股权投资的公允价值相同，两项资产未来现金流量的风险、时间和金额也相同，但是，对 A 企业来讲，换入该项长期股权投资使其对被投资方由重大影响变为控制关系，从而对 A 企业产生的预计未来现金流量现值与换出的专利权有较大差异；B 企业换入的专利权能够解决生产中的技术难题，从而对 B 企业产生的预计未来现金流量现值与换出的长期股权投资也有明显差异。因此，该交换具有商业实质。

（2）非同类资产之间的交换通常具有商业实质。企业在判断非货币性资产交换是否具有商业实质时，还可以从资产是否属于同一类别进行分析。这里的"同一类别"是指用于交换的资产列示在资产负债表同一资产项目下。例如，存货之间的交换、固定资产之间的交换、长期股权投资之间的交换等属于同类资产的交换，而存货与固定资产的

交换、无形资产与长期股权投资的交换等则属于非同类资产之间的交换。非同类非货币性资产因其产生经济利益的方式不同，一般来说其产生的未来现金流量风险、时间和金额也不相同，因而非同类非货币性资产之间的交换通常具有商业实质。非同类非货币性资产交换是否具有商业实质，通常较难判断。

(3)关联方关系的存在可能影响商业实质。需要强调的是，在确定非货币性资产交换是否具有商业实质时，企业应当关注交易各方之间是否存在关联方关系。关联方关系的存在可能导致发生的非货币性资产交换不具有商业实质。

(三)公允价值可靠计量的判断

属于以下三种情况之一的，公允价值视为能够可靠计量：

1. 换入或换出资产存在活跃市场

资产存在活跃市场，是公允价值能够可靠计量的明显证据，应当以资产的市场价格为基础确定其公允价值。

2. 换入或换出资产不存在活跃市场，但同类或类似资产存在活跃市场

换入或换出资产不存在活跃市场，但同类或类似资产存在活跃市场时，应当以调整后的类似资产市场价格为基础确定换入资产或换出资产的公允价值，此时公允价值能够可靠计量。

3. 换入或换出资产不存在同类或类似资产可比市场交易，但采用估值技术确定的公允价值满足一定的条件

换入或换出资产不存在同类或类似资产可比市场交易，但采用估值技术确定的公允价值满足下列两个条件之一时，也视为公允价值能够可靠计量：

(1)采用估值技术确定的公允价值估计数的变动区间很小。这种情况是指虽然企业通过估值技术确定的资产的公允价值不是一个单一的数据，但是介于一个变动范围很小的区间内，可以认为资产的公允价值能够可靠计量。

(2)在公允价值估计数变动区间内，各种用于确定公允价值估计数的概率能够合理确定。这种情况是指采用估值技术确定的公允价值在一个变动区间内，区间内出现各种情况的概率或可能性能合理确定，企业可以采用类似《企业会计准则第 13 号——或有事项》计算最佳估计数的方法，确定资产的公允价值，这种情况视为公允价值能够可靠计量。

二、换入资产成本以账面价值为基础计量不确认交换损益

不具有商业实质或交换涉及资产的公允价值均不能可靠计量的非货币性资产交换，应当以换出资产的账面价值和应支付的相关税费，作为换入资产的成本，无论是否支付补价，均不确认损益；收到或支付的补价作为确定换入资产成本的调整因素，其中，收到补价方应当以换出资产的账面价值减去补价作为换入资产的成本，支付补价方应当以换出资产的账面价值加上补价作为换入资产的成本。

以上分析表明，非货币性资产交换选择不同的计量基础，不仅影响到资产的计价，而且影响企业损益的确认，更影响会计信息的相关性。因此，当认定一项交易为非货币性资产交换时，必须严格依据《企业会计准则第 7 号——非货币性资产交换》的规定，

确定该交换是否同时满足公允价值计量的条件，如果同时满足两项条件，则以公允价值为基础计量换入资产的成本，同时确认交换损益；如果不能同时满足两项条件，则只能以换出资产的账面价值为基础计量换入资产的成本，不论是否收付补价，均不确认损益。

第三节　非货币性资产交换的会计处理与信息披露

一、以公允价值计量的会计处理

（一）换入资产成本确定

非货币性资产交换具有商业实质且换入资产和换出资产公允价值均能够可靠计量时，应当以换出资产公允价值作为确定换入资产入账成本的基础。这是因为，一般情况下取得资产的成本应当按照所放弃的资产的对价来确定，在非货币性资产交换中，换出资产就是放弃的对价，如果其公允价值能够合理确定，应当优先考虑以换出资产公允价值作为确定换入资产成本的基础。如果有确凿证据表明换入资产的公允价值更加可靠的，应当以换入资产的公允价值为基础确定换入资产的成本，这种情况多发生在非货币性资产交换存在补价的情况，因为存在补价表明换入资产和换出资产公允价值不相等，一般不能直接以换出资产的公允价值作为换入资产的成本。

1. 不涉及补价时

若非货币性资产交换不涉及补价，换入资产成本以换出/换入资产的公允价值加上应支付的相关税费确定，可以用公式表达为：

换入资产成本＝换出/换入资产的公允价值＋应支付的相关税费

换入资产和换出资产涉及相关税费的，如换出存货视同销售计算的销项税额，换入资产作为存货应当确认的可抵扣增值税进项税额，以及换出固定资产、无形资产视同转让应交纳的营业税等，按相关税收规定计算确定。

2. 涉及补价时

在以公允价值确定换入资产成本的情况下，若非货币性资产交换发生补价，支付补价方和收到补价方应当区别情况进行处理。

（1）支付补价方。应当以换出资产的公允价值加上支付的补价和应支付的相关税费作为换入资产的成本，有证据表明换入资产公允价值更可靠时，也可以换入资产的公允价值加上应支付的相关税费作为换入资产的成本。用公式表达为：

换入资产成本＝换出资产的公允价值＋应支付的补价＋应支付的相关税费

或＝换入资产的公允价值＋应支付的相关税费

（2）收到补价方。应当以换出资产的公允价值减去收到的补价加上应支付的相关税费作为换入资产的成本，有证据表明换入资产公允价值更可靠时，也可以换入资产的公允价值加上应支付的相关税费作为换入资产的成本。可以用公式表达为：

换入资产的入账价值＝换出资产的公允价值－收到的补价＋应支付的相关税费

或＝换入资产的公允价值＋应支付的相关税费

（二）交换损益的确定

在以公允价值计量的情况下，不论是否涉及补价，只要换出资产的公允价值与其账面价值不一致，就一定会涉及损益的确认，因为非货币性资产交换损益通常是换出资产公允价值与换出资产账面价值的差额，通过非货币性资产交换予以实现。

1. 不涉及补价时

非货币性资产交换按公允价值计量不涉及补价时，换出资产公允价值与其账面价值的差额即为计入当期损益的非货币性资产交换损益，可以用公式表达为：

交换确认的损益＝换出资产公允价值－换出资产账面价值

2. 涉及补价时

非货币性资产交换按公允价值计量且涉及补价时，支付补价方和收到补价方应当区别情况计算非货币性资产交换损益：

（1）支付补价方。应当以换出资产的公允价值与账面价值之差确认非货币性资产交换损益，或以换入资产成本减去支付的补价，减去应支付的相关税费，再减去换出资产账面价值后的余额确认为非货币性资产交换损益。可以用公式表达为：

交换确认的损益＝换出资产公允价值－换出资产账面价值

（2）收到补价方。应当以换出资产的公允价值与账面价值之差确认非货币性资产交换损益，或以换入资产成本加上收到的补价，减去应支付的相关税费，再减去换出资产账面价值后的余额确认为非货币性资产交换损益。可以用公式表达为：

交换确认的损益＝换出资产公允价值－换出资产账面价值

非货币性资产交换确认的损益，应视换出资产的类别不同而计入不同的会计科目：①换出资产为存货的，应当视同销售处理，根据《企业会计准则第 14 号——收入》准则，按照公允价值确认销售收入，同时结转销售成本，相当于按照公允价值确认的收入和按账面价值结转的成本之间的差额，也即换出资产公允价值和换出资产账面价值的差额，在利润表中作为营业利润的构成部分予以列示；②换出资产为固定资产、无形资产的，换出资产公允价值和换出资产账面价值的差额，计入营业外收入或营业外支出；③换出资产为长期股权投资、可供出售金融资产的，换出资产公允价值和换出资产账面价值的差额，计入投资收益。

（三）会计处理举例

【例 10－2】甲公司和乙公司均为增值税一般纳税人，适用的增值税税率均为 16%，甲、乙公司均开具了增值税专用发票。交易过程中涉及的增值税进项税额按照税法规定可抵扣且已得到认证，不考虑其他相关税费。2×18 年 7 月，甲公司以一台不需要使用的设备与乙公司交换两辆乙公司自己生产销售的卡车。换入的卡车作为固定资产管理，投入企业日常运营。甲公司换出的设备购入时间为 2×15 年 6 月，账面原价为 200 万元，增值税 32 万元按照税法规定已经抵扣，累计折旧为 70 万元，在交换日的公允价值为 80 万元。乙公司换出的卡车账面价值为 90 万元，在交换日的公允价值为 80 万元,计税价格等于公允价值。乙公司换入的设备也作为固定资产管理和投入使用。甲、乙两家公司均开具了增值税专用发票。

假设甲公司此前没有为该项设备计提减值准备,除支付清理费2万元外,没有发生除增值税以外的其他相关税费。假设乙公司为卡车计提了5万元跌价准备,没有发生增值税外的其他税费。根据税法规定,甲、乙两家公司换入固定资产支付的增值税均能抵扣。

要求:分别为甲公司和乙公司就该项交易进行会计处理。

分析思路:针对非货币性资产交换交易,会计处理通常需要遵循一定的顺序就以下方面做出判断:①该交易是否属于非货币性资产交换;②该交易应以公允价值为基础计量还是以账面价值为基础计量;③换入资产成本的确定;④非货币性资产交换损益的确认。

分析:①整个交易过程不涉及货币性资产,因此属于非货币性资产交换;②对于甲公司而言,是以不需要使用的设备换入卡车,对于乙公司而言,是以存货换入其需要的设备,两项资产交换后对换入企业的特定价值显著不同,因而对于两方而言,该非货币性资产交换均具有商业实质;③该项交易中涉及的两项资产公允价值都能可靠计量,符合以公允价值计量的两个条件,因此甲公司和乙公司均应以换出资产公允价值为基础确定换入资产的成本;④两项资产的账面价值和公允价值不同,由此产生的差异确认为非货币性资产交换损益。

甲公司的账务处理如下:

借:固定资产清理	1 300 000	
累计折旧	700 000	
贷:固定资产——××设备		2 000 000
借:固定资产清理	20 000	
贷:银行存款		20 000
借:固定资产——卡车	800 000	
应交税费——应交增值税(进项税额)	128 000	
资产处置损益	520 000	
贷:固定资产清理		1 320 000
应交税费——应交增值税(销项税额)		128 000

乙公司的账务处理如下:

借:固定资产——××设备	800 000	
应交税费——应交增值税(进项税额)	128 000	
贷:主营业务收入		800 000
应交税费——应交增值税(销项税额)		128 000
借:主营业务成本	850 000	
存货跌价准备	50 000	
贷:库存商品		900 000

【例10-3】2×18年5月,A空调生产企业为了解决生产中的技术难题,以其持有

的对K公司的长期股权投资换取B空调生产企业拥有的一项空调生产专利技术。在交换日,A企业持有的长期股权投资账面余额900万元,已计提减值准备80万元,在交换日的公允价值为700万元;B企业专利权的账面原价为900万元,累计摊销金额200万元,已计提减值准备40万元,交换日的公允价值为700万元。A企业以银行存款支付了增值税税额42万元;B企业原已持有对K公司的长期股权投资,从A企业换入K公司的长期股权投资后,使得B企业成为K公司的联营企业。假定A企业、B企业均为增值税一般纳税人,转让无形资产适用的增值税税率为6%,交易过程中涉及的增值税进项税额按照税法规定可抵扣且已得到认证,不考虑其他相关税费。

分析:①该项资产交换没有涉及货币性资产,属于非货币性资产交换。②该项交易属于以长期股权投资交换无形资产。对A企业来讲,换入空调生产专利技术能够解决技术难题,相对于持有K公司的长期股权投资而言,预计未来现金流量的时间、金额、风险均不相同;对于B企业而言,其换入对K公司的长期股权投资后,对K公司的持股比例上升,成为K公司的联营企业,因而可以通过参与K公司的财务和经营决策等方式对K公司施加重大影响,增加了借此从K公司的经营活动中获取经济利益的权力,与专利技术预计产生的未来现金流量在时间、金额、风险上都存在差异。因此,该两项资产交换具有商业实质。③两项资产的公允价值均能够可靠计量,符合以公允价值计价的条件。所以,A企业和B企业均应以公允价值为基础确定换入资产成本。④两项资产的账面价值和公允价值不同,由此产生的差异确认为非货币性资产交换损益。

(1)A企业的账务处理:

借:无形资产——专利权	7 000 000	
应交税费——应交增值税(进项税额)	420 000	
长期股权投资减值准备	800 000	
投资收益	1 200 000	
贷:长期股权投资		9 000 000
银行存款		420 000

(2)B企业的账务处理:

借:长期股权投资——成本	7 000 000	
银行存款	420 000	
累计摊销	2 000 000	
无形资产减值准备	400 000	
贷:无形资产——专利权		9 000 000
应交税费——应交增值税(销项税额)		420 000
资产处置损益		400 000

【例10-4】承例10-2。假定交换日乙公司卡车的公允价值为85万元,其他条件和数据不变。为此,甲公司另外以货币资金向乙公司支付了卡车公允价值高于设备公允价值5万元及销项税额8 000元。

分析:对于甲公司而言,换出资产的公允价值为80万元,支付的货币资金(补价)为5万元,所以支付的补价占整个交易公允价值的比例为5.88%[5/(80+5)],小于

25%；对于乙公司而言，换出资产的公允价值为85万元，收到货币资金（补价）5万元，收到的补价占整个交易公允价值的比例为5.88%（5/85），小于25%，所以属于非货币性资产交换业务。其余分析同例10－2②③④。

甲公司的账务处理如下：

借：固定资产清理　　1 300 000
　累计折旧　　700 000
　贷：固定资产——××设备　　2 000 000
借：固定资产清理　　20 000
　贷：银行存款　　20 000
借：固定资产——卡车　　850 000
　应交税费——应交增值税（进项税额）　　136 000
　资产处置损益　　520 000
　贷：银行存款　　58 000
　　固定资产清理　　1 320 000
　　应交税费——应交增值税（销项税额）　　128 000

乙公司的账务处理如下：

借：固定资产——××设备　　800 000
　应交税费——应交增值税（进项税额）　　128 000
　银行存款　　58 000
　贷：主营业务收入　　850 000
　　应交税费——应交增值税（销项税额）　　136 000
借：主营业务成本　　850 000
　存货跌价准备　　50 000
　贷：库存商品　　900 000

【例10－5】承例10－3。假定交换日B企业持有的专利权公允价值为800万元，其他条件和数据不变。为此，A企业另外向B企业支付了货币资金100万元。

分析：对于A企业而言，换出资产的公允价值为700万元，支付的货币资金（补价）为100万元，所以支付的补价占整个交易公允价值的比例为12.5%[100/（700＋100）]，小于25%；对于乙公司而言，换出资产的公允价值为800万元，收到货币资金（补价）100万元，收到的补价占整个交易公允价值的比例为12.5%（100/800），小于25%。所以，该交易属于非货币性资产交换业务。其余分析同例10－3②③④。

A企业的账务处理：

借：无形资产——专利权　　8 000 000
　应交税费——应交增值税（进项税额）　　480 000
　长期股权投资减值准备　　800 000
　投资收益　　1 200 000
　贷：银行存款　　1 480 000
　　长期股权投资　　9 000 000

B公司的账务处理：

借：长期股权投资——成本　　7 000 000

　　银行存款　　1 480 000

　　累计摊销　　2 000 000

　　无形资产减值准备　　400 000

　贷：无形资产——专利权　　9 000 000

　　　应交税费——应交增值税（销项税额）　　480 000

　　　资产处置损益　　1 400 000

二、以账面价值计量的会计处理

（一）换入资产成本确定

非货币性资产交换不具有商业性质，或者虽然具有商业性质但是换入资产和换出资产的公允价值均不能可靠计量的，应当以换出资产的账面价值为基础确定换入资产成本，无论是否支付补价，均不确认损益。

一般来讲，如果换入和换出资产公允价值都不能可靠计量，则该项非货币性资产交换通常不具有商业实质，因为在这种情况下，很难比较两项资产产生的未来现金流量在时间、风险和金额方面的差异，很难判断两项资产交换后对企业经济状况改变所起的不同效用，因而，此类资产交换通常不具有商业实质。

1. 不涉及补价时

若非货币性资产交换不涉及补价，换入资产成本以换出资产的账面价值加上应支付的相关税费确定，可以用公式表达为：

换入资产成本＝换出资产的账面价值＋应支付的相关税费

2. 涉及补价时

在以账面价值确定换入资产成本的情况下，若非货币性资产交换发生补价，支付补价方和收到补价方应当区别情况进行处理。

（1）支付补价方。应当以换出资产的账面价值，加上支付的补价和应支付的相关税费，作为换入资产的成本。用公式表达为：

换入资产成本＝换出资产的账面价值＋支付的补价＋应支付的相关税费

（2）收到补价方。应当以换出资产的账面价值，减去收到的补价，加上应支付的相关税费，作为换入资产的成本。用公式表达为：

换入资产成本＝换出资产的账面价值－收到的补价＋应支付的相关税费

（二）非货币性资产交换以账面价值计量不确认交换损益

非货币性资产交换以账面价值计量时，换入资产账面价值和换出资产账面价值之间不产生除补价和税费以外的其他差异，因而不确认任何损益。

【例10－6】丙公司拥有一台专用设备，该设备账面原价450万元，已计提折旧330万元。丁公司拥有一幢古建筑物，账面原价300万元，已计提折旧200万元，两项资产均未计提减值准备。丙公司决定以其专用设备换取丁公司的古建筑物，并拟将古建筑物改造为办公室使用。专有设备是生产某种产品必需的设备，由于专有设备系当时专门制造、性质特殊，其公允价值不能可靠计量；丁公司拥有的古建筑物因建筑年代久远，性质比较特殊，其公允价值也不能可靠计量。双方商定，公司根据两项资产账面价值的差额，由丁公司再支付补价20万元。假定交易中没有涉及税费。

分析：①对于丙公司而言，换出资产的账面价值为120万元，收到的货币资金（补价）为20万元，所以支付的补价占整个交易账面价值的比例为16.7%（20/120），小于25%；对于丁公司而言，换出资产的账面价值为90万元，支付货币资金（补价）20万元，支付的补价占整个交易账面价值的比例为16.7%［20/（100+20）］，小于25%。所以，该交易属于非货币性资产交换业务。②由于两项资产的公允价值均不能可靠计量，因此，应当以换出资产的账面价值为基础确定换入资产成本。③两方均不确认损益。

丙公司的账务处理如下：

借：固定资产清理	1 200 000
累计折旧	3 300 000
贷：固定资产——专有设备	4 500 000
借：固定资产——建筑物	1 000 000
银行存款	200 000
贷：固定资产清理	1 200 000

丁公司的账务处理如下：

借：固定资产清理	1 000 000
累计折旧	2 000 000
贷：固定资产——建筑物	3 000 000
借：固定资产——专有设备	1 200 000
贷：固定资产清理	1 000 000
银行存款	200 000

从例10－6可以看出，尽管丁公司为此项交易支付了补价20万元，但是由于整个非货币性资产交换是以账面价值为计量基础的，支付补价方和收到补价方均不确认损益，发生的补价用来调整换入资产的成本。

三、涉及多项非货币性资产交换的会计处理

企业间的非货币性资产交换，有时是以一项非货币性资产换入另一项非货币性资产，有时是以一项非货币性资产换入另一企业多项非货币性资产，或同时以多项非货币性资产换入另一企业的一项非货币性资产，或以多项非货币性资产换入另一企业多项非货币性资产，此时可能不涉及补价，也有可能涉及补价。涉及多项资产的非货币性资产交换，企业无法直接将换出的某一项资产与换入的某一项资产相对应。

涉及多项资产的非货币性资产交换的确认和计量，其处理原则和方法与单项非货币性资产基本相同，特殊之处在于当企业同时换入多项非货币性资产时，换入资产总成

本需要按照一定的标准在各项资产之间进行分配，分别确定每项非货币性资产的入账成本。换入资产总成本在换入各项资产之间的分配标准有两个，一是按照各项换入资产公允价值占换入资产公允价值总额的比例分配，另一个是按照各项换入资产账面价值占换入资产账面价值总额的比例分配。

（一）按公允价值比例分配

涉及多项资产的非货币性资产交换，按照各项换入资产公允价值占换入资产公允价值总额的比例分配，一般适用于以下两种情况：

1. 资产交换具有商业实质，且各项换出资产和各项换入资产的公允价值能够可靠计量

在这种情况下，换入资产的总成本应当以换出资产的公允价值总额为基础确定，除非有确凿证据表明换入资产的公允价值总额更可靠。各项换入资产的成本，应当按照各项换入资产的公允价值占换入资产公允价值总额的比例，对换入资产总成本进行分配，确定各项换入资产的成本。

2. 资产交换具有商业实质，且换入资产的公允价值能够可靠计量，但换出资产的公允价值不能可靠计量

在这种情况下，换入资产的总成本应当以换入资产的公允价值总额为基础确定，各项换入资产的入账成本，应当按照各项换入资产的公允价值占换入资产公允价值总额的比例，对换入资产总成本进行分配，确定各项换入资产的成本。

【例 10－7】甲公司和乙公司均为增值税一般纳税人，适用的增值税税率均为 16%。为适应企业发展的需要，2×18 年 5 月经协商，甲公司以一项专利技术换入乙公司的一辆货运车和一辆轿车。甲公司的专利技术账面余额为 150 万元，已累计摊销 18 万元，在交换日的公允价值为 120 万元。乙公司货运车的账面原价为 40 万元，已提折旧 4 万元，在交换日的公允价值为 36 万元；轿车的账面原价为 112 万元，已提折旧 10 万元，在交换日的公允价值为 90 万元；双方约定甲公司支付乙公司补价 6 万元，甲公司另外支付相关费用 3 000 元。假设不考虑其他税费。

假定甲公司和乙公司均未对交换资产计提减值准备；甲公司换入乙公司的货运车和轿车作为固定资产管理和使用；乙公司换入甲公司的专利技术作为无形资产使用和管理。

分析：①对于甲公司而言，换出资产的公允价值为 120 万元，支付的货币资金（补价）为 6 万元，所以支付的补价占整个交易公允价值的比例为 4.76%［6/（120＋6）］，小于 25%；对于乙公司而言，换出资产的公允价值为 126 万元，收到货币资金（补价）6 万元，收到的补价占整个交易公允价值的比例为 4.76%［6/126］，小于 25%。所以，该交易属于非货币性资产交换业务。②该项交易属于以专利技术交换固定资产。对甲、乙两家公司而言，属于不同类型的资产交换，换入换出资产预计未来现金流量在时间、金额、风险方面存在显著差异，因此该非货币性资产交换具有商业实质。③换入换出资产的公允价值均能够可靠计量，符合以公允价值计价的条件。所以，甲公司和乙公司均应以公允价值为基础确定换入资产成本。④两项资产的账面价值和公允价值不同，由此产生的差异确认为非货币性资产交换损益。

甲公司的账务处理如下：

（1）计算换入资产总成本：

换入资产成本 = 换出资产公允价值 + 支付的补价 + 支付的相关税费
= 120 + 6 + 0.30 = 126.30(万元)

(2)计算换入资产公允价值总额:

换入资产公允价值总额 = 36 + 90 = 126(万元)

(3)计算确定换入各项资产的公允价值占换入资产公允价值总额的比例:

货运车公允价值占换入资产公允价值总额的比例 = 36 ÷ 126 = 28.57%
轿车公允价值占换入资产公允价值总额的比例 = 90 ÷ 126 = 71.43%

(4)计算确定换入各项资产的成本:

货运车的成本 = 126.30 × 28.57% = 36.083 9(万元)
轿车的成本 = 126.30 × 71.43% = 90.216 1(万元)

(5)会计分录:

借:固定资产——货运车	360 839	
——轿车	902 161	
累计摊销	180 000	
资产处置损益	120 000	
贷:无形资产		1 500 000
银行存款		63 000

乙公司的账务处理如下:

(1)确定换入资产的成本:

换入资产成本 = 换出资产公允价值 - 收到的补价 = 36 + 90 - 6 = 120(万元)

(2)会计分录:

借:固定资产清理	1 380 000	
累计折旧	140 000	
贷:固定资产——货运车		400 000
固定资产——轿车		1 120 000
借:无形资产——专利技术	1 200 000	
银行存款	60 000	
资产处置损益	120 000	
贷:固定资产清理		1 380 000

(二)按账面价值比例分配

涉及多项资产的非货币性资产交换按照各项换入资产账面价值占换入资产账面价值总额的比例分配一般适用于以下两种情况:

第一,资产交换具有商业实质,且换出资产的公允价值能够可靠计量,但换入资产的公允价值不能可靠计量。在这种情况下,换入资产的总成本应当以换出资产的公允价值总额为基础确定,各项换入资产的入账成本,应当根据各项换入资产的原账面价值占换入资产原账面价值总额的比例,对按照换出资产公允价值总额确定的换入资产总成本进行分配,确定各项换入资产的成本。

第二,资产交换不具有商业实质,或换出资产和换入资产的公允价值均不能可靠计量。在这种情况下,换入资产的总成本应当以换出资产的原账面价值总额为基础确定,各项换入资产的入账成本，应当根据各项换入资产的原账面价值占换入资产原账面价值总额的比例，对按照换出资产账面价值总额为基础确定的换入资产总成本进行分配，确定各项换入资产的成本。

四、非货币性资产交换的披露

非货币性资产交换不同于正常情况下所进行的货币性交易，披露非货币性资产交换有关信息对于会计信息的使用者全面了解企业的财务状况、经营成果和现金流量的影响因素，把握和预测企业的发展趋势都有重要作用。企业应当在财务会计报告中披露的非货币性资产交换的信息主要有：

第一，非货币性资产交换中换入、换出资产的类别。

第二，非货币性资产交换涉及的金额。

本章小结

非货币性资产交换是指交易双方主要以存货、固定资产、无形资产和长期股权投资等非货币性资产进行的交换，这种交换不涉及或只涉及少量的货币性资产（即补价）。认定涉及少量货币性资产的交换为非货币性资产交换的标准，是涉及的货币性资产占整个资产交换金额的比例低于25%。非货币性资产交换同时满足该项交易具有商业实质和换入资产或换出资产的公允价值能可靠计量两个条件的，应当以公允价值和应支付的相关税费作为换入资产的成本，公允价值与换出资产的账面价值的差额计入当期损益。否则换入资产成本以账面价值为基础计量不确认交换损益。

当非货币性资产交换按公允价值计量时，若非货币性资产交换不涉及补价，换入资产成本以换出/换入资产的公允价值加上应支付的相关税费确定，换出/换入资产公允价值与其账面价值的差额计入当期损益。若非货币性资产交换发生补价，支付补价方换入资产成本以换出/换入资产的公允价值加上应支付的相关税费加上支付的补价确定，收到补价方换入资产成本以换出资产的公允价值加上应支付的相关税费减去收到的补价确定，换出/换入资产公允价值与其账面价值的差额计入当期损益。

当非货币性资产交换按账面价值计量时，若非货币性资产交换不涉及补价，换入资产成本以换出资产的账面价值加上应支付的相关税费确定，若非货币性资产交换发生补价，支付补价方应当以换出资产的账面价值，加上支付的补价和应支付的相关税费，作为换入资产的成本。收到补价方，应当以换出资产的账面价值，减去收到的补价，加上应支付的相关税费，作为换入资产的成本。非货币性资产交换按账面价值计量时不管是否涉及补价均不确认损益。

涉及多项资产的非货币性资产交换的确认和计量，其处理原则和方法与单项非货币性资产基本相同，但需要将换入资产总成本按照各项换入资产公允价值占换入资产公允价值总额的比例或各项换入资产账面价值占换入资产账面价值总额的比例在各项资产之间进行分配，分别确定每项非货币性资产的入账成本。

思考题

1. 什么是货币性资产，什么是非货币性资产，两者的区别是什么？
2. 非货币性资产交换有什么特点？其认定条件是什么？
3. 如何判断非货币性资产交换是否具有商业实质？
4. 非货币性资产交换有几种计量方式，各有何特点，分别适用什么条件？
5. 在涉及补价和不涉及补价两种情况下，分别应该如何确定非货币性资产交换中换入资产的入账价值？
6. 非货币性资产交换在什么情况下确认交换损益，应如何确认交换损益？
7. 如果非货币性资产交换涉及多项非货币性资产，应该如何确定各项非货币性资产的入账价值？
8. 为什么要在财务会计报告中披露非货币性资产交换业务？

练习题

1.【资料】2×18 年 5 月，A 公司与 B 公司经过协商，A 公司以其拥有的用于经营出租目的的一幢公寓楼与 B 公司持有的交易目的的股票投资互换。A 公司的公寓楼符合投资性房地产定义，但公司没有采用公允价值模式计量。在交换日，该幢公寓楼的账面原价为 8 000 万元，已经计提折旧 2 000 万元，未计提减值准备。在交换日的公允价值和计税价格均为 7 000 万元，营业税税率为 5%。B 公司持有的交易目的的股权投资账面价值 5 000 万元，B 公司对该股票采用公允价值计价，在交换日的公允价值为 6 500 万元。由于 A 公司急于处理该幢公寓楼，因此，B 公司向 A 公司支付了补价 400 万元。B 公司换入公寓楼后，依然用于经营出租目的，并拟采用公允价值计量，A 公司换入股票投资后也依然用于交易目的。转让公寓楼的营业税尚未支付。在该项交易中，假定除了营业税，不存在其他相关税费。

【要求】对以上资料进行分析，并分别做出 A 公司、B 公司的会计处理。

2.【资料】2×18 年 5 月，甲公司因为经营战略发生较大转变，产品结构发生较大调整，原生产用的专用设备、专利技术等已经不符合生产新产品的要求，经与乙公司协商，将其专用设备及其专利技术与乙公司正在建造的一幢建筑物、对 C 公司的长期股权投资进行交换。甲公司换出专有设备的账面原价为 2 400 万元，已计提折旧 1 500 万元；专利技术账面原价 900 万元，已摊销金额 540 万元。乙公司在建工程截至交换日的成本为 1 050 万元，对 C 公司的长期股权投资账面余额为 300 万元。由于甲公司持有的专利技术以及专有设备市场上已不多见,因此其公允价值不能可靠计量。乙公司在建工程因完工程度难以合理确定,其公允价值也难以合理可靠计量。由于C公司不是上市公司,乙公司对C公司的长期股权投资的公允价值也不能可靠计量。假定甲公司、乙公司对上述资产均未计提减值准备。

【要求】对以上资料进行分析,并分别做出甲公司、乙公司的会计处理。

第十一章

流动负债

本章学习目的

通过本章学习,理解流动负债的定义、内容及分类,了解应付职工薪酬的内容,并在此基础上掌握其会计处理方法,掌握增值税等主要税种的会计处理,掌握短期借款、应付票据、应付账款和预收账款的入账价值的确定及其会计处理,掌握企业债务重组的方式以及各种方式下的会计处理。

本章重点与难点

本章重点是一般纳税企业关于增值税的会计核算、应付职工薪酬、企业债务重组的会计处理。本章难点在于不同类别的职工薪酬的确认、计量以及相关的会计处理方法。

第一节　流动负债概述

一、负债的定义及特征

企业资金的来源不外乎两条渠道，要么通过举债取得，要么通过投资者投入取得，即会计要素中的负债和所有者权益。负债体现的是债权人对企业资产的索偿权，而所有者权益体现的则是投资人对总资产扣除负债后的剩余索偿权。《企业会计准则——基本准则》中对负债的定义是：负债是指过去的交易或者事项形成的、预期会导致经济利益流出企业的现时义务。负债主要具备以下三个特征：

第一，负债是企业承担的现时义务。现时义务是企业在现行条件下已承担的义务，而非潜在义务。未来发生的交易或者事项形成的义务，不属于现时义务，不应当确认为负债。这里所指的义务可以是法定义务，也可以是推定义务。其中，法定义务是指具有约束力的合同或者法律法规规定的义务，通常在法律意义上需要强制执行。例如，企业购买原材料形成应付账款，企业向银行贷入款项形成借款，企业按照税法规定应当交纳的税款等，均属于企业承担的法定义务，需要依法予以偿还。推定义务是指根据企业多年来的习惯做法、公开的承诺或者公开宣布的政策而导致企业将承担的责任，这些责任也使有关各方形成了企业将履行义务解脱责任的合理预期。例如，某企业多年来制定有一项销售政策，对于售出商品提供一定期限内的售后保修服务，预期将为售出商品提供的保修服务就属于推定义务，应当将其确认为一项负债。

第二，负债预期会导致经济利益流出企业。不论何种原因产生的负债，企业都必须在未来某一特定时间偿还，这种义务的偿还即意味着企业经济利益的减少，如支付现金、转让其他资产、提供劳务等。

第三，负债是由企业过去的交易或者事项形成的。只有过去的交易或者事项才形成负债，企业将在未来发生的承诺、签订的合同等交易或者事项，不形成负债。例如，企业因赊购原材料而产生了应付账款，企业因订立购销合同而发生了印花税的缴纳义务。只有已经发生的交易或事项，会计上才有可能确认为负债。如企业与其他单位签订购货意向书，只是代表企业对将要进行的交易达成了协议，并没有实际的交易发生，因此不构成企业的负债。

二、负债的确认

将一项现时义务确认为负债，需要符合负债的定义，还需要同时满足以下两个条件：

（一）与该义务有关的经济利益很可能流出企业

从负债的定义可以看到，预期会导致经济利益流出企业是负债的一个本质特征。在实务中，履行义务所需流出的经济利益带有不确定性，尤其是与推定义务相关的经济利益通常需要依赖于大量的估计。因此，负债的确认应当与经济利益流出的不确定性程度的判断结合起来，如果有确凿证据表明，与现时义务有关的经济利益很可能流出企业，就应当将其作为负债予以确认；反之，如果企业承担了现时义务，但是导致企业经济利益流出的可能性很小，就不符合负债的确认条件，不应将其作为负债予以确认。

（二）未来流出的经济利益的金额能够可靠计量

确认负债，在考虑经济利益流出企业的同时，对于未来流出的经济利益的金额应当能够可靠计量。对于与法定义务有关的经济利益流出金额，通常可以根据合同或者法律规定的金额予以确定，考虑到经济利益流出的金额通常在未来期间，有时未来期间较长，有关金额的计量需要考虑货币时间价值等因素的影响。对于与推定义务有关的经济利益流出金额，企业应当根据履行相关义务所需支出的最佳估计数进行估计，并综合考虑有关货币时间价值、风险等因素的影响。

三、流动负债的定义、内容和特征

企业的负债内容比较多，会计上一般按照负债的流动性即偿还期限的长短，将其分为流动负债和非流动负债。一般来说，流动负债和非流动负债的划分是以一年或超过一年的一个周期为标准。

（一）流动负债的定义和内容

流动负债是指将在一年或者超过一年的一个营业周期内偿还的债务，主要是为筹集生产经营活动所需资金而发生，包括短期借款、交易性金融负债、应付票据、应付账款、预收账款、应付职工薪酬、应交税费、应付利息、应付股利、其他应付款等。需要说明的是，长期负债中将于一年或超过一年的一个营业周期内到期的项目也应计入流动负债，在资产负债表中的流动负债部分反映。

（二）流动负债的特征

1. 偿还期限短

在债权人提出要求时即期偿付，或在一年或超过一年的一个营业周期内必须履行义务的负债，为流动负债。

2. 到期清偿

流动负债到期时必须动用资产、提供劳务或举借新的负债来清偿。

四、流动负债的分类

流动负债可以有多种分类方法，常见的有以下两种：

（一）按照流动负债的应付金额是否确定分类

1. 应付金额可以确定的流动负债

应付金额可以确定的流动负债一般在确认一项义务的同时，根据合同、协议或法律的规定具有确切的金额、债权人和付款日，并且到期必须归还。属于这类流动负债的有短期借款、应付账款、应付票据、预收账款、应付职工薪酬、其他应付款等。

2. 应付金额须视经营情况而定的流动负债

应付金额须视经营情况而定的流动负债须待企业在经营期末根据一定时期的经营

状况才能计算确定。属于这类流动负债的有应交税费、应付股利等。

3. 应付金额须予以估计的流动负债

应付金额须予以估计的流动负债的金额、偿还期或债权人在编制资产负债表日仍难以确定，只能按以往的经验或依据有关资料予以估计，如产品质量担保债务等各项预计费用。

(二)按照流动负债产生的原因分类

1. 筹资形成的流动负债

筹资形成的流动负债主要是指企业从银行或其他金融机构筹集资金而产生的流动负债项目，包括短期借款、短期债券以及一年内到期的长期负债等。

2. 结算过程中产生的流动负债

结算过程中产生的流动负债主要是指企业在与外部有关单位进行结算时所产生的流动负债项目，如企业赊购材料形成的应付账款或应付票据。

3. 经营过程中产生的流动负债

经营过程中产生的流动负债主要是指企业在核算正常的生产经营活动时，因实行权责发生制而产生的流动负债项目，如应付职工薪酬、应交税费等。

4. 收益分配而产生的流动负债

收益分配而产生的流动负债主要是指企业在对所实现的净利润进行分配过程中形成的各种负债项目，如应付股利或应付利润等。

第二节 应付职工薪酬

一、职工薪酬的内容

职工薪酬是指企业为获得职工提供的服务或解除劳动关系而给予的各种形式的报酬或补偿。职工薪酬包括短期薪酬、离职后福利、辞退福利和其他长期职工福利。企业提供给职工配偶、子女、受赡养人、已故员工遗属及其他受益人等的福利，也属于职工薪酬。

(一)职工的范围

职工薪酬中所指的职工是广义的职工概念，其具体范围包括：

第一，与企业订立劳动合同的所有人员，含全职、兼职和临时职工。

第二，未与企业订立劳动合同，但由企业正式任命的人员，如董事会成员、监事会成员等，尽管有些董事会、监事会成员不是本企业员工，未与企业订立劳动合同，但对其发放的津贴、补贴等仍属于职工薪酬。

第三，未与企业订立劳动合同或未由其正式任命，但向企业所提供服务与职工所提供服务类似的人员，也属于职工的范畴，包括通过企业与劳务中介公司签订用工合同而向企业提供服务的人员。

(二)职工薪酬的内容

1. 短期薪酬

短期薪酬是指企业在职工提供相关服务的年度报告期间结束后 12 个月内需要全部予以支付的职工薪酬,因解除与职工的劳动关系而给予的补偿除外。

短期薪酬具体包括:职工工资、奖金、津贴和补贴,职工福利费,医疗保险费、工伤保险费和生育保险费等社会保险费,住房公积金,工会经费和职工教育经费,短期带薪缺勤,短期利润分享计划,非货币性福利以及其他短期薪酬。

(1)职工工资、奖金、津贴和补贴。这是指按照有关规定构成职工工资总额的计时工资、计件工资、各种奖金和为补偿职工特殊贡献或额外劳动的津贴,以及为了保证职工工资水平不受物价影响支付给职工的物价补贴等。

(2)职工福利费。职工福利费是指尚未实行医疗统筹企业职工的医疗费用、职工因公负伤赴外地就医路费、职工生活困难补助,以及按照国家规定开支的其他职工福利支出。

(3)医疗保险费、工伤保险费和生育保险费等社会保险费。这是指企业按照国家规定的基准和比例计算,向社会保险经办机构缴纳的医疗保险费、工伤保险费和生育保险费。

(4)住房公积金。住房公积金是指企业按照国家规定的基准和比例计算,向住房公积金管理机构缴存的住房公积金。

(5)工会经费和职工教育经费。工会经费和职工教育经费是指企业为改善职工文化生活,为让职工更好地学习先进技术以及提高文化水平和业务素质,用于开展工会活动和职工教育及职业技能培训等的相关支出。

(6)短期带薪缺勤。带薪缺勤是指企业支付工资或提供补偿的职工缺勤,包括年休假、病假、短期伤残、婚假、产假、丧假、探亲假等。

(7)短期利润分享计划。利润分享计划是指因职工提供服务而与职工达成的基于利润或其他经营成果提供薪酬的协议。

(8)非货币性福利。非货币性福利是指企业以自己的产品或外购商品发放给职工作为福利,企业让职工无偿使用自己拥有的资产或租赁资产供职工无偿使用。

(9)其他短期薪酬。这是指除上述薪酬以外的其他为获得职工提供的服务而给予的短期薪酬。

2. 离职后福利

离职后福利是指企业为获得职工提供的服务而在职工退休或与企业解除劳动关系后,提供的各种形式的报酬和福利,短期薪酬和辞退福利除外。

3. 辞退福利

辞退福利是指企业在职工劳动合同到期之前解除与职工的劳动关系,或者为鼓励职工自愿接受裁减而给予职工的补偿。

4. 其他长期职工福利

其他长期职工福利是指除短期薪酬、离职后福利、辞退福利之外所有的职工薪酬,包括长期带薪缺勤、长期残疾福利、长期利润分享计划等。

二、短期薪酬的确认和计量

(一)科目设置

企业应付给职工的各种薪酬,会计上专设“应付职工薪酬”科目进行核算,其贷方反映应付的各项职工薪酬,借方登记发放的职工薪酬(包括转出的待领工资及代扣款项);期末余额在贷方,反映企业应付未付的职工薪酬。在该科目下按职工薪酬内容设置明细科目,如“工资”“职工福利”“医疗保险费”“住房公积金”“工会经费”“职工教育经费”“非货币性福利”等进行明细核算。

(二)短期薪酬的确认原则

企业应当在职工为其提供服务的会计期间,将应付的短期薪酬确认为负债,并根据职工提供服务的受益对象,分别按下列情况处理:

1. 应由生产产品、提供劳务负担的职工薪酬

生产产品、提供劳务中的直接生产人员和直接提供劳务人员发生的职工薪酬,应计入产品成本或劳务成本,但非正常消耗的直接生产人员和直接提供劳务人员的职工薪酬,应当在发生时确认为当期损益。生产管理人员的薪酬计入制造费用。

2. 应由在建工程、无形资产负担的职工薪酬

自行建造固定资产和自行研究开发无形资产过程中发生的职工薪酬,能否计入固定资产或无形资产成本,取决于相关资产的成本确定原则。例如,企业在研究阶段发生的职工薪酬,不能计入自行开发无形资产的成本;在开发阶段发生的职工薪酬,符合无形资产资本化条件的,应当计入自行开发无形资产的成本。

3. 为企业销售商品提供服务的职工发生的应付职工薪酬

为企业销售商品提供服务的职工发生的应付职工薪酬,应当计入企业当期的销售费用。

4. 上述三项之外的其他应付职工薪酬

上述三项之外的其他应付职工薪酬,有为企业日常行政管理、财务管理、人员管理等提供服务的职工,以及公司总部管理人员、董事会成员、监事会成员等发生的应付职工薪酬,应当计入当期管理费用。

(三)短期薪酬的计量

1. 货币性短期薪酬

对于货币性薪酬,企业一般应当根据职工提供服务情况和职工货币薪酬的标准,计算应计入职工薪酬的金额,按照受益对象计入相关成本或当期费用,借记“生产成本”“制造费用”“销售费用”“管理费用”等科目,贷记“应付职工薪酬”科目;发放时,借记“应付职工薪酬”科目,贷记“银行存款”等科目。货币性短期薪酬的计量,包括有明确计提标准、没有明确计提标准两种情况。

(1)有明确计提标准的货币性薪酬。对于国务院有关部门、省、自治区、直辖市人民政府规定了计提基础和计提比例的职工薪酬项目,企业应当按照规定的计提标准,计算确定应付职工薪酬的金额。其具体包括应向社会保险机构缴纳的医疗保险费、工伤保险费和生育保险费,向住房公积金管理中心缴存的住房公积金,以及工会经费和职工

教育经费等。其中,对于社会保险费和住房公积金,企业应当按照国务院、所在地政府或企业年金计划规定的标准,按薪金总额的一定比例计算;对于工会经费和职工教育经费,现行做法是按照职工薪金总额的2%和1.5%(或2.5%,对于从业人员技术要求高、培训任务重、经济效益较好的企业)计提。

(2)没有明确计提标准的货币性薪酬。对于国家(包括省、市、自治区政府)相关法律法规没有明确规定计提基础和计提比例的职工薪酬,企业应当根据历史经验数据和自身实际情况,计算确定应付职工薪酬金额。每个资产负债表日,企业应根据实际发生金额和预计金额的差异,综合考虑物价变动、具体实施的薪酬计划等因素,对下期的预计金额进行调整。

【例11-1】2×18年6月,A公司本月应发工资2 000万元,其中:生产部门直接生产人员工资1 000万元;生产部门管理人员工资200万元;公司管理部门人员工资400万元;专设产品销售机构人员工资100万元;建造厂房人员工资300万元。

根据所在地政府规定,公司分别按照职工工资总额的10%和12%计提医疗保险费、住房公积金,缴纳给当地社会保险经办机构和住房公积金管理机构。公司内设医务室,根据2×17年实际发生的职工福利费情况,公司预计2×18年应承担的职工福利费义务金额为职工工资总额的2%,职工福利的受益对象为上述所有人员。另外,公司分别按照职工工资总额的2%和2.5%计提工会经费和职工教育经费。

根据上述资料,2×18年6月A公司应付职工薪酬的计算如表11-1所示。

表11-1 A公司应付职工薪酬表

2×18年6月 单位:万元

应付薪酬 \ 薪酬列支	其中					合计
	生产成本	制造费用	管理费用	销售费用	在建工程	
工资	1 000	200	400	100	300	2 000
职工福利费（工资总额×2%）	20	4	8	2	6	40
医疗保险费（工资总额×10%）	100	20	40	10	30	200
住房公积金（工资总额×12%）	120	24	48	12	36	240
工会经费（工资总额×2%）	20	4	8	2	6	40
职工教育经费（工资总额×2.5%）	25	5	10	2.5	7.5	50
合计	1 285	257	514	128.5	385.5	2 570

公司在分配工资、职工福利费、各种社会保险费、住房公积金、工会经费和职工教育经费等职工薪酬时，应做如下会计处理：

借：生产成本　　12 850 000
　　制造费用　　2 570 000
　　管理费用　　5 140 000
　　销售费用　　1 285 000
　　在建工程　　3 855 000
　贷：应付职工薪酬——工资　　20 000 000
　　　　　　　　——职工福利　　400 000
　　　　　　　　——医疗保险费　　2 000 000
　　　　　　　　——住房公积金　　2 400 000
　　　　　　　　——工会经费　　400 000
　　　　　　　　——职工教育经费　　500 000

2. 非货币性福利

企业向职工提供的非货币性职工薪酬，应当分别按不同情况处理：

（1）以自产产品或外购商品发放给职工作为福利。企业以其生产的产品作为非货币性福利提供给职工的，应当按照该产品的公允价值和相关税费，确定应付职工薪酬金额，并确认产品销售收入，其销售成本的结转和相关税费的处理与正常商品销售相同。以外购商品作为非货币性福利提供给职工的，应当按照该商品的公允价值和相关税费，确定应付职工薪酬金额。

【例 11－2】B 公司是一家电生产企业，有职工 200 名，其中，一线生产工人 170 名，总部管理人员 30 名。2×18 年 2 月，甲公司决定以其生产的微波炉作为福利发放给职工。该微波炉单位成本为 1 000 元，单位计税价格（公允价值）为 1 400 元，适用的增值税税率为 16%。另外，该公司购买一批日用品作为福利发放给职工，购买该日用品取得的增值税上注明货款 100 000 元，增值税税额 16 000 元。

企业以自己生产的产品作为福利发放给职工，应计入成本费用的职工薪酬金额以公允价值计量，计入主营业务收入，产品按照成本结转，但要根据相关税收规定，视同销售计算增值税销项税额。

应计入生产成本的非货币性福利＝170×1 400×（1＋16%）＝276 080（元）

应计入管理费用的非货币性福利＝30×1 400×（1＋16%）＝48 720（元）

公司决定发放非货币性福利时，做如下会计处理：

借：生产成本　　276 080
　　管理费用　　48 720
　贷：应付职工薪酬——非货币性福利　　324 800

公司实际发放非货币性福利时，应做如下会计处理：

借：应付职工薪酬 ——非货币性福利　　324 800
　贷：主营业务收入　　280 000
　　　应交税费——应交增值税（销项税额）　　44 800

同时结转成本：

借：主营业务成本　　200 000

　贷：库存商品　　200 000

企业以外购产品作为福利发放给职工，应当按照该商品的公允价值和相关税费，确定应付职工薪酬金额。

应计入生产成本的非货币性福利 = 116 000 × 170 ÷ 200 = 98 600（元）

应计入管理费用的非货币性福利 = 116 000 × 30 ÷ 200 = 17 400（元）

公司决定发放非货币性福利时，应做如下会计处理：

借：生产成本　　98 600

　　管理费用　　17 400

　贷：应付职工薪酬——非货币性福利　　116 000

公司实际发放非货币性福利时，应做如下会计处理：

借：应付职工薪酬——非货币性福利　　116 000

　贷：银行存款　　116 000

（2）将拥有的房屋等资产无偿提供给职工使用，或租赁住房等资产供职工无偿使用。企业将拥有的房屋等资产无偿提供给职工使用的，应当根据受益对象，将住房每期应计提的折旧计入相关资产成本或费用，同时确认应付职工薪酬。租赁住房等资产供职工无偿使用的，应当根据受益对象，将每期应付的租金计入相关资产成本或费用，并确认应付职工薪酬。难以认定受益对象的，直接计入当期损益，并确认应付职工薪酬。

【例 11－3】某公司为总部各部门经理级别以上职工提供汽车免费使用，同时为副总裁以上高级管理人员每人租赁一套住房。该公司总部共有部门经理以上职工 20 名，每人提供一辆汽车免费使用，假定每辆汽车每月计提折旧 500 元；该公司共有副总裁以上高级管理人员 4 名，公司为其每人租赁一套面积为 120 平方米带有家具和电器的公寓，月租金为每套 5 000 元。

该公司每月应做如下会计处理：

借：管理费用　　30 000

　贷：应付职工薪酬——非货币性福利　　30 000

借：应付职工薪酬——非货币性福利　　30 000

　贷：累计折旧　　（500 × 20）10 000

　　　其他应付款　　（5 000 × 4）20 000

（3）向职工提供企业支付了补贴的商品或服务。企业有时以低于其取得成本的价格向职工提供商品或服务，例如，以低于成本的价格向职工出售住房或提供医疗保健服务，其实质是企业向职工提供补贴。对此，企业应根据出售商品或服务合同条款的规定按不同情况处理：①如果合同规定职工在取得住房等商品或服务后至少应提供服务的年限，企业应将出售商品或服务的价格与其成本间的差额，作为长期待摊费用处理，在合同规定的服务年限内平均摊销，根据受益对象分别计入相关资产成本或当期损益；②如果合同没有规定职工在取得住房等商品或服务后至少应提供服务的年限，企业应将出售商品或服务的价格与其成本间的差额，作为对职工过去提供服务的一种补偿，直接计入向职工出售商品或服务当期的损益。

【例 11 -4】2×17 年 12 月，某公司为留住人才，将以每套 100 万元的价格购买并按固定资产入账的 50 套公寓，以每套 60 万元的价格出售给公司管理层（20 套）和生产一线的优秀职工（30 套），出售合同规定，职工在取得住房后必须为公司服务 10 年，不考虑相关税费。

公司出售住房时，应做如下会计处理：

借：银行存款	30 000 000	
长期待摊费用	20 000 000	
贷：固定资产清理		50 000 000

出售住房后的 10 年内，公司应按照直线法摊销该项长期待摊费用，并做如下会计处理：

借：生产成本	1 200 000	
管理费用	800 000	
贷：应付职工薪酬——非货币性福利		2 000 000
借：应付职工薪酬——非货币性福利	2 000 000	
贷：长期待摊费用		2 000 000

3. 短期带薪缺勤

短期带薪缺勤分为累积带薪缺勤和非累积带薪缺勤。

（1）累积带薪缺勤。累积带薪缺勤，是指带薪缺勤权利可以结转下期的带薪缺勤，本期尚未使用完的带薪缺勤权利可以在未来期间使用。企业应当在职工提供服务从而增加了其未来享有的带薪缺勤权利时，确认与累积带薪缺勤相关的职工薪酬，并以因累积未行使权利而增加的预期支付金额计量。

如果职工在离开企业时能够获得现金支付，企业就应当确认企业必须支付的、职工全部累积未使用权利的金额。如果职工在离开企业时不能获得现金支付，则企业应当以资产负债表日因累积未使用权利而产生的预期支付的追加金额，作为累积带薪缺勤费用进行预计。

【例 11 -5】A 公司 2×17 年 1 月 1 日起实行累积带薪缺勤制度，该制度规定：每个职工每年可享受 10 个工作日带薪年假，未使用的年假只能向后结转一个日历年度，超过 1 年未使用的权利作废，不能在职工离开公司时获得现金支付。职工休年假以后进先出为基础，即首先从当年可享受的权利中扣除，再从上年结转的带薪年假余额中扣除。2×17 年 12 月 31 日，每个职工当年平均未使用带薪年假为 3 天。A 公司 800 名职工预计 2×18 年有 750 名职工将享受不超过 10 天的带薪年假，剩余 50 名职工每人将平均享受 13 天年假，假定这 50 名职工全部为管理人员，平均每名职工每个工作日工资为 300 元。则：

分析：预计 2×18 年有 750 名职工将享受不超过 10 天的带薪年假，对于这部分不需要考虑带薪缺勤；预计 50 名职工将平均享受 13 天年假，A 公司在 2×17 年 12 月 31 日应当预计因职工累积未使用带薪年假权利而产生的预期支付的追加金额，即相当于 150 天（50×3）的年假工资 45 000 元（150×300），并进行如下账务处理：

借：管理费用　　45 000

贷:应付职工薪酬——累积带薪缺勤　　45 000

假定截至2×18年12月31日,上述50名管理人员中有40名享受了13天年假,并随同正常工资以银行存款支付:另外10名只享受了10天年假,由于该公司的带薪缺勤制度规定,未使用的权利只能结转1年,超过1年未使用的权利将作废,且不支付现金,则需要调减上年度的成本。2×18年,A公司应进行如下账务处理:

借:应付职工薪酬——累积带薪缺勤　　(40×3×300)36 000

　贷:银行存款　　36 000

借:应付职工薪酬——累积带薪缺勤　　(10×3×300)9 000

　贷:管理费用　　9 000

(2)非累积带薪缺勤。非累积带薪缺勤,是指带薪缺勤权利不能结转下期的带薪缺勤,本期尚未使用完的带薪缺勤权利将予以取消,并且职工离开企业时也无权获得现金支付。非累积带薪缺勤包括法律规定的婚嫁、产假、丧假、病假、探亲假等,当然也包括某些不具有累积性的年假。

由于职工提供服务本身不能增加其能够享受的福利金额,一般是在缺勤期间计提应付职工薪酬时一并处理,因此,会计期末不需要将企业未享受的非累积带薪缺勤作为一项负债挂账。如果职工放弃非累积带薪休假权利,企业没有任何货币补偿,则不需作会计处理,如果有一定金额的货币补偿,则应该在补偿当期确认一项负债计入当期的成本费用中。

【例11-6】B公司2×18年有2名销售人员放弃10天的婚假(不能结转下期),假设平均每名职工每个工作日工资为300元,年薪为80 000元,该公司实行非累积带薪缺勤货币补偿制度,补偿金额为放弃带薪休假期间平均日工资的2倍,则会计处理为:

借:销售费用　　172 000

　贷:应付职工薪酬——非累计带薪缺勤　　(10×2×300×2)12 000

　　应付职工薪酬——工资　　160 000

实际补偿时一般随工资同时支付:

借:应付职工薪酬——非累计带薪缺勤　　12 000

　应付职工薪酬——工资　　160 000

　贷:银行存款　　172 000

如果该公司对于职工放弃带薪休假不作任何补偿,则只需计提正常的薪资费用,对放弃带薪休假不作任何处理。

4. 利润分享计划

利润分享计划同时满足下列条件的,企业应当确认相关的应付职工薪酬,并计入当期损益或者相关资产成本:企业因过去事项导致现在具有支付职工薪酬的法定义务;因利润分享计划所产生的应付职工薪酬义务能够可靠估计。

属于以下三种情形之一的,视为义务金额能够可靠估计:

(1)在财务报告批准报出之前企业已确定应支付的薪酬金额。

(2)该利润分享计划的正式条款中包括确定薪酬金额的方式。

(3)过去的惯例为企业确定推动义务金额提供了明显证据。

职工只有在企业工作一段特定期间才能分享利润的,企业在计量利润分享计划产生的应付职工薪酬时,应当反映职工因离职而无法享受利润分享计划福利的可能性。

如果企业在职工为其提供相关服务的年度报告期间结束后12个月内,不需要全部支付利润分享计划产生的应付职工薪酬,该利润分享计划应当适用本准则其他长期职工福利的有关规定。

【例11-7】B公司有一项利润分享计划,要求公司将其至2×17年12月31日止会计年度的税前利润的指定比例支付给在2×17年7月1日至2×18年6月30日为该公司提供服务的职工。该奖金于2×18年6月30日支付。截至2×17年12月31日,财务年度的税前利润为1 000万元人民币。如果B公司在2×17年7月1日至2×18年6月30日期间没有职工离职,则当年的利润分享支付总额为税前利润的3%。B公司根据过去的经验估计职工离职将使支付额降低至税前利润的2.5%(其中,直接参加生产的职工享有1%,总部管理人员享有1.5%),不考虑个人所得税影响。

分析:尽管支付额是按照截至2×17年12月31日财务年度的税前利润的3%计量的,但是业绩却是基于职工在2×17年7月1日至2×18年6月30日期间提供的服务计算的。因此,B公司在2×17年12月31日应按照税前利润的2.5%的50%确认负债和成本及费用,金额为125 000元(10 000 000×2.5%×50%)。余下的利润分享金额,连同针对估计金额与实际支付金额之间的差额做出的调整额,在2×18年予以确认。

2×17年12月31日的账务处理如下:

借:生产成本	50 000
管理费用	75 000
贷:应付职工薪酬——利润分享计划	125 000

2×18年6月30日,B公司的实际职工离职使其支付的利润分享金额为2×17年度税前利润的2%(直接参加生产的职工享有0.8%,总部管理人员享有1.2%),在2×18年确认余下的利润分享金额,连同针对估计金额与实际支付金额之间的差额做出的调整额合计为75 000元(10 000 000×2%-125 000)。其中,计入生产成本的利润分享计划金额30 000元(10 000 000×0.8%-50 000),计入管理费用的利润分享计划金额45 000元(10 000 000×1.2%-75 000)。

2×18年6月30日的账务处理如下:

借:生产成本	30 000
管理费用	45 000
贷:应付职工薪酬——利润分享计划	75 000

三、离职后福利的确认和计量

离职后福利是指企业为获得职工提供的服务而在职工退休或与企业解除劳动关系

后，提供的各种形式的报酬和福利。离职后福利计划包括设定提存计划和设定受益计划。

（一）设定提存计划

设定提存计划，是指向独立的基金缴存固定费用后，企业不再承担进一步支付义务的离职后福利计划。若运作基金独立运作盈利，职工离职后获得的金额数则多；反之，获得的则少，其风险全部由职工承担。

企业应当在职工为其提供服务的会计期间，将根据设定提存计划计算的应缴存金额确认为负债（应付职工薪酬——离职后福利），并计入当期损益或相关资产成本。根据设定提存计划，预期不会在职工提供相关服务的年度报告期结束后12个月内支付全部应缴存金额的，企业将全部应缴存金额折现后计量应付职工薪酬。

中国目前的社会养老保险、失业保险属于典型的设定提存计划，且在职工提供相关服务的报告期结束后一年内支付，因此，该设定提存计划的会计处理与短期薪酬类似，按权责发生制的原则，在职工为企业提供服务期间按照规定的计提基数和相应的计提比例计算出计提金额，贷方确认为应付职工薪酬，借方确认当期费用或资产成本。

【例11－8】承例11－1，A公司分别按照职工工资总额的20%和2%计提养老保险费和失业保险费，缴纳给当地社会保险经办机构。则2×18年6月A公司离职后福利的计算如表11－2所示。

表11－2 A公司应付职工薪酬——离职后福利表

2×18年6月

单位：万元

薪酬列支 / 应付薪酬	其中					合计
	生产成本	制造费用	管理费用	销售费用	在建工程	
工资	1 000	200	400	100	300	2 000
离职后福利（工资总额×22%）	220	44	88	22	66	440

则针对离职后福利的会计处理为：

计提时：

借：生产成本　2 200 000

　制造费用　440 000

　管理费用　880 000

　销售费用　220 000

　在建工程　660 000

　贷：应付职工薪酬——离职后福利　4 400 000

上交时：

借：应付职工薪酬——离职后福利　4 400 000

　贷：银行存款　4 400 000

(二)设定受益计划

设定受益计划,是指除设定提存计划以外的离职后福利计划。在该种计划下,企业承诺对退休员工支付确定的养老金,职工退休后可以直接获得一笔确定的金额,因此,年金缴费和投资运营的风险都由企业承担。设定受益计划的会计处理比较复杂,企业应当采用预期累计单位法和适当的精算假设,确认和计量设定受益计划所产生的义务。

需要注意的是,重新计量设定受益计划净负债或者净资产的变动计入其他综合收益,在后续会计期间不允许转回至损益,在原设定受益计划终止时应当在权益范围内将原计入其他综合收益的部分全部结转至未分配利润。计划终止,指该计划已不存在,即本企业已解除该计划所产生的所有未来义务。

四、辞退福利的确认和计量

(一)辞退福利的含义

辞退福利包括两方面的内容:一是在职工劳动合同尚未到期前,不论职工本人是否愿意,企业决定解除与职工的劳动关系而给予的补偿;二是在职工劳动合同尚未到期前,为鼓励职工自愿接受裁减而给予的补偿,职工有权利选择继续在职或接受补偿离职。辞退福利还包括当公司控制权发生变动时对辞退的管理层人员进行补偿的情况。辞退福利通常采取解除劳动关系时一次性支付补偿的方式,也有的企业提高退休后养老金或其他离职后福利的标准,或者在职工不再为企业带来经济利益后,将职工工资部分支付到辞退后未来某一期间。

(二)辞退福利的确认

企业在职工劳动合同到期之前解除与职工的劳动关系,或者为鼓励职工自愿接受裁减而提出给予补偿的建议,同时满足下列条件的,应当确认因解除与职工的劳动关系给予补偿而产生的预计负债(计入应付职工薪酬——辞退福利),同时计入当期损益(管理费用):

第一,企业已经制定正式的解除劳动关系计划或提出自愿裁减建议,并即将实施。

第二,企业不能单方面撤回解除劳动关系计划或裁减建议。

由于被辞退的职工不再为企业带来未来经济利益,因此,对于满足负债确认条件的所有辞退福利,均应当于辞退计划满足预计负债确认条件的当期计入管理费用,不计入资产成本。

(三)辞退福利的计量

企业应当根据职工薪酬和或有事项准则规定,严格按照辞退计划条款的规定,合理预计并确认辞退福利产生的负债。辞退福利的计量因辞退计划中职工有无选择权而有所不同:

1. 职工没有选择权的辞退计划

对于职工没有选择权的辞退计划,企业应当根据计划条款规定拟解除劳动关系的职工数量、每一职位的辞退补偿等计提应付职工薪酬(辞退福利)。

2. 职工自愿接受裁减建议的辞退计划

对于职工自愿接受裁减建议的辞退计划,因接受裁减的职工数量不确定,企业应当参照或有事项的规定，预计将会接受裁减建议的职工数量，根据预计的职工数量和每一职位的辞退补偿等计提应付职工薪酬（辞退福利）。

3. 实质性辞退工作在一年内实施完毕，但补偿款项超过一年支付的辞退计划

对于实质性辞退工作在一年内实施完毕，但补偿款项超过一年支付的辞退计划，企业应当选择恰当的折现率，以折现后的金额计量应计入当期管理费用的辞退福利金额，该项金额与实际应支付的辞退福利之间的差额，作为未确认融资费用，在以后各期实际支付辞退福利款项时，计入财务费用。

会计处理上，确认因辞退福利产生的预计负债时，借记“管理费用”“未确认融资费用”科目，贷记“应付职工薪酬——辞退福利”科目；各期支付辞退福利款项时，借记“应付职工薪酬——辞退福利”科目，贷记“银行存款”科目；同时，借记“财务费用”科目，贷记“未确认融资费用”科目。应付辞退福利款金额与其折现后金额相差不大的，也可不折现。

【例 11－9】C 公司 2×18 年 2 月 1 日决定停产某车间的生产任务，提出职工没有选择权的辞退计划，规定拟辞退生产工人 100 人、车间管理人员 10 人，并于 2×18 年 12 月 31 日执行。已经通知本人，并经董事会批准，辞退补偿为生产工人每人 3 万元、管理人员每人 8 万元。

批准辞退计划时的会计处理：

借：管理费用	3 800 000	
贷：应付职工薪酬——辞退福利		3 800 000

辞退计划执行时的会计处理：

借：应付职工薪酬——辞退福利	3 800 000	
贷：银行存款		3 800 000

五、其他长期职工福利

其他长期职工福利，是指除短期薪酬、离职后福利、辞退福利之外所有的职工薪酬，包括长期带薪缺勤、长期残疾福利、长期利润分享计划等。

第三节 应交税费

企业作为商品的生产和经营者，必须按照法律规定履行纳税义务。对其在一定时期内取得的营业收入和实现的利润，要按照规定向国家交纳各种税费，这些应交的税费，应按照权责发生制的原则确认，在尚未交纳之前形成企业的一项负债。目前国家规定的税种主要有：增值税、消费税、城市维护建设税、资源税、土地增值税、房产税、车船税、耕地占用税、企业所得税等。

为了总括反映各种税费交纳情况，设置“应交税费”科目，并按税种设明细科目进行明细核算。除企业交纳的印花税、耕地占用税以及其他不需要预计应交的税金外，其

他各种税费都属于“应交税费”科目的核算范围。

一、增值税

增值税是流转税中的主要税种，是以商品（含应税劳务）在流转过程中产生的增值额作为计税依据而征收的一种流转税。从计税原理上说，增值税是对商品生产、流通、劳务服务中多个环节的新增价值征收的一种流转税。

（一）增值税的纳税义务人

在我国境内销售货物或提供加工、修理修配劳务、销售服务、无形资产、不动产以及进口货物的单位和个人，为增值税的纳税义务人。《增值税暂行条例》参照国际惯例，将纳税人按其经营规模及会计核算健全与否划分为一般纳税人和小规模纳税人。

根据《财政部税务总局关于统一增值税小规模纳税人标准的通知》（财税〔2018〕33号）增值税小规模纳税人标准为年应征增值税销售额500万元及以下。除小规模纳税人以外的其他纳税人属于一般纳税人。

（二）一般纳税企业增值税的会计处理

对于一般纳税企业来说，其增值税的缴纳实行税款抵扣制度，即在销售商品或提供劳务环节按销售额计算销项税额，在购进环节按其获得的合法扣税凭证计算进项税额，其公式为：

$$当期应纳增值税税额 = 销项税额 - 进项税额$$

1. 科目设置

根据一般纳税企业的增值税缴税特点，税费核算的一级科目为“应交税费”，核算的二级科目共有10个。这10个二级科目分别是“应交增值税”、“未交增值税”、“预交增值税”、“待抵扣进项税额”、“待认证进项税额”、“待转销项税额”、“增值税留抵税额”、“简易计税”、“转让金融商品应交增值税”、“代扣代交增值税”。

（1）应交增值税。增值税一般纳税人还应在“应交增值税”明细账内设置“进项税额”、“销项税额”“销项税额抵减”等专栏。

“应交增值税”明细科目的借方发生额，反映企业购进货物或接受应税劳务支付的进项税额、实际已交纳的增值税等；贷方发生额，反映销售货物或提供应税劳务应交纳的增值税、出口货物退税、转出已支付或应分担的增值税等；借方余额反映尚未抵扣的增值税。“应交增值税”明细账格式如表11-3所示。

表11-3 应交增值税明细账

年		凭证		摘要	借方							贷方					借或贷	余额
月	日	种类	编号		合计	销项税额抵减	进项税额	已交税金	减免税款	出口抵减内销产品应纳税额	转出未交增值税	合计	销项税额	出口退税	进项税额转出	转出多交增值税		

(2)未交增值税。"未交增值税"明细科目的期末借方余额反映企业多交(尚未抵扣)的增值税,期末贷方余额反映企业应交的增值税。其基本结构如表 11－4 所示。

表 11－4 未交增值税明细账

借方	贷方
(1)上交上期应交未交的增值税 (2)期末转入的当期多交增值税	(1)期末转入的当期应交未交的增值税
借方余额:多交的增值税	贷方余额:未交的增值税

(3)预交增值税。"预交增值税"明细科目,核算一般纳税人转让不动产、提供不动产经营租赁服务、提供建筑服务、采用预收款方式销售自行开发的房地产项目等,以及其他按现行增值税制度规定应预缴的增值税税额。

(4)待抵扣进项税额。"待抵扣进项税额"明细科目,核算一般纳税人已取得增值税扣税凭证并经税务机关认证,按照现行增值税制度规定准予以后期间从销项税额中抵扣的进项税额,包括:一般纳税人自 2016 年 5 月 1 日后取得并按固定资产核算的不动产或者 2016 年 5 月 1 日后取得的不动产在建工程,按现行增值税制度规定准予以后期间从销项税额中抵扣的进项税额;实行纳税辅导期管理的一般纳税人取得的尚未交叉稽核比对的增值税扣税凭证上注明或计算的进项税额。

(5)待认证进项税额。"待认证进项税额"明细科目,核算一般纳税人由于未经税务机关认证而不得从当期销项税额中抵扣的进项税额,包括:一般纳税人已取得增值税扣税凭证、按照现行增值税制度规定准予从销项税额中抵扣,但尚未经税务机关认证的进项税额;一般纳税人已申请稽核但尚未取得稽核相符结果的海关缴款书进项税额。

(6)待转销项税额。"待转销项税额"明细科目,核算一般纳税人销售货物、加工修理修配劳务、服务、无形资产或不动产,已确认相关收入(或利得)但尚未发生增值税纳税义务而需于以后期间确认为销项税额的增值税税额。

(7)增值税留抵税额。"增值税留抵税额"明细科目,核算兼有销售服务、无形资产或者不动产的原增值税一般纳税人,截至纳入营改增试点之日前,按照现行增值税制度规定不得从销售服务、无形资产或不动产的销项税额中抵扣的增值税税额。

(8)简易计税。"简易计税"明细科目,核算一般纳税人采用简易计税方法发生的增值税计提、扣减、预缴、缴纳等业务。

(9)转让金融商品应交增值税。"转让金融商品应交增值税"明细科目,核算增值税纳税人转让金融商品发生的增值税税额。

(10)代扣代交增值税。"代扣代交增值税"明细科目,核算纳税人购进在境内未设经营机构的境外单位或个人在境内的应税行为而代扣代缴的增值税税额。

2. 增值税的计算

增值税的计算公式为:

$$当期应纳税额 = 当期销项税额 - 当期进项税额$$

其中,当期销项税额 = 销售额 × 税率,当期进项税额 = 买价 × 税率。如果当期销项税额大于进项税额,其差额就是当期应交的增值税税额;如果当期销项税额等于进项税额，当期应交的增值税税额就是零；如果当期销项税额小于进项税额，当期不交纳增值税，其差额可递延到下期抵扣销项税额。销项税额、进项税额的计算应注意以下几点：

（1）增值税一般纳税人适用的基本税率为16%，10%，6%。

（2）这里的应税销售额是指纳税人销售货物或者提供应税劳务向购买方收取的全部价款和价外费用（如手续费、补贴、基金、集资费、返还利润、奖励费、违约金、储备费、运输装卸费、代收款项、代垫款项及其他各种性质的价外收费），但是不包括收取的销项税额。企业销售货物或者提供劳务采用销售额和销项税额合并定价方法的，按公式"销售额=含税销售额÷(1+增值税税率)"还原为不含税销售额，并按不含税销售额计算销项税额。

（3）进项税额，是纳税人购进货物或者接受应税劳务所支付或者负担的增值税税额。准予从销项税额中抵扣的进项税额，限于下列增值税扣税凭证上注明的增值税税额和按规定的扣除率计算的进项税额：①从销售方取得的增值税专用发票上注明的金额；②从海关取得的完税凭证上注明的增值税税额；③购进农产品，根据获得的农产品收购发票和农产品销售发票计算准予抵扣的进项税额，按买价和12%（或10%）的扣除率计算。

不得从销项税额中抵扣的进项税额有：①用于简易计税方法计税项目、免征增值税项目、集体福利或者个人消费的购进货物、劳务、服务、无形资产和不动产；②非正常损失的购进货物，以及相关的劳务和交通运输服务；③非正常损失的在产品、产成品所耗用的购进货物（不包括固定资产）、劳务和交通运输服务；④国务院规定的其他项目。

会计核算中，如果企业不能取得有关的扣税证明，则购进货物或接受应税劳务支付的增值税税额不能作为进项税额扣税，其已支付的增值税只能计入购进货物或接受劳务的成本。

3. 会计处理

根据增值税的上述特征，一般纳税企业在会计处理上的主要特点是：一是在购进阶段，会计处理实行价与税的分离，其依据为增值税专用发票上注明的价款和增值税，属于价款部分，计入购入货物的成本；属于增值税税额部分，计入进项税额。二是在销售阶段，销售价格不含税，如果定价时含税，应还原为不含税价格作为销售收入，向购买方收取的增值税作为销项税额。

（1）一般购销业务。对于企业的采购业务，按取得增值税专用发票（以下业务不做具体说明视为发票已经认证）上注明的增值税税额，借记"应交税费——应交增值税（进项税额）"；按专用发票上记载的货款，借记"原材料""库存商品"等；按应付或实际支付的金额，贷记"应付账款""应付票据""银行存款"等科目。购入物资发生的退货，作相反的会计处理。对于企业的销售业务或提供应税劳务业务，按实现的营业收入和按规定收取的增值税税额，借记"应收账款""应收票据""银行存款"等；按专用发票上注明的增值税税额，贷记"应交税费——应交增值税（销项税额）"；按实现的营业收入，贷记"主营业务收入"等科目。发生的销售退回，作相反的会计处理。

【例11-10】甲企业为增值税一般纳税人（适用税率为16%，不交纳消费税），本期购入一批原材料，增值税专用发票上注明的原材料价款为500万元，增值税税额为80

万元。货款尚未支付，材料已经达到并验收入库。发票未认证，款项未支付。(该企业采用实际成本法进行日常材料核算。)

根据上述经济业务，企业做如下会计分录：

(1)购入的原材料验收入库时：

借：原材料	5 000 000
应交税费——待认证进项税额	800 000
贷：应付账款	5 800 000

(2)发票经税局认证后，可做如下处理：

借：应交税费——应交增值税(进项税额)	800 000
贷：应交税费——待认证进项税额	800 000

【例11－11】承例11－10，该企业本期从房地产开发企业购入不动产作为办公场所，支付价款5 000万和增值税500万。取得增值税专用发票并已认证。

一般纳税人自2016年5月1日后取得并按固定资产核算的不动产或者2016年5月1日后取得的不动产在建工程，按现行增值税制度规定，其进项税额自取得之日起分2年从增值税中抵扣，第一年抵扣比例为60%，第二年为40%。因此，该企业应做如下处理：

借：固定资产	50 000 000
应交税费——应交增值税(进项税额)	3 000 000
应交税费——待抵扣进项税	2 000 000
贷：银行存款	55 000 000

【例11－12】承例11－11，该企业当期销售产品收入为1 200万元(不含税价)，符合收入确认条件，货款已经收到。

实现销售时：

$$销项税额=1\ 200\times16\%=192(万元)$$

借：银行存款	13 920 000
贷：主营业务收入	12 000 000
应交税费——应交增值税(销项税额)	1 920 000

(2)购入免税农产品。按照增值税暂行条例规定，对农业生产者销售的自产农业产品、古旧图书等部分项目免征增值税。企业销售免征增值税项目的货物，不能开具增值税专用发票，只能开具普通发票。企业购进免税产品，一般情况下不能扣税，但按税法规定，对于购入的免税农业产品等可以按买价(或收购金额)的一定比率计算进项税额，并准予从销项税额中抵扣。这里购入免税农业产品的买价是指企业购进免税农业产品支付给农业生产者的价款。在会计核算时，一是按购进免税农业产品有关凭证上确定的金额(买价)或者按收购金额，扣除一定比例的进项税额，作为购进农业产品的成本；二是扣除的部分作为进项税额，待以后用销项税额抵扣。

【例11－13】某企业为增值税一般纳税人(适用税率16%)，本期收购农业产品一批，实际支付的价款为200万元，收购的农业产品已验收入库，款项已经支付(该企业采用实际成本法进行日常材料核算)。企业应做如下会计处理：

进项税额 = 200 × 12% = 24(万元)

借:原材料　1 760 000
　应交税费——应交增值税(进项税额)　240 000
　贷:银行存款　2 000 000

(3)接受投资。接受投资转入的物资,按专用发票上注明的增值税,借记"应交税费——应交增值税(进项税额)";按确定的价值,借记"原材料"等科目;按其在注册资本中所占有的份额,贷记"实收资本"或"股本";按其差额,计入"资本公积"科目。

(4)接受应税劳务。接受应税劳务,按专用发票上注明的增值税,借记"应交税费——应交增值税(进项税额)";按专用发票上记载的应当计入加工、修理修配等物资成本的金额,借记"生产成本""委托加工物资""管理费用"等科目;按应付或实际支付的金额,贷记"应付账款""银行存款"等科目。

(5)视同销售的会计处理。按照增值税暂行条例实施细则的规定,对于企业将自产、委托加工或购买的货物分配给股东或投资者;将自产、委托加工的货物用于集体福利或个人消费等,视同销售货物,需计算交纳增值税。对于税法上某些视同销售的行为,如以自产产品对外投资,从会计角度看属于非货币性资产交换。因此,会计核算遵照非货币性资产交换准则进行会计处理。但是,无论会计上如何处理,只要税法规定需要交纳增值税的,就应当计算增值税销项税额,并计入"应交税费——应交增值税(销项税额)"。

【例11－14】甲公司为增值税一般纳税人(适用的增值税税率为16%),本期以自产产品一批对乙公司投资(取得乙公司5%的股权),双方协议按产品的售价作价。该批产品的成本为200万元,假设售价和计税价格均为250万元。假如该笔交易符合非货币性资产交换准则规定的按公允价值计量的条件。甲公司应分作如下会计处理:

将自产品用于投资,属于视同销售行为应计算销项税额,且因资产所有权发生转移,故应确认销售收入。

以自产品对外投资应计算的销项税额 = 250 × 16% = 40(万元)

借:长期股权投资　2 900 000
　贷:主营业务收入　2 500 000
　　应交税费——应交增值税(销项税额)　400 000
借:主营业务成本　2 000 000
　贷:库存商品　2 000 000

(6)不予抵扣的项目。一般纳税企业购进货物用于免征增值税项目、集体福利或者个人消费等,所发生的进项税额不能抵扣,只能随货物的价款一起计入有关的成本或费用。具体分为两种情况:第一种是购入时就能确定用于上述不能抵扣的项目,则支付的增值税款应计入相关的资产成本或费用;第二种是购入时不能确定用途,所发生的进项税额计入"应交税费——应交增值税(进项税额)"的借方,待以后用于不能抵扣的用途时,再将进项税额转出,借记相关成本或费用,贷记"应交税费——应交增值税(进项税额转出)"。

【例 11 - 15】某商业批发企业(适用 16% 的增值税税率)在财产清查中,发现短少商品 10 万元(无税成本),经查明,该批商品为仓库保管员保管不善丢失。处理结果是仓库保管员赔偿 1 万元,保险公司赔偿 2 万元。会计处理如下:

待转处理时:

借:待处理财产损溢——待处理流动资产损溢　　116 000

　贷:库存商品　　100 000

　　应交税费——应交增值税(进项税额转出)　　16 000

处理结果出来时:

借:其他应收款——应收保险公司赔款　　20 000

　　　　　——应收个人赔款　　10 000

　管理费用　　86 000

　贷:待处理财产损溢——待处理流动资产损溢　　116 000

(7)交纳增值税。对于企业来说,本月上交本月应交的增值税时,应借记"应交税费——应交增值税(已交税金)",贷记"银行存款"。月度终了,将本月应交未交增值税自"应交税费——应交增值税"明细科目转入"应交税金——未交增值税"明细科目,借记"应交税费——应交增值税(转出未交增值税)",贷记"应交税费——未交增值税"科目;将本月多交的增值税自"应交税费——应交增值税(转出多交增值税)"明细科目转入"应交税费——未交增值税"明细科目,借记"应交税费——未交增值税",贷记"应交税费——应交增值税(转出多交增值税)"科目。本月上交上期的增值税,借记"应交税费——未交增值税",贷记"银行存款"科目。

(三)小规模纳税人增值税的会计处理

小规模纳税企业销售货物或者提供应税劳务,一般情况下,只能开具普通发票(满足一定情况下可申请由主管税务机关代开增值税专用发票),它实行简易办法计算应纳增值税税额。通常按照销售额的 3% 计算征收,其当期应纳税额 = 销售额 × 征收率(3%),此处的销售额是指不含税销售额,小规模纳税企业采用销售额和应纳税额合并定价方法的,按照公式"销售额 = 含税销售额 ÷(1 + 征收率)"还原为不含税销售额计算。

1. 科目设置

小规模纳税人只需在"应交税费"科目下设置"应交增值税"、"转让金融商品应交增值税"、"代扣代交增值税"三个明细科目,不需要在"应交增值税"明细科目中设置专栏。

2. 会计处理

从会计核算角度看,首先小规模纳税企业购入货物或接受应税劳务供应,无论是否取得增值税专用发票,其支付的增值税税额均不计入进项税额,不得由销项税额抵扣,而应计入所购货物或劳务的成本。相应地,其他企业从小规模纳税企业购入货物或接受劳务支付的增值税税额,如果不能取得增值税专用发票,也不能作为进项税额抵扣,而应计入购入货物或应税劳务的成本。

小规模企业销售货物或提供应税劳务,按照销售额及规定的征收率计算应纳增值税税额，根据销货凭证，货款贷记“主营业务收入”，增值税贷记“应交税费——应交增值税”，价税合计借记“银行存款”“应收账款”等科目。

【例11－16】某工业企业为小规模纳税企业，适用的增值税征收率为3%。该企业本期购入原材料（按实际成本法核算），按照增值税专用发票上记载的原材料成本为500 000元，支付的增值税税额为80 000元，企业已开出、承兑商业汇票，材料收到入库。该企业本期销售产品，含税价格为824 000元，货款尚未收到。（结转销售成本分录略。）

有关会计处理如下：

（1）购进原材料时：

借：原材料　580 000

　贷：应付票据　580 000

（2）销售货物

不含税价格＝824 000÷（1＋3%）＝800 000（元）

应交增值税＝800 000×3%＝24 000（元）

借：应收账款　824 000

　贷：主营业务收入　800 000

　　应交税费——应交增值税　24 000

二、消费税

消费税是对生产、委托加工以及进口应税消费品（烟、酒、成品油等14类消费品）征收的一种税。在我国，国家在普遍征收增值税的基础上，选择部分消费品，再征收一道消费税。其目的在于调节消费结构，正确引导消费方向。

（一）消费税的特点

1. 征收环节单一

消费税和增值税不同，消费税并非在应税消费品的所有环节征收，只在其生产、委托加工或进口环节实行单环节征税（只有金银首饰钻石饰品在零售环节），批发与零售环节不再征收。

2. 计税方法多样

消费税的计算有从价定率、从量定额、复合计税三种方法。

（1）从价定率法下的消费税应纳税额＝销售额×比例税率，这里的销售额，指的是不含增值税的销售额，如果企业价税合计在一起，则应含增值税的销售额除以（1＋增值税税率或征收率）可换算为不含增值税的销售额。

（2）从量定额法下的消费税应纳税额＝销售数量×定额税率，这里的销售数量，属于销售应税消费品的，为应税消费品的销售数量；属于自产自用应税消费品的，为应税消费品的移送使用数量；属于委托加工应税消费品的，为纳税人收回的应税消费品数量；若为进口的应税消费品，为海关核定的应税消费品进口征税数量。

（3）复合计税法下的消费税应纳税额＝销售额×比例税率＋销售数量×定额税率。

3. 税率差别大

对于不同的消费品，消费税税率差别很大，就其适用的比例税率来说，从1%到56%设有多档税率。

（二）科目设置

企业按规定应交的消费税，在"应交税费"下设置"应交消费税"明细科目核算。"应交消费税"明细科目的借方发生额，反映实际交纳的消费税和待扣的消费税；贷方发生额，反映按规定应交纳的消费税；期末贷方余额，反映尚未交纳的消费税；期末借方余额，反映多交或待扣的消费税。

（三）会计处理

1. 产品销售的会计处理

企业销售产品时应交纳的消费税，应按不同情况进行处理：

（1）企业将生产的产品直接对外销售的，对外销售产品应交纳的消费税，通过"税金及附加"科目核算；企业按规定计算出应交的消费税，借记"税金及附加"科目，贷记"应交税费——应交消费税"科目。

（2）企业将应税消费品用于在建工程、非生产机构等其他方面，按规定应交纳的消费税，应计入有关的成本。例如，企业以应税消费品用于在建工程项目，应交的消费税计入在建工程成本。

【例11－17】某企业为增值税一般纳税人，本期销售其生产的应纳消费税产品，应纳消费税产品的售价为24万元（不含应向购买者收取的增值税税额），产品成本为15万元。该产品的增值税税率为16%，消费税税率为10%。产品已经发出，符合收入确认条件；款项尚未收到。根据这项经济业务，企业可做如下会计处理：

$$应向购买者收取的增值税税额 = 240\ 000 \times 16\% = 38\ 400（元）$$

$$应交的消费税 = 240\ 000 \times 10\% = 24\ 000（元）$$

借：应收账款	278 400	
贷：主营业务收入		240 000
应交税费——应交增值税（销项税额）		38 400
借：税金及附加	24 000	
贷：应交税费——应交消费税		24 000
借：主营业务成本	150 000	
贷：库存商品		150 000

2. 委托加工应税消费品的会计处理

按照税法规定，企业委托加工的应税消费品，由受托方在向委托方交货时代扣代缴税款（除受托加工或翻新改制金银首饰按规定由受托方交纳消费税外）。委托加工的应税消费品，委托方用于连续生产应税消费品的，所纳税款准予按规定抵扣。这里的委托加工应税消费品，是指由委托方提供原料和主要材料，受托方只收取加工费和代垫部分辅助材料加工的应税消费品。由受托方提供原材料生产的应税消费品，或者由受托方先将原材料卖给委托方然后再接受加工的应税消费品，以及由受托方以委托方名义购进原材料生产的应税消费品，都不作为委托加工应税消费品，而应当作为销售自制应税消费品交纳消费税。委托加工的应税消费品直接出售的,不再征收消费税。

在会计处理时,需要交纳消费税的委托加工应税消费品,于委托方提货时,由受托方代收代缴税款。受托方按应扣税款金额,借记"应收账款""银行存款"等科目,贷记"应交税费——应交消费税"科目。委托加工应税消费品收回后直接用于销售的,委托方应将代收代缴的消费税计入委托加工的应税消费品成本,借记"委托加工物资"等科目,贷记"应付账款""银行存款"等科目,待委托加工应税消费品销售时,不需要再交纳消费税;委托加工的应税消费品收回后用于连续生产应税消费品,按规定准予抵扣的,委托方应按代收代缴的消费税款,借记"应交税费——应交消费税"科目,贷记"应付账款""银行存款"等科目,待用委托加工的应税消费品生产出应纳消费税的产品销售时,再交纳消费税。

【例 11-18】某企业(适用 16% 增值税税率)委托外单位加工材料(非金银首饰),原材料价款为 20 万元,加工费用为 5 万元,由受托方代收代缴的消费税为 0.5 万元,材料已经加工完毕验收入库,加工费用尚未支付。假定该企业材料采用实际成本核算。

根据该项经济业务,委托方应做如下会计处理:

(1)如果委托方收回加工后的材料用于继续生产应税消费品,委托方的会计处理如下:

借:委托加工物资	200 000	
贷:原材料		200 000
借:委托加工物资	50 000	
应交税费——应交增值税(进项税额)	8 000	
应交税费——应交消费税	5 000	
贷:应付账款		63 000
借:原材料	250 000	
贷:委托加工物资		250 000

(2)如果委托方收回加工后的材料直接用于销售,则委托方的会计处理如下:

借:委托加工物资	200 000	
贷:原材料		200 000
借:委托加工物资	55 000	
应交税费——应交增值税(进项税额)	8 000	
贷:应付账款		63 000
借:原材料	255 000	
贷:委托加工物资		255 000

3. 进出口产品的会计处理

需要交纳消费税的进口消费品,其交纳的消费税应计入该进口消费品的成本,借记"固定资产""原材料"等科目,贷记"银行存款"等科目。

出口应税消费品分别按不同情况进行会计处理:属于生产企业直接出口应税消费

品或通过外贸企业出口应税消费品,按规定直接予以免税的,可以不计算应交消费税;属于委托外贸企业代理出口应税消费品的生产企业,应在计算消费税时,按应交消费税税额,借记"应收账款"科目,贷记"应交税费——应交消费税"科目。应税消费品出口收到外贸企业退回的税金时,借记"银行存款"科目,贷记"应收账款"科目。发生退关、退货而补交已退的消费税时,做相反的会计分录。

三、城市维护建设税和教育费附加

为了加强城市的维护建设,扩大和稳定城市维护建设资金的来源,国家开征了城市维护建设税。教育费附加是国家为了发展我国的教育事业,提高人民的文化素质而征收的一项费用。二者均以企业交纳的流转税为计税(费)依据,并与流转税一起交纳。

在会计核算时,企业应在"应交税费"下设置"应交城市维护建设税"和"应交教育费附加"明细科目。企业按规定计算出的城市维护建设税和教育费附加,借记"税金及附加"等科目,贷记"应交税费——应交城市维护建设税"和"应交税费——应交教育费附加"。

【例 11-19】某企业所在地为省会城市(适用城市维护建设税税率为 7%),当月实际交纳增值税 300 万元,消费税 400 万元。则:

应纳城市维护建设税 = (纳税人实际缴纳的增值税 + 消费税) × 适用税率

= (300 + 400) × 7% = 49(万元)

应交教育费附加 = (300 + 400) × 3% = 21(万元)

计算税费的会计分录:

借:税金及附加	700 000
贷:应交税费——应交城市维护建设税	490 000
应交税费——应交教育费附加	210 000

交纳税款时:

借:应交税费——应交城市维护建设税	490 000
应交税费——应交教育费附加	210 000
贷:银行存款	700 000

四、资源税

资源税是国家对在我国境内开采矿产品或者生产盐的单位和个人征收的种税。资源税的计税方法包括两种:一种是从价定额,按照应税产品的销售额和规定的单位税率计算征收,公式为:应纳税额 = 销售额 × 单位税率,销售额是纳税人销售应税产品向购买方收取的全部价款和价外费用,不包括收取的增值税销项税额;另外一种是从量定额,按照应税产品的课税数量和规定的单位税额计算,公式为:应纳税额 = 课税数量 × 单位税额。这里的课税数量为:开采或者生产应税产品销售的,以销售数量为课税数量;开采或者生产应税产品自用的,以自用数量为课税数量。

（一）科目设置

企业按规定应交的资源税，在"应交税费"科目下设置"应交资源税"明细科目核算。"应交资源税"明细科目的借方发生额，反映企业已交的或按规定允许抵扣的资源税；贷方发生额，反映应交的资源税；期末借方余额，反映多交或尚未抵扣的资源税；期末贷方余额，反映尚未交纳的资源税。

（二）会计处理

1. 销售产品或自产自用产品相关的资源税的会计处理

在会计核算时，企业按规定计算出销售应税产品应交纳的资源税，借记"税金及附加"科目，贷记"应交税费——应交资源税"科目；企业计算出自产自用的应税产品应交纳的资源税，借记"生产成本""制造费用"等科目，贷记"应交税费——应交资源税"科目。

【例 11－20】某企业将自产的煤炭 1 000 吨用于产品生产，每吨应交资源税 5 元。根据该项经济业务，企业应做会计处理如下：

自产自用煤炭应交的资源税 $=1\ 000\times5=5\ 000$（元）

借：生产成本	5 000
贷：应交税费——应交资源税	5 000

2. 收购未税矿产品相关资源税的会计处理

按照《资源税暂行条例》的规定收购未税矿产品的单位为资源税的扣缴义务人。企业应以收购未税矿产品实际支付的收购款以及代扣代缴的资源税，作为收购矿产品的成本，将代扣代缴的资源税，记入"应交税费——应交资源税"科目。

五、土地增值税

国家从 1994 年起开征了土地增值税，转让国有土地使用权、地上建筑物及其附着物并取得收入的单位和个人，均应交纳土地增值税。

（一）应纳税额的计算

土地增值税按照转让房地产所取得的增值额和规定的税率计算征收。这里的增值额是指转让房地产所取得的收入减除规定扣除项目金额后的余额。企业转让房地产所取得的收入，包括货币收入、实物收入和其他收入。计算土地增值额的主要扣除项目有：

第一，取得土地使用权所支付的金额。

第二，开发土地的成本、费用。

第三，新建房屋及配套设施的成本、费用，或者旧房及建筑物的评估价格。

第四，与转让房地产有关的税金。

（二）科目设置

在会计处理时，企业交纳的土地增值税通过在"应交税费"下设置"应交土地增值税"明细科目来具体核算土地增值税的计算和缴纳情况。

（三）会计处理

1. 房地产企业的会计处理

经营房地产业务的企业，应由当期收入负担的土地增值税，借记"税金及附加"科目，贷记“应交税费——应交土地增值税”科目。

2. 其他企业的会计处理

对于房地产企业之外的企业，转让的国有土地使用权与其地上建筑物及其附着物一并在“固定资产”或“在建工程”科目核算的，转让时应交纳的土地增值税，借记“固定资产清理”“在建工程”科目，贷记“应交税费——应交土地增值税”科目。

3. 预交土地增值税的会计处理

企业在项目全部竣工结算前转让房地产取得的收入，按税法规定预交土地增值税时，借记“应交税费——应交土地增值税”科目，贷记“银行存款”等科目；待该项房地产销售收入实现时，再按上述销售业务的会计处理方法进行处理。该项目全部竣工、办理结算后进行清算，收到退回多交的土地增值税，借记“银行存款”等科目，贷记“应交税费——应交土地增值税”科目，补交的土地增值税做相反的会计分录。

【例 11－21】某房地产开发企业 2×18 年 1 月将其开发的写字楼一幢出售，共取得收入 3 800 万元。企业为开发该项目支付土地出让金 600 万元，房地产开发成本为 1 400万元，专门为开发该项目支付的贷款利息为 120 万元。为转让该项目应当缴纳增值税、城市维护建设税、教育费附加及印花税共计 210.9 万元。当地政府规定，企业可以按土地使用权出让费与房地产开发成本之和的 5% 计算扣除其他房地产开发费用。另外，税法规定，从事房地产开发的企业可以按土地出让费与房地产开发成本之和的 20% 加计扣除。则其应纳税额为：

扣除项目金额 = 600 + 1 400 + 120 + 210.9 + (600 + 1 400) × 5% + (600 + 1 400) × 20%
= 600 + 1 400 + 120 + 210.9 + 100 + 400 = 2 830.9（万元）

增值额 = 3 800 − 2 830.9 = 969.1（万元）

增值额占扣除项目比例 = 969.1 ÷ 2 830.9 = 34.23%（由此决定适用税率为 30%）

应纳税额 = 969.1 × 30% = 290.73（万元）

则企业应做如下会计分录：

借：税金及附加　　2 907 300

　贷：应交税费——应交土地增值税　　2 907 300

实际向税务机关缴纳土地增值税时做如下会计分录：

借：应交税费——应交土地增值税　　2 907 300

　贷：银行存款　　2 907 300

六、房产税、土地使用税、车船税和印花税

房产税是国家对在城市、县城、建制镇和工矿区征收的由产权所有人交纳的一种税。房产税依照房产原值一次减除 10% 至 30% 后的余额计算交纳。没有房产原值作为依据的，由房产所在地税务机关参考同类房产核定；房产出租的，以房产租金收入为房产税的计税依据。土地使用税是国家为了合理利用城镇土地，调节土地级差收入，提高土地使用效益，加强土地管理而开征的一种税，以纳税人实际占用的土地面积为计税依据，依照规定税额计算征收。车船税由拥有并且使用车船的单位和个人交纳，按照适

用税额计算交纳。

企业按规定计算应交的房产税、土地使用税、车船税时，借记“税金及附加”科目，贷记“应交税费——应交房产税（或土地使用税、车船税）”科目；上交时，借记“应交税费——应交房产税（或土地使用税、车船税）”科目，贷记“银行存款”科目。

印花税是对书立、领受购销合同等凭证行为征收的税款，实行由纳税人根据规定自行计算应纳税额，购买并一次贴足印花税票的交纳方法。应纳税凭证包括购销、加工承揽、建设工程承包、财产租赁、货物运输、仓储保管、借款、财产保险、技术合同或者具有合同性质的凭证，产权转移书据，营业账簿，权利、许可证照，等等。纳税人根据应纳税凭证的性质，分别按比例税率或者按件定额计算应纳税额。企业交纳的印花税，是由纳税人根据规定自行计算应纳税额，以购买并一次贴足印花税票的方法交纳的税款。一般情况下，企业需要预先购买印花税票，待发生应税行为时，再根据凭证的性质和规定的比例税率或者按件计算应纳税额，将已购买的印花税票粘贴在应纳税凭证上，并在每枚税票的骑缝处盖戳注销或者划销，办理完税手续。企业交纳的印花税，不会发生应付未付税款的情况，不需要预计应纳税金额，同时也不存在与税务机关结算或清算的问题。因此，企业交纳的印花税不需要通过“应交税费”科目核算，可于购买印花税票时，直接借记“税金及附加”科目，贷记“银行存款”科目。

七、企业所得税

企业的生产、经营所得和其他所得，依照有关所得税暂行条例及其细则的规定需要缴纳所得税。企业应交纳的所得税，在“应交税费”设置“应交所得税”明细科目核算；当期应计入损益的所得税，作为一项费用，在净收益前扣除。企业按照一定方法计算并计入损益的所得税，借记“所得税费用”等，贷记“应交税费——应交所得税”科目。

八、耕地占用税

耕地占用税是国家为了利用土地资源，加强土地管理，保护家用耕地而征收的一种税。耕地占用税以实际占用的耕地面积计税，按照规定税额一次征收。企业交纳的耕地占用税，不需要通过“应交税费”科目核算。企业按规定计算交纳耕地占用税时，借记“在建工程”科目，贷记“银行存款”科目。

第四节　其他流动负债

一、短期借款

（一）短期借款的核算内容

短期借款是指企业向银行或其他金融机构等借入的期限在一年以内（含一年）的各种借款。企业取得短期借款主要是为了满足日常生产经营的需要。短期借款的主要优点是筹资效率高、筹资弹性大,主要缺点是筹资风险较高。

(二)短期借款的会计处理

短期借款的核算,需设置"短期借款"总账科目,贷方登记取得的短期借款,借方登记已归还的短期借款,期末贷方余额为尚未归还的短期借款。根据企业核算需要,在该科目下应按债权人设置明细科目,并按借款种类进行明细核算。需要注意的是,"短期借款"科目只记本金数,应付利息不通过该科目核算。

1. 短期借款取得的会计处理

企业取得短期借款时,借记"银行存款"科目,贷记"短期借款"科目。

2. 短期借款利息的会计处理

企业发生的短期借款利息,会计上应按权责发生制原则,在各资产负债表日(如月末、季末、年末)计提利息,借记"财务费用"、"利息支出"(金融企业)科目,贷记"应付利息"科目;如果数额不大,也可于实际支付时一次计入当期损益。

3. 短期借款到期偿还的会计处理

企业应于短期借款到期日偿还本金以及尚未支付的利息,借记"短期借款""应付利息""财务费用"等科目,贷记"银行存款"科目。

【例 11-22】A 公司于 2×18 年 1 月 1 日向银行借入一笔生产经营用短期借款,共计 120 000 元,期限为 9 个月,年利率为 8%。根据与银行签署的贷款协议,该项借款的本金到期后一次归还,利息按季支付;该企业对借款利息分月计提。

(1)2×18 年 1 月 1 日取得短期借款:

借:银行存款	120 000	
贷:短期借款		120 000

(2)1 月、2 月末,分别计提利息:

借:财务费用	800	
贷:应付利息		800

(3)3 月末支付第一季度银行借款利息:

借:财务费用	800	
应付利息	1 600	
贷:银行存款		2 400

(4)4 至 8 月份处理同上。

(5)第三季度末偿还银行借款利息及本金:

借:财务费用	800	
应付利息	1 600	
短期借款	120 000	
贷:银行存款		122 400

二、应付票据

(一)应付票据的核算内容

应付票据主要核算企业采用商业汇票支付方式,购买原材料、商品或接受劳务供应等签发、承兑的商业汇票。商业汇票根据承兑人不同分为商业承兑汇票和银行承兑汇票。我国有关法规规定，商业汇票的最长付款期限为6个月，因此将其作为流动负债进行管理和核算。

（二）应付票据的会计处理

企业应设置"应付票据"科目，用以核算各种签发、承兑的商业汇票。同时设置"应付票据备查簿"，详细登记每一笔应付票据的种类、号数、签发日期、到期日、票面金额、合同交易号、收款人以及付款日和金额等详细资料。应付票据到期付清时，应在备查簿内逐笔注销。应付票据按是否带息分为带息票据和不带息票据。

1. 不带息应付票据的处理

不带息应付票据，其面值就是票据的到期值。其开出或偿付，均按面值核算。

（1）应付票据发生时的会计处理。企业因购买原买材料、商品或接受劳务开出商业汇票时，应按票面金额借记"原材料""应交税费——应交增值税（进项税额）"等科目，贷记"应付票据"科目。企业因签发银行承兑汇票而应支付给银行的手续费，直接计入当期财务费用。

（2）应付票据到期日的会计处理。企业应于到期日按票面金额偿还应付票据，借记"应付票据"科目，贷记"银行存款"科目。到期日，若企业无法支付商业汇票的款项，应分别进行如下处理：①若为商业承兑汇票，应将应付金额转入对销货商的应付账款，借记"应付票据"科目，贷记"应付账款"科目；②若为银行承兑汇票，企业到期无力支付，承兑银行凭票向持票人付款，企业应将应付银行的金额视同短期借款，借记"应付票据"科目，贷记"短期借款"科目。

2. 带息应付票据的处理

（1）应付票据发生时的会计处理。带息应付票据签发承兑后，企业的入账方法与不带息票据相同。

（2）带息应付票据利息的核算。对于带息应付票据，企业通常应在资产负债表日对尚未支付的应付票据计提利息，借记"财务费用"科目，同时增加票据的账面价值，贷记"应付票据"科目。

（3）应付票据到期日的会计处理。应付票据到期清偿时，票据的到期值为票据面值与利息之和，借记"应付票据""财务费用"科目，贷记"银行存款"科目。若在到期日企业无法清偿应付金额，处理方法同不带息票据。

【例11－23】A公司2×17年11月1日购入价值为30 000元（不含税）的商品，增值税税率为16%，同时出具一张期限为三个月的带息商业承兑汇票，年利率为10%，发票已认证。相关会计处理如下：

（1）2×17年11月1日购入商品时：

借：库存商品	30 000	
应交税费——应交增值税（进项税额）	4 800	
贷：应付票据		34 800

（2）2×17年12月31日，计算两个月的应付利息：

$$34\ 800 \times 10\% \div 12 \times 2 = 580（元）$$

借:财务费用 580

  贷:应付票据 580

(3)2×18 年 2 月 1 日到期支付票据本息时:

借:应付票据 35 380

  财务费用 290

  贷:银行存款 35 670

(4)若 2×18 年 2 月 1 日到期无法支付该款项,则:

借:应付票据 35 380

  财务费用 290

  贷:应付账款 35 670

三、应付账款

(一)应付账款的核算内容

应付账款是指企业因购买原材料、商品或接受劳务等应支付的款项。这是买卖双方由于取得物资或服务与支付货款在时间上不一致而产生的负债。应付账款核算包括入账时间和入账价值的确定。

1. 应付账款的入账时间

应付账款入账时间的确定,应以与所购物资所有权有关的风险和报酬已经转移或劳务已经接受为标志。在实际工作中,应区别以下情况进行处理:

(1)在物资和发票账单同时到达的情况下形成的应付账款。一般待物资验收入库后,按发票账单登记入账。借记"原材料""应交税费——应交增值税(进项税额)"等科目,贷记"应付账款"科目。这主要是为了确认所购入的物资是否在质量、数量和品种上都与合同的条款相符,以免先入账而在验收入库时发现购入物资错、漏、破损等问题再行调账。

(2)在物资先到,发票账单后到的情况下形成的应付账款。这笔负债已经成立,应作为一项负债反映。由于应付账款需要根据发票账单登记入账,为了简化,平时可暂不入账,月末为了在"资产负债表"上客观反映企业所拥有的资产和承担的债务,在实际工作中采用在月份终了将所购物资和应付债务估计入账,待下月初再用红字予以冲回的办法。

2. 应付账款的入账价值

应付账款一般按应付金额入账,而不按到期应付金额的现值入账。如果购入的资产在形成一笔应付账款时是带有现金折扣的,应付账款入账金额的确定按发票上记载的应付金额的总值(即不扣除折扣)记账,方法同应收账款的总价法。在这种方法下,应按发票上记载的全部应付金额,借记有关科目,贷记"应付账款"科目;获得的现金折扣,冲减财务费用。

(二)应付账款的会计处理

企业应设置"应付账款"科目进行核算,同时按供应商设置明细账进行明细核算。

（1）应付账款发生时的会计处理。企业购入材料、商品等验收入库，但货款尚未支付，应根据相关凭证（发票账单、随货同行发票上记载的实际价款或暂估价值），借记“原材料”“库存商品”等科目，按专用发票上注明的增值税税额，借记“应交税费——应交增值税（进项税额）”，贷记“应付账款”；企业接受供应单位提供劳务而发生的应付未付款项，根据供应单位的发票账单，借记“生产成本”“管理费用”等，贷记“应付账款”。

（2）应付账款支付时的会计处理。企业支付应付账款时，借记“应付账款”科目，贷记“银行存款”科目；企业开出、承兑商业汇票抵付应付账款，借记“应付账款”科目，贷记“应付票据”科目；在某些情况下，付款人确实无法支付应付款项，此时应借记“应付账款”，贷记“营业外收入”科目。

【例11－24】A公司于2×18年6月1日购入原材料一批，价款为600 000元（不含增值税），增值税税率为16%，该批材料当日入库，付款条件为2/10，1/20，N/30（只对货款计算现金折扣），采用实际成本法核算。有关会计处理如下：

（1）6月1日购进材料验收入库：

借：原材料	600 000
应交税费——应交增值税（进项税额）	96 000
贷：应付账款	696 000

（2）若企业在6月1—10日之间付款，则：

借：应付账款	696 000
贷：银行存款	684 000
财务费用	12 000

（3）若企业在6月11日—20日之间付款，则：

借：应付账款	696 000
贷：银行存款	690 000
财务费用	6 000

（4）若企业在6月20日后付款，则：

借：应付账款	696 000
贷：银行存款	696 000

企业对应付账款进行债务重组的会计处理，参见本章第五节。

四、预收账款

（一）预收账款的核算内容

预收账款是企业根据合同或协议规定，预先收取购货方支付的一部分款项，这项负债要用以后的商品、劳务等偿付。

（二）预收账款的会计处理

对于预收账款，在核算上有两种方法：一是单独设置“预收账款”科目核算，这种核算方法能完整地反映这项负债的发生及偿付情况，并且便于填列会计报表，这种方法适用于预收账款比较多的企业。另一种方法是将预收的货款直接作为应收账款的减项，反映在“应收账款”科目的贷方进行核算。这种方法在“应收账款”科目中能够完整反映与购货方结算的情况，但在填列会计报表时需要根据“应收账款”科目的明细进行分析填列，因而适用于预收账款情况不多的企业。

1. 预收账款发生时的会计处理

企业因销售商品或提供劳务等按合同预收款项时，应按实际收到的金额借记“银行存款”等科目，贷记“预收货款”科目。

2. 销售商品或提供劳务时的会计处理

企业若采用预收款方式销售商品或提供劳务，在销售实现时，按实现的收入和应交的增值税销项税额，借记“预收账款”，按实现的营业收入，贷记“主营业务收入”，按专用发票上注明的增值税税额，贷记“应交税费——应交增值税（销项税额）”。

3. 收到剩余价款或退回多余价款的会计处理

企业销售商品或提供劳务后，如果预收账款部分不足以支付全部货款和税费，则应于收到购货单位补付的款项时，借记“银行存款”科目，贷记“预收账款”科目；如果预收账款超过购货单位应支付的全部货款和税费，退回其多付的款项时，作相反的会计处理。

【例 11－25】A 公司接受一批订货合同，按合同规定，货款金额总计 400 000 元（不含增值税），预计 3 个月完成。订货方预付货款 30%，另外 70% 待完工发货后再支付。该货物的增值税税率为 16%。有关会计处理如下：

（1）收到预付的货款时：

借：银行存款	120 000	
贷：预收账款		120 000

（2）3 个月后产品发出时：

借：预收账款	464 000	
贷：主营业务收入		400 000
应交税费——应交增值税（销项税额）		64 000

（3）订货单位补付货款时：

借：银行存款	344 000	
贷：预收账款		344 000

五、应付利息

应付利息，是指企业按照合同约定应支付的利息，包括吸收存款、分期付息到期还本的长期借款、企业债券等应支付的利息。

资产负债表日，应按摊余成本和实际利率计算确定的利息费用，借记“利息支出”“在建工程”“财务费用”“研发支出”等科目；按合同利率计算确定的应付未付利息，贷记“应付利息”；按借贷双方之间的差额，借记或贷记“长期借款——利息调整”等科目。合同利率与实际利率差异较小的，也可以采用合同利率计算确定利息费用。实际支付利息时，借记“应付利息”，贷记“银行存款”等科目。

本科目期末贷方余额，反映企业应付未付的利息。

六、应付股利

应付股利，是指企业经股东大会或类似机构审议批准分配的现金股利或利润。企业股东大会或类似机构审议批准的利润分配方案中拟宣告分派的现金股利或利润，在实际支付前，形成企业的负债。企业董事会或类似机构通过的利润分配方案中拟分配的现金股利或利润，不应确认负债，但应在附注中披露。

企业经股东大会或类似机构审议批准的利润分配方案，在应支付现金股利或利润时，借记"利润分配"科目，贷记"应付股利"；实际支付现金股利或利润时，借记"应付股利"，贷记"银行存款"等科目。

七、其他应付款

其他应付款，是指企业除应付票据、应付账款、预收账款、应付职工薪酬、应付利息、应付股利、应交税费、长期应付款等以外的其他各项应付、暂收的款项。

企业采用售后回购方式融入资金的，应按实际收到的金额，借记"银行存款"科目，贷记"其他应付款""应交税费"等科目。回购价格与原销售价格之间的差额，应在售后回购期间内按期计提利息费用，借记"财务费用"科目，贷记"其他应付款"。按照合同约定购回该项商品时，应按实际支付的金额，借记"其他应付款"科目和"应交税费"科目，贷记"银行存款"科目。

企业发生的其他各种应付、暂收款项，借记"管理费用"等科目，贷记"其他应付款"；支付的其他各种应付、暂收款项，借记"其他应付款"，贷记"银行存款"等科目。

第五节　债务重组

一、债务重组的含义和重组方式

（一）债务重组的含义

当企业陷入财务困难，无法偿还到期债务时，债权人一方面可以通过法律程序，要求债务人破产，以清偿债务；另一方面可以通过互相协商，采取债务重组的方式，做出某些让步，减轻债务人负担，助其渡过难关。

债务重组，是指在债务人发生财务困难的情况下，债权人按照其与债务人达成的协议或法院的裁定做出让步的事项。债务重组有以下两个基本特征：

1. 债务人发生财务困难

债务人发生财务困难是指债务人出现资金周转困难或经营陷入困境，导致其无法或者没有能力按原定条件偿还债务。

2. 债权人做出让步

债权人做出让步是指债权人同意发生财务困难的债务人现在或者将来以低于重组债务账面价值的金额或者价值偿还债务。"债权人做出让步"的情形主要包括：债权人减免债务人部分债务本金或者利息、降低债务人应付债务的利率等。

债务人发生财务困难，是债务重组的前提条件，而债权人做出让步是债务重组的必要条件。

（二）债务重组的方式

债务重组主要有以下几种方式：

1. 以资产清偿债务

以资产清偿债务是指债务人转让其资产给债权人以清偿债务的债务重组方式。债务人通常用于偿债的资产主要有：现金、存货、金融资产、固定资产、无形资产等。这里的现金，是指货币资金，即库存现金、银行存款和其他货币资金，在债务重组的情况下，以现金清偿债务，通常是指以低于债务的账面价值的现金清偿债务，以等量的现金偿还所欠债务不属于本章所指的债务重组。

2. 债务转为资本

债务转为资本是指债务人将债务转为资本，同时债权人将债权转为股权的债务重组方式。但债务人根据转换协议，将应付可转换公司债券转为资本，则属于正常情况下的债务转资本，不能作为债务重组处理。债务转为资本时，对股份有限公司而言，为将债务转为股本；对其他企业而言，是将债务转为实收资本。债务转为资本的结果是，债务人因此而增加股本（或实收资本），债权人因此而增加股权。

3. 修改其他债务条件

修改其他债务条件是指修改不包括上述第一、第二种情形在内的债务条件进行债务重组的方式，如减少债务本金、降低利率、免去应付未付的利息等。

4. 以上三种方式的组合

采用以上三种方法共同清偿债务，主要包括以下可能的方式：

（1）债务的一部分以资产清偿，另一部分则转为资本。

（2）债务的一部分以资产清偿，另一部分则修改其他债务条件。

（3）债务的一部分转为资本，剩下部分则修改其他债务条件。

（4）债务的一部分以资产清偿，一部分转为资本，剩下部分则修改其他债务条件。

二、债务重组的会计处理

（一）以资产清偿债务

在债务重组中，企业以资产清偿债务的，通常包括以现金清偿债务和以非现金资产清偿债务等方式。

1. 以现金清偿债务

（1）债务人的会计处理。债务人以现金清偿债务的，债务人应当将重组债务的账面价值与支付的现金之间的差额确认为债务重组利得，作为营业外收入，计入当期损益。

（2）债权人的会计处理。债权人应当将重组债权的账面余额与收到的现金之间的差额确认为债务重组损失，作为营业外支出，计入当期损益。重组债权已经计提减值准备的，应当先将上述差额冲减已计提的减值准备，冲减后仍有损失的，计入营业外支出（债务重组损失）；冲减后减值准备仍有余额的，应予转回并抵减当期资产减值损失。

【例 11－26】甲企业于 2×18 年 1 月 20 日销售一批材料给乙企业，不含税价格为 1 000 000 元，增值税税率为 16%，按合同规定，乙企业应于 2×18 年 4 月 1 日前偿付货款。由于乙企业发生财务困难,无法按合同规定的期限偿还债务,经双方协议于6月1日进行债务重组。债务重组协议规定,甲企业同意减免乙企业300 000元债务,余额用现金立即偿清。乙企业于当日通过银行转账支付了该笔剩余款项,甲企业随即收到了通过银行转账偿还的款项。甲企业已为该项应收债权计提了50 000元的坏账准备。

(1)乙企业的会计处理:

①计算债务重组利得:

应付账款账面余额	1 160 000
减:支付的现金	860 000
债务重组利得	300 000

②应做会计分录:

借:应付账款	1 160 000	
贷:银行存款		860 000
营业外收入——债务重组利得		300 000

(2)甲企业的会计处理:

①计算债务重组损失:

应收账款账面余额	1 160 000
减:收到的现金	860 000
差额	300 000
减:已计提坏账准备	50 000
债务重组损失	250 000

②应做会计分录:

借:银行存款	860 000	
营业外支出——债务重组损失	250 000	
坏账准备	50 000	
贷:应收账款		1 160 000

2. 以非现金资产清偿某项债务

(1)债务人的会计处理。债务人以非现金资产清偿某项债务的,债务人应当将重组债务的账面价值与转让的非现金资产的公允价值之间的差额确认为债务重组利得,作为营业外收入,计入当期损益,转让的非现金资产的公允价值与其账面价值的差额作为转让资产损益,计入当期损益。其中,抵债资产为企业的存货的,应当按照销售处理,以公允价值确认收入,同时结转相应的成本;抵债资产为企业的固定资产、无形资产的,其公允价值和账面价值的差额,计入"资产处置损益";抵债资产为企业的投资的,其公允价值和账面价值的差额,计入"投资收益"。债务人在转让非现金资产的过程中发生的一些税费,如资产评估费、运杂费等,直接计入转让资产损益。

(2)债权人的会计处理。债务人以非现金资产清偿某项债务的,债权人应当对受让的非现金资产按其公允价值入账,重组债权的账面余额与受让的非现金资产的公允价值之间的差额,确认为债务重组损失,作为营业外支出,计入当期损益,重组债权已经计提减值准备的,应当先将上述差额冲减已计提的减值准备,冲减后仍有损失的,计入营业外支出(债务重组损失);冲减后减值准备仍有余额的,应予转回并抵减当期资产减值损失。债权人收到非现金资产时发生的有关运杂费等,应当计入相关资产的价值。

【例11-27】承例11-26,假如重组协议规定,乙企业可以其生产的产品偿还债务。该产品的公允价值为800 000元,实际成本为700 000元。乙企业为增值税一般纳税人,适用的增值税税率为16%。甲企业于2×18年6月15日收到乙企业抵债的产品,并作为库存商品入库;甲企业对该项应收账款计提了50 000元的坏账准备。

(1)乙企业的会计处理:

①计算债务重组利得:

应付账款的账面余额	1 160 000
减:所转让产品的公允价值	800 000
增值税销项税额(800 000×16%)	128 000
债务重组利得	232 000

②应做会计分录如下:

借:应付账款 1 160 000
　贷:主营业务收入 800 000
　　应交税费——应交增值税(销项税额) 128 000
　　营业外收入——债务重组利得 232 000
借:主营业务成本 700 000
　贷:库存商品 700 000

在本例中,乙企业销售产品取得的利润体现在营业利润中,债务重组利得作为营业外收入处理。

(2)甲企业的会计处理:

①计算债务重组损失:

应收账款账面余额	1 160 000
减:受让资产的公允价值	800 000
增值税进项税额	128 000
差额	232 000
减:已计提坏账准备	50 000
债务重组损失	182 000

②应做会计分录如下:

借:库存商品 800 000
　应交税费——应交增值税(进项税额) 128 000
　坏账准备 50 000
　营业外支出——债务重组损失 182 000
　贷:应收账款 1 160 000

【例11-28】承例11-26,假如重组协议规定,甲企业同意乙企业以一台设备偿还债务。该项设备的账面原价为 1 500 000 元,已提折旧 600 000 元,设备的公允价值为 1 000 000 元(该项设备不需要交纳增值税)。甲企业对该项应收账款已提取坏账准备 50 000 元。抵债设备于 2×18 年 7 月 15 日运抵甲企业。假定不考虑该项债务重组相关的税费。

(1)乙企业的会计处理:

①计算固定资产清理损益与债务重组利得:

固定资产公允价值	1 000 000
减:固定资产净值	900 000
处置固定资产净收益	100 000

②计算债务重组利得:

应付账款的账面余额	1 170 000
减:固定资产公允价值	1 000 000
债务重组利得	170 000

③应做会计分录如下:

将固定资产净值转入固定资产清理:

借:固定资产清理	900 000	
累计折旧	600 000	
贷:固定资产		1 500 000

确认债务重组利得:

借:应付账款	1 170 000	
贷:固定资产清理		1 000 000
营业外收入——债务重组利得		170 000

确认固定资产处置利得:

借:固定资产清理	100 000	
贷:资产处置损益		100 000

(2)甲企业的会计处理:

①计算债务重组损失:

应收账款账面余额	1 170 000
减:受让资产的公允价值	1 000 000
差额	170 000
减:已计提坏账准备	50 000
债务重组损失	120 000

②应做会计分录如下:

借:固定资产	1 000 000	
坏账准备	50 000	
营业外支出——债务重组损失	120 000	
贷:应收账款		1 170 000

【例 11-29】承例 11-26,假如重组协议规定,甲企业同意乙企业以其所拥有并作

为以公允价值计量且公允价值变动计入当期损益的某公司股票抵偿债务。乙企业该股票的账面价值为900 000元(假定该资产账面公允价值变动额为零),当日的公允价值980 000元。假定甲企业为该项应收账款提取了坏账准备50 000元。用于抵债的股票于当日即办理相关转让手续,甲企业将其作为交易性金融资产处理。

(1)乙企业的会计处理:

①计算债务重组利得:

应付账款的账面余额	1 160 000
减:股票的公允价值	980 000
债务重组利得	180 000

②计算转让股票损益:

股票的公允价值	980 000
减:股票的账面价值	900 000
转让股票损益	80 000

③应做会计分录如下:

借:应付账款	1 160 000	
贷:交易性金融资产		900 000
投资收益		80 000
营业外收入——债务重组利得		180 000

(2)甲企业的会计处理:

①计算债务重组损失:

应收账款账面余额	1 160 000
减:受让股票的公允价值	980 000
差额	180 000
减:已计提坏账准备	50 000
债务重组损失	130 000

②应做会计分录如下:

借:交易性金融资产	980 000	
营业外支出——债务重组损失	130 000	
坏账准备	50 000	
贷:应收账款		1 160 000

(二)债务转为资本

1. 债务人的会计处理

债务人为股份有限公司时,债务人应将债权人因放弃债权而享有股份的面值总额确认为股本,股份的公允价值总额与股本之间的差额确认为资本公积。重组债务的账面价值与股份的公允价值总额之间的差额确认为债务重组利得,计入当期损益。债务人为其他企业时,债务人应将债权人因放弃债权而享有的股权份额确认为实收资本,股权的公允价值与实收资本之间的差额确认为资本公积。重组债务的账面价值与股权的公允价值之间的差额作为债务重组利得,计入当期损益。

2. 债权人的会计处理

债务人将债务转为资本，即债权人将债权转为股权。在这种方式下，债权人应将重组债权的账面余额与因放弃债权而享有的股权的公允价值之间的差额，先冲减已提取的减值准备，减值准备不足冲减的部分，或未提取减值准备的，将该差额确认为债务重组损失。同时，债权人应将因放弃债权而享有的股权按公允价值计量。发生的相关税费，分别按照长期股权投资或者金融工具确认和计量等准则的规定进行处理。

【例 11 – 30】2 ×17 年 7 月 1 日，A 公司应收 B 公司账款的账面余额为 1 000 000 元，由于 B 公司发生财务困难，无法偿付应付账款。经双方协商同意，采取将 B 公司所欠债务转为 B 公司股本的方式进行债务重组，假定 B 公司普通股的面值为 1 元，B 公司以 200 000 股抵偿该项债务，股票每股市价为 4.5 元。A 公司对该项应收账款计提了坏账准备 50 000 元。股票登记手续已办理完毕，A 公司对其作为长期股权投资处理。

(1) B 公司的会计处理：

①计算应计入资本公积的金额：

股票的公允价值	900 000
减：股票的面值总额	200 000
应计入资本公积	700 000

②计算应确认的债务重组利得：

债务账面价值	1 000 000
减：股票的公允价值	900 000
债务重组利得	100 000

③应做会计分录如下：

借：应付账款	1 000 000	
贷：股本		200 000
资本公积——股本溢价		700 000
营业外收入——债务重组利得		100 000

(2) A 公司的会计处理：

①计算债务重组损失：

应收账款账面余额	1 000 000
减：所转股权的公允价值	900 000
差额	100 000
减：已计提坏账准备	50 000
债务重组损失	50 000

②应做会计分录如下：

借：长期股权投资	900 000
营业外支出——债务重组损失	50 000
坏账准备	50 000

贷:应收账款 1 000 000

(三)修改其他债务条件

以修改其他债务条件进行债务重组的,应当区分是否涉及或有应付(或应收)金额进行会计处理。所谓或有应付(或应收)金额,是指需要根据未来某种事项出现而发生的应付(或应收)金额,并且该未来事项的出现具有不确定性。

1. 不涉及或有应付金额的债务重组

(1)债务人的会计处理。对于不涉及或有应付金额的债务重组,债务人应将修改其他债务条件后债务的公允价值作为重组后债务的入账价值。重组债务的账面价值与重组后债务的入账价值之间的差额为债务重组利得,计入营业外收入。

(2)债权人的会计处理。对于不涉及或有应付金额的债务重组,债权人应当将修改其他债务条件后的债权的公允价值作为重组后债权的账面价值,重组债权的账面余额与重组后债权账面价值之间的差额确认为债务重组损失,计入营业外支出。如果债权人已对该项债权计提了减值准备,应当首先冲减已计提的减值准备,减值准备不足以冲减的部分,作为债务重组损失,计入营业外支出。

【例 11-31】A 公司 2×17 年 12 月 31 日应收 C 公司票据的账面余额为 412 000 元,其中,12 000 元为累计未付的利息,票面年利率为 6%。由于 C 公司连年亏损,资金周转困难,不能偿付应于 2×17 年 12 月 31 日前支付的应付票据。经双方协商,于 2×18年 1 月 5 日进行债务重组。A 公司同意将债务本金减至 300 000 元,免去债务人所欠的全部利息,将利率从 6% 降低到 4%,并将债务到期日延至 2×19 年 12 月 31 日,利息按年支付。该项债务重组协议从协议签订之日起开始实施。A 公司、C 公司已将应收、应付票据转入应收、应付账款。A 公司已为该项应收款项计提了 20 000 元坏账准备。

(1)C 公司的会计处理:

①计算债务重组利得:

应付账款的账面余额 412 000

减:重组后债务公允价值 300 000

债务重组利得 112 000

②债务重组时的会计分录:

借:应付账款 412 000

贷:应付账款——债务重组 300 000

营业外收入——债务重组利得 112 000

③2×18 年 12 月 31 日支付利息:

借:财务费用 12 000

贷:银行存款 (300 000×4%)12 000

④2×19 年 12 月 31 日偿还本金和最后一年利息:

借:应付账款——债务重组 300 000

财务费用 12 000

贷:银行存款 312 000

(2)A 公司的会计处理:

①计算债务重组损失:

应收账款账面余额	412 000
减:重组后债权公允价值	300 000
差额	112 000
减:已计提坏账准备	20 000
债务重组损失	92 000

②债务重组时的会计分录:

借:应收账款——债务重组　300 000
　营业外支出——债务重组损失　92 000
　坏账准备　20 000
　贷:应收账款　412 000

③2×18 年 12 月 31 日收到利息:

借:银行存款　12 000
　贷:财务费用　(300 000×4%)12 000

④2×19 年 12 月 31 日收到本金和最后一年利息:

借:银行存款　312 000
　贷:财务费用　12 000
　　应收账款　300 000

2. 涉及或有应付金额的债务重组

(1)债务人的会计处理。以修改其他债务条件的债务重组,修改后的债务条款如果涉及或有应付金额,且该或有应付金额符合或有事项中有关预计负债确认条件的,债务人应当将该或有应付金额确认为预计负债。重组债务的账面价值与重组后债务的入账价值和预计负债金额之和的差额,作为债务重组利得,计入营业外收入。或有应付金额在随后会计期间没有发生的,企业应当冲销已确认的预计负债,同时确认营业外收入。

(2)债权人的会计处理。对债权人而言,修改后的债务条款中涉及或有应收金额的,不应当确认或有应收金额,不得将其计入重组后债权的账面价值。根据谨慎性原则,或有应收金额属于或有资产,或有资产不予确认。只有在或有应收金额实际发生时,才计入当期损益。

【例 11-32】2×17 年 6 月 30 日,A 公司销售一批材料给 D 公司,同时收到 D 公司签发并承兑的一张面值 1 000 000 元、年利率 6%、期限 6 个月、到期还本付息的票据。由于 D 公司发生财务困难,到期无法兑现票据,经双方协议,于 2×18 年 1 月 2 日进行债务重组。A 公司同意免除积欠利息 30 000 元,本金减至 800 000 元,并将债务的偿还期限延长至 2×18 年 12 月 31 日,年利率降至 4%,利息按年支付,但附有一条件:债务重组后,如 D 公司 2×18 年实现盈利,则利率回复至 6%;若无盈利,仍维持 4% 的利率。A 公司对该项债权未计提坏账准备。

(1)D 公司的会计处理:

①计算债务重组利得:

重组债务的账面价值 1 030 000

减:重组后债务公允价值 800 000

所涉及的或有应付金额 [800 000×(6%-4%)]16 000

债务重组利得 214 000

②债务重组时的会计分录:

借:应付票据 1 030 000

贷:应付账款——债务重组 800 000

预计负债 16 000

营业外收入——债务重组利得 214 000

③若2×18年盈利,则2×18年12月31日支付本息:

借:应付账款——债务重组 800 000

财务费用 32 000

预计负债 16 000

贷:银行存款 848 000

④若2×18年未盈利,则2×18年12月31日支付本息:

借:应付账款——债务重组 800 000

财务费用 32 000

贷:银行存款 832 000

同时:

借:预计负债 16 000

贷:营业外收入——债务重组利得 16 000

(2)A公司的会计处理:

①计算债务重组损失:

重组债权的账面价值 1 030 000

减:重组后债权公允价值 800 000

差额 230 000

减:已计提坏账准备 0

债务重组损失 230 000

②债务重组时的会计分录:

借:应收账款——债务重组 800 000

营业外支出——债务重组损失 230 000

贷:应收票据 1 030 000

③若2×18年D公司盈利,2×18年12月31日收到本息:

借:银行存款 848 000

贷:应收账款——债务重组 800 000

财务费用 48 000

④若2×18年D公司未盈利,2×18年12月31日收到本息:

借:银行存款 832 000

贷:应收账款——债务重组　　800 000
　　财务费用　　32 000

(四)以上三种方式的组合

采用以上三种方式的组合进行债务重组,主要有以下几种情况:

1. 以现金、非现金资产两种方式的组合清偿某项债务

以重组债务的账面价值与支付的现金、转让的非现金资产的公允价值的差额作为债务重组利得。以非现金资产的公允价值与其账面价值的差额作为转让资产损益。以债权人重组债权的账面价值与收到的现金、受让的非现金资产的公允价值,以及已提减值准备的差额作为债务重组损失。

2. 以现金、债务转为资本两种方式的组合清偿某项债务

以重组债务的账面价值与支付的现金、债权人因放弃债权而享有的股权的公允价值的差额作为债务重组利得。以股权的公允价值与股本(或实收资本)的差额作为资本公积。以债权人重组债权的账面价值与收到的现金、因放弃债权而享有的公允价值,以及已提减值准备的差额作为债务重组损失。

3. 以非现金资产、债务转为资本两种方式的组合清偿某项债务

以重组债务的账面价值与转让的非现金资产的公允价值、债权人因放弃债权而享有的股权的公允价值的差额作为债务重组利得。以非现金资产的公允价值与账面价值的差额作为转让资产损益。以股权的公允价值与股本(或实收资本)的差额作为资本公积。以债权人重组债权的账面价值与受让的非现金资产的公允价值、因放弃债权而享有的股权的公允价值,以及已提减值准备的差额作为债权重组损失。

4. 以现金、非现金资产、债务转为资本三种方式的组合清偿某项债务

以重组债务的账面价值与支付的现金、转让的非现金资产的公允价值、债权人因放弃债权而享有股权的公允价值的差额作为债务重组利得。以非现金资产的公允价值与其账面价值的差额作为转让资产损益。以股权的公允价值与股本(或实收资本)的差额作为资本公积。以债权人重组债权的账面价值与收到的现金、受让的非现金资产的公允价值、因放弃债权而享有的股权的公允价值,以及已提减值准备的差额作为债权重组损失。

5. 以资产、债务转为资本等方式清偿某项债务的一部分,并对该项债务的另一部分以修改其他债务条件进行债务重组

在这种方式下,债务人应先以支付的现金、转让的非现金资产的公允价值、债权人因放弃债权而享有的股权的公允价值冲减重组债务的账面价值,余额与重组后债务的公允价值进行比较,据此计算债务重组利得。以债权人因放弃债权而享有的股权的公允价值与股本(或实收资本)的差额作为资本公积。以非现金资产的公允价值与其账面价值的差额作为转让资产损益,于当期确认。债权人应先以收到的现金、受让非现金资产的公允价值、因放弃债权而享有的股权的公允价值冲减重组债权的账面价值,差额与重组后债务的公允价值进行比较,据此计算债务重组损失。

本章小结

流动负债是指将在一年或者超过一年的一个营业周期内偿还的债务,包括短期借款、交易性金融负债、应付票据、应付账款、预收账款、应付职工薪酬、应交税费、应付利息、应付股利、其他应付款等。

应付职工薪酬是广义的人工成本概念,是企业为获得职工提供的服务或解除劳动关系而给予的各种形式的报酬或补偿。对于职工薪酬的确认,除辞退福利全部作为管理费用处理外,其他内容的职工薪酬均应当根据职工提供服务的受益对象,分别计入有关的资产成本或者当期损益。另外,在职工薪酬的计量上,要在区分货币性职工薪酬和非货币性职工薪酬的基础上,注意针对不同内容的职工薪酬采用不同的计量方法。

应交税费核算的税种有增值税、消费税、城市维护建设税、资源税、土地增值税、房产税、企业所得税等,其重点内容是流转税的计算和会计处理,其中重中之重是一般纳税人增值税应纳税额的计算和会计核算问题。

其他流动负债中,短期借款的核算内容包括本金与利息两部分,应注意利息的核算方法。应付票据是企业购买原材料、商品或接受劳务供应等签发、承兑的商业汇票,分为带息和不带息两种,重点掌握带息票据的各种会计处理,尤其是票据应付利息的会计处理。应付账款和应付票据都是因购买物资或劳务而产生的负债,二者的会计处理既有区别又有联系。应付账款在入账价值的确定上,可参看前面的应收账款,二者虽然性质相反,但因为销售方的应收账款对应的就是购买方的应付账款,所以在会计处理上有相似之处。预收账款是由购货方预先支付一部分货款给供应方而发生的一项负债。预收账款的核算重点是科目设置,既可单独设置“预收账款”,也可合并在“应收账款”中核算,主要视企业的具体情况而定。应付利息的计算依据合同利率和合同金额,应付股利(利润)在核算上应掌握入账时间,其他应收款要重点掌握其核算内容。

债务重组,是指在债务人发生财务困难的情况下,债权人按照其与债务人达成的协议或法院的裁定做出让步的事项。债务重组方式主要有以资产清偿债务、债务转为资本、修改其他债务条件以及以上三种方式的组合。不管采用哪种方式,都要本着公允价值计量这个原则,债务人对偿债转出的资产、增发的股份、修改的债务按公允价值计量,其与债务账面价值的差额确认为债务重组收益,偿债资产的公允价值与账面价值的差额确认为资产处置损益;债权人对受让的资产、受让的股份、修改的债权按公允价值入账,其与债权账面价值的差额扣除已计提的减值准备后确认为债务重组损失。

思考题

1. 职工薪酬的主要内容有哪些？如何对其进行确认？

2. 企业的非货币性福利如何进行会计处理？

3. 一般纳税人应交增值税如何计算和核算？

4. 什么是辞退福利？它与职工退休金有何不同？

5. 什么是债务重组？债务重组有哪些方式？债务人和债权人的核算原则分别是什么？

练习题

1.【资料】某生产企业为一般纳税人(适用税率16%),2×18年5月份发生以下经济业务：

(1)5日,购进原材料一批,取得的增值税专用发票上注明价款100万元,增值税16万元,款项尚未支付。

(2)10日,收购一批农产品,收购凭证上注明价款50万元,款项均已支付。

(3)12日,销售给B公司一批商品,销售额200万元(不含税),款项已收到,该批商品的成本为170万元。

(4)22日,将一批产成品(成本50万元,对外不含税售价60万元)用于企业的办公楼建设。

(5)月末由于管理不善,损失库存原材料金额30万元(所有发票均经税务局认证)。

【要求】

(1)计算本月的应纳增值税税额。

(2)对每项经济业务做出会计分录。

2.【资料】2×17年6月30日,乙企业销售一批材料给甲企业,同时收到甲企业签发并承兑的一张面值1 100 000元、年利率10%、期限6个月、到期还本付息的票据。由于甲企业发生财务困难,无法兑现票据,经双方协议,于2×18年1月1日进行债务重组。乙企业同意甲企业可以其生产的产品和一台机器设备偿还债务。该批产品的公允价值为400 000元,实际成本为350 000元。甲企业为增值税一般纳税人,适用的增值税税率为16%,甲企业开出增值税专用发票。该台设备的账面原价为900 000元,已提折旧400 000元,设备的公允价值为450 000元(不考虑转让过程中的增值税),乙企业于2×18年1月15日收到甲企业抵债的产品和机器设备,并分别作为库存商品和固定资产入账。乙企业对该项债权未计提坏账准备。

【要求】

(1)做出甲企业关于该重组事项的会计处理。

(2)做出乙企业关于该重组事项的会计处理。

第十二章

非流动负债

本章学习目的

通过本章学习，理解非流动负债的定义和特点，掌握长期借款、应付债券的会计核算，在了解或有事项特点、内容的基础上掌握预计负债的会计处理方法，了解借款费用的内容及资本化处理的相关条件，掌握借款费用资本化金额的具体计算。

本章重点与难点

本章重点是应付债券的会计核算和借款费用的资本化处理。本章难点在于借款费用资本化金额的具体计算和应付债券的会计处理。

第一节 非流动负债概述

一、非流动负债的定义和内容

非流动负债是指偿还期在一年或者超过一年的一个营业周期以上的负债，与流动负债相比，非流动负债主要是为企业筹集长期投资项目所需资金发生的，如企业为购买大型设备、购建厂房等发生的长期借款、应付债券、长期应付款等。

二、非流动负债的性质

与流动负债相比，长期负债具有债务金额大、偿还期限长、可以分期偿还等特征。企业对外筹措用于长期的资金主要有两种渠道：一是增发股票或由股东追加投资；二是举借长期债务，即举债经营。两者相比，举债经营具有以下优缺点：

（一）举债经营的优点

1. 举债经营不会影响企业原有的股权结构

举债经营不会影响企业原有的股权结构，有利于股东保持对企业的控制权，避免股权分散。倘若增加新的投入资本，原有股东不认购新股，就会削弱他们的控制权。

2. 举债经营的成本通常较低

由于举借长期债务，债权人除了具有按期取得本金和利息的权利外，不享有其他任何权利。无论企业经营状况如何，债务的本金和利息是固定的，对债权人而言，风险相对较低。因此，举债的成本通常低于发行股票的成本。

3. 举债经营有节税功效

长期负债的利息支出可以在所得税前列支，从而减少所得税负担。而增发股票而产生的应付股利或应付利润，只能从税后利润中支付，不能得到税前抵扣的好处。

4. 举债经营能使企业获得财务杠杆收益

由于债权人只能获得固定的利息，如果企业运用资金产生的投资报酬率高于长期债务的利率，则举债经营所获收益在支付利息后，剩余的净收益全部归股东所有，从而提高了股东的投资报酬率，使企业获得了财务杠杆收益。

（二）举债经营的缺点

任何事物都有两面性，当然举债经营也有不足之处，主要表现在：

1. 定期偿还利息的压力大

长期债务的利息支出固定，且到期要偿付本金。如果企业经营不佳，还本付息无疑是雪上加霜。

2. 举债经营会制约企业筹资与经营的灵活性

在长期债务的借用过程中，需要签订条件较为苛刻的各种保护债权人的条款，这使企业未来在筹资方式、资金调度等方面都受到一定的约束。另外，债权人对企业财产有优先要求权，如不能到期还本付息，债权人的要求权可能迫使企业进行破产清算。

因此，要求企业合理进行财务决策，适度举债。一方面，要保证举债经营的投资利润率高于长期负债的利率；另一方面，举债的程度要与企业的资本结构和偿债能力相适应。

三、非流动负债的分类

（一）非流动负债按筹资方式分类

非流动负债按其筹资方式，可分为长期借款、应付债券、长期应付款等。

1. 长期借款

长期借款是指企业从银行和其他金融机构借入的期限在一年以上（不含一年）的各项借款。

2. 应付债券

应付债券是指企业为筹集资金，依照法定程序发行的、约定在一定期限内还本付息的有价证券。

3. 长期应付款

长期应付款，是指企业除长期借款和应付债券以外的其他各种长期应付款项，包括应付融资租入固定资产的租赁费、具有融资性质的延期付款购买资产而发生的应付款项等。

4. 专项应付款

专项应付款是指企业取得政府作为企业所有者投入的具有专项可特定用途的款项。

（二）非流动负债按偿还方式分类

非流动负债按偿还方式或分为定期偿还的非流动负债和分期偿还的非流动负债。

1. 定期偿还的非流动负债

定期偿还的非流动负债是指在规定的债务到期日一次性偿还的非流动负债。

2. 分期偿还的非流动负债

分期偿还的非流动负债是指在举债期间，可以按照合同规定分若干次偿还的非流动负债。

第二节　借款费用

一、借款费用概述

（一）借款费用的范围

借款费用是企业因借入资金所付出的代价，它包括借款利息、折价或者溢价的摊销、辅助费用以及因外币借款而发生的汇兑差额等。企业发生的权益性融资费用,不应包括在借款费用中。承租人根据租赁会计准则所确认的融资租赁发生的融资费用属于借款费用。

1. 借款利息

因借款而发生的利息,包括企业向银行或者其他金融机构等借入资金发生的利息、发行公司债券发生的利息,以及为购建或者生产符合资本化条件的资产而发生的带息债务所承担的利息等。

2. 因借款产生的折价或者溢价的摊销

因借款而发生的折价或者溢价,主要是指发行债券等所发生的折价或者溢价。发行债券中的折价或者溢价,其实质是对债券票面利息的调整(即将债券票面利率调整为实际利率),属于借款费用的范畴。对借款产生的折价或者溢价的摊销,就是指在资产负债表日确认利息费用时的调整额。

3. 因外币借款而发生的汇兑差额

因外币借款而发生的汇兑差额,是指由于汇率变动导致市场汇率与账面汇率出现差异,从而对外币借款本金及其利息的记账本位币金额所产生的影响金额。由于汇率的变化往往和利率的变化相联动,它是企业外币借款所需承担的风险,因此,因外币借款相关汇率变化而发生的汇兑差额属于借款费用的有机组成部分。

4. 因借款而发生的辅助费用

因借款而发生的辅助费用,是指企业在借款过程中发生的诸如手续费、佣金、印刷费等费用。这些费用是因安排借款而发生的,属于借入资金所付出的代价,是借款费用的构成部分。

(二)借款的范围

借款包括专门借款和一般借款。专门借款是指为购建或者生产符合资本化条件的资产而专门借入的款项。专门借款通常应当有明确的用途,即为购建或者生产某项符合资本化条件的资产而专门借入的,并通常应当具有标明该用途的借款合同。一般借款是指除专门借款之外的借款,相对于专门借款而言,一般借款在借入时,其用途通常没有特指用于符合资本化条件的资产的购建或者生产。

(三)符合资本化条件的资产

符合资本化条件的资产是指需要经过相当长时间的购建或者生产活动才能达到预定可使用或者可销售状态的固定资产、投资性房地产和存货等资产。建造合同成本、确认为无形资产的开发支出等在符合条件的情况下,也可以认定为符合资本化条件的资产。

符合资本化条件的存货,主要包括房地产开发企业开发的用于对外出售的房地产开发产品、企业制造的用于对外出售的大型机械设备等,这类存货通常需要经过相当长时间的建造或者生产过程,才能达到预定可销售状态。其中,“相当长时间”应当是指资产购建或者生产所必需的时间,通常为一年以上(含一年)。

【例 12 - 1】某公司于 2×18 年 1 月 1 日起,用银行借款开工建设一幢简易厂房,厂房于当月 25 日完工,达到预定可使用状态。

在本例中，尽管公司借款用于固定资产的建造，但是由于该固定资产建造时间较短，不属于需要经过相当长时间的购建才能达到预定可使用状态的资产，因此，所发生的相关借款费用不应予以资本化计入在建工程成本，而应当根据发生额计入当期财务费用。

在实务中，人为或者故意等非正常因素导致资产的购建或者生产时间相当长的，该资产不属于符合资本化条件的资产。购入即可使用的资产，或者购入后需要安装但所需安装时间较短的资产，或者需要建造或者生产但所需建造或者生产时间较短的资产，均不属于符合资本化条件的资产。

二、借款费用的确认

借款费用的确认主要解决的是将每期发生的借款费用资本化、计入相关资产的成本，还是将有关借款费用费用化、计入当期损益的问题。

（一）借款费用确认的基本原则

企业发生的借款费用，可直接归属于符合资本化条件的资产的购建或者生产的，应当予以资本化，计入相关资产成本；其他借款费用，应当在发生时根据其发生额确认为费用，计入当期损益。

（二）借款费用资本化期间的确定

企业只有发生在资本化期间内的有关借款费用，才允许资本化，资本化期间的确定是借款费用确认和计量的重要前提。借款费用资本化期间，是指从借款费用开始资本化时点到停止资本化时点的期间，但不包括借款费用暂停资本化的期间。

1. 借款费用开始资本化的时点

借款费用允许开始资本化必须同时满足三个条件，即资产支出已经发生、借款费用已经发生、为使资产达到预定可使用或者可销售状态所必要的购建或者生产活动已经开始。

(1)资产支出已经发生。“资产支出已经发生”，是指企业已经发生了支付现金、转移非现金资产或者承担带息债务形式所发生的支出。其中：①支付现金，是指用货币资金支付符合资本化条件的资产的购建或者生产支出。②转移非现金资产，是指企业将自己的非现金资产直接用于符合资本化条件的资产的购建或者生产。例如，某企业将自己生产的产品（水泥、钢材等）用于符合资本化条件的资产的建造或者生产，同时还将自己生产的产品向其他企业换取用于符合资本化条件的资产的建造或者生产所需用工程物资，这些产品成本均属于资产支出。③承担带息债务，是指企业为了购建或者生产符合资本化条件的资产所需用物资等而承担的带息应付款项（如带息应付票据）。企业以赊购方式购买这些物资所产生的债务如果不带息，就不应当将购买价款计入资产支出，因为该债务在偿付前不需要承担利息，也没有占用借款资金。

【例 12-2】某企业因建设长期工程所需，于 2×18 年 2 月 1 日购入一批工程用物资，开出一张 10 万元的带息银行承兑汇票，期限为 6 个月，票面年利率为 6%。

对于该事项，企业尽管没有为工程建设的目的直接支付现金，但承担了带息债务，所以应当将 10 万元的购买工程用物资款作为资产支出，自 2 月 1 日开出承兑汇票开始即表明资产支出已经发生。

(2)借款费用已经发生。"借款费用已经发生",是指企业已经发生了因购建或者生产符合资本化条件的资产而专门借入款项的借款费用或者所占用的一般借款的借款费用。

【例 12-3】某企业于 2×18 年 1 月 1 日为建造一幢建设期为 2 年的厂房,从银行专门借入款项 9 000 万元,当日开始计息。那么在 2×18 年 1 月 1 日即应当认为借款费用已经发生。

(3)为使资产达到预定可使用或者可销售状态所必要的购建或者生产活动已经开始。这是指符合资本化条件的资产的实体建造或者生产工作已经开始,如主体设备的安装、厂房的实际开工建造等。它不包括仅仅持有资产,但没有发生为改变资产形态而进行的实质上的建造或者生产活动。

【例 12-4】某企业为了建设写字楼购置了建筑用地,但是尚未开工兴建房屋,有关房屋实体建造活动也没有开始。

在这种情况下,即使企业为了购置建筑用地已经发生了支出,也不应当认为其为使资产达到预定可使用状态所必要的购建活动已经开始。

企业只有在上述三个条件同时满足的情况下,有关借款费用才可开始资本化,只要其中有一个条件没有满足,借款费用就不能开始资本化。

2. 借款费用暂停资本化的时间

符合资本化条件的资产在购建或者生产过程中发生非正常中断,且中断时间连续超过 3 个月的,应当暂停借款费用的资本化。中断的原因必须是非正常中断。属于正常中断的,相关借款费用仍可资本化。在实务中,企业应当遵循"实质重于形式"等原则来判断借款费用暂停资本化的时间,如果相关资产购建或者生产的中断时间较长而且满足其他规定条件,则相关借款费用应当暂停资本化。

【例 12-5】某企业于 2×17 年 1 月 1 日利用专门借款开工兴建一幢办公楼,资产支出已经发生,因此借款费用从当日起开始资本化。工程预计于 2×18 年 3 月完工。2×17年 5 月 5 日,工程施工发生了安全事故,导致工程中断,直到 9 月 10 日才复工。

该中断就属于非正常中断,因此,上述专门借款在 5 月 5 日至 9 月 10 日间所发生的借款费用不应资本化,而应作为财务费用计入当期损益。

非正常中断,通常是由于企业管理决策上的原因或者其他不可预见的原因等所导致的中断。例如,企业因与施工方发生了质量纠纷,或者工程、生产用料没有及时供应,或者资金周转发生了困难,或者施工、生产发生了安全事故,或者发生了与资产购建、生产有关的劳动纠纷等原因,导致资产购建或者生产活动发生中断,均属于非正常中断。

非正常中断与正常中断显著不同。正常中断通常仅限于购建或者生产符合资本化条件的资产达到预定可使用或者可销售状态所必要的程序,或者事先可预见的不可抗力因素导致的中断。例如,某些工程建造到一定阶段必须暂停下来进行质量或者安全检查,检查通过后才可继续下一阶段的建造工作,这类中断是在施工前可以预见的,而且是工程建造必须经过的程序,属于正常中断;某些地区的工程在建造过程中,由于可预见的不可抗力因素（如雨季或冰冻季节等原因）的存在而使施工出现停顿，也属于正常中断。

3. 借款费用停止资本化的时点

购建或者生产符合资本化条件的资产达到预定可使用或者可销售状态时，借款费用应当停止资本化。在符合资本化条件的资产达到预定可使用或者可销售状态之后所发生的借款费用，应当在发生时根据其发生额确认为费用，计入当期损益。

购建或者生产符合资本化条件的资产达到预定可使用或者可销售状态，可从下列几个方面进行判断：

（1）符合资本化条件的资产的实体建造（包括安装）或者生产工作已经全部完成或者实质上已经完成。

（2）所购建或者生产的符合资本化条件的资产与设计要求、合同规定或者生产要求相符或者基本相符，即使有极个别与设计、合同或者生产要求不相符的地方，也不影响其正常使用或者销售。

（3）继续发生在所购建或生产的符合资本化条件的资产上的支出金额很少或者几乎不再发生。

所购建或者生产的资产分别建造、分别完工的，企业应当区别情况界定借款费用停止资本化的时点：①所购建或者生产的符合资本化条件的资产的各部分分别完工，且每部分在其他部分继续建造或者生产过程中可供使用或者可对外销售，且为使该部分资产达到预定可使用或可销售状态所必要的购建或者生产活动实质上已经完成的，应当停止与该部分资产相关的借款费用的资本化，因为该部分资产已经达到了预定可使用或者可销售状态；②如果企业购建或者生产的资产的各部分分别完工，但必须等到整体完工后才可使用或者对外销售，应当在该资产整体完工时停止借款费用的资本化。在这种情况下，即使各部分资产已经完工，也不能够认为该部分资产已经达到了预定可使用或者可销售状态，企业只能在所购建固定资产整体完工时，才能认为资产已经达到了预定可使用或者可销售状态，借款费用方可停止资本化。

三、借款费用资本化金额的确定

（一）借款利息资本化金额的确定

借款利息是指按照实际利率法计算的各项实际利息，既包括按照合同利率计算的应付利息，也包括因实际利率和合同利率不同而产生的折价或溢价的摊销额。在借款费用资本化期间内，每一会计期间的借款利息资本化金额，应当按照下列规定确定：

1. 专门借款借款利息资本化金额的确定

为购建或者生产符合资本化条件的资产而借入专门借款的，应当以专门借款当期实际发生的利息费用，减去将尚未动用的借款资金存入银行取得的利息收入或进行暂时性投资取得的投资收益后的金额确定。

2. 一般借款借款利息资本化金额的确定

为购建或者生产符合资本化条件的资产而占用了一般借款的，企业应当根据累计资产支出超过专门借款部分的资产支出加权平均数乘以所占用一般借款的资本化率，计算确定一般借款应予资本化的利息金额。资本化率应当根据一般借款加权平均利率计算确定。

累计资产支出加权平均数 = Σ(每笔资产支出金额 × 每笔资产在当期所占用的天数/会计期间涵盖天数)

一般借款加权平均利率 = 所占用一般借款当期实际发生的利息之和 ÷ 本金加权平均数

每一会计期间的利息资本化金额，不应当超过当期相关借款实际发生的利息金额。企业在确定每期利息资本化金额时，应当首先判断符合资本化条件的资产在购建或者生产过程中所占用的资金来源——所占用的资金是专门借款资金还是一般借款。

【例 12－6】A 公司于 2×17 年 1 月 1 日正式动工兴建一幢办公楼，工期预计为 1 年零 6 个月，工程采用出包方式，分别于 2×17 年 1 月 1 日、2×17 年 7 月 1 日和 2×18 年 1 月 1 日支付工程进度款。公司为建造该办公楼发生了两笔专门借款：

(1)2×17 年 1 月 1 日借入 2 000 万元，借款期限为 3 年，年利率为 6%；

(2)2×17 年 7 月 1 日又借入 4 000 万元，借款期限为 5 年，年利率为 7%。

借款利息均按年支付(假定名义利率与实际利率均相同)。闲置借款资金均用于固定收益短期债券投资，该短期投资月收益率为 0.5%。办公楼于 2×18 年 6 月 30 日完工，达到预定可使用状态。公司为建造该办公楼的支出金额如表 12－1 所示。

表 12－1　资产支出金额表　　单位：万元

日　　期	每期资产支出金额	累计资产支出金额	闲置借款资金用于短期投资金额
2×17 年 1 月 1 日	1 500	1 500	500
2×17 年 7 月 1 日	2 000	3 500	2 500
2×18 年 1 月 1 日	2 000	5 500	500
总　　计	5 500		3 500

分析：由于 A 公司使用了专门借款建造办公楼，而且办公楼建造支出没有超过专门借款金额，因此公司 2×17 年、2×18 年为建造办公楼应予资本化的利息金额计算如下：

(1)确定借款费用资本化期间为 2×17 年 1 月 1 日至 2×18 年 6 月 30 日。

(2)计算在资本化期间内专门借款实际发生的利息金额：

2×17 年专门借款发生的利息金额 = 2 000 × 6% + 4 000 × 7% × 6 ÷ 12 = 260(万元)

2×18 年 1 月 1 日—6 月 30 日专门借款发生的利息金额 = 2 000 × 6% × 6 ÷ 12 + 4 000 × 7% × 6 ÷ 12 = 200(万元)

(3)计算在资本化期间内利用闲置的专门借款资金进行短期投资的收益：

2×17 年短期投资收益 = 500 × 0.5% × 6 + 2 500 × 0.5% × 6 = 90(万元)

2×18 年 1 月 1 日—6 月 30 日短期投资收益 = 500 × 0.5% × 6 = 15(万元)

(4)由于在资本化期间内，专门借款利息费用的资本化金额应当以其实际发生的利息费用减去将闲置的借款资金进行短期投资取得的投资收益后的金额确定，因此：

公司2×17年的利息资本化金额=260－90=170(万元)

公司2×18年的利息资本化金额=200－15=185(万元)

有关会计处理如下：

2×17年12月31日：

借:在建工程	1 700 000	
应收利息(或银行存款)	900 000	
贷:应付利息		2 600 000

2×18年6月30日：

借:在建工程	1 850 000	
应收利息(或银行存款)	150 000	
贷:应付利息		2 000 000

【例12－7】承例12－6,假定A公司建造办公楼没有专门借款,占用的都是一般借款。一般借款有两笔,具体如下：

(1)向M银行长期贷款2 000万元,期限为2×16年12月1日至2×19年12月1日,年利率为6%,按年支付利息。

(2)发行公司债券5 000万元,于2×17年1月1日发行,期限为5年,年利率为8%,按年支付利息。

假定这两笔一般借款除了用于办公楼建设外,没有用于其他符合资本化条件的资产的购建或者生产活动,且名义利率和实际利率均相同。假定全年按360天计算,资产支出情况沿用上例。

分析:由于该公司建造办公楼占用的不是专门借款,而是一般借款,因此,公司应当首先计算所占用一般借款的加权平均利率作为资本化率,然后计算建造办公楼的累计资产支出加权平均数,将其与资本化率相乘,计算求得当期应予资本化的借款利息金额。具体如下：

(1)计算所占用一般借款资本化率：

一般借款资本化率(年)=(2 000×6%+5 000×8%)÷(2 000+5 000)=7.43%

(2)计算累计资产支出加权平均数：

2×17年累计资产支出加权平均数=1 500×360÷360+2 000×180÷360=2 500(万元)

2×18年累计资产支出加权平均数=(3 500+2 000)×180÷360=2 750(万元)

(3)计算每期利息资本化金额：

2×17年为建造办公楼的利息资本化金额=2 500×7.43%=185.75(万元)

2×17年实际发生的一般借款利息费用=2 000×6%+5 000×8%=520(万元)

2×18年为建造办公楼的利息资本化金额=2 750×7.43%=204.33(万元)

2×18年1月1日—6月30日实际发生的一般借款利息费用=(2 000×6%+5 000×8%)×180÷360=260(万元)

上述计算的利息资本化金额没有超过两笔一般借款实际发生的利息费用,可以资本化。

(4)根据上述计算结果,会计处理如下：

2×17年12月31日：

借:在建工程　　1 857 500

　　财务费用　　3 342 500

　贷:应付利息　　5 200 000

2×18 年 6 月 30 日:

借:在建工程　　2 043 300

　　财务费用　　556 700

　贷:应付利息　　2 600 000

【例 12－8】A 公司为建造办公楼于 2×17 年 1 月 1 日专门借款 2 000 万元,借款期限为 3 年,年利率为 6%,利息按年支付。闲置借款资金均用于固定收益债券短期投资,该短期投资月收益率为 0.5%。另为建造办公楼占用的一般借款有两笔,具体如下:

(1)向 A 银行长期贷款 2 000 万元,期限为 2×16 年 12 月 1 日—2×19 年 12 月 1 日,年利率为 6%,按年支付利息;

(2)发行公司债券 5 000 万元,于 2×17 年 1 月 1 日发行,期限为 5 年,年利率为 8%,按年支付利息。

该办公楼于 2×18 年 6 月 30 日完工,达到预定可使用状态。假定上述借款的名义利率和实际利率均相同。公司为建造该办公楼的支出金额如表 12－2 所示。

表 12－2　资产支出金额表　　单位:万元

日　期	每期资产支出金额	资产支出累计金额	闲置借款资金用于短期投资金额
2×17 年 1 月 1 日	1 500	1 500	500
2×17 年 7 月 1 日	2 000	3 500	—
2×18 年 1 月 1 日	2 000	5 500	—
总　计	5 500	—	500

分析:本例中该建造该资产的资金来源有专门借款也有一般借款,首先计算专门借款的资本化金额,在此基础上,计算累计资产支出超过专门借款部分的资产支出加权平均数和一般借款的资本化率,计算一般借款的资本化金额。

(1)计算专门借款的资本化金额:

2×17 年的资本化金额＝2 000×6%－500×0.5%×6＝105(万元)

2×18 年的资本化金额＝2 000×6%÷12×6＝60(万元)

(2)计算一般借款的资本化金额:

在建造办公楼过程中,自 2×17 年 7 月 1 日起已经有 1 500 万元占用了一般借款,另外,2×18 年 1 月 1 日支出的 2 000 万元也占用了一般借款。计算这两笔资产支出的加权平均数如下:

2×17 年占用了一般借款的资产支出加权平均数＝1 500×180÷360＝750(万元)

一般借款利息资本化率与上例相同,均为 7.43%。

$$2\times17\text{年一般借款资本化金额}=750\times7.43\%=55.73\text{（万元）}$$

$$\begin{matrix}2\times18\text{年上半年占用了一般}\\\text{借款的资产支出加权平均数}\end{matrix}=1\ 500\times180/360+2\ 000\times180\div360=1\ 750\text{（万元）}$$

$$2\times18\text{年上半年一般借款资本化金额}=1\ 750\times7.43\%=130.03\text{（万元）}$$

(3)会计处理可参考前例。

(二)借款辅助费用资本化金额的确定

辅助费用是企业为了安排借款而发生的必要费用,包括借款手续费(如发行债券手续费)、佣金等。如果企业不发生这些费用,就无法取得借款,因此辅助费用是企业借入款项所付出的一种代价,是借款费用的有机组成部分。

对于企业发生的专门借款辅助费用,在所购建或者生产的符合资本化条件的资产达到预定可使用或者可销售状态之前发生的,应当在发生时根据其发生额予以资本化;在所购建或者生产的符合资本化条件的资产达到预定可使用或者可销售状态之后发生的,应当在发生时根据其发生额确认为费用,计入当期损益。上述资本化或计入当期损益的辅助费用的发生额,是根据《企业会计准则第22号——金融工具确认和计量》,按照实际利率法所确定的金融负债交易费用对每期利息费用的调整额。借款实际利率与合同利率差异较小的,也可以采用合同利率计算确定利息费用。一般借款发生的辅助费用,也应当按照上述原则确定其发生额并进行处理。

由于辅助费用的发生将导致相关借款实际利率上升,从而需要对各期利息费用作相应调整,在确定借款辅助费用资本化金额时可以结合借款利息资本化金额一起计算。

(三)外币专门借款汇兑差额资本化金额的确定

当企业为购建或者生产符合资本化条件的资产所借入的专门借款为外币借款时,由于企业取得外币借款日、使用外币借款日和会计结算日往往并不一致,而外汇汇率又在随时发生变化,因此,外币借款会产生汇兑差额。相应地,在借款费用资本化期间内,为购建符合资本化条件的资产而专门借入的外币借款所产生的汇兑差额,是购建该资产的一项代价,应当予以资本化,计入该资产成本。

出于简化核算的考虑,在资本化期间内,外币专门借款本金及其利息的汇兑差额,应当予以资本化,计入符合资本化条件的资产的成本。而除外币专门借款之外的其他外币借款本金及其利息所产生的汇兑差额,应当作为财务费用,计入当期损益。

【例12-9】甲公司于2×17年1月1日,为建造某工程项目专门以面值发行美元公司债券1 000万元,年利率为8%,期限为3年,假定不考虑与发行债券有关的辅助费用、未支出专门借款的利息收入或投资收益。合同约定,利息按年支付(每年1月1日支付上年利息),到期还本。工程于2×17年1月1日开始实体建造,2×18年6月30日完工,达到预定可使用状态,在此期间发生的资产支出如下:

2×17年1月1日支出200万美元,市场汇率为1美元=7.70元人民币;

2×17年7月1日支出500万美元,市场汇率为1美元=7.73元人民币;

2×17年12月31日,市场汇率为1美元=7.75元人民币;

2×18年1月1日支出300万美元,市场汇率为1美元=7.77元人民币;

2×18年6月30日,市场汇率为1美元=7.80元人民币。

公司的记账本位币为人民币，外币业务采用外币业务发生时当日的市场汇率折算。

本例中，公司计算外币借款汇兑差额资本化金额如下：

(1)计算2×17年汇兑差额资本化金额：

①债券应付利息为：

$$1\ 000 \times 8\% \times 7.75 = 80 \times 7.75 = 620(\text{万元})$$

会计处理为：

借：在建工程　　6 200 000

　贷：应付利息　　6 200 000

②外币债券本金及利息汇兑差额为：

$$1\ 000 \times (7.75 - 7.70) + 80 \times (7.75 - 7.75) = 50(\text{万元})$$

会计处理为：

借：在建工程　　500 000

　贷：应付债券　　500 000

(2)2×18年1月1日实际支付利息时，应当支付80万美元，折算成人民币为621.60万元。该金额与原账面金额620万元之间的差额1.60万元应当继续予以资本化，计入在建工程成本。会计处理为：

借：应付利息　　6 200 000

　　在建工程　　16 000

　贷：银行存款　　6 216 000

(3)计算2×18年6月30日时的汇兑差额资本化金额：

①债券应付利息为：

$$1\ 000 \times 8\% \times 1/2 \times 7.80 = 40 \times 7.80 = 312(\text{万元})$$

会计处理为：

借：在建工程　　3 120 000

　贷：应付利息　　3 120 000

②外币债券本金及利息汇兑差额为：

$$1\ 000 \times (7.80 - 7.75) + 40 \times (7.80 - 7.80) = 50(\text{万元})$$

借：在建工程　　500 000

　贷：应付债券　　500 000

第三节　长期借款

一、长期借款的核算内容

长期借款，是指企业从银行或其他金融机构借入的期限在一年以上(不含一年)的借款。

二、科目设置

企业应设置“长期借款”科目来核算长期借款的取得、归还等业务，并设置“本金”和“利息调整”两个明细科目来分别核算本金和因实际利率与合同利率不同而产生的利息调整额。

三、会计处理

（一）取得长期借款时的会计处理

企业借入各种长期借款时，按实际收到的款项，借记“银行存款”科目，贷记“长期借款——本金”；按借贷双方之间的差额，借记“长期借款——利息调整”。

（二）长期借款利息的会计处理

在资产负债表日，企业应按长期借款的摊余成本和实际利率计算长期借款的利息费用，借记“在建工程”“财务费用”“制造费用”等科目；按借款本金和合同利率计算确定的应付未付利息，贷记“应付利息”科目；按其差额，贷记“长期借款——利息调整”科目。

（三）归还长期借款的会计处理

企业归还长期借款，按归还的长期借款本金，借记“长期借款——本金”科目；按转销的利息调整金额，贷记“长期借款——利息调整”科目；按实际归还的款项，贷记“银行存款”科目；按借贷双方之间的差额，借记“在建工程”“财务费用”“制造费用”等科目。

【例 12－10】某企业 2×17 年 1 月从银行借入长期借款 2 000 000 元，用于扩建厂房，该厂房可于年末完工交付使用。借款期限为 3 年，年利率为 8%，每年年末归还借款利息，到期一次还清本金。则该企业会计处理如下：

（1）借款存入银行时：

借：银行存款　　2 000 000

　贷：长期借款　　2 000 000

每年应计利息＝本金×利率＝2 000 000×8%＝160 000（元）

（2）2×17 年 12 月底完工交付使用时计算利息：

借：在建工程　　160 000

　贷：应付利息　　160 000

（3）2×17 年年末支付银行利息时：

借：应付利息　　160 000

　贷：银行存款　　160 000

（4）2×18 年年末计算借款利息：

借：财务费用　　160 000

　贷：应付利息　　160 000

年末偿还借款利息会计处理同（3）。

（5）2×19 年年末计算应付利息的同时归还本息：

借：财务费用　　160 000
　贷：应付利息　　160 000
借：长期借款　　2 000 000
　　应付利息　　160 000
　贷：银行存款　　2 160 000

第四节　应付债券

公司债券是企业按照法定程序发行，约定在一定期限内还本付息的一种有价证券。企业发行的超过一年期以上的债券，构成企业的长期负债。

一、公司债券的发行

在我国，公司发行债券由董事会制订方案，股东大会做出决议；国有独资企业发行债券，由国家授权投资的机构或部门做出决定。公司债券的发行方式有三种，即面值发行、溢价发行和折价发行。假设其他条件不变，债券的票面利率高于同期银行存款利率时，可按超过债券票面价值的价格发行，称为溢价发行。溢价是企业以后各期多付利息而事先得到的补偿；如果债券的票面利率低于同期银行存款利率，可按低于债券面值的价格发行，称为折价发行。折价是企业以后各期少付利息而预先给投资者的补偿。如果债券的票面利率与同期银行存款利率相同，可按票面价格发行，称为面值发行。一般来说，债券发行价格的高低取决于债券的现值，即到期应付的债券面值和各期应付的票面利息按市场利率折合的现值总和。用公式表示为：

$$\text{债券发行价格} = \text{债券面值的现值} + \text{应计利息的现值}$$
$$= \frac{\text{票面价值}}{(1+\text{市场利率})^n} + \sum_{t=1}^{n} \frac{\text{票面价值} \times \text{票面利率}}{(1+\text{市场利率})^t}$$

式中：n 为债券期限；t 为付息期数。

【例 12－11】某企业 2×17 年 1 月 1 日发行一批发行 3 年期的公司债券，每份面值为 1 000 元，债券利息每年年末支付，到期支付本金，票面利率为 5%，发行费用略。则：

（1）若市场实际利率为 10% 时：

$$\text{发行价格} = 50 \times (1+10\%)^{-1} + 50 \times (1+10\%)^{-2} + 1\,050 \times (1+10\%)^{-3}$$
$$= 875.65\text{（元）（折价 124.35 元）}$$

（2）若市场实际利率为 3% 时：

$$\text{发行价格} = 50 \times (1+3\%)^{-1} + 50 \times (1+3\%)^{-2} + 1\,050 \times (1+3\%)^{-3}$$
$$= 1056.57\text{（元）（溢价 56.57 元）}$$

（3）若市场实际利率为 5% 时，则会按面值 1 000 元发行。

二、一般公司债券

(一)科目设置

债券无论是溢价还是折价发行,都是发行债券企业在债券存续期内对利息费用的一种调整。不管属于哪种情况,应付债券的会计核算,都应提供债券面值、债券利息的发生与偿还、债券溢折价的发生以及对各期实际利息费用的调整等情况。为此,对于公司债券的核算,首先要设置"应付债券"总账科目,在此基础上企业应分别设置"面值""利息调整"明细科目进行核算,如果债券是到期一次还本付息的,还要在"应付债券"下设置"应计利息"进行明细核算。

(二)会计处理

1. 债券的发行

企业发行债券时,按实际收到的款项,借记"银行存款""库存现金"等科目;按债券票面价值,贷记"应付债券——面值"科目;按实际收到的款项与票面价值之间的差额,贷记或借记"应付债券——利息调整"科目。

2. 计提利息、进行利息调整的摊销

利息调整应在债券存续期间内采用实际利率法进行摊销。

资产负债表日,对于分期付息、一次还本的债券,企业应按应付债券的摊余成本和实际利率计算确定的债券利息费用,借记"在建工程""制造费用""财务费用"等科目;按票面利率计算确定的应付未付利息,贷记"应付利息"科目;按其差额,借记或贷记"应付债券——利息调整"科目。如果债券为到期一次还本付息,则按票面利率计算确定的应付未付利息,贷记"应付债券——应付利息"科目,其他处理同分期付息、一次还本的债券。

3. 债券的偿还

企业发行的债券采用一次还本付息方式的,企业应于债券到期支付债券本息时,借记"应付债券——面值、应计利息"科目,贷记"银行存款"科目。采用一次还本、分期付息方式的,在每期支付利息时,借记"应付利息"科目,贷记"银行存款"科目;债券到期偿还本金并支付最后一期利息时,借记"应付债券——面值""在建工程""财务费用""制造费用"等科目,贷记"银行存款"科目;按借贷双方之间的差额,借记或贷记"应付债券——利息调整"。

【例 12-12】某企业 2×14 年 12 月 31 日发行 5 年期面值为 1 000 000 元的债券用于日常生产经营活动。票面利率为 6.5%,实际利率为 5%。企业按 1 064 942 元的价格出售。该债券每年年末付息一次,到期一次还本。

有关计算如下:

每期应付债券利息 = 债券面值 × 票面利率

每期实际利息费用 = 债券期初摊余成本 × 实际利率

每期利息调整摊销金额 = 每期应付债券利息 - 每期实际利息费用

根据上述公式,采用实际利率法计算的利息费用如表 12-3 所示。

表 12-3 利息费用计算表 单位:元

日期	①实际利息费用 =上期④×5%	②应付利息 =面值×6.5%	③利息调整摊销额 =②-①	④摊余成本 =上期④-③
				1 064 942
2×15年12月31日	53 247	65 000	11 753	1 053 189
2×16年12月31日	52 659	65 000	12 341	1 040 848
2×17年12月31日	52 042	65 000	12 958	1 027 890
2×18年12月31日	51 395	65 000	13 605	1 014 285
2×19年12月31日	50 715*	65 000	14 285*	1 000 000

注:由于数字四舍五入取整,带*号的数为倒推数。

会计分录如下:

(1)2×14年12月31日债券发行时:

借:银行存款 1 064 942

贷:应付债券——面值 1 000 000

——利息调整 64 942

(2)2×15年年底计算利息费用时:

借:财务费用 53 247

应付债券——利息调整 11 753

贷:应付利息 65 000

支付应付利息时:

借:应付利息 65 000

贷:银行存款 65 000

2×16年、2×17年、2×18年年底处理同上。

(3)2×19年年底计息并归还本息:

借:财务费用 50 715

应付债券——利息调整 14 285

应付债券——面值 1 000 000

贷:银行存款 1 650 000

三、可转换公司债券

(一)可转换公司债券的性质

可转换公司债券是指发行企业允许债券持有者在一定日期以后可将其债券转换为公司普通股票的一种特殊的公司债券。可转换公司债券属于混合性证券,它兼有债券和股票两重性质:转换前是公司债券,转换后为公司股票。转换期过后持有者仍未转换的,发行企业仍将该种债券作为一般公司债券进行核算与管理,直至到期清偿。

对于可转换公司债券来说,其价格由两部分所组成:一是按债券面值及应付的票面利息按市场利率折合的现值；二是转换权价值。转换权之所以有价值，主要是因为当股票价格上涨时，债权人可将债券按发行时规定的比例（或价格）转换成股票，从而取得股票增值的收益。所以可转换公司债券的价值包含一般公司债券的负债成分，也包括确认转换权价值的权益成分。

（二）科目设置

企业发行的可转换公司债券在“应付债券”科目下设置“可转换公司债券”二级明细科目，“可转换公司债券”下再按“面值”“利息调整”“应计利息”（如果该债券为到期一次还本付息型）等进行明细核算。

（三）会计处理

1. 可转换公司债券的发行

企业发行的可转换公司债券，应当在初始确认时将其包含的负债成分和权益成分进行分拆，将负债成分确认为应付债券，将权益成分确认为其他权益工具。在进行分拆时，应当先对负债成分的未来现金流量进行折现，确定负债成分的初始确认金额，再按发行价格总额扣除负债成分初始确认金额后的金额，确定权益成分的初始确认金额。发行可转换公司债券发生的交易费用，应当在负债成分和权益成分之间按照各自的相对公允价值进行分摊。

企业应按实际收到的款项，借记“银行存款”等科目；按可转换公司债券包含的负债成分面值，贷记“应付债券——可转换公司债券（面值）”科目；按权益成分的公允价值，贷记“其他权益工具”科目；按借贷双方之间的差额，借记或贷记“应付债券——可转换公司债券（利息调整）”科目。

2. 利息费用的确认

在资产负债表日，可转换公司债券应同一般公司债券一样，采用实际利率法计算实际利息费用，并进行利息调整的摊销。

3. 可转换公司债券的转换

可转换公司债券转换为股份时，按其账面价值结转，不确认转换损益。转换时，企业应借记“应付债券——可转换公司债券（债券面值）”“其他权益工具”；按未摊销的溢价或折价，借记（或贷记）“应付债券——可转换公司债券（利息调整）”；按已提未付的利息，借记“应付利息——可转换公司债券利息”或“应付债券——可转换公司债券（应计利息）”；按股票面值和转换的股数计算的股票面值总额，贷记“股本”；按实际用现金支付的不可转换股份的部分，贷记“库存现金”；按借贷双方之间的差额，贷记“资本公积——股本溢价”科目。

【例 12 - 13】甲公司经批准于 2 ×17 年 1 月 1 日按面值发行 5 年期一次还本、按年付息的可转换公司债券 200 000 000 元，款项已收存银行，债券票面年利率为 6%。债券发行一年后可转换为普通股股票，初始转股价为每股 10 元，股票面值为每股 1 元。债券持有人若在当期付息前转换股票，应按债券面值和应计利息之和除以转股价，计算转换的股份数。假定 2 ×18 年 1 月 1 日债券持有人将持有的可转换公司债券全部转换为普通股股票，甲公司发行可转换公司债券时二级市场上与之类似的没有附带转换权的债券市场利率为 9%。$(P/A,9\%,5)=3.8897$，$(P/F,9\%,5)=$

0.649 9。

甲公司的会计处理如下：

(1)2×17 年 1 月 1 日发行可转换公司债券时：

可转换公司债券负债成分的公允价值为：

200 000 000×0.649 9+200 000 000×6%×3.889 7=176 656 400(元)

可转换公司债券权益成分的公允价值为：

200 000 000－176 656 400=23 343 600(元)

借：银行存款　　200 000 000
　　应付债券——可转换公司债券(利息调整)　　23 343 600
　贷：应付债券——可转换公司债券(面值)　　200 000 000
　　　其他权益工具　　23 343 600

(2)2×17 年 12 月 31 日确认利息费用时：

利息费用=176 656 400×9%=15 899 076(元)

应付利息=200 000 000×6%=12 000 000(元)

借：财务费用等　　15 899 076
　贷：应付利息——可转换公司债券利息　　12 000 000
　　　应付债券——可转换公司债券(利息调整)　　3 899 076

(3)2×18 年 1 月 1 日债券持有人行使转换权时(假定利息尚未支付)：

转换的股份数为：

(200 000 000+12 000 000)÷10=21 200 000(股)

借：应付债券——可转换公司债券(面值)　　200 000 000
　　应付利息——可转换公司债券利息　　12 000 000
　　其他权益工具　　23 343 600
　贷：股本　　21 200 000
　　　应付债券——可转换公司债券(利息调整)　　19 444 524
　　　资本公积——股本溢价　　194 699 076

第五节　预计负债

以上我们阐述的都是确定性负债，即在资产负债表日确实已经发生并存在而且金额能可靠计量的债务。在企业的经营活动中有时会面临一些具有较大不确定性的经济事项，如债务担保、产品质量保证、面临诉讼等，这些不确定事项对企业的财务状况和经营成果可能会产生较大的影响，但其发生与否须由某些未来事项的发生或不发生加以决定。企业应预计这些事项可能带来的风险，符合一定条件的要予以确认，这样确认下来的负债就是预计负债。

一、或有事项的定义和特征

或有事项，是指过去的交易或者事项形成的，其结果须由某些未来事项的发生或不发生才能决定的不确定事项。常见的或有事项包括：未决诉讼或未决仲裁、债务担保、产品质量保证（含产品安全保证）、亏损合同、重组义务、承诺、环境污染整治等。

或有事项具有以下特征：

第一，或有事项是因过去的交易或者事项形成的。因过去的交易或者事项形成，是指或有事项的现存状况是过去交易或者事项引起的客观存在。例如，未决诉讼是企业因过去的经济行为导致起诉其他单位或被其他单位起诉而发生的事项，是现存的一种状况，而不是未来将要发生的事项。又如，产品质量保证是企业对已售出商品或已提供劳务的质量提供的保证，不是为尚未出售商品或尚未提供劳务的质量提供的保证。基于这一特征，未来可能发生的自然灾害、交通事故、经营亏损等事项，都不属于或有事项。

第二，或有事项的结果具有不确定性。首先，或有事项的结果是否发生具有不确定性。例如，企业为其他单位提供债务担保，如果被担保方到期无力还款，担保方将负连带责任，担保所引起的可能发生的连带责任构成或有事项。但是，担保方在债务到期时是否一定承担和履行连带责任，需要根据被担保方能否按时还款决定，其结果在担保协议达成时具有不确定性。其次，或有事项的结果预计将会发生，但发生的具体时间或金额具有不确定性。例如，某企业因生产排污治理不力并对周围环境造成污染而被起诉，如无特殊情况，该企业很可能败诉。但是，在诉讼成立时，该企业因败诉将支出多少金额，或者何时将发生这些支出，可能是难以确定的。

第三，或有事项的结果须由未来事项决定。或有事项的结果只能由未来不确定事项的发生或不发生才能决定。或有事项对企业会产生有利影响还是不利影响，或虽已知是有利影响或不利影响，但影响有多大，在或有事项发生时是难以确定的。这种不确定性的消失，只能由未来不确定事项的发生或不发生才能证实。例如，企业为其他单位提供债务担保，该担保事项最终是否会要求企业履行偿还债务的连带责任，一般只能依被担保方的未来经营情况和偿债能力而定。如果被担保方经营情况和财务状况良好且有较好的信用，按期还款，那么企业将不需要履行该连带责任。只有在被担保方到期无力还款时，担保方才承担偿还债务的连带责任。

二、预计负债的确认

与或有事项有关的义务应当在同时符合以下三个条件时确认为负债，作为预计负债进行确认和计量：

（一）该义务是企业承担的现时义务

该义务是企业承担的现时义务，即与或有事项相关的义务是在企业当前条件下已承担的义务，企业没有其他现实的选择，只能履行该现时义务。这里所指的义务包括法定义务和推定义务。法定义务，是指因合同、法规或其他司法解释等产生的义务，通常是企业在经济管理和经济协调中，依照经济法律、法规的规定必须履行的责任。例如，企业与其他企业签订购货合同产生的义务就属于法定义务。推定义务，是指因企业的特定行为而产生的义务。企业的"特定行为",泛指企业以往的习惯做法、已公开的承诺或已公开宣布的经营政策。企业向外界表明它将承担特定的责任,从而使受影响的各方形成其将履行那些责任的合理预期。例如,企业向社会承诺对其生产经营可能产生的环境污染进行治理就属于推定义务。

(二)履行该义务很可能导致经济利益流出企业

履行或有事项相关义务导致经济利益流出的可能性,通常按照一定的概率区间加以判断。一般情况下,发生的概率分为以下几个层次:基本确定、很可能、可能、极小可能四种。各种不确定性事项对应的发生概率如表 12 –4 所示。

表 12 –4 不确定性事项发生的概率

不确定事项	发生概率
基本确定	大于 95%,但小于 100%
很可能	大于 50%,但小于等于 95%
可能	大于 5%,但小于等于 50%
极小可能	小于等于 5%

履行该义务很可能导致经济利益流出企业,即履行与或有事项相关的现时义务时,导致经济利益流出企业的可能性超过 50%,但尚未达到基本确定的程度。例如,企业预计未决诉讼很可能败诉,从而发生赔偿的可能性超过 50%,此时就可以认为企业履行该义务很可能导致经济利益流出企业。

(三)该义务的金额能够可靠计量

该义务的金额能够可靠计量,即与或有事项相关的现时义务的金额能够合理估计。由于或有事项具有不确定性,因或有事项产生的现时义务的金额也具有不确定性,需要估计。要对或有事项确认一项负债,相关现时义务的金额应当能够可靠估计。例如,某企业涉及一起诉讼案。根据以往的审判结果判断,该企业很可能败诉,相关的赔偿金额也可以估算出一个区间。此时,就可以认为该企业因未决诉讼承担的现时义务的金额能够可靠计量。

三、预计负债的计量

预计负债一般应当按照履行相关现时义务所需支出的最佳估计数进行初始计量。此外,企业清偿预计负债所需支出还可能从第三方或其他方获得补偿。因此,预计负债的计量主要涉及两个问题,一是最佳估计数的确定,二是预期可获得补偿的处理。

(一)最佳估计数的确定

预计负债应当按照履行相关现时义务所需支出的最佳估计数进行初始计量。最佳估计数的确定应当区别两种情况处理:

第一,所需支出存在一个连续范围(或区间,下同),且该范围内各种结果发生的可能性相同,则最佳估计数应当按照该范围内的中间值,即上下限金额的平均数确定。

【例 12-14】2×17 年 12 月 20 日,X 企业因合同违约而涉及一桩诉讼案。根据企业的法律顾问判断,最终的判决很可能对 X 企业不利。2×17 年 12 月 31 日,X 企业尚未接到法院的判决,因诉讼须承担的赔偿金额也无法准确地确定。不过,据专业人士估计,赔偿金额可能是 100 万元至 140 万元之间的某一金额,而且这个区间内每个金额的可能性都大致相同。

此例中,由于 X 企业很可能败诉,赔偿金额可以合理预计,该企业应在 2×17 年 12 月 31 日的资产负债表中按中间值[(100+140)÷2=120 万元]确认一项负债:

借:营业外支出　　1 200 000

　贷:预计负债——未决诉讼　　1 200 000

第二,所需支出不存在一个连续范围,或者虽然存在一个连续范围,但该范围内各种结果发生的可能性不相同,那么,如果或有事项涉及单个项目,最佳估计数按照最可能发生金额确定;如果或有事项涉及多个项目,最佳估计数按照各种可能结果及相关概率计算确定。"涉及单个项目"指或有事项涉及的项目只有一个,如一项未决诉讼、一项未决仲裁或一项债务担保等。"涉及多个项目"指或有事项涉及的项目不止一个,如产品质量保证。在产品质量保证中,提出产品保修要求的可能有许多客户,相应地,企业对这些客户负有保修义务。

【例 12-15】M 企业因合同违约而涉及一桩诉讼案。截至 2×17 年 12 月 31 企业尚未接到法院的判决。企业律师的估计结果为:胜诉的可能性 30%,败诉的可能性为 70%。如果败诉,赔偿的金额 80% 的可能性为 50 万元,20% 的可能性为 40 万元。

此例中,由于 M 企业很可能败诉,赔偿金额可以合理预计,该企业应在 2×17 年 12 月 31 日的资产负债表中按最有可能发生的金额(50 万元)确认一项预计负债。

借:营业外支出　　500 000

　贷:预计负债——未决诉讼　　500 000

【例 12-16】2×17 年第一季度,D 公司销售 A 产品的收入共计 60 000 000 元。根据公司的产品质量保证条款,该产品售出后一年内,如发生正常质量问题,公司将负责免费维修。根据以前年度的维修记录,如果发生较小的质量问题,发生的维修费用为销售收入的 1%;如果发生较大的质量问题,发生的维修费用为销售收入的 2%。根据公司技术部门的预测,本季度销售的产品中,80% 不会发生质量问题,15% 可能发生较小质量问题,5% 可能发生较大质量问题。

据此,2×17 年第一季度末,D 公司应在资产负债表中确认的负债金额为:

$$60\ 000\ 000 \times (0 \times 80\% + 1\% \times 15\% + 2\% \times 5\%) = 150\ 000(\text{元})$$

该公司应编制会计分录:

借:销售费用　　150 000

　贷:预计负债——产品质量保证　　150 000

假定甲公司在接下来的一年内实际发生已售产品的修理费用 130 000 元(其中原材料成本 100 000 元,人工成本 30 000 元)。则该公司在修理费用实际发生时的会计处理如下:

借:预计负债——产品质量保证　　130 000

贷:原材料　　100 000

　　应付职工薪酬　　30 000

(二)预期可获得补偿的处理

如果企业清偿因或有事项而确认的负债所需支出全部或部分预期由第三方或其他方补偿,则此补偿金额只有在基本确定能收到时,才能作为资产单独确认,确认的补偿金额不能超过所确认负债的账面价值。预期可能获得补偿的情况通常有:发生交通事故等情况时,企业通常可从保险公司获得合理的赔偿;在某些索赔诉讼中,企业可对索赔人或第三方另行提出赔偿要求;在债务担保业务中,企业在履行担保义务的同时,通常可向被担保企业提出追偿要求。

企业预期从第三方获得的补偿,是一种潜在资产,其最终是否真的会转化为企业真正的资产(即企业是否能够收到这项补偿)具有较大的不确定性,企业只能在基本确定能够收到补偿时才能对其进行确认。根据资产和负债不能随意抵销的原则,预期可获得的补偿在基本确定能够收到时应当确认为一项资产,而不能作为预计负债金额的扣减。

【例 12-17】A 公司因交通事故而涉及一桩诉讼案。截至 2×17 年 12 月 31 公司尚未接到法院的判决。公司律师估计,最终的判决很可能对 A 公司不利,赔偿金额可能在 20 万元至 30 万元之间。同时 A 公司可以从保险公司得到 10 万元的赔偿,而且这项赔偿金额基本确定能够收到。

本例中,A 公司应分别确认一项金额为 25 万元的负债和一项金额为 10 万元的资产,资产和负债不能抵销。

2×17 年 12 月 31 日,A 公司应编制会计分录:

借:营业外支出　　250 000

　贷:预计负债——未决诉讼　　250 000

同时:

借:其他应收款——应收保险公司赔款　　100 000

　贷:营业外支出　　100 000

(三)预计负债的计量需要考虑的其他因素

企业在确定最佳估计数时,应当综合考虑与或有事项有关的风险、不确定性、货币时间价值和未来事项等因素。

1. 风险和不确定性

风险是对交易或事项结果的变化可能性的一种描述。企业在不确定的情况下进行判断需要谨慎,使得收益或资产不会被高估,费用或负债不会被低估。企业应当充分考虑与或有事项有关的风险和不确定性,既不能忽略风险和不确定性对或有事项计量的影响,也需要避免对风险和不确定性进行重复调整,从而在低估和高估预计负债金额之间寻找平衡点。

2. 货币时间价值

预计负债的金额通常应当等于未来应支付的金额。但是,受货币时间价值的影响,资产负债表日后不久发生的现金流出,要比一段时间之后发生的同样金额的现金流出负有更大的义务。所以，如果预计负债的确认时点距离实际清偿有较长的时间跨度，货币时间价值的影响重大，那么在确定预计负债的确认金额时，应考虑采用现值计量，如特定行业的固定资产在取得时应确认的弃置费用。

3. 未来事项

企业应当考虑可能影响履行现时义务所需金额的相关未来事项。也就是说，对于这些未来事项，如果有足够的客观证据表明它们将发生，如未来技术进步、相关法规的出台等，则应当在预计负债计量中考虑相关未来事项的影响，但不应考虑预期处置相关资产形成的利得。预期的未来事项可能对预计负债的计量较为重要。例如，某核电企业预计，在生产结束时清理核废料的费用将因未来技术的变化而显著降低。那么，该企业因此确认的预计负债金额应当反映有关专家对技术发展以及清理费用减少做出的合理预测。但是，这种预计需要取得相当客观的证据予以支持。

四、对预计负债账面价值的复核

企业应当在资产负债表日对预计负债的账面价值进行复核。有确凿证据表明该账面价值不能真实反映当前最佳估计数的，应当按照当前最佳估计数对该账面价值进行调整。

例如，某化工企业对环境造成了污染，按照当时的法律规定，只需要对污染进行清理。随着国家对环境保护越来越重视，按照现在的法律规定，该企业不但需要对污染进行清理，还很可能要对居民进行赔偿。这种法律要求的变化，会对企业预计负债的计量产生影响。企业应当在资产负债表日对为此确认的预计负债金额进行复核，相关因素发生变化表明预计负债金额不再能反映真实情况时，需要按照当前情况下企业清理和赔偿支出的最佳估计数对预计负债的账面价值进行相应的调整。

本章小结

非流动负债是指偿还期在一年或者超过一年的一个营业周期以上的负债，主要包括长期借款、应付债券、长期应付款等。

借款费用的处理是非流动负债会计核算所面临的共同问题，借款费用包括借款利息、因借款产生的折价或者溢价的摊销、因外币借款而发生的汇兑差额以及因借款而发生的辅助费用，借款费用可以资本化，也可以费用化，具体来说，对于符合资本化条件的资产达到预定可使用或可销售状态前发生的借款费用，应计入相关资产的成本，除此以外的借款费用则全部作为当期费用处理。

长期借款的核算内容包括借款取得、利息费用的确认和本息归还三部分内容。其重点是对利息费用的会计处理，企业应按长期借款的摊余成本和实际利率计算利息费用，借记“在建工程”“财务费用”等科目；按借款本金和合同利率计算确定的应付未付利息，贷记“应付利息”科目；按其差额，贷记“长期借款——利息调整”科目。

应付债券的核算内容包括一般公司债券和可转换公司债券，由于票面利率与实际发行时的市场利率不一致，公司债券的实际发行价格往往与面值不同，其差额（溢折价）应在债券的存续期作为各期实际利息费用的调整。对于实际利息费用的确认，我国会计准则要求采用实际利率法，应付债券核算的重点就在于采用实际利率法确认利息费用。可转换公司债券与一般公司债券会计核算的差别主要是发行与转换时的处理，发行可转换公司债券，应当在初始确认时将其包含的负债成分和权益成分进行分拆，将负债成分确认为应付债券，将权益成分确认为其他权益工具，可转换债券转换为股份时，按债券的账面价值结转，不确认转换损益。

在企业的经营活动中有时会面临一些具有较大不确定性的经济事项，这些事项可能给企业带来风险，符合一定条件的要予以确认，这样确认的负债就是预计负债。预计负债一般应当按照履行相关现时义务所需支出的最佳估计数进行初始计量，并应当在资产负债表日对预计负债的账面价值进行复核。

思考题

1. 借款费用包括哪些内容？借款费用可以资本化的条件是什么？
2. 专门借款和一般借款的借款费用在资本化金额的计算上有什么不同？
3. 应付债券溢折价产生的原因是什么？其利息费用如何确定？
4. 可转换公司债券有何特点？其初始确认时如何对负债成分和权益成分进行分拆？
5. 什么是预计负债？对其如何确认和计量？

练习题

1.【资料】M公司为建造办公楼于2×17年1月1日专门借款4 000万元，借款期限为3年，年利率为6%。闲置借款资金用于固定收益债券短期投资，该短期投资月收益率为0.5%。另为建造办公楼占用的一般借款有两笔，具体如下：

（1）向P银行长期贷款2 000万元，期限为2×15年12月1日—2×18年12月1日，年利率为6%，按年支付利息。

（2）发行公司债券1亿元，于2×17年1月1日发行，期限为5年，年利率为8%，按年支付利息。办公楼于2×18年6月30日完工，达到预定可使用状态。公司为建造该办公楼的支出金额如表12－5所示。

表 12-5 资产支出金额表　　单位:万元

日 期	每期资产支出金额	资产支出累计金额	闲置借款资金用于短期投资金额
2×17 年 1 月 1 日	2 500	2 500	1 500
2×17 年 7 月 1 日	2 500	5 000	—
2×18 年 1 月 1 日	2 000	7 000	—
总 计	7 000	—	—

【要求】

(1)计算 2×17 年借款费用资本化金额并做出相应会计分录。

(2)计算 2×18 年 1 月 1 日至 6 月 30 日借款费用资本化金额并做出相应会计分录。

2.【资料】N 公司于 2×16 年 12 月 31 日发行 3 年期面值为 1 000 万元、票面利率为 6% 的债券用于日常生产经营活动,该债券每年年末付息一次,到期一次还本。该批债券实际发行价为 1 055.50 万元。假定发行时市场实际利率为 4%,不考虑发行费用。

【要求】

(1)编制应付债券利息费用一览表,如表 12-6 所示。

表 12-6 应付债券利息费用一览表　　单位:万元

日 期	支付利息/本金	利息费用	摊销的利息调整	应付债券摊余成本
2×16 年 12 月 31 日	—	—	—	
2×17 年 12 月 31 日	60			
2×18 年 12 月 31 日	60			
2×19 年 12 月 31 日	60 + 1 000			0

(2)编制债券自发行到偿还全部的会计分录。

3.【资料】2×17 年,R 公司将公司生产的 A 产品销售给 B 企业,售价为 2 000 万元。购销合同规定,R 公司对所售出的产品保修 2 年。根据以往经验估计,如果出现较小的质量问题,保修费为产品销售额的 0.5%;若发生较大的质量问题,修理费为产品销售额的 3%。2×17 年 R 公司销售给 B 企业的产品,估计 85% 不会出现问题,10% 会发生较小问题,5% 会发生较大问题。

【要求】做出 R 公司针对该项销售确认预计负债的会计处理。

第十三章

所有者权益

本章学习目的

通过本章学习，把握所有者权益与债权人权益的区别，了解所有者权益的构成内容，掌握影响所有者权益变动的因素以及实收资本（或股本）、其他权益工具、资本公积、其他综合收益、盈余公积和未分配利润的核算内容与会计处理。

本章重点与难点

本章重点是实收资本（或股本）、其他权益工具、资本公积、其他综合收益、盈余公积和未分配利润的核算与会计处理。本章难点是其他权益工具以及其他综合收益的核算。

第一节 所有者权益概述

一、所有者权益的概念及特征

在资产负债表上，与资产相对应的是权益，从企业资本的角度来看，资产实际上是企业资本的占用形态，而权益则是企业资本的来源，是对资产的要求权。权益又分为债权人权益（即负债）和所有者权益，负债是债权人对企业资产的要求权，而所有者权益则是所有者对企业资产的要求权。关于所有者权益的概念，美国财务会计委员会（FASB）在其财务会计概念6号公告中将其定义为："所有者权益或净资产是某个主体的资产减去负债后的剩余权益。"国际会计准则委员会（IASC）也有类似的定义："所有者权益是指企业的资产扣除企业全部负债后的剩余权益。"根据我国《企业会计准则——基本准则》，所有者权益通常又称为股东权益，是指企业资产扣除负债后由所有者享有的剩余余额，即企业资产总额中扣除债权人权益后的净额，其反映了所有者（股东）财富的净增加额，又称为企业的净资产。

所有者权益和负债均是企业的资金来源，共同构成企业的权益，但两者之间又存在着明显的区别：

第一，对象不同。负债是企业对债权投资人（即债权人）承担的偿付义务，所有者权益是企业对股权投资人（即所有者或股东）承担的经济责任[①]。

第二，性质不同。负债是在经营或其他事项中发生的债务，债权人拥有要求偿还的权利；所有者权益是所有者对投入的资本及其运用所要求的保值增值的权利。

第三，偿还期限不同。负债必须按约定的时间偿还，所有者权益只有在企业破产或清算并有剩余财产的情况下才可能返还所有者。为了保护债权人的利益，法律规定债权人对企业资产有优先于所有者的要求权，所有者则享有对剩余资产的要求权。

第四，享受的权利不同。债权人享有到期收回本金和利息的权利，但无权参与企业经营管理，也不能分享企业的盈利；所有者则享有经营决策权和盈利分配权等权利。

二、企业的组织形式及所有者权益的来源构成

不同组织形式的企业，对资产负债的会计核算大致相同，但在所有者权益的核算方面却存在差异，这主要是由企业组织形式的不同造成的。因此，为了正确地核算企业的所有者权益，首先应了解企业的组织形式。

---

① 通常，债权人和所有者均可以称为企业的投资人，即债权投资人和股权投资人。为了行文方便，本章在以下的内容中，如果没有特殊说明，"投资人"仅指"股权投资人"，即所有者或股东。

(一)企业组织形式

企业是以营利为目的的经济组织。按所有制形式,企业可分为国有企业、集体所有制企业、私有企业以及混合所有制企业等几种。但从会计角度看,企业按其组织形式划分,对所有者权益核算更为重要。就企业的组织形式而言,国际上通行的是按企业资产经营的法律责任分类,较为典型的是在实行英美法系的国家,把企业组织划分为两种基本的法定类型,即非公司制企业和公司制企业。其中,非公司制企业可进一步划分为独资企业和合伙企业,公司制企业包括有限责任公司和股份有限公司等形式。依据《中华人民共和国公司法》(以下简称《公司法》),公司是指依照《公司法》在中国境内设立的有限责任公司和股份有限公司。

1. 独资企业

独资企业是指由单个出资者出资设立的企业。在这类企业,出资者对企业的全部财产及经营收益享有所有权,同时对企业的债务单独承担无限清偿责任。独资企业的优点主要是:内部结构简单,在经营上制约因素较少,业主可充分发挥积极性,经营灵活,便于筹建、转向和解散。独资企业的缺点是:这类企业很难取得大量的资金,从而限制企业的规模和发展,一旦经营失败,无限清偿责任将使业主不堪重负而导致个人彻底破产。独资企业的寿命,往往随着创办人的死亡而终止。

2. 合伙企业

合伙企业是由两个或两个以上出资者出资设立,共同经营,共负盈亏责任的企业。合伙企业的出资者,称为合伙人。在成立合伙企业时,必须首先签订共同经营合同,以确定各出资者所承担的责任和损益分配方式。与独资企业一样,合伙人对企业所欠债务必须承担无限连带清偿责任。与独资企业相比,合伙企业的优点是:能够扩大企业规模,分散经营风险,发挥出资者的集体智慧和力量。合伙人作为企业的业主,其风险与报酬一致,因此,经营积极性也较高。合伙企业的缺点是:若各合伙人意见不一致,会影响企业的经营决策,危及企业的生存。另外,这类企业的财产所有者往往也是企业经营者,这不利于广泛吸收资金。

3. 有限责任公司

有限责任公司是指由股东投资组成,股东以其认缴的出资额为限对公司承担责任。与独资企业相比,有限责任公司的投资者必须是两人以上,而独资企业是单一的投资者;有限责任公司对企业承担的责任以出资额为限,独资企业对企业所欠债务承担无限连带清偿责任。需要说明的是,《公司法》规定,一个自然人或法人可以依法设立只有一个自然人股东或者一个法人股东的一人有限责任公司。另外,有限责任公司还包括国家单独出资、由国务院或者地方人民政府授权本级人民政府国有资产监督管理机构履行出资人职责的有限责任公司,即国有独资公司。

4. 股份有限公司

股份有限公司是根据《公司法》及有关法律规定的条件成立,全部资本由等额股份构成并通过发行股票筹集资本、股东以其认购的股份为限对公司承担责任、公司以其全部资产对公司债务承担责任的企业法人。《公司法》第七十九条规定:设立股份有限公司,应当有 2 人以上 200 人以下为发起人,其中须有半数以上的发起人在中国境内有住所。与有限责任公司相比，其特征包括：股份有限公司的全部资本划分为等额股份；以发行股票方式筹集资本；股票可以交易或转让；股东人数有下限，没有上限。而有限责任公司的全部资本不分为等额股份；公司向股东签发出资证明而不发行股票；公司股东转让出资，需经股东会讨论通过。

（二）所有者权益的来源构成

由以上企业组织形式的介绍可以看出，独资、合伙以及公司制等不同企业组织形式具有不同的企业特性和法律规范，从而对出资者和债权人分别提供了不同的利益保护机制，这必然造成其所有者权益的构成也有所不同。为了保持与教材其他章节内容的一致，本章仅针对公司制企业所有者权益的具体构成来源加以说明。

通常，公司制企业的所有者权益来源包括所有者投入的资本、直接计入所有者权益的利得和损失、留存收益等。根据其核算内容与要求，可具体分为实收资本（或股本）、其他权益工具、资本公积（含资本溢价或股本溢价、其他资本公积）、其他综合收益、盈余公积和未分配利润等部分。其中，盈余公积和未分配利润统称为留存收益。商业银行等金融业在税后利润中提取的一般风险准备，也构成所有者权益。

三、企业所有者权益的核算要求

由于所有者权益是企业资产总额中扣除债权人权益后的净额，反映所有者（股东）财富的净增加额，因而所有者权益的确认、计量主要取决于资产、负债、收入、费用等其他会计要素的确认和计量。通常，企业收入增加会导致资产增加，相应地会增加所有者权益；企业发生费用时，会导致负债增加，相应地会减少所有者权益。因此，企业日常经营的好坏和资产负债的质量直接决定着企业所有者权益的增减变化和资本的保值增值。

所有者权益反映的是企业所有者对企业资产的索取权，负债反映的是企业债权人对企业资产的索取权，而且通常债权人对企业资产的索取权要优先于所有者对企业资产的索取权，因此，两者在性质上有本质区别，企业在会计确认、计量和报告中应当严格区分负债和所有者权益，特别是要严格区分金融负债和权益工具，以便真实、准确地反映企业的财务状况。

依据《企业会计准则第 37 号——金融工具列报》，企业应当根据所发行金融工具的合同条款及其所反映的经济实质而非仅以法律形式，结合金融资产、金融负债和权益工具的定义，在初始确认时将该金融工具或其组成部分分类为金融资产、金融负债或权益工具。

金融负债，是指企业符合下列条件之一的负债：①向其他方交付现金或其他金融资产的合同义务；②在潜在不利条件下，与其他方交换金融资产或金融负债的合同义务；③将来须用或可用企业自身权益工具进行结算的非衍生工具合同，且企业根据该合同将交付可变数量的自身权益工具。④将来须用或可用企业自身权益工具进行结算的衍生工具合同，但以固定数量的自身权益工具交换固定金额的现金或其他金融资产的衍生工具合同除外。

权益工具，是指能证明拥有某个企业在扣除所有负债后的资产中的剩余权益的合同。在同时满足下列条件的情况下，企业应当将发行的金融工具分类为权益工具：①该金融工具应当不包括交付现金或其他金融资产给其他方，或在潜在不利条件下与其他方交换金融资产或金融负债的合同义务；②将来须用或可用企业自身权益工具结算该金融工具。如为非衍生工具，该金融工具应当不包括交付可变数量的自身权益工具进行结算的合同义务；如为衍生工具，企业只能通过以固定数量的自身权益工具交换固定金额的现金或其他金融资产结算该金融工具。

依据《企业会计准则第 37 号——金融工具列报》，权益工具与金融负债区分的基本原则是：

第一，如果企业不能无条件地避免以交付现金或其他金融资产来履行一项合同义务，则该合同义务符合金融负债的定义。例如，不能无条件地避免赎回以及需强制付息等。有些金融工具虽然没有明确地包含交付现金或其他金融资产义务的条款和条件，但有可能通过其他条款和条件间接地形成合同义务。如果企业能无条件地避免以交付现金或其他金融资产来履行一项合同义务，则该合同义务不构成金融负债。

第二，如果一项金融工具须用或可用企业自身权益工具进行结算，需要考虑用于结算该工具的企业自身权益工具，是作为现金或其他金融资产的替代品，还是为了使该工具持有方享有在发行方扣除所有负债后的资产中的剩余权益。如果是前者，该工具是发行方的金融负债；如果是后者，该工具是发行方的权益工具。在某些情况下，一项金融工具合同规定企业须用或可用自身权益工具结算该金融工具，其中，合同权利或合同义务的金额等于可获取或需交付的自身权益工具的数量乘以其结算时的公允价值，则无论该合同权利或合同义务的金额是固定的，还是完全或部分地基于除企业自身权益工具的市场价格以外变量（如利率、某种商品的价格或某项金融工具的价格）的变动而变动，该合同应当分类为金融负债。

除此之外，权益工具与金融负债的区分还受到许多其他因素的影响，企业应当根据所发行金融工具的合同条款及其所反映的经济实质而非仅以法律形式，并结合相关因素进行综合判断，以准确核算企业的所有者权益。

第二节 实收资本（或股本）和其他权益工具

一、实收资本（或股本）的初始确认与计量

投资者设立企业首先必须投入资本，拥有一定数额的资本是企业从事生产经营活动的基础，实收资本即投资者投入资本形成法定资本的价值。所有者向企业投入的资本，在一般情况下无须偿还，可供企业长期周转使用。实收资本（股本）的构成比例，即投资者的出资比例或股东的股份比例，通常是确定所有者在企业所有者权益中所占份额和参与企业财务经营决策的基础，也是企业进行利润分配或股利分配的依据，同时还是企业清算时确定所有者对净资产要求权的依据。

(一)有限责任公司实收资本的核算

1. 科目设置

为了核算企业实际收到的投资者投入的实收资本,企业应设置"实收资本"科目。该科目属于所有者权益类,贷方登记企业收到的所有者投入企业的各种资产的价值,借方登记按法定程序减少注册资本的数额,期末贷方余额表示企业实有的资本数额。该科目应按所有者设置明细科目,进行明细分类核算。

2. 投入资本的核算

有限责任公司投入资本的核算应首先注意以下几个问题:

(1)根据《公司法》的规定,有限责任公司的股东可以用货币出资,也可以用实物、知识产权、土地使用权等可以用货币估价并可以依法转让的非货币财产作价出资,但是,法律、行政法规规定不得作为出资的财产除外。对作为出资的非货币财产,应当评估作价,核实财产,不得高估或者低估作价。法律、行政法规对评估作价有规定的,从其规定。股东应当按期足额缴纳公司章程中规定的各自所认缴的出资额。股东以货币出资的,应当将货币出资足额存入有限责任公司在银行开设的账户;以非货币财产出资的,应当依法办理其财产权的转移手续。股东不按照规定缴纳出资的,除应当向公司足额缴纳外,还应当向已按期足额缴纳出资的股东承担违约责任。

(2)有限责任公司初创时,各投资者按照合同、协议或公司章程投入企业的资本,应全部记入"实收资本"科目;有限责任公司增资扩股时,如有新投资者加入,新投资者缴纳的出资额等于其按约定比例计算的其在注册资本中所占份额的部分,记入"实收资本"科目,超过的部分,作为资本溢价,记入"资本公积"科目。

(3)如果某个投资者要转让其出资,要事先经企业原有的超过半数的投资者同意,若其他投资者有异议,则应由其他投资者购买该转让的出资,如果不购买该转让的出资,视为同意转让。如其他投资者无异议,在同等条件下,原投资者具有优先购买权。

账务处理上,企业收到投资人投入的货币资金,应在实际收到或者存入企业开户银行时,按实际收到的金额,借记"银行存款"科目;以实物资产投资的,应在办理实物产权转移手续时,借记有关资产科目;以无形资产投资的,应在按照合同、协议或公司章程规定移交有关凭证时,借记"无形资产"科目,按投入资本在注册资本中所占份额,贷记"实收资本"科目,按其差额,贷记"资本公积——资本溢价"等科目。

【例 13-1】宏光公司由 A、B、C 三家公司共同投资设立。按照出资协议,A 公司以现金 4 000 000 出资;B 公司以一套全新设备出资,价值 5 000 000 元;C 公司以一项专有技术出资,协议价为 1 000 000 元,该无形资产公允价值与协议价一致。假定不考虑相关税费,红光公司会计处理如下:

借:银行存款	4 000 000	
固定资产	5 000 000	
无形资产	1 000 000	
贷:实收资本		10 000 000

需要说明的是,《公司法》规定,国家授权投资的机构或者国家授权的部门可单独投资设立国有独资有限责任公司。国有独资公司在组建时,所有者投入的资本,全部作

为实收资本入账。国有独资公司不发行股票，不会产生股票溢价，也不会在追加投资时，为维持一定的投资比例而产生资本公积。

另外，根据《企业会计准则第19号——外币折算》的规定，企业收到投资者以外币投入的资本，无论是否有合同约定汇率，均不得采用合同约定汇率和即期汇率的近似汇率折算，而是采用交易日即期汇率折算。这样，外币投入资本与相应的货币性项目的记账本位币金额相等，不产生外币资本折算差额。

【例13－2】甲公司的记账本位币是人民币。2×18年3月1日收到某外商投入的资本100 000美元，当日的即期汇率为1美元＝8.15元人民币，假定投资合同约定的汇率为1美元＝8.2元人民币。会计处理如下：

借：银行存款——美元　　　　(100 000×8.15) 815 000

　贷：实收资本　　　　815 000

(二)股份有限公司股本的核算

1. 科目设置

股份有限公司应设置"股本"科目，用来核算股东按照公司章程和投资协议的规定缴入公司的股本。该科目属于所有者权益类，贷方登记因发行股票、发行可转债、发放股票股利等原因增加的股票面值总额，借方登记因减少注册资本而减少的股票面值总额，期末贷方余额表示实际拥有的股本总额。公司应设置股本备查簿详细记录核定的股本总额、股份总数、每股面值以及已认购股本等情况，并按股票种类及股东姓名设置明细账。

2. 股本的核算

股份有限公司的投入资本通过"股本"科目核算，企业的股本应在核定的股本总额范围内发行股票取得。在实际工作中，公司发行股票取得的收入与股本总额往往不一致，通常有三种情况：一是公司发行股票取得的收入大于股本总额，即溢价发行；二是小于股本总额，即折价发行；三是等于股本总额，即面值发行。我国《公司法》规定，股票发行价格可以按票面金额，也可以超过票面金额，但不得低于票面金额，即不允许折价发行股票。在采用溢价发行股票的情况下，公司应将相当于股票面值的部分记入"股本"科目，其余部分在扣除发行手续费、佣金等发行费用后记入"资本公积"科目。

【例13－3】某股份公司委托证券公司代理发行普通股5 000万股，每股面值1元，每股发行价格5元。假定股份公司按发行收入的1%向证券公司支付发行费用，证券公司从发行收入中抵扣。股票发行成功，股款存入银行。会计处理如下：

股票发行费用＝50 000 000×5×1%＝2 500 000(元)

实际收到的股款＝50 000 000×5－2 500 000＝247 500 000(元)

借：银行存款　　　　247 500 000

　贷：股本　　　　50 000 000

　　　资本公积——股本溢价　　　　197 500 000

二、实收资本(或股本)后续计量

(一)实收资本(股本)增加的核算

1. 企业增加资本

企业后续增资的途径一般有三条：一是将资本公积转为实收资本或者股本。会计处理为，借记“资本公积——资本溢价”或“资本公积——股本溢价”科目，贷记“实收资本”或“股本”科目。二是将盈余公积转为实收资本。会计处理为，借记“盈余公积”科目，贷记“实收资本”或“股本”科目。三是所有者（包括原企业所有者和新投资者）投入。会计处理为，借记“银行存款”“固定资产”“无形资产”等科目，贷记“实收资本”或“股本”科目。

【例 13－4】A 公司为甲、乙、丙共同出资设立的一家有限责任公司，公司注册资本为 10 000 000 元，甲、乙、丙持股比例分别为 50%、30% 和 20%。2×18 年 5 月，为了扩大经营规模，经批准，A 公司按照原出资比例将资本公积 2 000 000 元转增资本。会计处理如下：

借：资本公积	2 000 000	
贷：实收资本——甲		1 000 000
——乙		600 000
——丙		400 000

2. 股份有限公司发放股票股利

股票股利是指公司用增发股票的方式发放的股利。在发放股票股利增资时，一般按照股东原来持有的股数分配，如果股东所持股份按比例分配的股利不足一股，应采用适当的方法处理。例如，股东大会决议按股票面额的 10% 发放股票股利时（假如新股发行价格及面额与原股相同），对于所持股票不足 10 股的股东，将会发生不能领取 1 股的情况。这时有两种方法可供选择：一是将不足 1 股的股票股利改为现金股利，用现金支付；二是由股东相互转让，凑为整股。无论采用哪种方法，都将改变企业的股权结构。

【例 13－5】甲股份有限公司经股东大会批准，决定分派股票股利 6 000 000 元，使公司 50 000 000 股再扩增 2 000 000 股，甲公司股票每股面值 1 元。编制会计分录如下：

借：利润分配——转作股本的股利	6 000 000	
贷：股本		2 000 000
资本公积——股本溢价		4 000 000

3. 可转换公司债券持有人行使转换权利

可转换公司债券持有人行使转换权利，将其持有的债券转换为股票，按可转换公司债券的余额，借记“应付债券——可转换公司债券（面值、利息调整以及应计利息）”科目；按其权益成分的金额，借记“其他权益工具”科目；按股票面值和转换的股数计算的股票面值总额，贷记“股本”科目；按其差额，贷记“资本公积——股本溢价”科目。

4. 企业将重组债务转为资本

企业将重组债务转为资本的，应按重组债务的账面余额，借记“应付账款”等科目；按债权人因放弃债权而享有本企业股份的面值总额，贷记“实收资本”或“股本”科目；按股份的公允价值总额与相应的实收资本或股本之间的差额，贷记或借记“资本公积——资本溢价”或“资本公积——股本溢价”科目；按其差额，贷记“营业外收入——债务重组利得”科目。

5. 以权益结算的股份支付的行权

以权益结算的股份支付换取职工或其他方提供服务的，应在行权日，按照企业收到的股票价款，借记"银行存款"等科目；同时转销等待期内在资本公积中累计确认的金额，借记"资本公积——其他资本公积"科目；按应计入实收资本或股本的金额，贷记"实收资本"或"股本"科目；按其差额，贷记"资本公积——股本溢价"科目。

(二)实收资本(股本)减少的核算

企业实收资本(股本)减少的原因主要有两种：一是资本过剩；二是企业发生重大亏损。企业因资本过剩而减资，一般要发还股款。有限责任公司和一般企业发还股款的会计核算较简单，按发还投资的数额，借记"实收资本"科目，贷记"银行存款"等科目。

股份有限公司发还股款的会计核算较复杂。由于发还股款时，要回购发行的股票，而发行股票的价格与股票面值可能不等，回购股票的价格也可能与发行价格不等。为了核算股份有限公司股份回购的业务，需要设置"库存股"科目进行核算，该科目是所有者权益类科目，核算企业收购、转让或注销的本公司股份金额。库存股的特性和未发行的股票类似，没有投票权或是分配股利的权利，而公司解散时也不能变现。主要账务处理包括：

第一，企业为减少注册资本而收购本公司股份的，应按实际支付的金额借记"库存股"科目，贷记"银行存款"等科目。

第二，企业注销库存股，应按股票面值和注销股数计算的股票面值总额，借记"股本"科目，按注销库存股的账面余额，贷记"库存股"科目，按其差额，冲减股票发行时原已记入资本公积的溢价部分，借记"资本公积——股本溢价"科目，股本溢价不足冲减的，应依次冲减盈余公积、未分配利润，借记"盈余公积""利润分配——未分配利润"科目；如回购价格低于回购股份所对应的股本，所注销库存股的账面余额与所冲减股本的差额作为增加股本溢价处理，按回购股份所对应的股本面值，借记"股本"科目，按注销库存股的账面余额，贷记"库存股"科目，按其差额，贷记"资本公积——股本溢价"科目。

【例13－6】甲股份有限公司截至2×18年6月30日共发行股票50 000 000股，股票面值为2元，资本公积(股本溢价)1 000 000元，盈余公积4 000 000元。经股东大会批准，甲股份有限公司以现金回购本公司股票4 000 000股并注销，假定股票的回购价格为2.5元/股。不考虑其他因素，编制会计分录如下：

(1)回购库存股：

库存股的成本＝2.5×4 000 000＝10 000 000(元)

借：库存股　　10 000 000

　贷：银行存款　　10 000 000

(2)注销库存股：

借：股本　　8 000 000

　　资本公积——股本溢价　　1 000 000

　　盈余公积　　1 000 000

贷:库存股 10 000 000

【例 13-7】承上例,假定股票的回购价格为 1 元/股,其他条件不变。不考虑其他因素,会计处理如下:

(1)回购库存股:

库存股的成本 = 1 × 4 000 000 = 4 000 000(元)

借:库存股 4 000 000

贷:银行存款 4 000 000

(2)注销库存股:

借:股本 8 000 000

贷:库存股 4 000 000

资本公积——股本溢价 4 000 000

三、其他权益工具的核算

企业发行的除普通股(作为实收资本或股本)以外,按照金融负债和权益工具区分原则分类为权益工具的金融工具,按照以下原则进行会计处理:

(一)核算原则

对于归类为权益工具的金融工具,应当按照金融工具准则进行初始确认和计量;其后,于每个资产负债表日计提利息或分派股利,按照相关具体企业会计准则进行处理。也就是说,对于归类为权益工具的金融工具,其发生的手续费、佣金等交易费用,应当从权益(其他权益工具)中扣除;存续期间内的利息支出或股利分配,应当作为企业的利润分配,其回购、注销等作为权益的变动处理。

(二)科目设置

企业应当在所有者权益类科目中设置"其他权益工具"科目,核算企业发行的除普通股以外的归类为权益工具的各种金融工具。"其他权益工具"科目应按发行金融工具的种类等进行明细核算。

(三)主要账务处理

其他权益工具主要账务处理业务包括以下内容:

第一,发行方发行的金融工具归类为债务工具并以摊余成本计量的,应按实际收到的金额,借记"银行存款"等科目,按债务工具的面值,贷记"应付债券——优先股、永续债等(面值)",按其差额,贷记或借记"应付债券——优先股、永续债等(利息调整)"科目。后续计量与应付债券核算相同。

第二,发行方发行的金融工具归类为权益工具的,应按实际收到的金额,借记"银行存款"等科目,贷记"其他权益工具——优先股、永续债等"科目。分类为权益工具的金融工具,在存续期间分派股利(含分类为权益工具的工具所产生的利息,下同)的,作为利润分配处理。发行方应根据经批准的股利分配方案,按应分配给金融工具持有者的股利金额,借记"利润分配——应付优先股股利、应付永续债利息等"科目;贷记"应付股利——优先股股利、永续债利息等"科目。

第三,发行方发行的金融工具为复合金融工具的,应按实际收到的金额,借记"银行存款”等科目;按金融工具的面值,贷记“应付债券——优先股、永续债(面值)等”科目;按负债成分的公允价值与金融工具面值之间的差额,借记或贷记“应付债券——优先股、永续债等(利息调整)”科目;按实际收到的金额扣除负债成分的公允价值后的金额,贷记“其他权益工具——优先股、永续债等”科目。发行复合金融工具发生的交易费用,应当在负债成分和权益成分之间按照各自占总发行价款的比例进行分摊。与多项交易相关的共同交易费用,应当在合理的基础上,采用与其他类似交易一致的方法,在各项交易之间进行分摊。

第四,发行的金融工具本身是衍生金融负债或衍生金融资产或者内嵌了衍生金融负债或衍生金融资产的,按照金融工具确认和计量准则中有关衍生工具的规定进行处理。

第五,权益工具与金融负债的重分类。发行的金融工具原合同条款约定的条件或事项随着时间的推移或经济环境的改变而发生变化,导致原归类为权益工具的金融工具重分类为金融负债的,应当于重分类日,按该工具的账面价值,借记“其他权益工具——优先股、永续债等”科目;按该工具的面值,贷记“应付债券——优先股、永续债等(面值)”科目;按该工具的公允价值与面值之间的差额,借记或贷记“应付债券——优先股、永续债等(利息调整)”科目;按该工具的公允价值与账面价值的差额,贷记或借记“资本公积——资本溢价(或股本溢价)”科目,资本公积不够冲减的,依次冲减盈余公积和未分配利润。发行方以重分类日计算的实际利率作为应付债券后续计量利息调整等的基础。

发行的金融工具原合同条款约定的条件或事项随着时间的推移或经济环境的改变而发生变化,导致原归类为金融负债的金融工具重分类为权益工具的,应于重分类日,按金融负债的面值,借记“应付债券——优先股、永续债等(面值)”科目;按利息调整余额,借记或贷记“应付债券——优先股、永续债等(利息调整)”科目;按金融负债的账面价值,贷记“其他权益工具——优先股、永续债等”科目。

第六,发行方按合同条款约定赎回所发行的除普通股以外的分类为权益工具的金融工具,按赎回价格,借记“库存股——其他权益工具”科目,贷记“银行存款”等科目;注销所购回的金融工具,按该工具对应的其他权益工具的账面价值,借记“其他权益工具”科目,按该工具的赎回价格,贷记“库存股——其他权益工具”科目,按其差额,借记或贷记“资本公积——资本溢价(或股本溢价)”科目,按其差额,冲减“资本公积——股本溢价”,资本公积不够冲减的,依次冲减盈余公积和未分配利润。

第七,发行方按合同条款约定将发行的除普通股以外的金融工具转换为普通股的,按该工具对应的金融负债或其他权益工具的账面价值,借记“其他权益工具”、“应付债券”等科目;按普通股的面值,贷记“实收资本(或股本)”科目;按其差额,贷记“资本公积——资本溢价(或股本溢价)”科目(转股时金融工具的账面价值不足转换为 1 股普通股而以现金或其他金融资产支付的,还需按支付的现金或其他金融资产的金额,贷记“银行存款”等科目)。

第三节　资本公积和其他综合收益

一、资本公积概述

（一）资本公积的性质

资本公积是企业收到投资者的超出其在企业注册资本（或股本）中所占份额的投资，以及直接计入所有者权益的利得和损失。

资本公积不同于所有者权益的其他项目。首先，从资本公积的形成来源看，它不是由企业实现的净利润转化而来的，而主要是由投资者投入的资本超出法定资本的部分或者由直接计入所有者权益的利得和损失形成的，如果不考虑直接计入所有者权益的利得和损失，其本质上属于投入资本的范畴，而企业的留存收益（盈余公积和未分配利润）则是由净利润转化而来。因此，它与留存收益有本质的区别。其次，资本公积与实收资本虽然都属于投入资本范畴，但实收资本一般是投资者投入的、为谋求价值增值的原始投资，而且属于法定资本，与企业的注册资本相一致，因此，实收资本无论是在来源上，还是金额上，都有比较严格的限制，而资本公积在金额上没有比较严格的限制。不同来源形成的资本公积由所有投资者共同分享，而投资者投入的资本通常被视为企业的永久性资本，不得任意支付给股东，一般只有在企业清算时，在清偿所有的负债和清理费用后才可将剩余部分返还给投资者。

（二）资本公积的内容

资本公积的内容主要包括资本溢价（或股本溢价）和其他资本公积。

1. 资本溢价（或股本溢价）

资本溢价（或股本溢价）是指企业收到投资者的超出其在企业注册资本（或股本）中所占份额的投资。形成资本溢价（或股本溢价）的原因有溢价发行股票、投资者超额缴入资本等。

2. 其他资本公积

其他资本公积是指除资本溢价（或股本溢价）项目以外所形成的资本公积，其中主要包括直接计入所有者权益的利得和损失。直接计入所有者权益的利得和损失是指不应计入当期损益、会导致所有者权益发生增减变动的、与所有者投入资本或者向所有者分配利润无关的利得或者损失。

二、资本公积的核算

（一）科目设置

为了总括反映资本公积的增减变动情况，应设置“资本公积”科目，它属于所有者权益类，贷方登记因资本溢价（或股本溢价）等原因而增加的数额，借方登记资本公积减少的数额，期末贷方余额表示企业实有的资本公积数额。本科目应当区别“资本（或股本)溢价”“其他资本公积”进行明细分类核算。

(二)资本(或股本)溢价的核算

1. 资本溢价

资本溢价是指投资者缴付的出资额大于其在注册资本中所占份额的数额。通常,在企业初创时,投资者认缴的出资额往往与注册资本一致,不会产生资本公积。在企业重组或有新的投资者加入时,为了维护原投资者的权益,新加入的投资者的出资额通常要大于其在注册资本中所占的份额。这是因为,企业初创立时投入的资金和企业走向经营正轨时期投入的资金即使在数量上一致,但其获利能力以及在企业发展过程中所承受的风险却不同。因此,相同数量的投资,由于出资时间不同,其对企业的影响程度不同,由此而带给投资者的权利也不同,往往早期出资带给投资者的权利要大于后期出资带给投资者的权利。所以,新加入的投资者要付出大于原有投资者的出资额,才能取得与投资者相同的投资比例。此外,企业在过去的经营过程中形成了一部分留存收益,而留存收益也属于投资者所享有的权益。接纳新投资者后,新投资者与原投资者一样有权参与原有留存收益的分配,只有新投资者的出资额大于原投资者,才能维护原投资者的权益。在会计核算上,新投资者投入的资本中按其投资比例计算的出资额部分,应记入“实收资本”科目,大于部分应记入“资本公积”科目。

例如,某有限责任公司由甲、乙两位股东各出资100万元设立。设立时的实收资本为200万元。经过两年的经营,该企业的留存收益为60万元。这时有一新的投资者丙有意投资该企业,并表示愿意出资150万元,而仅占该企业股份的1/3。在会计处理时,将丙股东投入资金中的100万元记入“实收资本”科目,其余的50万元记入“资本公积——资本溢价”科目。

2. 股本溢价

股本溢价是指股份有限公司溢价发行股票时实际收到的款项大于股票面值总额的数额。由于股东按其所持股份享有权利和承担义务,为了反映和便于计算各股东所持股份占企业全部股本的比例,企业的股本总额应按股票的面值与股份总数的乘积计算。我国规定,股票可以按面值或溢价发行,而不允许折价发行。在按面值发行股票的情况下,企业发行股票取得的收入,应全部记入“股本”科目;在溢价发行股票的情况下,企业发行股票取得的收入,相当于股票面值部分记入“股本”科目,超出股票面值的溢价收入记入“资本公积——股本溢价”科目。委托证券商代理发行股票而支付的手续费、佣金等,应从溢价发行收入中扣除。

【例13-8】甲股份公司委托××证券公司代理发行普通股1 000 000股,每股面值1元,发行价为1.5元,按发行收入3%收取手续费。假定收到的股款已存入银行。会计处理如下:

(1)取得发行收入:

借:银行存款	1 500 000
贷:股本	1 000 000
资本公积——股本溢价	500 000

(2)支付手续费:

借:资本公积——股本溢价 45 000

贷:银行存款 45 000

复合分录为:

借:银行存款 1 455 000

贷:股本 1 000 000

资本公积——股本溢价 455 000

(三)其他资本公积的核算

其他资本公积是指除资本溢价(或股本溢价)项目以外所形成的资本公积。主要包括:

1. 以权益结算的股份支付形成的资本公积

以权益结算的股份支付换取职工或其他方提供服务的,应按照确定的金额,借记"管理费用"等相关成本费用科目,贷记"资本公积——其他资本公积"科目。在行权日,按企业收到的股票价款,借记"银行存款"等科目;按实际行权的权益工具数量计算确定的金额,借记"资本公积——其他资本公积"科目;按计入实收资本或股本的金额,贷记"实收资本"或"股本"科目;按其差额,贷记"资本公积——资本(或股本)溢价"科目。

2. 采用权益法核算的长期股权投资

长期股权投资采用权益法核算的,对被投资单位除净损益、其他综合收益和利润分配以外的所有者权益的其他变动,投资企业按持股比例计算应享有的份额之后,应当增加或减少长期股权投资的账面价值,同时增加或减少"资本公积——其他资本公积"。处置长期股权投资时,应按处置比例结转原已记入资本公积的相关金额,借记或贷记"资本公积——其他资本公积"科目,贷记或借记"投资收益"科目(除不能转入损益的项目外)。

(四)资本公积转增资本的核算

根据《公司法》的规定,公司的公积金(盈余公积金和资本公积金)用于弥补公司的亏损、扩大公司生产经营或者转为增加公司资本。但是,资本公积金不得用于弥补公司的亏损。

经股东大会或类似机构决议,当公司用资本公积转增资本时,应冲减资本公积,同时按照转增前的实收资本(或股本)的结构或比例,将转增的金额记入"实收资本"(或"股本")科目下各所有者的明细分类账。

三、其他综合收益的核算

综合收益,是指企业在某一期间除与所有者以其所有者身份进行的交易之外的其他交易或事项所引起的所有者权益变动。综合收益总额项目反映净利润和其他综合收益扣除所得税影响后的净额相加后的合计金额。其他综合收益,是指企业根据其他会计准则规定未在当期损益中确认的各项利得和损失,具体区分为以后会计期间不能重分类进损益的其他综合收益项目和以后会计期间在满足规定条件时将重分类进损益的其他综合收益项目两大类。

(一)以后会计期间不能重分类进损益的其他综合收益项目

该类其他综合收益项目主要包括重新计量设定受益计划净负债或净资产导致的变动、按照权益法核算因被投资单位重新计量设定受益计划净负债或净资产变动而导致的权益变动、投资企业按持股比例计算确认的该部分其他综合收益项目,以及以公允价值计量且其变动计入其他综合收益的金融资产(权益工具)公允价值变动及外汇利得和损失。

(二)以后会计期间满足规定条件时将重分类进损益的其他综合收益项目

该类其他综合收益项目主要包括:

(1)以公允价值计量且其变动计入其他综合收益的金融资产(债务工具)产生的其他综合收益。

(2)按照金融工具准则规定,对金融资产重分类,可以将原计入其他综合收益的利得或损失转入当期损益的部分。

(3)采用权益法核算的长期股权投资。采用权益法核算的长期股权投资,按照被投资单位实现其他综合收益以及持股比例计算应享有或分担的金额,调整长期股权投资的账面价值,同时增加或减少其他综合收益,其会计处理为:借记(或贷记)“长期股权投资——其他综合收益”科目,贷记(或借记)“其他综合收益”,待该项股权投资处置时,将原计入其他综合收益的金额转入当期损益。

(4)自用房地产或存货转换为投资性房地产。企业将自用的建筑物等转换为采用公允价值模式计量的投资性房地产时,应当按该建筑物在转换日的公允价值,借记“投资性房地产——成本”科目,原已计提减值准备的,借记“固定资产减值准备”科目,按已计提的累计折旧等,借记“累计折旧”等科目,按其账面余额,贷记“固定资产”等科目;同时,转换日的公允价值小于账面价值的,按其差额,借记“公允价值变动损益”科目,转换日的公允价值大于账面价值的,按其差额,贷记“其他综合收益”科目。

企业将作为存货的房地产转换为采用公允价值模式计量的投资性房地产时,应按转换日的公允价值,借记“投资性房地产——成本”科目,原已计提跌价准备的,借记“存货跌价准备”科目,按其账面价值,贷记“开发产品”等科目;同时,转换日的公允价值小于账面价值的,按其差额,借记“公允价值变动损益”科目,转换日的公允价值大于账面价值的,按其差额,贷记“其他综合收益”科目。

待该项投资性房地产处置时,因转换计入其他综合收益的部分应转入当期损益。

(5)现金流量套期工具产生的利得或损失中属于有效套期的部分。现金流量套期工具利得或损失中属于有效套期部分,直接确认为其他综合收益,该有效套期部分的金额,按下列两项的绝对额中较低者确定:①套期工具自套期开始的累计利得或损失;②被套期项目自套期开始的预计未来现金现值的累计变动额。

套期工具利得或损失的后续处理为:①被套期项目为预期交易,且该预期交易使企业随后确认一项金融资产或一项金融负债的,原直接确认为其他综合收益的相关利得或损失,在该金融资产或金融负债影响企业损益的相同期间转出,计入当期损益。但是,企业预期原直接在其他综合收益中确认的净损失全部或部分在未来会计期间不能弥补时,应当将不能弥补的部分转出,计入当期损益。②被套期项目为预期交易,且该预期交易使企业随后确认一项非金融资产或一项非金融负债的，企业可选择将原直接在其他综合收益中确认的相关利得或损失，在该非金融资产或非金融负债影响企业损益的相同期间转出，计入当期损益。但是，企业预期原直接在其他综合收益中确认的净损失全部或部分在未来会计期间不能弥补时，应当将不能弥补的部分转出，计入当期损益。除上述两种情况外，原直接计入其他综合收益的套期工具利得或损失，应当在被套期预期交易影响损益的相同期间转出，计入当期损益。

(6)外币财务报表折算差额。按照外币折算的要求，企业在处置境外经营的当期，将已列入合并财务报表所有者权益的外币报表折算差额中与该境外经营相关部分，自其他综合收益项目转入处置当期损益。如果是部分处置境外经营，应当按处置的比例计算处置部分的外币报表折算差额，转入处置当期损益。

第四节 盈余公积

一、盈余公积概述

盈余公积是企业来源于生产经营活动的、从净利润中提取的各种积累资金，是具有特定用途的留存收益。根据《公司法》的规定，公司制企业的盈余公积包括法定盈余公积和任意盈余公积两部分。因我国有关外商投资企业法律有特别规定，所以外商投资企业的盈余公积的组成内容与一般企业和股份有限公司有所不同，由储备基金、企业发展基金和利润归还投资等构成。

(一)企业净利润分配顺序

根据《公司法》的规定，企业当年实现的净利润，应当按照下列顺序进行分配。

1. 提取法定盈余公积

公司制企业的法定盈余公积按照税后利润的10%的比例提取(非公司制企业也可按照超过10%的比例提取)，在计算提取法定盈余公积的基数时，不应包括公司年初未分配利润。公司法定盈余公积金累计额为公司注册资本的50%以上时，可以不再提取。

公司的法定盈余公积金不足以弥补以前年度亏损的，在提取法定盈余公积金之前，应当先用当年利润弥补亏损。

2. 提取任意盈余公积

公司从税后利润中提取法定盈余公积金后，经股东会或者股东大会决议，还可以按一定比例从税后利润中提取任意盈余公积金。非公司制企业经类似权力机构批准，也可提取任意盈余公积。任意盈余公积金属于股东的合法权益，计提的目的在于减少以后年度可供分配的利润，其主要用于扩大再生产。

3. 向投资者分配利润或股利

对于公司弥补亏损和提取公积金后所余税后利润，有限责任公司股东按照实缴的出资比例分取红利，但是，全体股东约定不按照出资比例分取红利的除外；股份有限公司按照股东持有的股份比例分配，但股份有限公司章程规定不按持股比例分配的除外。

股东会、股东大会或者董事会违反规定，在公司弥补亏损和提取法定盈余公积之前向股东分配利润的，股东必须将违反规定分配的利润退还公司。

（二）盈余公积的用途

企业盈余公积的用途主要有以下三个方面：

1. 弥补亏损

通常，企业弥补亏损的方式有三种：一是用以后年度税前利润弥补。按照现行制度规定，可以用发生亏损后五年内实现的税前利润来弥补。二是用以后年度税后利润弥补。发生的亏损经过五年仍未弥补足额的，应使用随后实现的税后利润来弥补。三是用盈余公积来弥补。通常，当企业发生的亏损用税后利润仍不足以弥补时，可用提取的盈余公积来弥补，但是，用盈余公积弥补亏损应当由公司董事会提议，股东大会批准，或者由类似的机构批准。根据《公司法》的规定，法定盈余公积金不足以弥补以前年度亏损的，在提取法定盈余公积金之前，应当先用当年利润弥补亏损。

2. 转增资本（股本）

当企业提取的盈余公积累积比较多时，可以将盈余公积转增资本（股本），但必须经股东大会或类似的机构批准。在实际将盈余公积转增资本（股本）时，要按股东原有持股比例结转。按照《公司法》的规定，法定盈余公积金转增资本（股本）后，留存的该项公积金不得少于转增前公司注册资本的25%。

需要说明的是，企业提取的盈余公积，无论是用于弥补亏损，还是用于转增资本，只不过是企业所有者权益内部结构的调整。例如，企业以盈余公积弥补亏损时，实际上是减少盈余公积留存的数额，以此抵补未弥补亏损的数额，并不引起企业所有者权益总额的变动；企业以盈余公积转增资本时，也只是减少盈余公积结存的数额，但同时增加企业实收资本或股本的数额，也并不引起所有者权益总额的变动。

3. 发放现金股利或利润

企业分配现金股利或利润应以实现一定的净利润为前提，无净利润实现时，原则上不分配。但在特殊情况下，当企业累积的盈余公积比较多，而未分配利润比较少时，为维护企业形象，也可用盈余公积发放现金股利或利润，因为从本质上讲，盈余公积是由收益形成的，属于资本增值部分。

另外，值得注意的是，盈余公积的用途，并不是指其实际占用形态，提取盈余公积也并不是单独将这部分资金从企业资金周转过程中抽出。企业盈余公积的结存数，实际上仅表现为企业所有者权益的组成部分，表明企业生产经营资金的一个来源。其形成的资金可能表现为一定的货币资金，也可能表现为一定的实物资产，如存货和固定资产等，随同企业其他来源所形成的资金进行循环周转，用于企业的生产经营。

二、盈余公积的核算

（一）科目设置

为了总括反映企业各项盈余公积的形成及使用情况，企业应设置“盈余公积”总账科目。该科目属于所有者权益类，贷方登记提取的公积金的数额，借方登记盈余公积减少的数额，期末贷方余额表示实有的盈余公积金数额。本科目应分别按“法定盈余公积”“任意盈余公积”进行明细核算。外商投资企业还应分别按“储备基金”“企业发展基金”进行明细核算。中外合作经营企业在合作期间归还投资者的投资，应在本科目设置“利润归还投资”明细科目进行核算。

（二）盈余公积增加的核算

企业盈余公积的增加表现为税后利润分配中提取法定盈余公积和任意盈余公积。公司制企业按规定提取盈余公积时，借记“利润分配——提取法定盈余公积、提取任意盈余公积”科目，贷记“盈余公积——法定盈余公积、任意盈余公积”科目。外商投资企业提取储备基金、企业发展基金、职工奖励及福利基金，借记“利润分配——提取储备基金、提取企业发展基金、提取职工奖励及福利基金”科目，贷记“盈余公积——储备基金、企业发展基金”“应付职工薪酬”科目。中外合作经营企业根据合同规定在合作期间归还投资者的投资，应当按实际归还投资的金额，借记“实收资本——已归还投资”科目，贷记“银行存款”等科目；同时，借记“利润分配——利润归还投资”科目，贷记“盈余公积——利润归还投资”科目。

【例 13－9】甲股份有限公司本年实现净利润 2 000 000 元，按净利润的 10% 提取法定盈余公积 200 000 元，经股东大会决议按净利润的 4% 提取任意盈余公积 80 000 元。编制会计分录如下：

借：利润分配——提取法定盈余公积　200 000
　　　　　　——提取任意盈余公积　80 000
　贷：盈余公积——法定盈余公积　200 000
　　　　　　　——任意盈余公积　80 000

（三）盈余公积减少的核算

企业盈余公积的减少表现为盈余公积的使用，具体表现为三个方面：

1. 盈余公积弥补亏损

公司制企业经股东大会或类似机构决议，用盈余公积弥补亏损时，应借记“盈余公积”科目，贷记“利润分配——盈余公积补亏”科目。

【例 13－10】甲股份有限公司以前年度累计未弥补亏损 200 000 元，按规定已超过用税后利润弥补的期限，本年经公司董事会提议，并经股东大会批准，用盈余公积弥补以前年度未弥补亏损。编制会计分录如下：

借：盈余公积　200 000
　贷：利润分配——盈余公积补亏　200 000

外商投资企业在特殊情况下，经批准用储备基金弥补亏损时，应借记“盈余公积——储备基金”科目，贷记“利润分配——其他转入”科目。

2. 盈余公积转增资本(股本)

经股东大会或类似机构决议,公司制企业用盈余公积转增资本时,应当按照转增资本前的实收资本(或股本)结构比例,将盈余公积转增资本的数额计入“实收资本(或股本)”科目下各所有者的明细账,相应增加各所有者对企业的资本投资。外商投资企业经批准将储备基金用于转增资本时,应当借记“盈余公积——储备基金”科目,贷记“实收资本”科目;外商投资企业用企业发展基金转增资本时,应当借记“盈余公积——企业发展基金”科目,贷记“实收资本”科目。

【例 13-11】乙有限责任公司经股东会批准同意,在本期将盈余公积 200 000 元转增资本。编制会计分录如下:

借:盈余公积　　200 000

　贷:实收资本　　200 000

股份有限公司经股东大会决议,用盈余公积派送新股时,按派送新股计算的金额,借记“盈余公积”科目;按股票面值和派送股票数计算的金额,贷记“股本”科目;二者的差额,贷记“资本公积”科目。需要注意的是,企业用法定盈余公积转增资本后,其法定盈余公积不得低于注册资本的 25%。

【例 13-12】A 股份公司按有关规定将法定盈余公积 500 000 元派送新股 400 000,每股面值 1 元。编制会计分录如下:

借:盈余公积——法定盈余公积　　500 000

　贷:股本　　400 000

　　资本公积——股本溢价　　100 000

3. 盈余公积分配现金股利或利润

公司制企业在用盈余公积弥补亏损后,如果仍有结余,经股东大会或类似机构决议,用于发放现金股利或利润时,应借记“盈余公积”科目,贷记“应付股利”科目。

【例 13-13】W 股份有限公司本年经营状况不佳,发生少量亏损,考虑到公司前景和股票信誉,经股东大会决议,决定按股票面值的 4% 分配股利,由结存的任意盈余公积列支。假设该公司发行在外普通股 1 500 万股,每股面值为 1 元,则本次用于发放股利的盈余公积为 60 万元(1 ×4% ×1 500)。编制会计分录如下:

借:盈余公积——任意盈余公积　　600 000

　贷:应付股利　　600 000

第五节　未分配利润的核算

一、未分配利润概述

未分配利润是指截至本年度累计未分配的利润,是企业留待以后年度进行分配的结存利润,包括企业以前年度积存的留待以后年度分配的净利润和当年待分配的净利润,是企业所有者权益的组成部分。未分配利润与盈余公积统称为留存收益。

相对于所有者权益的其他部分来讲,企业对未分配利润的使用分配有较大的自主权。从数量上来讲,未分配利润是期初未分配利润,加上本期实现的净利润,减去提取的各种盈余公积和分配的股利或利润后的余额。未分配利润有两层含义:一是留待以后年度处理的利润;二是未指定特定用途的利润。

二、未分配利润的核算

未分配利润是在"利润分配"科目下,设置"未分配利润"明细科目进行核算。

(一)分配股利或利润的会计处理

经股东大会或类似机构决议,分配给股东或投资者的现金股利或利润,借记"利润分配——应付现金股利或利润"科目,贷记"应付股利"科目。经股东大会或类似机构决议,分配给股东的股票股利,应在办理增资手续后,借记"利润分配——转作股本的股利"科目,贷记"股本"科目。

(二)期末结转的会计处理

企业期(月)末结转利润时,应将各损益类科目的金额转入"本年利润"科目,结平各损益类科目。结转后,"本年利润"的贷方余额为当期实现的净利润,借方余额为当期发生的净亏损。

"未分配利润"明细科目的贷方反映从本年利润中转入的企业实现的净利润,借方反映从本年利润转入的企业净亏损。年度终了,再将"利润分配"科目下的其他明细科目(提取法定盈余公积、提取任意盈余公积、应付现金股利或利润、转作股本的股利、盈余公积补亏的余额),转入"未分配利润"明细科目。结转后,"未分配利润"明细科目的贷方余额,就是未分配利润的数额;如出现借方余额,则表示未弥补亏损的数额。"利润分配"科目所属的其他明细科目应无余额。

(三)弥补亏损的会计处理

企业在生产经营过程中可能获得盈利,也可能出现亏损。企业在当年发生亏损的情况下,应当将本年发生的亏损自"本年利润"科目的贷方,转入"利润分配——未分配利润"科目的借方,借记"利润分配——未分配利润"科目,贷记"本年利润"科目。结转后,"利润分配"科目的借方余额即为未弥补亏损的数额,通过"利润分配"科目核算有关亏损的弥补情况。

根据《中华人民共和国企业所得税法》,企业纳税年度发生的亏损,准予向以后年度结转,用以后年度的所得弥补,但结转年限最长不得超过五年。企业在用以后年度实现的税前利润弥补以前年度亏损的情况下,将本年实现的利润结转到"利润分配——未分配利润"科目的贷方,其贷方发生额与"利润分配——未分配利润"的借方余额自然抵补。因此,用当年实现净利润弥补以前年度结转的未弥补亏损时,不需要进行专门的账务处理。

由于未弥补亏损形成的时间长短不同等原因,以前年度未弥补亏损有的可以用当年实现的税前利润弥补,有的则须用税后利润弥补。无论是用税前利润还是用税后利润弥补亏损，其会计核算方法相同，所不同的只是两者计算交纳所得税的处理方式。在用税前利润弥补亏损的情况下，其弥补的数额可以抵减当期企业应纳税所得额，而用税后利润弥补的数额，则不能作为纳税所得扣除处理。

【例 13 - 14】甲股份有限公司 2×12 年发生亏损 600 000 元。在年度终了时，企业应当结转本年度发生的亏损。编制会计分录如下：

借：利润分配——未分配利润　　600 000

　贷：本年利润　　600 000

假设该企业 2×13 年至 2×17 年，每年均实现利润 100 000 元。因发生的亏损是属于 5 年内的，可用税前利润补亏。2×13 年至 2×17 年每年年末，均应编制会计分录如下：

借：本年利润　　100 000

　贷：利润分配——未分配利润　　100 000

2×17 年"利润分配——未分配利润"科目期末余额为借方余额 100 000 元，即仍旧存在未弥补亏损 100 000 元。假设该企业 2×18 年实现税前利润 200 000 元，因发生的亏损已超过 5 年，只能用税后利润补亏。在 2×18 年年末，该企业首先应当按照当年实现的税前利润计算交纳当年负担的所得税，然后再将税后净利润转入利润分配科目。在本例中，假设该企业适用所得税税率为 25%，无纳税调整事项，则 2×18 年的相关处理如下：

(1)计算交纳所得税：

$$2\times18\text{ 年应交纳的所得税} = 200\ 000\times25\% = 50\ 000(\text{元})$$

借：所得税费用　　50 000

　贷：应交税费——应交所得税　　50 000

借：本年利润　　50 000

　贷：所得税费用　　50 000

(2)结转本年利润，弥补以前年度未弥补亏损：

借：本年利润　　150 000

　贷：利润分配——未分配利润　　150 000

上述核算的结果，该企业 2×18 年"利润分配——未分配利润"科目的期末贷方余额为 50 000 元(150 000 - 100 000)。

三、以前年度损益调整

与未分配利润核算密切相关的还有涉及以前年度损益调整事项的处理。根据《企业会计准则第 28 号——会计政策、会计估计变更和差错更正》《企业会计准则第 29 号——资产负债表日后事项》等的规定，对于企业在本年度发现的重要前期差错更正涉及调整以前年度损益的事项以及年度资产负债表日至财务会计报告批准报出日之间发生的需要调整报告损益的事项，应通过"以前年度损益调整"科目进行核算，并将其余额转入"利润分配——未分配利润"科目。

具体而言，企业调整增加的以前年度利润或调整减少的以前年度亏损，应借记有关科目，贷记"以前年度损益调整"科目；企业调整减少的以前年度利润或调整增加的以前年度亏损，应借记“以前年度损益调整”科目，贷记有关科目。企业由于调整增加或减少以前年度利润或亏损而相应增加的所得税，应借记“以前年度损益调整”科目，贷记“应交税费——应交所得税”科目；由于调整减少或增加以前年度利润或亏损而相应减少的所得税，应做相反的会计分录。经过上述调整后，应将“以前年度损益调整”科目的余额转入“利润分配——未分配利润”科目，结转后，“以前年度损益调整”科目应无余额。本科目如为贷方余额，借记本科目，贷记“利润分配——未分配利润”科目；如为借方余额，做相反的会计分录。

【例 13 - 15】甲股份有限公司 2×18 年 6 月发现 2×17 年一项已达到预定可使用状态投入使用的管理用固定资产未结转在建工程，该项固定资产成本 280 000 元，2×17年应提折旧 24 000 元。假定会计与税法对该项固定资产的折旧政策一致，该公司适用的所得税税率为 25%。该公司按净利润的 10% 提取法定盈余公积。编制会计分录如下：

(1)结转在建工程：

借：固定资产	280 000	
贷：在建工程		280 000

(2)补提 2×17 年折旧：

借：以前年度损益调整	24 000	
贷：累计折旧		24 000

(3)计算 2×17 年多交的所得税：

多交所得税 = 24 000 × 25% = 6 000(元)

借：应交税费——应交所得税	6 000	
贷：以前年度损益调整		6 000

(4)将“以前年度损益调整”科目的余额转入利润分配：

借：利润分配——未分配利润	18 000	
贷：以前年度损益调整		18 000

(5)调整利润分配有关数字：

借：盈余公积	1 800	
贷：利润分配——未分配利润		1 800

企业在年度资产负债表日至财务会计报告批准报出日之间发生的需要调整报告年度损益的事项，应当调整资产负债表日已编制的财务报表。对于发生的、影响损益的重要前期差错，应将其对损益的影响数调整发现当期的期初留存收益，财务报表其他相关项目的期初数也应一并调整。在编制比较财务报表时，对于比较财务报表期间的重要的前期差错，应调整各该期间的净损益和其他相关项目，视同该差错在产生的当期已经更正；对于比较财务报表期间以前的重要的前期差错，应调整比较财务报表最早期间的期初留存收益，财务报表其他相关项目的数字也应一并调整。

本章小结

所有者权益是指企业资产扣除负债后由所有者享有的剩余余额。与负债相比，所有者权益是投资人对投入的资本及其运用所产生的盈余（或亏损）的权利，是对投资人承担的经济责任。不同组织形式的企业，所有者权益的构成及核算存在一定程度的差异。通常，公司制企业的所有者权益的来源包括所有者投入的资本、直接计入所有者权益的利得和损失、留存收益等，具体包括实收资本（或股本）、其他权益工具、资本公积、其他综合收益、盈余公积和未分配利润等项目。

实收资本是指企业的投资者投入资本形成法定资本的价值，在股份有限公司则相当于投资者认缴的股票面值。实收资本（或股本）的核算，主要包括增资与减资的核算。企业增资的途径除了所有者（包括原企业所有者和新投资者）投入之外，还包括将资本公积或盈余公积转为实收资本或者股本。企业减资的原因主要有两种：一是资本过剩；二是企业发生重大亏损。企业因资本过剩而减资，一般要发还股款。股份有限公司发还股款的会计核算较复杂，涉及回购股票的核算。此外，企业发行的除普通股以外，按照金融负债和权益工具区分原则分类为权益工具的金融工具，通过“其他权益工具”科目核算。

资本公积是企业收到投资者的超出其在企业注册资本（或股本）中所占份额的投资，以及直接计入所有者权益的利得和损失。资本公积可用于扩大公司生产经营或者转为增加公司资本，但是不得用于弥补公司的亏损。资本公积包括资本溢价（或股本溢价）和其他资本公积等。其他综合收益，是指企业根据其他会计准则规定未在当期损益中确认的各项利得和损失，具体区分为以后会计期间不能重分类进损益的其他综合收益项目和以后会计期间在满足规定条件时将重分类进损益的其他综合收益项目两大类。

盈余公积和未分配利润统称为留存收益。盈余公积是企业来源于生产经营活动的、从净利润中提取的各种积累资金，是具有特定用途的留存收益，公司制企业的盈余公积包括法定盈余公积和任意盈余公积两部分。其中，法定盈余公积按照税后利润的10%的比例提取，经股东会或者股东大会决议，企业还可以按一定比例从税后利润中提取任意盈余公积金。就企业的盈余公积而言，其用途主要有弥补亏损、转增资本（股本）以及发放现金股利或利润等。未分配利润是指截至本年度累计未分配的利润，是企业留待以后年度进行分配的结存利润，包括企业以前年度积存的留待以后年度分配的净利润和当年待分配的净利润。相对于所有者权益的其他部分来讲，企业对未分配利润的使用分配有较大的自主权。

思考题

1. 什么是所有者权益？与负债有什么区别？
2. 所有者权益的来源包括哪些？各自的含义是什么？
3. 试说明企业各种组织形式下投入资本的核算方法。
4. 对实收资本（或者股本）的增减变动如何进行核算？
5. 试述其他权益工具的核算原则。
6. 股份有限公司回购股票的核算要点是什么？
7. 试说明资本公积金的内容和核算方法。
8. 试说明其他综合收益的核算内容及账务处理要点。
9. 试说明盈余公积金的用途及核算要点。
10. 未分配利润的核算内容包括哪些？

练习题

1.【资料】M有限责任公司（以下简称M公司）由A、B两个投资人投资创办，成立于2×17年1月。2×18年M公司接受投资的相关业务如下：

（1）2×18年2月，M公司接受甲、乙两位投资者投资。甲投资者投入自产产品一批，双方确认价值为170万元，公允价值是180万元，税务部门认定增值税为28.8万元，并开具了增值税专用发票。乙投资者投入货币资金10万元和一项固定资产，货币资金已经存入开户银行，该固定资产原账面价值为160万元，预计使用寿命为16年，已计提折旧50万元，计提减值准备20万元，双方确认的价值为90万元（假设是公允的）。假定甲、乙两位投资者投资时均不产生资本公积。

（2）2×18年6月，丙投资者向M公司投资，其缴付该公司的出资额为人民币150万元，协议约定丙投资者享有的注册资本金额为100万元。

【要求】根据上述资料，编制2×18年M公司接受投资的有关会计分录。（分录中的金额单位用万元表示。）

2.【资料】AOB股份有限公司（以下简称“AOB公司”）2×18年1月1日的股本总额为30 000万股，每股面值为1元，资本公积（股本溢价）5 000万元，盈余公积3 000万元，未分配利润2 000万元。2×18年发生如下相关业务：

（1）2×18年8月，经股东大会批准，以现金回购本公司发行的股票1 600万股并注销。回购时，每股股票回收价为5元。回购后，企业将库存股注销。

（2）公司5年前投资持有丙企业30%的有表决权股份，采用权益法核算对丙企业的股权投资。当年确认丙企业2×18年度股东权益共增加300万元，其中180万元为实现的净利润，其余为丙企业实现的其他综合收益。

(3)2×18年年末，结转本年利润800万元，提取法定盈余公积80万元，向股东分配现金股利320万元。

【要求】根据上述资料编制AOB公司2×18年相关会计分录。

第十四章

收入、费用和利润

本章学习目的

通过本章学习，理解收入、费用、利润等基本概念，掌握营业收入和营业成本的核算，掌握销售费用、管理费用、财务费用、营业外收支等的核算内容，掌握利润形成与分配的核算。

本章重点与难点

本章重点是收入的确认条件和计量、合同成本的理解与运用。本章难点在于特定交易（附有销售退回条款的销售、附有客户额外购买选择权的销售、售后回购等）的会计处理。

利润是指企业在一定会计期间的经营成果,包括收入减去费用后的净额、直接计入当期利润的利得和损失等。一般情况下,企业实现了利润,表明企业的所有者权益将增加,业绩有所提升;反之,企业发生亏损(即利润为负数),企业的所有者权益将减少,业绩下滑。正确确认与计量收入、费用、利得和损失,是如实反映企业各期经营成果的重要前提。本章主要阐述企业收入的确认、计量与核算,同时介绍费用的确认及内容、利润的形成与核算。

第一节　收　入

一、收入的定义

收入是利润的重要来源,对于收入的界定有广义和狭义之分。狭义的收入是指企业在日常活动中形成的经济利益的总流入,将利得排除在外。广义的收入是指会计期间内经济利益的总流入,包括营业收入、公允价值变动收益、投资收益、资产处置收益和营业外收入等。但无论狭义的收入还是广义的收入,都不包括企业投资者出资引起的权益增加。

我国《企业会计准则第14号——收入》(财会〔2017〕22号)指出:“收入,是指企业在日常活动中形成的、会导致所有者权益增加的、与所有者投入资本无关的经济利益的总流入。”由此可见,我国企业会计准则对收入采取了狭义的界定,强调作为会计要素的收入,其流入的经济利益产生于企业的日常活动。所谓“日常活动”,是指企业为完成其经营目标所从事的经常性活动以及与之相关的活动。例如,工业企业制造并销售产品、商品流通企业销售商品、咨询公司提供咨询服务、软件企业为客户开发软件、安装公司提供安装服务等均属于企业的日常活动。又如,工业企业对外出售不需用的原材料,属于企业发生的与经常性活动相关的其他活动。

本章适用于所有与客户之间的合同,但是投资、金融工具、租赁、保险及部分非货币性资产交换合同除外。其中,金融工具及其他合同权利和义务,分别适用《企业会计准则第2号——长期股权投资》、《企业会计准则第22号——金融工具确认和计量》、《企业会计准则第23号——金融资产转移》、《企业会计准则第24号——套期会计》、《企业会计准则第33号——合并财务报表》以及《企业会计准则第40号——合营安排》。租赁合同,适用《企业会计准则第21号——租赁》。由保险合同相关会计准则规范的保险合同,适用保险合同相关会计准则。以存货换取客户的存货、固定资产、无形资产以及长期股权投资等,按照本章进行会计处理;其他非货币性资产交换,按照非货币性资产交换的规定进行会计处理。

二、收入的确认和计量

企业按照准则确认收入的方式,应当反映其向客户转让商品或提供服务的模式;按照准则确认收入的金额,应当反映企业因转让商品或提供服务而预期收取的对价金额的权利。

(一)收入的确认

1. 识别与客户订立的合同

本节所称客户是指与企业订立合同以向该企业购买其日常活动产出的商品或服务并支付对价的一方。合同是指双方或多方之间订立的有法律约束力的权利和义务的协议。合同有书面形式、口头形式以及其他形式。

(1)收入确认的原则。企业应当在履行了合同中的履约义务,即在客户取得相关商品控制权时确认收入。取得相关商品控制权,是指能够主导该商品的使用并从中获得几乎全部的经济利益。

(2)收入确认的前提条件。当企业与客户之间的合同同时满足下列条件时,企业应当在客户取得相关商品控制权时确认收入:①合同各方已批准该合同并承诺将履行各自义务;②该合同明确了合同各方与所转让商品或提供劳务(以下简称"转让商品")相关的权利和义务;③该合同有明确的与所转让商品相关的支付条款;④该合同具有商业实质,即履行该合同将改变企业未来现金流量的风险、时间分布或金额;⑤企业因向客户转让商品而有权取得的对价很可能收回。

例如,甲公司是一家房地产开发公司,与乙公司签订合同向其销售一栋建筑物。合同价款 200 万元,该建筑物的成本为 120 万元,乙公司在合同开始日取得该建筑物的控制权。合同约定,乙公司支付 10 万元保证金,就余款双方签订不附追索权的长期融资协议,乙公司对该笔欠款没有设定担保。假定乙公司一旦违约,甲公司将收回该建筑物的控制权,但收回的建筑物即使不够偿付乙公司所欠款项,甲公司也无追索权。乙公司计划用该建筑物经营餐饮,产生的收益归还甲公司欠款,无其他经济来源。但该区域竞争激烈,乙公司经验不足。所以,甲公司向乙公司转让建筑物,认为虽然满足客户取得商品控制权的确认原则,但不满足有权取得的对价很可能收回的前提条件,不确认收入,即收到的 10 万元保证金确认为一项负债。

如果合同在合同开始日即满足上述收入确认条件,则企业在后续期间无须对其进行重新评估,除非有迹象表明相关事实和情况发生重大变化。通常情况下,合同开始日是指合同生效日,即合同开始赋予合同各方具有法律约束力的权利和义务的日期。

如果合同在合同开始日不符合上述收入确认条件,则企业应当对其进行持续评估,以判断其能否满足上述收入确认条件,并在其满足这些条件时按照相应规定进行会计处理。

对于不符合上述收入确认条件的合同,企业只有在不再负有向客户转让商品的剩余义务(例如,合同已完成或取消),且已向客户收取的对价(包括全部或部分对价)无须退回时,才能将已收取的对价确认为收入;否则,应当将已收取的对价作为负债进行会计处理。其中,向客户收取的对价无须退回的,应当在已经将该部分对价所对应的商品的控制权转移给客户,并且已不再向客户转让额外的商品且不再负有此类义务时,将该部分对价确认为收入;或者,在相关合同已经终止时,将该部分对价确认为收入。

例如,甲公司是一家供水公司,自 20×18 年 1 月 1 日起每月向某客户供水,并在月末收取水费。在合同签订时，甲公司向该客户收取了一次入网费 1 000 元，并预期能够取得 2 年的全部水费收入，合同期限为 2 年。该客户从第 7 个月起未支付水费。根据当地相关法律规定，甲公司不能立即停止供水，需要先履行催交程序。该客户经催告后，仍不缴费，则甲公司可自首次欠费后的第 5 个月（即 2 × 18 年 12 月）起停止供水。此例中，对于每月供水收入：7 月份，客户停止缴费，但是企业经过评估认为仍很有可能取得对价，所以此时仍满足合同成立的条件，仍应继续确认供水收入，但同时需要考虑计提应收账款的坏账；9 月份，客户已持续 2 个月未缴费，企业经评估认为不是很可能收回对价，此时已不再满足合同成立的条件，不再继续确认供水收入。对于一次性入网费收入：9 月份，合同已经不再满足成立的条件，企业收取的一次性入网费（在 24 个月内摊销）无须退还，但是企业仍负有向客户转让商品（或提供服务）的剩余履约义务（需要持续供水到 12 月份），所以此时不应将入网费确认为收入，而应作为负债；12 月份，此时企业收取的一次性入网费无须退还，并且企业不再负有向客户转让商品（或提供服务）的剩余履约义务（已经持续供水到 12 月份），所以此时可将尚未摊销的入网费确认为收入。

需要说明的是，没有商业实质的非货币性资产交换，不确认收入。关于商业实质，应按照非货币性资产交换中有关商业实质说明进行判断。

企业与同一客户（或该客户的关联方）同时订立或在相近时间内先后订立的两份或多份合同，在满足下列条件之一时，应当合并为一份合同进行会计处理：①该两份或多份合同基于同一商业目的而订立并构成一揽子交易；②该两份或多份合同中的一份合同的对价金额取决于其他合同的定价或履行情况；③该两份或多份合同中所承诺的商品（或每份合同中所承诺的部分商品）构成本节后述的单项履约义务。两份或多份合同合并为一份合同进行会计处理的，仍然需要区分该一份合同中包含的各单项履约义务。

（3）合同变更。准则中界定的合同变更，是指经合同各方批准对原合同范围或价格做出的变更。企业应当区分下列三种情形对合同变更分别进行会计处理：

第一，合同变更增加了可明确区分的商品及合同价款，且新增合同价款反映了新增商品单独售价的，应当将该合同变更部分作为一份单独的合同进行会计处理。

第二，合同变更不属于上述第一种情形，且在合同变更日已转让的商品或已提供的服务（以下简称“已转让的商品”）与未转让的商品或未提供的服务（以下简称“未转让的商品”）之间可明确区分的，应当视为原合同终止，同时，将原合同未履约部分与合同变更部分合并为新合同进行会计处理。

第三，合同变更不属于上述第一种情形，且在合同变更日已转让的商品与未转让的商品之间不可明确区分的，应当将该合同变更部分作为原合同的组成部分进行会计处理，由此产生的对已确认收入的影响，应当在合同变更日调整当期收入。

2. 识别合同中的单项履约义务

合同开始日，企业应当对合同进行评估，识别该合同所包含的各单项履约义务，并确定各单项履约义务是在某一时段内履行，还是在某一时点履行，然后，在履行了各单项履约义务时分别确认收入。

履约义务，是指合同中企业向客户转让可明确区分商品的承诺。履约义务既包括合同中明确的承诺，也包括由企业已公开宣布的政策、特定声明或以往的习惯做法等导致合同订立时客户合理预期企业将履行的承诺。

企业向客户承诺的商品同时满足下列条件的，应当作为可明确区分商品：

第一，客户能够从该商品本身或从该商品与其他易于获得资源一起使用中受益。

第二，企业向客户转让该商品的承诺与合同中其他承诺可单独区分。

企业确定了商品本身能够明确区分后，还应当在合同层面继续评估转让该商品或提供该服务的承诺是否与合同中其他承诺彼此之间可明确区分。下列情形通常表明企业向客户转让该商品的承诺与合同中其他承诺不可单独区分：①企业需提供重大的服务以将该商品与合同中承诺的其他商品整合成合同约定的组合产出转让给客户；②该商品将对合同中承诺的其他商品予以重大修改或定制；③该商品与合同中承诺的其他商品具有高度关联性。

企业为履行合同而应开展的初始活动，通常不构成履约义务，除非该活动向客户转让了承诺的商品。例如，长期的供应合同中，企业需要开展前期的工程设计服务，开发新的或调整现有的技术，以满足客户的需求。这些初始活动通常是企业向客户转让商品或服务的先决条件，并未向客户转让相关商品或服务，所以通常并不构成履约义务。

企业向客户转让一系列实质相同且转让模式相同的、可明确区分商品的承诺，也应当作为单项履约义务。其中，转让模式相同，是指每一项可明确区分商品均满足在某一时段内履行履约义务的条件，且采用相同方法确定其履约进度。

3. 履行每一单项履约义务时确认收入

企业应当在履行了合同中的履约义务，即在客户取得相关商品控制权时确认收入。企业应当首先判断履约义务是否满足在某一时段内履行的条件。如果满足，企业则选取恰当的方法来确定履约进度；如果不满足，则该履约义务属于在某一时点履行的履约义务，企业应当综合分析控制权转移的迹象，判断其转移时点。

(1)在某一时段内履行的履约义务的收入确认条件。满足下列条件之一的，属于在某一时段内履行履约义务，相关收入应当在履行该履约义务期间内确认：

第一，客户在企业履约的同时即取得并消耗企业履约所带来的经济利益。

第二，客户能够控制企业履约过程中在建的商品。

第三，企业履约过程中所产出的商品具有不可替代用途，且该企业在整个合同期间内有权就累计至今已完成的履约部分收取款项。

具有不可替代用途，是指因合同限制或实际可行性限制，企业不能轻易地将商品用于其他用途。

有权就累计至今已完成的履约部分收取款项，是指在由于客户或其他方原因终止合同的情况下，企业有权就累计至今已完成的履约部分收取能够补偿其已发生成本和合理利润的款项，并且该权利具有法律约束力。

(2)在某一时段内履行的履约义务的收入确认方法。对于在某一时段内履行的履约义务，企业应当在该段时间内按照履约进度确认收入，但是，履约进度不能合理确定的除外。企业应当考虑商品的性质，采用产出法或投入法确定恰当的履约进度。

其中,产出法是根据已转移给客户的商品对于客户的价值确定履约进度。例如,甲公司与乙公司签订一项提供劳务合同,合同总收入为200万元,合同总成本预计为100万元,期限为2年,采用产出法确定履约进度。资产负债表日,经专业机构测量认定,该项劳务的价值累计履约进度为10%,乙公司接受该测量结果,甲公司确认收入为20万元(200×10%)。

投入法是根据企业为履行履约义务的投入确定履约进度。例如,甲公司与乙公司签订一项提供劳务合同,合同总收入为200万元,合同总成本预计为100万元,期限为2年,采用投入法确定履约进度。资产负债表日,该项劳务的累计劳务成本为20万元,则累计履约进度为20%(20÷100),甲公司累计确认收入为40万元(200×20%)。

采用上述方法确认收入及结转成本的公式如下:

各期确认的收入=预计总收入×履约进度-以前期间累计确认的收入

各期结转的成本=预计总成本×履约进度-以前期间累计结转的成本

对于类似情况下的类似履约义务,企业应当采用相同的方法确定履约进度。

当履约进度不能合理确定时,企业已经发生的成本预计能够得到补偿的,应当按照已经发生的成本金额确认收入,直到履约进度能够合理确定为止。例如,甲公司与乙公司签订一项提供劳务合同,合同总收入为200万元,合同总成本预计为100万元,期限为2年,甲公司无法合理确定履约进度。资产负债表日,该项劳务的累计劳务成本为20万元,已经发生的成本预计能够得到补偿,则甲公司应累计确认收入为20万元。

(3)在某一时点履行的履约义务。对于在某一时点履行的履约义务,企业应当在客户取得相关商品控制权时确认收入。在判断客户是否已取得商品控制权时,企业应当考虑下列迹象:

第一,企业就该商品享有现时收款权利,即客户就该商品负有现时付款义务。

第二,企业已将该商品的法定所有权转移给客户,即客户已拥有该商品的法定所有权。

第三,企业已将该商品实物转移给客户,即客户已经实物占有该商品。

第四,企业已将该商品所有权上的主要风险和报酬转移给客户,即客户已取得该商品所有权上的主要风险和报酬。其中,与商品所有权有关的风险,是指商品可能发生减值或毁损等形成的损失;与商品所有权有关的报酬,是指商品价值增值或通过使用商品等形成的经济利益。判断企业是否已将商品所有权上的主要风险和报酬转移给客户,不应当考虑保留了除转让商品之外产生其他履约义务的风险的情形。例如,企业转让商品给客户,并承诺提供后续维护服务,转让商品和维护服务分别构成单项履约义务,企业承诺的因维护服务产生的风险不影响企业有关主要风险和报酬转移的判断。

第五,客户已接受该商品。

第六,其他表明客户已取得商品控制权的迹象。

(二)收入的计量

企业应当按照分摊至各单项履约义务的交易价格计量收入。

1. 确定交易价格

交易价格,是指企业因向客户转让商品而预期有权收取的对价金额。企业代第三方收取的款项以及企业预期将退还给客户的款项,应当作为负债进行会计处理,不计入交易价格。

企业应当根据合同条款,并结合其以往的习惯做法确定交易价格。在确定交易价格时,企业应当考虑可变对价、合同中存在的重大融资成分、非现金对价、应付客户对价等因素的影响。

(1)可变对价。折扣、退款、返利、积分、价格折让、退货等项目都可能产生可变对价。合同中存在可变对价的,企业应当按照期望值或最可能发生金额确定可变对价的最佳估计数,但包含可变对价的交易价格,应当不超过在相关不确定性消除时累计已确认收入极可能不会发生重大转回的金额。企业在评估累计已确认收入是否极可能不会发生重大转回时,应当同时考虑收入转回的可能性及其比重。

每一资产负债表日,企业应当重新估计应计入交易价格的可变对价金额。

(2)合同中存在的重大融资成分。合同中存在重大融资成分的,企业应当按照假定客户在取得商品控制权时即以现金支付的应付金额确定交易价格。该交易价格与合同对价之间的差额,应当在合同期间内采用实际利率法摊销。

合同开始日,企业预计客户取得商品控制权与客户支付价款间隔不超过一年的,可以不考虑合同中存在的重大融资成分。

(3)非现金对价。非现金对价的形式包括材料、设备、人工等,客户支付非现金对价的,企业应当按照非现金对价的公允价值确定交易价格。非现金对价的公允价值不能合理估计的,企业应当参照其承诺向客户转让商品的单独售价间接确定交易价格。非现金对价的公允价值因对价形式以外的原因而发生变动的,应当作为可变对价,按照与计入交易价格的可变对价金额的限制条件相关的规定进行处理。

单独售价,是指企业向客户单独销售商品的价格。

(4)应付客户对价。应付客户对价包括向客户支付的现金或授予的奖励积分等,如礼品券、折扣券、批量回扣、货架展位付款等。企业应付客户(或向客户购买本企业商品的第三方)对价的,应当将该应付对价冲减交易价格,并在确认相关收入与支付(或承诺支付)客户对价二者孰晚的时点冲减当期收入,但应付客户对价是为了向客户取得其他可明确区分商品的除外。

企业应付客户对价是为了向客户取得其他可明确区分商品的,应当采用与本企业其他采购相一致的方式确认所购买的商品。企业应付客户对价超过向客户取得可明确区分商品公允价值的,超过金额应当冲减交易价格。向客户取得的可明确区分商品公允价值不能合理估计的,企业应当将应付客户对价全额冲减交易价格。

2. 将交易价格分摊至各单项履约义务

合同中包含两项或多项履约义务的,企业应当在合同开始日,按照各单项履约义务所承诺商品的单独售价的相对比例,将交易价格分摊至各单项履约义务。企业不得因合同开始日之后单独售价的变动而重新分摊交易价格。

企业在类似环境下向类似客户单独销售商品的价格,应作为确定该商品单独售价的最佳证据。单独售价无法直接观察的,企业应当综合考虑其能够合理取得的全部相关信息,采用市场调整法、成本加成法、余值法等方法合理估计单独售价。在估计单独售价时，企业应当最大限度地采用可观察的输入值，并对类似的情况采用一致的估计方法。

市场调整法，是指企业根据某商品或类似商品的市场售价考虑本企业的成本和毛利等进行适当调整后，确定其单独售价的方法。成本加成法，是指企业根据某商品的预计成本加上其合理毛利后的价格，确定其单独售价的方法。余值法，是指企业根据合同交易价格减去合同中其他商品可观察的单独售价后的余值，确定某商品单独售价的方法。

企业在商品近期售价波动幅度巨大，或者因未定价且未曾单独销售而使售价无法可靠确定时，可采用余值法估计其单独售价。

（1）分摊合同折扣。合同折扣，是指合同中各单项履约义务所承诺商品的单独售价之和高于合同交易价格的金额。对于合同折扣，企业应当在各单项履约义务之间按比例分摊。有确凿证据表明合同折扣仅与合同中一项或多项（而非全部）履约义务相关的，企业应当将该合同折扣分摊至相关一项或多项履约义务。

合同折扣仅与合同中一项或多项（而非全部）履约义务相关，且企业采用余值法估计单独售价的，应当首先按照前款规定在该一项或多项（而非全部）履约义务之间分摊合同折扣，然后采用余值法估计单独售价。

例如，甲公司定期单独出售产品A，B和C，单独售价分别为40元、55元和45元。此外，甲公司定期以60元的价格将产品B和C一同出售。甲公司与客户订立一项出售产品A，B，C和D的合同。合同的总对价为130元。由于甲公司向不同客户出售产品D的价格差异范围较大（从15元至45元不等），因此产品D的单独售价可变程度极高。据此，甲公司决定采用余值法估计产品D的单独售价。在采用余值法估计产品D的单独售价前，甲公司确定是否应将折扣分摊至合同中的其他履约义务。由于甲公司定期以60元的价格将产品B和C一同出售，且以40元的价格出售产品A，因此甲公司有可观察的证据证明应当将100元分摊至这三种产品，而且该合同的折扣归属于产品B和C。在该合同下，分摊至产品A的交易价格为40元，分摊至产品B和C的交易价格合计为60元。甲公司应当进一步按照产品B和C的单独售价的相对比例将该价格在二者之间进行分摊。各产品分摊的交易价格分别为：产品A为40元，产品B为33元（$55 \div 100 \times 60$），产品C为27元（$45 \div 100 \times 60$）。通过采用余值法，甲公司估计产品D的单独售价为30元，即：

$$130 - (40 + 60) = 30(\text{元})$$

（2）分摊可变对价。对于可变对价及可变对价的后续变动额，企业应当将其分摊至与之相关的一项或多项履约义务，或者分摊至构成单项履约义务的一系列可明确区分商品中的一项或多项商品。

对于已履行的履约义务，其分摊的可变对价后续变动额应当调整变动当期的收入。

（3）交易价格的后续变动。合同变更之后发生可变对价后续变动的，企业应当区分下列三种情形分别进行会计处理：

第一，合同变更属于本节前述合同变更（收入的确认部分，其中，应识别与客户订立的合同中相关界定）第一种规定情形的，企业应当判断可变对价后续变动与哪一项合同相关，并按照分摊可变对价的相关规定进行会计处理。

第二，合同变更属于本节前述合同变更第二种规定情形，且可变对价后续变动与合同变更前已承诺可变对价相关的，企业应当首先将该可变对价后续变动额以原合同开始日确定的基础进行分摊，然后再将分摊至合同变更日尚未履行履约义务的该可变对价后续变动额以新合同开始日确定的基础进行二次分摊。

第三，合同变更之后发生除前两种规定情形以外的可变对价后续变动的，企业应当将该可变对价后续变动额分摊至合同变更日尚未履行的履约义务。

综上所述，收入确认计量的“五步法”模型归纳为：第一步，识别与客户订立的合同；第二步，识别合同中的单项履约义务；第三步，确定交易价格；第四步，将交易价格分摊至各单项履约义务；第五步，履行每一单项履约义务时确认收入。其中，第一步、第二步和第五步主要与收入的确认有关，第三步和第四步主要与收入的计量有关。

三、关于合同成本

（一）合同履约成本

企业为履行合同发生的成本，不属于其他企业会计准则（如存货、固定资产、无形资产等）规范范围且同时满足下列条件的，应当作为合同履约成本确认为一项资产：

（1）该成本与一份当前或预期取得的合同直接相关，包括直接人工、直接材料、制造费用（或类似费用）、明确由客户承担的成本以及仅因该合同而发生的其他成本。

（2）该成本增加了企业未来用于履行履约义务的资源。

（3）该成本预期能够收回。

企业应当在下列支出发生时，将其计入当期损益：一是管理费用；二是非正常消耗的直接材料、直接人工和制造费用（或类似费用），这些支出为履行合同发生，但未反映在合同价格中；三是与履约义务中已履行部分相关的支出；四是无法在尚未履行的与已履行的履约义务之间区分的相关支出。

（二）合同取得成本

企业为取得合同发生的增量成本预期能够收回的，应当作为合同取得成本确认为一项资产。增量成本，是指企业不取得合同就不会发生的成本（如销售佣金等）。但是，该资产摊销期限不超过一年的，可以在发生时计入当期损益。

企业为取得合同发生的、除预期能够收回的增量成本之外的其他支出（如无论是否取得合同均会发生的差旅费等），应当在发生时计入当期损益，但是，明确由客户承担的除外。

（三）与合同成本有关的资产的摊销和减值

（1）摊销。对于确认为资产的合同履约成本和合同取得成本（以下简称“与合同成本有关的资产”），企业应当采用与该资产相关的商品收入确认相同的基础（在履约义务履行的时点或按照履约义务的履约进度）进行摊销，计入当期损益。

（2）减值。与合同成本有关的资产，其账面价值高于下列两项的差额的，超出部分应当计提减值准备，并确认为资产减值损失：①企业因转让与该资产相关的商品预期能够取得的剩余对价；②企业为转让该相关商品估计将要发生的成本。

以前期间减值的因素之后发生变化，使得前款①减②的差额高于该资产账面价值的，应当转回原已计提的资产减值准备，并计入当期损益，但转回后的资产账面价值不应超过假定不计提减值准备情况下该资产在转回日的账面价值。

在确定与合同成本有关的资产的减值损失时，企业应当首先对按照其他相关企业会计准则确认的、与合同有关的其他资产确定减值损失；然后，按照收入准则相关规定确定与合同成本有关的资产的减值损失。

企业按照《企业会计准则第 8 号——资产减值》测试相关资产组的减值情况时，应当将按照上述规定确定与合同成本有关的资产减值后的新账面价值计入相关资产组的账面价值。

四、关于一般交易的会计处理

（一）通常情况下企业向客户转让商品的会计处理

企业向客户转让商品，当企业与客户之间的合同同时满足收入确认条件，在客户取得相关商品控制权时确认收入，并结转销售成本。应根据不同的结算方式，借记“银行存款”、“合同资产”、“应收账款”、“应收票据”等科目；按确定的收入金额，贷记“主营业务收入”、“其他业务收入”等科目；按应收取的增值税税额，贷记“应交税费——应交增值税（销项税额）”科目。根据收入和费用配比原则，应结转已销商品的成本，借记“主营业务成本”、“其他业务成本”科目，贷记“库存商品”等科目。

【例 14－1】甲公司在 2×18 年 9 月 1 日向乙公司销售一批实木地板。开出的增值税专用发票上注明的销售价格为 100 000 元，增值税税额为 16 000 元，以银行存款代垫运杂费 500 元，货物已经发出，款项尚未收到；该批实木地板成本为 65 000 元。甲公司为增值税一般纳税人，实木地板发出时纳税义务已经发生。该项经济业务符合收入确认条件，假定实木地板发出时控制权转移给乙公司。

甲公司的会计处理如下：

（1）确认商品销售收入：

借：应收账款	116 500
贷：主营业务收入	100 000
应交税费——应交增值税（销项税额）	16 000
银行存款	500

（2）结转商品销售成本：

借：主营业务成本	65 000
贷：库存商品	65 000

【例 14－2】甲公司在 2×18 年 3 月 1 日与客户签订合同，向乙公司销售 A，B 两项商品。A 商品的单独售价为 6 000 元，B 商品的单独售价为 24 000 元，合同价款为 25 000 元。合同约定，A 商品于合同开始日交付，B 商品在一个月之后交付，只有当两项商品全部交付之后，甲公司才有权收取 25 000 元的合同对价。假定 A 商品和 B 商品分别构成单项履约义务，其控制权在交付时转移给客户。上述价格均不包含增值税，且假定不考虑相关税费影响。

合同中包含两项履约义务，企业应当在合同开始日，按照各单项履约义务所承诺商品的单独售价的相对比例，将交易价格分摊至各单项履约义务。

A 商品分摊的合同价款＝6 000÷（6 000＋24 000）×25 000＝5 000（元）

B 商品分摊的合同价款 = 24 000 ÷ (6 000 + 24 000) × 25 000 = 20 000(元)

甲公司的会计处理如下：

(1)交付 A 商品时：

借:合同资产　　5 000

　贷:主营业务收入　　5 000

(2)交付 B 商品时：

借:应收账款　　25 000

　贷:合同资产　　5 000

　　主营业务收入　　20 000

合同资产是企业已向客户转让商品而有权收取对价的权利,且该权利取决于时间流逝之外的其他因素。应收款项是企业无条件收取合同对价的权利,企业仅仅随着时间的流逝即可收款。

(二)具有重大融资成分的销售商品的会计处理

合同中存在重大融资成分的,企业应当按照假定客户在取得商品控制权时即以现金支付的应付金额(现销价格)确定交易价格。该交易价格与合同对价之间的差额,应当在合同期间内采用实际利率法摊销。企业发出商品时,应根据分期收款总额,借记“长期应收款”科目;根据增值税销项税额总额,贷记“应交税费——应交增值税(销项税额)”科目;根据确认收入的金额,贷记“主营业务收入”科目;根据其差额,贷记“未实现融资收益”科目。在合同约定的收款日期,应根据实际收到的款项,借记“银行存款”科目,贷记“长期应收款”科目。此外,应当在合同期间内,按照应收款项的摊余成本和实际利率计算确定的金额进行摊销,抵减财务费用,借记“未实现融资收益”科目,贷记“财务费用”科目。

【例 14 - 3】2 ×14 年 1 月 1 日,甲公司采用分期收款方式向乙公司销售一套大型设备,合同约定的销售价格为 4 000 万元,分 5 次于每年 12 月 31 日等额收取。该大型设备成本为 3 120 万元。在现销方式下,该大型设备的销售价格为 3 200 万元。假定甲公司发出商品时开出增值税专用发票,注明的增值税税额为 640 万元,并于当天收到增值税税额 640 万元。(计算保留两位小数。)

本例中,销项增值税已经收取,分期收款只涉及销售商品的价款。甲公司按现销价格确认销售商品收入 3 200 万元,与应收合同价款 4 000 万元之间的差额 800 万元计入“未实现融资收益”,采用实际利率法摊销。实际利率的计算如下：

根据未来五年收款额的现值等于现销方式下应收款项金额,可以得出：

$$800 \times (P/A, r, 5) = 3\ 200$$

可在多次测试的基础上,用插值法计算折现率。

当 $r = 7\%$ 时,$800 \times 4.100\ 2 = 3\ 280.16 > 3\ 200$;

当 $r = 8\%$ 时,$800 \times 3.992\ 7 = 3\ 194.16 < 3\ 200$。

因此,$7\% < r < 8\%$。用插值法计算如下：

现值	利率
3 280.16	7%
3 200	r

3 194.16　　　　　　8%

$$\frac{3\ 280.16-3\ 200}{3\ 280.16-3\ 194.16}=\frac{7\%-r}{7\%-8\%}$$

得出：$r=7.93\%$。

按实际利率7.93%对未实现融资收益800万元进行摊销，有关计算见表14-1。

表14-1　财务费用和已收本金计算表　　单位：万元

日　期	未收本金 ①=上期①-上期④	财务费用 ②=①×7.93%	收现总额 ③	已收本金 ④=③-②
2×14年1月1日	3 200.00			
2×14年12月31日	3 200.00	253.76	800	546.24
2×15年12月31日	2 653.76	210.44	800	589.56
2×16年12月31日	2 064.20	163.69	800	636.31
2×17年12月31日	1 427.89	113.23	800	686.77
2×18年12月31日	741.12	58.88*	800	741.12
总　额		800.00	4 000	3 200.00

注：*尾数调整：58.88=800-253.76-210.44-163.69-113.23。计算保留两位小数。

根据表14-1的计算结果，甲公司各期的会计处理如下：

(1)2×14年1月1日销售实现时：

借：长期应收款　　40 000 000
　　银行存款　　6 400 000
　贷：主营业务收入　　32 000 000
　　　应交税费——应交增值税（销项税额）　　6 400 000
　　　未实现融资收益　　8 000 000

同时，结转销售成本：

借：主营业务成本　　31 200 000
　贷：库存商品　　31 200 000

(2)2×14年12月31日收款时：

借：银行存款　　8 000 000
　贷：长期应收款　　8 000 000

借：未实现融资收益　　2 537 600

　贷：财务费用　　2 537 600

2×15—2×18年收款的会计处理与2×14年类似，金额根据表14－1确定，略去。

（三）通常情况下企业向客户提供劳务的会计处理

企业提供的劳务，如果属于在某一时点履约义务，应采用与上述转让商品相同的办法确认收入；如果属于在某一段期间履行的义务，则应当采用产出法或投入法确定恰当的履约进度，分期确认收入。

应根据不同的结算方式，借记"银行存款"、"应收账款"、"应收票据"等科目；按确定的收入金额，贷记"主营业务收入"、"其他业务收入"等科目。为了反映劳务成本的发生与结转情况，企业可以设置"劳务成本"科目。"劳务成本"是成本类科目，核算企业对外提供劳务发生的成本，期末借方余额反映企业尚未完成或尚未结转的劳务成本。企业实际发生劳务成本时，应借记"劳务成本"科目，贷记"原材料"或者"应付职工薪酬"等科目。结转相关劳务成本时，借记"主营业务成本"或者"其他业务成本"科目，贷记"劳务成本"科目。

【例14－4】2×17年11月1日，甲公司与客户签订了一项劳务合同，总收入为3 200 000元（不含增值税），适用的增值税税率为6%，完工日为2×18年4月30日，采用产出法确认收入。劳务款客户分4次平均支付，合同签订日支付25%的保证金，其余劳务款分别于2×17年12月31日支付25%，2×18年2月28日支付25%，2×18年4月30日付25%。甲公司预计该项劳务的总成本为2 500 000元。2×17年11月1日，甲公司收取保证金848 000元；2×17年11月，甲公司实际发生劳务成本280 000元（假定实际发生的费用均为员工薪酬），月末专业机构测算，履约进度为10%；2×17年12月，甲公司实际发生劳务成本520 000元（假定实际发生的费用均为员工薪酬），月末专业机构测算，累计履约进度为30%。2×17年12月31日，收取劳务款848 000元。

甲公司会计处理如下：

（1）2×17年11月1日预收保证金时：

借：银行存款　　848 000

　贷：预收账款　　848 000

（2）2×17年11月30日，确认劳务成本、劳务收入，结转劳务成本：

发生成本时：

借：劳务成本　　280 000

　贷：应付职工薪酬　　280 000

确认劳务收入＝3 200 000×10%＝320 000（元）

收取增值税＝320 000×6%＝19 200（元）

借：预收账款　　339 200

　贷：主营业务收入　　320 000

　　　应交税费——应交增值税（销项税额）　　19 200

结转劳务成本＝2 500 000×10%＝250 000（元）

借：主营业务成本　　250 000

　　贷:劳务成本　　250 000

(3)2×17 年 12 月 31 日,确认劳务成本、劳务收入,结转劳务成本,收取劳务款:

发生成本时:

借:劳务成本　　520 000

　　贷:应付职工薪酬　　520 000

确认劳务收入 = 3 200 000 × 30% − 320 000 = 640 000(元)

收取增值税 = 640 000 × 6% = 38 400(元)

借:预收账款　　678 400

　　贷:主营业务收入　　640 000

　　　　应交税费——应交增值税(销项税额)　　38 400

结转劳务成本 = 2 500 000 × 30% − 250 000 = 500 000(元)

借:主营业务成本　　500 000

　　贷:劳务成本　　500 000

收取劳务款:

借:银行存款　　848 000

　　贷:预收账款　　848 000

"劳务成本"科目余额 = 280 000 − 250 000 + 520 000 − 500 000 = 50 000(元)

"预收账款"科目余额 = 848 000 − 339 200 − 678 400 + 848 000 = 678 400(元)

以后月份以此类推。

【例 14−5】承例 14−4,假定甲公司采用投入法确定履约进度。

甲公司会计处理如下:

(1)2×17 年 11 月 1 日预收保证金时:

借:银行存款　　848 000

　　贷:预收账款　　848 000

(2)2×17 年 11 月 30 日,确认劳务成本、劳务收入,结转劳务成本:

发生成本时:

借:劳务成本　　280 000

　　贷:应付职工薪酬　　280 000

确认履约进度:

履约进度 = (280 000 ÷ 2 500 000) × 100% = 11.2%

确认劳务收入 = 3 200 000 × 11.2% = 358 400(元)

收取增值税 = 358 400 × 6% = 21 504(元)

借:预收账款　　379 904

　　贷:主营业务收入　　358 400

　　　　应交税费——应交增值税(销项税额)　　21 504

结转劳务成本 = 2 500 000 × 11.2% = 280 000(元)

借:主营业务成本　　280 000

　　贷:劳务成本　　280 000

(3)2×17 年 12 月 31 日,确认劳务成本、劳务收入,结转劳务成本,收取劳务款:

发生成本时：

借：劳务成本　　520 000

　贷：应付职工薪酬　　520 000

确认履约进度：

履约进度 =（280 000 + 520 000）÷ 2 500 000 × 100% = 32%

确认劳务收入 = 3 200 000 × 32% − 358 400 = 665 600（元）

收取增值税 = 665 600 × 6% = 39 936（元）

借：预收账款　　705 536

　贷：主营业务收入　　665 600

　　应交税费——应交增值税（销项税额）　　39 936

结转劳务成本 = 2 500 000 × 32% − 280 000 = 520 000（元）

借：主营业务成本　　520 000

　贷：劳务成本　　520 000

收取劳务款：

借：银行存款　　848 000

　贷：预收账款　　848 000

“劳务成本”科目余额 = 280 000 − 280 000 + 520 000 − 520 000 = 0（元）

“预收账款”科目余额 = 848 000 − 379 904 − 705 536 + 848 000 = 610 560（元）

以后月份以此类推。

【例 14 − 6】承例 14 − 4，假定甲公司无法合理确定履约进度，但估计发生的成本能够得到补偿。

甲公司会计处理如下：

（1）2 × 17 年 11 月 1 日预收保证金时：

借：银行存款　　848 000

　贷：预收账款　　848 000

（2）2 × 17 年 11 月 30 日，确认劳务成本、劳务收入，结转劳务成本：

发生成本时：

借：劳务成本　　280 000

　贷：应付职工薪酬　　280 000

确认劳务收入 280 000 元。

收取增值税 = 280 000 × 6% = 16 800（元）

借：预收账款　　296 800

　贷：主营业务收入　　280 000

　　应交税费——应交增值税（销项税额）　　16 800

结转劳务成本 280 000 元。

借：主营业务成本　　280 000

　贷：劳务成本　　280 000

“劳务成本”科目余额 = 280 000 − 280 000 = 0（元）

“预收账款”科目余额 = 848 000 − 296 800 = 551 200（元）

(3)2×17 年 12 月 31 日,确认劳务成本、劳务收入,结转劳务成本,收取劳务款:

发生成本时:

借:劳务成本　　520 000

　贷:应付职工薪酬　　520 000

确认劳务收入 520 000 元。

收取增值税 = 520 000 × 6% = 31 200(元)

借:预收账款　　551 200

　贷:主营业务收入　　520 000

　　应交税费——应交增值税(销项税额)　　31 200

结转劳务成本 520 000 元。

借:主营业务成本　　520 000

　贷:劳务成本　　520 000

收取劳务款:

借:银行存款　　848 000

　贷:预收账款　　848 000

“劳务成本”科目余额 = 520 000 - 520 000 = 0(元)

“预收账款”科目余额 = 551 200 - 551 200 + 848 000 = 848 000(元)

以后月份以此类推,直到履约进度可以合理确定。

五、关于特定交易的会计处理

(一)附有销售退回条款的销售

对于附有销售退回条款的销售,企业应当在客户取得相关商品控制权时,按照因向客户转让商品而预期有权收取的对价金额(不包含预期因销售退回将退还的金额)确认收入,按照预期因销售退回将退还的金额确认负债;同时,按照预期将退回商品转让时的账面价值,扣除收回该商品预计发生的成本(包括退回商品的价值减损)后的余额,确认一项资产,按照所转让商品转让时的账面价值,扣除上述资产成本的净额结转成本。

每一资产负债表日,企业应当重新估计未来销售退回情况,如有变化,应当作为会计估计变更进行会计处理。

应根据不同的结算方式,借记“银行存款”、“应收账款”、“应收票据”等科目,按应收取的增值税税额,贷记“应交税费——应交增值税(销项税额)”科目,企业应将不会退货(不包含预期因销售退回将退还的金额)的已销商品金额确认为收入,贷记“主营业务收入”,将预期因销售退回将退还的金额,确认为“预计负债——应付退货款”;同时结转成本,将不会退货的已销商品借记“主营业务成本”等科目,按照预期将退回商品转让时的账面价值,借记“应收退货成本”,贷记“库存商品”科目。

【例 14-7】甲公司是一家电子产品销售公司,2×18 年 5 月 10 日向乙公司销售电脑 500 台,单位销售价格为 5 000 元,单位成本为 4 000 元,开出的增值税专用发票上注明的销售价格为 250 万元,增值税税额为 40 万元。协议约定,乙公司应于 2×18 年 6

月1日之前支付货款，在2×18年9月30日之前有权退货。电脑已经发出，款项尚未收到。假定甲公司根据过去的经验，估计该批电脑退货率为20%；甲公司为增值税一般纳税人，电脑发出时增值税纳税义务已经发生；实际发生销售退回时取得税务机关开具的红字增值税专用发票。假定电脑发出时控制权转移给乙公司。

甲公司的会计处理如下：

(1)2×18年5月10日发出电脑时：

确认主营业务收入=2 500 000×80%=2 000 000(元)

预计负债=2 500 000×20%=500 000(元)

借：应收账款	2 900 000
贷：主营业务收入	2 000 000
预计负债——应付退货款	500 000
应交税费——应交增值税(销项税额)	400 000

同时，结转成本：

确认主营业务成本=2 000 000×80%=1 600 000(元)

确认应收退货成本=2 000 000×20%=400 000(元)

借：主营业务成本	1 600 000
应收退货成本	400 000
贷：库存商品	2 000 000

(2)2×18年6月1日前收到货款时：

借：银行存款	2 900 000
贷：应收账款	2 900 000

(3)2×18年9月30日发生销售退回，实际退货量为40台，退货款已经支付：

估计退货率为20%，即估计退回100台(500×20%)，实际退回40台，未退回商品确认收入，结转成本。

未退回商品主营业务收入=60×5 000=300 000(元)

退回商品转为库存商品=40×4000=160 000(元)

未退回商品结转主营业务成本=60 ×4 000=240 000(元)

借：库存商品	160 000
预计负债——应付退货款	500 000
贷：应收退货成本	160 000
主营业务收入	300 000
银行存款	232 000
应交税费——应交增值税(销项税额)	32 000
借：主营业务成本	240 000
贷：应收退货成本	240 000

(二)附有质量保证条款的销售

对于附有质量保证条款的销售，企业应当评估该质量保证是否在向客户保证所销售商品符合既定标准之外提供了一项单独的服务。企业提供额外服务的，应当作为单项履约义务，按照收入准则规定进行会计处理；否则，质量保证责任应当按照《企业会计准则第 13 号——或有事项》的规定进行会计处理。

在评估质量保证是否在向客户保证所销售商品符合既定标准之外提供了一项单独的服务时，企业应当考虑该质量保证是否为法定要求、质量保证期限以及企业承诺履行任务的性质等因素。质量保证是法定要求，即法律要求企业提供质量保证，表明所承诺的质量保证不是单项履约义务，因为这些要求的存在通常是为了保护客户免于承担购买不合格产品的风险。质量保证期限越长，所承诺的质量保证就越可能是单项履约义务，因为更有可能提供产品符合既定标准的保证之外的服务。如果企业有必要履行特定的任务以提供产品符合既定标准的保证（例如，有瑕疵产品退回的运输服务），则这些任务可能不会形成履约义务。

客户能够选择单独购买质量保证的，该质量保证构成单项履约义务。

例如，甲公司与客户签订合同，销售一台平板电脑。甲公司负责提供自售出起一年内的质量保证服务。另外，如果客户在质保期内，由使用不当（如平板电脑进水）等原因造成损坏，甲公司仍然免费维修。该服务不可单独购买。此例中，甲公司的承诺包含销售平板电脑、提供质量保证以及维修服务。产品质量保证仅提供产品符合既定标准的保证，因此不构成单项履约义务；对客户使用不当提供的免费维修服务，属于向客户提供产品符合既定标准之外的单独服务，该服务与平板电脑可明确区分，应该作为单项履约义务。所以，该合同下有两项履约义务，即销售平板电脑和提供维修服务，甲公司应当按照各自单独售价的相对比例，将交易价格分摊至这两项履约义务，在各项履约义务履行时，确认相应的收入。提供的质量保证服务，按照或有事项的要求进行会计处理。

（三）主要责任人和代理人

企业应当根据其在向客户转让商品前是否拥有对该商品的控制权，来判断其从事交易时的身份是主要责任人还是代理人。企业在向客户转让商品前能够控制该商品的，该企业为主要责任人，应当按照已收或应收对价总额确认收入；否则，该企业为代理人，应当按照预期有权收取的佣金或手续费的金额确认收入，该金额应当按照已收或应收对价总额扣除应支付给其他相关方的价款后的净额，或者按照既定的佣金金额或比例等确定。

企业向客户转让商品前能够控制该商品的情形包括：①企业自第三方取得商品或其他资产控制权后，再转让给客户；②企业能够主导第三方代表本企业向客户提供服务；③企业自第三方取得商品控制权后，通过提供重大的服务将该商品与其他商品整合成某组合产出转让给客户。

在具体判断向客户转让商品前是否拥有对该商品的控制权时，企业不应仅局限于合同的法律形式，而应当综合考虑所有相关事实和情况，这些事实和情况包括：①企业承担向客户转让商品的主要责任；②企业在转让商品之前或之后承担了该商品的存货风险；③企业有权自主决定所交易商品的价格；④其他相关事实和情况。

例如，甲公司从事电子商务平台，使客户从平台上的供应商处购买商品，供应商直接向客户交付商品，甲公司在安排供应商向客户提供商品之后没有其他义务，企业有权获得售价 15% 的佣金。甲公司电商平台协助供应商与客户之间按供应商提供的价格进行支付。甲公司在处理订单之前要求客户付款,订单均不可退款。此例中,甲公司未在向客户转让商品前取得商品的控制权,不能主导将商品转让给客户,甲公司不承担向客户转让商品的主要责任,转让商品之前或之后不承担该商品的存货风险,没有对供应商商品的定价权,应当作为代理人进行会计处理。其履行安排供应商向客户提供商品的承诺时,按其有权获得的佣金金额确认收入。

(四)附有客户额外购买选择权的销售

客户额外购买选择权有多种形式,如获得客户奖励积分、续约选择权或享受针对未来商品或服务的其他折扣。客户额外购买选择权后,可免费或按折扣取得额外商品或服务。对于附有客户额外购买选择权的销售,企业应当评估该选择权是否向客户提供了一项重大权利。其中,重大权利通常指超过在某地域或市场中针对这些商品或服务向此类客户提供的折扣幅度的折扣。单个项目优惠金额很小,但是如果发生的频率或者数量较多,也可能构成"重大权利"。

例如,甲公司从事零售行业,对客户实施了奖励积分计划,客户每消费 10 元就获得 1 个积分。客户可使用累计积分免费换取甲企业销售的商品。客户通常会累计足够的积分来免费获取商品。如果客户以 1 000 元的价格购买商品,获得 100 个积分。按照兑换比例,预估 0. 20 元/1 积分,即客户获得的 100 个积分共计 20 元。此例中,零售业务每次交易产生奖励积分,频率高,所以该积分提供了一项重大权利,应确认为单项履约义务。

客户虽然有额外购买商品选择权,但客户行使该选择权购买商品时的价格反映了这些商品单独售价的,不应被视为企业向该客户提供了一项重大权利。

企业提供重大权利的,应当作为单项履约义务,按照本节有关交易价格分摊的规定将交易价格分摊至该履约义务,在客户未来行使购买选择权取得相关商品控制权时,或者该选择权失效时,确认相应的收入。

例如,甲公司是一家大型商场,向客户销售某商品金额为 200 元,同时向客户提供一张 30% 的折扣券,在未来 30 天内可以购买不超过 200 元的商品。此例中,向客户提供的 30% 折扣券,构成重大权利,作为销售商品单项履约义务进行会计处理。假定甲公司估计客户折扣券兑现率为 80%,每位客户将平均购买 100 元的额外商品。计算可得:甲公司估计折扣券的单独售价 = 额外产品的平均购买价格 100 × 折扣 30% × 行使选择权的可能性 80% = 24(元)。将某商品和折扣券的单独售价及交易价格 200 元进行分摊,则:某商品交易价格 = 200 ÷ 224 × 200 = 179(元),折扣券交易价格 = 200 ÷ 224 × 24 = 21(元)。甲公司应将 179 元分摊至某商品,在控制权转移时确认该商品的收入;将 21 元分摊至折扣券,在客户使用折扣券或在折扣券到期时确认相应的收入。

客户额外购买选择权的单独售价无法直接观察的,企业应当综合考虑客户行使和不行使该选择权所能获得的折扣的差异、客户行使该选择权的可能性等全部相关信息后,予以合理估计。

【例 14 - 8】2 × 18 年 1 月 1 日,甲公司开始推行一项奖励积分计划。根据该计划,客户在甲公司每消费 10 元可获得 1 个积分,每个积分从次月开始在购物时可以抵减 1 元。截至 2 × 18 年 1 月 31 日,客户共消费 80 000 元,可获得 8 000 个积分,根据历史经验,甲公司估计该积分的兑换率为 95%。假定上述金额均不包含增值税等的影响。本例中,甲公司认为其授予客户的积分为客户提供了一项重大权利,应当作为一项单独的履约义务。客户购买商品的单独售价合计为 80 000 元,考虑积分的兑换率,甲公司估计积分的单独售价为 7 600 元(1 元 ×8 000 个积分 ×95%)。甲公司按照商品和积分单独售价的相对比例对交易价格进行分摊,具体如下:

分摊至商品的交易价格 =80 000 ÷(80 000 +7 600)×80 000 =73 059(元)

分摊至积分的交易价格 =7 600 ÷(80 000 +7 600)×80 000 =6 941(元)

因此,甲公司应当在商品的控制权转移时确认收入 73 059 元,同时确认合同负债 6 941 元。

借:银行存款	80 000
贷:主营业务收入	73 059
合同负债	6 941

截至 2×18 年 12 月 31 日,客户共兑换了 3 500 个积分,甲公司对该积分的兑换率进行了重新估计,仍然预计客户总共将会兑换 7 600 个积分。因此,甲公司以客户兑换的积分数占预期将兑换的积分总数的比例为基础确认收入。

积分应当确认的收入 =3 500 ÷7 600 ×6 941 =3 197(元)

剩余未兑换的积分 =6 941 −3 197 =3 744(元)

3 744 元仍然作为合同负债。

借:合同负债	3 197
贷:主营业务收入	3 197

截至 2×19 年 12 月 31 日,客户累计兑换了 6 600 个积分。甲公司对该积分的兑换率进行了重新估计,预计客户总共将会兑换 7 760 个积分。

积分应当确认的收入 =6 600 ÷7 760 ×6 941 −3 197 =2 706(元)

剩余未兑换的积分 =6 941 −3 197 −2 706 =1 038(元)

1 038 元仍然作为合同负债。

借:合同负债	2 706
贷:主营业务收入	2 706

企业在向客户转让商品之前,如果客户已经支付了合同对价或企业已经取得了无条件收取合同对价的权利,则企业应当在客户实际支付款项与到期应支付款项孰早时点,将该已收或应收的款项列示为合同负债。合同负债,是指企业已收或应收客户对价而应向客户转让商品的义务。

(五)授予知识产权许可

企业向客户授予知识产权许可的,应当按照收入准则相关规定评估该知识产权许可是否构成单项履约义务。如果是一项可明确区分的承诺,则是单项履约义务。同时符合下列两项标准,则是可明确区分的:①客户能够从该商品或服务本身或从该商品或服务与其他易于获得资源一起使用中受益(该商品或服务本身能够明确区分);②企业向客户转让商品或服务的承诺与合同中其他承诺可单独区分(在基于相关合同进行考虑时该商品或服务可明确区分)。

构成单项履约义务的,应当进一步确定其是在某一时段内履行还是在某一时点履行,从而决定确认收入的方式。

企业向客户授予知识产权许可,同时满足下列条件时,应当作为在某一时段内履行的履约义务确认相关收入,否则,应当作为在某一时点履行的履约义务确认相关收入:①合同要求或客户能够合理预期企业将从事对该项知识产权有重大影响的活动;②该活动对客户将产生有利或不利影响;③该活动不会导致向客户转让某项商品。

例如,甲公司从事软件开发,拥有论文检索数据库。按合同和惯例要求,为了维护数据库的功能,甲公司需要对数据库持续进行更新,甲公司从事的这些活动对于客户获得的知识产权有重大影响,如果不从事数据库更新活动,对客户将产生不利影响,而且这些活动并不会导致向客户转让另一项商品或服务。甲公司应当将其作为在某一时段内履行的履约义务,将收取的对价在有效期内确认收入。

企业向客户授予知识产权许可,并约定按客户实际销售或使用情况收取特许权使用费的,应当在下列两项孰晚的时点确认收入:①客户后续销售或使用行为实际发生;②企业履行相关履约义务。

(六)售后回购

售后回购,是指企业销售商品的同时承诺或有权选择日后再将该商品(包括相同或几乎相同的商品,或以该商品作为组成部分的商品)购回的销售方式。

对于售后回购交易,企业应当区分下列两种情形分别进行会计处理:

(1)企业因存在与客户的远期安排而负有回购义务或企业享有回购权利的,表明客户在销售时点并未取得相关商品控制权,企业应当作为租赁交易或融资交易进行相应的会计处理。其中,回购价格低于原售价的,应当视为租赁交易,按照《企业会计准则第21号——租赁》的相关规定进行会计处理;回购价格不低于原售价的,应当视为融资交易,在收到客户款项时确认金融负债,并将该款项和回购价格的差额在回购期间内确认为利息费用等。企业到期未行使回购权利的,应当在该回购权利到期时终止确认金融负债,同时确认收入。

例如,2×16年5月1日,甲公司向乙公司销售一批健身器材,销售价格为50万元,同时约定,甲公司将在2×18年5月1日以20万元的价格回购。该交易实质是乙公司支付了30万元的对价取得了健身器材2年的使用权,甲公司应当作为租赁交易进行会计处理。

又如,2×18年5月1日,甲公司向乙公司销售一台设备,销售价格为100万元,同时约定,甲公司将在2×18年11月1日以120万元的价格回购该设备。该交易应当视为融资交易,实质是甲公司以这台设备作为质押取得了100万元的借款,6个月后归还本息合计120万元。

(2)企业负有应客户要求回购商品义务的,应当在合同开始日评估客户是否具有行使该要求权的重大经济动因。客户具有行使该要求权重大经济动因的,企业应当将售后回购作为租赁交易或融资交易,按照上述第一种情形规定进行会计处理;否则,企业应当将其作为附有销售退回条款的销售交易相关规定进行会计处理。

例如,甲企业销售一批产品给客户,销售价格2 000万元,并约定在5年后,客户有权要求甲企业以1 500万元的价格回购这批产品。假定甲企业预期这批产品的市场价值在回购日远低于 1 500 万元,假设货币的时间价值不影响交易性质的判断。由于回购价格低于原售价,但显著高于市场回购日这些产品的市场价值,因此可以判断客户具有重大的经济动机去行使回售选择权,因此,该交易实质上是一个租赁安排。

(七)客户未行使的权利

企业向客户预收销售商品款项的,应当首先将该款项确认为负债,待履行了相关履约义务时再转为收入。当企业预收款项无须退回,且客户可能会放弃其全部或部分合同权利时,企业预期将有权获得与客户所放弃的合同权利相关的金额的,应当按照客户行使合同权利的模式按比例将上述金额确认为收入;否则,企业只有在客户要求其履行剩余履约义务的可能性极低时,才能将上述负债的相关余额转为收入。

企业向客户预收销售商品款项,赋予客户一项在未来取得商品或服务的权利,并使企业承担转让商品或服务的义务,客户向企业支付的预付款无须退回。客户可能不会行使其所有的合同权利,这些未行使的合同权利通常称为未使用的权利。例如,客户购买了一张洗车储值卡,但是由于丢失或者搬家距离变远而不再使用等原因形成未行使的权利,对企业来说则获得与客户未行使权利相关的对价。

(八)无须退回的初始费

企业在合同开始(或接近合同开始)日向客户收取的无须退回的初始费(如俱乐部的入会费等)应当计入交易价格。企业应当评估该初始费是否与向客户转让已承诺的商品相关。该初始费与向客户转让已承诺的商品相关,并且该商品构成单项履约义务的,企业应当在转让该商品时,按照分摊至该商品的交易价格确认收入;该初始费与向客户转让已承诺的商品相关,但该商品不构成单项履约义务的,企业应当在包含该商品的单项履约义务履行时,按照分摊至该单项履约义务的交易价格确认收入;该初始费与向客户转让已承诺的商品不相关的,该初始费应当作为未来将转让商品的预收款,在未来转让该商品时确认为收入。

企业收取了无须退回的初始费且为履行合同应开展初始活动,但这些活动本身并没有向客户转让已承诺的商品的,该初始费与未来将转让的已承诺商品相关,应当在未来转让该商品时确认为收入,企业在确定履约进度时不应考虑这些初始活动;企业为该初始活动发生的支出应当按照收入准则中关于合同成本相关规定确认为一项资产或计入当期损益。

例如,甲公司经营高尔夫球俱乐部协会,与客户签订了为期两年的合同,客户可在甲公司经营的各连锁俱乐部活动。进行注册入会初始活动时,甲公司向客户一次性收取入会费 100 元,其中俱乐部的年费为每年 1 000 元。注册入会时,甲公司为履行合同开展初始活动收取了无须退回的初始费,这些活动没有向客户转让任何商品或服务,该入会费实质上是客户为接受俱乐部服务支付的款项的一部分,甲公司应在未来两年内分期确认收入。

第二节　费　用

一、费用的确认

(一)费用的定义

费用是与收入相对应的概念。前已提及收入有广义和狭义之分,费用也有广义和狭义之分。广义的费用泛指企业各种日常活动发生的所有耗费,狭义的费用仅指与本期营业收入相配比的那部分耗费。我国《企业会计准则——基本准则》对费用采取了狭义的界定,指出:"费用是指企业在日常活动中发生的、会导致所有者权益减少的、与向所有者分配利润无关的经济利益的总流出。"例如,企业的销售成本、推广产品发生的广告费、企业交纳的所得税费用等都属于准则规范的费用。

(二)费用的确认原则

费用的确认应遵循权责发生制和配比原则。权责发生制要求,凡应属于本期发生的费用,不论其款项是否支付,均确认为本期费用;反之,不属于本期发生的费用,即使其款项已在本期支付,也不确认为本期费用。

配比原则要求企业在进行会计核算时,收入与其相关的费用应相互配比:①强调收入和费用在时间上的配比。在一定期间发生的收入必须与该期间发生的相关费用配比,以正确计算该期间的利润。②强调收入和费用在因果关系上的配比。这是指某项特定收入与其相关费用的配比,如企业销售一项产品所获得的收入,就应该与为生产、销售该产品所发生的成本及费用相配比。通过对象上的配比,可以正确计算企业销售某项产品所获得的利润;通过期间上的配比,可以正确计算企业在某一期间实现的利润。

二、期间费用

期间费用是企业当期发生的费用中的重要组成部分,是指本期发生的、不能直接或间接归入某种产品成本的、直接计入损益的各项费用,包括管理费用、销售费用和财务费用。

(一)管理费用

管理费用是指企业为组织和管理企业生产经营所发生的各种费用,包括企业在筹建期间发生的开办费、董事会和行政管理部门在企业的经营管理中发生的或者应当由企业统一负担的公司经费(包括行政管理部门职工工资及福利费、物料消耗、低值易耗品摊销、办公费和差旅费等)、工会经费、董事会费(包括董事会成员津贴、会议费和差旅费等)、聘请中介机构费、咨询费(含顾问费)、诉讼费、业务招待费、技术转让费、矿产资源补偿费、排污费以及企业生产车间(部门)和行政管理部门等发生的固定资产修理费用等。

（二）销售费用

销售费用是指企业在销售商品和材料、提供劳务的过程中发生的各种费用，包括企业在销售商品过程中发生的保险费、包装费、展览费和广告费、商品维修费、装卸费等以及为销售本企业商品而专设的销售机构（含销售网点、售后服务网点等）的职工薪酬、业务费、折旧费、固定资产修理费用等费用。

（三）财务费用

财务费用是指企业为筹集生产经营所需资金等而发生的筹资费用，包括利息支出（减利息收入）、汇兑损益以及相关的手续费、企业发生的现金折扣或收到的现金折扣等。

企业应分别设置“管理费用”、“销售费用”、“财务费用”科目核算期间费用，并按费用项目设置明细账进行明细核算。期末，应将各项期间费用科目余额转入“本年利润”科目，结转后各项期间费用科目无余额。

第三节　利　润

一、利润的构成

利润是指企业在一定会计期间的经营成果。对利润进行核算，可以及时反映企业在一定会计期间的经营业绩和获利能力，反映企业的投入产出效率和经济效益，有助于企业投资者和债权人据此进行盈利预测，评价企业经营绩效，做出正确的决策。

利润包括收入减去费用后的净额、直接计入当期利润的利得和损失等。其中，收入减去费用后的净额反映企业日常的生产经营活动有关的成果，直接计入当期的利得和损失反映企业非日常活动的业绩。企业应当严格区分收入和利得、费用和损失，以便更加全面地反映企业的经营业绩。

我国对于利润的计算采用多步式结构，相关计算公式如下：

营业利润＝营业收入－营业成本－税金及附加－销售费用－管理费用－研发费用－财务费用－资产减值损失－信用减值损失＋其他收益＋投资收益（－投资损失）＋公允价值变动收益（－公允价值变动损失）＋资产处置收益（－资产处置损失）

其中，营业收入是指企业经营业务所确认的收入总额，包括主营业务收入和其他业务收入。

营业成本是指企业经营业务所发生的实际成本总额，包括主营业务成本和其他业务成本。

研发费用反映企业进行研究与开发过程中发生的费用化支出。

资产减值损失是指企业计提各项资产减值准备所形成的损失。

投资收益（或损失）是指企业以各种方式对外投资所取得的收益（或发生的损失）。

公允价值变动收益（或损失）是指企业交易性金融资产等以公允价值计量且其变

动计入当期损益的收益（或损失）。

资产处置收益（或损失），反映企业出售划分为持有待售的非流动资产（金融工具、长期股权投资和投资性房地产除外）或处置组（子公司和业务除外）时确认的处置利得（或损失），以及处置未划分为持有待售的固定资产、在建工程、生产性生物资产及无形资产而产生的处置利得（或损失）。债务重组中因处置非流动资产产生的利得（或损失）和非货币性资产交换中换出非流动资产产生的利得（或损失）也包括在其中。

其他收益反映计入其他收益的政府补助等。

利润总额 = 营业利润 + 营业外收入 - 营业外支出

其中，营业外收入（或支出）是指企业发生的与日常活动无直接关系但直接计入当期利润的各项利得（或损失）。

净利润 = 利润总额 - 所得税费用

其中，所得税费用是指企业确认的应从当期利润总额中扣除的所得税费用。

二、营业外收支

营业外收支虽然与企业生产经营活动没有多大的关系，但其金额的大小也直接影响到企业最终的财务成果。因此，营业外收支金额的大小是增加或减少利润不可忽视的因素。

（一）营业外收入

营业外收入并不是由企业经营资金耗费所产生的，不需要企业付出代价，实际上是一种纯收入，不可能也不需要与有关费用进行配比。因此，在会计核算上应当严格区分营业外收入与营业收入的界限，不得以营业外支出直接冲减营业外收入，也不得以营业外收入冲减营业外支出。营业外收入主要包括非流动资产毁损报废利得、债务重组利得、盘盈利得、与企业日常活动无关的政府补助、捐赠利得等。

（1）非流动资产毁损报废利得，指因自然灾害等发生毁损、已丧失使用功能而报废非流动资产所产生的清理收益。

（2）债务重组利得，指重组债务的账面价值超过清偿债务的现金、非现金资产的公允价值、所转股份的公允价值或者重组后债务账面价值之间的差额。

（3）盘盈利得，指企业对于现金等清查盘点中盘盈的现金等，报经批准后计入营业外收入的金额。

（4）政府补助，指与企业日常活动无关的、从政府无偿取得货币性资产或非货币性资产形成的利得。

（5）捐赠利得，指企业接受捐赠产生的利得。企业接受的捐赠和债务豁免，按照会计准则规定符合确认条件的，通常应当确认为当期收益。但是，企业接受控股股东（或控制股东的子公司）或非控股股东（或非控股股东的子公司）直接或间接代为偿债、债务豁免或捐赠，经济实质表明属于控股股东或非控股股东对企业的资本性投入，应当将相关利得计入所有者权益（资本公积）。

企业发生破产重整，其非控股股东因执行人民法院批准的破产重整计划，通过让渡所持有的该企业部分股份向企业债权人偿债的，企业应将非控股股东所让渡股份按照其在让渡之日的公允价值计入所有者权益(资本公积),减少所豁免债务的账面价值,并将让渡股份公允价值与被豁免的债务账面价值之间的差额计入当期损益。控股股东按照破产重整计划让渡了所持有的部分该企业股权向企业债权人偿债的,该企业也按此原则处理。

(6)罚没所得,指权益收取的滞纳金、违约金以及其他形式的罚款,在弥补了由于对方违约而造成的经济损失后的净收益。

(7)无法支付的应付款项,指由于债权单位撤销或其他原因而无法支付,或者将应付款项划转给关联方等其他企业而无法支付或无须支付,按规定程序报经批准后转入当期损益的应付款项。

企业应当设置"营业外收入"科目,核算营业外收入的取得和结转情况。该科目可按营业外收入的项目进行明细核算。期末,应将该科目余额转入"本年利润"科目,结转后该科目无余额。

(二)营业外支出

营业外支出主要包括非流动资产毁损报废损失、债务重组损失、公益性捐赠支出、非常损失、盘亏损失等。

(1)非流动资产毁损报废损失,指因自然灾害等发生毁损、已丧失使用功能而报废非流动资产所产生的清理损失。

(2)债务重组损失,指重组债权的账面余额超过受让资产的公允价值、所转股份的公允价值或者重组后债权的账面价值之间的差额。

(3)公益性捐赠支出,指企业对外进行公益性捐赠发生的支出。

(4)非常损失,是指企业由于客观原因(如自然灾害等)造成的损失,在扣除保险公司赔偿后应计入营业外支出的净损失。

(5)盘亏损失,指企业对于固定资产等清查盘点中盘亏的固定资产等,报经批准后在扣除保险公司赔偿或过失人赔偿后应计入营业外支出的金额。

(6)罚款支出,指企业由于违反合同、违法经营、偷税漏税、拖欠税款等而支付的违约金、罚款、滞纳金等支出。

企业应当设置"营业外支出"科目,核算营业外支出的发生和结转情况。该科目可按营业外支出的项目进行明细核算。期末,应将该科目余额转入"本年利润"科目,结转后该科目无余额。

三、利润的合成

(一)利润的合成方法

会计科目是会计要素的细分。影响利润的收入和费用、直接计入当期利润的利得和损失在发生时都已在相应的损益类科目登记,但是比较分散。我国会计准则中没有单独设置利润类别的会计科目,利润的核算是通过所有者权益类别的"本年利润"科目进行的。当期的企业盈利或亏损最终由企业的所有者享有或分担,动态的经营成果最终要被静态要素中的"所有者权益"所吸收。具体来说,利润的合成方法一般可以分为账结法和表结法两种方式。

1. 账结法

账结法是指企业在每月月末将全部损益类科目(除“以前年度损益调整”外)的余额转入“本年利润”科目,通过“本年利润”科目计算出当期净利润或者净亏损,将各期经营成果累计即可得到本年累计利润总额或者亏损总额。采用账结法合成利润的企业,损益类科目结转后均无期末余额。账结法的优点是各月均通过“本年利润”科目提供其当期经营成果,记账业务程序完整,但采用账结法增加了编制结转损益分录的工作量。

2. 表结法

表结法是指企业在年终决算以外的每月月末计算出损益类科目的月末余额,但不结转到“本年利润”科目,只有在年末时才结转到“本年利润”科目。采用表结法合成利润的企业,平时期末不需要将损益类科目的期末余额转入“本年利润”科目,因而各损益类科目期末有余额,反映自年初至本月末止的本年累计发生额;在年终决算时,损益类科目的本年累计发生额一次性结转到“本年利润”科目。采用表结法合成利润的企业,平时无须编制损益结转的会计分录,简化了日常核算,但年终决算必须采用账结法结转整个年度的累计余额。

(二)利润的会计核算

为了反映企业利润的形成过程和组成内容,企业应当设置“本年利润”科目进行核算。企业期末结转利润时,应将导致经济利益流入的“主营业务收入”、“其他业务收入”、“其他收益”、“营业外收入”等各损益类科目的余额转入“本年利润”科目的贷方,应将“主营业务成本”、“其他业务成本”、“税金及附加”、“销售费用”、“管理费用”、“研发费用”、“财务费用”、“资产减值损失”、“营业外支出”、“所得税费用”等导致经济利益流出的各损益类科目的余额转入“本年利润”科目的借方,结平各损益类科目。需要注意的是,“投资收益”、“公允价值变动损益”和“资产处置损益”科目结转前的期末余额可能在贷方,也有可能在借方。结转后“本年利润”科目的贷方余额为当期实现的净利润,借方余额为当期发生的净亏损。

在会计年度终了,企业应当将本年所有收入和支出相抵后结出的本年实现的净利润(即“本年利润”科目的贷方余额),转入“利润分配”科目,借记“本年利润”科目,贷记“利润分配——未分配利润”科目;如果企业本年所有收入和支出相抵后出现的为净亏损(即“本年利润”科目的借方余额),则应根据该借方余额,借记“利润分配——未分配利润”科目,贷记“本年利润”科目。“本年利润”科目在年末结转之后应当无余额。

【例 14 -9】甲公司采用表结法结转本年利润,2 ×18 年 12 月末各损益类科目余额见表 14 -2。

表 14 -2　损益类科目余额表　　单位:元

科目名称	借方余额	贷方余额
主营业务收入		16 505 000
主营业务成本	12 550 000	

续表

科目名称	借方余额	贷方余额
税金及附加	475 750	
销售费用	75 000	
管理费用	67 000	
财务费用	53 000	
资产减值损失	30 000	
其他业务收入		51 000
其他业务成本	46 250	
投资收益		120 000
公允价值变动损益		20 000
营业外收入		32 000
营业外支出	51 000	
所得税费用	1 320 000	
合 计	14 668 000	16 728 000

(1)根据表 14－2,可以计算出甲公司 2×18 年的相关利润指标:

营业利润＝16 505 000＋51 000－12 550 000－46 250－475 750－75 000－67 000－53 000－30 000＋20 000＋120 000＝3 399 000(元)

利润总额＝3 399 000＋32 000－51 000＝3 380 000(元)

净利润＝3 380 000－1 320 000＝2 060 000(元)

(2)12 月 31 日,甲公司结账的会计分录如下:

①结转各项收入与收益:

借:主营业务收入	16 505 000	
其他业务收入	51 000	
投资收益	120 000	
公允价值变动损益	20 000	
营业外收入	32 000	
贷:本年利润		16 728 000

②结转各项费用或损失:

借:本年利润	14 668 000	
贷:主营业务成本		12 550 000
税金及附加		475 750
其他业务成本		46 250
销售费用		75 000

管理费用	67 000
财务费用	53 000
资产减值损失	30 000
营业外支出	51 000
所得税费用	1 320 000

③将“本年利润”科目余额转入“利润分配——未分配利润”科目：

借：本年利润　　2 060 000

　贷：利润分配——未分配利润　　2 060 000

本章小结

收入是指企业在日常活动中形成的、会导致所有者权益增加的、与所有者投入资本无关的经济利益的总流入。收入确认的核心原则是“企业应当在履行了合同中的履约义务，即在客户取得相关商品或服务的控制权时确认收入”。基于此核心原则，准则设定了统一的收入确认计量的“五步法”模型，即识别与客户订立的合同、识别合同中的单项履约义务、确定交易价格、将交易价格分摊至各单项履约义务、履行每一单项履约义务时确认收入。

对于在某一时段内履行的履约义务，企业应当在该段时间内按照履约进度确认收入，但是，履约进度不能合理确定的除外。企业应当考虑商品的性质，采用产出法或投入法确定恰当的履约进度。

确认收入及结转成本的公式如下：

各期确认的收入 = 预计总收入 × 履约进度 - 以前期间累计确认的收入

各期结转的成本 = 预计总成本 × 履约进度 - 以前期间累计结转的成本

费用是与收入对应的概念，是指企业在日常活动中发生的、会导致所有者权益减少的、与向所有者分配利润无关的经济利益的总流出。费用的确认必须遵循权责发生制原则和配比原则。同时，在确认费用时，应当划分生产费用与非生产费用的界限，应当分清生产费用与产品成本的界限，应当分清生产费用与期间费用的界限。确认为期间费用的费用，必须进一步划分为管理费用、销售费用和财务费用。

利润是企业在一定会计期间的经营成果，利润的确认主要依赖于收入和费用以及利得和损失的确认，其金额的确定也主要取决于收入、费用、利得、损失金额的计量。利润的计算采用多步式结构，企业应当严格区分收入和利得、费用和损失的界限。利润的合成有表结法和账结法两种方法。

思考题

1. 如何理解收入确认的前提条件？试举例说明。
2. 合同资产与应收账款的区别是什么？
3. 如何理解在某一时段内履行的履约义务的收入确认条件？
4. 对于附有销售退回条款的销售，其会计处理有何特点？
5. 举例说明权责发生制、配比原则对于费用确认的影响。
6. 企业的利润由哪几部分构成？

练习题

1.【资料】甲公司是一家健身器材销售公司，2×18 年 11 月 1 日，甲公司向乙公司销售 1 万件健身器材，单位销售价格为 1 000 元，单位成本为 800 元，开出的增值税专用发票上注明的销售价格为 500 万元，增值税税额为 80 万元。健身器材已经发出，但款项尚未收到。根据协议约定，乙公司应于 2×18 年 10 月 31 日之前支付货款，在 2×18 年 12 月 31 日之前有权退还健身器材。甲公司根据过去的经验，估计该批健身器材的退货率约为 20%。甲公司为增值税一般纳税人，适用的增值税税率为 16%。健身器材发出时纳税义务已经发生，实际发生退回时取得税务机关开具的红字增值税专用发票。假定健身器材发出时控制权转移给乙公司。

【要求】根据上述资料，做出甲公司相关业务的会计分录。

2.【资料】企业应当根据其在向客户转让商品前是否拥有对该商品的控制权，来判断其从事交易时的身份是主要责任人还是代理人。企业在向客户转让商品前能够控制该商品的，该企业为主要责任人，应当按照已收或应收对价总额确认收入；否则，该企业为代理人，应当按照预期有权收取的佣金或手续费的金额确认收入，该金额应当按照已收或应收对价总额扣除应支付给其他相关方的价款后的净额，或者按照既定的佣金金额或比例等确定。

(1)2×18 年 1 月，甲旅行社从 A 航空公司购买了一定数量的折扣机票，并对外销售。甲旅行社向旅客销售机票时，可自行决定机票的价格等，未售出的机票不能退还给 A 航空公司。

(2)甲旅行社经营购物平台网站，在该平台购物的消费者可以明确获知在该网站上销售的商品均为其他零售商直接销售的商品，这些零售商负责发货以及售后服务等。甲旅行社与零售商签订的合同约定，该网站所售商品的采购、定价、发货以及售后服务等均由零售商自行负责，甲公司仅负责协助零售商和消费者结算货款，并按照每笔交易的实际销售额收取6%的佣金。

【要求】根据上述资料，判断其从事交易时的身份是主要责任人还是代理人。

3.【资料】甲公司2×18年年末各损益类账户余额(结转前)如表14－3所示。

表14－3　损益类科目余额表　　单位:元

账户名称	借方余额	贷方余额
主营业务收入		120 000
主营业务成本	60 000	
其他业务收入		7 500
其他业务成本	4 500	
税金及附加	5 400	
销售费用	2 600	
管理费用	8 000	
财务费用	2 000	
资产减值损失	3 000	
投资收益	1 500	
公允价值变动损益		3 000
营业外收入		3 500
营业外支出	1 000	

【要求】

(1)分步计算营业利润、利润总额;

(2)将各损益类账户余额进行结转;

(3)假设无纳税调整项目，企业所得税税率为25%，计算应交所得税，并做出相关会计分录;

(4)确定企业当期实现的净利润，并做出相关会计分录。

第十五章

财务报告

本章学习目的

通过本章学习，理解财务报告的基本概念，掌握资产负债表、利润表、现金流量表、所有者权益变动表的格式、内容与填列方法，熟悉财务报表附注的概念和重要报表项目的披露格式与内容，掌握报告分部的确定方法，以及分部报告披露的内容及方法，掌握关联方关系的认定及关联方披露要求。

本章重点与难点

本章重点是资产负债表、利润表、现金流量表、所有者权益变动表项目、格式及编制方法，重要财务报表附注项目披露内容及方法，报告分部的确定以及关联方关系的认定。本章难点在于资产负债表中流动与非流动项目的划分、其他综合收益概念、现金流量表的编制方法以及不同报表之间的勾稽关系等。

财务报告是财务会计提供信息的重要载体，对于企业外部利益相关者的决策和企业自身的经营管理，都具有重要的作用。本章在概述财务报告意义、种类和编制一般要求的基础上，详细讲述资产负债表、利润表、现金流量表、所有者权益变动表等四张主表的编制原理与填列方法，并介绍财务报表附注内容及披露方法。本章依据《企业会计准则第 30 号——财务报表列报》、《企业会计准则第 31 号——现金流量表》、《企业会计准则第 35 号——分部报告》、《企业会计准则第 36 号——关联方披露》、《关于修订印发 2018 年度一般企业财务报表格式的通知》（财会〔2018〕15 号）及相关指南和解释编写。

第一节　财务报告概述

一、财务报告的内容

企业在日常会计核算中，对发生的每一笔经济业务，都要编制会计凭证、登记会计账簿。但是，反映在会计凭证和会计账簿中的会计资料比较分散、零星，不能综合反映企业的财务状况、经营成果和现金流量，不能直接满足信息使用者的决策需要，因此，有必要对日常会计核算定期进行加工、分类和汇总，按照一定的要求编制成财务报告，通过财务报告这一信息载体，向信息使用者传递有关企业财务状况、经营成果和现金流量的综合信息。

财务报告，是指企业对外提供的反映企业某一特定日期的财务状况和某一会计期间经营成果、现金流量等会计信息的文件。财务报告包括财务报表和其他应当在财务报告中披露的相关信息和资料，是对会计要素确认、计量结果的综合性描述。一套完整的财务报表至少应当包括：①资产负债表；②利润表；③现金流量表；④所有者权益（或股东权益，下同）变动表；⑤附注。其中的财务报表与附注具有同等的重要程度。

二、财务报表的分类

财务报表可以按照不同的标准进行分类。

（一）按编报期间不同分类

按编报时间不同，财务报表可分为中期财务报表和年度财务报表。

1. 中期财务报表

中期财务报表是以短于一个完整会计年度的报告期间为基础编制的财务报表，它包括月报、季报和半年报。中期财务报表至少应当包括资产负债表、利润表、现金流量表和附注，其中，资产负债表、利润表、现金流量表应当是完整的报表，其格式与年度财务报表相一致。与年度财务报表相比，中期财务报表的附注披露可以适当简略，并且一般不需要经过审计。中期财务报表的具体要求参见《企业会计准则第 32 号——中期财务报告》。

2. 年度财务报表

年度财务报表是全面反映企业全年的经营成果、年末的财务状况以及年内现金流量的报告，是年度经济活动的总结性报告，每年年度终了编报一次。

（二）按编报主体不同分类

按编报主体，财务报表可分为个别财务报表和合并财务报表。

1. 个别财务报表

个别财务报表是指由企业在自身会计核算基础上对账簿记录进行加工而编制的财务报表，它主要用以反映企业自身的财务状况、经营成果和现金流量情况。

2. 合并财务报表

合并财务报表是指反映母公司和其全部子公司形成的企业集团整体财务状况、经营成果和现金流量的财务报表，其由母公司以母公司和所属子公司的个别财务报表为基础编制。合并财务报表具体要求参见《企业会计准则第 33 号——合并财务报表》。

三、财务报表列报的基本要求

财务报表列报，是指交易或事项在报表中的列示和在附注中的披露。具体来说，“列示”通常用于反映资产负债表、利润表、现金流量表和所有者权益变动表等报表中的信息；“披露”通常用于反映附注中的信息。财务报表列报的基本要求包括以下八个方面。

（一）依据各项会计准则确认和计量的结果编制财务报表

企业应当根据实际发生的交易和事项，遵循《企业会计准则——基本准则》、各项具体会计准则的规定进行确认和计量，并在此基础上编制财务报表。企业应当在附注中对这一情况做出声明，只有遵循了企业会计准则的所有规定，企业才能在财务报表附注中声明“遵循了企业会计准则”。

企业不应以在附注中披露代替对交易和事项的确认和计量，不恰当的确认和计量也不能通过充分披露相关会计政策而纠正。

此外，如果按照各项会计准则规定披露的信息不足以让报表使用者了解特定交易或事项对企业财务状况和经营成果的影响，企业还应当披露其他必要信息。

（二）列报基础

持续经营是会计的基本假设，是确认、计量及编制财务报表的基础。在编制财务报表过程中，企业管理层应当利用其所有可获得信息来评价企业自报告期末起至少 12 个月的持续经营能力。评价时需要考虑的因素包括宏观政策风险、市场经营风险、企业目前或长期的盈利能力、偿债能力、财务弹性以及企业管理层改变经营政策的意向等。评价结果表明对持续经营能力产生重大怀疑的，企业应当在附注中披露导致对持续经营能力产生重大怀疑的因素以及企业拟采取的改善措施。

企业在评估持续经营能力时应当结合考虑企业的具体情况。通常情况下，企业过去每年都有客观的净利润，并且易于获取所需的财务资源，则往往表明以持续经营为基础编制财务报表是合理的，无须进行详细的分析即可得出企业持续经营的结论。反之，如果企业过去多年有亏损的记录等情况，则需要通过考虑更广泛的相关因素来做出评价，如目前和预期未来的获利能力、债务清偿计划、替代融资的潜在来源等。

非持续经营是企业在极端情况下呈现的一种状态。企业存在以下情况之一的，通常表明其处于非持续经营状态：①企业已在当期进行清算或停止营业；②企业已经正式决定在下一个会计期间进行清算或停止营业；③企业已确定在当期或下一个会计期间没有其他可供选择的方案而被迫进行清算或停止营业。经判断企业处于非持续经营状态时，应当采用其他基础编制财务报表，比如，企业处于破产状态时，其资产应当采用可变现净值计量、负债应当按照其预计的结算金额计量等。在非持续经营情况下，企业应当在附注中声明财务报表未以持续经营为基础列报，披露其未以持续经营为基础的原因以及财务报表的编制基础。

（三）权责发生制

除现金流量表按照收付实现制原则编制外，企业应当按照权责发生制原则编制其他财务报表。

（四）依据重要性原则单独或汇总列报项目

财务报表是通过对大量的交易或事项的日常记录进行处理而生成的，对这些记录按其性质或功能汇总归类而形成财务报表中的项目。有关项目在财务报表中是单独列报还是汇总列报，应当依据重要性原则来判断。在合理预期下，财务报表某项目的省略或错报会影响使用者据此做出经济决策的，则该项目具有重要性。对各项目重要性的判断标准一经确定，不得随意变更。重要性应当根据企业所处具体环境，从项目的性质和金额大小两个方面予以判断：一方面，判断项目性质的重要性，应当考虑该项目在性质上是否属于企业日常活动，是否显著影响企业的财务状况、经营成果和现金流量等因素；另一方面，判断项目金额大小的重要性，应当考虑该项目金额占资产总额、负债总额、所有者权益总额、营业收入总额、营业成本总额、净利润、综合收益总额等直接相关项目金额的比重或所属报表单列项目金额的比重。总的原则是，如果某项目单个看不具有重要性，则可将其与其他项目汇总列报；如具有重要性，则应当单独列报。具体而言，应当遵循以下原则：

（1）性质或功能不同的项目，一般应当在财务报表中单独列报，但是不具有重要性的项目可以汇总列报。例如，存货与固定资产在性质和功能上都有本质区别，必须分别在资产负债表上单独列报。

（2）性质或功能类似的项目，一般可以合并列报，但是对于具有重要性的类别应该单独列报。例如，原材料、低值易耗品等项目在性质上类似，均通过生产过程形成企业的产品存货，因此可以合并列报，合并之后的类别统称为“存货”进行单独列报。

（3）项目单独列报的原则不仅适用于报表，也适用于附注。某些项目的重要性程度不足以在资产负债表、利润表、现金流量表或所有者权益变动表中单独列示，但是对附注却具有重要性，则应当在附注中单独披露。例如，对某制造业企业而言，原材料、包装物及低值易耗品、在产品、库存商品等项目的重要性程度不足以在资产负债表上单独列示，因此在资产负债表上合并列示，但是鉴于其对该制造业企业的重要性，应当在附注中单独披露存货构成情况。

(4)无论是《企业会计准则第30号——财务报表列报》规定的单独列报项目,还是其他具体会计准则规定单独列报的项目,企业都应当单独列报。

需要说明的是,在2018年6月26日发布的《关于修订印发2018年度一般企业财务报表格式的通知》(财会〔2018〕15号)中进一步明确:企业对不存在相应业务的报表项目可结合本企业的实际情况进行必要删减,企业根据重要性原则并结合本企业的实际情况可以对确需单独列示的内容增加报表项目。这赋予了企业在报表列报项目设定上的灵活性。

(五)列报的一致性

可比性是会计信息质量的一项重要质量要求,目的是使同一企业不同期间和同一期间不同企业的财务报表相互可比。为此,财务报表项目的列报应当在各个会计期间保持一致,不得随意变更,这一要求不仅适用于财务报表的项目名称,还适用于财务报表项目的分类、排列顺序等方面。

但是,发生以下两种情况,财务报表项目的列报是可以改变的:①会计准则要求改变,比如准则的修订导致的项目改变;②企业经营业务的性质发生重大变化或对企业经营影响较大的交易或事项发生后,变更财务报表项目的列报能够提供更可靠、更相关的会计信息。

(六)财务报表项目金额间的相互抵销

财务报表项目应当以总额列报,资产和负债、收入和费用、直接计入当期的利得和损失项目的金额不能相互抵销,即不得以净额列报,但企业会计准则另有规定的除外。例如,企业欠客户的应付款不得与其他客户欠本企业的应收款相抵销,如果相互抵销就掩盖了交易的实质。

以下情况可以净额列示,不属于抵销:①一组类似交易形成的利得和损失以净额列示,如为交易目的而持有的金融工具形成的利得和损失以净额列报。②资产或负债项目按扣除备抵项目后的净额列示。例如,对资产计提减值准备,表明资产的价值确实已经发生减损,按扣除减值准备后的净额列示,能够反映资产给企业带来的经济利益,体现其真实价值。③非日常活动产生的利得和损失,以同一交易形成的收益扣减相关费用后的净额列示更能反映交易实质的,不属于抵销。非日常活动的发生具有偶然性,不是企业的经常性活动以及与经常性活动相关的其他活动。非日常活动产生的损益以收入扣减费用后的净额列示,更能有利于报表使用者的理解。例如,非流动资产处置形成的利得和损失,应按处置收入扣除该资产的账面金额和相关销售费用后的净额列报。

(七)比较信息的列报

企业在列报当期财务报表时,至少应当提供所有列报项目的上一可比会计期间的比较数据,以及与理解当期财务报表相关的说明,目的是向报表使用者提供比较数据,提高信息在会计期间的可比性,以反映企业财务状况、经营成果和现金流量的发展趋势,提高报表使用者的判断与决策能力。列报比较信息的这一要求既适用于财务报表,也适用于报表附注。

财务报表项目的列报发生变更的,应当对上期比较数据按照当期的列报要求进行调整,并在附注中披露调整的原因和性质,以及调整的各项目金额。对上期比较数据进行调整不切实可行的,应当在附注中披露不能调整的原因。

(八)其他相关要求

1. 财务报表表首的列报要求

财务报表一般分为表首和正表两部分,企业应当在表首部分概括地列示以下基本信息:①编报企业的名称,企业名称在所属当期发生了变更的,还应明确标明;②资产负债表应当列示资产负债表日,而利润表、现金流量表、所有者权益变动表则需列示涵盖的会计期间;③货币名称和单位,按照我国企业会计准则的规定,企业应当以人民币作为记账本位币列报,并根据企业实际情况标明列报的金额单位,如人民币元、人民币千元等;④财务报表是合并财务报表的,应当予以标明。

2. 报告期间

企业至少应当编制年度财务报表。根据《会计法》的规定,会计年度自公历 1 月 1 日起至 12 月 31 日。因此,在编制年度财务报表时,可能存在年度财务报表涵盖的期间短于一年的情况,比如企业在年度中间(如 4 月 1 日)设立等,在这种情况下,企业应当披露年度财务报表的实际涵盖期间及短于 1 年的原因,并应当说明由此引起财务报表项目与比较数据不具可比性的事实。

第二节　资产负债表

一、资产负债表概述

(一)资产负债表的定义和作用

资产负债表是反映企业在某一特定日期财务状况的报表,它反映企业在某一特定日期所拥有或控制的经济资源、所承担的现时义务和所有者对净资产的要求权,是静态报表。资产负债表的作用表现在以下方面:①可以提供某一日期资产的总额及其结构,表明企业拥有或控制的资源及其分布情况,使用者可以一目了然地从资产负债表上了解企业在某一特定日期所拥有的资产总量及其结构;②可以提供某一日期的负债总额及其结构,表明企业未来需要用多少资产或劳务清偿债务以及清偿时间要求;③可以反映所有者拥有的权益,据以判断资本保值、增值的情况以及对负债的保障程度。此外,资产负债表还可以提供进行财务分析的基本资料,如将流动资产与流动负债进行比较,计算出流动比率;将速动资产与流动负债进行比较,计算出速动比率等,可以反映企业的变现能力、偿债能力和资金周转能力,从而有助于报表使用者做出相应决策。

(二)资产负债表列报总体要求

1. 分类别列报

资产负债表列报,最根本的目标就是如实反映企业在资产负债表日所拥有的资源、所承担的负债以及所拥有的所有者权益。因此,资产负债表应当按照资产、负债和所有者权益三大类别分类列报。

2. 资产和负债按流动性列报

资产和负债应当按照流动性分别分为流动资产和非流动资产、流动负债和非流动负债列示。流动性,通常按资产的变现或耗用时间长短或者负债偿还时间长短来确定。具体列示时,应先列报流动性强的资产或负债,后列报流动性弱的资产或负债。

3. 列报相关的合计、总计项目

合计与总计反映某类项目的总体情况,便于使用者进行分析。资产负债表中的资产类至少应当列示流动资产和非流动资产的合计项目,负债类至少应当列示流动负债、非流动负债及负债的合计项目,所有者权益类应当列示所有者权益的合计项目。

资产负债表依据“资产 = 负债 + 所有者权益”这一会计恒等式,把企业在特定时点所拥有的经济资源和与之相对应的企业承担的债务及扣除负债以后属于所有者的权益充分反映出来。因此,资产负债表应当分别列示资产总计项目和负债与所有者权益之和的总计项目,并且这二者的金额应当相等。

(三)资产和负债的列报

1. 流动资产与非流动资产

资产应当按照流动资产与非流动资产两大类别在资产负债表中列示,在流动资产和非流动资产类别下进一步按性质分项列示。

满足下列条件之一的资产,应当划分为流动资产:①预计在一个正常营业周期中变现、出售或耗用。该类资产主要包括存货、应收账款等。具体而言,变现一般针对应收账款等,指将资产变为现金;出售一般针对产品等存货;耗用一般指生产中将存货转换成另一形态。②主要为交易目的而持有,如部分依据《企业会计准则第 22 号——金融工具确认与计量》划分的交易性金融资产。③预期在自资产负债表日起一年内(含一年)变现。④自资产负债表日起一年内,交换其他资产或清偿负债的能力不受限制的现金或现金等价物。不符合流动资产条件的资产,应当划分为非流动资产。

值得注意的是,判断流动资产(包括下面将要提到的流动负债)时所称的一个正常营业周期,是指企业从购买用于加工的资产起至实现现金或现金等价物的期间。正常营业周期通常短于一年,在一年内有几个营业周期。但是,也存在正常营业周期长于一年的情况,如造船企业制造用于出售的大型船只等,从购买原材料进入生产,到制造出产品出售并收回现金或现金等价物的过程,往往超过一年,在这种情况下,与生产循环相关的产成品、应收账款、原材料尽管是超过一年才变现、出售或耗用,仍应作为流动资产。

正常营业周期不能确定的,应当以一年(12 个月)作为正常营业周期。

2. 流动负债与非流动负债

负债应当按照流动负债与非流动负债在资产负债表中列示,在流动负债和非流动负债类别下进一步按性质分项列示。

(1)流动负债与非流动负债的划分。负债满足下列条件之一的,应当归类为流动负债:①预计在一个正常营业周期中清偿;②主要为交易目的而持有;③在资产负债表日起一年内到期应予以清偿;④企业无权自主地将清偿推迟至资产负债表日后一年以上。

需要指出的是,有些流动负债,如应付账款、应付职工薪酬,属于企业正常营业周期中使用的营运资金的一部分。尽管这些经营性项目有时在资产负债表日后超过一年才到期清偿,但是它们仍应划分为流动负债。

流动负债以外的负债,应当划分为非流动负债。

(2)资产负债表日后事项对流动负债和非流动负债划分的影响。流动负债与非流动负债的划分是否正确,直接影响到对企业短期和长期偿债能力的分析。而资产负债表日后的某些事项可能会影响流动负债与非流动负债的划分,对此需要予以考虑。

第一,资产负债表日起一年内到期的负债。对于在资产负债表日起一年内到期的负债,企业有意图且有能力自主地将清偿义务展期至资产负债表日起一年以上的,应当归类为非流动负债;不能自主地将清偿义务展期的,即使在资产负债表日后、财务报告批准报出日前签订了重新安排清偿计划协议,该项负债仍应归类为流动负债。

第二,违约长期债务。企业在资产负债表日或之前违反了长期借款协议,导致贷款人可随时要求清偿的负债,应当归类为流动负债。这是因为,在这种情况下,债务清偿的主动权不在企业,企业只能被动地无条件归还贷款,而且该事实在资产负债表日即已存在,所以该负债应当作为流动负债列报。但是,如果贷款人在资产负债表日或之前同意提供资产负债表日起一年以上的宽限期,企业能够在此期限内改正违约行为,且贷款人不能要求随时清偿,则该项负债应当归类为非流动负债。

3. 持有待售的非流动资产和非流动负债的列报

根据《企业会计准则第 42 号——持有待售的非流动资产、处置组和终止经营》划分为持有待售的非流动资产(如固定资产)以及被划分为持有待售处置组中的资产的,该资产应当作为流动资产列报。类似地,被划分为持有待售处置组中的与转让资产相关的负债的,该负债应当作为流动负债列报。

(四)所有者权益的列报

资产负债表中的所有者权益类一般按照净资产的不同来源和特定用途进行分类。依据准则规定,资产负债表中的所有者权益类应当按照实收资本(或股本)、其他权益工具、资本公积、其他综合收益、盈余公积、未分配利润等项目列示。

二、资产负债表的列报格式

(一)账户式资产负债表列报格式

资产负债表的列报格式有两种:报告式和账户式。报告式资产负债表是上下结构,上半部分列示资产,下半部分列示负债和所有者权益。具体排列形式可分为两种:一是按"资产 = 负债 + 所有者权益"的原理排列;二是按"资产 - 负债 = 所有者权益"的原理排列。账户式资产负债表是左右结构,即左边列报资产,一般按资产的流动性大小排列;右边列报负债和所有者权益,负债一般按要求清偿时间的先后顺序排列,所有者权益按照永久性程度排列。账户式资产负债表中的资产各项目的合计等于负债和所有者权益各项目的合计,即资产负债表左边和右边平衡。

（二）列示资产负债表的比较信息

根据财务报表列报准则的规定，企业需要提供比较资产负债表，以便报表使用者通过比较不同时点资产负债表的数据，掌握企业财务状况的变动情况及发展趋势。所以，资产负债表还就各项目再分为“年初余额”和“期末余额”两栏分别填列。资产负债表的具体格式如表 15－1 所示。

三、资产负债表的列报方法

（一）“期末余额”栏的填列方法

本表“期末余额”栏一般应根据资产、负债和所有者权益类账户的期末余额填列。概括而言，有以下几类：

（1）根据总账科目的余额计算填列。“其他权益工具投资”、“递延所得税资产”、“短期借款”、“应付职工薪酬”、“应交税费”、“其他应付款”、“持有待售负债”、“预计负债”、“递延收益”、“递延所得税负债”、“实收资本（或股本）”、“资本公积”、“库存股”、“其他综合收益”、“盈余公积”等项目，应根据有关总账账户的余额计算填列。

有些项目则需根据几个总账科目的余额计算填列，如“货币资金”、“应付票据及应付账款”、“其他应付款”等项目。

（2）根据明细账科目的余额计算填列。“开发支出”、“交易性金融资产”、“衍生金融资产”、“交易性金融负债”、“一年内到期的非流动资产”、“衍生金融负债”、“一年内到期的非流动负债”、“长期借款”、“应付债券”等项目，应根据明细账科目的余额计算填列。

（3）根据总账科目和明细账科目的余额分析计算填列。“长期借款”项目，应根据“长期借款”总账科目余额扣除“长期借款”科目所属的明细科目中将在资产负债表日起一年内到期且企业不能自主地将清偿义务展期的长期借款后的金额计算填列；“长期待摊费用”项目，应根据“长期待摊费用”科目的期末余额减去将于一年内（含一年）摊销的数额后的金额填列；“其他非流动负债”项目，应根据有关科目的期末余额减去将于一年内（含一年）到期偿还数后的金额填列。

（4）根据有关科目余额减去其备抵科目余额后的净额填列。“债权投资”、“长期股权投资”、“商誉”、“持有待售资产”项目，应根据相关科目的期末余额填列，已计提减值准备的，还应扣减相应的减值准备；“无形资产”、“投资性房地产”、“生产性生物资产”、“油气资产”项目，应根据相关科目的期末余额扣减相关的累计折旧（或摊销、折耗）填列，已计提减值准备的，还应扣减相应的减值准备，采用公允价值计量的上述资产，应根据相关科目的期末余额填列；“长期应收款”项目，应根据“长期应收款”科目的期末余额，减去相应的“未实现融资收益”科目和“坏账准备”科目所属相关明细科目期末余额后的金额填列；“长期应付款”项目，应根据“长期应付款”科目的期末余额，减去相应的“未确认融资费用”科目期末余额后的金额填列。

（5）综合运用上述填列方法分析填列。这类项目有“应收票据及应收账款”、“存货”、“在建工程”、“其他流动资产”、“其他非流动金融资产”、“固定资产”、“其他非流动资产”、“其他流动负债”等。

【例 15－1】某企业期末“工程物资”科目余额为 100 万元，“库存商品”科目余额为 50 万元，“原材料”科目余额为 60 万元，“材料成本差异”科目贷方余额为 5 万元。假定不考虑其他因素，要求计算该企业资产负债表中“存货”项目的金额。

“存货”项目＝50＋60－5＝105（万元）

具体而言，资产负债表各项目“期末余额”的内容及填列方法如下：

（1）“货币资金”项目。反映企业库存现金、银行结算账户存款、外埠存款、银行汇票存款、银行本票存款、信用卡存款、信用证保证金存款等的合计数。该项目应根据“库存现金”、“银行存款”、“其他货币资金”科目期末余额的合计数填列。

（2）“交易性金融资产”项目。反映资产负债表日企业分类为以公允价值计量且其变动计入当期损益的金融资产，以及企业持有的直接指定为以公允价值计量且其变动计入当期损益的金融资产的期末账面价值。该项目应根据“交易性金融资产”账户的相关明细期末余额填列。自资产负债表日起超过一年到期且预期持有超过一年的以公允价值计量且其变动计入当期损益的非流动金融资产的期末账面价值，在“其他非流动金融资产”项目反映。

（3）“衍生金融资产”项目。衍生金融工具业务具有重要性的企业，增设该项目，根据相关科目借方余额填列。

（4）“应收票据及应收账款”项目。反映资产负债表日以摊余成本计量的，企业因销售商品、提供服务等经营活动应收取的款项，以及收到的商业汇票，包括银行承兑汇票和商业承兑汇票。该项目应根据“应收票据”和“应收账款”科目所属各明细科目的期末借方余额合计数，减去按“预期信用损失法”计提的“坏账准备”期末余额后的金额填列。

（5）“预付款项”项目。反映企业按照购货合同固定预付给供应单位的款项等。该项目应根据“预付账款”和“应付账款”科目所属各明细科目的期末借方余额合计数，减去“坏账准备”科目中有关预付款项计提的坏账准备期末余额后的金额填列。“预付账款”科目所属各明细科目期末有贷方余额的，应在资产负债表“应付票据及应付账款”项目内填列。

（6）“其他应收款”项目。根据“应收利息”、“应收股利”和“其他应收款”科目的期末余额合计数，减去“坏账准备”科目中相关坏账准备期末余额后的金额填列。

（7）“存货”项目。该项目包括企业在日常活动中持有以备出售的产成品或商品、处在生产过程中的在产品、在生产过程或提供劳务过程中耗用的材料和物料等之外，以及摊销期限不超过一年或一个正常营业周期的资本化的合同履约成本。应根据“材料采购”、“原材料”、“发出商品”、“库存商品”、“周转材料”、“委托加工物资”、“生产成本”、“受托代销商品”、“合同履约成本”等科目的期末余额合计，减去“受托代销商品款”、“存货跌价准备”、“合同履约成本减值准备”科目期末余额后的金额填列，材料采用计划成本核算，以及库存商品采用计划成本或售价核算的企业，还应按加或减材料成本差异、商品进销差价后的金额填列。

（8）“合同资产”、“合同负债”项目。企业应按照《企业会计准则第 14 号——收入》（2017 年修订）的相关规定，根据本企业履行履约义务与客户付款之间的关系在资产负债表中列示合同资产或合同负债。“合同资产”项目、“合同负债”项目,应分别根据“合同资产”、“合同负债”科目的相关明细科目期末余额分析填列,同一合同下的合同资产和合同负债应当以净额列示,其中净额为借方余额的,应当根据其流动性在“合同资产”或“其他非流动资产”项目中填列,已计提减值准备的,还应减去“合同资产减值准备”科目中相关的期末余额后的金额填列。其中,净额为贷方余额的,应当根据其流动性在“合同负债”或“其他非流动负债”项目中填列。

(9)“持有待售资产”项目。反映资产负债表日划分为持有待售类别的非流动资产及划分为持有待售类别的处置组中的流动资产和非流动资产的期末账面价值。该项目应根据在资产类科目新设置的“持有待售资产”科目的期末余额,减去“持有待售资产减值准备”科目的期末余额后的金额填列。

(10)“一年内到期的非流动资产”项目。反映企业将于一年内到期的非流动资产项目金额,包括自资产负债表日起一年内到期的长期债权投资的期末账面价值。该项目应根据有关科目的期末余额分析计算填列。

(11)“其他流动资产”项目。反映企业除货币资金、交易性金融资产、应收票据及应收账款、其他应收款、存货等流动资产以外的其他流动资产,包括企业购入的以摊余成本计量的一年内到期的债权投资、企业购入的以公允价值计量且其变动计入其他综合收益的一年内到期的债权投资、不超过一年或一个正常营业周期结转的合同资产,以及摊销期限不超过一年或一个正常营业周期资本化的合同取得成本、在一年或一个正常营业周期内出售的应收退货成本等。该项目应根据有关科目的期末余额分析填列。

(12)“债权投资”项目。反映企业以摊余成本计量的长期债权投资的期末账面价值。该项目应根据“债权投资”科目的相关明细科目期末余额,减去“债权投资减值准备”科目中相关减值准备的期末余额后的金额分析填列。自资产负债表日起一年内到期的长期债权投资的期末账面价值,在“一年内到期的非流动资产”项目反映。企业购入的以摊余成本计量的一年内到期的债权投资的期末账面价值,在“其他流动资产”项目反映。

(13)“其他债权投资”项目。反映企业分类为以公允价值计量且其变动计入其他综合收益的长期债权投资的期末账面价值。该项目应根据“其他债权投资”科目的相关明细科目期末余额分析填列。自资产负债表日起一年内到期的长期债权投资的期末账面价值,在“一年内到期的非流动资产”项目反映。企业购入的以公允价值计量且其变动计入其他综合收益的一年内到期的债权投资的期末账面价值,在“其他流动资产”项目反映。

(14)“长期应收款”项目。反映企业融资租赁产生的应收款项等。该项目应根据“长期应收款”科目的期末余额,减去相应的“未实现融资收益”科目和“坏账准备”科目所属相关明细科目余额后的金额填列。

(15)“长期股权投资”项目。反映企业持有的对子公司、联营企业和合营企业的长期股权投资。该项目应根据“长期股权投资”科目的期末余额,减去“长期股权投资减值准备”科目期末余额后的金额填列。

(16)“其他权益工具投资”项目。反映企业指定为以公允价值计量且其变动计入其他综合收益的非交易性权益工具投资的期末账面价值。该项目应根据“其他权益工具投资”科目的期末余额填列。

(17)“其他非流动金融资产”项目。反映企业自资产负债表日起超过一年到期且预期持有超过一年的金融资产期末账面价值,该项目应根据有关科目的期末余额计算填列。

(18)“投资性房地产”项目。反映企业持有的投资性房地产账面价值。企业采用成本模式计量投资性房地产的,该项目应根据“投资性房地产”科目期末余额,减去“投资性房地产累计折旧(摊销)”和“投资性房地产减值准备”科目期末余额后的金额填列;企业采用公允价值模式计量投资性房地产的,该项目应根据“投资性房地产”科目的期末余额填列。

(19)“固定资产”项目。反映资产负债表日企业固定资产的期末账面价值和企业尚未清理完毕的固定资产清理净损益。该项目应根据“固定资产”科目期末余额,减去“累计折旧”和“固定资产减值准备”科目期末余额后的金额,以及“固定资产清理”科目余额及其方向的影响后计算填列。

(20)“在建工程”项目。反映企业期末尚未达到预定可使用状态的在建工程的期末账面价值和企业为在建工程准备的各种物资的期末账面价值,除企业基建、更新改造等在建工程发生的支出外,还包括企业为在建工程准备的各种物资成本(工程用材料、尚未安装的设备以及为生产准备的工具、器具等)。该项目应根据“在建工程”、“工程物资”科目期末余额,减去“在建工程减值准备”、“工程物资减值准备”科目期末余额后的金额填列。

(21)“生产性生物资产”项目。反映企业(农业)持有的生产性生物资产。该项目应根据“生产性生物资产”科目期末余额,减去“生产性生物资产累计折旧”和“生产性生物资产减值准备”科目期末余额后的金额填列。

(22)“油气资产”项目。反映企业(石油、天然气开采)持有的矿区权益和油气井及相关设施的原价减去累计折耗和累计减值准备后的净额。该项目应根据“油气资产”科目期末余额,减去“累计折耗”科目期末余额和相应减值准备后的金额填列。

(23)“无形资产”项目。反映企业持有的无形资产,包括专利权、非专利技术、商标权、著作权、土地使用权等。该项目应根据“无形资产”科目期末余额,减去“累计摊销”和“无形资产减值准备”科目期末余额后的金额填列。

(24)“开发支出”项目。反映企业开发无形资产过程中能够资本化形成无形资产成本的支出部分。该项目应根据“研发支出”科目中所属的“资本化支出”明细科目期末余额填列。

(25)“商誉”项目。反映企业合并中形成的商誉的价值。该项目应根据“商誉”科目期末余额,减去相应减值准备后的金额填列。

(26)“长期待摊费用”项目。反映企业已经发生但应由本期和以后各期负担的分摊期限在一年以上的各项费用。长期待摊费用中在一年内(含一年)摊销部分,在资产负债表“一年内到期的非流动资产”项目填列。该项目应根据“长期待摊费用”科目期末余额,减去将于一年内(含一年)摊销的数额后的金额填列。

(27)“递延所得税资产”项目。反映企业确认的可抵扣暂时性差异产生的递延所得税资产。该项目应根据“递延所得税资产”科目期末余额填列。

(28)“其他非流动资产”项目。反映企业除长期股权投资、债权投资、固定资产、在建工程、无形资产等资产以外的其他非流动资产。除预付土地出让金、预付工程款、预付房屋/设备款、无形资产预付款、继续涉入资产外,还包括摊销期限超过一年或一个正常营业周期的资本化的合同取得成本、摊销期限超过一年或一个正常营业周期的资本化的合同履约成本、不在一年或一个正常营业周期内出售的确认为资产的应收退货成本。该项目应根据有关科目期末余额分析计算填列。

(29)“短期借款”项目。反映企业向银行或其他金融机构等借入的期限在一年以下(含一年)的各种借款。该项目应根据“短期借款”科目期末余额填列。

(30)“交易性金融负债”项目。反映资产负债表日企业承担的交易性金融负债,以及企业持有的直接指定为以公允价值计量且其变动计入当期损益的金融负债的期末账面价值。该项目应根据“交易性金融负债”科目的相关明细科目期末余额填列。

(31)“衍生金融负债”项目。企业衍生金融工具业务具有重要性的,增设该项目,根据相关科目贷方余额填列。

(32)“应付票据及应付账款”项目。属贸易性应付款项,反映企业因购买材料、商品和接受服务等经营活动应支付的款项,以及开出、承兑的商业汇票,包括银行承兑汇票和商业承兑汇票。该项目应根据“应付票据”、“应付账款”、“预付账款”科目明细期末余额填列。

(33)“预收款项”项目。反映企业业务活动中预收性质的款项,但不包含根据修订后的《企业会计准则第 14 号——收入》已收或应收客户对价而应向客户转让商品的义务,如在转让承诺的商品或服务之前已收取的款项(在“合同负债”或“其他非流动负债”反映)。该项目应根据“预收账款”和“应收账款”科目所属各明细科目的期末贷方余额合计数填列。

(34)“应付职工薪酬”项目。反映企业根据有关规定应付给职工的工资、职工福利、社会保险费、住房公积金、工会经费、职工教育经费、非货币性福利、辞退福利等各种薪酬。外商投资企业按规定从净利润中提取的职工奖励及福利基金,也在该项目列示。该项目应根据“应付职工薪酬”科目期末余额填列。

(35)“应交税费”项目。反映企业按照税法规定计算缴纳的各种税费,包括增值税、消费税、所得税、资源税、土地增值税、城市维护建设税、房产税、土地使用税、车船税、教育费附加、矿产资源补偿费等。企业代扣代交的个人所得税,也通过该项目列示。该项目应根据“应交税费”科目的期末贷方余额填列;如“应交税费”科目余额为借方余额,应以“-”号填列。

(36)“其他应付款”项目。反映企业除应付票据、应付账款、预收账款、应付职工薪酬、应付利息、应付股利、应交税费等经营活动以外的其他各种应付、暂收的款项。该项目应根据“应付利息”、“应付股利”、“其他应付款”科目的期末余额合计数填列。

(37)“持有待售负债”项目。反映企业处置组中与划分为持有待售类别的资产直接相关的负债的期末账面价值。该项目应根据在负债类科目新设置的“持有待售负债”科目的期末余额填列。

(38)“一年内到期的非流动负债”项目。反映企业非流动负债中将于资产负债表日后一年内到期部分的金额,包括一年内到期的长期借款、一年内到期的应付债券、一年内到期的长期应付款、一年内到期的预计负债等。该项目应根据有关科目的期末余额分析计算填列。

(39)“其他流动负债”项目。反映企业除短期借款、交易性金融负债、应付票据及应付账款、应付职工薪酬、应交税费等流动负债以外的其他流动负债,包括短期融资券、短期应付债券、预提费用、受益期预计在一年以内(含一年)的政府补助、短期财务担保合同负债、短期待转销项税额等,以及在一年或一个正常营业周期内清偿的应付退货款。该项目应根据相关科目的期末余额填列。

(40)“长期借款”项目。反映企业向银行或其他金融机构借入的期限在一年以上(不含一年)的各项借款。该项目应根据“长期借款”科目的期末余额填列。

(41)“应付债券”项目。反映企业为筹集长期资金而发行的债券本金和利息,包括可转换公司债券、优先股、永续债分拆后形成的负债成分。该项目应根据“应付债券”科目期末余额填列。

(42)“长期应付款”项目。反映企业除长期借款和应付债券以外的其他各种长期应付款项的期末账面价值,包括应付融资租入固定资产的租赁费、以分期付款方式购入固定资产等发生的应付款项,以及企业取得的政府作为企业所有者投入的具有专项或特定用途的款项。该项目应根据“长期应付款”科目的期末余额,减去相应的“未确认融资费用”科目余额,再加上“专项应付款”科目的期末金额填列。

(43)“预计负债”项目。反映企业确认的对外提供担保、未决诉讼、产品质量保证、附有销售退回条款销售中的应付退货款、重组义务、亏损合同等预计负债。该项目应根据“预计负债”科目期末余额填列。

(44)“递延收益”项目。反映企业应于以后期间确认为收益的项目。该项目应根据“递延收益”科目余额填列。

(45)“递延所得税负债”项目。反映企业确认的应纳税暂时性差异产生的递延所得税负债。该项目应根据“递延所得税负债”科目期末余额填列。

(46)“其他非流动负债”项目。反映企业除长期借款、应付债券、长期应付款等负债以外的其他非流动负债,包括长期待转销项税额、储备资金、代管基金、预收租金、附赎回义务的增资款、继续涉入负债等长期应付款项,以及企业已收或应收客户对价而应向客户转让商品的长期义务。该项目应根据相关科目期末余额计算分析填列。

(47)“实收资本(或股本)”项目。反映企业各投资者实际投入的资本(或股本)总额。该项目应根据“实收资本(或股本)”科目期末余额填列。

(48)“其他权益工具”项目。反映企业发行的除普通股以外的归类为权益工具的各种金融工具。该项目应根据“其他权益工具”科目期末余额填列。

(49)“资本公积”项目。反映企业收到投资者出资额超出其在注册资本或股本中所占份额的部分,以及权益性交易引起的权益变动。该项目应根据“资本公积”科目的期末余额填列。

(50)“库存股”项目。反映企业收购、转让或注销的本公司股份金额,以及按照发行限制性股票的数量及相应的回购价格计算确定的回购义务。该项目应根据“库存股”科目期末余额填列。

(51)“其他综合收益”项目。反映企业根据其他会计准则规定未在当期损益中确认的各项利得和损失。该项目应根据“其他综合收益”科目的期末余额填列。

(52)“盈余公积”项目。反映企业盈余公积的期末余额。该项目应根据“盈余公积”科目期末余额填列。

(53)“未分配利润”项目。反映企业尚未分配的利润。该项目应根据“本年利润”和“利润分配”科目的余额计算填列。如果为“未弥补亏损”,则其以“－”号列示。

(二)“年初余额”栏的填列方法

本表中的“年初余额”栏通常根据上年年末有关项目的“期末余额”填列,且与上年年末资产负债表“期末余额”栏相一致。企业在首次执行现行准则当年的“年初余额”栏及相关项目进行调整;以后期间,如果企业发生了会计政策变更、前期差错更正,应当对“年初余额”栏中的有关项目进行相应调整。此外,如果企业上年度资产负债表规定的项目名称和内容与本年度不一致,应当对上年年末资产负债表相关项目的名称和数字按照本年度的规定进行调整,填入“年初余额”栏。

四、资产负债表编制举例

【例15－2】华泰股份有限公司2×17年12月31日的资产负债表(年初余额)及2×18年12月31日的科目余额表分别见表15－1和表15－2。假设华泰股份有限公司2×18年除计提固定资产减值准备导致固定资产账面价值与其计税基础存在可抵扣暂时性差异外,其他资产和负债的账面价值均等于其计税基础。假设华泰股份有限公司未来很可能获得足够的应纳税所得额来抵扣可抵扣暂时性差异,适用的所得税税率为25%,并在相应的期间内保持不变。

表15－1 资产负债表

会企01表

编制单位:华泰股份有限公司　　2×17年12月31日　　单位:元

资　产	期末余额	年初余额	负债和所有者权益(或股东权益)	期末余额	年初余额
流动资产:			流动负债:		
货币资金	1 406 300		短期借款	300 000	
交易性金融资产	15 000		交易性金融负债	0	
衍生金融资产			衍生金融负债		
应收票据及应收账款	545 100		应付票据及应付账款	1 153 800	
预付款项	100 000		预收款项	0	
其他应收款	5 000		合同负债		
存货	2 580 000		应付职工薪酬	110 000	
合同资产			应交税费	36 600	

续表

资　产	期末余额	年初余额	负债和所有者权益(或股东权益)	期末余额	年初余额
持有待售资产	0		其他应付款	51 000	
一年内到期的非流动资产	0		持有待售负债	0	
其他流动资产	100 000		一年内到期的非流动负债	1 000 000	
流动资产合计	4 751 400		其他流动负债	0	
非流动资产:			流动负债合计	2 651 400	
债权投资	0		非流动负债:		
其他债权投资	0		长期借款	600 000	
长期应收款	0		应付债券	0	
长期股权投资	250 000		长期应付款	0	
其他权益工具投资			预计负债	0	
			递延收益		
其他非流动金融资产			递延所得税负债	0	
投资性房地产	0		其他非流动负债	0	
固定资产	1 100 000		非流动负债合计	600 000	
在建工程	1 500 000		负债合计	3 251 400	
生产性生物资产	0		所有者权益(或股东权益):		
油气资产	0		实收资本(或股本)	5 000 000	
无形资产	600 000		其他权益工具		
开发支出	0		资本公积	0	
商誉	0		减:库存股	0	
长期待摊费用	0		其他综合收益	0	
递延所得税资产	0		盈余公积	100 000	
其他非流动资产	200 000		未分配利润	50 000	
非流动资产合计	3 650 000		股东权益合计	5 150 000	
资产总计	8 401 400		负债和所有者权益(或股东权益)总计	8 401 400	

表 15－2　2×18 年 12 月 31 日科目余额表　　单位:元

科目名称	借方余额	科目名称	贷方余额
库存现金	2 000	短期借款	50 000
银行存款	805 831	应付票据	100 000
其他货币资金	7 300	应付账款	953 800
交易性金融资产	0	其他应付款	50 000
应收票据	66 000	应付职工薪酬	180 000

续表

科目名称	借方余额	科目名称	贷方余额
应收账款	600 000	应交税费	226 731
坏账准备	-1 800	应付利息	0
预付账款	100 000	应付股利	32 215.85
其他应收款	5 000	一年内到期的长期负债	0
材料采购	275 000	长期借款	1 160 000
原材料	45 000	股本	5 000 000
周转材料	38 050	资本公积	3 000
库存商品	2 122 400	盈余公积	124 770.4
材料成本差异	4 250	利润分配(未分配利润)	218 013.75
其他流动资产	100 000		
长期股权投资	253 000		
固定资产	2 401 000		
累计折旧	-170 000		
固定资产减值准备	-30 000		
工程物资	300 000		
在建工程	428 000		
无形资产	600 000		
累计摊销	-60 000		
递延所得税资产	7 500		
其他长期资产	200 000		
合　计	8 098 531	合　计	8 098 531

根据上述资料，编制华泰股份有限公司 2×18 年 12 月 31 日的资产负债表，如表 15-3 所示。

表 15-3　资产负债表

会企 01 表

编制单位：华泰股份有限公司　　2×18 年 12 月 31 日　　单位：元

资　产	期末余额	年初余额	负债和所有者权益(或股东权益)	期末余额	年初余额
流动资产：			流动负债：		
货币资金	815 131	1 406 300	短期借款	50 000	300 000
交易性金融资产	0	15 000	交易性金融负债	0	0
衍生金融资产			衍生金融负债		
应收票据及应收账款	664 200	545 100	应付票据及应付账款	1 053 800	1 153 800

续表

资　产	期末余额	年初余额	负债和所有者权益(或股东权益)	期末余额	年初余额
预付款项	100 000	100 000	预收款项	0	0
其他应收款	5 000	5 000	合同负债		
存贷	2 484 700	2 580 000	应付职工薪酬	180 000	110 000
合同资产			应交税费	226 731	36 600
持有待售资产	0	0	其他应付款	82 215.85	51 000
一年内到期的非流动资产	0	0	持有待售负债	0	0
其他流动资产	100 000	100 000	一年内到期的非流动负债	0	1 000 000
流动资产合计	4 169 031	4 751 400	其他流动负债	0	0
非流动资产:			流动负债合计	1 592 746.85	2 651 400
债权投资	0	0	非流动负债:		
其他债权投资	0	0	长期借款	1 160 000	600 000
长期应收款	0	0	应付债券	0	0
长期股权投资	253 000	250 000	长期应付款	0	0
其他权益工具投资			预计负债	0	0
其他非流动金融资产			递延收益		
投资性房地产	0	0	递延所得税负债	0	0
固定资产	2 201 000	1 100 000	其他非流动负债	0	0
在建工程	728 000	1 500 000	非流动负债合计	1 160 000	600 000
生产性生物资产	0	0	负债合计	2 752 746.85	3 251 400
油气资产	0	0	所有者权益(或股东权益):		
无形资产	540 000	600 000	实收资本(或股本)	5 000 000	5 000 000
			其他权益工具		
开发支出	0	0	资本公积	3 000	0
商誉	0	0	减:库存股	0	0
长期待摊费用	0	0	其他综合收益	0	0
递延所得税资产	7 500	0	盈余公积	124 770.40	100 000
其他非流动资产	200 000	200 000	未分配利润	218 013.75	50 000
非流动资产合计	3 929 500	3 650 000	所有者权益(或股东权益)合计	5 345 784.15	5 150 000
资产总计	8 098 531	8 401 400	负债和所有者权益(或股东权益)总计	8 098 531	8 401 400

第三节　利润表

一、利润表概述

（一）利润表的作用

利润表是反映企业在一定会计期间经营成果的报表。利润表的列报应当充分反映企业经营业绩的主要来源与构成，有助于使用者分析净利润的质量并据此预测净利润的持续性，从而做出正确的决策。将利润表中的信息与资产负债表中的信息相结合，还可以提供进行财务分析的基本资料，如将赊销收入净额与应收账款平均余额进行比较，计算出应收账款周转率；将销货成本与存货平均余额进行比较，计算出存货周转率；将净利润与资产总额进行比较，计算出资产收益率等，可以反映企业资金周转情况及企业的盈利能力和水平，便于报告使用者判断企业未来的发展趋势，做出经济决策。

（二）利润表的总体列报要求

企业在利润表中应当对费用按照功能分类，分为从事经营业务发生的成本、管理费用、销售费用和财务费用等。企业的活动通常可以划分为生产、销售、管理、融资等，每一种活动上发生的费用所发挥的功能并不相同，因此，按照费用功能法将其分开列报，有助于使用者了解费用发生的活动领域。与此同时，准则还规定，企业应当在附注中披露费用按照性质分类的利润表补充资料，可将费用分为耗用的原材料、职工薪酬费用、折旧费用、摊销费用等，以有助于报表使用者预测企业的未来现金流量。关于费用性质的信息有助于预测企业未来现金流量，企业应当在附注中披露费用按照性质分类的补充资料，格式如表 15 - 4 所示。

应在对费用按照功能分类列报的基础上，进行利润表主要项目的列报。

表 15 - 4　费用按照性质分类的补充资料

项　　目	本期金额	上期金额
耗用的原材料		
产成品及在产品存货变动		
职工薪酬费用		
折旧费和摊销费用		
非流动资产减值损失		
支付的租金		
财务费用		
其他费用		
……		
合　　计		

二、利润表的列报格式和列报方法

（一）利润表的列报格式

1. 多步式利润表

利润表的格式一般有两种：单步式利润表和多步式利润表。单步式利润表将当期所有的收入列在一起，然后将所有的费用列在一起，两者相减得出当期净损益。多步式利润表对当期的收入、费用、支出项目按性质加以归类，按利润形成的主要环节列示一些中间性利润指标，分步计算当期净损益。

财务报表列报准则规定，企业应当采用多步式列报利润表，将不同性质的收入和费用进行对比，从而可以得出一些中间性的利润数据，便于使用者理解企业经营成果的不同来源。根据准则，多步式利润表通常主要反映以下几方面的内容：①营业收入，由主营业务收入和其他业务收入组成；②营业利润，营业收入减去营业成本（主营业务成本、其他业务成本）、税金及附加、销售费用、管理费用、财务费用、资产减值损失，加上公允价值变动收益、投资收益，即为营业利润；③利润总额，营业利润加上营业外收入，减去营业外支出，即为利润总额；④净利润，利润总额减去所得税费用，即为净利润；⑤其他综合收益，其又分为“以后会计期间不能重分类进损益的其他综合收益项目”和“以后会计期间在满足规定条件时将重分类进损益的其他综合收益项目”两类，并以扣除相关所得税影响后的净额列报；⑥综合收益总额，净利润加上其他综合收益税后的净额，即为综合收益总额；⑦每股收益，包括基本每股收益和稀释每股收益。企业通常可以分如下五个步骤编制利润表：

第一步，以“营业收入”为基础，减去营业成本、税金及附加、销售费用、管理费用、研发费用、财务费用、资产减值损失、信用减值损失，加上其他收益、投资收益、净敞口套期收益、公允价值变动收益、资产处置收益，计算出“营业利润”。

第二步，以“营业利润”为基础，加上营业外收入，减去营业外支出，计算出“利润总额”。

第三步，以“利润总额”为基础，减去所得税费用，计算出净利润（或净亏损）。

第四步，以“净利润”为基础，加上其他综合收益，计算出综合收益总额。

第五步，根据净利润及其他相关信息，计算出基本每股收益和稀释每股收益。

普通股或潜在普通股已公开交易的企业，以及正处于公开发行普通股或潜在普通股过程中的企业，还应当在利润表中列示每股收益信息。

2. 列示利润表的比较信息

根据财务报表列报准则的规定，企业需要提供比较利润表，以便报表使用者通过比较不同期间利润的实现情况，判断企业经营成果的变化趋势。所以，利润表还应分别“本期金额”和“上期金额”两栏填列比较数据。利润表的具体格式如表 15 – 7 所示。

（二）利润表的列报方法

1. 利润表“本期金额”栏和“上期金额”栏的填列方法

利润表表中的“上期金额”栏应根据上年该期利润表“本期金额”栏内所列数字填列。如果上年该期利润表规定的各个项目的名称和内容同本期不相一致，应对上年该期利润表各项目的名称和数字按本期的规定进行调整，将调整后的金额填入“上期金额”栏。“本期金额”栏根据本期损益类科目的发生额分析填列。而“营业利润”、“利润总额”、“净利润”、“综合收益总额”项目根据本表中相关项目计算填列。

(1)“营业收入”项目,反映企业经营主要业务和其他业务所确认的收入总额。不符合合同成立的条件时,企业只有在不再负有向客户转让商品的剩余义务,且已向客户收取的对价无须退回时,才能将已收取的对价确认为收入。该项目应根据“主营业务收入”和“其他业务收入”科目本期发生额分析填列。

(2)“营业成本”项目,反映企业经营主要业务和其他业务所发生的成本总额。该项目应根据“主营业务成本”和“其他业务成本”科目本期发生额分析填列。

(3)“税金及附加”项目,反映企业经营活动应负担的消费税、城市维护建设税、资源税、教育费附加、土地使用税、车船税、印花税等。该项目应根据“税金及附加”科目本期发生额分析填列。

(4)“销售费用”项目,反映企业在销售商品过程中发生的包装费、广告费等费用和为销售本企业商品而专设的销售机构的职工薪酬、业务费等经营费用。该项目应根据“销售费用”科目本期发生额分析填列。

(5)“管理费用”项目,反映企业为组织和管理生产经营发生的管理费用。该项目应根据“管理费用”科目本期发生额分析填列。

(6)“研发费用”项目,反映企业进行研究与开发过程中发生的费用化支出。该项目应根据“管理费用”的明细科目“研发费用”的发生额分析填列。

(7)“财务费用”项目,分设“利息费用”、“利息收入”两个项目。其中:“利息费用”反映企业为筹集生产经营所需资金等而发生的应予以费用化的利息支出,该项目应根据“财务费用”科目的相关明细科目的发生额分析填列;“利息收入”项目,反映企业确认的利息收入,该项目应根据“财务费用”科目的相关明细科目的发生额分析填列。

(8)“资产减值损失”项目,反映除金融工具之外其他资产发生的减值损失。该项目应根据“资产减值损失”科目本期发生额分析填列。

(9)“信用减值损失”项目,反映企业根据《企业会计准则第 22 号——金融工具确认与计量》(2017 年修订)的要求计提的各项金融工具减值准备所形成的预期信用损失。该项目应根据相关科目本期发生额分析填列。

(10)“其他收益”项目,反映计入其他收益的政府补助等。该项目应根据在损益类科目新设置的“其他收益”科目的发生额分析填列。

(11)“投资收益”项目,反映企业以各种方式对外投资所取得的收益。该项目应根据“投资收益”科目本期发生额分析填列,如为投资损失,以“-”号填列。

(12)“净敞口套期收益”项目,反映净敞口套期下被套期项目累计公允价值变动转入当期损益的金额或现金流量套期储备转入当期损益的金额。该项目应根据“净敞口套期损益”科目的发生额分析填列,如为套期损失,以“-”号填列。

(13)“公允价值变动收益”项目,反映企业应当计入当期损益的资产或负债公允价值变动损益。该项目应根据“公允价值变动损益”科目本期发生额分析填列,如为净损失,以“-”号填列。

(14)“资产处置收益”项目,反映企业出售划分为持有待售的非流动资产(金融工具、长期股权投资和投资性房地产除外)或处置组(子公司和业务除外)时确认的处置利得或损失,以及处置未划分为持有待售的固定资产、在建工程、生产性生物资产及无形资产而产生的处置利得或损失。债务重组中因处置非流动资产产生的利得或损失和非货币性资产交换产生的利得或损失也包括在本项目内。该项目应根据损益类科目"资产处置损益"的发生额分析填列,如为处置损失,以"-"号填列。

(15)"营业外收入"项目,反映企业发生的营业利润以外的收益,主要包括债务重组利得、与企业日常活动无关的政府补助、盘盈利得、捐赠利得等。该项目应根据"营业外收入"科目的发生额分析填列。

(16)"营业外支出"项目,反映企业发生的营业利润以外的支出,主要包括债务重组损失、公益性捐赠支出、非常损失、盘亏损失、非流动资产毁损报废损失等。该项目应根据"营业外支出"科目的发生额分析填列。

(17)"所得税费用"项目,反映企业应当从当期利润总额中扣除的所得税费用。该项目应根据"所得税费用"科目本期发生额分析填列。

(18)"持续经营净利润"和"终止经营净利润"项目,分别反映净利润中与持续经营相关的净利润和与终止经营相关的净利润,如为净亏损,以"-"号填列。该两个项目应按照《企业会计准则第42号——持有待售的非流动资产、处置组和终止经营》的相关规定分别列报。

2. 关于"其他综合收益的税后净额"和"综合收益总额"

综合收益,是指企业在某一期间除与所有者以其所有者身份进行的交易之外的其他交易或事项所引起的所有者权益变动。综合收益总额项目反映净利润和其他综合收益扣除所得税影响后的净额相加后的合计金额。净利润是企业已实现并已确认的收益,而"其他综合收益"项目,是指企业根据其他会计准则规定未在当期损益中确认的各项利得和损失。其他综合收益项目应当根据其他相关会计准则的规定划分为"(一)不能重分类进损益的其他综合收益"和"(二)将重分类进损益的其他综合收益"两类项目进行列报,具体项目如表15-5所示,需根据"其他综合收益"科目的相关明细科目的发生额分析填列①。同时,企业应当在附注中披露下列关于其他综合收益各项目的信息:①其他综合收益各项目及其所得税影响;②其他综合收益各项目原计入其他综合收益、当期转出计入当期损益的金额;③其他综合收益各项目的期初和期末余额及其调节情况。

表15-5 其他综合收益的税后净额 单位:元

项　　目	本期金额	上期金额
其他综合收益的税后净额		
(一)不能重分类进损益的其他综合收益		

① "其他综合收益"各具体项目内容详见本书第十三章所有者权益。

续表

项　　目	本期金额	上期金额
1. 重新计量设定受益计划变动额		
2. 权益法下不能转损益的其他综合收益		
3. 其他权益工具投资公允价值变动		
4. 企业自身信用风险公允价值变动		
……		
(二)将重分类进损益的其他综合收益		
1. 权益法下可转损益的其他综合收益		
2. 其他债权投资公允价值变动		
3. 金融资产重分类计入其他综合收益的金额		
4. 其他债权投资信用减值准备		
5. 现金流量套期储备		
6. 外币报表折算差额		
……		

3. 关于"基本每股收益"和"稀释每股收益"

"基本每股收益"和"稀释每股收益"这两个指标向资本市场广大投资者反映上市公司(公众公司)每一股普通股所创造的收益水平。对资本市场广大投资者(股民)而言,是反映投资价值的重要指标,是投资决策最直观、最重要的参考依据,因此是广大投资者关注的重点。鉴于此,将这两项指标作为利润表的表内项目列示,同时要求在附注中详细披露计算过程。这两个项目应当按照《企业会计准则第 34 号——每股收益》所述方法计算填列。

三、利润表编制举例

【例 15 - 3】华泰股份有限公司 2 × 18 年度有关损益类科目发生额如表 15 - 6 所示。

表 15 - 6　华泰股份有限公司 2 × 18 年度有关损益类科目发生额

科目名称	借方发生额	贷方发生额
主营业务收入		2 120 000
主营业务成本	1 500 000	
税金及附加	5 000	
销售费用	40 000	
管理费用	200 000	
研发费用	50 000	

续表

科目名称	借方发生额	贷方发生额
财务费用	65 000（全部为费用化的利息支出）	
资产减值损失	40 500	
投资收益		63 500
营业外收入		70 000
营业外支出	35 000	
所得税费用	88 000	
权益法下可转损益的其他综合收益		3 000

根据上述资料，编制华泰股份有限公司 2×18 年度利润表，如表 15－7 所示。

表 15－7　利润表

会企 02 表

编制单位：华泰股份有限公司　　　　2×18 年　　　　单位：元

项　　目	本期金额	上期金额（略）
一、营业收入	2 120 000	
减：营业成本	1 500 000	
税金及附加	5 000	
销售费用	40 000	
管理费用	200 000	
研发费用	50 000	
财务费用	65 000	
资产减值损失	40 500	
信用减值损失		
加：其他收益		
投资收益（损失以"－"号填列）	63 500	
其中：对联营企业和合营企业的投资收益	0	
净敞口套期收益（损失以"－"号填列）		
公允价值变动收益（损失以"－"号填列）	0	
资产处置收益（损失以"－"号填列）		
二、营业利润（亏损以"－"号填列）	283 000	
加：营业外收入	70 000	
减：营业外支出	35 000	
三、利润总额（亏损总额以"－"号填列）	318 000	
减：所得税费用	88 000	

续表

项　　目	本期金额	上期金额(略)
四、净利润(净亏损以“-”号填列)	230 000	
(一)持续经营净利润(净亏损以“-”号填列)		
(二)终止经营净利润(净亏损以“-”号填列)		
五、其他综合收益的税后净额		
(一)不能重分类进损益的其他综合收益		
(二)将重分类进损益的其他综合收益		
权益法下可转损益的其他综合收益	3 000	
六、综合收益总额	233 000	
七、每股收益		
(一)基本每股收益	(略)	
(二)稀释每股收益	(略)	

第四节　现金流量表

企业的现金流转情况在很大程度上影响着企业的生存和发展。企业现金充裕,就可以及时购入必要的材料物资和固定资产,及时支付工资、偿还债务、支付股利和利息;反之,轻则影响企业的正常生产经营,重则危及企业的生存。现金管理已经成为企业财务管理的一个重要方面,受到企业管理人员、投资者、债权人以及政府监管部门的关注。现金流量表源于财务状况变动表,自20世纪80年代末美国首先要求编制现金流量表以来,其现已成为各国主要会计报表之一。我国也于1998年3月20日颁布现金流量表准则,先后于2001年、2006年进行两次修订,规范现金流量表的编制。

一、现金流量表概述

(一)现金流量表的概念及作用

现金流量表,是反映企业一定会计期间现金和现金等价物(以下简称“现金”)流入和流出的报表。现金的流入和流出是企业经营资金运动的过程,现金流量表是反映经营资金运动的动态报表。编制现金流量表的目的,是为财务报表使用者提供企业一定会计期间内现金流入和流出的信息,以便于报表使用者了解和评价企业获取现金的能力,并据以预测企业未来的现金流量。

现金流量表的作用主要体现在以下几个方面:一是有助于评价企业支付能力、偿债能力和周转能力;二是有助于分析和预测企业未来产生现金流量的能力;三是有助于分析企业收益质量及影响现金净流量的因素,掌握企业经营活动、投资活动和筹资活动的现金流量,可以从现金角度了解净利润的质量,为分析和判断企业的财务前景提供信息。

(二)现金流量表的编制基础

现金流量表通过现金和现金等价物的流入和流出,反映企业在一定会计期间内的经营活动、投资活动和筹资活动等对现金流量产生的影响,并通过现金流量的变动情况揭示企业财务状况变动的原因及结果。从这个意义上讲,现金流量表是以现金和现金等价物为基础编制的,将权责发生制下的盈利信息调整为收付实现制下的现金流量信息。现金流量表中的现金是广义的概念,包括现金及现金等价物。

1. 现金

现金,是指企业库存现金以及可以随时用于支付的存款。不能随时用于支付的存款不属于现金。现金主要包括:

(1)库存现金。库存现金是指企业持有可随时用于支付的现金,与会计核算中"库存现金"科目核算内容一致。

(2)银行存款。银行存款是指企业存入银行或其他金融机构,可以随时用于支付的存款,其与"银行存款"科目核算内容基本一致,差别在于此处不包括不能随时用于支付的存款。例如,不能随时支取的定期存款等不应作为现金,而提前通知金融机构便可支取的定期存款则应包括在现金范围内。

(3)其他货币资金。其他货币资金是指企业存放在金融机构的外埠存款、银行汇票存款、银行本票存款、信用卡存款、信用证保证金存款和存出投资款等,与"其他货币资金"科目核算内容一致。

2. 现金等价物

现金等价物,是指企业持有的期限短、流动性强、易于转换为已知金额的现金、价值变动风险很小的投资。其中,"期限短"一般是指从购买日起 3 个月内到期,例如可在证券市场上流通的 3 个月内到期的短期国债。

现金等价物虽然不是现金,但其支付能力与现金的差别不大,可视为现金。根据现金等价物的定义,一项投资要被视为现金等价物必须同时具备四个条件:①期限短;②流动性强;③易于转换为已知金额的现金;④价值变动风险很小。其中,期限短、流动性强强调了变现能力,而易于转换为已知金额的现金、价值变动风险很小则强调了支付能力的大小。现金等价物通常包括 3 个月内到期的短期债券投资。权益性投资变现的金额通常不确定,因而不属于现金等价物。

3. 现金及现金等价物范围的确定和变更

现金及现金等价物的确定是现金流量表编制的基础,不同企业对现金及现金等价物的确定可能存在差异。企业应当根据经营特点等具体情况,确定现金及现金等价物的范围。例如,商业银行与一般工商企业的现金及现金等价物的范围可能不同,某商业银行的现金及现金等价物包括库存现金、存放中央银行可随时支取的备付金、存放同业款项、拆放同业款项、同业间买入返售证券、短期国债投资等,而一般工商企业的现金及现金等价物范围就会小一些。企业应当根据具体情况,确定现金及现金等价物的范围,一经确定不得随意变更。如果发生变更,应当按照会计政策变更处理。

(三)现金流量及其影响因素

现金流量是指一定会计期间企业现金和现金等价物流入和流出的数量。如企业销售商品、提供劳务、出售固定资产、向银行借款等取得现金,形成企业的现金流入;而购买原材料、接受劳务、购建固定资产、对外投资、偿还债务等而支付的现金,形成企业的现金流出。反映现金流量的指标有现金流入量、现金流出量和现金净流量。现金流入量是指一定会计期间企业现金流入的数量;现金流出量是指一定会计期间现金流出的数量;现金净流量是指一定会计期间现金流入量减去现金流出量后的差额。

企业日常业务活动是影响现金流量的重要因素,但并不是所有业务活动都影响现金流量。为分析影响现金流量的因素,我们将报表项目分为现金项目与非现金项目,由此企业的经济业务可以分为现金项目内部各项目之间的增减变动、非现金项目内部各项目之间的增减变动、现金项目与非现金项目之间的增减变动。这三类业务中,前两类业务不会引起现金流量净额的变动,只有最后一类业务才会影响现金流量净额的变动,具体分析如下:①现金项目内部各项目之间的增减变动。如将现金存入银行、从银行提取现金、用现金购买短期到期的国库券等,均属于现金各项目之间内部资金的转换,不会影响现金流量净额的增减变动。②非现金项目内部各项目之间的增减变动。如以固定资产偿还债务、以固定资产对外投资和以存货偿还债务等,均属于非现金项目之间的转换,不涉及现金收支,自然不会影响现金流量净额的增减变动。③现金项目与非现金各项目之间的增减变动。如用现金购买固定资产、用现金对外投资、销售商品收到现金等,均涉及现金与非现金各项目的增减变动,从而使现金流入或现金流出发生变动,使现金流量净额增加或减少。

(四)现金流量的分类及列示

1.现金流量的分类

为了有助于报表使用者了解各种不同的经济活动对企业现金流量的影响程度,分析和揭示不同经济活动之间的相互关系,确认和计量现金流量的金额,需要按照一定标准对现金流量进行分类。企业的业务活动按其性质可以划分为经营活动、投资活动和筹资活动三大类,按照每一类经济活动对现金流量的影响,将企业一定期间内产生的现金流量分为三类:经营活动产生的现金流量、投资活动产生的现金流量、筹资活动产生的现金流量。需要说明的是,各类企业由于行业特点不同,对经营活动的认定存在一定差异,在编制现金流量表时,应根据企业的实际情况,对现金流量进行合理的归类。以下若没有特殊说明,则是针对工商企业进行的分析。

(1)经营活动产生的现金流量。经营活动是指企业投资活动和筹资活动以外的所有交易和事项,包括销售商品或提供劳务、购买商品与接受劳务、经营性租赁、支付职工薪酬、支付广告费用、交纳各项税款等。经营活动产生的现金流量是企业运用所拥有或控制的经济资源从事生产经营活动所形成的,而且主要是与企业营业利润有关的交易和事项产生的现金流量。经营活动产生的现金流入,主要包括销售商品、提供劳务、收到租金、税费返还等所收取的现金;经营活动产生的现金流出,主要包括购买商品、接受劳务、支付租金、支付工资、支付税款等所支付的现金。可以通过经营活动产生的现金流量,说明企业的经营活动对现金流入和流出的影响程度,判断企业在不动用外来筹集资金的情况下，经营活动产生的现金流量是否足以维持生产经营、偿还债务、支付股利和对外投资等。

(2)投资活动产生的现金流量。投资活动是指企业长期资产的购建和不包括在现金等价物范围内的投资及其处置活动。现金流量表中的投资活动既包括实物资产投资，也包括非实物资产投资。长期资产是指固定资产、在建工程、无形资产和其他资产(如投资性房地产)等持有期限在一年或一个营业周期以上的资产。投资活动包括取得和收回投资、购建和处置固定资产、购买或转让无形资产等。投资活动产生的现金流入，主要包括收回投资、分得现金股利、处置长期资产等所收取的现金；投资活动产生的现金流出，主要包括取得投资和购建长期资产所支付的现金。这里之所以将“包括在现金等价物范围内的投资”排除在外，是因为已经将包括在现金等价物范围内的投资视同现金。不同企业由于行业特点不同，对投资活动的认定也存在差异。通过投资活动产生的现金流量，可以分析企业通过投资活动产生现金流量的能力，判断投资活动对企业现金流量净额的影响程度。

(3)筹资活动产生的现金流量。筹资活动是指导致企业资本及债务规模和构成发生变化的活动。这里所说的资本，既包括实收资本(股本)，也包括资本溢价(股本溢价)；这里所说的债务，指对外举债，包括向银行借款、发行债券以及偿还债务等。通常情况下，应付账款、应付票据等属于经营活动，不属于筹资活动。筹资活动产生的现金流入，主要包括吸收权益性投资、发行债券、取得银行借款、接受现金捐赠等所收到的现金；筹资活动产生的现金流出，主要包括偿还债务、发生筹资费用、分派现金股利、支付利息、减少注册资本、对外捐赠现金等所支付的现金。通过筹资活动产生的现金流量，可以分析企业通过筹资活动获取现金的能力，判断筹资活动对企业现金流量净额的影响程度。

对于企业日常活动之外、不经常发生的特殊项目，如自然灾害损失、保险赔款、捐赠等，应当归并到相关类别中，并单独反映。例如，对于自然灾害损失和保险赔款，能够确定属于流动资产损失的，应当列入经营活动产生的现金流量；属于固定资产损失的，应当列入投资活动产生的现金流量。如果不能确定，则可以列入经营活动产生的现金流量。捐赠涉及的现金流入和现金流出，可以列入经营活动。如果特殊项目的现金流量金额不大，则可以列入现金流量类别下的“其他”项目，不单列项目。

2. 现金流量的列示

通常情况下，现金流量应当分别按照现金流入和现金流出总额列报，以全面揭示现金流量的方向、规模和结构。但是，下列项目可以按照净额列报：

(1)代客户收取或支付的现金以及周转快、金额大、期限短的项目的现金流入和流出。例如，证券公司代收的客户证券买卖交割费、印花税等，旅游公司代游客支付的房费、餐费、交通费、文娱费、行李托运费、门票费、票务费、签证费等费用。

(2)金融企业的有关项目，主要指期限较短、流动性强的项目。对于商业银行而言，主要包括短期贷款发放与收回的贷款本金、活期存款的吸收与支付、同业存款和存放同业款项的存取、向其他金融企业拆借资金等；对于保险公司而言，主要包括再保险业务收到或支付的现金净额；对于证券公司而言，主要包括自营证券和代理业务收到或支付的现金净额等。

上述项目周转快，在企业停留的时间短，企业加以利用的余地比较小，因此，用净额更能说明其对企业支付能力、偿债能力的影响；如果以总额反映，反而会对评价企业的支付能力和偿债能力、分析企业的未来现金流量产生误导。

（五）现金流量表的编制方法及程序

1. 直接法和间接法

编制现金流量表时，经营活动现金流量的列报方法有两种，一是直接法，二是间接法。由于经营活动现金流量的重要性，其列报方法也被称为现金流量表的编制方法。所谓直接法，是指按现金流入和现金流出的主要类别直接反映企业经营活动产生的现金流量。在直接法下，一般是以利润表中的营业收入为起算点，调节与经营活动有关项目的增减变动，然后计算出经营活动产生的现金流量。该方法中的现金流量的信息可以通过企业的会计记录直接取得。所谓间接法，是指以净利润为起算点，调整不涉及现金的收入、费用、营业外收支等有关项目，剔除投资活动、筹资活动对现金流量的影响，据此计算经营活动产生的现金流量。实际上是将按权责发生制原则确定的净利润调整为现金流入，并剔除投资活动和筹资活动对现金流量的影响。

采用直接法编报的现金流量表，便于分析企业经营活动产生的现金流量的来源和用途，预测企业现金流量的未来前景；采用间接法编报的现金流量表，便于将净利润与经营活动产生的现金流量净额进行比较，了解净利润与经营活动产生的现金流量差异的原因，从现金流量的角度分析净利润的质量。所以，《企业会计准则第31号——现金流量表》规定，企业经营活动产生的现金流量应当采用直接法填列，同时要求在附注中提供以净利润为基础调节到经营活动现金流量的信息。

2. 工作底稿法、T形账户法和分析填列法

编制现金流量表时，可以采用工作底稿法或T形账户法，也可以根据有关账户记录分析填列。

（1）工作底稿法。工作底稿法是以工作底稿为手段，以资产负债表和利润表数据为基础，对每一项目进行分析并编制调整分录，从而编制现金流量表的一种方法。其编制过程如图15－1所示。

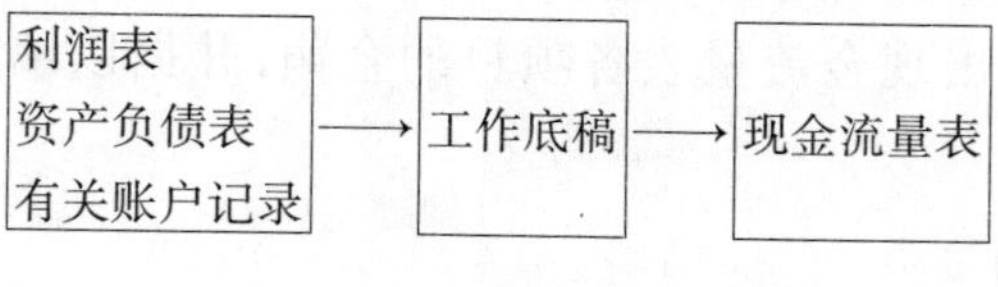

图15－1　工作底稿法基本程序

工作底稿法的程序如下：

第一步，将资产负债表的期初数和期末数过入工作底稿的期初数栏和期末数栏。

第二步，对当期业务进行分析并编制调整分录。编制调整分录时，要以利润表项目为基础，从“营业收入”开始，结合资产负债表项目逐一进行分析。在调整分录中，有关现金及现金等价物的事项，并不直接借记或贷记现金，而是分别计入“经营活动产生的

现金流量”、“投资活动产生的现金流量”、“筹资活动产生的现金流量”有关项目。借方表示现金流入，贷方表示现金流出。

第三步，将调整分录过入工作底稿中的相应部分。

第四步，核对调整分录，借方、贷方合计数均已相等，资产负债表项目期初数加减调整分录中的借贷金额以后，也等于期末数。

第五步，根据工作底稿中的现金流量表项目编制正式现金流量表。

(2)T形账户法。T形账户法是以T形账户为手段，以资产负债表和利润表数据为基础，对每一项目进行分析并编制调整分录，从而编制现金流量表的一种方法。其编制过程如图15－2所示。

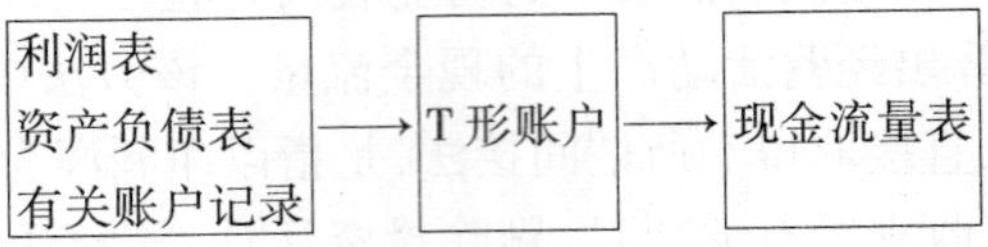

图15－2　T形账户法基本程序

其具体程序如下：

第一步，为所有的非现金项目(包括资产负债表项目和利润表项目)分别开设T形账户，并将各自的期末期初变动数过入相关账户。如果项目的期末数大于期初数，则将差额过入和项目余额相同的方向；反之，过入相反的方向。

第二步，开设一个大的“现金及现金等价物”T形账户，每边都分为经营活动、投资活动、筹资活动三个部分，左边登记现金流入，右边登记现金流出。与其他账户一样，过入期末期初变动数。

第三步，以利润表项目为基础，结合资产负债表分析每一个非现金项目的增减变动，并据此编制调整分录。

第四步，将调整分录过入各T形账户，并进行核对，该账户借贷相抵后的余额与原先过入的期末期初变动数应当一致。

第五步，根据大的“现金及现金等价物”T形账户编制正式现金流量表。

(3)分析填列法。分析填列法是直接根据资产负债表、利润表和有关会计账户明细账的记录，分析计算出现金流量表各项目的金额，并据以编制现金流量表的一种方法。

二、现金流量表编制

现金流量表的编制依据是资产负债表、利润表及有关账户记录，其过程是将权责发生制下的会计资料转换为收付实现制表示的现金变动。具体编制现金流量表时，企业应根据其规模及业务量大小，选择以下两种思路的一种：①直接从企业会计记录中获得有关企业现金流入和现金流出信息；②在利润表中营业收入、营业成本等数据基础上，通过调整资产负债表项目获得现金流入和现金流出信息。

现金流量表项目主要有经营活动产生的现金流量、投资活动产生的现金流量、筹资活动产生的现金流量、汇率变动对现金及现金等价物的影响、现金及现金等价物净增加额、期末现金及现金等价物余额等。下面分别说明其编制方法。

(一)经营活动产生的现金流量各项目的内容及填列方法

(1)“销售商品、提供劳务收到的现金”项目。该项目反映企业销售商品、提供劳务实际收到的现金,包括销售收入和应向购买者收取的增值税税额,具体包括本期销售商品、提供劳务收到的现金,前期销售和提供劳务本期收到的现金和本期的预收账款,减去本期销售本期退回的商品和前期销售本期退回的商品支付的现金。企业销售材料和代购代销业务收到的现金,也在该项目反映。该项目可以根据“库存现金”、“银行存款”、“应收票据”、“应收账款”、“预收账款”、“主营业务收入”、“其他业务收入”等科目记录分析填列。

如果根据科目记录分析计算该项目的金额,其分析计算公式为:

销售商品、提供劳务收到的现金 = 本期销售商品或提供劳务收到的现金 + 本期收到现金的应收账款 + 本期收到现金的应收票据 + 本期发生的预收账款 - 本期因销售退回而支付的现金 + 本期收回前期核销坏账损失的现金

【例15-4】甲公司本期商品销售收入为300万元,以银行存款收讫。应收票据收现21万元;应收账款收现60万元,前期核销的坏账本期收现为2万元。另外,当期因商品质量问题发生退货价款3万元,货款已通过银行转账支付。

“销售商品和提供劳务收到的现金”项目 = 300 + 21 + 60 + 2 - 3 = 380(万元)

如果根据利润表、资产负债表有关项目及科目记录,以营业收入为起点,调整计算该项目的金额,则计算公式为:

销售商品、提供劳务收到的现金 = 当期销售收入及增值税销项税额 +(应收票据及应收账款的期初余额 - 应收票据及应收账款的期末余额)+(预收款项期末余额 - 预收款项期初余额)+ 本期收回前期核销坏账损失的现金 - 本期实际核销坏账而减少的应收票据及应收账款 - 本期以非现金资产清偿债务而减少的应收票据及应收账款

【例15-5】某企业本期销售一批商品,开出的增值税专用发票上注明的销售价款为3 000 000元,增值税销项税额为480 000元,以银行存款收讫;应收票据期初余额为280 000元,期末余额为70 000元;应收账款期初余额为1 200 000元,期末余额为600 000元;年度内核销的坏账损失为30 000元。另外,本期因商品质量问题发生退货,支付银行存款40 000元,货款已通过银行转账支付。

本期销售商品、提供劳务收到的现金计算如下:

本期销售商品收到的现金	3 480 000
加:本期收到前期的应收票据(280 000 - 70 000)	210 000
本期收到前期的应收账款(1 200 000 - 600 000 - 30 000)	570 000
减:本期因销售退回支付的现金	40 000
本期销售商品、提供劳务收到的现金	4 220 000

(2)“收到的税费返还”项目。该项目反映企业收到返还的各种税费,具体是指企

业上交后而由税务部门等政府部门返还的增值税、所得税、消费税、关税和教育费附加等。该项目可以根据"库存现金"、"银行存款"、"税金及附加"、"营业外收入"等科目的记录分析填列。

【例15-6】甲公司2×18年出口商品一批，已交纳增值税，按规定应退增值税9 500元，前期未退，本期以转账方式收讫；同时，本期还收到税务机关退回的教育费附加返还款35 000元，款项已存入银行。有关计算如下：

本期收到的出口退增值税税额	9 500
加：收到的退教育费附加返还额	35 000
本期收到的税费返还	44 500

(3)"收到的其他与经营活动有关的现金"项目。该项目反映企业除了上述各项目外，收到的其他与经营活动有关的现金，如罚款收入、经营租赁固定资产收到的现金、投资性房地产收到的租金收入、流动资产中由个人赔偿的现金收入、除税费返还外的其他政府补助收入等。其他与经营活动有关的现金，如金额较大，应单设项目反映。该项目可以根据"库存现金"、"银行存款"、"管理费用"、"销售费用"等科目记录分析填列。

(4)"购买商品、接受劳务支付的现金"项目。该项目反映企业购买材料、商品、接受劳务实际支付的现金，包括支付的增值税进项税额，具体包括本期购买材料、商品、接受劳务支付的现金，本期支付的前期购买商品、接受劳务的未付款和本期预付的款项，减去本期发生的购货退回收到的现金。为购置存货而发生的借款利息资本化部分，应在"分配股利、利润或偿付利息支付的现金"项目中反映。

该项目可以根据"库存现金"、"银行存款"、"应付账款"、"应付票据"、"预付账款"、"主营业务成本"、"其他业务成本"等科目的记录分析填列。如果根据科目记录分析计算该项目的金额，其计算公式为：

购买商品、接受劳务支付的现金＝当期购买商品、接受劳务支付的现金＋当期付现的应付账款＋当期付现的应付票据＋当期预付的账款－当期因进货退回收到的现金

【例15-7】某公司当期购买原材料，货款为15万元，增值税为2.4万元，均用银行转账支票支付；本期应付票据到期付现10万元；购买材料的价款及运费9.98万元，其相应的增值税为1.596 8万元，均用银行汇票支付；购买工程用物资15万元（含增值税），货款已用银行存款支付；应付账款到期付现1万元。

"购买商品、接受劳务支付的现金"项目＝15＋2.4＋10＋9.98＋1.596 8＋1＝39.976 8（万元）

该项目也可以根据报表资料和有关科目记录计算，以营业成本为起点，调整有关项目的金额，其计算公式为：

购买商品、接受劳务支付的现金＝当期营业成本及购进存货相关的增值税进项税额＋（存货期末余额－存货期初余额）＋（应付票据及应付账款的期初余额－应付票据及应付账款的期末余额）＋（预付款项期末余额－预付款项期初余额）－本期以非现金资产清偿债务而减少的应付票据及应付账款－当期生产成本、制造费用中工资及福利费－当期生产成本、制造费用中的非现金支出

【例 15-8】甲公司本期购买原材料，专用发票上注明的材料价款为 1 500 000 元，增值税进项税额为 240 000 万元，款项已通过银行支付；本期支付应付票据 1 000 000 元；用银行汇票支付材料价款，收到银行转来银行汇票多余款收账通知，余款 23 400 元，材料及运费 998 000 元，其相应的增值税为 159 680 元；购买工程用物资 1 500 000 元，货款已通过银行转账支付。有关计算如下：

本期购买原材料支付的价款	1 500 000
加：本期购买原材料支付的增值税进项税额	240 000
本期购买材料支付的价款	998 000
本期购买材料支付的增值税进项税额	159 680
本期支付的应付票据	1 000 000
购买商品、接受劳务支付的现金	3 897 680

(5)“支付给职工以及为职工支付的现金”项目。该项目反映企业实际支付给职工以及为职工支付的现金，包括企业为获得职工提供的服务，本期实际支付给职工的各种形式的报酬以及其他相关支出，如支付给职工的工资、奖金、各种津贴和补贴等，不包括支付给在建工程人员的工资，其在“购建固定资产、无形资产和其他长期资产支付的现金”项目中反映。

企业为职工支付的医疗、养老、失业、工伤、生育等社会保险基金，补充养老保险，住房公积金，企业为职工缴纳的商业保险，因解除与职工劳动关系给予的补偿，现金结算的股份支付，以及企业支付给职工或为职工支付的其他福利费等，应根据职工的工作性质和服务对象，分别在“购建固定资产、无形资产和其他长期资产支付的现金”和“支付给职工以及为职工支付的现金”项目中反映。

该项目可以根据“应付职工薪酬”、“库存现金”、“银行存款”等科目的记录分析填列。

【例 15-9】甲企业本期实际支付工资 700 000 元，其中经营人员工资 500 000 元，在建工程人员工资 200 000 元。

本期支付给职工以及为职工支付的现金为 500 000 元。

(6)“支付的各项税费”项目。该项目反映企业按规定支付的各项税费，包括本期发生并支付的税费，以及本期支付以前各期发生的税费和预交的税费，如支付的教育费附加、印花税、房产税、土地增值税、车船税、矿产资源补偿税、所得税等。不包括本期退回的增值税、所得税。本期退回的增值税、所得税，在“收到的税费返还”项目中反映。该项目可根据“库存现金”、“银行存款”、“应交税费”等科目的记录分析填列。

【例 15-10】甲企业本期向税务机关交纳增值税 51 000 元。本期发生的所得税 4 400 000元已全部交纳。企业期初未交所得税 300 000 元，期末未交所得税 150 000 元。

本期支付的增值税税额	51 000
加：本期发生并交纳的所得税额	4 400 000
前期发生本期交纳的所得税额(300 000 - 150 000)	150 000
本期支付的各项税费	4 601 000

(7)"支付的其他与经营活动有关的现金"项目。该项目反映企业除上述各项目外,支付的其他与经营活动有关的现金,如罚款支出、支付的差旅费、业务招待费、保险费、经营租赁支付的现金等。其他现金流出,如金额较大,应单列项目反映。该项目可根据有关科目记录分析填列。

【例15-11】甲公司本年度发生的管理费用为2 200万元,其中:以现金支付退休职工统筹退休金350万元和管理人员工资950万元,计提管理部门用固定资产折旧420万元,无形资产摊销200万元,其余均以现金支付。假定不考虑其他因素。

"支付的其他与经营活动有关的现金"项目=管理费用-管理人员工资-存货盘亏损失-计提固定资产折旧-无形资产摊销

=2 200-950-420-200=630(万元)

(二)投资活动产生的现金流量的填列方法

(1)"收回投资收到的现金"项目。该项目反映企业出售、转让或到期收回除现金等价物以外的金融资产(详见第五章金融资产)、长期股权投资、投资性房地产等而收到的现金,不包括债权性投资收回的利息(在"取得投资收益收到的现金项目"反映)、收回的非现金资产,以及处置子公司及其他营业单位收到的现金净额(单设项目反映)。该项目可以根据"交易性金融资产"、"债权投资"、"其他债权投资"、"其他权益工具投资"、"其他非流动金融资产"、"长期股权投资"、"库存现金"、"银行存款"等科目的记录分析填列。

【例15-12】甲企业出售某项长期股权投资(非处置子公司),收回的全部投资金额为500 000元;出售某项长期债权性投资,收回的全部投资金额为400 000元,其中,50 000元是债券利息。

收回长期股权投资金额	500 000
加:收回长期债权性投资本金(400 000-50 000)	350 000
本期收回投资所收到的现金	850 000

(2)"取得投资收益收到的现金"项目。该项目反映企业因股权性投资而分得的现金股利,因债权性投资而取得的现金利息收入,认定为"现金等价物"的债权性投资,其利息收入亦在该项目中反映。而股票股利由于不产生现金流量,因此不需在该项目反映。该项目可以根据"应收股利"、"应收利息"、"投资收益"、"库存现金"、"银行存款"等科目的记录分析填列。

【例15-13】甲企业期初长期股权投资余额4 000 000元,其中2 000 000万元投资于联营企业A企业,占其股本的35%,采用权益法核算,另外500 000元和1 500 000元分别投资于B企业和C企业,各占接受投资企业总股本的5%和10%,采用成本法核算。当年A企业盈利3 000 000元,分配现金股利1 000 000元;B企业亏损没有分配股利;C企业盈利500 000元,分配现金股利400 000元。企业已如数收到现金股利。

本期取得投资收益收到的现金计算如下:

取得A企业实际分回的投资收益(1 000 000×35%)	350 000
加:取得B企业实际分回的投资收益	0

取得C企业实际分回的投资收益(400 000×10%) 40 000

本期取得投资收益收到的现金 390 000

(3)“处置固定资产、无形资产和其他长期资产收回的现金净额”项目。该项目反映企业处置固定资产、无形资产和其他长期资产(如投资性房地产)收回的现金,减去为处置这些资产而支付的有关费用后的净额。处置固定资产、无形资产和其他长期资产所收到的现金与处置活动支付的现金,在时间上比较接近,以净额更能准确反映处置活动对现金流量的影响。由于自然灾害等原因所造成的固定资产等长期资产报废、毁损而收到的保险赔偿收入,在该项目反映。如果处置固定资产、无形资产和其他长期资产所收回的现金净额为负数,则应作为投资活动产生的现金流量,在“支付的其他与投资活动有关的现金”项目中反映。该项目可以根据“固定资产清理”、“库存现金”、“银行存款”等科目的记录分析填列。

【例15-14】某企业本期出售一台不需用设备,收到价款50 000元,该设备原价100 000元,已计提折旧50 000元。支付该项设备拆卸费用1 000元,运输费用500元。设备已由购入单位运走。

本期出售固定资产收到的现金 50 000

减:支付固定资产的清理费用 1 500

本期处置固定资产、无形资产和其他长期资产收回的现金净额 48 500

(4)“处置子公司及其他营业单位收到的现金净额”项目。该项目反映企业处置子公司和其他营业单位所取得的现金减去子公司或其他营业单位持有的现金和现金等价物以及相关处置费用后的净额。该项目可以根据有关科目的记录分析填列。

企业处置子公司及其他营业单位是整体交易,子公司及其他营业单位可能持有现金和现金等价物。这样,整体处置子公司或其他营业单位的现金流量,就应以处置价款中收到现金的部分,减去子公司或其他营业单位持有的现金和现金等价物以及相关处置费用后的净额反映。

企业处置子公司及其他营业单位收到的现金净额如为负数,则将该金额在“支付其他与投资活动有关的现金”项目中填列。

(5)“收到其他与投资活动有关的现金”项目。该项目反映企业除了上述各项以外,收到的其他与投资活动有关的现金,如收回购买股票和债券时支付的已宣告但尚未领取的现金股利或已到付息期但尚未领取的债券利息。其他现金流入如金额较大,应单列项目反映。该项目可以根据有关科目的记录分析填列。

(6)“购建固定资产、无形资产和其他长期资产支付的现金”项目。该项目反映企业购买、建造固定资产、取得无形资产和其他长期资产(如投资性房地产)支付的现金,包括购买设备所支付的现金、建造工程支付的现金、支付在建工程人员的工资等现金支出,不包括为购建固定资产、无形资产和其他长期资产而发生的借款利息资本化的部分(在“分配股利、利润或偿付利息支付的现金”项目反映),以及融资租入固定资产支付的租赁费(在“支付的其他与筹资活动有关的现金”项目反映)。该项目可以根据“固定资产”、“无形资产”、“在建工程”、“投资性房地产地产”、“库存现金”、“银行存款”等科目的记录分析填列。

【例 15 - 15】某企业本期购入房屋一幢,价款 2 850 000 元,通过银行转账 1 900 000 元,其他价款用公司产品抵偿。为在建厂房购进建筑材料一批,价值为 500 000 元,价款已通过银行转账支付。

购买房屋支付的价款	1 900 000
加:为在建工程购买材料支付的现金	500 000
本期购建固定资产、无形资产和其他长期资产支付的现金	2 400 000

(7)"投资支付的现金"项目。该项目反映企业进行权益性投资和债权性投资支付的现金,包括企业取得的除现金等价物以外的交易性金融资产、债权投资、其他债权投资、其他权益工具投资、长期股权投资而支付的现金,以及支付的佣金、手续费等交易费用。

企业购买股票和债券时实际支付的价款中包含的已宣告但尚未领取的现金股利或已到付息期但尚未领取的债券的利息,应在"支付的其他与投资活动有关的现金"项目反映;收回购买股票和债券时支付的已宣告但尚未领取的现金股利或已到付息期但尚未领取的债券的利息,应在"收到的其他与投资活动有关的现金"项目反映。

该项目可以根据"交易性金融资产"、"债权投资"、"其他债权投资"、"其他权益工具投资"、"长期股权投资"、"投资性房地产"、"库存现金"、"银行存款"等科目的记录分析填列。

【例 15 - 16】甲企业以银行存款 3 000 000 元投资于 A 企业的股票。此外,该企业还购买了光大银行发行的金融债券,面值总额 400 000 元,票面利率为 6%,实际支付金额为 402 000 元。

本期投资所支付的现金计算如下:

投资于 A 企业的现金总额	3 000 000
加:投资于光大银行金融债券的现金总额	402 000
本期投资所支付的现金	3 402 000

(8)"取得子公司及其他营业单位支付的现金净额"项目。该项目反映企业购买子公司及其他营业单位购买出价中以现金支付的部分,减去子公司及其他营业单位持有的现金和现金等价物后的净额。该项目可以根据有关科目的记录分析填列。

整体购买一个单位,其结算方式是多种多样的,如购买方全部以现金支付或一部分以现金支付而另一部分以实物清偿。同时,企业购买子公司及其他营业单位是整体交易,子公司和其他营业单位除有固定资产和存货外,还可能持有现金和现金等价物。这样,整体购买子公司或其他营业单位的现金流量,就应以购买出价中以现金支付的部分减去购入子公司或其他营业单位持有的现金和现金等价物后的净额反映,如为负数,应在"收到其他与投资活动有关的现金"项目中反映。

【例 15 - 17】甲企业购买丙企业的一子公司,出价 1 900 000 元,全部以银行存款转账支付。该子公司的有关资料如表 15 - 8 所示。

表 15-8 资产负债表(简表) 单位:元

资 产	金 额	负债及所有者权益	金 额
库存现金及银行存款	200 000	短期借款	400 000
存货	300 000	应付账款	500 000
固定资产	1 500 000	长期应付款	200 000
长期股权投资	550 000	实收资本	1 200 000
其他资产	50 000	资本公积	200 000
		盈余公积	100 000
资产总额	2 600 000	负债及所有者权益总额	2 600 000

该子公司持有200 000元的现金及银行存款,没有现金等价物,企业的实际现金流出为:

购买子公司出价	1 900 000
减:子公司持有的现金和现金等价物	200 000
购买子公司支付的现金净额	1 700 000

(9)“支付其他与投资活动有关的现金”项目。该项目反映企业除上述各项目外,支付的其他与投资活动有关的现金,如果金额较大,应当单列项目反映。该项目可以根据有关科目的记录分析填列。

(三)筹资活动产生的现金流量的填列方法

(1)“吸收投资收到的现金”项目。该项目反映企业以发行股票、债券等方式筹集资金实际收到的款项净额(发行收入减去支付的佣金等发行费用)。企业以发行股票、债券等方式筹集资金而由企业直接支付的审计费、咨询费、宣传费、印花税等费用,在“支付的其他与筹资活动有关的现金”项目反映。该项目可以根据“实收资本(或股本)”、“其他权益工具”、“资本公积”、“库存现金”、“银行存款”等科目的记录分析填列。

【例 15-18】M企业对外公开募集股份20 000 000股,每股1元,发行价每股2.5元,代理发行的证券公司为其支付的各种费用共计500 000元。M企业已收到全部发行价款。

发行总额(20 000 000×2.5)	50 000 000
减:发行费用	500 000
本期吸收投资收到的现金	49 500 000

(2)“取得借款收到的现金”项目。该项目反映企业举借各种长短期借款所收到的现金,以及发行债券实际收到的款项净额(发行收入减去直接支付的佣金等发行费用)。该项目可以根据“短期借款”、“长期借款”、“交易性金融负债”、“应付债券”、“库存现金”、“银行存款”等科目的记录分析填列。

(3)“收到其他与筹资活动有关的现金”项目。该项目反映企业除上述各项目外,与筹资活动有关的其他现金流入,如接受现金捐赠等。其他现金流入如金额较大,应单列项目反映。该项目可以根据“库存现金”、“银行存款”和其他有关科目的记录分析填列。

(4)"偿还债务支付的现金"项目。该项目反映企业以现金偿还债务的本金,包括偿还银行或其他金融机构等的借款本金、偿付企业到期债券本金等。企业偿还的借款利息、债券利息,在"分配股利、利润或偿付利息支付的现金"项目中反映。该项目可以根据"短期借款"、"长期借款"、"交易性金融负债"、"应付债券"、"库存现金"、"银行存款"等科目的记录分析填列。

(5)"分配股利、利润或偿付利息支付的现金"项目。该项目反映企业实际支付的现金股利、支付给其他投资单位的利润以及用现金支付的借款利息、债券利息。虽然不同用途的借款利息的计入项目不同,如可能计入在建工程、财务费用等,但是有关现金支出均在该项目反映。该项目可以根据"应付股利"、"应付利息"、"利润分配"、"财务费用"、"在建工程"、"制造费用"、"研发支出"、"库存现金"、"银行存款"等科目的记录分析填列。

【例 15－19】甲企业期初应付现金股利为 40 000 元,本期宣布并发放现金股利 60 000元,期末应付现金股利 25 000 元。

本期宣布并发放的现金股利	60 000
加:本期支付的前期应付股利(40 000－25 000)	15 000
本期分配股利、利润或偿付利息支付的现金	75 000

(6)"支付的其他与筹资活动有关的现金"项目。该项目反映企业除了上述各项目外,支付的其他与筹资活动有关现金。如以发行股票、债券等方式筹集资金而由企业直接支付的审计、咨询等费用,融资租赁各期支付的现金、以分期付款方式购建固定资产、无形资产等各期支付的现金等。其他与筹资活动有关的现金流出,如金额较大,应单列项目反映。

该项目可以根据"库存现金"、"银行存款"及其他有关科目的记录分析填列。

(四)"汇率变动对现金及现金等价物的影响"项目

现金流量表准则规定,外币现金流量以及境外子公司的现金流量,应当采用现金流量发生日的即期汇率或即期汇率的近似汇率折算,而现金流量表"现金及现金等价物净增加额"项目中外币现金净增加额是按资产负债表日的即期汇率折算的,这两者的差额即汇率变动对现金的影响。汇率变动对现金的影响额应当作为调节项目,在现金流量表中单独列报。

在编制现金流量表时,可对当期发生的外币业务逐笔计算汇率变动对现金的影响,也可不必逐笔计算汇率变动对现金的影响,而采用简化的计算方法,即通过报表补充资料中的"现金及现金等价物净增加额"数额与现金流量表中"经营活动产生的现金流量净额"、"投资活动产生的现金流量净额"、"筹资活动产生的现金流量净额"三项之和比较,其差额即"汇率变动对现金及现金等价物的影响"项目的金额。

【例 15－20】甲企业当期出口商品一批,售价 200 000 美元,款项已收到,收汇当日汇率为 1:6.80。当期进口货物一批,价值 8 000 美元,款项已支付,结汇当日汇率为 1:6.85,资产负债表日的即期汇率为 1:6.75。假定银行存款的期初余额为 0,当期没有其他外币业务发生。

汇率变动对现金的影响额计算如下：

经营活动流入的现金	200 000（美元）
汇率变动（6.75－6.80）	×（－0.05）
汇率变动对现金流入的影响额	－10 000（元）
经营活动流出的现金	80 000（美元）
汇率变动（6.75－6.85）	×（－0.1）
汇率变动对现金流出的影响额	－8 000（元）
汇率变动对现金的影响额	－2 000（元）

现金流量表中：

经营活动流入的现金	1 360 000
经营活动流出的现金	548 000
经营活动产生的现金流量净额	812 000
汇率变动对现金的影响额	－2 000
现金及现金等价物净增加额	810 000

现金流量表补充资料中：

现金及现金等价物净增加情况：

银行存款的期末余额（120 000×6.75）	810 000
银行存款的期初余额	0
现金及现金等价物净增加额	810 000

三、现金流量表附注

现金流量表附注包括将净利润调节为经营活动的现金流量、不涉及现金收支的重大投资和筹资活动、现金及现金等价物净变动情况等项目。其中，将净利润调节为经营活动现金流量是重点和难点，其方法为间接法。

（一）现金流量表补充资料的编制

1. 将净利润调节为经营活动的现金流量

该项目反映以间接法列报的经营活动的现金流量。间接法以当期净利润为起点，经过调整有关项目的增减变动金额，计算出当期经营活动的现金流量净额。因为利润表中反映的当期净利润是按权责发生制原则确认计量的，而当期经营活动的现金流量净额是按收付实现制确认计量的，另外，当期净利润既包括经营净损益，又包括不属于经营活动的损益，因此，采用间接法将净利润调节为经营活动的现金流量净额时，需要增减调整四大类项目：①实际没有支付现金的费用；②实际没有收到现金的收益；③不属于经营活动的损益；④经营性应收应付项目的增减变动。具体调整情况如下：

（1）"资产减值准备"项目。这里的资产减值准备是指本期计提扣除转回的减值准备，包括坏账准备、存货跌价准备、投资性房地产减值准备、长期股权投资减值准备、固定资产减值准备、在建工程减值准备、生物资产减值准备、无形资产减值准备、商誉减值准备等。企业本期计提和按规定转回的各项资产减值准备属于利润的减除项目，但没有发生现金流出。所以，在将净利润调节为经营活动现金流量时，需要加回。该项目可根据“资产减值损失”等科目的记录分析填列。

(2)“固定资产折旧、油气资产折耗、生产性生物资产折旧”项目。企业计提的固定资产折旧,有的包括在管理费用中,有的包括在制造费用中。计入管理费用中的部分,作为期间费用在计算净利润时从中扣除,但没有发生现金流出,在将净利润调节为经营活动现金流量时,需要加回。计入制造费用中的已经变现的部分,在计算净利润时通过销售成本予以扣除,但没有发生现金流出;计入制造费用中的没有变现的部分,既不涉及现金收支,也不影响本期净利润,但是,在调整存货时,该部分已经从中扣除,在将净利润调节为经营活动现金流量时,就需要加回。同理,企业计提的油气资产折耗、生产性生物资产折旧,也需要予以加回。该项目可以根据“累计折旧”、“累计折耗”、“生产性生物资产折旧”科目的贷方发生额分析填列。

(3)“无形资产摊销”和“长期待摊费用摊销”项目。企业对使用寿命有限的无形资产计提摊销时,计入管理费用或制造费用。长期待摊费用摊销时,有的计入管理费用,有的计入销售费用,有的计入制造费用。计入管理费用等期间费用和计入制造费用中的已变现的部分,在计算净利润时已经从中扣除,但没有发生现金流出;计入制造费用中的没有变现的部分,在调节存货时,已经从中扣除,但不涉及现金收支,所以,在将净利润调节为经营活动现金流量时,需要加回。该项目可以根据“累计摊销”、“长期待摊费用”科目的贷方发生额分析填列。

(4)“处置固定资产、无形资产和其他长期资产的损失(减:收益)”项目。企业处置固定资产、无形资产和其他长期资产,属于投资活动产生的损益,不属于经营活动产生的损益,所以,在将净利润调节为经营活动现金流量时,需要予以剔除。如为损失,在将净利润调节为经营活动现金流量时,应当加回;如为收益,在将净利润调节为经营活动现金流量时,应当扣除。该项目可以根据“资产处置收益”等科目所属有关明细科目的记录分析填列;如为净收益,以“-”号填列。

【例15-21】2×18年度,甲企业处置设备一台,原价170 000元,累计已提折旧100 000元,收到现金90 000元,产生处置收益为20 000元[90 000-(170 000-100 000)]。处置固定资产的收益为20 000元,在将净利润调节为经营活动现金流量时应当扣除。

(5)“固定资产报废损失”项目。企业发生的固定资产报废损益,属于投资活动产生的损益,不属于经营活动产生的损益,所以,在将净利润调节为经营活动现金流量时,需要予以调整。如为净损失,在将净利润调节为经营活动现金流量时,应当加回;如为净收益,在将净利润调节为经营活动现金流量时,应当扣除。该项目可以根据“营业外支出”等科目所属有关明细科目的记录分析填列。

(6)“公允价值变动损失”项目。公允价值变动损失反映企业交易性金融资产、投资性房地产等公允价值变动形成的应计入当期损益的利得或损失。企业发生的公允价值变动损益,通常与企业的投资活动或筹资活动有关,而且并不影响企业当期的现金流量。为此,在将净利润调节为经营活动现金流量时,需要予以调整。该项目可以根据“公允价值变动损益”科目的发生额分析填列。如为持有损失,在将净利润调节为经营活动现金流量时,应当加回;如为持有利得,在将净利润调节为经营活动现金流量时,应当扣除。

【例 15－22】2×17 年 12 月 31 日，甲企业持有交易性金融资产的公允价值为 450 000 元，2×18 年度未发生投资性房地产的增减变动，2×18 年 12 月 31 日，该企业持有交易性金融资产的公允价值为 500 000 元，公允价值变动损益为 50 000 元。这 50 000 元的资产持有利得，在将净利润调节为经营活动现金流量时应当扣除。

（7）“财务费用”项目。企业发生的财务费用中不属于经营活动的部分，在将净利润调节为经营活动现金流量时应予以调整。该项目可以“财务费用”科目的本期借方发生额分析填列；如为收益，以“－”号填列。

【例 15－23】2×18 年，某企业共发生财务费用 210 000 元，财务费用明细账上：应收票据贴现利息 10 000 元，借款利息 130 000 元，外币一般借款汇兑损失 70 000 元。

“财务费用”项目 ＝ 210 000 － 10 000 ＝ 200 000（元）

（8）“投资损失（减：收益）”项目。企业发生的投资损益，属于投资活动产生的损益，不属于经营活动产生的损益，所以，在将净利润调节为经营活动现金流量时，需要予以调整。如为净损失，在将净利润调节为经营活动现金流量时，应当加回；如为净收益，在将净利润调节为经营活动现金流量时，应当扣除。该项目可以根据“投资收益”科目的数字记录分析填列；如为净收益，以“－”号填列。

（9）“递延所得税资产减少（减：增加）”项目。递延所得税资产减少使计入所得税费用的金额大于当期应交的所得税金额，其差额没有发生现金流出，但在计算净利润时已经扣除，在将净利润调节为经营活动现金流量时，应当加回；递延所得税资产增加使计入所得税费用的金额小于当期应交的所得税金额，其差额没有发生现金流入，但在计算净利润时已经包括在内，在将净利润调节为经营活动现金流量时，应当扣除。该项目可以根据资产负债表“递延所得税资产”项目期初、期末余额分析填列。

（10）“递延所得税负债增加（减：减少）”项目。递延所得税负债增加使计入所得税费用的金额大于当期应交的所得税金额，其差额没有发生现金流出，但在计算净利润时已经扣除，在将净利润调节为经营活动现金流量时，应当加回；递延所得税负债减少使计入所得税费用的金额小于当期应交的所得税金额，其差额没有发生现金流入，但在计算净利润时已经包括在内，在将净利润调节为经营活动现金流量时，应当扣除。该项目可以根据资产负债表“递延所得税负债”项目期初、期末余额分析填列。

（11）“存货的减少（减：增加）”项目。期末存货比期初存货减少，说明本期生产经营过程耗用的存货有一部分是期初的存货，耗用这部分存货并没有发生现金流出，但在计算净利润时已经扣除，所以，在将净利润调节为经营活动现金流量时，应当加回；期末存货比期初存货增加，说明本期购入的存货除耗用外，还剩余了一部分，这部分也发生了现金流出，但在计算净利润时没有包括在内，所以，在将净利润调节为经营活动现金流量时，需要扣除。该项目可以根据资产负债表“存货”项目期初数、期末数之间的差额填列；期末数大于期初数的差额，以“－”号填列。如果存货的增减变化过程源于投资活动，如在建工程领用存货，应当将该原因导致的存货变动剔除。

【例 15－24】2×18 年 1 月 1 日，N 企业存货余额为 350 000 元；2×18 年 12 月 31 日，存货余额为 400 000 元；2×18 年度，存货增加了 50 000 元（400 000 － 350 000）。存

货的增加金额50 000元,在将净利润调节为经营活动现金流量时应当扣除。

(12)"经营性应收项目减少(减:增加)"。经营性应收项目包括应收账款、应收票据、预付账款、长期应收款和其他应收款中与经营活动有关的部分,以及应收的增值税销项税额等。经营性应收项目期末余额小于经营性应收项目期初余额,说明本期收回的现金大于利润表中确认的销售收入,有以前年度销售收入的现金流入,所以,在将净利润调节为经营活动现金流量时,需要加回;经营性应收项目期末余额大于经营性应收项目期初余额,说明本期销售收入中有一部分没有收到现金,但是,在计算净利润时已包括该部分销售收入,所以,在将净利润调节为经营活动现金流量时,需要扣除。该项目应当根据有关科目的期初、期末余额分析填列;如为增加,以"-"号填列。

【例15-25】2×18年1月1日,甲企业应收账款为460 000元,应收票据为180 000元。2×18年12月31日,该企业情况如下:应收账款为540 000元,应收票据为170 000元。2×18年度内,该企业经营性应收项目年末比年初增加了70 000元[(540 000-460 000)+(170 000-180 000)]。经营性应收项目增加金额70 000元,在将净利润调节为经营活动现金流量时应当扣除。

(13)"经营性应付项目增加(减:减少)"。经营性应付项目包括应付账款、应付票据、预收账款、应付职工薪酬、应交税费、应付利息、长期应付款和其他应付款中与经营活动有关的部分,以及应付的增值税进项税额等。经营性应付项目期末余额大于经营性应付项目期初余额,说明本期购入的存货中有一部分没有支付现金,在将净利润调节为经营活动现金流量时,需要加回;经营性应付项目期末余额小于经营性应付项目期初余额,说明本期支付的现金大于利润表中确认的销售成本,在将净利润调节为经营活动现金流量时,需要扣除。该项目应当根据有关科目的期初、期末余额分析填列;如为减少,以"-"号填列。

【例15-26】2×18年1月1日,甲企业资料为:应付账款为700 000元,应付票据为400 000元,应付职工薪酬为150 000元,应交税费为50 000元。2×18年12月31日,该企业资料为:应付账款为950 000元,应付票据为250 000元,应付职工薪酬为100 000元,应交税费为80 000元。2×18年度内,经营性应付项目年末比年初增加了80 000元[(950 000-700 000)+(250 000-400 000)+(100 000-150 000)+(80 000-50 000)]。经营性应付项目增加金额80 000元,在将净利润调节为经营活动现金流量时应当加回。

需要指出的是,在分析存货、经营性应收或应付项目的增减变动时,应剔除那些导致其增加或减少但并不产生现金流入或流出的交易或事项的影响,比如企业以库存商品清偿债务,虽然导致应付账款和存货的减少,但应付账款的减少并没有引起现金流出,存货的减少也没有带来现金流入。

2.不涉及现金收支的重大投资和筹资活动

不涉及现金收支的重大投资和筹资活动,反映企业一定期间影响资产或负债但不形成该期现金收支的所有投资和筹资活动的信息。这些投资和筹资活动虽然不涉及当期现金收支,但对以后各期的现金流量有重大影响。例如,企业融资租入设备,将形成的负债计入"长期应付款"科目,当期并不支付设备款及租金,但以后各期必须为此支付现金,形成今后一定期间内固定的现金流出。

企业应当在附注中披露的不涉及当期现金收支,但影响企业财务状况或未来可能影响现金流量的重大投资和筹资活动,主要包括:①“债务转为资本”项目,反映企业本期转为资本的债务金额;②“一年内到期的可转换公司债券”项目,反映企业一年内到期的可转换公司债券的本息;③“融资租入固定资产”项目,反映企业本期融资租入的固定资产。

3.“现金及现金等价物净增加额”的填列

该项目反映企业一定会计期间现金及现金等价物的期末余额减去期初余额后的增加额(或净减少额),是对现金流量表正表中“现金及现金等价物”项目的补充说明。该项目的金额应与现金流量表中最后一项“现金及现金等价物净增加额”项目的金额核对相符。

4. 现金流量表及附注的平衡关系

(1)现金流量表中用直接法填列的“经营活动产生的现金流量净额”等于附注中用间接法调整得出的“经营活动产生的现金流量净额”。

(2)现金流量表主表中的“现金及现金等价物净增加额”等于附注中通过“库存现金”、“银行存款”、“其他货币资金”科目的期末、期初余额的差额以及现金等价物的差额得出的“现金及现金等价物净增加额”。

以上两个平衡关系是检验现金流量表编制是否正确的重要依据。

(二)企业当期取得或处置子公司及其他营业单位的披露

购买或处置子公司及其他营业单位的现金流量除了以净额单独列示在投资活动的现金流量中外,其他相关信息以总额披露。格式如表 15－9 所示。

表 15－9 购买或处置子公司及其他营业单位的现金流量

项 目	金 额
一、取得子公司及其他营业单位的有关信息:	
1. 取得子公司及其他营业单位的价格	
2. 取得子公司及其他营业单位支付的现金和现金等价物	
减:子公司及其他营业单位持有的现金和现金等价物	
3. 取得子公司及其他营业单位支付的现金净额	
4. 取得子公司的净资产	
流动资产	
非流动资产	
流动负债	
非流动负债	
二、处置子公司及其他营业单位的有关信息:	

续表

项　　目	金　　额
1. 处置子公司及其他营业单位的价格	
2. 处置子公司及其他营业单位收到的现金和现金等价物	
减：子公司及其他营业单位持有的现金和现金等价物	
3. 处置子公司及其他营业单位收到的现金净额	
4. 处置子公司的净资产	
流动资产	
非流动资产	
流动负债	
非流动负债	

（三）现金和现金等价物的构成

企业在附注中按表15－10格式披露现金和现金等价物的构成。

表15－10　现金和现金等价物的构成

项　　目	本期金额	上期金额
一、现金		
其中：库存现金		
可随时用于支付的银行存款		
可随时用于支付的其他货币资金		
可用于支付的存放中央银行款项		
存放同业款项		
拆放同业款项		
二、现金等价物		
其中：三个月内到期的债券投资		
三、期末现金及现金等价物余额		
其中：母公司或集团内子公司使用受限制的现金和现金等价物		

四、现金流量表编制举例

现举例说明运用工作底稿法编制现金流量表的过程。

【例15－27】绿叶股份有限公司编制现金流量表的有关资料如下：

1. 该公司2×18年12月31日资产负债表如表15－11所示。

表 15-11 资产负债表

编制单位：绿叶股份有限公司　　2×18 年 12 月 31 日　　单位：元

资产	期末余额	年初余额	负债及所有者权益	期末余额	年初余额
流动资产：			流动负债：		
货币资金	840 480	452 000	短期借款	40 000	20 000
交易性金融资产	144 000	144 000			
			应付票据及应付账款	360 000	312 000
应收票据及应收账款	288 000	360 000	预收款项	0	0
预付款项	0	0	其他应付款	12 000	24 000
其他应收款	0	0	应付职工薪酬	0	0
存货	444 000	360 000	应交税费	56 000	132 000
一年内到期的非流动资产	0	0	应付股利	0	0
持有待售资产	0	0	其他应付款	0	0
其他流动资产	24 000	48 000	一年内到期的长期负债	0	0
流动资产合计	1 740 480	1 364 000	持有待售负债	0	0
非流动资产：			其他流动负债	0	0
			流动负债合计	468 000	488 000
债权投资	150 000	174 000	非流动负债：		
长期股权投资	345 000	338 000	长期借款	152 000	32 000
固定资产：			应付债券	696 000	924 000
固定资产原价	1 164 000	1 200 000	长期应付款	0	0
减：累计折旧	292 000	240 000	专项应付款	0	0
固定资产净值	872 000	960 000	预计负债	0	0
减：固定资产减值准备	0	0	递延所得税负债	36 000	0
固定资产清理	0	0	负债合计	1 352 000	1 444 000
			所有者权益：		
在建工程	0	0	股本	1 200 000	960 000
			资本公积	360 000	240 000
固定资产合计	872 000	960 000	其中：库存股	0	0
无形资产	228 000	420 000	其他综合收益	3 000	0
开发支出	0	0	盈余公积	52 000	12 000
商誉	0	0	未分配利润	368 480	600 000
长期待摊费用	0	0	所有者权益合计	1 983 480	1 812 000
递延所得税资产	0	0			
非流动资产合计					
资产总计	3 335 480	3 256 000	负债及所有者权益总计	3 335 480	3 256 000

2. 该公司2×18年度利润表如表15－12所示。

表15－12　利润表

编制单位：绿叶股份有限公司　　　　2×18年度　　　　单位：元

项　目	本期金额	上期金额(略)
一、营业收入	1 152 000	
减：营业成本	504 000	
税金及附加	72 000	
销售费用	108 000	
管理费用	168 000	
研发费用	0	
财务费用	48 000	
资产减值损失		
预期信用损失	36 000	
加：其他收益	0	
投资收益	－24 000	
公允价值变动收益		
资产处置收益	96 000－144 000＝－48 000	
二、营业利润	144 000	
加：营业外收入		
减：营业外支出		
三、利润总额	144 000	
减：所得税费用	47 520	
四、净利润	96 480	
五、每股收益	略	
(一)基本每股收益		
(二)稀释每股收益		
六、综合收益		
(一)其他综合收益	3 000	
(二)综合收益总额	99 480	

3. 其他资料：

(1)本年偿还到期的应付债券本金240 000元、支付应付债券利息24 000元。

(2)本年应付债券利息调整(折价)12 000元。

(3)本年支付银行借款利息12 000元。

(4)本年计提固定资产折旧96 000元(假定全部计入管理费用)，摊销无形资产12 000元，摊销长期待摊费用24 000元，针对应收票据及应收账款按"预期信用损失法”计提坏账准备36 000元(其他资产未计提减值准备)。

(5)本年收到被投资单位分来的现金股利36 000元,并冲减长期股权投资的账面价值(该公司长期股权投资采用权益法核算)。

(6)本年债权投资利息调整24 000元。

(7)本年用固定资产对外投资,其原价为60 000元,累计折旧20 000元。

(8)本年出售机器设备一台,其原价为828 000元,累计折旧24 000元。销售价款660 000元已存入银行。

(9)本年出售一项专利权,其账面原值200 000元、累计摊销20 000元,实际收到价款276 000元。

(10)本年发行普通股168 000股交换厂房一座,普通股每股面值1元,每股市价1.5元。进行交换时,企业同时支付现金600 000元。厂房的入账价值为852 000元(1.5×168 000+600 000)。

(11)本年发放股票股利72 000股,每股面值1元,每股市价1.5元。

(12)本年用银行存款支付其他应付款12 000元,该款项为上年度应付的保险费。

(13)本年度用现金支付管理费用36 000元。

(14)本年度营业成本中的薪酬费用为120 000元。

(15)本年销售商品的销项税额为200 000元;购买商品的进项税额为112 000元,实际交纳的增值税为80 000元。

(16)本年交纳城市维护建设税156 000元,其中:本年发生的城市维护建设税72 000元,上年度应交未交的城市维护建设税84 000元。

(17)本年发生的销售费用全部用现金支付。

(18)本年发生所得税47 520元,递延所得税负债36 000元,应交所得税11 520元。当年应交所得税已全部交纳。

(19)本年从税后利润中提取盈余公积40 000元,分派现金股利180 000元,现金股利已全部支付。

(20)本年从银行借入短期借款20 000元,长期借款120 000元。

(21)“应收账款”科目的年初余额为384 000元,年末余额为328 000元。

根据上述资料,按照工作底稿法编制现金流量表的程序及方法如下:

第一步,将资产负债表的年初数和期末数转入工作底稿的年初数栏和期末数栏。

第二步,对当期业务进行分析并编制调整分录。

(1)分析调整主营业务收入:

借:经营活动现金流量——销售商品、提供劳务收到的现金	1 388 000
应收票据	20 000
贷:主营业务收入	1 152 000
应收账款	56 000
应交税费	200 000

利润表中的营业收入是按权责发生制确认的,以此为基础计算按收付实现制反映的销售商品、提供劳务收到的现金时,应调整应收账款和应收票据的增减变动。本例中

应收票据增加 20 000 元,应从主营业务收入中减去;应收账款减少 56 000 元,应加回到主营业务收入中;销售商品收到的现金应包括从购货方收到的增值税销项税额 200 000 元,也加回到主营业务收入中。

(2)分析调整主营业务成本:

借:主营业务成本 504 000

应交税费 112 000

存货 84 000

贷:应付票据 20 000

应付账款 28 000

经营活动现金流量——购买商品、接受劳务支付的现金 532 000

——支付职工工资及为职工支付的现金 120 000

利润表中的营业成本是按权责发生制确认的,以此为基础计算按收付实现制反映购买商品收到的现金时,应调整存货、应付账款和应付票据的增减变动。本例中,存货增加 84 000 元,表明本期增加存货发生了现金支出,应加回到主营业务成本中;应付票据增加 20 000 元、应付账款增加 28 000 元,表明本期购入的存货中这一部分没有支付现金,应从主营业务成本中减去;购买商品支付的增值税进项税额 112 000 元,应加回到主营业务成本中。

(3)调整税金及附加:

借:税金及附加 72 000

应交税费 84 000

贷:经营活动现金流量——支付的各项税费 156 000

本年支付的上年度应交未交的城市维护建设税 84 000 元,应在调整时加回到税金及附加项目中,以调整计算出本年支付的除增值税、所得税以外的其他税费为 156 000 元。

(4)确认销售费用支付的现金:

借:销售费用 108 000

贷:经营活动现金流量——支付的其他与经营活动有关的现金 108 000

本例中,利润表所列销售费用与按收付实现制确认的数额相同。

(5)调整管理费用及坏账准备:

借:管理费用 168 000

其他应付款 12 000

贷:累计折旧 96 000

累计摊销 12 000

长期待摊费用 24 000

经营活动现金流量——支付的其他与经营活动有关的现金 48 000

借:预期信用损失 36 000

贷:坏账准备 36 000

本年计入管理费用的折旧费 96 000 元、无形资产摊销 12 000 元、长期待摊费用摊销、坏账准备 36 000 元均没有支付现金，在调整时应从管理费用中减去；本年支付的上年应付未付的保险费 12 000 元，也属于本年支付的其他与经营活动有关的现金，所以应加回到管理费用中。

(6)调整财务费用：

借：财务费用　　48 000

　贷：应付债券　　12 000

　　筹资活动现金流量——偿付利息所支付的现金　　36 000

本例中，本年应付债券利息调整（折价）12 000 元，增加了财务费用，但并没有支付现金，所以调整时应从财务费用中减去；本年偿付利息所支付的现金 36 000 元包括支付银行借款利息 12 000 元、债券利息 24 000 元。

(7)调整无形资产处置收益：

借：投资活动现金流量——处置固定资产、无形资产收到的现金净额　　276 000

　贷：无形资产　　180 000

　　资产处置收益　　96 000

本例中，出售无形资产收到的现金净额为 276 000 元，扣除无形资产账面价值 180 000 元，实现的营业外收入为 96 000 元。

(8)调整投资收益：

借：投资收益　　24 000

　投资活动现金流量——取得投资收益所收到的现金　　36 000

　贷：债权投资　　24 000

　　长期股权投资　　36 000

本例中，债权投资利息调整（溢价）24 000 元，冲减了投资收益，但并没有现金流出；采用权益法核算的长期股权投资，收到分来的现金股利 36 000 元，增加了现金收入，同时冲减了长期股权投资账面价值。

(9)调整固定资产处置损失：

借：资产处置收益　　144 000

　累计折旧　　24 000

　投资活动现金流量——处置固定资产、无形资产所收到的现金净额　　660 000

　贷：固定资产原价　　828 000

本例中，出售固定资产所收到的现金净额为 660 000 元，清理净收益为 144 000 元列入了利润表中的营业外支出。

(10)调整所得税费用：

借：所得税费用　　47 520

　贷：递延所得税负债　　36 000

　　经营活动现金流量——支付的各项税费　　11 520

本例中，发生的递延所得税负债 36 000 元，本年并没有支付现金，在调整时从所得税费用中减去，求得实际支付的所得税款为 11 520 元。

(11)结转净利润：

借:净利润　96 480

　贷:未分配利润　96 480

(12)分析调整长期投资:

借:长期股权投资　40 000

　累计折旧　20 000

　贷:固定资产原价　60 000

本年长期股权投资增加 40 000 元,是以固定资产对外投资所取得的。

(13)分析调整固定资产:

借:固定资产原价　852 000

　贷:股本　168 000

　　资本公积　84 000

　　投资活动现金流量——购建固定资产、无形资产所支付的现金　600 000

本年用普通股换取固定资产业务,既属于投资活动,又属于筹资活动。但在该业务中企业支付现金 600 000 元是为了取得固定资产而发生的,所以应列入购建固定资产所支付的现金。

(14)分析调整应交税费:

借:应交税费　80 000

　贷:经营活动现金流量——支付的各项税费　80 000

该笔调整分录表明调整实际交纳的增值税款,而实际交纳的所得税,以及其他税金已在前述有关调整分录中调整。

(15)分析调整短期借款和长期借款:

借:筹资活动现金流量——借款所收到的现金　140 000

　贷:短期借款　20 000

　　长期借款　120 000

该笔调整分录表明企业举借短期借款和长期借款所收到的现金。

(16)分析调整应付债券:

借:应付债券　240 000

　贷:筹资活动现金流量——偿还债务所支付的现金　240 000

该笔调整分录表明企业偿还到期债券所支付的现金。

(17)分析调整未分配利润:

借:未分配利润　108 000

　贷:股本　72 000

　　资本公积　36 000

该笔调整分录表明发放股票股利而减少了未分配利润 108 000 元。

借:未分配利润　40 000

　贷:盈余公积　40 000

该笔调整分录表明提取盈余公积而减少了未分配利润 40 000 元。

借:未分配利润　180 000

贷:筹资活动现金流量——分配股利或利润所支付的现金 180 000

该笔调整分录表明按权益法核算的长期股权投资发放现金股利支付现金 180 000 元。

(18)分析调整其他综合收益:

借:长期股权投资 3 000

贷:其他综合收益 3 000

该笔调整分录表明享有被投资单位其他综合收益变动的份额。

(19)调整现金净变化额:

借:货币资金 388 480

贷:现金及现金等价物净增加额 388 480

第三步,将调整分录过入工作底稿的相应部分。

第四步,核对调整分录。调整分录的借方合计与贷方合计相等(均为 6 008 000 元);资产负债表项目的年初数加减调整分录中的借贷金额以后,也等于期末数。

第五步,根据工作底稿(表 15-13)中现金流量表项目的数据编制正式的现金流量表,见表 15-14 及现金流量表补充资料表 15-15 。

补充资料中,"处置固定资产、无形资产和其他长期资产的损失(减:收益)"项目 48 000 元,系出售固定资产损失 144 000 元减去出售无形资产收益 96 000 元的差额;"经营性应收项目的减少(减:增加)"项目 36 000 元,系应收票据、应收账款(未减去坏账准备前的余额)期末余额减年初余额的差额;"经营性应付项目的增加(减:减少)"项目 -40 000 元,系应付票据、应付账款、其他应付款、应交税费项目期末余额减年初余额的差额。

表 15-13 现金流量表工作底稿 单位:元

项 目	年初数	调整分录		本期数
		借方	贷方	
一、资产负债表项目				
货币资金	452 000	(19)388 480		840 480
短期投资	144 000			144 000
应收票据及应收账款	360 000	(1) 20 000	(1)56 000	324 000
坏账准备	24 000		(5)36 000	60 000
存货	360 000	(2)84 000		444 000
长期待摊费用	48 000		(5)24 000	24 000
长期股权投资	338 000	(12)40 000 (18)3 000	(8)36 000	345 000
债权投资	174 000		(8)24 000	150 000
固定资产原价	1 200 000	(13)852 000	(9)828 000 (12)60 000	1 164 000

续表

项　　目	年初数	调整分录		本期数
		借方	贷方	
累计折旧	240 000	(9)24 000 (12)20 000	(5)96 000	292 000
无形资产	420 000		(5)12 000 (7)180 000	228 000
资产总计	3 256 000			3 308 000
短期借款	20 000		(15)20 000	40 000
应付票据及应付账款	312 000		(2)20 000 (2)28 000	360 000
其他应付款	24 000	(5)12 000		12 000
应交税费	132 000	(2)112 000 (3)84 000 (14)80 000	(1)200 000	56 000
长期借款	32 000		(15)120 000	152 000
应付债券	924 000	(16)240 000	(6)12 000	696 000
递延所得税负债	0		(10)36 000	36 000
股本	960 000		(13)168 000 (17)72 000	1 200 000
其他综合收益	0		(18)3 000	3 000
资本公积	240 000		(13)84 000 (17)36 000	360 000
盈余公积	12 000		(17)40 000	52 000
未分配利润	600 000	(17)108 000 40 000 180 000	(11)96 480	368 480
负债及股东权益合计	3 256 000			3 332 480
二、利润表项目				本期数
营业收入			(1)1 152 000	1 152 000
营业成本		(2)504 000		504 000
税金及附加		(3)72 000		72 000
销售费用		(4)108 000		108 000
管理费用		(5)168 000		168 000
财务费用		(6)48 000		48 000

续表

项目	年初数	调整分录		本期数
		借方	贷方	
投资收益		(8)24 000		-24 000
预期信用损失		(5)36 000		36 000
资产处置收益		(9)144 000	(7)96 000	-48 000
营业外收入				
营业外支出				
所得税费用		(10)47 520		47 520
净利润		(11)96 480		96 480
三、现金流量表项目 (一)经营活动产生的现金流量				
销售商品、提供劳务收到的现金		(1)1 388 000		1 388 000
现金流入小计				1 388 000
购买商品、接受劳务支付的现金			(2)532 000	532 000
支付给职工以及为职工支付的现金			(2)120 000	120 000
支付的各项税费			(3)156 000 (10)11 520 (14)80 000	247 520
支付的其他与经营活动有关的现金			(4)108 000 (5)48 000	156 000
现金流出小计				1 055 520
经营活动产生的现金流量净额				332 480
(二)投资活动产生的现金流量				
取得投资收益所收到的现金		(8)36 000		36 000
处置固定资产、无形资产和其他长期资产所收到的现金净额		(7)276 000 (9)660 000		936 000
现金流入小计				972 000
购建固定资产、无形资产和其他长期资产所支付的现金			(13)600 000	600 000
现金流出小计				600 000
投资活动产生的现金流量				372 000
(三)筹资活动产生的现金流量				
借款所收到的现金		(15)140 000		140 000
现金流入小计				140 000

续表

项　　目	年初数	调整分录		本期数
		借方	贷方	
偿还债务所支付的现金			(16)240 000	240 000
分配股利、利润或偿付利息所支付的现金			(6)36 000 (17)180 000	216 000
现金流出小计				456 000
筹资活动产生的现金流量净额				-316 000
(四)现金及现金等价物净增加额			(19)388 480	388 480
调整分录借贷合计		6 008 000	6 008 000	

表 15-14　现金流量表

会企 03 表

编制单位:绿叶股份公司　　　2×18 年度　　　单位:元

项　　目	本期金额	上期金额(略)
一、经营活动产生的现金流量:		
销售商品、提供劳务收到的现金	1 388 000	
收到的税费返还		
收到的其他与经营活动有关的现金		
现金流入小计	1 388 000	
购买商品、接受劳务支付的现金	532 000	
支付给职工以及为职工支付的现金	120 000	
支付的各项税费	247 520	
支付的其他与经营活动有关的现金	156 000	
现金流出小计	1 055 520	
经营活动产生的现金流量净额	332 480	
二、投资活动产生的现金流量:		
收回投资所收到的现金		
取得投资收益所收到的现金	36 000	
处置固定资产、无形资产和其他长期资产而收回的现金净额	936 000	
收到的其他与投资活动有关的现金		
现金流入小计	972 000	
购建固定资产、无形资产和其他长期资产所支付的现金	600 000	
投资所支付的现金		
支付的其他与投资活动有关的现金		

续表

项　　目	本期金额	上期金额(略)
现金流出小计	600 000	
投资活动产生的现金流量净额	372 000	
三、筹资活动产生的现金流量:		
吸收投资所收到的现金		
借款所收到的现金	140 000	
收到的其他与筹资活动有关的现金		
现金流入小计	140 000	
偿还债务所支付的现金	240 000	
分配股利、利润或偿付利息所支付的现金	216 000	
支付的其他与筹资活动有关的现金		
现金流出小计	456 000	
筹资活动产生的现金流量净额	-316 000	
四、汇率变动对现金及现金等价物的影响	0	
五、现金及现金等价物净增加额	388 480	
加:期初现金及现金等价物余额	452 000	
六、期末现金及现金等价物余额	840 480	

表 15-15　现金流量表补充资料

编制单位:绿叶股份公司　　2×18 年度　　单位:元

	本期金额	上期金额(略)
补充资料		
1. 将净利润调节为经营活动的现金流量:		
净利润	96 480	
加:计提的资产减值准备(包括预期信用损失)	36 000	
固定资产折旧	96 000	
无形资产摊销	12 000	
长期待摊费用摊销	24 000	
处置固定资产、无形资产和其他长期资产的损失(减:收益)	48 000	
固定资产报废损失	0	
财务费用	48 000	
投资损失(减:收益)	24 000	

续表

	本期金额	上期金额(略)
递延所得税资产减少(减:收益)	0	
递延所得税负债增加(减:减少)	36 000	
存货的减少(减:增加)	-84 000	
经营性应收项目的减少(减:增加)	36 000	
经营性应付项目的增加(减:减少)	-40 000	
其他	0	
经营活动产生的现金流量净额	332 480	
2. 不涉及现金收支的投资和筹资活动:		
债务转为资本		
一年内到期的可转换公司债券		
融资租赁固定资产		
3. 现金及现金等价物净变动情况:		
现金的期末余额	840 480	
减:现金的期初余额	452 000	
加:现金等价物的期末余额	0	
减:现金等价物的期初余额	0	
现金及现金等价物净增加额	388 480	

第五节　所有者权益变动表

一、所有者权益变动表的内容及结构

(一)所有者权益变动表的内容

所有者权益变动表,是指反映构成所有者权益各组成部分当期增减变动情况的报表。所有者权益变动表应当全面反映一定时期所有者权益变动的情况,不仅包括所有者权益总量的增减变动,还包括所有者权益增减变动的重要结构性信息,让报表使用者准确理解所有者权益增减变动的根源。

在所有者权益变动表中,综合收益和与所有者(或股东)的资本交易导致的所有者权益的变动,应当分别列示。企业至少应当单独列示反映下列信息的项目:①综合收益总额;②其他综合收益会计政策变更和差错更正的累积影响金额;③所有者投入资本和向所有者分配利润等;④提取的盈余公积;⑤所有者权益各组成部分的期初和期末余额及其调节情况。

(二)所有者权益变动表的结构

1. 以矩阵的形式列报

为了清楚地表明构成所有者权益的各组成部分当期的增减变动情况,所有者权益变动表应当以矩阵的形式列示。一方面,列示导致所有者权益变动的交易或事项,改变了以往仅仅按照所有者权益的各组成部分反映所有者权益变动情况,而是按所有者权益变动的来源对一定期间所有者权益变动情况进行全面反映;另一方面,按照所有者权益各组成部分(包括实收资本、资本公积、其他综合收益、盈余公积、未分配利润和库存股)及其总额列示交易或事项对所有者权益的影响。

2. 列示所有者权益变动表的比较信息

根据财务报表列报准则的规定,企业需要提供比较所有者权益变动表,因此,所有者权益变动表还就各项目再分为"本年金额"和"上年金额"两栏分别填列。所有者权益变动表的具体格式如表 15－16 所示。

二、所有者权益变动表的填列方法

(一)所有者权益变动表各项目的列报说明

(1)"上年年末余额"项目,反映企业上年资产负债表中实收资本(或股本)、资本公积、盈余公积、其他综合收益、未分配利润的上年年末余额。

(2)"会计政策变更"和"前期差错更正"项目,分别反映企业采用追溯调整法处理的会计政策变更的累积影响金额和采用追溯重述法处理的会计差错更正的累积影响金额。为了体现会计政策变更和前期差错更正的影响,企业应当在上期期末所有者权益余额的基础上进行调整得出本期期初所有者权益,根据"盈余公积"、"利润分配"、"以前年度损益调整"等科目的发生额分析填列。

(3)"本年增减变动额"项目分别反映如下内容:

a."综合收益总额"项目,反映企业该期间除与所有者以其所有者身份进行的交易之外的其他交易或事项所引起的所有者权益变动,其金额为净利润和其他综合收益扣除所得税影响后净额合计金额。

b."所有者投入和减少资本"项目,反映企业当年所有者投入的资本和减少的资本。其中:"所有者投入资本"项目,反映企业接受投资者投入形成的实收资本(或股本)和资本溢价或股本溢价,并对应列在"实收资本(或股本)"和"资本公积"栏。

"股份支付计入所有者权益的金额"项目,反映企业处于等待期中的权益结算的股份支付当年计入资本公积的金额,并对应列在"资本公积"栏。

c."利润分配"下各项目,反映当年对所有者(或股东)分配的利润(或股利)金额和按照规定提取的盈余公积金额,并对应列在"未分配利润"和"盈余公积"栏。

其中：

“提取盈余公积”项目，反映企业按照规定提取的盈余公积；

“对所有者（或股东）的分配”项目，反映对所有者（或股东）分配的利润（或股利）金额。

d.“所有者权益内部结转”下各项目，反映不影响当年所有者权益总额的所有者权益各组成部分之间当年的增减变动，包括：

“资本公积转增资本（或股本）”项目，反映企业以资本公积转增资本或股本的金额；

“盈余公积转增资本（或股本）”项目，反映企业以盈余公积转增资本或股本的金额；

“盈余公积弥补亏损”项目，反映企业以盈余公积弥补亏损的金额；

“设定受益计划变动额结转留存收益”项目，反映重新计量设定受益计划净负债或净资产计入“其他综合收益”后在权益范围内结转的金额。

“其他综合收益结转留存收益”项目，主要反映：①企业指定为以公允价值计量且其变动计入其他综合收益的非交易性权益工具投资终止确认时，之前计入其他综合收益的累计利得或损失从其他综合收益中转入留存收益的金额；②企业指定为以公允价值计量且其变动计入当期损益的金融负债终止确认时，之前由企业自身信用风险变动引起而计入其他综合收益的累计利得或损失从其他综合收益中转入留存收益的金额等。该项目应根据“其他综合收益”科目的相关明细科目的发生额分析填列。

（二）“上年金额”栏的填列方法

所有者权益变动表“上年金额”栏内各项数字，应根据上年度所有者权益变动表“本年金额”栏内所列数字填列。如果上年所有者权益变动表规定的各个项目的名称和内容与本年度不相一致，应对上年度所有者权益变动表各项目的名称和数字按照本年度的规定进行调整，填入所有者权益变动表中的“上年金额”栏内。

（三）“本年金额”栏的填列方法

所有者权益变动表“本年金额”栏内各项数字一般应根据“实收资本（或股本）”、“其他权益工具”、“资本公积”、“盈余公积”、“其他综合收益”、“利润分配”、“库存股”、“以前年度损益调整”等科目及其明细科目的发生额分析填列。

企业的净利润及其分配情况作为所有者权益变动的组成部分，不需要单独设置利润分配表列示。

三、所有者权益变动表编制示例

【例 15 – 28】承例 15 – 27，该公司 2 × 18 年度其他相关资料为：提取盈余公积 40 000 元，向投资者分配现金股利 180 000 元。

根据上述资料，绿叶股份有限公司编制 2 × 18 年度的所有者权益变动表，如表 15 – 16 所示。

表 15－16 所有者权益变动表

会企 04 表

编制单位:绿叶股份公司　　　　2×18 年度　　　　单位:元

项　　目	上年金额								本年金额						
	实收资本（或股本）	其他权益工具	资本公积	减:库存股	其他综合收益	盈余公积	未分配利润	所有者权益合计	实收资本（或股本）	其他权益工具	资本公积	减:库存股	盈余公积	未分配利润	所有者权益合计
一、上年年末余额	960 000		240 000	0		12 000	600 000	1 812 000							
加:会计政策变更															
前期差错更正															
其他															
二、本年年初余额	960 000		240 000	0		12 000	600 000	1 812 000							
三、本年增减变动金额（减少以“－”号填列）															
（一）综合收益总额					3 000		96 480	99 480							
（二）所有者投入和减少资本															
1. 所有者投入的普通股	168 000		84 000					252 000							
2. 其他权益工具持有者投入资本															
3. 股份支付计入所有者权益的金额															
4. 其他															

续表

项目	上年金额								本年金额						
	实收资本（或股本）	其他权益工具	资本公积	减:库存股	其他综合收益	盈余公积	未分配利润	所有者权益合计	实收资本（或股本）	其他权益工具	资本公积	减:库存股	盈余公积	未分配利润	所有者权益合计
（三）利润分配															
1. 提取盈余公积						40 000	-40 000	0							
2. 对所有者（或股东）的分配	72 000		36 000				-288 000	-180 000							
3. 其他															
（四）所有者权益内部结转															
1. 资本公积转增资本（或股本）															
2. 盈余公积转增资本（或股本）															
3. 盈余公积弥补亏损															
4. 设定受益计划变动额结转留存收益															
5. 其他综合收益结转留存收益															
6. 其他															
四、本年年末余额	1 200 000		360 000	0	3 000	52 000	368 480	1 983 480							

第六节 财务报表附注

财务报表附注形式灵活、内涵丰富。一方面,它以文字与表格形式对财务报表中列报的重要项目及其明细进行解释;另一方面,它还披露一些未满足确认条件而不能在表内列报的交易或事项,这些信息是报表使用者做出决策的重要依据,因此,财务报表与附注具有同等重要程度。

一、附注概述

(一)附注的概念

附注是财务报表不可或缺的组成部分,是对在资产负债表、利润表、现金流量表和所有者权益变动表等报表中列示项目的文字描述或明细资料,以及对未能在这些报表中列示项目的说明等。

财务报表中的数字是经过分类与汇总后的结果,是对企业发生的经济业务的高度简化和浓缩的数字,如果没有形成这些数字所使用的会计政策、理解这些数字所必需的披露,财务报表就不可能充分发挥作用。因此,附注与资产负债表、利润表、现金流量表和所有者权益变动表等报表具有同等的重要性,是财务报表的重要组成部分。报表使用者了解企业的财务状况、经营成果和现金流量,应当全面阅读附注。

(二)附注披露的基本要求

(1)附注披露的信息应是定量、定性信息的结合,从而能从量和质两个角度对企业经济事项完整地进行反映,也才能满足信息使用者的决策需求。

(2)附注应当按照一定的结构进行系统合理的排列和分类,有顺序地披露信息。由于附注的内容繁多,因此更应按逻辑顺序排列,分类披露,条理清楚,具有一定的组织结构,以便于使用者理解和掌握,也更好地实现财务报表的可比性。

(3)附注相关信息应当与资产负债表、利润表、现金流量表和所有者权益变动表等报表中列示的项目相互参照,以有助于使用者联系相关联的信息,并由此从整体上更好地理解财务报表。

(三)附注应披露的主要内容

附注应当按照以下顺序披露有关内容:

1. 企业的基本情况

(1)企业注册地、组织形式和总部地址。

(2)企业的业务性质和主要经营活动。如企业所处的行业、所提供的主要产品或服务、客户的性质、销售策略、监管环境的性质等。

(3)母公司以及集团最终母公司的名称。

(4)财务报告的批准报出者和财务报告批准报出日。

(5)营业期限有限的企业,还应当披露有关其营业期限的信息。

2. 财务报表的编制基础

企业应当根据本准则的规定判断企业是否持续经营，并披露财务报表是否以持续经营为基础编制。

3. 遵循企业会计准则的声明

企业应当声明编制的财务报表符合企业会计准则的要求，真实、完整地反映了企业的财务状况、经营成果和现金流量等有关信息。以此明确企业编制财务报表所依据的制度基础。如果企业编制财务报表只是部分地遵循了企业会计准则，附注中不得做出这样的表述。

4. 重要会计政策和会计估计

（1）重要会计政策的说明。由于企业经济业务的复杂性和多样化，某些经济业务可以有多种会计处理方法，也即存在不止一种可供选择的会计政策。例如，存货的计价，可以有先进先出法、加权平均法、个别计价法等；固定资产的折旧，可以有平均年限法、工作量法、双倍余额递减法、年数总额法等。企业在发生某项经济业务时，必须从允许的会计处理方法中选择适合本企业特点的会计政策。企业选择不同的会计处理方法，可能极大地影响企业的财务状况和经营成果，进而编制出不同的财务报表。为了有助于报表使用者理解，有必要对这些会计政策加以披露。

企业应当披露采用的重要会计政策，并结合企业的具体实际披露其重要会计政策的确定依据和财务报表项目的计量基础。其中，会计政策的确定依据主要是指企业在运用会计政策过程中所做的重要判断，这些判断对在报表中确认的项目金额具有重要影响。例如，企业如何判断持有的金融资产是持有至到期的投资而不是交易性投资，企业如何判断与租赁资产相关的所有风险和报酬已转移给企业从而符合融资租赁的标准，投资性房地产的判断标准是什么，等等。财务报表项目的计量基础包括历史成本、重置成本、可变现净值、现值和公允价值等会计计量属性。例如，存货是按成本还是按可变现净值计量的，等等。

（2）重要会计估计的说明。企业应当披露重要会计估计，并结合企业的具体实际披露其会计估计所采用的关键假设和不确定因素。重要会计估计的说明，包括可能导致下一个会计期间内资产、负债账面价值重大调整的会计估计的确定依据等。例如，固定资产可收回金额的计算需要根据其公允价值减去处置费用后的净额与预计未来现金流量的现值两者之间的较高者确定，在计算资产预计未来现金流量的现值时需要对未来现金流量进行预测，并选择适当的折现率，企业应当在附注中披露未来现金流量预测所采用的假设及其依据、所选择的折现率为什么是合理的，等等。又如，对于正在进行中的诉讼提取准备，企业应当披露最佳估计数的确定依据，等等。

5. 会计政策和会计估计变更以及差错更正的说明

企业应当按照《企业会计准则第 28 号——会计政策、会计估计变更和差错更正》及其应用指南的规定，披露会计政策和会计估计变更以及差错更正的有关情况。

6. 报表重要项目的说明

企业应当以数字和文字描述相结合、尽可能以列表形式披露报表重要项目的构成或当期增减变动情况，并且报表重要项目的明细金额合计，应当与报表项目金额相衔接。一般应当按照资产负债表、利润表、现金流量表、所有者权益变动表及其项目列示的顺序披露。

7. 其他需要说明的重要事项

这主要包括或有和承诺事项、资产负债表日后非调整事项、关联方关系及其交易等,具体披露要求须遵循相关准则的规定。下面重点阐述分部报告及关联方的披露。

二、分部报告

随着市场经济的发展,企业的生产经营规模日益扩大,经营范围也逐步突破单一业务界限,成为从事多种产品生产经营或从事多种业务经营活动的综合经营体;同时,经营的地域范围也日益扩大,有的企业分别在国内不同地区甚至在境外设立分公司或子公司。在这种情况下,企业提供分部信息,能够帮助会计信息使用者更好地理解企业以往的经营业绩,更好地评估企业的风险和报酬,以便更好地把握企业整体的经营情况,对未来的发展趋势做出合理的预期。同时,企业的整体风险,是由企业各经营分部的风险和报酬构成的。一般来说,企业不同的经营分部,会具有不同的利润率、发展机会、未来前景和风险。要评估企业整体的风险和报酬,必须借助企业分部信息。

(一)经营分部的认定

经营分部,是指企业内同时满足下列条件的组成部分:①该组成部分能够在日常活动中产生收入、发生费用;②企业管理层能够定期评价该组成部分的经营成果,以决定向其配置资源、评价其业绩;③企业能够取得该组成部分的财务状况、经营成果和现金流量等有关会计信息。

企业应当以内部组织结构、管理要求、内部报告制度为依据确定经营分部。经济特征不相似的经营分部,应当分别确定为不同的经营分部。在实务中,并非所有的经营分部均作为独立的经营分部来考虑。在某些情况下,两个或两个以上的经营分部如果具有相似的经济特征,这些经营分部经常会表现相似的长期财务业绩,如长期平均毛利率、资金回报率、未来现金流量等。此时,将它们合并披露可能更为恰当。

具有相似经济特征的两个或多个经营分部同时满足下列条件的,可以合并为一个经营分部。

1. 各单项产品或劳务的性质相同或相似

各单项产品或劳务的性质,包括产品或劳务的规格、型号、最终用途等。一般情况下,生产的产品和提供的劳务的性质相同或相似的,其风险、报酬率及其成长率可能较为接近,因此,可以将其划分在同一经营分部。而对于性质完全不同的产品或劳务,则不能将其划分在同一经营分部。例如,某企业的生产经营范围包括机械制造,旅游及餐饮业,碗碟、炊具用品,合成纤维生产,等等。该企业在确定经营分部时,必须分别将其划分为不同的经营分部,而不能将机械制造与旅游及餐饮业作为一个经营分部处理。

2. 生产过程的性质相同或相似

生产过程的性质,包括采用劳动密集或资本密集方式组织生产、使用相同或者相似设备和原材料、采用委托生产或加工方式等。其生产过程相同或相似的,可以划分为一个业务分部,如按资本密集型和劳动密集型划分业务部门。资本密集型的部门占用的设备较为先进，占用的固定资产较多，相应所负担的折旧费也较多，其经营成本受资产折旧费用影响较大，受技术进步因素的影响也较大；而劳动密集型部门使用的劳动力较多，相对而言劳动力的成本即人工费用的影响较大，其经营成果受人工成本的高低影响很大。

3. 产品或劳务的客户类型相同或相似

产品或劳务的客户类型，包括大宗客户、零散客户等。对于购买产品或接受劳务的同一类型的客户，销售条件基本相同，如具有相同或相似的销售价格、销售折扣，相同或相似的售后服务，因而具有相同或相似的风险和报酬。而对于不同的客户，销售条件不尽相同，由此可能导致其具有不同的风险和报酬。比如，某计算机生产企业，其生产计算机可以分为商用计算机和个人用计算机，商用计算机主要销售客户是企业，一般是大宗购买，对计算机专用性要求比较强，售后服务相对较为集中；而个人用计算机，其客户对计算机的通用性要求较高，其售后服务相对较为分散。

4. 销售产品或提供劳务的方式相同或相似

销售产品或提供劳务的方式，包括批发、零售、自产自销、委托销售、承包等。企业销售产品或提供劳务的方式不同，其承受的风险和报酬也不相同。例如，在赊销方式下，可以扩大销售规模，但发生的收账费用较大，并且发生应收账款坏账的风险也很大；而在现销方式下，不存在应收账款的坏账问题，不会发生收账费用，但销售规模的扩大有限。

5. 生产产品或提供劳务受法律、行政法规的影响

生产产品或提供劳务受法律、行政法规的影响，包括经营范围或交易定价限制等。企业生产产品或提供劳务总是处于一定的经济法律环境之下，其所处的环境必然对其经营活动产生影响。对在不同法律环境下生产的产品或提供的劳务进行分类，进而向会计信息使用者提供不同法律环境下产品生产或劳务的信息，有利于会计信息使用者对企业未来的发展走向做出判断和预测。对相同或相似法律环境下的产品生产或劳务提供进行归类，以提供其经营活动所生成的信息，同样有利于明晰地反映该类产品生产和劳务提供的会计信息。例如，商业银行、保险公司等金融企业易受特别的、严格的监管政策，在确定该类企业分部产品和劳务是否相关时，应当考虑所受监管政策的影响。

【例 15－29】FEN 公司是一家全球性公司，总部在美国，主要生产 A，B，C，D 四个品牌的皮箱、各种手提包、公文包、皮带等，以及相关产品的运输、销售，每种产品均由独立的业务部门完成。其生产的产品主要销往中国内地、中国香港以及日本、欧洲和美国国内。该公司各项业务 2×18 年的相关收入、费用、利润等信息如表 15－17 所示。假定该公司管理层定期评价各业务部门的经营成果，以配置资源、评价业务；各品牌皮箱的生产过程、客户类型、销售方式等类似；经预测，生产皮箱的 4 个部门今后 5 年内平均销售毛利率与本年度差异不大。

表 15－17　FEN 公司有关业务资料　　金额单位：万元

项　目	品牌A	品牌B	品牌C	品牌D	手提包	公文包	皮带	销售公司	运输公司	合　计
营业收入	106 000	130 000	100 000	95 000	260 000	230 000	69 000	270 000	50 000	1 310 000

续表

项 目	品牌A	品牌B	品牌C	品牌D	手提包	公文包	皮带	销售公司	运输公司	合 计
其中:对外交易	100 000	120 000	80 000	90 000	180 000	150 000	50 000	270 000	50 000	1 090 000
分部间交易	6 000	10 000	20 000	5 000	80 000	80 000	19 000			220 000
营业费用	74 200	92 300	69 000	66 500	156 000	142 600	55 200	220 000	30 000	905 800
其中:对外交易	60 000	78 300	57 000	62 000	149 000	132 000	47 200	205 000	30 000	820 500
分部间交易	14 200	14 000	12 000	4 500	7 000	10 600	8 000	15 000		85 300
营业利润	31 800	37 700	31 000	28 500	104 000	87 400	13 800	50 000	20 000	404 200
销售毛利率(%)	30	29	31	30	40	38	20	18.5	40	
资产总额	350 000	400 000	300 000	250 000	650 000	590 000	250 000	700 000	300 000	3 790 000
负债总额	150 000	170 000	130 000	100 000	300 000	200 000	150 000	300 000	180 000	1 680 000

从上述资料可以看出,FEN 公司生产皮箱的部门有4个,分别是生产品牌A、品牌B、品牌C、品牌D皮箱的部门,各组成部分分别在日常业务活动中产生收入、发生费用,该公司管理层定期评价各业务部门的经营成果,以配置资源、评价业绩,并能够取得各组成部分的财务状况、经营成果和现金流量等会计信息,因此,各组成部分满足经营分部的定义,可以确定为不同的经营分部。与此同时,该公司生产A,B,C,D品牌皮箱的4个部门,其销售毛利率分别是30%,29%,31%,30%,即具有相近的财务业绩;4个部门都生产皮箱,其生产过程、客户类型、销售方式等类似,具有相似的经济特征。因此,FEN 公司在确定经营分部时,可以将生产4个品牌皮箱的分部予以合并,组成一个“皮箱”经营分部。合并后,皮箱经营分部的分部收入为431 000万元,分部费用为302 000万元,分部利润为129 000万元。

(二)报告分部的确定

1. 重要性标准的判断

企业应当以经营分部为基础确定报告分部报告。经营分部满足下列条件之一的,企业应当将其确定为报告分部。

(1)该分部的分部收入占所有分部收入合计的10%或者以上。分部收入,是指可归属于分部的对外交易收入和对其他分部交易收入。由此可见,分部收入包括两部分:一是对外交易收入;二是对其他分部交易收入。但是,分部收入主要由可归属于分部的对外交易收入构成,通常是营业收入,其主要来源于两个渠道:一是可以直接属于分部的收入,即直接由分部的业务交易而产生;二是可间接归属于分部的收入,即将企业交易产生的收入在相关分部之间进行分配,按属于某分部的收入金额确认为分部收入。分部收入通常不包括下列项目:

a. 利息收入(包括因预付或借给其他分部款项而确认的利息收入)和股利收入(采用成本法核算的长期股权投资取得的股利收入),但分部的日常活动是金融性质的除外。一般情况下,企业是以企业整体为基础来计划和管理投资、融资行为的,与某个分部的经营无直接关联。因此,利息和股利收入通常不是其个别分部的日常经营活动的一部分,因预付或借给其他分部款项而确认的利息收入与此相同。但是,如果某个分部的日常经营活动的全部或绝大部分都是资产的借贷或投资,那么该分部的经营就主要是金融性质,分部收入将包括利息收入和股利收入,以及出售投资和清偿债务实现的利得等。对此类分部,这些项目就属于营业收入的一部分。在实务中,其经营主要是金融性质的分部主要包括商业银行、证券公司、保险公司、财务公司、金融租赁公司等。

b. 营业外收入。营业外收入包括企业实现的与日常活动无直接关系的各项经济利益的总流入,如处置固定资产净收益、出售无形资产净收益、处置抵债资产收入、捐赠利得、罚没收益等。由于分部利润(亏损)采用的是日常经营收入的概念,与日常经营收入无关的营业外收入不应包括在内。

c. 处置投资产生的净收益,但分部的日常活动是金融性质的除外。企业处置投资产生的净收益,包括出售投资获得的收益以及债务清偿所获得的收益两部分。由于处置投资产生的净收益不属于企业的日常活动范畴,因此也不应包括在分部收入中。但是,如果分部的日常活动是金融性质,则处置投资形成的净收益属于其日常经营收入范畴,就应当包括在分部收入之中。

d. 采用权益法核算的长期股权投资收益,但分部的日常活动是金融性质的除外。

【例 15 - 30】承例 15 - 29,4 个品牌的皮箱分部合并后,分部收入合计 431 000 万元,其中对外交易收入合计 390 000 万元。对外交易收入占该分部收入合计的比例为 90%(390 000 ÷ 431 000 × 100%),大部分收入为对外交易取得。同时,由于皮箱分部收入占所有分部收入合计的比例为 32.9%(431 000 ÷ 1 310 000 × 100%),满足了不低于 10% 的条件,因此,该企业在确定报告分部时,应当将皮箱分部确定为报告分部。

(2)该分部的分部利润(亏损)的绝对额,占所有盈利分部利润合计额或者所有亏损分部亏损合计额的绝对额两者中较大者的 10% 或者以上。分部利润(亏损),是指分部收入减去分部费用后的余额。不属于分部收入和分部费用的项目在计算分部利润(亏损)时不得作为考虑的因素。分部费用,是指可归属于分部的对外交易费用和对其他分部交易费用。分部费用主要由可归属于分部的对外交易费用构成,通常包括营业成本、税金及附加、销售费用等。与分部收入确认相同,归属于分部的费用也来源于两个渠道:一是可以直接属于分部的费用,即直接由分部的业务交易而产生;二是可间接归属于分部的费用,即将企业交易产生的费用在相关分部之间进行分配,按属于某分部的费用金额确认为分部费用。分部费用通常不包括下列项目:①利息费用(包括因预收或向其他分部借款而确认的利息费用),如发行债券等,但分部的日常活动是金融性质的除外;②营业外支出,如处置固定资产、无形资产等发生的净损失;③处置投资发生的净损失,但分部的日常活动是金融性质的除外;④采用权益法核算的长期股权投资,但分部的日常活动是金融性质的除外;⑤所得税费用,因为企业所得税通常是针对企业整体而不是针对某一部分;⑥与企业整体相关的管理费用和其他费用。

由于与企业整体相关的管理费用和其他费用与整个企业相关,而非与某个特定分部相关,因此不应当包括在分部费用中。但是,有些在企业层次上发生的费用是由企业代某个所属分部支付的,当这些费用与分部的经营活动相关且能直接归属于或能按合理的基础分配给该分部时，则属于分部费用。

【例 15－31】承例 15－29，皮带分部的利润为 13 800 万元，占所有盈利分部利润合计 404 200 万元的比例为 3.41%（13 800 ÷ 404 200 × 100%），低于 10% 的条件。因此，从这一条件判断，FEN 公司在确定报告分部时，不应当将皮带分部确定为报告分部。销售公司分部的利润为 50 000 万元，占所有分部利润合计 404 200 万元的比例为 12.37%（50 000 ÷ 404 200 × 100%），满足了不低于 10% 的条件。因此，从这一条件判断，FEN 公司在确定报告分部时，应当将销售公司分部确定为报告分部。

（3）该分部的分部资产占所有分部资产合计额的 10% 或者以上。分部资产，是指分部经营活动使用的可以归属于该分部的资产。如果与两个或多个经营分部共用资产相关的收入和费用也分配给这些经营分部，该共用资产应分配给这些经营分部。共用资产的折旧费或摊销费在计量分部经营成果时被扣减的，该资产应包括在分部资产中。企业在计量分部资产时，应当按照分部资产的账面价值，即扣除相关累计折旧或摊销额以及累计减值准备后的金额计量。具体来说，分部资产应当包括但不限于以下项目：分部在经营活动中所使用的流动资产、固定资产、融资租入的资产、可直接归属于或者以合理的基础分配于某分部的商誉、无形资产等。而递延所得税资产，以及服务于整个企业或者管理总部的资产，则不属于分部资产。

通常情况下，分部资产与分部利润（亏损）、分部费用之间存在一定的对应关系，即：①如果分部利润（亏损）包括利息或股利收入，分部资产中就应当包括相应的应收账款、贷款、投资或其他金融资产；②如果分部费用包括某项固定资产的折旧费用，分部资产中就应当包括该项固定资产；③如果分部成本费用或损失包括某项无形资产或商誉的摊销额或减值，分部资产中就应当包括该无形资产或商誉。

【例 15－32】承例 15－29，由于 4 个品牌皮箱已经合并为一个皮箱分部，因此，FEN 公司应比较生产皮箱、手提包、公文包、皮带的各个分部以及销售公司、运输公司等部门的分部资产情况。具体计算见表 15－18 。通过计算可以看出，皮箱分部、手提包分部、公文包分部、销售公司分部的分部资产占所有分部资产合计额的比例分别为 34.3%，17.1%，15.6%，18.5%，符合不低于 10% 的要求，因此，从这一标准来看 FEN 公司在确定报告分部时，应当将皮箱分部、手提包分部、公文包分部、销售公司分部作为报告分部。

表 15－18　FEN 公司各分部资产统计　　金额单位：万元

项　目	皮　箱	手提包	公文包	皮　带	销售公司	运输公司	合　计
……							
资产总额	1 300 000	650 000	590 000	250 000	700 000	300 000	3 790 000
占分部资产合计的百分比（%）	34.3	17.1	15.6	6.6	18.5	7.9	100

2. 低于 10% 重要性标准的处理

经营分部未满足上述三个 10% 的重要性判断标准的，可以按照下列方法进行处理：

(1)直接指定为报告分部。企业管理层认为披露该经营分部信息对财务报告使用者有用的,无论该分部是否满足10%的重要性标准,企业可以直接将其指定为报告分部。

(2)将该经营分部与一个或一个以上的具有相似经济特征、满足经营分部合并条件的其他经营分部合并为一个报告分部。对经营分部10%的重要性测试,可能会导致企业存在大量未满足10%数量临界线的经营分部,在这种情况下,如果企业没有直接将这些分部指定为报告分部,可以将一个或一个以上相似经济特征、满足经营分部合并条件的一个以上的经营分部合并成一个报告分部。

(3)不将该经营分部指定为报告分部,也不将其与其他未作为报告分部的经营分部合并为一个报告分部的,企业在披露分部信息时,应当将该经营分部的信息与其他组成部分的信息合并,作为其他项目单独披露。

3. 报告分部75%的标准

企业经营分部达到规定的10%重要性标准认定为报告分部后,确定为报告分部的各经营分部的对外交易收入合计额占合并总收入或企业总收入的比重应当达到75%的比例。如果未达到75%的标准,企业必须增加报告分部的数量,将其他未作为报告分部的经营分部纳入报告分部的范围,直到该比重达到75%。此时,其他未作为报告分部的经营分部很可能未满足前述规定的三个10%的重要性标准,但为了使报告分部的对外交易收入合计额占合并总收入或企业总收入的比重能够达到75%的比例要求,也应当将其确定为报告分部。

【例15－33】承例15－29,根据报告分部的确定条件,符合条件已被确定为报告分部的分别是皮箱分部、手提包分部、公文包分部、销售公司分部,由于各报告分部的对外交易收入占企业总收入的比重分别为35.78%,16.51%,13.76%和24.77%,合计为90.8%,已达到75%的限制性标准,不需再增加报告分部的数量。具体计算见表15－19。

表15－19　FEN公司各分部对外交易收入统计　　金额单位:万元

项　目	皮　箱	手提包	公文包	销售公司	小　计	……	合　计
营业收入	431 000	260 000	230 000	270 000	1 191 000	……	1 310 000
其中:对外交易	390 000	180 000	150 000	270 000	990 000	……	1 090 000
分部间交易	41 000	80 000	80 000			……	220 000
对外交易收入占企业总收入百分比(%)	35.78	16.51	13.76	24.77	90.82		100

4. 报告分部的数量

根据前述的确定报告分部的原则,企业确定的报告分部数量可能超过10个,此时,企业提供的分部信息可能变得非常烦琐,不利于会计信息使用者理解和使用。因此,报告分部的数量通常不应当超过10个。如果报告分部的数量超过10个,企业应当考虑将具有相似经济特征、满足经营分部合并条件的报告分部进行合并,以使合并后的报告分部数量不超过10个。

5. 为提供可比信息而确定报告分部的考虑

企业在确定报告分部时，除应当遵循相应的确定标准以外，还应当考虑不同会计期间分部信息的可比性和一致性。对于某一经营分部，在上期可能满足报告分部的确定条件从而确定为报告分部，但本期可能并不满足报告分部的确定条件。此时，如果企业认为该分部仍然重要，单独披露该分部的信息能够更有助于报表使用者了解企业的整体情况，则不需考虑该分部的规模，仍应当将该分部确定为本期的报告分部。

对于某一经营分部，在本期可能满足报告分部的确定条件从而确定为报告分部，但上期可能并不满足报告分部的确定条件未被确定为报告分部。此时，出于比较目的提供以前会计期间的分部信息应当予以重述，以将该经营分部反映为一个报告分部，即使其不满足确定为报告分部的条件，也应如此。如果重述所需要的信息无法获得，或者不符合成本效益原则，则不需要重述以前会计期间的分部信息。不论是否对以前期间相应的报告分部信息进行重述，企业均应当在报表附注中披露这一事实。

（三）分部信息的披露

企业披露的经营分部信息，应当有助于会计信息使用者评价企业所从事经营活动的性质和财务影响以及所处的经济环境。企业应当以对外提供的财务报表为基础披露分部信息，对外提供合并财务报表的，则应当以合并财务报表为基础披露分部信息。

1. 描述性信息

（1）确定报告分部考虑的因素。确定报告分部考虑的因素，通常包括企业管理层是否按照产品和服务、地理区域、监管环境差异或综合各种因素进行组织管理。例如，中国平安保险（集团）股份有限公司在其2017年年报中对确定报告分部考虑的因素披露如下：于2017年，本集团根据经营管理情况及管理报告流程对业务分部进行重新划分。考虑到其他资产管理业务和金融科技与医疗科技业务的迅速发展以及对集团的重要性显著增加，管理层认为应当对其他资产管理业务和金融科技与医疗科技业务进行分别列示。同时，管理层对分部信息的整体列报进行了提升。业务分部按照产品及服务类型分为保险业务、银行业务、信托业务、证券业务、其他资产管理业务、金融科技与医疗科技业务以及其他业务。

（2）报告分部的产品和劳务的类型。例如，中国平安保险（集团）股份有限公司在2017年年报中确定的6个报告分部的产品及服务类型如下：①保险业务分部。由于产品的性质、风险和资产配置不同，保险业务又细分为寿险及健康险业务和财产保险业务。寿险及健康险业务提供全面的个人和团体寿险产品，包括定期寿险、终身寿险、两全保险、年金、投资连结保险、万能保险以及健康和医疗保险，反映平安寿险、平安养老险和平安健康险公司的经营成果；财产保险业务为个人及企业提供多样化的财产保险产品，包括车险、财产险和意外及健康险等，反映平安产险的经营成果。②银行分部面向机构客户及零售客户提供贷款和中间业务，并为个人客户提供财富管理及信用卡服务等，反映平安银行的经营成果。③信托分部从事信托服务及投资业务。④证券分部提供经纪、交易、投资银行服务及资产管理服务。⑤其他资产管理业务提供投资管理、融资租赁等其他资产管理服务，反映平安资产管理、平安融资租赁等其他经营资产管理业务的公司经营成果。⑥金融科技与医疗科技业务通过互联网平台提供多样的金融和民生服务，包括金融交易信息服务平台、健康医疗服务平台，反映金融科技及医疗科技服务相关的子公司和联合营企业的经营成果。

2. 每一报告分部的利润（亏损）总额相关信息

每一报告分部的利润（亏损）总额信息，包括利润（亏损）总额组成项目及计量的相关会计政策信息。企业管理层在计量报告分部利润（亏损）时运用了下列数据，或者未运用下列数据但定期提供给企业管理层的，应当在附注中披露每一报告分部的下列信息：①对外交易收入和分部间交易收入。②利息收入和利息费用。但是，报告分部的日常活动是金融性质的除外。报告分部的日常活动是金融性质的，可以仅披露利息收入减去利息费用后的净额，同时披露这一处理方法。③折旧费用和摊销费用，以及其他重大的非现金项目。④采用权益法核算的长期股权投资确认的投资收益。⑤所得税费用或所得税收益。⑥其他重大的收益或费用项目。

企业应当在附注中披露计量每一报告分部利润（亏损）的下列会计政策：①分部间转移价格的确定基础；②相关收入和费用分配给报告分部的基础；③确定报告分部利润（亏损）使用的计量方法发生变化的性质，以及这些变化产生的影响。

3. 每一报告分部的资产总额、负债总额相关信息

该信息包括资产总额组成项目的信息，以及与有关资产、负债计量相关的会计政策。企业管理层在计量报告分部资产时运用了下列数据，或者未使用下列数据但定期提供给企业管理层的，应当在附注中披露每一报告分部的下列信息：①采用权益法核算的长期股权投资金额；②非流动资产（不包括金融资产、独立账户资产、递延所得税资产）金额。报告分部的负债金额定期提供给管理层的，企业应当在附注中披露每一报告分部的负债金额。

分部负债，是指分部经营活动形成的可归属于该分部的负债，不包括递延所得税负债。如果与两个或多个经营分部共同承担的负债相关的费用分配给这些经营分部，该共同承担的负债也应当分配给这些经营分部。

此外，企业应当在附注中披露将相关资产或负债分配给报告分部的基础。

4. 报告分部信息与企业信息总额的衔接

报告分部信息以对外提供的财务报表为基础提供，其应当与合并财务报表或企业财务报表中的总额信息相衔接。

（1）报告分部收入应当与企业收入总额相衔接。企业的对外交易收入包括企业对外交易取得的、未包括在任何分部收入中的收入。分部收入在与企业的对外交易收入相衔接时，需要将分部之间的内部交易进行抵销，各个报告分部的对外交易收入加上未包含在任何分部中的对外交易收入金额之和，应当与企业的对外交易收入总额一致。

（2）分部利润（亏损）应当与企业营业利润（亏损）和企业净利润（净亏损）相衔接。由于分部收入和分部费用与企业的对外交易收入和对外交易费用存在差异，导致企业分部利润（亏损）与企业营业利润（亏损）和企业净利润（净亏损）之间也存在一定差异。例如，非金融企业的长期股权投资实现的投资收益，构成了企业营业利润的一个组成，但却不属于分部利润；企业的净利润是通过利润总额扣除所得税费用以后计算得来的，但分部利润的计算并没有考虑所得税的扣除因素。因此，企业的分部利润（亏损）在进

一步考虑不属于分部的收入或费用等调整因素之后，可以计算出企业的营业利润（亏损）和企业的净利润（净亏损）。

（3）分部资产总额应当与企业资产总额相衔接。企业资产总额由归属于分部的资产总额和未分配给各个分部的资产总额组成。分部资产总额加上未分配给各个分部的资产总额的合计额，与企业资产总额相一致。

（4）分部负债总额应当与企业负债总额相衔接。企业负债总额由归属于分部的负债总额和未分配给各个分部的负债总额组成。分部负债总额加上未分配给各个分部的负债总额的合计额，与企业负债总额相一致。

5. 比较信息

企业在披露分部信息时，为可比起见，应当提供前期的比较数据。对于某一经营分部，如果本期满足报告分部的确定条件从而确定为报告分部，即使前期没有满足报告分部的确定条件从而未确定为报告分部，也应当提供前期的比较数据。但是，重述信息不切实可行的除外。

企业内部组织机构改变导致报告分部组成部分发生变化的，应当提供前期比较数据。但是，提供比较数据不切实可行的除外。企业未提供前期比较数据的，应当在报告分部组成发生变化的当年，同时披露以新的报告分部和旧的报告分部为基础的分部信息。无论企业是否提供前期比较数据，均应披露这一事实。

6. 未作为报告分部信息组成部分的披露

除上述已作为报告分部信息组成部分的披露内容外，企业还应当披露下列信息，但是，披露相关信息不切实可行的除外，该种情况下，企业应当披露这一事实。

（1）每一产品和劳务或每一类似产品和劳务组合的对外交易收入。

（2）企业取得的来自本国的对外交易收入总额，以及企业从其他国家取得的对外交易收入总额。但是，披露相关信息不切实可行的除外，该种情况下，企业应当披露这一事实。如果企业从某个国家或地区取得的对外交易收入金额重要，应当单独予以披露。

（3）企业取得的位于本国的非流动资产（不包括金融资产、独立账户资产、递延所得税资产，下同）总额，以及位于其他国家的非流动资产（不包括金融资产、独立账户资产、递延所得税资产）总额。但是，披露相关信息不切实可行的除外。企业披露相关信息不切实可行的，应当披露这一事实。如果企业位于某个国家或地区的非流动资产金额重要，应当单独予以披露。

（4）企业对主要客户的依赖程度。企业与某一外部客户交易收入占合并总收入或企业总收入的10%或以上，应当披露这一事实，以及来自该外部客户的总收入和相关报告分部的特征。企业不需要报告主要客户的身份，每一报告分部也不需要报告来自该客户的收入。

三、关联方披露

关联方关系及其交易的披露，有助于会计信息使用者了解企业真实的财务状况和经营成果。关联方披露准则规定：一方控制、共同控制另一方或对另一方施加重大影响，以及两方或两方以上同受一方控制、共同控制或重大影响的，构成关联方，其中，“控制”、“共同控制”和“重大影响”概念与本书第六章一致。关联方具有以下特征：一是关联方涉及两方或多方。关联方关系是有关联的双方或多方之间的相互关系，任何单独的个体不能构成关联方关系。二是关联方以各方之间的影响为前提。这种影响包括控制或被控制、共同控制或被共同控制、施加重大影响或被施加重大影响，即构成控制、共同控制和施加重大影响是关联方存在的主要特征。

（一）关联方关系的认定

关联方关系的存在是以控制、共同控制或重大影响为前提条件的。在判断是否存在关联方关系时，应当遵循实质重于形式的原则。根据关联方披露准则规定的判断关联方关系是否存在的基本标准，从一个企业的角度出发，与其存在关联方关系的各方包括：

（1）该企业的母公司，不仅包括直接或间接地控制该企业的其他企业，也包括能够对该企业实施直接或间接控制的单位等，具体包括如下三种情况：

a. 某一个企业直接控制一个或多个企业。例如，母公司控制一个或若干个子公司，则母公司与子公司之间即为关联方关系。

b. 某一个企业通过一个或若干个中间企业间接控制一个或多个企业。例如，母公司通过其子公司间接控制子公司的子公司，表明母公司与其子公司的子公司存在关联方关系。

c. 一个企业直接地和通过一个或若干中间企业间接地控制一个或多个企业。例如，母公司对某一企业的投资虽然没有达到控股的程度，但由于其子公司也拥有该企业的股份或权益，如果母公司与其子公司对该企业的投资之和达到拥有该企业一半以上表决权资本的控制权，则母公司直接和间接地控制该企业，表明母公司与该企业之间存在关联方关系。

（2）该企业的子公司，包括直接或间接地被该企业控制的其他企业，也包括直接或间接地被该企业控制的企业、单位、基金等特殊目的实体。

（3）与该企业受同一母公司控制的其他企业。因为两个或多个企业有相同的母公司，对它们都具有控制能力，即两个或多个企业如果有相同的母公司，它们的财务和经营政策都由相同的母公司决定，各个被投资企业之间由于受相同母公司控制，可能使为自身利益而进行的交易受到某种限制。因此，受同一母公司控制的两个或多个企业之间构成关联方关系。例如，如果 A 企业和 B 企业同受 C 企业控制，A 企业和 B 企业之间因同受一家企业控制而构成关联方关系。

（4）对该企业实施共同控制的投资方。其中，共同控制既包括直接的共同控制也包括间接的共同控制。需要强调的是，对企业实施直接或间接共同控制的投资方与该企业之间存在关联方关系，但这些投资方之间并不能仅仅因为共同控制了同一家企业而视为存在关联方关系。例如，A，B，C 三个企业共同控制 D 企业，从而 A 和 D、B 和 D 以及 C 和 D 成为关联方关系；假定 A，B，C 三个企业之间不存在其他关联方关系，A 和 B、A 和 C 以及 B 和 C 之间不构成关联方关系。

（5）对该企业施加重大影响的投资方。这里的重大影响包括直接的重大影响和间接的重大影响。对企业实施重大影响的投资方与该企业之间是关联方关系，但这些投资方之间并不能仅仅因为对同一家企业具有重大影响而视为存在关联方关系。例如，A 企业和 C 企业均能够对 B 企业施加重大影响，如果 A 和 C 不存在其他关联方关系，则 A 和 C 不构成关联方关系。

(6)该企业的合营企业。合营企业，指按照合同规定经营活动由投资双方或若干方共同控制的企业。合营企业的主要特点在于投资各方均不能对被投资企业的财务和经营政策单独做出决策，必须由投资各方共同做出决策。因此，合营企业是以共同控制为前提的，两方或多方共同控制某一企业时，该企业则为投资者的合营企业。例如，A，B，C，D 企业各占 F 企业表决权资本的 25%，按照合同规定，投资各方按照出资比例控制 F 企业，由于出资比例相同，F 企业由 A，B，C，D 企业共同控制，在这种情况下，A 和 F、B 和 F、C 和 F 以及 D 和 F 之间构成关联方关系。

(7)该企业的联营企业。联营企业，指投资方对其具有重大影响，但不是投资者的子公司或合营企业的企业。联营企业和重大影响是相联系的，如果投资者能对被投资企业施加重大影响，则该被投资企业视为投资者的联营企业。

(8)该企业的主要投资者个人及与其关系密切的家庭成员。主要投资者个人，是指能够控制、共同控制一个企业或者对一个企业施加重大影响的个人投资者。

a. 某一企业与其主要投资者个人之间的关系。例如，李四是 A 企业的主要投资者，则 A 企业与李四构成关联方关系。

b. 某一企业与其主要投资者个人关系密切的家庭成员之间的关系。例如，A 企业的主要投资者李四的儿子与 A 企业构成关联方关系。

(9)该企业或其母公司的关键管理人员及与其关系密切的家庭成员。关键管理人员，是指有权力并负责计划、指挥和控制企业活动的人员。通常情况下，企业关键管理人员负责管理企业的日常经营活动，并且负责制订经营计划、战略目标、指挥调度生产经营活动等，主要包括董事长、董事、董事会秘书、总经理、总会计师、财务总监、主管各项事务的副总经理以及行使类似职能的人员等。

a. 某一企业与其关键管理人员之间的关系。例如，A 企业的董事会秘书与 A 企业构成关联方关系。

b. 某一企业与其关键管理人员关系密切的家庭成员之间的关系。例如，A 企业的董事会秘书的妻子与 A 企业构成关联方关系。

(10)该企业主要投资者个人、关键管理人员或与其关系密切的家庭成员控制、共同控制或施加重大影响的其他企业。与主要投资者个人或关键管理人员关系密切的家庭成员，是指在处理与企业的交易时可能影响该个人或受该个人影响的家庭成员，如父母、配偶、兄弟姐妹和子女等。判断与主要投资者个人或关键管理人员关系密切的家庭成员是否为一个企业的关联方，应当视他们在处理与企业交易时的互相影响程度而定。对于这类关联方，应当根据主要投资者个人、关键管理人员或与其关系密切的家庭成员对两家企业的实际影响力具体分析判断。

a. 某一企业与受该企业主要投资者个人控制、共同控制或施加重大影响的其他企业之间的关系。例如，A 企业的主要投资者 MM 拥有甲企业 62% 的表决权资本，则 A

和甲存在关联方关系。

b. 某一企业与受该企业主要投资者个人关系密切的家庭成员控制、共同控制或施加重大影响的其他企业之间的关系。例如,A 企业的主要投资者 DD 的妻子拥有乙企业 60% 的表决权资本,则 A 和乙存在关联方关系。

c. 某一企业与受该企业关键管理人员控制、共同控制或施加重大影响的其他企业之间的关系。例如,A 企业的关键管理人员 NN 控制了丙企业,则 A 和丙存在关联方关系。

d. 某一企业与受该企业关键管理人员关系密切的家庭成员控制、共同控制或施加重大影响的其他企业之间的关系。例如,A 企业的财务总监 FF 的丈夫是 B 企业的董事长,则 A 和 B 存在关联方关系。

需要特别说明的是,企业设立的企业年金基金也构成企业的关联方。

(二)不构成关联方关系的情况

控制、共同控制和重大影响是判断关联方关系的基本标准,不符合标准的应当排除在外。据此,仅与企业存在下列关系的各方,不构成企业的关联方。

(1)与该企业发生日常往来的资金提供者、公用事业部门、政府部门和机构,以及与该企业发生大量交易而存在经济依存关系的单个客户、供应商、特许商、经销商和代理商之间,不构成关联方关系。企业在日常经营活动中,往往与资金提供者,公用事业部门,与企业发生大量交易的供应商、代理商、购买者等往来比较密切,与国有企业与政府部门和机构也有较多的联系,如果上述相应各方之间不存在控制和被控制、共同控制和被共同控制、施加重大影响和被施加重大影响,则不构成关联方关系。

(2)与该企业共同控制合营企业的合营者之间,通常不构成关联方关系。两个企业按照合同分享一个合营企业的控制权,某个企业单方面无法做出合营企业的经营和财务的决策,而合营企业是一个独立的法人,合营方各自对合营企业有重大影响,但各合营者无法影响其他合营者。在没有其他关联关系的情况下,仅因为是某一合营企业的共同合营者,不能认定各合营者之间是关联方。

(3)仅仅同受国家控制而不存在控制、共同控制或重大影响关系的企业,不构成关联方关系。在我国,国家控制的企业如国有企业不同于关联方披露准则所讲的存在控制、共同控制、重大影响关系的企业,国有企业都是独立法人和市场主体,实行自主经营、自负盈亏,相互之间不存在关联方披露准则所指的控制、共同控制或重大影响关系,不符合关联方关系。此外,如果将仅受国家控制,但不存在控制、共同控制或重大影响关系的企业都视为关联方,这些企业之间的交易都作为关联交易来处理,在实务中无法操作;而且会扭曲关联方及其交易的本质,掩盖真正的关联方及其交易。而且,如果将同受国家控制的企业视为关联方,在不存在控制、共同控制和重大影响时,则所有的国有企业由于其拥有共同的所有者而都成为关联方,这就扩大了关联方的范围,混淆了关联方及其交易的本质特征。

(4)受同一方重大影响的企业之间不构成关联方。

(三)关联方交易的类型

关联方交易,是指关联方之间转移资源、劳务或义务的行为,而不论是否收取价款。

这一定义有三个要点：一是构成关联方关系的企业之间、企业与个人之间的交易，通常是在关联方关系已经存在的情况下，关联各方之间的交易；二是资源或义务的转移是关联方交易的主要特征，一般情况下，在资源或义务转移的同时，风险和报酬也相应地转移；三是关联方之间资源或义务的转移价格，是了解关联方交易的重要方面。判断是否属于关联方交易，应以交易是否发生为依据，而不是以是否收取价款为前提。关联方交易的类型主要有：

(1)购买或销售商品。购买或销售商品是关联方交易较常见的交易事项。例如，企业集团成员之间互相购买或销售商品，从而形成了关联方交易。

(2)购买或销售除商品以外的其他资产。例如，母公司向其子公司出售建筑物等。

(3)提供或接受劳务。例如，A 企业是 B 企业的联营企业，A 企业专门从事设备维修服务，B 企业的所有设备均由 A 企业负责维修，B 企业每年支付设备维修费用 300 万元。

(4)担保。担保包括在借贷、买卖、货物运输、加工承揽等经济活动中，为了保障其债权实现而实行的担保等。当存在关联方关系时，一方往往为另一方提供取得借款、买卖等经济活动中所需要的担保。

(5)提供资金（贷款或股权投资）。例如，企业从其关联方取得资金，或权益性资金在关联方之间的增减变动等。

(6)租赁。租赁通常包括经营租赁和融资租赁等，关联方之间的租赁合同也是主要的交易事项。

(7)代理。代理主要依据合同条款，一方可为另一方代理某些事务，如代理销售货物，或代理签订合同等。

(8)研究与开发项目的转移。在存在关联方关系时，有时某一企业所研究与开发的项目会由于一方的要求而放弃或转移给其他企业。例如，B 公司是 A 公司的子公司，A 公司要求 B 公司停止对某一新产品的研究和试制，并将 B 公司研究的现有成果转给 A 公司最近购买的、研究与开发能力超过 E 公司的 C 公司继续研制，从而形成关联方交易。

(9)许可协议。当存在关联方关系时，关联方之间可能达成某项协议，允许一方使用另一方商标等，从而形成了关联方之间的交易。

(10)代表企业或由企业代表另一方进行债务结算。

(11)关键管理人员薪酬。企业支付给关键管理人员的报酬，也是一项主要的关联方交易。

关联方交易还包括就某特定事项在未来发生或不发生时做出的采取相应行动的任何承诺，如(已确认及未确认的)待执行合同。

(四)关联方的披露

在企业财务报表中应区别以下三种情况，披露所有关联方关系及其交易的相关信息：

(1)企业无论是否发生关联方交易，均应当在附注中披露与该企业之间存在控制关系的母公司和子公司的有关信息。关联方关系存在于母公司和子公司之间的，应当披露母公司和所有子公司的名称，母公司和子公司的业务性质、注册地、注册资本（或实收资本、股本）及其变化，以及母公司对于该企业对子公司的持股比例和表决权比例。在披露母公司名称时，母公司不是该企业最终控制方的，还应当披露企业集团内对该企业享有最终控制权的企业（或主体）的名称。母公司和最终控制方均不对外提供财务报表的，还应当披露母公司之上与其最相近的对外提供财务报表的母公司名称。

（2）企业与关联方发生关联方交易的，应当在附注中披露该关联方关系的性质、交易类型及交易要素。关联方关系的性质，是指关联方与该企业的关系，即关联方是该企业的子公司、合营企业、联营企业等。交易类型通常包括购买或销售商品、购买或销售商品以外的其他资产、提供或接受劳务、担保、提供资金（贷款或股权投资）、租赁、代理、研究与开发项目的转移、许可协议、代表企业或由企业代表另一方进行债务结算等。交易要素至少应当包括：交易的金额；未结算项目的金额、条款和条件（包括承诺），以及有关提供或取得担保的信息；未结算应收项目坏账准备金额；定价政策。关联方交易的金额应当披露相关比较数据。

关联方交易的披露应遵循重要性原则。对企业财务状况和经营成果有影响的关联方交易，应当分别关联方以及交易类型披露；不具有重要性的，类型相似的非重大交易可合并披露，但以不影响财务报表阅读者正确理解企业财务状况、经营成果为前提。判断关联方交易是否重要，不应以交易金额的大小作为判断标准，而应当以交易对企业财务状况和经营成果的影响程度来确定。

（3）对外提供合并财务报表的，对于已经包括在合并范围内各企业之间的交易不予披露。合并财务报表是将集团作为一个整体来反映与其有关的财务信息，在合并财务报表中，企业集团作为一个整体看待，企业集团内的交易已不属于交易，并且已经在编制合并财务报表时予以抵销。因此，关联方披露准则规定对外提供合并财务报表的，除了应按上述（1）（2）要求进行披露外，对于已经包括在合并范围内并已抵销的各企业之间的交易不予披露。

本章小结

财务报告包括财务报表和其他应当在财务报告中披露的相关信息和资料。财务报表至少应当包括下列组成部分：资产负债表、利润表、现金流量表、所有者权益（或股东权益）变动表、附注。

财务报表列报的基本要求：企业应当以持续经营为基础，根据实际发生的交易和事项，按照企业会计准则的规定进行确认和计量；财务报表项目的列报应当在各个会计期间保持一致，不得随意变更；性质或功能不同的项目，应当在财务报表中单独列报；财务报表中的资产项目和负债项目的金额、收入项目和费用项目的金额不得相互抵销，但满足抵销条件的除外；当期财务报表的列报，至少应当提供所有列报项目上一个可比会计期间的比较数据；企业至少应当按年编制财务报表。

资产负债表是反映企业在某一特定日期财务状况的报表。“年初余额”栏内各项目数字,应根据上年年末资产负债表“期末余额”栏内所列数字填列。“期末余额”可以通过以下几种方式取得:①直接根据总账科目的余额填列;②根据几个总账科目的余额计算填列;③根据有关明细科目的余额计算填列;④根据总账科目和明细科目的余额分析计算填列;⑤根据总账科目与其备抵科目抵销后的净额填列。

利润表,是反映企业在一定会计期间经营成果的报表。“上期金额”栏应根据上年该期利润表“本期金额”栏内所列数字填列。“本期金额”栏主要根据各损益类科目的发生额分析填列。

现金流量表,是反映企业一定会计期间现金和现金等价物流入和流出的报表。企业可选择采用工作底稿法、T形账户法,或直接根据有关账户的记录分析填列现金流量表。企业应当在附注中披露与现金流量表有关的补充资料:①将净利润调节为经营活动现金流量;②不涉及现金收支的重大投资和筹资活动;③现金及现金等价物净变动情况。

所有者权益变动表,是指反映构成所有者权益的各组成部分当期的增减变动情况的报表。至少应当单独列示反映下列信息的项目:综合收益总额;会计政策变更和差错更正的累积影响金额;所有者投入资本和向所有者分配利润等;按照规定提取的盈余公积;所有者权益各组成部分的期初和期末余额及其调节情况。

附注,是对在财务报表中列示项目的文字描述或明细资料,以及对未能在这些报表中列示项目的说明。企业应当在附注中披露的信息主要包括:企业的基本情况;财务报表的编制基础;遵循企业会计准则的声明;重要会计政策和会计估计;会计政策和会计估计变更以及差错更正的说明;报表重要项目的说明;其他需要说明的重要事项。

企业应当以内部组织结构、管理要求、内部报告制度为依据确定经营分部。以经营分部为基础,根据重要性原则(即3个10%)确定报告分部报告,确定为报告分部的经营分部的对外交易收入合计额占合并总收入或企业总收入的比重应达到75%的比例,并且报告分部的数量通常不应超过10个。对于报告分部,应披露如下信息:确定报告分部考虑的因素、报告分部的产品和劳务的类型;每一报告分部的利润(亏损)总额相关信息,包括利润(亏损)总额组成项目及计量的相关会计政策信息;每一报告分部的资产总额、负债总额相关信息,包括资产总额组成项目的信息,以及有关资产、负债计量的相关会计政策。

一方控制、共同控制另一方或对另一方施加重大影响,以及两方或两方以上同受一方控制、共同控制或重大影响的,构成关联方。关联方交易,是指在关联方之间转移资源、劳务或义务的行为,而不论是否收取价款。关联方披露应遵循以下要求:企业无论是否发生关联方交易,均应当在附注中披露与母公司和子公司有关的基本信息;企业与关联方发生关联交易的,应当在附注中披露该关联方关系的性质、交易类型及交易要素;关联方交易应当分别关联方以及交易类型予以披露。

思考题

1. 财务报告由哪几部分组成？编制财务报告有哪些要求？

2. 什么是其他综合收益？简述该项目在资产负债表、利润表及所有者权益变动表中的关系。

3. 简述直接法和间接法编制经营活动现金流量表的原理及其关系。

4. 如何确定报告分部？报告分部应披露哪些信息？

5. 如何认定关联方关系？如何进行关联方披露？

练习题

1.【资料】甲企业和乙企业均为增值税一般纳税工业企业，其有关资料如下：

(1) 甲企业销售的产品、材料均为应纳增值税货物，增值税税率 16%，产品、材料销售价格中均不含增值税。

(2) 甲企业材料和产品均按实际成本核算，其销售成本随着销售同时结转。

(3) 乙企业为甲企业的联营企业，甲企业对乙企业的投资占乙企业有表决权资本的 25%，甲企业对乙企业的投资按权益法核算。

(4) 甲企业 2×17 年 1 月 1 日有关科目余额如表 15－20 所示。

表 15－20　甲企业科目余额表　　单位：元

账户名称	借方余额	账户名称	贷方余额
库存现金	500	短期借款	300 000
银行存款	400 000	应付票据	50 000
应收票据	30 000	应付账款	180 000
应收账款	200 000	应付职工薪酬	5 000
坏账准备	－1 000	应交税费	12 000
其他应收款	200	长期借款	1 260 000
原材料	350 000	实收资本	2 000 000
周转材料	30 000	其他综合收益	300
库存商品	80 000	盈余公积	120 000
长期股权投资——乙企业	600 300	利润分配（未分配利润）	7 700

续表

账户名称	借方余额	账户名称	贷方余额
固定资产	2 800 000		
累计折旧	-560 000		
无形资产	5 000		
合　计	3 935 000	合　计	3 935 000

(5)甲企业2×17年度发生如下经济业务：

①购入原材料一批，增值税专用发票上注明的增值税税额为48 000元，原材料实际成本300 000元。材料已经到达，并验收入库。企业开出商业承兑汇票。

②销售给乙企业一批产品，销售价格40 000元，产品成本32 000元。产品已经发出，开出增值税专用发票，款项尚未收到(除增值税以外，不考虑其他税费)。甲企业销售该产品的销售毛利率为20%。

③对外销售一批原材料，销售价格26 000元，材料实际成本18 000元。销售材料已经发出，开出增值税专用发票。款项已经收到，并存入银行(除增值税以外，不考虑其他税费)。

④出售一台不需用设备给乙企业，设备账面原价150 000元，已提折旧24 000元，出售价格180 000元。出售设备价款已经收到，并存入银行。甲企业出售该项设备的毛利率为30%(假设出售该项设备不需交纳增值税等有关税费)。乙公司购入该项设备用于管理部门，本年度提取该项设备的折旧18 000元。

⑤按应收账款年末余额的0.5%计提坏账准备。

⑥用银行存款偿还到期应付票据20 000元，交纳所得税2 300元。

⑦乙企业本年实现净利润280 000元，甲企业按投资比例确认其投资收益；同时，乙企业确认其他综合收益税后净影响1 200元。

⑧摊销无形资产价值1 000元，计提管理用固定资产折旧8 766元。

⑨本年度所得税费用和应交所得税为42 900元，实现净利润87 100元，计提盈余公积8 710元。

【要求】

(1)编制甲企业的有关经济业务会计分录(各损益类科目结转本年利润以及与利润分配有关的会计分录除外。除“应交税费”科目外，其余科目可不写明细科目)。

(2)填列甲企业2×17年12月31日资产负债表的年末数(假定该企业本期未发生其他交易或事项)。

2.【资料】甲股份有限公司为增值税一般纳税企业，适用的增值税税率为16%，适用的所得税税率为25%。商品销售收入不含增值税税额，按每笔销售业务分别结转销售成本，2×17年6月，该公司发生的经济业务及相关资料如下：

(1)向A公司销售商品一批。该批商品的销售价格为600 000元，实际成本为350 000元。商品已经发出，开具了增值税专用发票，收购货方签发并承兑不带息商业承兑汇票一张，面值696 000元。

(2)委托B公司代销商品1 000件。代销合同规定甲公司按已售商品售价的5%向B公司支付手续费,该批商品的销售价格为400元/件,实际成本为250元/件。其已将该批商品交付B公司。

(3)甲公司月末收到B公司的代销清单。B公司已将代销的商品售出1 000件,款项尚未支付给甲公司,甲公司向B公司开具了增值税专用发票,并按合同规定确认了应向B公司支付的代销手续费。

(4)以交款提货方式向C公司销售商品一批。该批商品的销售价格为100 000元,实际成本为60 000元,提货单和增值税专用发票已交C公司,收到款项存入银行。

(5)6月30日,交易性金融资产公允价值升值50 000元。

(6)6月30日,计提存货跌价准备50 000元。

(7)6月30日,分类为"以公允价值计量且其变动计入其他综合收益"的债权投资公允价值上升3 000元。

(8)除上述经济业务外,甲公司6月份有关损益类科目的发生额如表15-21所示。

表15-21 甲公司损益类科目余额表

科目名称	借方发生额	贷方发生额
其他业务收入		30 000
其他业务成本	20 000	
税金及附加	15 000	
管理费用	60 000	
财务费用	22 000	
其他综合收益		2 250
营业外收入		70 000
营业外支出	18 000	20

(9)计算本月应交所得税(假定甲公司不存在纳税调整因素)。

【要求】

(1)编制甲公司上述(1)至(7)及(9)项经济业务相关的会计分录。

(2)编制甲公司6月份的利润表(假定该公司本期未发生其他交易或事项)。

参考文献

[1]葛家澍,杜兴强. 中级财务会计[M]. 3 版. 北京:中国人民大学出版社,2008.
[2]韩冬芳,等. 中级财务会计[M]. 4 版. 上海:上海财经大学出版社,2013.
[3]刘永泽,陈立军. 中级财务会计[M]. 4 版. 大连:东北财经大学出版社,2015.
[4]汤湘希,等. 中级财务会计[M]. 上海:上海财经大学出版社,2012.
[5]夏成才. 中级财务会计[M]. 2 版. 北京:中国财政经济出版社,2009.
[6]杨有红,欧阳爱平. 中级财务会计[M]. 3 版. 北京:北京大学出版社,2013.
[7]中华人民共和国财政部. 企业会计准则[M]. 北京:经济科学出版社,2010.
[8]中华人民共和国财政部. 企业会计准则讲解[M]. 北京:经济科学出版社,2010.
[9]中华人民共和国财政部. 企业内部控制规范[M]. 北京:经济科学出版社,2010.
[10]中国注册会计师协会. 会计[M]. 北京:中国财政经济出版社,2018.